# Diritto costituzionale

*In copertina:*
Pere Borrell del Caso, *Sfuggendo alla critica*, 1874.

IUSTITIAM COLIMUS

Raffaele Bifulco

# Diritto costituzionale

SECONDA EDIZIONE

Giappichelli

VIA PO, 21 - TEL. 011-81.53.111 - FAX 011-81.25.100
http://www.giappichelli.it

ISBN/EAN 978-88-921-4439-2

G. Giappichelli Editore

Questo libro è stato stampato su
carta certificata, riciclabile al 100%

*Stampa*: Rotolito S.p.A. - Pioltello (MI)

*"Le temps perdu ne se retrouve que chez les riches"*

A. Camus, *Le premier homme*, Gallimard, 1994, p. 79

# INDICE

## Parte Quarta
## LE FONTI DEL DIRITTO

### Capitolo XI
### LE FONTI DEL DIRITTO: CRITERI GENERALI



### Capitolo XII
### LE FONTI DEL DIRITTO STATALE

## Capitolo XIII
## LE FONTI DELLE AUTONOMIE TERRITORIALI

Capitolo XIV

LE FONTI DEL DIRITTO INTERNAZIONALE E DELL'UNIONE EUROPEA

## Parte Quinta

## I DIRITTI E I DOVERI FONDAMENTALI

### Capitolo XV

### I DIRITTI FONDAMENTALI: PROFILI GENERALI

pag.

## Capitolo XIX

## I DIRITTI FONDAMENTALI COLLEGATI AL PRINCIPIO PERSONALISTA NELLA DIMENSIONE COLLETTIVA



## Capitolo XX

## LE GARANZIE DEI DIRITTI



## Capitolo XXI

## I DIRITTI FONDAMENTALI COLLEGATI AL PRINCIPIO PLURALISTICO



## Capitolo XXII

## I DIRITTI FONDAMENTALI COLLEGATI AL PRINCIPIO SOCIALE

pag.

## Capitolo XXIII
## I DIRITTI FONDAMENTALI COLLEGATI AL PRINCIPIO LAVORISTICO



## Capitolo XXIV
## I DIRITTI FONDAMENTALI COLLEGATI AL PRINCIPIO DEMOCRATICO



## Capitolo XXV
## I DOVERI COSTITUZIONALI E IL PRINCIPIO SOLIDARISTICO

*pag.*

## Parte Sesta
# LA GIUSTIZIA COSTITUZIONALE

## Capitolo XXVI
## LA CORTE COSTITUZIONALE

# PREFAZIONE
# ALLE 'LEZIONI DI DIRITTO COSTITUZIONALE'

Ho dato a queste pagine il titolo di lezioni perché consapevole di tutti i loro limiti. Il proposito è certo quello di migliorarle col tempo, nelle prossime edizioni.

Felicemente costretto ad insegnare diritto costituzionale al primo anno e un diritto costituzionale progredito al secondo, con particolare attenzione ai diritti fondamentali, ho sentito l'esigenza di disporre di uno strumento didattico attento soprattutto agli sviluppi dell'Unione europea e all'attuazione dei diritti fondamentali. Convinto, come tanti, che il futuro del diritto costituzionale italiano incroci il destino dell'Unione europea, ho provato a trattare, per quanto in maniera sintetica, i profili centrali di quest'ultima, dal punto di vista sia organizzativo che funzionale. Anche i diritti e i doveri costituzionali hanno ricevuto una particolare attenzione.

Il libro si rivolge, dunque, agli studenti universitari. Nello scriverlo, ho dovuto selezionare i materiali con i quali chi si occupa di diritto costituzionale si confronta quotidianamente: sentenze, atti normativi del più vario genere, la dottrina e, soprattutto, i fatti, la pressione delle cose. Mettere a disposizione dello studente una trama sulla quale possa crescere e maturare, anche attraverso il confronto a lezione con il docente, è stata l'idea di fondo del progetto.

Se si prescinde dalla parte prima, l'impianto del volume è abbastanza tradizionale anche perché, pensando alle esigenze dello studente, ho cercato di rimanere quanto più aderente all'impianto della Costituzione.

Il quadro di Borrell del Caso (più l'idea rappresentata che il titolo del quadro) e la citazione di Camus sono provocatori moniti a me stesso (e a quegli studenti che abbiano voglia di raccoglierli).

# PREFAZIONE ALLA PRIMA EDIZIONE DI 'DIRITTO COSTITUZIONALE'

L'esperimento delle 'Lezioni di diritto costituzionale' ha funzionato bene dal punto di vista didattico. Così mi sono deciso a redigere una nuova versione, più completa e approfondita, mantenendo immutati impianto e struttura. Praticamente tutti i capitoli sono stati rivisti e alcuni sono stati notevolmente ampliati. A questa nuova versione mi pare più consono il titolo di 'Diritto costituzionale'.

Ho cercato di dar conto delle novità normative e giurisprudenziali intervenute in questi due anni: dello stato di emergenza legato alla pandemia da Covid-19 ho dato conto soprattutto nella parte dedicata ai diritti fondamentali, mentre della riduzione del numero dei parlamentari tratto nei capitoli dedicati alla sovranità popolare e al Parlamento. Ho inserito anche minimi riferimenti dottrinali, soprattutto per introdurre lo studente al mondo della scienza giuridica, troppo sacrificata nella edizione originaria.

La speranza è quella di aver scritto un testo che comunichi a chi si avvicina al diritto costituzionale la specificità di questa materia, il suo radicamento nella storia e la sua aspirazione a vivere oltre il presente. Che è poi, o auspicabilmente dovrebbe essere, la condizione privilegiata dei giovani.

Roma, settembre 2020

# PREFAZIONE ALLA SECONDA EDIZIONE DI 'DIRITTO COSTITUZIONALE'

Parlamento a ranghi ridotti e ulteriore progressivo rafforzamento del Governo sono i tratti caratterizzanti del diritto costituzionale di questi ultimi due anni, di cui si occupa la presente seconda edizione attraverso l'esame delle principali innovazioni legislative e giurisprudenziali. Purtroppo non ho potuto dar pieno conto delle modifiche al regolamento parlamentare della Camera dei deputati visto che, al momento della scrittura (agosto 2022), non era ancora disponibile un testo definitivo.

Heidelberg, agosto 2022

# ELENCO DELLE ABBREVIAZIONI

| | |
|---|---|
| a.C. | avanti Cristo |
| al. | Alinea |
| art. | articolo |
| Ass. cost. | Assemblea costituente |
| BCE | Banca Centrale Europea |
| cc. | commi |
| CDFUE | Carta dei diritti fondamentali dell'Unione europea |
| CEDU | Convenzione europea per la salvaguardia dei diritti dell'uomo e delle libertà fondamentali |
| CEE | Comunità Economica Europea |
| cfr. | confronta |
| CG | Corte di giustizia dell'Unione europea |
| C.N.E.L. | Consiglio nazionale dell'economia e del lavoro |
| Cons. Stato | Consiglio di Stato |
| Cons. Stato, ad. plen. | Consiglio di Stato, adunanza plenaria |
| Corte cass. | Corte di cassazione |
| Corte cass., sez. un. | Corte di cassazione, sezioni unite |
| Corte cost. | Corte costituzionale |
| Cost. | Costituzione |
| c.p.c. | codice di procedura civile |
| c.p.m.p. | codice penale militare di pace |
| c.p.p. | codice di procedura penale |
| C.S.D. | Consiglio supremo di difesa |
| C.S.M. | Consiglio superiore della magistratura |
| d.d.l. | disegno di legge |
| Dir. | Direttiva dell'Unione europea |
| d.l.lgt. | decreto-legge luogotenenziale |
| d.lgs. | decreto legislativo |
| d.lgs.lgt. | decreto legislativo luogotenenziale |
| disp. prel. c.c. | disposizioni preliminari al codice civile |
| disp. trans. fin. | disposizioni transitorie e finali della Costituzione |
| d.l. | decreto-legge |
| d.m. | decreto ministeriale |
| d.P.C.M. | decreto del Presidente del Consiglio dei ministri |

| | |
|---|---|
| d.P.R. | decreto del Presidente della Repubblica |
| G.U. | Gazzetta ufficiale della Repubblica italiana |
| l. | legge |
| l. cost. | legge costituzionale |
| ll. | leggi |
| l.r. | legge regionale |
| N.I. | Norme integrative per i giudizi davanti alla Corte costituzionale |
| NI giudizi d'accusa | Norme integrative per i giudizi di accusa davanti alla Corte costituzionale |
| o.d.g. | ordine del giorno |
| on.le | onorevole |
| ONU | Organizzazione delle Nazioni Unite |
| ord. | ordinanza |
| P.A. | Pubblica Amministrazione |
| par. | paragrafo |
| p.m. | pubblico ministero |
| PR | Presidente della Repubblica |
| qlc | questione di legittimità costituzionale |
| R.C. | regolamento della Camera dei deputati |
| r.d. | regio decreto |
| r.d.l. | regio decreto-legge |
| r.d.lgs. | regio decreto legislativo |
| reg. | regolamento |
| Reg. gen. | Regolamento generale della Corte costituzionale |
| R.S. | Regolamento del Senato della Repubblica |
| SEBC | Sistema europeo delle banche centrali |
| sent. | sentenza |
| sentt. | sentenze |
| ss. | e seguenti |
| st. | statuto regionale |
| T.-A.A. | Regione Trentino-Alto Adige |
| T.A.R. | Tribunale Amministrativo Regionale |
| TCE | Trattato delle Comunità europee |
| TCEE | Trattato che istituisce la Comunità economica europea |
| ted. | tedesco |
| TFUE | Trattato sul funzionamento dell'Unione europea |
| TUE | Trattato sull'Unione europea |
| TUEL | Testo unico delle leggi sull'ordinamento degli enti locali |
| t.u.l.p.s. | Testo unico delle leggi di pubblica sicurezza (r.d. 773/1931) |
| u.c. | ultimo comma |
| UCR | Ufficio centrale per il referendum presso la Corte di cassazione |
| UE | Unione europea |

# ABBREVIAZIONI DELLE RIVISTE, DELLE ENCICLOPEDIE E DEI COMMENTARI CITATI

| | |
|---|---|
| *CCBCO* | Commentario alla Costituzione a cura di R. Bifulco, A. Celotto e M. Olivetti, Utet |
| *CCBP* | Commentario alla Costituzione fondato da G. Branca e continuato da A. Pizzorusso, Zanichelli-Il Foro Italiano |
| *Dig. disc. pubbl.* | Digesto delle discipline pubblicistiche, Utet |
| *Dir. Soc.* | Diritto e società |
| *Enc. dir.* | Enciclopedia del diritto |
| *Enc. giur.* | Enciclopedia giuridica, Istituto dell'enciclopedia Treccani |
| *Giur. cost.* | Giurisprudenza costituzionale |
| *Pol. dir.* | Politica del diritto |
| *Quad. cost.* | Quaderni costituzionali |
| *Rass. parl.* | Rassegna parlamentare |
| *Riv. It. Sc. Giur.* | Rivista italiana di scienze giuridiche |
| *RTDP* | Rivista trimestrale di diritto pubblico |

# AVVERTENZA

Per evitare ripetizioni ho citato gli articoli della Costituzione senza mai aggiungere abbreviazioni molto diffuse, come Cost., CI, ecc. Gli articoli citati senza ulteriori specificazioni della fonte sono quindi gli articoli del testo costituzionale. Sempre per motivi di spazio, ho sostituito la più elegante citazione del comma (c., cc., comma) con il punto, sicché lo studente non troverà la seguente citazione: art. 1, c. 2, Cost., bensì: art. 1.2.; art. 117.1.h), sta per art. 117, comma 1, lettera h), della Costituzione, e così via. Quando l'articolo non si riferisce alla Costituzione, ho sempre indicato gli estremi dell'atto normativo: così, ad esempio, art. 4.3.-4. l. 400/1988 sta per art. 4, commi 3 e 4, della legge n. 400 del 1988.

In grassetto ho messo parole o sintagmi che rinviano a concetti e nozioni importanti; in corsivo, oltre alle citazioni testuali del testo costituzionale, ho collocato parole, sintagmi, espressioni particolarmente utili nel contesto di analisi.

# Parte Prima

# LA COSTITUZIONE ITALIANA NEL CONTESTO INTERNAZIONALE E UNIONALE

## CAPITOLO I

# ORDINAMENTO, STATO, COSTITUZIONE

SOMMARIO: 1. La dimensione sociale del diritto. – 1.1. Il diritto come regolatore sociale. – 1.2. La creazione dell'ordine sociale. – 1.3. Norma e ordinamento giuridico. – 2. L'ordinamento giuridico. – 2.1. Gli elementi strutturali. – 2.2. Concetti giuridici in tema di soggettività giuridica. – 2.2.1. Le persone fisiche, le persone giuridiche, la soggettività giuridica. – 2.2.2. La capacità giuridica e la capacità d'agire. – 2.2.3. La rappresentanza. – 2.2.4. La persona giuridica: organo e ufficio. – 2.2.5. Fatti e atti. Fattispecie astratta e concreta. – 3. Lo Stato come ordinamento giuridico. – 4. La sovranità. – 5. L'oggetto del diritto costituzionale. – 5.1. Le origini dell'idea di costituzione: la costituzione come contratto. – 5.2. La nascita del concetto di costituzione: potere costituente e potere costituito. – 5.2.1. La costituzione come artificio o come evoluzione; costituzioni scritte e non scritte. – 6. La funzione della costituzione (nel suo aspetto evolutivo). – 7. Concetto e concezioni di costituzione.

## 1. *La dimensione sociale del diritto*

### 1.1. *Il diritto come regolatore sociale*

Al pari dell'etica, della morale, della religione, dell'economia, il diritto è un regolatore sociale. Partendo dalle pulsioni più elementari – vale a dire dai bisogni che spingono ogni essere umano al loro soddisfacimento –, il diritto regola tali pulsioni, definite, in termini giuridici, **interessi** (di natura molto diversa: materiale, spirituale, sessuale, ecc.), verso gli oggetti che soddisfano tali bisogni e che, quando entrano nell'area di qualificazione del diritto, assumono il termine di **beni** (anch'essi possono essere di natura molto diversa). Gli interessi sono individuali e collettivi (relativi ad un gruppo).

Il diritto ha quindi un'eminente dimensione sociale. La norma giuridica, per un verso, regola rapporti intersoggettivi e, per un altro, disciplina le istituzioni sociali. Da qui l'efficace espressione, di origine incerta, per cui *ubi societas, ibi ius*: dove c'è una comunità, un gruppo sociale strutturato, lì c'è il diritto. I gruppi ai quali s'interessa il diritto sono, normalmente, gruppi stabili, in cui le varie parti assumono una forma, per quanto minima, di organizzazione.

## 1.2. *La creazione dell'ordine sociale*

Se il gruppo o la comunità di riferimento è semplice nella sua struttura, è semplice e basilare anche la sua organizzazione; più il gruppo si amplia e si struttura dal punto di vista sociale, più l'organizzazione diventa complessa. Tanto per intenderci, una cosa è l'organizzazione che può assumere un'associazione sportiva di carattere locale, altra cosa è l'organizzazione di una azienda con migliaia di impiegati e presente in più Stati (multinazionale).

Grande o piccolo che sia, il gruppo ha un problema da risolvere: la creazione dell'ordine. A tal fine è necessario attribuire il potere di comando a una parte del gruppo, ad alcuni dei membri del gruppo. Non c'è quasi bisogno di aggiungere che questa fase creativa assume forme e tempi diversi – perché la creazione dell'ordine sociale può richiedere processi storici che prendono anni (tradizione) oppure può svolgersi in maniera rapida e spesso violenta (rivoluzione) – e porta ad assetti sociali diversi.

In questa fondamentale esperienza il diritto ha una parte rilevante in quanto esso è strumentale al mantenimento dell'ordine quale si è venuto a creare, indipendentemente dalle modalità con cui l'ordine si è formato e dalle forme che esso ha assunto.

Una volta attribuito, il potere di comando è esercitato attraverso due forme giuridiche fondamentali: la **norma**, cioè il comando rivolto a soggetti indeterminati (generalità) e riferito a una serie infinita di fenomeni (astrattezza) o il **provvedimento**, cioè il comando con destinatario determinato e oggetto concreto. Più il gruppo si struttura, più avrà bisogno di norme (e il loro insieme costituirà l'ordinamento giuridico).

## 1.3. *Norma e ordinamento giuridico*

Il diritto non è l'unico regolatore sociale. Esso si affianca a regolatori altrettanto importanti, come l'etica (ama il prossimo tuo, preoccupati delle generazioni future), la religione (onora il Dio tuo) o comunque regole di carattere sociale (osserva le regole di educazione). Una delle questioni teoriche più avvincenti ha riguardato la distinzione tra la norma giuridica e le norme proprie degli altri regolatori sociali. La risposta più diffusa e risalente punta alla sanzione e all'uso legittimo della forza: giuridiche sono le regole (norme giuridiche) assistite da sanzione e, quindi, in ultima istanza, dall'uso legittimo della forza. In estrema sintesi, ogni norma giuridica sarebbe accompagnata da una sanzione pronta a scattare nell'ipotesi di sua violazione; la sanzione può essere espressamente prevista dalla norma (come spesso accade nel diritto penale) ovvero può essere indirettamente ricavata dall'ordinamento. Già da tempo, questo collegamento (norma e sanzione) è stato messo in discussione in quanto, ad esempio, esistono norme prive di sanzioni (soprattutto nel diritto costituzionale).

È allora d'aiuto, per comprendere la specificità del fenomeno giuridico, spostare l'attenzione dalla norma all'ordinamento (l'insieme delle norme di un gruppo) e osservare che l'elemento distintivo può essere rinvenuto nel fatto che l'ordinamento giuridico, a differenza di altri ordinamenti normativi, è l'unico a prevedere norme sulla creazione di norme (Hart, 1961, 95 ss.).

Per ora è inoltre utile registrare che la norma giuridica teme l'ineffettività, la sua non applicazione, in quanto ciò denota un distacco tra la regola e i suoi destinatari, una mancanza di coesione tra chi comanda (e adotta le norme) e chi è destinatario della norma (o perché è chiamato ad applicarla, come il giudice, o perché ne è destinatario come cittadino) (se ne discuterà meglio nel cap. XI.3).

## 2. *L'ordinamento giuridico*

### 2.1. *Gli elementi strutturali*

A questo punto è possibile introdurre il concetto centrale di **ordinamento giuridico**, visto che sono stati esaminati tutti gli elementi che lo compongono. Con il termine ordinamento giuridico si fa normalmente riferimento al **diritto oggettivo**, all'insieme (ordinato) delle norme valide che disciplinano i rapporti all'interno di un gruppo sociale.

Di ordinamento giuridico è possibile parlare allorché il gruppo sociale di riferimento si sia dotato di una organizzazione, che può essere anche minima. In virtù di tale organizzazione una parte del gruppo è in grado di esercitare il potere di comando attraverso la normazione (composta soprattutto, come detto, di norme giuridiche). La violazione delle norme è sanzionata attraverso il legittimo monopolio della forza. Come rivela l'origine latina della parola (*ordo*), il concetto di ordinamento è strettamente legato alla creazione dell'ordine che il gruppo decide di darsi.

È possibile ora indicare riassuntivamente gli elementi che compongono l'ordinamento giuridico: **plurisoggettività** (all'interno dell'ordinamento giuridico esiste un numero più o meno consistente di soggetti, non necessariamente fisici), **organizzazione** (l'ordinamento giuridico va da un'organizzazione minima, consistente nella differenza tra chi comanda e chi è comandato, a forme organizzative complesse, come quella statale), **normazione** (all'interno di ogni ordinamento giuridico esistono soggetti autorizzati a produrre norme giuridiche), **forza** (in ogni ordinamento giuridico sono designati i soggetti che detengono l'uso legittimo della forza).

L'ordinamento giuridico è un concetto giuridico nato dall'osservazione di quei grandi gruppi sociali che hanno poi assunto forma statale. Ma è chiaro che esso era presente già prima che lo Stato, nella sua dimensione moderna, facesse la sua apparizione. Le città dell'antica Grecia, Roma e l'impero da essa creato, i comuni italiani del periodo rinascimentale sono tutte forme di ordinamento giuridico in cui ricorrono gli elementi appena descritti, anche se non avevano forma statuale. Di ordinamento giuridico è dunque corretto ragionare anche in relazione a quelle organizzazioni che non hanno un carattere generale e universale: anche un'associazione è dotata di ordinamento giuridico (si pensi ad una federazione sportiva), come lo sono anche certe associazioni criminali molto strutturate.

Da ciò discende la consapevolezza della **pluralità degli ordinamenti giuridici**, con la quale si vuole esprimere una doppia caratteristica: da un lato, la relatività dell'ordinamento giuridico (nel senso che nessun ordinamento giuridico può pretendere di essere considerato come l'idealtipo o come espressione perfetta del concetto); dall'altro, l'esistenza di una molteplicità di ordinamenti giuridici (si pensi, appunto, ai tanti Stati sovrani esistenti e si pensi anche alle tante esperienze ordinamentali di livello inferiore, come le associazioni private, o superiore agli Stati, come la comunità internazionale o l'Unione europea).

Il concetto di ordinamento giuridico è centrale per la comprensione del diritto. Un'avvertenza: il concetto di ordinamento giuridico è così centrale nello studio del diritto costituzionale che, a ben guardare, può dirsi che la stessa partizione di un corso di diritto costituzionale può essere tendenzialmente costruita sugli elementi costitutivi dell'ordinamento giuridico. Gli argomenti essenziali di un corso di diritto costituzionale sono infatti costituiti da una parte sull'organizzazione (la nozione di Stato, le forme di Stato e di governo, l'organizzazione dello Stato, delle Regioni e degli enti locali), da una parte sulla normazione (le fonti e le norme da esse prodotte), da una parte sulla soggettività e plurisoggettività (la cittadinanza, i diritti e i doveri inviolabili). Ed è bene dedicare attenzione, fin da ora, ad alcuni concetti giuridici in tema di soggettività, centrali per la comprensione dell'organizzazionc costituzionale.

## 2.2. *Concetti giuridici in tema di soggettività giuridica*

### 2.2.1. *Le persone fisiche, le persone giuridiche, la soggettività giuridica*

L'esperienza giuridica è innanzitutto sociale, collettiva, plurale. Parlare di un ordinamento giuridico personale non avrebbe senso. L'insieme delle norme, l'ordine giuridico nasce, come si è detto, per regolare rapporti tra più soggetti, all'interno di un gruppo. Sorge quindi l'esigenza di collegare gli individui all'ordinamento giuridico di riferimento. Normalmente ciò accade attraverso il fatto naturale di nascere sul territorio in cui insiste l'ordinamento ovvero per atto di ammissione.

Nel corso della storia gli ordinamenti giuridici hanno previsto anche altri soggetti giuridici, diversi dalle **persone fisiche**. In particolare, fin dall'antichità, norme giuridiche hanno previsto o che alcuni individui operassero giuridicamente per conto di altri oppure che alcuni individui agissero giuridicamente per enti artificiali, costituiti da un insieme di persone fisiche e di entità materiali e immateriali. Con riguardo a quest'ultimo fenomeno è stata elaborato il concetto di persona giuridica.

L'ordinamento giuridico affida alle **persone giuridiche** il perseguimento di determinati interessi, equiparandole, fin dove possibile, alle persone fisiche. Tra le persone fisiche e quelle giuridiche possono esservi figure intermedie (es. le associazioni non riconosciute).

Il termine *persona* nel lessico giuridico non coincide, dunque, con il linguaggio comune poiché esso sta a significare che la persona (fisica o giuridica) è oggetto e soggetto di diritto (vale a dire che è presa in considerazione dalle norme giuridiche ed è destinataria delle stesse diventando titolare di situazioni giuridiche soggettive). L'artificialità del termine *persona* in senso giuridico risalta ancor di più se si riflette sul fatto che nella storia giuridica vi sono stati ordinamenti per i quali alcuni individui non erano considerate persone in senso giuridico (gli schiavi dell'antica Roma). Oggi si discute se gli individui che nasceranno sono già titolari di diritti (e obblighi). Anche gli animali sono stati, in molti ordinamenti, riconosciuti come soggetti di diritto. Una questione ancora priva di regolamentazione è quella dei robot.

Tutti questi esempi mostrano che sono le norme ad attribuire a certe entità, non necessariamente fisiche, una **soggettività giuridica**, vale a dire l'idoneità ad essere considerate dal diritto come soggetto di diritto (e quindi essere titolare di situazioni giuridiche soggettive attive e passive, di cui diremo subito appresso). Proprio perché persona in senso giuridico allude a fenomeni fisici e sociali diversi, questa soggettività può essere graduata.

### 2.2.2. *La capacità giuridica e la capacità d'agire*

Il soggetto di diritto (persona fisica o persona giuridica) diventa così destinatario di norme che lo abilitano ad agire giuridicamente. Ciò si esprime con il concetto di **capacità giuridica**, che, in base all'art. 1 c.c., «si acquista dal momento della nascita». La capacità giuridica è quindi l'astratta capacità di essere titolare di diritti e obblighi. L'art. 22 afferma che nessuno può essere privato della capacità giuridica per motivi politici.

Per passare dall'astratta idoneità alla concreta capacità di compiere atti giuridici, producendo effetti giuridici nell'ambito dell'ordinamento giuridico, c'è bisogno che l'ordinamento giuridico ritenga il soggetto giuridico capace d'agire. La **capacità d'agire**, ai sensi dell'art. 2 c.c., si acquista in Italia al compimento della maggiore età. La capacità d'agire presuppone la **capacità naturale** (d'intendere e di volere).

In alcuni casi l'ordinamento può porre un limite alla capacità di disporre della propria sfera giuridica e patrimoniale, vuoi perché, pur avendo capacità naturale, manchi ancora la capacità d'agire (è il caso del minore), vuoi perché, pur essendoci la capacità d'agire, manchi la capacità naturale (il caso dell'inabilitato o dell'interdetto giudiziale). In questi casi gli incapaci potranno agire solo se rappresentati o assistiti da altri soggetti.

### 2.2.3. *La rappresentanza*

Si viene così a un concetto centrale nei rapporti intersoggettivi, quello di **rappresentanza**. Con esso si intende dire che l'ordinamento attribuisce ad un soggetto (il rappresentante) il potere di agire per conto di un altro (il rappresentato), producendo effetti giuridici nella sfera del rappresentato (e non in quelli del rappresentante). La rappresentanza può assumere forme diverse. Si distingue tra una **rappresentanza legale**, in cui l'ordinamento assicura così la capacità d'agire all'incapace, e una **rappresentanza volontaria**, in cui una persona perfettamente capace stipula un contratto con un'altra affinché questa agisca in suo conto (in questo caso si stipula un contratto di mandato, redigendo un atto di procura).

Nel caso della persona giuridica, che non può agire da sola essendo una astrazione o finzione, l'ordinamento attribuisce a determinati soggetti il potere di agire per conto della persona giuridica. In questo caso chi agisce per la persona giuridica ne è parte (si pensi all'azione del Sindaco che agisce per il Comune) sicché non c'è un vero rapporto di rappresentanza ma di immedesimazione organica (**rapporto organico**). Questo tipo di rapporto è particolarmente rilevante nel campo del diritto costituzionale e pubblico.

### 2.2.4. *La persona giuridica: organo e ufficio*

Conviene soffermarsi brevemente sul concetto di **persona giuridica**. Essa è costituita da un insieme di elementi, personali e materiali, organizzati per il raggiungimento di un fine comune. A tale entità l'ordinamento attribuisce soggettività giuridica. Attraverso l'attribuzione della **personalità giuridica** l'ordinamento esprime la volontà di equiparare quanto più possibile l'ente alla persona fisica, ampliando la sua sfera di capacità.

Accanto agli enti con personalità giuridica esistono poi gli **enti non riconosciuti** o di fatto, che sono privi della personalità giuridica. Pur con maggiori limitazioni, questi enti possono agire giuridicamente, nei limiti stabiliti dall'ordinamento, producendo effetti giuridici.

Le persone giuridiche possono essere di diritto privato o di diritto pubblico. Le prime perseguono fini che tendenzialmente sono conseguiti dalle persone fisiche e sono organizzate secondo schemi privatistici (associazioni o fondazioni). Le seconde perseguono fini collettivi (pubblici) e sono particolarmente rilevanti nel campo del diritto costituzionale e pubblico. Tali sono, tanto per esemplificare, l'Unione europea, lo Stato, le Regioni, le Province, i Comuni.

Per poter agire giuridicamente, la persona giuridica deve avvalersi, come si è detto, delle persone fisiche che ne fanno parte. Il rapporto che lega le persone fisiche alla persona giuridica è di **immedesimazione organica**, non di rappresentanza [1].

---

[1] Si noti che il rapporto di rappresentanza è triadico: rappresentante, rappresentato e terzo. Inoltre l'azione del rappresentante ricade sul rappresentato solo se rimane nell'ambito dei poteri conferiti

La persona giuridica è quindi composta da uno o più organi, a seconda della sua complessità. L'**organo** è una parte della persona giuridica abilitata ad esprimere la volontà della stessa attraverso atti giuridici. L'organo è composto da una parte soggettiva e una oggettiva.

Dal punto di vista soggettivo, l'organo può essere composto da una o più persone fisiche, che assumono la titolarità dell'ufficio. Se vi è un solo titolare dell'organo, avremo l'organo **monocratico** (in questo caso la persona fisica del Presidente, ad esempio Luigi Einaudi); se vi sono più titolari, avremo l'organo **collegiale** (il Parlamento). A mutare sono le persone fisiche titolari dell'organo, non l'organo in sé che permane nel tempo.

Sono gli organi, e solo gli organi, ad esercitare i poteri giuridici che l'ordinamento riconosce alla persona giuridica. Tra la persona fisica, titolare dell'organo, e la persona giuridica si instaura un rapporto di immedesimazione organica, per cui la persona fisica si identifica con l'organo (quando il Presidente della Repubblica firma l'atto di nomina del Presidente del Consiglio, egli manifesta la volontà dell'organo Presidente della Repubblica e può farlo in quanto è il legittimo titolare dell'ufficio)[2].

Dal punto di vista oggettivo, l'organo è composto da apparati burocratici di varia dimensione, che sono chiamati **uffici**. Si pensi alla complessa organizzazione di un ministero: al vertice vi è il Ministro, che è l'organo abilitato a manifestare la volontà della persona giuridica; al di sotto vi è una gran quantità di uffici, a partire da quelli apicali per poi giungere fino a quelli che svolgono mansioni materiali (come il trasferire il Ministro dalla sede alla Presidenza del Consiglio). Anche in tal caso a capo di questi uffici sono preposte persone fisiche (i titolari dell'ufficio), che avranno a disposizione beni ed elementi personali per svolgere le relative mansioni. Ogni persona giuridica si compone quindi di organi e uffici.

### 2.2.5. *Fatti e atti. Fattispecie astratta e concreta*

Finora abbiamo ragionato prendendo in considerazione l'elemento della soggettività, il modo in cui l'ordinamento lo considera e lo entifica. Dobbiamo ora brevemente considerare la fase logicamente successiva, quella che permette ai soggetti dell'ordinamento di agire giuridicamente. A tal fine le norme prendono in considerazione fatti dai quali fanno scaturire determinati effetti (fatti giuridici). I fatti presi in considerazione possono essere eventi naturali (**fatti naturali** o **meri fatti**) o comportamenti umani (**atti giuridici**). Tra gli atti giuridici, chiamati anche

---

dalla legge o tramite la procura. Nel caso del rapporto di immedesimazione organica, l'intera azione dell'organo è invece imputata alla persona giuridica.

[2] Altra cosa è il **rapporto di servizio** che sussiste tra persona fisica titolare dell'ufficio e l'organo: in questo caso si prescinde dall'immedesimazione organica e si considera solo il rapporto giuridico che lega la persona fisica all'ufficio e che produce altri obblighi e doveri.

meri atti, molta importanza hanno gli atti di volontà ai quali la norma attribuisce specifici effetti giuridici (**atti negoziali** o **negozi giuridici**).

Ciò che caratterizza il diritto è la sua capacità di qualificare eventi che si producono nella realtà. Qualificando fatti e atti il diritto contribuisce a costituire la realtà sociale. Ad esempio, la norma di un ordinamento giuridico può stabilire che al verificarsi di un fenomeno naturale, come il distacco di una parte di un fiume, si produca un determinato effetto giuridico, l'acquisto della proprietà dietro pagamento di un indennizzo, da parte di chi possiede quella porzione di terreno in cui si è collocata la parte distaccata (avulsione, fattispecie regolata dall'art. 944 c.c.). Questo fatto considerato in via astratta, senza riferimento a un caso specifico, viene anche definito **fattispecie astratta**; se l'evento si verificherà effettivamente, avremo a che fare con la **fattispecie concreta.** Una parte dell'attività dei giuristi consiste nel capire se la fattispecie concreta è sussumibile in quella astratta (**sussunzione**).

## 3. *Lo Stato come ordinamento giuridico*

Il diritto costituzionale si occupa, per una sua buona parte, del diritto che disciplina il funzionamento degli organi di vertice dello Stato. Diverse sono le discipline che studiano ciò che chiamiamo Stato. Da una prospettiva giuridica, lo Stato può essere considerato come un ordinamento giuridico, il più importante ordinamento giuridico insistente su un dato territorio dove risiede una comunità di individui, che si autocomprende come popolo. Su questo convergono anche correnti di pensiero giuridico molto differenti tra loro, come il positivismo e l'istituzionalismo.

Dell'ordinamento giuridico ricorrono in effetti tutti gli elementi.

È sicuramente presente l'elemento della *plurisoggettività*, visto che l'elemento soggettivo che dà forma allo Stato si compone di un numero piuttosto elevato di individui. A questo insieme di individui – presenti su un territorio e accomunati da fattori antropologici integrativi come la lingua, la religione, la razza o altro – si dà il nome di **popolo**. Il popolo è appunto questo insieme composto da individui aventi la medesima cittadinanza.

La comunità statale è poi fornita di un'*organizzazione*, che, lo si è visto, può essere molto diversa. Vedremo nel corso del prossimo capitolo che l'organizzazione del potere all'interno di uno Stato può assumere varie forme, a seconda del rapporto che si instaura tra governanti e governati. Ciò che caratterizza l'ordinamento giuridico statale dal punto di vista organizzativo è il fenomeno di 'accentramento' (Kelsen, 1945, 163), vale a dire la previsione di organi istituiti al fine di produrre (legislatore) e applicare (giudici e amministrazione) norme[3].

---

[3] Decentrato, secondo Hans Kelsen, è l'ordinamento che lascia che a produrre e applicare le norme siano i destinatari delle norme medesime, come avviene nel caso del diritto internazionale.

Quanto all'elemento della *normazione*, lo Stato moderno e quello contemporaneo utilizzano diverse tipologie di atti normativi. L'ordinamento giuridico italiano contiene al proprio interno una notevole pluralità di atti produttivi del diritto (c.d. fonti del diritto).

Lo Stato è anche il detentore ultimo della *forza*, di cui ha il legittimo monopolio.

Vediamo ora ciò che caratterizza lo Stato rispetto a ogni altro ordinamento giuridico.

La prima caratteristica è la *territorialità*. Le comunità organizzate in forma statuale hanno la caratteristica di pretendere che su *quel* territorio in cui risiede *quella* popolazione non vi possano essere altri soggetti legittimati all'esercizio del potere di comando e al conseguente uso legittimo della forza se non *quelli* che sono stati indicati dal gruppo come governanti o che abbiano assunto con la forza tale titolo. Il diritto internazionale indica come elementi del territorio la terraferma, le acque territoriali (il cui limite è fissato nelle 12 miglia marine), lo spazio aereo, il sottosuolo, le navi e gli aerei dello Stato.

L'ordinamento statale pretende inoltre di essere *indipendente* e sovraordinato ad ogni altro ordinamento presente in quel territorio. Indipendente va inteso in duplice senso. Lo Stato è indipendente nel senso che l'ordinamento giuridico da esso posto vede alla sua origine un potere costituente, *extra ordinem*, che, ponendo la norma fondamentale (o costituzione originaria), istituisce anche l'ordinamento giuridico. Da ciò segue che lo Stato è anche indipendente da ogni altro ordinamento giuridico (statale o sovrastatale). Infine l'ordinamento giuridico statale è, come abbiamo già osservato, tendenzialmente accentrato, vale a dire che la produzione e l'applicazione del diritto sono riservate ad organi specializzati.

Lo Stato è quindi uno tra i molti ordinamenti giuridici. All'interno del medesimo territorio può tuttavia rilevarsi la presenza di altri ordinamenti, di livello infrastatale o sovrastatale (si pensi rispettivamente alle Regioni e all'Unione europea).

## 4. *La sovranità*

L'ordinamento giuridico statale può vantare una caratteristica che, in qualche modo, riassume tutti i tratti finora esaminati: la sovranità. La sovranità è un concetto eminentemente giuridico e, allo stesso tempo, eminentemente relazionale ed è nata osservando le esperienze statuali al momento della loro formazione (nell'epoca moderna) (Chessa, 2019, *passim*).

Il concetto di sovranità si forma nel periodo dello Stato assoluto e quindi precede di molto gli sviluppi più moderni della teoria costituzionale. È anche per questo motivo che la percezione che spesso si ha della sovranità è quella di un concetto legato alla tradizione dell'assolutismo, dell'arbitrio del sovrano, dell'identificazione della persona fisica con la sovranità. Va detto con chiarezza che questa è una concezione antiquata della sovranità, che non tiene conto della tradizione del costituzionalismo moderno, che ha invece operato un taglio netto tra persona fisica del sovrano e sovranità. Grazie ai fondamentali contributi di pensiero sui quali il costituzionalismo è cresciuto [da Bodin (1576) a Hobbes (1651), da Rousseau (1762) a Kant (1786)], la sovranità è oggi un concetto che può ben essere declinato in senso democratico.

Per meglio caratterizzarla, può essere utile partire dalla prospettiva che il diritto internazionale, cioè quella branca del diritto che studia i rapporti tra Stati, ha della sovranità degli Stati. Per il diritto internazionale, esistono molteplici ordinamenti giuridici statali sovrani. Anzi: in tanto un'entità territoriale può essere riconosciuta come Stato dalla comunità internazionale, in quanto sia dotata di sovranità. Ciò equivale a dire che quell'entità territoriale deve possedere determinati caratteri, quali l'*originarietà* (l'ordinamento giuridico non deriva la propria esistenza e legittimità se non da se stesso), l'*indipendenza da vincoli giuridici* (è chiaro che questa è una caratteristica molto presente nelle forme dell'assolutismo europeo), la *coattività* (nel senso che le manifestazioni di volontà espresse dai detentori del potere di comando trovano esecuzione anche contro la volontà dei destinatari), la *territorialità* (nel senso che tale entità esercita il proprio potere solo sul territorio in cui risiede quella comunità statale o sui territori stranieri ad essa sottomessi e non può pretendere di interferire con l'esercizio dei poteri di altre entità statali). In assenza di tali caratteri quell'entità territoriale non può ricevere il riconoscimento di Stato (sovrano).

È questa la ragione per la quale abbiamo detto che la sovranità è un concetto eminentemente relazionale: di essa si ha bisogno nel momento in cui esistono altre entità (statali) che vantano le caratteristiche appena descritte. La sovranità, in altri termini, è un concetto che presuppone una comunità internazionale di Stati, in cui ciascun componente si dichiara (ed è ritenuto dagli altri) sovrano o dotato di sovranità. Nei periodi precedenti all'epoca moderna, in cui si forma la comunità degli Stati internazionali, il concetto di sovranità era, per così dire, superfluo e di esso non si sentiva il bisogno in quanto, nonostante la completezza e l'universalità degli ordinamenti giuridici (si pensi all'impero romano), assente era la dimensione relazionale che caratterizza gli Stati moderni, immersi in un mondo di rapporti giuridici con altri Stati, tutti in una posizione di pariordinazione.

Nella più limitata prospettiva del diritto costituzionale i caratteri della sovranità si condensano nella *summa potestas*, che a lungo si è identificata nella persona del monarca. La *summa potestas*, si badi bene, oltre a denotare i poteri che esercita il sovrano, indica soprattutto la sua pretesa di essere obbedito. È qui, dunque, che sovranità e diritto (inteso come ordinamento giuridico) coincidono. Naturalmente, con la progressiva evoluzione dello Stato moderno, cambiano i modi di esercizio di tale *potestas* ma il legame tra sovranità e diritto non deve mai andar perso, pena la disgregazione della legittimazione dell'ordinamento giuridico statale. Ciò vale anche i periodi storici successivi alla formazione dello Stato. In particolare i poteri in cui si articola la sovranità dello Stato liberale e poi dello Stato contemporaneo non sono più accentrati nelle mani di una sola persona, ma sono separati tra più organi. Negli Stati federali, tale separazione si svolge poi non solo a livello orizzontale, per così dire, ma anche a livello verticale. Ciò porta a dire, ad esempio nella letteratura costituzionalistica statunitense, che la sovranità è divisa (appunto tra la Federazione e gli Stati). Si tratta di costruzioni dogmatiche[4] che non devono però celare il punto fondamentale, vale a dire che a esser diviso può essere l'esercizio dei poteri ma non il suo fondamento, che deve restare unico e coincidere con l'ordinamento giuridico statale (e con la sua pretesa di obbedienza).

Proviamo a esemplificare dando uno sguardo all'art. 1, dove è appunto scritto che «*la sovranità appartiene al popolo, che la esercita nelle forme e nei limiti della Costituzione*». La disposizione è chiarissima, pur nella sua estrema sintesi, poiché vuole indicare che la fonte di ogni potere e del suo esercizio risiede nel popolo. Tali poteri potranno essere poi divisi in senso orizzontale e verticale ma rimane fermo che la legittimità di qualsiasi norma e provvedimento (attraverso cui si esercitano i poteri) deve poter essere ricondotta alla sovranità del popolo[5]. Ed infatti qualsiasi norma e provvedimento che non risponda a tale catena logica, essendo privo di legittimità, può essere disatteso o comunque giuridicamente contrastato. Al fondo non c'è più un obbligo di obbedienza da parte dei cittadini.

Quanto detto finora può essere utile per orientarsi nel dibattito contemporaneo sugli effetti della globalizzazione. È infatti in corso un cambiamento, a livello globale e poi a livello europeo, così profondo che, nelle pagine che seguono, spesso si farà riferimento alle difficoltà che oggi incontrano gli Stati a mantenere le caratteristiche sopra indicate e formatesi in un periodo di lunga gestazione che coincide sostanzialmente con l'evo moderno (originarietà, indipendenza, coattività). A parte il fenomeno dell'Unione europea, che potrebbe portare alla formazione di una nuova e unitaria entità statale e che comunque è già un ordinamento giuridico che incide profondamente sull'integrità degli Stati membri, esistono molti settori di attività – si pensi al commercio internazionale – in cui la sovranità degli Stati è messa in discussione dalla presenza di organizzazioni internazionali

---

[4] Per dogmatica intendiamo l'insieme dei concetti, delle categorie, delle tecniche interpretative presenti in un determinato ordinamento giuridico. Essa rappresenta la 'cassetta degli strumenti' con cui pensa e opera il giurista attivo in quell'ordinamento.

[5] La dottrina costituzionalistica italiana ha poi discusso se, alla luce della lettera dell'art. 1.2., debba parlarsi di sovranità del popolo o dello Stato (Crisafulli, 1954 e Amato, 1962). Forse la soluzione sta nel mezzo: la sovranità è del popolo, perché lo stabilisce la Costituzione. La norma costituzionale aggiunge però, immediatamente dopo, che il popolo esercita la sovranità nelle forme e nei limiti stabiliti dalla Costituzione. E quindi può ritenersi che, attraverso il rinvio alle «forme», la Costituzione finisca per sottintendere che il concreto e prevalente esercizio della sovranità è affidato agli organi dello Stato. Inoltre non si dimentichi che, per il diritto internazionale, la Repubblica italiana è rappresentata dallo Stato e dai suoi organi. La sovranità è, dunque, il frutto di una costante mediazione tra popolo e Stato.

che sono in grado di adottare norme condizionanti i cittadini e le imprese degli Stati nazionali e gli Stati medesimi.

Molti autorevoli studiosi ritengono di conseguenza che non sia più possibile considerare gli Stati come enti sovrani. Le considerazioni precedenti ci permettono di osservare che, se è indubbia una «limitazione» fattuale e giuridica della sovranità degli Stati a causa delle pressioni globali, la sovranità continua ad essere il tratto caratterizzante della statualità.

## 5. *L'oggetto del diritto costituzionale*

### 5.1. *Le origini dell'idea di costituzione: la costituzione come contratto*

Il diritto costituzionale si occupa della costituzione e del diritto che da essa discende. Il miglior modo per capire quali sono gli oggetti di questa branca del diritto è volgere lo sguardo ai primi documenti costituzionali dell'epoca moderna, che hanno dato forma e sostanza al concetto di costituzione.

**Costituzione** è concetto della modernità. Nell'antichità, più specificamente nel mondo greco-romano, e fino a tutto il Medioevo, il vocabolo costituzione o era del tutto assente (ed è questo il caso dell'antica Grecia in cui per esprimere ciò che oggi si definisce costituzione si usava il diverso termine di *politèia*) o indicava tutt'altra cosa (nel periodo di influenza del diritto romano le 'costituzioni imperiali', in quello medioevale gli atti normativi del Papa, dell'imperatore e, solo a volte, dei monarchi).

Il nucleo originario del concetto di costituzione è costituito dalla nozione di *contratto* (dal *Defensor pacis* di Marsilio da Padova del 1324 l'idea arriva fino al *Leviatano* di T. Hobbes e ai *Due trattati sul governo* di J. Locke): se il potere politico deve essere esercitato sui governati, allora questi devono consentire a tale esercizio. Alcuni noti eventi storici possono servire a confermare l'origine contrattuale della costituzione.

a) Alla *Magna Charta* del 19 giugno 1215, derivante dal contrasto tra Giovanni senza Terra da un lato e i baroni inglesi e il clero dall'altro, ribellatisi alla tirannia reale, può fondatamente attribuirsi il significato di un contratto. *In nuce*, questa Carta conteneva in sé i futuri sviluppi costituzionali inglesi, in quanto vi si stabiliva che alcune prerogative reali potevano essere esercitate solo con l'approvazione del *commune consilium regni*, composto appunto da rappresentanti del clero e della nobiltà; da tale organo, inizialmente convocato solo in occasioni straordinarie, avrebbe poi preso forma il Parlamento d'Inghilterra. Da allora, ad ogni tentativo dei monarchi di riaccentrare in maniera assoluta il potere seguì la reazione di nobili e clero diretta a richiedere la conferma della *Charta* (esempio di ciò furono le conferme della *Magna Charta* di Enrico III nel 1225 e di Edoardo I nel 1297).

b) All'idea di contratto possono ricondursi anche altri storici documenti, elaborati in parti diverse del continente europeo: la *Bolla d'oro* ungherese del 1222, il *Privilegio generale* aragonese del 1283, i contratti stipulati tra principi e ceti nei vari territori tedeschi.

c) Ma, come dicevamo, l'idea del contratto come base del patto sociale giunge fino alle soglie dell'epoca moderna. I *Pilgrim fathers*, l'11 novembre 1620, a bordo del *Mayflower* che li conduceva dal continente europeo verso New Plymouth, si impegnarono reciprocamente a fondare una comunità, a determinarne le autorità e a obbedirvi. È innegabile che anche in tal caso sia al lavoro l'idea del contratto, tanto più che in questo caso le parti in gioco, a differenza degli esempi precedenti, sono su un piano di equiordinazione. L'esempio fu poi seguito da altri coloni che stipularono ulteriori patti di stabilimento (*Plantation covenants*). In particolare vanno ricordati, tra questi contratti, i *fundamental orders of Connecticut* (1639), che hanno già una struttura molto simile a quella di una costituzione in senso moderno.

d) Vale infine la pena di notare che anche nella fase costitutiva degli Stati Uniti d'America è possibile rinvenire una sorta di collegamento all'idea del contratto. Come è infatti noto, le tredici colonie, divenute indipendenti dalla madrepatria, si riunirono a Philadelphia nel 1774 per elaborare uno strumento di coordinamento. Mentre gli *articles of the Confederation* (un documento che restò in vigore per circa dieci anni, prima dell'adozione della vera e propria costituzione nel 1787) prendevano forma, il Congresso raccomandò, per decreto, alle tredici colonie di darsi una costituzione scritta. Così alcune colonie (Connecticut e Rhode Island) confermarono le vecchie carte contrattate con la madrepatria (sostituendo al re il popolo), altre le redassero *ex novo*: nel 1776 Virginia, Delaware, New Jersey, Pennsylvania, Maryland, l'anno seguente Georgia e New York; il Massachusetts aspettò fino al 1780, ma la sua Costituzione, redatta sulla base di un progetto di John Adams, è considerata la più completa e funse da modello per la costituzione federale del 1787.

### 5.2. *La nascita del concetto di costituzione: potere costituente e potere costituito*

Le rivoluzioni americana e francese rappresentano un momento di cesura anche per il concetto di costituzione. La fonte di legittimazione del potere viene ricondotta innanzitutto al popolo (o alla nazione, a seconda degli Stati), che, liberamente, si dà una costituzione.

Il legame tra il tipo di norma (le leggi fondamentali, poi individuate come costituzionali) e l'autore di questa norma (il soggetto titolare della sovranità) diventa essenziale per la comprensione degli eventi storici rivoluzionari che porteranno alla definitiva consacrazione della costituzione come norma fondamentale dell'ordinamento. Infatti, era oramai chiara per i costituenti nordamericani e francesi di fine Settecento la distinzione tra due tipi di norme: da un lato, la costituzione, diretta a dichiarare la fonte di legittimazione del potere e a disciplinarne l'organizzazione e, dall'altro, le leggi, dirette a regolare i rapporti dei singoli sulla base di quanto disposto dalle norme costituzionali.

A porre il primo tipo di norme, costituzionali perché appunto fondamentali, doveva essere solo il potere sovrano, definito da allora potere costituente (*pouvoir constituant*); una volta posta la costituzione e così istituito il potere (*pouvoir constitué*), questo avrebbe provveduto ad adottare le norme del secondo tipo. La distinzione tra potere costituente e potere costituito è formulata per la prima volta, nella temperie della rivoluzione francese, da Sieyès (1789, 96).

Tale distinzione soggettiva è anche il nucleo originario della c.d. *gerarchia delle fonti*. Se infatti al potere costituito fosse possibile modificare quanto stabilito dal potere costituente, vale a dire la costituzione, la superiorità della costituzione e la sua stessa forza ordinante verrebbero meno con evidenti effetti destabilizzanti.

Altra centrale questione riguarda la permanenza o l'estinzione del potere costituente. La questione può porsi nella maniera seguente: dopo che il processo costituente si è svolto, producendo così il documento costituzionale, il potere costituente si esaurisce o rimane, per così dire, latente, come un fuoco sotto la cenere, in attesa di ravvivarsi ove ve ne fosse necessità? Il problema non è teorico. Esso ha ricevuto risposte diverse a seconda delle differenti epoche storiche e delle differenti concezioni del rapporto tra storia e rivoluzione. Alla soluzione del problema sono state date due diverse risposte, che ancora oggi fanno capolino negli ordinamenti costituzionali maggiormente sottoposti a tensioni.

In base alla prima risposta più aperta alla storia e alle esigenze del mutamento, il potere costituente, identificandosi col potere sovrano, non si estingue mai e, se invocato, può tornare sempre disponibile. È evidente la prevalenza che tale impostazione conferisce al soggetto titolare del potere costituente (popolo, nazione, partito o altro). Per la seconda, invece, più orientata alla conservazione, il potere costituente, dopo aver prodotto la costituzione, si esaurisce sicché nessun potere costituito e nessuna 'parte' o fazione può pretendere di custodirlo e di esercitarlo. È evidente, in questo caso, la prevalenza assegnata al documento costituzionale rispetto al soggetto del potere medesimo (Zagrebelsky, 1996, 42 ss.).

Nella prima impostazione, che potremmo definire soggettiva (per il rilievo maggiore che dà al titolare del potere costituente), il potere costituente si distende nella storia, sostiene e accompagna il proprio prodotto ma può anche decidere di sopprimerlo. Nella seconda, che potremmo invece qualificare oggettiva (per il rilievo maggiore che dà all'atto), il potere costituente e il suo esercizio rimangono dei punti fissi nella storia.

Nella realtà degli ordinamenti giuridici il problema, che come appunto si diceva non è solo teorico, è stato in gran parte risolto attraverso le procedure di revisione parziale (e, in alcuni ordinamenti, totale) della costituzione. Si avrà modo di constatare che le norme costituzionali sulla revisione permettono di modificare parzialmente o totalmente la costituzione attraverso procedimenti speciali. Ma il problema ritorna tutte le volte il cui il potere costituente, attraverso la costituzione, ha inteso sottrarre a revisione parti della costituzione (come nel caso dell'art. 139). In quelle parti, come in uno scrigno, è custodito l'essenza del potere costituente.

### 5.2.1. *La costituzione come artificio o come evoluzione; costituzioni scritte e non scritte*

La teoria del potere costituente rinvia evidentemente a una *concezione costruttivistica della costituzione* come atto di volontà, creatore di un ordine che, in quanto non precostituito, è artificiale. In questo senso la teoria del potere costituente rappresenta una reale soluzione di continuità con le concezioni della costituzione che prevalevano nel medioevo e nell'antichità, che per costituzione intendevano essenzialmente un modo di rappresentare uno stato di cose preesistente, già dato in natura (*concezione evoluzionistica*). Questa contrapposizione è espressa più chiaramente nella lingua tedesca, che utilizza due termini per esprime il concetto di costituzione: *Konstitution* indica appunto la concezione costruttivistica di costituzione, *Verfassung*, invece, la concezione evoluzionistica (in tedesco il termine indica non solo la composizione, la redazione ma anche una condizione, uno stato). La *Konstitution* ha i propri presupposti filosofici nell'individualismo, nel contrattualismo, nel volontarismo; la *Verfassung* si ricollega invece ai caratteri della comunità, dell'articolazione del corpo sociale in comunità organica, in breve alle teorie organicistiche (Zagrebelsky, 1996, 35).

La dicotomia *Konstitution/Verfassung*, di origine filosofica, pare rinviare a una distinzione, propria della teoria costituzionale, e cioè a quella tra *costituzioni scritte e costituzioni non scritte*. E però le due coppie concettuali non sono pienamente sovrapponibili: se è indubbio che le costituzioni scritte sono il risultato di una volontà, di una scelta (e rientrano quindi nella concezione costruttivistica di costituzione), non è altrettanto vero che le costituzioni non scritte (ad esempio quella inglese) non siano anch'esse espressione di una precisa volontà o di scelte.

## 6. *La funzione della costituzione (nel suo aspetto evolutivo)*

I rivoluzionari francesi, nella Dichiarazione dei diritti dell'uomo e del cittadino del 1789, scrivono un articolo, il 16, che è rimasto nella storia del costituzionalismo. Eccone il contenuto: «la società, nella quale la garanzia dei diritti non è assicurata, né la separazione dei poteri determinata, non ha costituzione».

Prassi e teoria costituzionale convergono in questo documento costituzionale della rivoluzione[6]. Entra infatti in un testo costituzionale il concetto di *separazione dei poteri* che era stato oggetto di elaborazione teorica soprattutto da parte di filosofi, prima di Locke (1689, cap. XII, 337 ss.) e poi, più estesamente, di Montesquieu (1748, libro 11, cap. VI). Del principio – implicante che le attività di ela-

---

[6] La Dichiarazione servì da preambolo della Costituzione del 1791. Essa è anche richiamata nel Preambolo dell'attuale costituzione francese del 1958.

borazione di norme, della loro applicazione e della definizione delle controversie riguardanti l'applicazione di tali norme devono essere affidate ad organi e poteri diversi e tra loro in reciproco equilibrio – parleremo più compiutamente nel cap. II.

La funzione della costituzione diventa quindi la **limitazione del potere** attraverso norme giuridiche. È questa la missione del **costituzionalismo**, termine con cui si indicano le teorie filosofiche e giuridiche, sorte nei secoli XVII e XVIII, dirette alla limitazione legale del potere. Da questa base si svilupperanno due concezioni della funzione della costituzione: una *concezione strumentale* (più propria del costituzionalismo ottocentesco), secondo cui la funzione della costituzione è solo di tipo organizzativo, vale a dire che essa deve limitarsi a prevedere l'istituzione degli organi costituzionali, la disciplina delle loro competenze e dei procedimenti attraverso i quali essi agiscono; ed una *concezione materiale* (più diffusa nel costituzionalismo novecentesco), secondo cui la costituzione è espressione o riflette un ordine di valori sostanziali, che si esprime non solo nelle norme organizzative ma anche nelle norme sui rapporti del singolo con lo Stato, nelle norme che definiscono gli scopi e i programmi dello Stato, nelle norme che delineano i principi dell'azione statale.

Al di là di queste teorie interpretative, resta il fatto che la costituzione, per come venuta fuori dal periodo rivoluzionario di fine Settecento, rispondeva a una precisa istanza sociale: definendo da un lato l'organizzazione del potere e dall'altro i diritti individuali, la costituzione provvedeva anche a disegnare gli ambiti in cui la nascente società borghese poteva svolgere, in autonomia rispetto al potere politico, le proprie attività. Non stupisce che le costituzioni moderne (e cioè quelle della fine del Settecento e dell'Ottocento) diano consistenza giuridica solo ai c.d. diritti civili e politici (e cioè a situazioni giuridiche soggettive che garantiscono l'autonomia privata e la possibilità di partecipare, a determinate condizioni, all'esercizio del potere politico). Ciò è funzionale a quella (tendenziale) netta *separazione tra Stato e società* propria dell'epoca borghese in cui lo Stato svolge soprattutto funzioni di conservazione dell'ordine (lo Stato come guardiano notturno), limitandosi a reprimere eventuali abusi delle libertà economiche degli individui.

Come è noto, questa raffigurazione del rapporto tra Stato e società è destinata a perdere sempre più capacità esplicativa della realtà, anche a seguito delle critiche marxiane che evidenziarono la funzionalizzazione dei diritti allora riconosciuti alla forma di potere borghese e alla proprietà privata (Marx, 1843, 29-31). Attraverso le lotte di classe dell'Ottocento e della prima metà del Novecento, condotte soprattutto nel continente europeo, la realtà sociale a cui il diritto è chiamato a dare espressione si amplia e si articola, si rende complessa[7]. Le costituzioni del Novecento, che saranno chiamate a tradurre gli interessi dei nuovi soggetti sociali, registreranno così almeno tre importanti innovazioni.

---

[7] Accanto alla classe borghese, dominante nel corso dell'Ottocento, si afferma la classe operaia. Ma il Novecento mostrerà anche il superamento di questa contrapposizione 'classista', nata dalla lettura marxiana della storia, e l'affermarsi di un maggiore e più frammentato pluralismo sociale.

La prima mira a rimediare agli effetti delle troppo scarne discipline delle costituzioni di fine Ottocento in relazione all'organizzazione del potere e più ampiamente alla forma di governo (c.d. costituzioni flessibili). Si assiste così ad una maggiore razionalizzazione del potere, in particolare della forma di governo parlamentare (c.d. *costituzioni razionalizzate*) (Mirkine Guétzevith, 1928, 5 ss.).

La seconda innovazione procede nello stesso senso di quella appena esaminata e conduce ad un *ampliamento del catalogo di diritti fondamentali*: al suo interno vengono infatti inseriti nuovi diritti che, riconoscendo ai singoli pretese a prestazioni statali (in materia di istruzione, sanità, assistenza), verranno poi indicati come *diritti sociali*. Essi rappresentano la più chiara manifestazione costituzionale del passaggio da una *concezione formale del principio di eguaglianza*, per cui lo Stato di diritto si limitava a garantire l'uguaglianza di tutti – indipendentemente dalle condizioni personali, sociali, economiche – davanti alla legge ad un *concezione sostanziale* dello stesso, per cui lo Stato e tutti i poteri pubblici si impegnano a garantire a tutti, anche agli individui più svantaggiati, uguali possibilità di vita (*Stato sociale di diritto*).

La terza, implicita in quanto si è finora detto, è data da un ampliamento delle funzioni dello Stato[8]. Molte tra le più importanti costituzioni del Novecento vanno ben al di là della disciplina dei tradizionali oggetti. Esse, come anche la costituzione italiana, contengono norme che configurano un progetto di società. Queste *norme-programma* o programmatiche assegnano allo Stato nuove e impegnative funzioni, rendendolo il principale soggetto responsabile della sussistenza e dello sviluppo della società sotto il profilo culturale, economico e sociale. Tramite queste norme si affidano oggi allo Stato nuovi compiti, come la protezione dell'ambiente, delle eredità culturali, della diversità genetica, anche a tutela e in nome delle generazioni future.

## 7. *Concetto e concezioni di costituzione*

È ora possibile, in chiusura del presente capitolo, mettere insieme concetti che torneranno utili nei capitoli seguenti.

Costituzione è l'insieme delle norme supreme di uno Stato. In questo senso una costituzione costituisce l'ordine giuridico fondamentale di uno Stato. La costituzione può essere intesa **in senso formale**, con ciò facendosi principale riferimento alla forma giuridica che assumono le norme costituzionali (intese come insieme di testo costituzionale e leggi costituzionali). Normalmente le norme costituzionali

---

[8] Già subito dopo la Prima guerra mondiale lo Stato aveva cominciato a farsi carico dei bisogni vitali attraverso un più deciso intervento nei processi economici (da questo punto di vista la costituzione tedesca di Weimar del 1919 rappresenta una straordinaria anticipazione rispetto alle costituzioni del secondo dopoguerra).

sono approvate attraverso un procedimento particolarmente qualificato, differente da quello con cui sono approvate le norme di legge ordinaria. Ciò serve a conferire alle norme costituzionali una maggiore forza e stabilità rispetto a tutte le altre norme dell'ordinamento. Il documento costituzionale che contiene tali norme è inoltre generalmente adottato da assemblee convocate a tale fine.

A questa impostazione si contrappone una concezione di costituzione **in senso sostanziale**, con ciò alludendosi alle norme fondamentali che riguardano lo Stato e il suo rapporto con i cittadini. In questo concetto di costituzione il peso prevalente è assegnato non più alla forma ma al contenuto delle norme. È anche il concetto più problematico perché non è facile dire, con sicurezza, quali siano le norme che vanno considerate fondamentali e, per questo, da ritenere come costituzionali. L'osservazione storica ci dice che le costituzioni moderne hanno avuto come oggetto privilegiato di disciplina l'organizzazione degli organi di vertice dell'ordinamento, la disciplina del procedimento legislativo (e di revisione costituzionale), i diritti fondamentali.

Esistono Paesi, come il Regno Unito, privi di una costituzione in senso formale. In quel Paese il riferimento al diritto costituzionale è inteso in senso materiale, riferendosi all'insieme di leggi, di diritto giurisprudenziale, di consuetudini e convenzioni costituzionali. Alle norme così prodotte non spetta tuttavia un rango formale fondamentale giacché il Parlamento potrebbe cambiarle attraverso il procedimento legislativo ordinario.

Costituzione formale e costituzione sostanziale dovrebbero coincidere, anche se spesso non è così. Soprattutto nel caso delle costituzioni più risalenti nel tempo, l'evoluzione storica accentua il rischio di divaricazione tra costituzione formale e realtà. Può infatti accadere che la costituzione, per un verso, contenga norme che sono divenute obsolete oppure che sono considerate materia di legislazione ordinaria e, per l'altro, sia priva di norme che col tempo sono sentite come fondamentali e quindi costituzionali.

Un uso improprio del concetto di costituzione è quello che rinvia ai fatti che determinano un certo **regime politico**. Quasi a voler eliminare il diaframma che spesso si crea tra il testo costituzionale e il concreto assetto dei poteri all'interno della società, il concetto di regime politico allude, di volta in volta, all'assetto concreto ed effettivo delle istituzioni politiche in un certo periodo storico ovvero ai rapporti e alla distribuzione di potere tra le forze politiche o ancora ai fini politici perseguiti dalle forze dominanti (Giannini, 1950). Conviene dunque tener distinti i due concetti di costituzione e regime politico, pur non sottovalutando la circostanza che il secondo può condizionare il primo nella concreta attuazione.

## Capitolo II

# FORME DI STATO E FORME DI GOVERNO



### 1. *La distinzione tra forme di Stato e forme di governo*

Nella prospettiva dell'ordinamento giuridico lo Stato è costituito dal popolo (l'elemento della soggettività) e dal governo (l'elemento dell'organizzazione che permette di capire chi esercita il potere di comando e chi ne è soggetto). Questi due elementi insistono su un territorio. Si ritiene dunque, tradizionalmente, che lo Stato si compone di popolo, territorio e governo. Su questi tre elementi la riflessione giuridica, in particolare quella costituzionalistica, ha elaborato due ulteriori concetti di grande utilità: quelli di forme di Stato e di forme di governo (Pinelli, 2007).

Più in particolare, con **forma di Stato** si intende porre l'attenzione sul modo in cui si atteggia il rapporto tra governo e popolo, tra governanti e governati, all'interno di un certo territorio (per cui si avranno le forme di stato autocratiche, liberali, ecc.); abbracciando idealmente sia il lato dei governati che quello dei governanti, il concetto di forma di Stato prende in considerazione lo Stato nel suo insieme (*Stato-ordinamento*). Ragionare di forme di Stato, in ultima analisi, vuol dire capire chi detiene il potere statale, quali sono i soggetti che esercitano tale potere.

Naturalmente le forme di Stato sono dei modelli astratti, che non trovano mai piena ed esatta corrispondenza nella realtà. Tra il modello teorico (l'idealtipo) e la realtà vi è sempre una differenza. Le costituzioni possono aiutare a colmare questa differenza perché ci forniscono elementi per capire chi, all'interno di una concreta forma di Stato, detiene il potere. Anche in questo caso va fatta un'avvertenza perché spesso esistono poteri – partiti politici, poteri economici e religiosi – che non sempre trovano una compiuta disciplina in costituzione con la conseguenza di accentuare quella differenza tra il modello e la realtà.

In una applicazione più specifica, poi, il concetto di forma di Stato mette a fuoco il modo in cui, all'interno di un certo ordinamento, il rapporto tra governanti e governati si distribuisce sul territorio; come vedremo, in questa accezione **in senso territoriale**, il concetto di forma di Stato verrà utilizzato per individuare lo Stato federale, la Confederazione, lo Stato regionale, lo Stato unitario.

Con il sintagma **forma di governo** l'attenzione si concentra, invece, su un solo elemento dello Stato, quello del governo, per capire come al suo interno si organizzano i rapporti tra i detentori formali e sostanziali del potere. Per forma di governo si intende, più precisamente, il modo in cui si relazionano tra loro gli organi di vertice dello Stato. In questa prospettiva sarà allora possibile ragionare di forma di governo parlamentare, presidenziale, semipresidenziale, direttoriale, a seconda dell'organo principale di governo e dei rapporti che si instaurano con gli altri organi di vertice. I due concetti di forma di Stato e forma di governo sono inestricabilmente connessi (Mortati, 1973, 3).

Come abbiamo appena osservato, non sempre coloro ai quali la costituzione o le norme assegnano il potere di comando sono gli effettivi detentori del potere politico o comunque possono non essere i soli. Da qui l'esigenza di estendere l'analisi (grazie all'ausilio di altre discipline, come la scienza della politica) ad altri soggetti che, pur non contemplati dalle norme, esercitano, di fatto, il potere pubblico. L'importanza di questa possibile divaricazione diventa chiara quando si studia, ad esempio, la forma di governo parlamentare: oggi l'Italia, la Repubblica federale di Germania, la Gran Bretagna hanno la stessa forma di governo parlamentare, eppure funzionano in maniera molto differente. Ciò è dovuto, anche, al diverso assetto dei partiti, che, per quanto non indicati espressamente come titolari di poteri formali dalle rispettive costituzioni, esercitano o condizionano il potere politico.

Con il concetto di forme di governo l'analisi verte quindi su un aspetto più specifico dell'ordinamento giuridico statale, che la tradizione giuridica italiana indica come *Stato-apparato*[1].

---

[1] Ricapitolando, il lessico della dogmatica costituzionale italiana parte dal concetto di ordinamento o **Stato-ordinamento** per indicare l'ordinamento giuridico dello Stato nel suo complesso. Da tale concetto si dipartono sia il concetto di **Stato-apparato**, vale a dire l'insieme dei soggetti e degli organi che esercitano le competenze supreme o apicali, sia quello di **Stato-comunità**, per indicare l'insieme dei soggetti che compongono lo Stato ma non si identificano con gli organi di governo. In

## 2. *Le teorie classiche sulle forme di Stato*

### 2.1. *La suddivisione aristotelica*

Nell'antichità il criterio centrale intorno al quale ragionare per classificare le forme di Stato fu il numero dei soggetti detentori del potere. Alcuni autori affiancarono al numero anche un criterio etico, dato dall'interesse in nome del quale era esercitato il potere (l'interesse generale o quello personale del detentore del potere).

La più celebre e influente classificazione risale ad Aristotele (*Politica*, libro III, 7), che indicava tre forme di Stato giudicate positivamente in ragione del loro orientamento al perseguimento dell'interesse generale: la *monarchia* (il governo di uno solo), l'*aristocrazia* (il governo dei migliori), la *politìa* (il governo del popolo). Ad ognuna di esse ne corrispondeva un'altra che dalla prima derivava per degenerazione (anaciclosi) e che quindi erano connotate negativamente: alla monarchia si contrapponeva la *tirannide* (il governo arbitrario di uno solo per il proprio esclusivo interesse); all'aristocrazia si contrapponeva l'*oligarchia* (il governo arbitrario di pochi a vantaggio dei più ricchi); alla *politìa* si giustapponeva infine la *oclocrazia* (da *oklos*, ovvero moltitudine, massa). Un punto centrale dell'analisi aristotelica – molto utile per la comprensione dell'oggi – è che queste sei forme rappresentavano dei modelli che nella realtà mai apparivano nella loro purezza.

### 2.2. *La* constitutio mixta

La tendenza degenerativa e l'intreccio tra le forme di Stato pongono le basi per un ulteriore sviluppo delle teorie classiche: l'idea delle *forme miste di Stato*. La commistione delle tre forme di Stato appare come un utile accorgimento per evitare la decadenza e la prevalenza di un solo principio. È in particolare Cicerone (55-51 a.C., II, 43)a interpretare la repubblica romana come un esempio di costituzione mista (*constitutio mixta*) in cui si intrecciano il principio monarchico (il console), il principio aristocratico (il Senato) e il principio democratico (l'assemblea popolare). Questa impostazione rappresenta un importante antecedente della teoria della separazione dei poteri, di cui diremo. Tale commistione permette di sviluppare delle forze capaci di resistere alla tendenza che un principio possa prevalere sugli altri. Da ciò consegue che la *constitutio mixta* è la migliore delle forme di Stato [in questo senso anche Polibio (II secolo a.C., I 1, 5)].

---

un ideale diagramma, lo Stato-apparato indica quindi il polo dell'autorità, lo Stato-comunità è espressione del polo della libertà. Lo **Stato-persona** è una figura che indica invece il complesso organizzativo dello Stato.

### 2.3. *Monarchia e repubblica*

Per il diritto costituzionale è anche rilevante l'apporto di Machiavelli (1513), che ne *Il principe*, distingue le forme di Stato sulla base di chi è il capo dello Stato: la monarchia (che Machiavelli chiama il *principato*), in cui il Capo dello Stato è tale per diritto ereditario (ma non può escludersi un'elezione a vita), e la *repubblica* in cui il Capo dello Stato è eletto e rimane in carica per un periodo limitato di tempo.

La distinzione ha però oggi perso gran parte della sua utilità perché in molti Stati esiste un monarca il cui potere è solo simbolico o comunque limitatissimo. In questi Stati il principio monarchico convive con quello democratico (ciò vale non solo per il Regno Unito, ma anche per la Spagna, per il Belgio, la Danimarca, e così via). Negli Stati democratici, quindi, la distinzione tra monarchia e repubblica ha perso di rilievo, riguardando solo il modo in cui viene scelto il Capo dello Stato.

In Italia, per motivi storici, questa distinzione conserva tuttavia centrale importanza in quanto l'art. 139 sottrae alla revisione costituzionale la forma repubblicana, con l'evidente intento di escludere ogni ritorno a una forma di Stato monarchica.

## 3. *Le forme di Stato nell'epoca moderna*

### 3.1. *Dalla concentrazione alla separazione del potere*

Le categorie antiche trovano una nuova e diversa concretizzazione nell'epoca moderna e contemporanea.

La formazione dello Stato moderno è un processo storico lungo, complesso e diversificato. È infatti difficile stabilire il momento di avvio e quello di conclusione di ciò che definiamo Stato in senso moderno. Gli storici concordano nel ravvisare il primo abbozzo dello Stato moderno in quelle monarchie che sopravvissero al dissolversi delle pretese universalistiche del papato e dell'impero. A partire, quindi, dal Quattrocento, in Francia, Inghilterra e Spagna si avviò un percorso che portò alla concentrazione del potere nelle mani delle dinastie regnanti. Tale processo fu più rapido sul suolo inglese, mentre in molti Paesi europei (si pensi all'Italia) esso si dipanò più lentamente. La rivoluzione del 1688 segna sicuramente un momento importante per la storia inglese in quanto la c.d. *Glorious Revolution* rappresenta il passaggio dalla monarchia assoluta a una forma diversa di monarchia, detta costituzionale. Nel continente europeo, invece, bisognerà attendere la rivoluzione francese per un assetto di potere che il Regno Unito aveva assunto un secolo prima.

Inoltre il processo non è lineare ma tendenziale giacché si svolge con inevitabili resistenze da parte degli attori coinvolti nelle trasformazioni sociali che portano all'emersione del nuovo assetto di potere. Non bisogna dimenticare che i mutamenti politici e istituzionali sono il portato di un conflitto tra classi e ceti sociali emergenti (quella borghese e poi, nello Stato contemporaneo, quella delle classi più emarginate, come il proletariato, la classe operaia). Guardando ancora all'esempio inglese, la contrapposizione tra il monarca e il Parlamento (la Camera dei comuni) è innanzitutto un conflitto tra la nobiltà e la nascente classe della borghesia.

Infine il processo di formazione dello Stato moderno, per i motivi appena detti, si svolge con ritmi differenti anche in ragione dei processi di sviluppo economico e sociale che sono diversi a seconda dei Paesi presi in considerazione. L'Italia e la Germania approderanno ad assetti di potere propri dello Stato moderno in ritardo rispetto a quanto avvenuto nel Regno Unito, negli Stati Uniti o in Francia anche in ragione del più lento sviluppo economico e sociale.

In questa fase di passaggio dall'assolutismo allo Stato liberale prende forma il c.d. **Stato di polizia**, in cui l'assetto assolutista del potere si apre ad istanze riformistiche. L'esempio più celebre è la Prussia di Federico II o, con riguardo all'Italia, il Granducato di Toscana di Pietro Leopoldo. Basti pensare che in Toscana Pietro Leopoldo si adoperò per la liberalizzazione delle terre e dei relativi prodotti, per l'abolizione dei privilegi ecclesiastici e delle corporazioni cittadine, per l'abolizione della pena di morte e della tortura. Lo Stato di polizia è giuridicamente rilevante in quanto con il suo avvento si interrompe la completa sovrapposizione o identificazione tra il monarca e il proprio regno. Tale identificazione è ciò che caratterizzava lo Stato assoluto che, in questa prospettiva, è stato anche definito come Stato 'patrimoniale' in quanto la dimensione pubblicistica e quella privatistica del potere tendevano a fondersi. Con lo Stato di polizia, invece, il sovrano comincia a rappresentarsi come funzionario o servitore dello Stato (Federico II di Prussia si definiva 'primo servitore dello Stato'), evidenziando così l'avvio di una separazione tra la persona fisica del monarca e l'ente giuridico ad esso sottoposto (lo Stato).

In una prospettiva di diritto costituzionale interessa fortemente l'evoluzione dello Stato moderno che, dopo aver vissuto una lunga fase di progressiva concentrazione del potere nelle mani del monarca (assolutismo), muta la propria forma nel senso della progressiva 'deconcentrazione' del potere. In termini costituzionalistici tale evoluzione è provocata dall'affermazione del principio di **separazione dei poteri**. Dalla monarchia assoluta si passa così verso forme di Stato in cui il potere si articola soggettivamente e oggettivamente. L'attività di creazione delle norme, quella di attuazione delle stesse e l'attività giurisdizionale vengono distinte non solo dal punto di vista oggettivo ma anche soggettivo nel senso che a ciascuna di esse corrisponde un organo o un insieme di organi differente. È questo un ulteriore contributo del costituzionalismo, quel movimento a cui abbiamo già fatto cenno che, a partire dalle elaborazioni di Locke e Montesquieu, propugna la disarticolazione del potere dalle mani di un solo soggetto verso una pluralità di soggetti. Anche la progressiva recezione dei principi del costituzionalismo non sarà istantanea e puntuale ma il frutto di articolati processi sociali, diversi a seconda degli Stati.

La contrapposizione tra concentrazione e separazione del potere è una tendenza che accompagna tutte le forme di Stato moderne e contemporanee. La progressiva attuazione del costituzionalismo nel mondo occidentale non è infatti privo di ritorni verso forme, più attuali e sofisticate, di concentrazione del potere. Di seguito, quindi, proveremo a ordinare le principali tipologie di forme di Stato in **forme autocratiche** e **forme miste** (dette anche 'costituzionali'), le prime tendenti verso il polo della concentrazione, le seconde rispettose del principio della separazione dei poteri e, più ampiamente, dei principi del costituzionalismo (Stato di diritto, rispetto dei diritti fondamentali, eguaglianza, democrazia).

### 3.2. *Le forme di Stato autocratiche*

Con **autocrazia** indichiamo quei sistemi di governo contrassegnati da una duplice caratteristica: la concentrazione del potere nelle mani di un unico soggetto, sia esso un individuo, un gruppo o un'assemblea, e l'auto-attribuzione di tale potere (nella prima fase dello Stato moderno la fonte di legittimazione prevalente è il diritto divino[2]). Colui che detiene il potere si ritiene così svincolato da limiti giuridici. Le forme autocratiche non sono un residuo del passato ma sono presenti anche nel mondo contemporaneo.

#### 3.2.1. *La monarchia assoluta*

Agli albori, lo Stato moderno assume esattamente questa forma, nella più specifica dimensione della **monarchia assoluta**. È sul finire del Quattrocento che il potere pubblico, in Europa, comincia ad assumere le forme dell'assolutismo, che si traduce nella concentrazione massima del potere nelle mani del monarca. Più specificamente, ciò vuol dire che nella figura del Re convergono il potere legislativo ed esecutivo, mentre la giurisdizione viene affidata a giudici nominati dal Re medesimo. La volontà del Re, priva di limiti giuridici, è dunque la volontà dello Stato (per come esso appare in quel periodo storico). In questa fase storica il richiamo al diritto divino giustifica l'assenza di qualsiasi limitazione al potere assoluto del Re. La teorizzazione più influente di tale forma di potere si trova nell'opera di Jean Bodin (*I sei libri dello Stato*).

In Europa le monarchie assolute – si pensi alla Francia, alla Prussia, alla Russia – regneranno fino alla fine del XVIII secolo.

---

[2] Folgoranti le parole di F.M. Dostojevskij, che rinviene i fondamenti alternativi del potere (autocratico) in queste tre fonti: 'Miracolo, mistero, autorità' (*I fratelli Karamazov*, libro IV, cap. 5).

### 3.2.2. *La dittatura*

All'interno delle forme autocratiche dobbiamo considerare anche la **dittatura** o forma di Stato dittatoriale, che prende origine nell'esperienza politica dell'antica Roma. Come vedremo, la dittatura è una forma poliedrica che, per quanto paradossale possa apparire, è risultata, in alcuni casi, strumentale all'instaurazione o alla conservazione della forma democratica.

Letteralmente essa indica un periodo di tempo molto limitato in cui, per motivi straordinari, il potere viene attribuito ad un solo soggetto, che può essere un singolo o un gruppo (una giunta, il partito, una classe). Questa situazione di straordinarietà spiega il completo accentramento del potere nelle mani di un solo soggetto, con evidenti limitazioni del principio della separazione dei poteri (limitazione o soppressione di ogni opposizione politica, istituzionale, territoriale), dei diritti fondamentali (tra cui, in particolare, quello di manifestazione del pensiero), dello Stato di diritto (attraverso il ricorso ad un uso intenso delle forze di polizia).

Questi sono i caratteri generali del potere dittatoriale. Dobbiamo però distinguere due tipologie di forme dittatoriali in ragione della sua natura.

La prima – la **dittatura commissariale** – si caratterizza per la sua provvisorietà. Tale carattere fa sì che la dittatura possa essere ritenuta un momento transeunte, una necessità per permettere la sopravvivenza della forma di Stato che la contiene. Per comprendere meglio, è bene rifarsi all'esperienza dell'antica Roma dove tale forma dittatoriale prese forma.

In questo ordinamento era espressamente prevista l'attribuzione del potere ad un unico soggetto per poter fronteggiare situazioni di crisi o stati di necessità. Il passaggio a questa soluzione istituzionale – che si spiega con la maggiore rapidità di azione del soggetto in cui si concentra provvisoriamente tutto il potere – era pensata quindi come transitoria e necessaria per la salvezza dell'ordinamento.

Per quanto legata all'esperienza del diritto romano, il ricorso alla dittatura o, meglio, a poteri dittatoriali è stato previsto da alcune costituzioni democratiche moderne. L'esempio più noto è quello della costituzione della Repubblica tedesca di Weimar (1919), che prevedeva, al ricorrere di situazioni di grave crisi politica, l'attribuzione di poteri straordinari al Presidente della Repubblica (art. 48.2). In questi casi in cui è la costituzione a prevedere il ricorso a poteri dittatoriali si parla anche di *dittatura costituzionale*.

Il vero rischio della dittatura commissariale è che, una volta attivata, non si ritorni più alla situazione ordinaria, di normalità. Il diritto romano prevedeva, a tal fine, alcuni rimedi, come la previa decisione di ricorrere alla dittatura affidata al Senato, l'intervento del console nel concreto trasferimento dei poteri, l'affiancamento di un altro soggetto al dittatore, scelto da quest'ultimo ma dotato di potere di veto (*minor collega*), l'automatica decadenza dal mandato al raggiungimento dell'obiettivo o comunque al trascorrere di sei mesi.

Utile è ricordare l'esperienza novecentesca del Portogallo, che, dopo aver vissuto una lunga fase dittatoriale avviatasi sul finire degli anni Venti del secolo scorso, a metà degli anni Settanta ha fatto ricorso alla dittatura commissariale per agevolare il passaggio dal regime dittatoriale precedente all'attuale democrazia. A tal fine fu istituita una giunta militare che esercitò poteri straordinari, soppresse le istituzioni del precedente regime dittatoriale e permise l'instaurazione dell'attuale ordinamento democratico.

In questi casi, dunque, la dittatura è una forma di Stato straordinaria o strumentale perché ad essa si ricorre o per conservare la forma di Stato vigente ovvero per consentire l'instaurazione di una nuova e diversa forma di Stati.

La seconda tipologia riguarda la dittatura come **forma di Stato stabile**. A tale soluzione si giunge spesso a causa del cattivo funzionamento delle istituzioni democratiche, che fanno scattare soluzioni dittatoriali.

Queste forme di dittatura fanno ampio ricorso al plebiscito popolare come forma di investitura e legittimazione del potere. L'appoggio di massa consente al dittatore di disporre di tutte le leve del potere pubblico. Un tratto caratteristico delle dittature moderne e contemporanee è dato dal mantenimento formale della separazione dei poteri, anche se poi, di fatto, il potere si concentra nelle mani di un solo soggetto o di un piccolo gruppo, capace di condizionare, attraverso l'abuso di poteri repressivi, tutti i poteri dello Stato. A solo titolo di esempio possono menzionarsi recenti esperienze di forme dittatoriali, come quella di Fidel Castro a Cuba, di Pinochet in Cile, di Stroessner in Paraguay.

Dittature sono pure quelle forme di Stato in cui il potere si concentra non nelle mani di un solo soggetto ma in quelle di un piccolo gruppo. In questi casi il gruppo al potere non dispone di tutto il potere pubblico, ma è in grado di condizionarlo in maniera decisiva. Emblematica l'esperienza del regime dei colonnelli in Grecia dal 1967 al 1974 in cui il potere non era concentrato nelle mani di un solo individuo ma in quelle di un gruppo militare.

### 3.2.3. *I totalitarismi*

Tragica espressione novecentesca dell'autocrazia sono le **forme di Stato totalitarie**. È accaduto che in alcuni paesi le tensioni sociali prodotte dal tramonto dello Stato liberale e dall'accesso al potere delle classi sociali fino ad allora escluse abbiano prodotto effetti traumatici, dando vita a nuove esperienze dell'autocrazia. Così è andata in Italia e in Germania, come anche nell'Unione delle repubbliche socialiste sovietiche (URSS).

Rispetto ad altre forme di autocrazie, quelle vissute nel corso del Novecento sono state caratterizzate dall'organizzazione accentrata del potere attraverso la struttura del partito politico. Il potere si è difatti concentrato nelle mani di un capo, che ha tuttavia costruito il proprio dominio grazie all'esistenza di un partito. Non a caso, una volta conquistato il potere, tutti gli altri partiti sono stati, di fatto, soppressi.

L'accentramento del potere nelle mani del capo del partito unico ha inciso, in particolare, sul principio della separazione dei poteri, che, fino all'avvento di queste nuove forme di Stato, aveva avuto modo di dispiegarsi. Nel capo e nel partito vengono infatti a riunirsi, sostanzialmente, tutte le funzioni fondamentali dello Stato; i tre poteri vengono formalmente mantenuti – come è per esempio accaduto in Italia nel periodo fascista – ma sono totalmente controllati dal partito.

Infine ciò che ha maggiormente caratterizzato queste forme di Stato fino al punto di qualificarle come forme di Stato totalitarie è stata la loro pretesa di affermare un'ideologia unica, con la conseguente soppressione o comunque fortissima limitazione delle libertà individuali e di ogni forma di pluralismo sociale non compatibile con l'ideologia del partito.

### 3.3. *Le forme di Stato miste: lo Stato liberale*

Lo Stato assoluto si evolve progressivamente verso una nuova forma di Stato in cui si realizza quella deconcentrazione del potere cui abbiamo fatto cenno poco sopra. Ciò avviene, da un punto di vista sociologico, per la pressione che la nascente classe borghese esercita nei confronti della nobiltà (e del clero) dominante all'interno dello Stato assoluto. Per questo motivo la dottrina parla di forme miste giacché il potere di fare leggi, di darvi esecuzione e di esercitare la giurisdizione non rimane concentrato nelle mani di un unico soggetto (individuo o assemblea) ma si pluralizza e si diffonde tra più soggetti, rappresentativi di diverse parti della società (nobiltà, clero, borghesia, ecc.). Tale nuova forma di Stato viene indicata come **Stato liberale**.

La formazione della forma di Stato liberale si avvia con la già citata rivoluzione inglese del 1688, che rappresenta il superamento della fase assolutistica e l'avvio della c.d. **monarchia costituzionale**. Il sintagma 'monarchia costituzionale' allude alla forma di governo dello Stato liberale. In questa prima fase di passaggio, il monarca viene a patti col principio della sovranità popolare (ovviamente una parte del popolo, la nascente borghesia). Di conseguenza il Parlamento riesce ad assicurarsi una serie di prerogative che cominciano a limitare quello che prima era l'assoluto potere del sovrano. Con la rivoluzione francese tale modello si diffonderà anche nell'Europa continentale: si pensi all'Italia dello Statuto albertino o alla monarchia tedesca tra il 1871 e il 1918.

Verso la fine dell'Ottocento (nel Regno Unito molto prima) la monarchia costituzionale si trasformerà ulteriormente dando vita alla c.d. **monarchia parlamentare**, in cui il centro del potere si sposta, definitivamente, dal monarca verso il popolo (sempre nell'accezione ristretta di cui abbiamo detto). Diventa quindi centrale il ruolo del Parlamento, che rappresenta il popolo, mentre al monarca residuano funzioni simboliche o comunque residuali.

Di fatto, dunque, pur trattandosi formalmente di una monarchia, quella parlamentare presuppone una forma democratica di potere: il potere legislativo spetta al Parlamento (con un limitato potere di firma del monarca), il potere esecutivo al Governo che viene controllato dal Parlamento; i residui poteri del monarca sono sottoposti alla controfirma del Governo.

### 3.3.1. *La separazione (e il bilanciamento) dei poteri*

La monarchia costituzionale e poi quella parlamentare rendono plasticamente la progressiva evoluzione dello Stato moderno da forme autocratiche verso forme miste di Stato. Su questa nuova base nuovi principi prendono forma.

Il primo e il più importante, perché avente carattere strutturale, è il più volte richiamato principio di **separazione dei poteri**, declinato in senso oggettivo e soggettivo. Con ciò si vuol dire che, una volta identificate le tre funzioni fondamentali dello Stato in quella legislativa, esecutiva e giurisdizionale, alla cura di ciascuna di esse verrà deputato un potere diverso dal punto di vista soggettivo: il Parlamento per la funzione legislativa, il Governo per la funzione esecutiva, la magistratura per la funzione giurisdizionale[3].

Il termine **funzione**, per indicare gli atti dello Stato, indica un'attività, uno svolgimento coordinato di un insieme di atti. Nel tempo questo svolgimento coordinato di atti è stato tipizzato dalla dottrina giuridica nel senso che la scienza giuridica ha individuato delle classi di atti caratterizzanti ciascuna funzione. Per quanto in via tendenziale, è così possibile indicare gli atti che rientrano nella funzione legislativa, in quella esecutiva, in quella giurisdizionale. Spesso sorgono dubbi sulla corretta collocazione di un atto (pensiamo ad alcune sentenze di accoglimento della Corte costituzionale: rientrano negli atti giurisdizionali o in quelli legislativi?). A questi dubbi cerca di rimediare la dottrina giuridica analizzando gli aspetti problematici e fornendo proposte operative.

Naturalmente la separazione dei poteri verrà declinata in maniera più o meno accentuata a seconda dello Stato e anche della forma di governo in esso presente. In particolare, dopo le vibranti affermazioni del principio contenute nell'art. 16 della Dichiarazione dei diritti dell'uomo e del cittadino e le applicazioni del principio che ne fecero i costituenti statunitensi (cfr. cap. I.6), il principio subisce un'evoluzione soprattutto in ragione dello sviluppo della forma di governo parlamentare, la quale si ispira, piuttosto che alla netta separazione, al **bilanciamento dei poteri** (concetto espresso anche dalla locuzione '*checks and balances*', freni e contrappesi). Un altro elemento di 'disturbo' rispetto alla separazione dei poteri sarà anche l'emergere, nelle forme di governo parlamentari, della figura del Capo

---

[3] Sono le riflessioni di Montesquieu, contenute ne *Lo spirito delle leggi* (1748), che danno vita al principio della separazione dei poteri. Va precisato che già Locke con i *Due trattati sul governo* del 1689 aveva teorizzato questo principio, anche se riferendolo a funzioni non perfettamente coincidenti con quelle poi elaborate da Montesquieu. Per entrambi gli autori cfr. i riferimenti contenuti nel cap. I.

dello Stato, che, pur rimanendo estraneo alle funzioni statali, finisce per partecipare a tutte e tre[4].

### 3.3.2. *Il principio di legalità e lo Stato di diritto*

Lo Stato liberale è anche la forma di Stato in cui prende forma il **principio di legalità**. Il principio indica che tutti i poteri sono soggetti alla legge. L'affermazione di questo principio è progressiva in quanto va di pari passo con il correlato rilievo assunto dal potere legislativo nel corso del tempo. È infatti indubbio che, comportando la sottoposizione di tutti i poteri (e in particolare del potere esecutivo) alla legge, il principio finisce per affermare l'implicita supremazia del potere legislativo. L'artefice della legge è, in qualche modo, sottratto al principio di legalità.

E tuttavia questa accezione ristretta del principio di legalità si amplierà sempre di più, fino a ricomprendere anche il potere legislativo, con l'affermarsi delle costituzioni rigide. La presenza di questo tipo di costituzione costringe a rileggere il principio di legalità, inteso come insieme di costituzione e norme legislative applicative. Così inteso, il *principio di legalità costituzionale* si estenderà anche all'attività del potere legislativo, tenuto ad adottare leggi conformi a costituzione.

Infine, altro principio ispiratore delle rivoluzioni borghesi sarà costituito dalla *garanzia delle libertà del cittadino* nei confronti del potere statale (cfr. ancora l'art. 16 della Dichiarazione dei diritti dell'uomo e del cittadino del 1789 menzionato nel cap. I.6).

Principio di legalità e garanzia delle libertà del cittadino costituiranno il formante per un altro principio strutturante lo Stato liberale e gli Stati democratici contemporanei: il principio dello **Stato di diritto**. Di esso si danno molteplici declinazioni. Lo Stato di diritto esprime l'essenza dello Stato liberale come antitesi dello Stato assolutistico in quanto intende tutelare le libertà individuali attraverso strumenti di reazione giurisdizionale; in quanto intende vincolare il potere esecutivo e amministrativo all'interno di procedimenti precostituiti dalla legge; in quanto intende vincolare lo stesso legislatore, prima obbligandolo ad adottare norme generali e astratte e poi sottoponendolo alle norme costituzionali (*Stato di diritto costituzionale*).

### 3.3.3. *Il principio democratico e di rappresentanza politica*

Lo Stato liberale è anche, seppure in forma molto limitata, uno **Stato democratico** in quanto il Parlamento è costituito da rappresentanti eletti dal corpo elet-

---

[4] Al crescere della complessità statale ha corrisposto un aumento degli organi statali, sicché potrebbe sorgere il dubbio sull'effettività del principio di separazione dei poteri. Rimane tuttavia vero che le funzioni statali, nonostante l'accresciuta complessità che emergerà dalle pagine seguenti, sono tuttora riconducibile alle tre fondamentali.

torale. In tal modo, a differenza di quanto accadeva nello Stato assoluto, le norme sono prodotte con la partecipazione dei soggetti a cui sono destinate. È bene tuttavia ribadire che il principio democratico nel periodo dello Stato liberale trova un'affermazione parziale in quanto ad avere accesso al Parlamento saranno, per lungo tempo, solo i rappresentanti della società civile, vale a dire della classe borghese. Così sarà ad esempio in Italia per l'intero corso dell'Ottocento; solo con l'inizio del Novecento avranno accesso in Parlamento i rappresentanti della classe operaia.

Più evidente, nella fase di affermazione dello Stato liberale, il dispiegarsi del **principio di rappresentanza**, per cui la carica di parlamentare, come anche quella di membro del governo, è ricoperta da soggetti che hanno ricevuto un'investitura popolare. Nasce così il rapporto di *rappresentanza politica*, che lega tra loro gli elettori e l'eletto. Più è immediato il collegamento tra eletto ed elettori, maggiore è la *rappresentatività*[5].

In realtà le forme di Stato successive alla rivoluzione francese, se permettono l'accesso al potere della borghesia (il terzo Stato), dall'altro continuano ad escludere le classi più emarginate. Per questo motivo, in una prospettiva di conflitto tra classi sociali, K. Marx e F. Engels (1848) hanno descritto questa forma di Stato come *plutocrazia*, alludendo alla circostanza che in essa la classe sociale detentrice del capitale (borghesia e capitalismo finanziario) esercitava il potere in contrapposizione agli interessi della classe del proletariato. In questa prospettiva la plutocrazia è una forma di oligarchia, basata sul possesso della ricchezza come condizione per l'accesso al potere.

In effetti, dal punto di vista costituzionalistico, la storia dello Stato liberale può essere anche descritta come la storia di un faticoso percorso, spesso caratterizzato da contrasti violenti, che le classi e i ceti emarginati hanno dovuto percorrere per potere accedere all'effettivo esercizio del potere.

La piena affermazione del principio democratico deriverà, in termini costituzionalistici, solo a seguito dell'adozione del c.d. **suffragio universale**, in base al quale tutti i cittadini, indipendentemente dal genere, dalla classe e dal ceto di appartenenza, saranno ammessi a votare.

[5] Sono così distinguibili diversi gradi di rappresentatività, a seconda di quanti passaggi esistono tra il titolare dell'ufficio preso in considerazione e la fonte della rappresentanza. Nell'attuale ordinamento italiano, in cui la fonte della rappresentanza è il popolo (art. 1.2.), tra parlamentare ed elettori il grado di rappresentatività è primario; il Presidente della Repubblica esprime una rappresentatività secondaria perché è eletto dal Parlamento, a sua volta eletto dal corpo elettorale; un giudice costituzionale di nomina presidenziale esprime una rappresentatività terziaria, ecc.

## 4. *Lo Stato contemporaneo: pluriclasse, democratico, sociale*

La limitata democraticità dello Stato liberale viene progressivamente superata attraverso il suffragio universale. L'accesso al diritto di voto da parte delle classi e gruppi sociali fino ad allora esclusi apre le assemblee legislative alle istanze dell'intero popolo, non più e non solo della classe borghese e delle *élites* in generale. La spinta che viene così a crearsi e che parte dal basso porta a delle progressive modificazioni della forma di Stato.

Le prime innovazioni si avvertono nel campo dell'*intervento dello Stato nell'economia*. Se, nel corso dell'Ottocento, in omaggio ad un'ideale liberale, le istituzioni pubbliche si erano tenute lontane da un intervento diretto nell'economia, limitandosi a porre le condizioni perché l'economia di mercato potesse fare il suo corso, l'accesso dei partiti di sinistra e popolari alla rappresentanza politica spinge a forme molto più intense di presenza delle istituzioni pubbliche nella sfera economica, con l'intento di riequilibrare la posizione di debolezza delle classi e dei ceti più svantaggiati. Sulla scia di nuove teoriche economiche favorevoli ad una maggiore presenza dello Stato in economia, questo intervento, nel corso del Novecento, si farà sempre più intenso, facendosi carico lo Stato di una funzione anche di redistribuzione della ricchezza prodotta al proprio interno. Nascono anche le prime forme pubbliche di assistenza e di previdenza e la legislazione sul lavoro, posta a protezione della parte debole del rapporto di lavoro, comincia ad assumere una propria chiara fisionomia.

La dialettica tra i precedenti assetti di potere e le nuove istanze sociali si snoderà per tutto il corso del Novecento. In alcuni paesi questa dialettica riuscirà a svolgersi senza eccessivi traumi (è il caso, ad esempio, della Gran Bretagna), in altri essa, innestandosi su diversi fattori sociali (come, ad esempio, la forte disomogeneità tra diverse fasce sociali), si svilupperà con maggiori difficoltà, spesso incontrando interruzioni, se non addirittura forti arretramenti (come nel caso dell'Italia e della Germania che hanno vissuto esperienze totalitarie nel corso del Novecento).

Una volta assestatesi, queste spinte innovative porteranno alla formazione di una nuova forma di Stato – il c.d. **Stato sociale** – che, pur senza rinnegare e abbandonare le conquiste dello Stato liberale, le svilupperà in maniera differente e comunque più attenta al perseguimento di finalità sociali (si veda, a tal proposito, l'art. 3.2).

Sul lato delle libertà e dei diritti fondamentali, all'individuo saranno riconosciuti non solo i tradizionali diritti civili e politici ma anche i c.d. **diritti sociali**, vale a dire diritti che permettono al singolo di chiedere allo Stato e alle sue istituzioni prestazioni di carattere positivo. Esemplari, da questo punto di vista, sono i diritti alla salute, all'istruzione, alla previdenza sociale, che garantiscono al singolo, nei limiti delle disponibilità finanziarie dello Stato, prestazioni di vario genere.

Anche dal punto di vista organizzativo, lo Stato sociale registra profonde evoluzioni rispetto all'assetto del periodo liberale. L'accesso alle assemblee parlamentari dei partiti di sinistra e popolari non solo permetterà il progressivo riconoscimento di nuovi diritti ma innesterà logiche di funzionamento dei parlamenti molto diverse rispetto al passato in cui i rappresentanti provenivano da contesti sociali omogenei (borghesia e aristocrazia). Lo Stato sociale è uno **Stato pluriclasse**, fondato su partiti molto più strutturati rispetto al passato (**Stato di partiti**, ted. *Parteienstaat*) (Triepel, 1927). Questi mutamenti politico-partitici avranno riflessi sul modo di funzionamento del rapporto tra Parlamento e Governo, nel senso che sarà sempre più quest'ultimo a dirigere la politica nazionale rispetto al periodo liberale in cui il Parlamento era il motore della forma di Stato.

Il cenno al ruolo dei partiti permette di precisare che anche all'interno delle forme di Stato democratiche – quali sono, in forme differenti, lo Stato liberale e lo Stato sociale – permangono strutture orientate al principio oligarchico. Proprio i partiti di massa sarebbero un esempio di struttura oligarchica in cui la base partitica viene governata da una ristretta *élite* di dirigenti. Dalla filosofia politica antica, come abbiamo visto, ci perviene la distinzione tra *aristocrazia* e *oligarchia*: nel primo caso il governo è nelle mani di poche persone che si caratterizzano per le loro virtù e che, proprio per questo, governano nell'interesse generale; nel secondo caso siamo al cospetto di una degenerazione dell'aristocrazia in quanto il potere si concentra nelle mani di pochi soggetti che lo esercitano in maniera arbitraria e a favore di pochi.

Alcuni studiosi (Mosca, 1896, Pareto, 1902 e Michels, 1911) hanno sostenuto – in forte polemica con la teoria marxiana della società senza classi – che la presenza di strutture oligarchiche sia inevitabile in qualsiasi società. Le dimensioni dello Stato contemporaneo, in cui riesce impossibile al popolo governare se stesso direttamente, rende particolarmente aderente alla realtà questa prospettiva. Anche gli Stati democratici registrano infatti la presenza di strutture oligarchiche nei più diversi campi dell'economia e della politica. E tuttavia lo Stato democratico, prendendo atto della propria struttura sociale pluralistica (caratterizzata cioè da una pluralità di associazioni, gruppi, formazioni intermedie in generale), ha come compito principale, da un lato, quello di controllare le strutture oligarchiche presenti al suo interno e, dall'altro, quello di evitare che esse o una di esse prendano il sopravvento sulle altre o sulla società nel suo insieme.

L'affermarsi dei partiti (soprattutto dei partiti di massa) come strumento di effettiva direzione politica ha spinto gli studiosi a enucleare una quarta funzione, quella d'**indirizzo politico**, che indica, in estrema sintesi, il fine ultimo intorno al quale si raccolgono i più diversi atti e decisioni degli organi di governo in una certa fase della vita costituzionale (Crisafulli, 1939). La nozione di indirizzo politico, in altri termini, indica le linee politiche fondamentali perseguite dalle istituzioni politiche e costituzionali. Nella forma di governo italiana oggi esistente, esso dovrebbe essere espresso, con massima evidenza, nel programma di governo sul quale ogni nuova maggioranza politica chiede la fiducia alle Camere. Dalla formulazione di tale indirizzo politico dovrebbe scaturire la conseguente attività delle istituzioni politiche e costituzionali in modo da riportare ad esso, coerentemente, tutte le decisioni politiche e tutti i singoli atti (legislativi, governativi, amministrativi, di rilievo interno, internazionale e unionale). Più è coeso il sistema politico e partitico, più è lineare la formulazione e l'attuazione dell'indirizzo politico. Non a caso, come vedremo, l'art. 95 affida direttamente al Presidente del Consiglio il compito di mantenere l'unità dell'indirizzo politico.

## 5. *Forme di Stato in senso territoriale*

Passiamo ora all'esame della forma di Stato in senso territoriale, nell'intento di comprendere come si distribuisce sul territorio dello Stato quel rapporto tra governanti e governati che caratterizza la forma di Stato in senso generale. Se il rapporto in questione, dal lato dei governanti, si accentra in un solo 'luogo' perché il governo è sostanzialmente unico (normalmente è dislocato nella città capitale), allora saremo di fronte ad uno **Stato unitario accentrato**; se invece quel rapporto si diffonde sul territorio perché il 'luogo' in cui viene esercitato il potere non è unico e accentrato ma è diffuso su territorio perché esistono più livelli di governo (statale e regionale, nel caso italiano) sul territorio, allora avremo una forma di **Stato unitario composto** (Bifulco, 1995). La differenza merita un maggiore approfondimento.

Si prenda come esempio di Stato accentrato la Francia post-rivoluzionaria. A lungo (oggi non è più così), la Francia è stata considerata il prototipo di Stato accentrato in quanto le principali funzioni statali erano tutte esercitate dagli organi statali presenti nella capitale Parigi. E si prendano come esempio di Stato federale (che non si è ancora definito) gli Stati Uniti d'America in cui le funzioni statali vengono esercitate, per alcune parti, a Washington nella capitale federale, per un'altra parte nei vari Stati membri di cui si compone la Federazione statunitense. Più precisamente, e a solo titolo esemplificativo, la funzione legislativa viene esercitata dagli organi centrali in relazione ad alcune materie (ad esempio, la disciplina delle Forze armate), mentre per molte altre materie (ad esempio, il diritto penale) viene svolta dagli organi legislativi dei singoli Stati membri, con la conseguenza che una stessa materia può ricevere una disciplina diversa da Stato membro a Stato membro. Ciò accade perché la costituzione statunitense ha voluto che sul territorio degli Stati Uniti vi fossero più centri di potere, uno centrale e poi tanti altri quanti sono gli Stati membri. In maniera sostanzialmente simile dispongono altre costituzioni federali in cui accanto al governo federale (variamente denominato: *Federation*, *Bund*, ecc.) esistono governi statali (*States*, Cantoni, *Länder*, Province).

Dunque ciò che caratterizza lo **Stato federale** è il riconoscimento alle entità territoriali che lo compongono di una più o meno ampia autonomia costituzionale (potere di adottare una propria costituzione), legislativa (potere di adottare leggi), esecutiva (potere di adottare atti volti all'esecuzione delle leggi), giurisdizionale (potere di disporre di un proprio apparato giudiziario) e finanziaria (potere di disporre sulle entrate e sulle spese). Nello Stato federale, dunque, ad un ente centrale (che assume denominazioni diverse a seconda dell'ordinamento di riferimento: *federal government*, *Bund*, *State*, ecc.) si affiancano più entità territorialmente decentrate (che assumono anche esse denominazioni diverse: *States*, *Länder*, Province, Comunità autonome, Regioni, ecc.).

Spesso si contrappone lo Stato federale allo Stato unitario. Si tratta di una falsa contrapposizione giacché anche lo Stato federale è uno Stato unitario. Non può infatti mettersi in discussione che anche negli Stati federali in cui l'autonomia (e quindi il potere di scegliere discrezionalmente) degli Stati membri è massima, come è il caso degli Stati Uniti o della Svizzera, gli Stati membri (si chiamino *States*, Cantoni o *Länder*) sono privi del potere sovrano. E ciò è vero indipendentemente dai riconoscimenti formali che le varie costituzioni federali possono fare agli Stati membri (ad esempio, la costituzione svizzera, lo abbiamo già visto, qualifica i Cantoni come sovrani ma si tratta di un evidente omaggio ad una risalente tradizione in cui la Federazione non aveva ancora preso forma). Appare così corretto ragionare di Stati unitari *tout court*, in cui il potere è accentrato, e di Stati unitari composti, in cui esiste un governo centrale accanto a governi locali. Negli Stati unitari composti l'autonomia riconosciuta ai governi locali può essere molto ampia, come accade appunto negli Stati federali, oppure più limitata, come accade nei c.d. **Stati regionali**, tra i quali è annoverata anche l'Italia.

Fenomeno ancora diverso è la **Confederazione**. In questo caso più entità statali decidono di unirsi e di mettere in comune l'esercizio di alcune funzioni. L'unione così realizzata è tuttavia solo parziale e temporanea. Parziale perché solo una piccola parte delle funzioni statali viene attribuita alla Confederazione (ad esempio le relazioni internazionali o il batter moneta o ancora la difesa); temporanea perché questa forma giuridica o si evolve in una unione più stretta (così è avvenuto nel caso degli Stati Uniti, della Svizzera, della Germania, che hanno vissuto una prima fase confederale) o, nel tempo, si dissolve. Per molti versi l'Unione europea ha i tratti di una Confederazione (per altri ha già i tratti di uno Stato federale). In generale è sempre possibile recedere da una Confederazione per lo Stato che ne fa parte (si pensi alla decisione del giugno 2016 della Regno Unito di uscire dall'Unione europea).

## 6. *Le forme di governo*

### 6.1. *La monarchia costituzionale*

Esaminiamo ora il modo in cui, all'interno dello Stato, si organizzano i rapporti tra gli organi che esercitano il potere di comando. È questo un settore di analisi che il diritto costituzionale condivide con altre discipline, in particolare con la scienza politica e con la filosofia politica (Barbera, Fusaro, 2009).

Nelle pagine che seguono sarà privilegiata un'analisi di tipo storico che, seguendo la periodizzazione utilizzata per le forme di Stato, parte, nell'analisi delle principali forme di governo oggi esistenti, dalla fase di dissolvimento dello Stato assoluto. Dal punto di vista delle forme di governo si assiste così al passaggio dalla monarchia assoluta alla monarchia costituzionale.

Tale passaggio si realizza nel Regno Unito, con sicuro anticipo rispetto al continente europeo. La già menzionata *Glorious Revolution* del 1688 mette fine al breve periodo repubblicano e segna appunto l'inizio della monarchia costituzionale in cui Re e Parlamento diventano i due centri di potere, ciascuno di essi avente legittimazione e funzioni diverse. Ad avere un ruolo sempre più importante sarà ovviamente il Parlamento, anche perché la *Glorious Revolution* afferma il principio che è il Parlamento a decidere chi regna (come si ricorderà, nel caso concreto, il monarca regnante fu costretto a fuggire in Francia e il Parlamento chiamò a regnare un monarca straniero). A seguito della rivoluzione del 1688 il Parlamento pretese che il Re lo convocasse almeno una volta all'anno e che fosse esso Parlamento ad autorizzare le spese del Re. Nascerà così quel tipico modo di azione del parlamentarismo per cui il Re, per ottenere l'autorizzazione alle spese, sarà disposto a fare concessioni al Parlamento.

In ogni caso, nel periodo in cui tale forma di governo sarà effettiva, a confrontarsi saranno il Parlamento, con il precipuo compito di fare le leggi, e il monarca, cui è attribuita la sanzione regia (e quindi il potere di intervenire nella fase finale di produzione della legge). Proprio per questo la monarchia costituzionale è una *forma di governo duale*, vale a dire che gli organi di governo sono solo due. Solo col tempo prenderà forma un terzo organo, il governo del Re. E si badi che, per le ragioni ora dette ma che certo erano impensabili nel 1688, i ministri che il Re sceglierà dovranno appartenere al partito che ha la maggioranza in Parlamento (saranno infatti i ministri ad andare in Parlamento e a trattare in nome del Re). L'evoluzione della monarchia costituzionale inglese in una monarchia parlamentare avverrà solo verso la fine del Settecento, in occasione del contrasto tra Giorgio III e la Camera dei comuni relativo alla guerra d'indipendenza nord-americana.

Importante per lo sviluppo della forma di governo parlamentare è anche quanto accade in Francia dopo il periodo rivoluzionario. Può ben dirsi che nel corso dell'Ottocento la Francia sperimenterà una serie di forme di governo (e di costituzioni: 1814, 1830, 1848, 1875, e poi 1944) che hanno il proprio centro nel Parlamento.

### 6.2. *Il governo parlamentare*

La forma di governo parlamentare rappresenta, come si è detto, l'evoluzione, il punto di arrivo della monarchia costituzionale. Il governo parlamentare si è oggi consolidato sia nelle monarchie (così in Regno Unito, in Spagna, in Olanda, ecc.) che nelle repubbliche ed è molto diffuso nel continente europeo.

Esso è caratterizzato da uno schema semplice: il popolo (il corpo elettorale) elegge il Parlamento che, a sua volta, sceglie il Governo. Si tratta appunto di uno schema in quanto la realtà dei singoli governi parlamentari è più complessa. È più complessa perché, accanto al Parlamento e al Governo, esiste normalmente un terzo organo, il Capo dello Stato (Monarca o Presidente della Repubblica) che partecipa, con poteri differenti a seconda dell'ordinamento, a tali procedimenti di scelta. Per questo il governo parlamentare, a differenza della monarchia costituzionale, viene ritenuta una *forma di governo ternaria*. Tendenzialmente il Capo dello Stato rimane estraneo alle determinazioni della maggioranza di governo ma, in periodi di crisi, può assumere un ruolo importante e decisivo. È inoltre più complessa – la realtà dei governi parlamentari – perché a nominare il Governo o meglio il capo del Governo (Presidente del Consiglio, *Premier*, Cancelliere) non è direttamente il Parlamento bensì il Capo dello Stato sulla base delle indicazioni che emergono dalle urne e dalle forze politiche presenti in Parlamento. È chiaro tuttavia che, poiché la persona preposta ad essere il capo del Governo viene scelta sulla base delle indicazioni dei partiti (di maggioranza) e poiché, per esistere e mantenersi in vita, il Governo ha bisogno della fiducia del Parlamento, a determinare la nascita e la vita del Governo, alla fine, è sempre il Parlamento.

La forma di governo parlamentare, pur inserendosi nello schema ideale (e precario) della separazione dei poteri, ne attenua fortemente l'efficacia in quanto gli organi principali sono reciprocamente coinvolti nei procedimenti di formazione e sostituzione degli altri organi (bilanciamento dei poteri). Per esemplificare con lo sguardo rivolto all'Italia, consideriamo il potere di scioglimento anticipato delle Camere, attribuito dalla Costituzione al Presidente della Repubblica, e, inversamente, all'elezione del Presidente della Repubblica da parte del Parlamento in seduta comune.

La diffusione del governo parlamentare mostra la sua capacità di adattamento ai diversi sistemi politico-partitici (Elia, 1970). Infatti, a seconda del sistema presente in un dato ordinamento, la forma di governo parlamentare, pur mantenendo fermo lo schema fondamentale, funziona in forme molto diverse. E così nei sistemi bipartitici (detti anche a bipartitismo rigido), come fino a qualche tempo fa è stato il Regno Unito, il capo del governo è, anche in virtù di un sistema elettorale maggioritario, capo del partito vincitore delle elezioni; nei sistemi politici in cui sono presenti molti partiti (detti a multipartitismo estremo), come è l'Italia che a lungo è stata retta da un sistema elettorale proporzionale, i governi sono stati, per lo più, governi di coalizione e il Presidente del Consiglio è in una posizione di maggiore debolezza rispetto alle altre componenti del governo. Anche nei sistemi politici con un numero limitato di partiti (detti a multipartitismo c.d. temperato), come la Repubblica federale di Germania in cui il numero dei partiti rilevanti si aggira intorno ai quattro o cinque, il governo parlamentare ha assicurato al Cancelliere (il capo del governo), sulla base di un sistema elettorale proporzionale con soglia di sbarramento alta, una posizione di supremazia all'interno del governo.

### 6.3. *Il governo presidenziale*

Se il governo parlamentare è fondato sulla presenza di tre organi fondamentali, quello presidenziale poggia principalmente sul Parlamento e sul capo del governo. Entrambi sono eletti direttamente dal corpo elettorale. La forma storica più rappresentativa sono gli Stati Uniti d'America, che, per primi, hanno adottato tale soluzione (Lucarelli, 2000).

In questo schema di forma di governo il rispetto del principio della separazione dei poteri è più accentuato: il Presidente degli Stati Uniti è capo dello Stato e capo del governo (i cui membri sono scelti autonomamente dal Presidente), il Congresso (così è chiamato negli USA il Parlamento, comprensivo della Camera dei rappresentanti e del Senato) è l'organo deputato a fare, soprattutto, le leggi. A dimostrazione che la separazione dei poteri è sempre e solo tendenziale (anche in un ordinamento fortemente ispirato a tale principio), va aggiunto che il Presidente ha un potere di veto sulle leggi e che il Senato può controllare le nomine del Presidente.

Sta di fatto che, essendo entrambi eletti direttamente dal corpo elettorale e non sussistendo un rapporto di fiducia, il sistema può subire forti tensioni soprattutto quando la maggioranza del Congresso non appartiene al partito di cui è espressione il Presidente. In questi casi – piuttosto frequenti negli Stati Uniti anche in ragione del fatto che la Camera dei rappresentati si rinnova a metà del mandato presidenziale, mentre il Senato si rinnova per un terzo ogni due anni – il Presidente incontra molte difficoltà a far approvare gli atti legislativi da lui ritenuti indispensabili per il suo programma di governo.

### 6.4. *Il governo semipresidenziale*

Sulla base di quelle che possiamo ritenere le due matrici fondamentali quanto a forme di governo (il governo parlamentare e quello presidenziale), è ora possibile esaminare rapidamente altre esperienze storiche che da queste si differenziano per alcuni aspetti.

Conviene partire da quella che in Italia è indicata come forma di governo semipresidenziale (ma si potrebbe altrettanto correttamente parlare di governo semiparlamentare) (Pegoraro, Rinella, 1997). L'esperienza più nota è quella francese, anche se il governo semipresidenziale si è poi diffuso soprattutto in Europa, in paesi come l'Austria, il Portogallo, la Russia (dove funziona in maniera molto differente dalla Francia in ragione dei differenti sistemi politici e delle diverse accentuazioni dei ruoli del Parlamento, del Governo e del Capo dello Stato).

In questa forma di governo gli organi più importanti sono tre: il Parlamento, il Presidente della Repubblica e il Governo. I primi due vengono eletti direttamente dal corpo elettorale, come nel governo presidenziale; a differenza di quest'ultimo, però, il Presidente della Repubblica sceglie un Presidente del Consiglio che deve ricevere la fiducia del Parlamento (per questa parte, quindi, il modello è vicino al governo parlamentare).

L'assetto concreto viene così a dipendere dalle maggioranze che eleggono il Parlamento e il Presidente: se coincidono, il Presidente potrà concentrare su di sé, ed effettivamente esercitare, un gran numero di poteri (qualcuno parla di iperpresidenzialismo); se le maggioranze non coincidono (e ciò è capitato nel passato), allora il governo semipresidenziale si avvicina molto a quello parlamentare giacché il Presidente della Repubblica avrà bisogno di un Presidente del Consiglio capace di raccogliere la fiducia del Parlamento e quindi appartenente ad una maggioranza e ad un partito che non corrisponde a quello del Presidente della Repubblica. Tali evenienze (verificatesi in Francia nel 1986-1988 e nel 1993-1996 con un Presidente socialista e una maggioranza di centro-destra e nel 1998-2002 con un Presidente di destra e una maggioranza di centro-sinistra) sono indicate dai costituzionalisti con il termine 'coabitazione'. Anche al fine di ridurre i rischi collegati alla coabitazione, nel 2002 una riforma costituzionale ha, per un verso, ridotto il mandato presidenziale da sette a cinque anni e, dall'altro, ha reso le due elezioni popolari – quella del Presidente della Repubblica e quella del Parlamento (Assemblea nazionale) – sostanzialmente contestuali.

### 6.5. *Il governo direttoriale*

La forma di governo direttoriale nasce in Francia nel 1795. Oggi è presente solo nella Confederazione elvetica. Lo schema di funzionamento è *duale*: il corpo elettorale elegge il Parlamento, il quale, a sua volta, elegge il Governo per la durata dell'intera legislatura. Manca la figura del Capo dello Stato che è ricoperta, a turno, dai membri del Governo.

Ciò che caratterizza ulteriormente il Governo svizzero è che, in ragione della presenza di diverse etnie e religioni, i suoi membri vengono scelti assicurando proporzionalmente la presenza delle principali etnie e religioni e, soprattutto, vengono scelti da tutti i partiti presenti in Parlamento. Ciò accade in quanto il Governo è considerato come un esecutore della volontà parlamentare. Una tale forma di governo può funzionare, dunque, solo se poggia su un sistema politico molto omogeneo e con una spiccata tendenza alla ricerca dell'accordo piuttosto che alla contrapposizione ideologica.

Si tenga infine conto di altre due particolarità: la Svizzera è uno Stato federale con accentuata autonomia dei Cantoni (così si chiamano le entità territoriali che compongono la Federazione); in questo Paese si ricorre molto spesso ai referendum per conoscere la volontà popolare in merito a leggi e a deliberazioni che il Parlamento deve assumere.

## CAPITOLO III

# LA COSTITUZIONE ITALIANA, IL DIRITTO INTERNAZIONALE E L'UNIONE EUROPEA



## 1. *La Costituzione italiana e il diritto internazionale*

### 1.1. *Premessa*

Il diritto internazionale è costituito dall'insieme delle norme che disciplinano i rapporti tra gli Stati. Diverse sono le disposizioni costituzionali che richiamano norme dell'ordinamento internazionale: da quelle che regolano l'efficacia degli atti di diritto internazionale nel nostro ordinamento (innanzitutto gli artt. 10.1.-2. e 80, ma anche gli artt. 26, 72.4., 75.2., 87.8., 117.1. e 117.2.a) e b), 117.3., 117.9.) alle disposizioni sulla partecipazione dell'Italia ad organizzazioni internazionali (artt. 11, 35.3.), dalle disposizioni sul ripudio della guerra offensiva (artt. 11, 78, 87.9.) a quella sulla condizione giuridica dello straniero (art. 10.2.), dalle disposizioni sull'estradizione (artt. 10.4., 26 e l. cost. 1/1967) a quelle, infine, sulla libertà di emigrazione e sull'assistenza al lavoro (art. 35.4.)

Dagli artt. 10 e 11, contenuti nei Principi fondamentali, possiamo ricavare un principio internazionalistico che presiede ai rapporti tra l'ordinamento giuridico italiano e il diritto internazionale (sul principio internazionalistico cfr. cap. IV.10). Sempre più importante, come diremo meglio in questo capitolo, è il ruolo assunto dal diritto dell'Unione europea, che, nato con le forme del diritto internazionale, da esso si è progressivamente autonomizzato.

### 1.2. *I soggetti del diritto internazionale*

Nel diritto internazionale **gli Stati** sono ritenuti avere una capacità internazionale generale e assoluta. In ragione di ciò ogni Stato è, ad esempio, membro delle Nazioni Unite. Gli Stati sono anche i soggetti creatori del diritto internazionale sia attraverso la stipula di trattati internazionali sia attraverso il contributo alla formazione delle c.d. norme consuetudinarie.

V'è da chiedersi se il concetto di Stato utilizzato dal diritto internazionale coincida con quello proprio del diritto costituzionale. La risposta può essere sostanzialmente affermativa in quanto anche il diritto internazionale prende a riferimento, per valutare l'esistenza di uno Stato, i tre elementi su cui anche la dottrina costituzionale poggia la propria ricostruzione: elementi indicativi della presenza di un'entità statale sovrano sono, per il diritto internazionale, l'esistenza di un potere di comando esercitato nei confronti di un popolo stanziato sopra un territorio. Non sempre è agevole, nella prospettiva internazionalistica, stabilire se sussistono i tre elementi in questione.

Per quanto alcuni autori ritengano che sia necessario anche il *riconoscimento* da parte degli Stati della comunità internazionale, non pare che questo elemento possa essere considerato come essenziale per l'esistenza di uno Stato giacché, così ragionando, l'esistenza di uno Stato, dal punto di vista del diritto internazionale, verrebbe a dipendere dalla volontà degli altri Stati (o, peggio, dalla volontà di alcuni Stati capaci di influenzare altri Stati) (in tal senso cfr. la sentenza della Corte cass. 49666/2004, caso Djukanovic).

In sostanza, soggetti del diritto internazionale sono quegli Stati che dispongono della piena sovranità (interna ed esterna) (rinvio al capitolo I su sovranità). Sorge la domanda se gli Stati dell'UE, che hanno trasferito molta parte della loro sovranità all'UE, siano ancora effettivamente tali (sul punto cfr. cap. I.4).

Il diritto internazionale riconosce oggi anche **altri soggetti**, oltre agli Stati: la Chiesa cattolica, l'Ordine di Malta, ma anche associazioni private come il Comitato internazionale della Croce rossa (da non confondere con la Croce rossa internazionale, che è un'organizzazione non governativa).

Grande rilievo hanno acquisito, soprattutto nella seconda metà del Novecento, le **organizzazioni internazionali** (*in primis* l'Organizzazione delle Nazioni Unite e l'Unione europea, ma poi anche la Nato, la Banca mondiale, il Consiglio d'Europa), nate per volontà degli Stati che, per così dire, prestano loro la soggettività internazionale. La loro parziale soggettività fa sì che le organizzazioni internazionali possano partecipare alla stipula di trattati, a condizione che tale potere sia loro riconosciuto dai rispettivi statuti (e quindi dagli Stati che le hanno istituite).

Da ultimo, anche gli **individui** sono divenuti soggetti del diritto internazionale. Tradizionalmente era sempre stata negata la soggettività internazionale dell'individuo. Progressivamente, anche in ragione del fatto che molti trattati, soprattutto quelli in materia di diritti umani, hanno riconosciuto diritti e doveri in capo agli individui, anche questi ultimi possono essere considerati tra i soggetti del diritto internazionale. La soggettività degli individui dipende tuttavia dal riconoscimento che ne fanno le norme di diritto internazionale. In ogni caso l'individuo non può essere considerato parte attiva nella creazione del diritto internazionale.

Anche il fenomeno delle c.d. multinazionali o aziende transnazionali viene considerato dall'attuale diritto internazionale. Tali imprese sono caratterizzate dal fatto che, pur avendo la sede principale in uno Stato, hanno poi numerose diramazioni in altri Stati, con i quali tali aziende entrano in contatto attraverso contratti di concessione e investimento. Spesso ne derivano controversie nelle quali tali aziende si trovano contrapposte, davanti a giurisdizioni arbitrali, agli Stati. Nonostante la loro forza economica e la loro capacità di influenzare spesso le scelte dei piccoli Stati, esse non hanno soggettività internazionale.

Infine un discorso molto simile va fatto per le **organizzazioni non governative** (NGOs, *non-governmental organizations*, come la Croce rossa o *Greenpeace*). Queste entità non statali, spesso aventi forme organizzative di diritto privato, sono in grado di influenzare, in alcuni casi, la politica internazionale degli Stati. Talvolta esse sono prese in considerazione dalle norme di diritto internazionale (cfr., ad esempio, la Convenzione sull'accesso alle informazioni, la partecipazione del pubblico ai processi decisionali e l'accesso alla giustizia in materia ambientale, c.d. Convenzione di Aarhus). In questo caso esse assumono una parziale soggettività internazionale.

### 1.3. *Il rilievo del diritto internazionale nella Costituzione italiana*

#### 1.3.1. *La condizione giuridica dello straniero; il diritto d'asilo*

L'art. 10.2. recita: «*La condizione giuridica dello straniero è regolata dalla legge in conformità delle norme e dei trattati internazionali*». Va considerato straniero chi non è in possesso della cittadinanza italiana (sulla cittadinanza cfr. cap. V.2.2). La Costituzione affida alla legge la disciplina della condizione dello straniero, richiedendo la sua conformità alle norme consuetudinarie e ai trattati. Con alcune eccezioni è possibile dire, per ora, che agli stranieri è attribuito il godimento dei diritti fondamentali (come sarà meglio precisato nel cap. XV.3.3).

In realtà va osservato che, rispetto al momento di scrittura della Costituzione, la figura dello 'straniero' ha acquistato una pluralità di sfaccettature. E difatti si possono distinguere almeno le seguenti differenti figure di straniero [1]. Innanzitutto il cittadino di uno Stato membro dell'UE che, per effetto delle norme dei trattati, in quanto cittadino di uno Stato membro, è *cittadino europeo* (artt. 9 TUE e 20-25 TFUE). A questo soggetto il diritto dell'UE garantisce alcuni specifici diritti: se risiede in uno Stato membro diverso da quello di cui ha la cittadinanza nazionale può votare alle elezioni per il Parlamento europeo e alle elezioni amministrative dello Stato membro in cui risiede.

Al cittadino dell'UE si aggiunge il *cittadino straniero non appartenente all'UE*. La sua posizione varia a seconda che sia legalmente o illegalmente residente in Italia: nel primo caso esso è autorizzato a risiedere in Italia da un atto amministrativo (permesso di soggiorno); nel secondo caso il soggetto è esposto alle reazioni dell'ordinamento italiano, che sono variate nel tempo.

Con la riforma costituzionale del 2001 il testo costituzionale registra l'esistenza di questa complessità, giacché attribuisce allo Stato la potestà legislativa esclusiva in materia di immigrazione (art. 117.2.b). La disciplina dell'immigrazione – in particolare la disciplina dei requisiti per l'accesso e il soggiorno – rientra nella sovranità dello Stato per l'evidente impatto che essa ha sul controllo del territorio (sentt. Corte cost. 250/2010, 147/2008, 206/2006), con i limiti del diritto di asilo (art. 10.3.) e delle norme consuetudinarie e dei trattati internazionali (in materia di rifugiati politici) e di alcuni principi fondamentali della Costituzione (validi, ad esempio, in materia di ricongiungimento familiare).

La posizione del cittadino straniero non appartenente all'UE (extracomunitario) è dunque disciplinata dalla legge, che si deve tuttavia conformare alle norme e ai trattati internazionali. La pressione sulle frontiere ha portato il legislatore ad adottare politiche sempre più restrittive. Il testo di riferimento rimane il d.lgs. 286/1998 (testo unico sull'immigrazione). La materia ha tuttavia subito significative modifiche con la l. 189/2002 (legge Bossi-Fini) e con i c.d. pacchetti sicurezza (d.l. 92/2008, conv. in l. 125/2008, e l. 94/2009). Ulteriori modifiche in senso ancor più restrittivo sono intervenute con i c.d. decreti sicurezza (d.l. 53/2019, conv. con modificazioni in l. 77/2019 e con il d.l. 113/2018, conv. con modificazioni in l. 132/2018).

Il cittadino extracomunitario, se privo del permesso di soggiorno, è in una posizione di illegalità e può essere espulso sulla base di un provvedimento adottato dal Prefetto, che si traduce nel c.d. foglio di via o nell'accompagnamento immediato alla frontiera da parte delle forze dell'ordine (art. 13.2. d.lgs. 286/1998). In entrambi i casi è possibile ricorrere ma, nel secondo caso, il ricorso non blocca l'espulsione.

L'espulsione può essere disposta anche dal Ministro dell'Interno nei confronti dello straniero che sia considerato un pericolo per la sicurezza dello Stato o per

---

[1] In disparte vanno considerati l'apolide, colui che è cioè privo di ogni cittadinanza, e il pluripolide, colui che possiede più cittadinanze.

l'ordine pubblico, anche se in possesso del permesso di soggiorno. Anche in questo caso il ricorso (al T.A.R. per il Lazio) non blocca l'espulsione (art. 13.1. d.lgs. 286/1998).

Infine il giudice può ordinare l'espulsione dello straniero che sia condannato per i reati di cui agli artt. 380 e 381 c.p.p. e che sia valutato dal giudice socialmente pericoloso (art. 15 d.lgs. 286/1998).

Venendo ora al **diritto d'asilo**, esso consiste nella pretesa di uno straniero di essere accolto nello Stato nei confronti del quale ha presentato la richiesta e di essere conseguentemente protetto nei confronti delle richieste di estradizione dello Stato di appartenenza nonché di non essere respinto. Tale pretesa è giuridicamente garantita dalla Costituzione italiana nei Principi fondamentali. L'art. 10.3. contiene infatti una disposizione che rende molto bene l'idea di apertura al diritto internazionale e agli ideali democratici dei Costituenti. Esso infatti dispone che «*Lo straniero, al quale sia impedito nel suo paese l'effettivo esercizio delle libertà democratiche garantite dalla Costituzione italiana, ha diritto d'asilo nel territorio della Repubblica secondo le condizioni stabilite dalla legge*». Ciò implica il riconoscimento di almeno due pretese: a) il diritto di ingresso nel territorio della Repubblica e quindi il divieto di respingimento alla frontiera; b) il diritto di soggiorno nel territorio della Repubblica (Benvenuti, 2007, 174 ss.)

Si tratta, con evidenza, di una disposizione molto impegnativa in quanto, presa alla lettera, obbligherebbe le istituzioni repubblicane a compiere una valutazione sulla conformità degli altri Stati agli *standard* fissati dalla nostra costituzione in materia di «libertà democratiche» e a riconoscere, di conseguenza, il diritto d'asilo a tutti coloro che, impediti nell'esercizio di tali libertà nello Stato di provenienza, ne facessero richiesta[2]. La disposizione va ben oltre quanto richiedono le norme internazionali – e in particolare la convenzione di Ginevra sui rifugiati del 28 luglio 1961 (modificata dal protocollo del 31 gennaio 1967) – in base alle quali la concessione dell'asilo interviene nel caso in cui vi sia una persecuzione della persona, effettiva o anche ragionevolmente prevedibile, da parte dello Stato di provenienza.

In ogni caso l'art. 10.3. rinvia alla legge (il punto di riferimento rimane il testo unico sull'immigrazione), la quale si è tendenzialmente omologata alle norme internazionali richiedendo, per il riconoscimento del diritto d'asilo, la previa attribuzione dello *status* di rifugiato. Sul punto è intervenuta anche la direttiva dell'UE 2004/83, che pone a presupposto del riconoscimento dello *status* di rifugiato il fondato timore del richiedente asilo di essere perseguitato.

---

[2] La disposizione solleva anche il tema dell'efficacia extraterritoriale della Costituzione, un problema che oggi è divenuto particolarmente sensibile a seguito di innovazioni tecnologiche come Internet.

### 1.3.2. *Il ripudio della guerra*

La prima parte dell'art. 11 prevede che «*L'Italia ripudia la guerra come strumento di offesa alla libertà degli altri popoli e come mezzo di risoluzione delle controversie internazionali*». Della guerra la Costituzione si occupa poi all'art. 78 disciplinando la dichiarazione dello stato di guerra.

Dunque la Costituzione non bandisce la guerra in via generale, limitandosi ad imporre alle istituzioni repubblicane di non usare la guerra come strumento di offesa di altri popoli (guerra di aggressione), in ciò conformandosi all'art. 2.3.-4. della Carta delle Nazioni Unite. Importante è il riferimento agli «altri popoli» piuttosto che agli altri Stati poiché la Costituzione intende vietare la guerra non solo nei casi più tradizionali in cui due Stati o più Stati decidono di far ricorso a questo strumento estremo ma anche nei casi in cui a combattere siano popoli non organizzati in veri e propri Stati (de Vergottini, 2004).

Il divieto della *guerra di aggressione* è dunque molto netto. Da ciò si ricava anche la legittimità degli interventi armati a difesa di altri Stati, giustificati dall'art. 51 della Carta delle Nazioni Unite, alle condizioni stabilite in quell'articolo.

A tale proposito il 24 febbraio 2022 la Russia ha invaso l'Ucraina. Già il 1 marzo seguente l'Assemblea generale delle Nazioni Unite ha approvato una Dichiarazione, con il voto favorevole di 141 Stati, nella quale l'atto della Russia è qualificato come atto di aggressione in violazione dell'art. 2, par. 4, della Carta delle Nazioni Unite.

L'Italia ha sostenuto l'Ucraina, insieme a circa 30 Paesi occidentali, con l'invio di armi. A tal fine il Governo ha adottato il d.l. 14/2022, conv. con mod. in l. 28/2022 e, soprattutto il d.l. 16/2022, abrogato dalla legge di conversione del d.l. 14/2022. A loro volta, le due Camere hanno approvato a larghissima maggioranza, il 1 marzo 2022, due risoluzioni gemelle con le quali hanno impegnato il Governo ad assicurare la cessione di apparati e strumenti militari all'Ucraina affinché questa possa esercitare il diritto di legittima difesa nei confronti dell'aggressione russa.

Anche in questo caso gli atti adottati non possono ritenersi in contrasto con l'art. 11. Tale disposizione va interpretata, come già detto, alla luce dell'art. 51 della Carta delle Nazioni Unite, il quale fa salvo «il diritto naturale di autotutela individuale o collettivo, nel caso che abbia luogo un attacco armato contro un membro delle Nazioni Unite». L'uso della forza da parte dell'Ucraina è dunque una reazione ad un attacco qualificabile come aggressione (P. Rossi, 2022, 1 ss.).

Maggiori problemi solleva l'interpretazione della parte finale della disposizione che vieta la guerra come mezzo di risoluzione delle controversie internazionali. Da tale disposizione deriva l'ovvia constatazione che la Repubblica deve impegnarsi a risolvere tali controversie dinanzi agli organi a ciò deputati.

Rimane però aperta la questione di cosa accada nel caso in cui l'altro Stato o gli altri Stati nei confronti dei quali è aperta una controversia dovessero mettere in atto comportamenti prodromici ad atti di guerra. Una considerazione realistica porta a concludere che, in questa specifica ipotesi, una *guerra preventiva* non incontrerebbe il divieto dell'art. 11.

Estremamente problematiche appaiono fattispecie difficilmente riconducibili alla nozione di guerra ammessa dal nostro ordinamento, come gli interventi armati umanitari (diretti a impedire violazioni dei diritti umani all'interno di singoli Stati, come nel caso del Kosovo nel 1999), le operazioni di polizia internazionale (che hanno impegnato l'Italia, ad esempio, nelle iniziative militari contro l'Iraq nel 2003), l'appoggio o la collaborazione a favore di Stati che danno vita a interventi armati illegittimi attraverso l'apertura dello spazio aereo o la disponibilità di basi aeree (ancora il caso dell'Iraq nel 2003) (Benvenuti, 2010).

### 1.3.3. *Le organizzazioni internazionali (e le limitazioni di sovranità)*

Seconda e terza parte dell'art. 11 possono essere lette come aventi un unico oggetto, disponendo quanto segue: «[L'Italia] *consente, in condizioni di parità con gli altri Stati, alle limitazioni di sovranità necessarie ad un ordinamento che assicuri la pace e la giustizia fra le Nazioni; promuove e favorisce le organizzazioni internazionali rivolte a tale scopo*». In linea con la dichiarazione di principio sul ripudio della guerra, la disposizione conferma l'apertura dell'Italia alla comunità internazionale, favorendo l'adesione alle organizzazioni internazionali dirette ad assicurare la pace e la giustizia fra le Nazioni (Chieffi, 1990); e favorisce questa adesione anche nel caso in cui ciò dovesse portare a limitazioni di sovranità, a condizione che ciò valga anche per gli altri Stati che partecipano all'organizzazione internazionale.

La norma fu scritta pensando alla nascente Organizzazione delle Nazioni Unite (ONU), anche se poi, come vedremo, è stata utilizzata soprattutto per fondare l'adesione dell'Italia alle Comunità economiche europee, oggi Unione europea. Attualmente esiste un numero nutrito di organizzazioni internazionali, alcune a vocazione universale come appunto l'ONU, altre a vocazione molto più settoriale come, ad esempio, la *World Trade Organization* (WTO), la *North Atlantic Treaty Organization* (NATO), ecc.

L'aspetto più problematico insito nella disposizione in esame riguarda le possibili limitazioni di sovranità, cui l'Italia può addivenire, in condizioni di parità con gli altri Stati. Fin dove possono spingersi tali limitazioni? La risposta, in linea teorica, è semplice poiché, se l'Italia deve rimanere uno Stato sovrano, allora le limitazioni non potranno che riguardare l'esercizio della sovranità, l'ampiezza dei poteri attraverso cui essa si esercita, non anche la sua essenza. In altre parole, lo Stato italiano dovrebbe essere in grado di riappropriarsi, in ogni momento, della propria piena sovranità (revocabilità), ovviamente tenendo conto della responsabilità internazionale dello Stato per atti che contrastano con norme internazionali. In pratica è vero che, con specifico riguardo all'Unione europea, le limitazioni di sovranità sono state così prolungate nel tempo, così frequenti e, in alcuni casi, così intense (si pensi alle limitazioni in materia di governo della moneta) che riesce difficile immaginare un atto o plurimi atti diretti a riespandere la sovranità. Allo stesso tempo, però, si pensi alla scelta della Gran Bretagna, che non ha mai aderito alla moneta unica, di uscire dall'UE a seguito del referendum del 23 giugno 2016 (il Regno Unito ha cessato di esser parte dell'UE il 31 gennaio 2020). Se l'esercizio della sovranità popolare si svolge attraverso le norme costituzionali, è allora chiaro che le limitazioni di sovranità potranno riguardare anche ambiti disciplinati dalla stessa Costituzione. L'unico limite è quello dei c.d. *controlimiti*, coincidenti con i principi supremi della Costituzione.

Inoltre si tenga presente che l'Italia è membro dell'ONU nella quale non tutti i membri sono su un piede di perfetta parità, visto che solo cinque membri del Consiglio di sicurezza dispongono di un diritto di veto (sul punto cfr. la sent. Corte cost. 300/1984).

## 2. *La Costituzione italiana e il diritto dell'Unione europea*

### 2.1. *Dalla Comunità economica europea all'Unione europea*

Nel 1957 sei Stati – Belgio, Francia, Italia, Lussemburgo, Olanda e la Repubblica federale di Germania – decisero di dar vita alla Comunità europea dell'energia atomica (Euratom) e alla Comunità economica europea (CEE). Pochi anni prima, nel 1951, era già stata istituita la Comunità europea del carbone e dell'acciaio (CECA).

La storia successiva della CEE (dal 1992 Unione europea) è una storia, oltre che di successi, di progressivi allargamenti. Il primo ampliamento risale al 1973 con l'adesione della Danimarca, della Gran Bretagna e dell'Irlanda. Nel 1981 anche la Grecia e nel 1986 il Portogallo e la Spagna entrarono a far parte della CEE. Nel 1995 aderirono l'Austria, la Finlandia e la Svezia.

Con il nuovo secolo l'allargamento si dirige verso l'Europa orientale. Nel 2004 si è realizzato l'ampliamento più consistente giacché hanno aderito al trattato Cipro, Estonia, Lettonia, Lituania, Malta, Polonia, Repubblica Ceca e Repubblica Slovacca, Slovenia, Ungheria. Infine nel 2007 si sono aggiunte Bulgaria e Romania e, sempre nello stesso anno, la Croazia.

Con l'uscita del Regno Unito gli Stati membri sono 27, con una popolazione di circa 495 milioni di persone. La conformazione geografica dell'UE è destinata a cambiare ulteriormente visto che sono state avviate le trattative per l'adesione di altri Stati (tra cui Islanda, Macedonia, Montenegro, Turchia) e altri Stati hanno proposto la propria candidatura (Albania, Bosnia-Erzegovina, Serbia).

Il 1° luglio 1967, con il trattato di fusione, fu deciso che le tre Comunità avrebbero avuto un unico Consiglio e un'unica Commissione. A ciò seguirono due altre importanti modifiche dei trattati: nel 1970 fu introdotto un sistema di finanziamento autonomo delle Comunità e nel 1979 fu stabilito che il Parlamento sarebbe stato eletto direttamente.

Il 1986 è l'anno in cui viene adottato l'**Atto unico** (entrato in vigore il 1° luglio 1987). Con esso la posizione del Parlamento europeo fu ulteriormente rafforzata e le competenze della CEE furono ampliate.

La più importante modifica è intervenuta nel 1992 in quanto con il **trattato di Maastricht** si è accentuata la dimensione politica: sono state istituite l'Unione europea e l'Unione monetaria ed è stato cambiato il nome della Comunità economica europea, che ha assunto quello di Comunità europea. Il trattato è stato firmato il 7 febbraio 1992 ed è entrato in vigore il 1° novembre 1993. Ad esso hanno fatto seguito il **trattato di Amsterdam** nel 1997 e quello di **Nizza** nel 2000 (in occasione di quest'ultimo è stata anche proclamata la **Carta dei diritti fondamentali dell'Unione europea**, che tuttavia resterà priva di valore giuridicamente vincolante fino al 2009).

Si avviava così un intenso dibattito sull'opportunità di dare all'Europa una dimensione costituzionale. A tal fine fu istituita una convenzione (presieduta dall'*ex* Capo di Stato francese Giscard d'Estaing), che elaborò il c.d. **trattato costituzionale**. Tuttavia tale trattato non è mai stato ratificato, per quanto fosse stato firmato dagli Stati. I referendum svoltisi in Francia e Olanda, entrambi sfavorevoli all'adozione del trattato, produssero infatti l'effetto di bloccare la ratifica.

Si arriva così all'attualità. Il **trattato di Lisbona** – firmato il 13 dicembre 2007 ed entrato in vigore il 1° dicembre 2009 – si propone di recuperare gran parte dei contenuti del trattato costituzionale, rinunciando tuttavia alla forma costituzionale. Le innovazioni non sono di poco conto: la citata Carta dei diritti fondamentali diventa diritto primario dell'UE per effetto del rinvio contenuto nell'art. 6.1. TUE; l'UE acquista personalità giuridica e si sostituisce definitivamente alla Comunità europea (art. 1.3. TUE); l'Euratom assume la forma di un'organizzazione internazionale, distinta rispetto all'UE, mentre la CECA era già venuta meno nel 2002). Il trattato di Lisbona è composto da due trattati: il trattato sull'Unione europea (TUE) e il trattato sul funzionamento dell'Unione europea (TFUE).

### 2.1.1. *La natura giuridica dell'Unione europea*

L'UE ha una natura giuridica del tutto singolare.

Pur creata tramite trattati internazionali, essa è molto di più che una semplice organizzazione internazionale. In ragione degli ampi trasferimenti di competenze, anche in settori che attengono alla sovranità degli Stati membri, e dei poteri di intervento sugli Stati membri, che possono obbligare questi ultimi a dare attuazione agli atti dell'UE (art. 7 TUE), l'UE può qualificarsi come una forma organizzativa sovranazionale. Tra l'altro, l'UE è giuridicamente capace (art. 47 TUE) e ha la qualità di soggetto di diritto internazionale.

L'UE non è uno Stato (federale) perché deriva le sue competenze dagli Stati membri, perché le mancano competenze in settori centrali della statalità e perché non ha la competenza della competenza (vale a dire che non decide sulle proprie competenze, essendo tale decisione rimessa agli Stati membri). È inoltre priva di un popolo che voglia costituirsi in un'unica unità statale europea e di un'opinione pubblica europea. In quanto forma organizzativa sovranazionale non può essere considerata neppure una confederazione.

L'UE, allo stadio in cui si trova, può essere considerata una *forma federativa priva di organizzazione statale*.

## 2.2. *Istituzioni e funzioni dell'Unione europea*

L'organizzazione dell'UE è alquanto complessa. Sono sette le sue istituzioni (art. 13 TUE): il Parlamento europeo (distribuito tra Bruxelles e Strasburgo), il Consiglio europeo (Bruxelles), il Consiglio (Bruxelles), la Commissione (Bruxelles), la Corte di giustizia dell'Unione europea (Lussemburgo), la Banca centrale europea (Francoforte sul Meno) e la Corte dei conti (Lussemburgo).

Esistono poi anche alcuni organi – il Comitato economico sociale e il Comitato delle Regioni – con funzioni consultive nei riguardi del Parlamento, del Consiglio e della Commissione (organi ausiliari). Di rilievo sono anche altre istituzioni, con propria personalità giuridica, come la Banca europea per gli investimenti (BEI).

La funzione normativa dell'UE, come vedremo, è distribuita tra diversi organi, mentre quella esecutiva è attribuita principalmente alla Commissione (e agli Stati membri). La funzione giurisdizionale, che ha svolto un ruolo centrale nella costruzione dei rapporti tra UE e Stati membri, è attribuita alla Corte di giustizia dell'UE. Come sarà subito evidente, l'organizzazione dell'UE denota la presenza di elementi contraddittori rispetto alle forme di governo statali. Se il Parlamento europeo, partito da una posizione di forte inferiorità, ha progressivamente conquistato poteri (che condivide con il Consiglio), il Consiglio europeo, composto dai vertici dei Governi dei singoli Stati membri, detiene poteri ancora centrali. La forma di governo unionale rimane così in costante tensione tra un elemento propriamente sovranazionale, anche se non pienamente sviluppato, rappresentato dal Parlamento europeo (il Parlamento europeo non dà voce a un popolo europeo ma, al più, ai popoli dei singoli Stati) e un elemento internazionalistico, costituito dal Consiglio europeo.

### 2.2.1. *La funzione politica e normativa*

#### a) *Il Consiglio europeo*

È bene che l'esame dell'organizzazione dell'UE parta dal Consiglio europeo poiché è questo organo che dà gli impulsi necessari allo sviluppo dell'Unione, ne definisce gli orientamenti e le priorità politiche generali (art. 14.1. TUE). Il trattato di Lisbona ha rafforzato la funzione d'indirizzo politico del Consiglio europeo (cfr. artt. 26.1., 42.2., 31.2. TUE). È dunque in quest'organo, composto dai vertici degli esecutivi dei singoli Stati, che si concentra il residuo internazionalistico dell'UE.

Il Consiglio europeo è composto dai Capi di Stato o di Governo degli Stati membri, dal suo presidente e dal presidente della Commissione (art. 15.2. TUE). Il Presidente del Consiglio europeo è figura introdotta dal trattato di Lisbona. Partecipa ai lavori del Consiglio anche l'alto rappresentante dell'Unione per gli affari esteri e la politica di sicurezza.

Quest'organo è privo di poteri nell'ambito della funzione normativa. E tuttavia esso svolge un ruolo importante nel procedimento di revisione dei trattati (art. 48.6.-7. TUE). Gioca inoltre un ruolo altrettanto decisivo in tutti i procedimenti di nomina (del presidente del Consiglio europeo medesimo: art. 15.5. TUE; del presidente della Commissione: art. 17.7. TUE; dell'alto rappresentante dell'Unione per gli affari esteri e la politica di sicurezza: art. 18.1. TUE; dei membri del direttorio della banca centrale: art. 283.2. TFUE). Esso influisce anche sulla composizione del Parlamento europeo in quanto ad esso spetta adottare la decisione con cui viene determinata l'esatta composizione del Parlamento (art. 14.2. TUE).

In ragione della sua politicità, grande rilievo assumono le regole decisionali del Consiglio europeo. Il Consiglio europeo decide «per consenso», vale a dire all'unanimità, salvo nei casi in cui i trattati dispongano diversamente (art. 15.4. TUE). Quando decide con regole differenti dall'unanimità, vale a dire con maggioranze qualificate, gli si applicano le regole decisionali del Consiglio (art. 16.4. TUE e 238.2. TFUE); in alcuni casi è prevista la regola della maggioranza relativa (cfr., ad esempio, art. 235.3. TFUE). Il Presidente del Consiglio europeo e il presidente della Commissione non hanno diritto di voto (art. 235.1. TFUE). Si noti che queste regole sono state formalizzate solo col trattato di Lisbona.

b) *Il Parlamento europeo*

Parlamento europeo e Consiglio sono i titolari della funzione legislativa (artt. 14 TUE e 223 ss. TFUE). A comporre il Parlamento europeo, afferma il TUE, sono i «*rappresentanti dei cittadini dell'Unione*». In base all'art. 20 TFUE, la cittadinanza europea si acquista in quanto si sia cittadini di uno Stato membro. Il Parlamento riceve quindi la propria legittimazione dai popoli degli Stati membri.

I membri del Parlamento non possono superare il numero di 750, cui si aggiunge il presidente del Parlamento. L'art. 14.2. TUE stabilisce che la rappresentanza dei cittadini è garantita in maniera «*degressivamente proporzionale, con una soglia minima di sei membri per Stato membro*»; nessuno Stato può vedersi assegnati più di 96 seggi. Il Consiglio europeo, come abbiamo appena notato, è chiamato a ulteriormente specificare tali statuizioni attraverso una decisione assunta all'unanimità (per l'esame del sistema elettorale dei rappresentanti italiani al Parlamento europeo cfr. cap. V.3.2.1).

L'organizzazione del Parlamento è affidata a un regolamento, a somiglianza di quanto accade nei Parlamenti nazionali. I parlamentari eleggono poi il Presidente e l'ufficio di presidenza scegliendoli tra i suoi membri (art. 14.4. TUE). All'interno del Parlamento esistono 20 commissioni permanenti, che istruiscono le decisioni dell'assemblea. Il Parlamento può istituire anche commissioni non permanenti e commissioni d'inchiesta. I deputati non sono suddivisi in delegazioni nazionali ma in formazioni transnazionali (gruppi politici) sulla base delle affinità politiche. Per formare un gruppo politico occorrono almeno 25 deputati eletti almeno in un quarto degli Stati membri.

La storia del Parlamento europeo è una storia di piccoli passi in quanto gli attuali suoi poteri sono il frutto di progressive conquiste. La funzione legislativa e la funzione di bilancio, per come sono intese nel diritto costituzionale nazionale, gli sono state attribuite solo con il trattato di Lisbona (art. 14.1. TUE). La situazione di partenza lo vedeva infatti titolare di pochi poteri di controllo nei confronti della Commissione (non anche nei confronti del Consiglio), e con poteri solo consultivi nell'ambito della funzione normativa. Ancora oggi, per le ragioni che abbiamo appena enunciato e per quanto di seguito diremo, non può essere equiparato in pieno ai Parlamenti nazionali.

È infatti ancora privo di un pieno potere d'iniziativa legislativa, potendosi limitare a chiedere alla Commissione, a maggioranza, di presentare adeguate proposte su questioni per le quali reputa necessaria l'elaborazione di un atto dell'Unione ai fini dell'attuazione dei trattati (così l'art. 225 TFUE).

Quanto ai poteri di controllo, il Parlamento può istituire commissioni d'inchiesta (art. 226 TFUE), esercita un controllo sul bilancio presentato dalla Commissione (art. 319 TFUE), può votare una mozione di sfiducia nei confronti dell'operato della Commissione (art. 234 TFUE).

Va infine aggiunto che ha da poco conquistato il potere di eleggere sia il presidente della Commissione, su proposta del Consiglio europeo (art. 17.7. TUE), sia il mediatore europeo (art. 228 TFUE).

La regola deliberativa è la maggioranza dei voti espressi; in alcuni casi è però richiesta la maggioranza degli aventi diritto al voto o maggioranze qualificate, come nel caso del voto di sfiducia che richiede i due terzi dei voti espressi (art. 234.2. TFUE).

### c) *Il Consiglio*

«Il Consiglio è composto da un rappresentante di ciascuno Stato a livello ministeriale, abilitato a impegnare il Governo dello Stato membro che rappresenta e ad esercitare il diritto di voto» (art. 16.2. TUE). Dunque, a seconda delle questioni poste all'ordine del giorno, la composizione del Consiglio cambia (sicché, in alcuni casi, il Consiglio sarà composto da tutti i Ministri degli interni, altre volte dai Ministri dell'economia, ecc.) (art. 16.6. TUE); rimane fermo che è composto dai membri dei governi dei vari Stati. La presidenza delle formazioni del Consiglio viene assegnata ai rappresentanti degli Stati membri secondo un sistema di turnazione.

Come abbiamo osservato, «*il Consiglio esercita, congiuntamente al Parlamento europeo, la funzione legislativa e la funzione di bilancio*» (art. 16.1. TUE). Nello svolgimento della funzione legislativa, i due organi sono inestricabilmente connessi, a somiglianza di quanto accade nei parlamenti nazionali bicamerali tra le due Camere (cfr. artt. 218 e 215 TFUE).

Le deliberazioni del Consiglio sono adottate a maggioranza qualificata, salvo i casi nei quali i trattati dispongano diversamente (art. 16.3. TUE). La maggioranza qualificata si calcola (a partire dal 1° novembre 2014) in base a un doppio criterio: almeno il 55% dei membri del Consiglio e un minimo di quindici rappresentanti di Stati membri che totalizzino almeno il 65% della popolazione dell'Unione (artt. 16.3. TUE; 238.2.-3. TFUE). La complessità dei *quorum* evidenzia la difficile ricerca di tenere in equilibrio l'efficacia dell'azione unionale con l'aspirazione degli Stati membri a rimanere i decisori ultimi.

### 2.2.2. *La funzione esecutiva*

#### a) *La Commissione europea*

Composta da un commissario per ogni Stato membro (compreso il presidente e l'alto rappresentante dell'Unione per gli affari esteri e la politica di sicurezza), la Commissione può considerarsi il vero organo di governo dell'UE[3].

I commissari, una volta eletti, sono completamente indipendenti rispetto alle istruzioni di qualsiasi Stato (art. 17.3. TUE). Il presidente della Commissione, in base all'art. 17.6. TUE, possiede importanti poteri, tra cui quello di definire gli orientamenti e l'organizzazione interna della Commissione; egli è componente del Consiglio europeo. Il rapporto tra presidente e commissari è regolato dall'art. 17.6. TUE, in base al quale «un membro della Commissione rassegna le dimissioni se il presidente glielo chiede». Parrebbe esserci quindi uno stretto rapporto di fiducia.

Il procedimento di formazione dell'organo collegiale è regolato dall'art. 17.7. TUE: è il Consiglio europeo che, tenuto conto delle elezioni europee e dopo consultazioni appropriate, propone al Parlamento un candidato presidente, deliberando a maggioranza qualificata; il candidato risulta eletto se il Parlamento lo vota a maggioranza dei membri che lo compongono. Scelto il Presidente, è ancora il Consiglio europeo, in accordo con il presidente eletto, a individuare gli altri commissari sulla base delle proposte presentate dagli Stati membri. A questo punto

[3] A partire dal 1° novembre 2014, essa avrebbe dovuto esser formata da un numero di membri pari ai due terzi del numero degli Stati. Con propria decisione il Consiglio europeo ha deciso di non modificare la composizione attuale (artt. 17.4.-5. TUE).

tutta la Commissione, compreso il suo presidente e l'alto rappresentante dell'Unione per gli affari esteri e la politica di sicurezza, si sottopongono ad un voto di approvazione del Parlamento. A seguito di tale approvazione il Consiglio europeo nomina la Commissione a maggioranza di due terzi.

Notevoli sono i poteri della Commissione: «promuove l'interesse generale dell'Unione» e «vigila sull'applicazione dei trattati e delle misure adottate dalle istituzioni in virtù dei trattati» (art. 17.1. TUE). In base all'art. 294.2. TFUE, le spetta anche il potere d'iniziativa nella procedura legislativa ordinaria; può adottare anche altri atti normativi sulla base degli artt. 290 e 291 (atti delegati e di esecuzione), nonché adottare regolamenti (in materia di concorrenza e aiuti di Stato) (artt. 105 e 108 TFUE); inoltre può adire la Corte di giustizia qualora ritenga che uno Stato non abbia adempiuto agli obblighi derivanti dai trattati (art. 258 TFUE). La Commissione interviene anche nella sfera degli accordi dell'Unione con paesi terzi o con organizzazioni internazionali, anche se il potere decisionale, in questo campo, rimane nelle mani del Consiglio (art. 218 TFUE); rappresenta l'Unione presso le Nazioni Unite e le altre organizzazioni internazionali (art. 220 TFUE).

La Commissione normalmente decide a maggioranza dei suoi membri (quindi con un minimo di 14 voti); il numero legale è determinato dal regolamento interno (art. 250 TFUE), il quale stabilisce un *quorum* strutturale della metà dei componenti (art. 7 del Regolamento interno della Commissione [C(2000) 3614]).

b) *L'esecuzione del diritto unionale*

L'esecuzione del diritto unionale spetta sia alle istituzioni dell'UE che agli Stati membri. Solo una piccola parte del diritto UE viene attuato direttamente dagli organi europei (**esecuzione diretta**). La gran parte viene attuata direttamente dagli Stati membri (**esecuzione indiretta**).

L'**esecuzione diretta** nei confronti degli organi e delle istituzioni dell'UE è di scarsa importanza in questa sede; essa riguarda soprattutto le questioni riguardanti il personale dell'Unione, l'organizzazione delle istituzioni e alcuni aspetti relativi alla materia del bilancio.

Di maggiore interesse è l'esecuzione diretta verso l'esterno, affidata alla Commissione. A tal fine la Commissione agisce soprattutto attraverso le decisioni (art. 288.4. TFUE), a condizione che il relativo potere le sia riconosciuto dal diritto primario o secondario. Questo tipo di esecuzione è previsto nei campi del diritto della concorrenza (artt. 105 e 106.3. TFUE), degli aiuti di Stato (art. 108 TFUE), della politica sociale (art. 163 TFUE). Per specifici settori l'esecuzione indiretta esterna può essere svolta attraverso organismi autonomi dell'UE (l'Ufficio per l'armonizzazione del mercato interno, l'Agenzia europea dell'ambiente, l'Agenzia europea per le sostanze chimiche, l'Agenzia europea per i medicinali).

A differenza di quanto accade in molti Stati membri, nell'ordinamento unionale non esiste una disciplina generale del procedimento amministrativo. Alcune disposizioni in materia sono oggi contenute nell'art. 298 TFUE e nell'art. 41 CDFUE. Le eventuali lacune sono riempite col ricorso ai principi generali del diritto dell'UE, da cui sono stati tratti i principi di legalità dell'amministrazione, dell'affidamento e del controllo sugli atti. È oramai riconosciuto anche il diritto ad essere uditi all'interno del procedimento.

Il controllo sull'attività di esecuzione è svolto dagli organi dell'Unione e dagli Stati membri. Come vedremo, questi ultimi possono presentare ricorsi alla Corte di giustizia ai sensi dell'art. 263.1. e 265.1. TFUE. In alcune ipotesi tale potere è riconosciuto anche alle persone fisiche e giuridiche (artt. 263.4. e 265.3. TFUE). Anche la previsione della pretesa al risarcimento dei danni, ai sensi dell'art. 340.2. TFUE, incide indirettamente sulla corretta esecuzione del diritto dell'Unione tramite i propri organi, come anche il generale diritto di accesso alle informazioni di cui all'art. 15.3. TFUE.

Sono gli Stati membri a portare normalmente ad esecuzione il diritto UE (**esecuzione indiretta**), in omaggio al principio di preminenza del diritto dell'UE derivante dall'art. 4 TUE.

Quando il diritto dell'Unione risulta direttamente applicabile (e ciò accade nel caso dei regolamenti e delle decisioni nei confronti di determinati destinatari in base ai parr. 2 e 4 dell'art. 288 TFUE, nonché in caso di direttive con effetti diretti) (cfr. cap. XIV.4.1.1), le autorità nazionali provvedono all'esecuzione diretta del diritto unionale. In assenza di una disciplina generale sul procedimento amministrativo, le regole procedimentali sono quelle dello Stato membro. Sono da rispettare in ogni caso il divieto di discriminazione e il principio di effettività.

Qualora il diritto unionale non sia applicabile direttamente in quanto richiedente un atto di recepimento da parte dell'ordinamento nazionale (come spesso accade nel caso delle direttive), le autorità nazionali non attuano il diritto unionale direttamente. In questo caso, infatti, tra il diritto dell'Unione e la sua esecuzione si interpone un atto nazionale di recepimento. È questo l'atto che eseguiranno le autorità nazionali e che darà esecuzione indiretta al diritto dell'UE. Anche in questo caso il procedimento amministrativo è regolato dal diritto nazionale.

L'attività di esecuzione da parte degli Stati membri è soggetta a controlli di tipo diverso. Innanzitutto la Commissione controlla la corretta attuazione del diritto UE attraverso la procedura d'infrazione prevista dall'art. 258 TFUE; a tal fine si consideri che uno Stato membro può denunciare un altro Stato membro qualora ritenga che sia venuto meno a uno dei suoi obblighi incombenti in virtù dei trattati (art. 259 TFUE). Se la Corte di giustizia accerta la violazione e lo Stato non adotta le misure adeguate per rimediare, la Corte può condannarlo al pagamento di una somma forfettaria o di una penalità. Anche il cittadino può far valere la responsabilità dello Stato ove ritenga che lo Stato membro non abbia eseguito correttamente il diritto unionale; ciò accade non solo nel caso in cui leggi o atti amministrativi siano in contrasto col diritto dell'UE ma anche nell'ipotesi di mancato recepimento di una direttiva.

### 2.2.3. *La funzione giurisdizionale*

a) *La Corte di giustizia dell'Unione europea*

«La Corte di giustizia dell'Unione europea comprende la Corte di giustizia, il Tribunale e i tribunali specializzati» (art. 19 TUE). La Corte di giustizia dell'UE detiene il potere giurisdizionale dell'UE.

I compiti di questi organi sono individuati dal diritto primario e sono poi specificati nei rispettivi statuti. Come il principio dello Stato di diritto implica la sottoposizione di tutti gli organi e gli atti dell'ordinamento giuridico al diritto, così l'UE si considera un'**Unione di diritto** (art. 2 TUE), con la conseguenza che tutti gli atti adottati dagli organi dell'UE sono sottoposti a controllo giurisdizionale; vi fanno eccezione solo gli atti relativi alla politica estera e di sicurezza comune (art. 275 TFUE). In caso di violazione dei valori contenuti nell'appena richiamato art. 2 da parte di uno Stato membro è possibile attivare il procedimento che porta alla sospensione di alcuni diritti che agli Stati membri derivano dal trattato (art. 7 TUE e 269 TFUE). Esaminiamo ora solo gli aspetti organizzativi della Corte di giustizia dell'Unione europea.

b) *La Corte di giustizia*

È composta da un giudice per ogni Stato membro ed è assistita da otto avvocati generali (artt. 19 TUE e 252 TFUE). Giudici e avvocati generali sono nominati per sei anni di comune accordo dai governi degli Stati membri; il loro mandato è rinnovabile. Il presidente della Corte è scelto dai giudici per tre anni (anche in questo caso il mandato è rinnovabile). Gli stessi giudici e avvocati vengono rinnovati parzialmente ogni tre anni. È espressamente garantita la loro indipendenza (artt. 19 TUE e 253 TFUE).

L'avvocato generale ha il compito di presentare pubblicamente, con assoluta imparzialità e indipendenza, conclusioni motivate sulle cause che, a norma dello statuto della Corte, richiedono il suo intervento (in sostanza sulle cause che presentano questioni rilevanti per il diritto dell'UE). Le sue conclusioni non sono vincolanti per la Corte.

Gli ulteriori profili organizzativi sono definiti dallo statuto della Corte che, a norma dell'art. 281 TFUE, è stato stabilito con un protocollo separato. Di conseguenza, in coerenza con quanto previsto dall'art. 51 TUE, esso rientra nel diritto primario dell'Unione.

Dal punto di vista della composizione interna, la Corte si riunisce in sezioni o in grande sezione, conformemente a quanto dispone lo statuto della Corte. Nei casi previsti dallo statuto può riunirsi anche in seduta plenaria (art. 251.2. TFUE).

In primo grado la Corte è competente per i ricorsi non attribuiti al Tribunale di primo grado; la competenza più importante di primo grado è quella sulle questioni pregiudiziali. In secondo grado conosce delle decisioni emesse dal Tribunale per i soli motivi di diritto e alle condizioni previste dallo statuto (art. 256.1. TFUE).

La Corte ha sede in Lussemburgo (da qui l'uso comune di indicarla anche come Corte del Lussemburgo).

c) *Il Tribunale*

Il Tribunale dell'Unione europea ha una composizione più ampia della Corte. L'art. 19.2. TUE stabilisce infatti che il Tribunale è composto da almeno un giudice per ogni Stato membro. Difatti, attualmente, i giudici del Tribunale sono 47 e dal 2019 ci sono due giudici per Stato membro.

Il Tribunale può essere assistito da avvocati generali. A differenza di quanto accade per la Corte, ad essere chiamati a svolgere le funzioni di avvocato generale sono i membri del Tribunale (art. 254.1. TFUE e art. 49 statuto della CG). Giudici e avvocati sono scelti per un periodo di sei anni. Ad essi deve essere garantita piena indipendenza.

L'art. 256.1. TFUE indica le competenze del Tribunale in primo grado, tra cui in particolare l'azione di legittimità prevista dall'art. 263 TFUE e quella di inadempimento. In secondo grado il Tribunale conosce dei ricorsi proposti contro le decisioni dei tribunali specializzati.

d) *I tribunali specializzati*

L'art. 257 TFUE permette l'istituzione di tribunali specializzati, competenti in primo grado su alcune materie specifiche. Già prima dell'entrata in vigore del trattato di Lisbona era stato istituito il Tribunale della funzione pubblica, che appunto rientra tra i tribunali specializzati. Le decisioni di questi tribunali possono essere impugnate dinanzi al Tribunale (art. 257.3. e 256.2. TFUE). Con riguardo a queste ultime ipotesi può quindi dirsi che la tutela giurisdizionale nell'UE è assicurata da tre gradi di giudizio.

e) *Le azioni esperibili dinanzi ai tribunali dell'Unione*

Dopo aver esaminato gli aspetti organizzativi, esaminiamo, sempre per cenni generali, il modo in cui la giurisdizione viene esercitata nell'UE. A somiglianza di quanto detto a proposito della funzione esecutiva, anche nel caso della funzione giurisdizionale conviene distinguere tra la giurisdizione esercitata direttamente dai tribunali dell'UE e quella esercitata attraverso i tribunali degli Stati membri.

La Corte di giustizia (nella sua composizione ampia: Corte, tribunale e tribunali specializzati) è l'organo giurisdizionale dell'UE. I procedimenti che si svolgono davanti alla Corte sono regolati dal diritto primario. Tra i più importanti procedimenti vi sono: i ricorsi per inadempimento contro uno Stato membro, proposti dalla Commissione, dopo un procedimento precontenzioso (art. 258 TFUE) o da uno Stato membro contro un altro Stato membro, dopo aver sottoposto la questione alla Commissione (art. 259 TFUE); ricorsi di annullamento con cui si chiede l'annullamento di un atto contrario al diritto dell'UE (in casi particolari, tali azioni possono essere avviate anche da persone giuridiche o fisiche) (art. 263 TFUE); ricorsi per carenza, per le ipotesi in cui un organo o un organismo dell'UE si sia astenuto dal pronunciarsi (art. 265 TFUE); le questioni pregiudiziali di interpretazione e di validità sollevate davanti a un organo giurisdizionale nazionale (rinvio pregiudiziale, art. 267 TFUE). Il tribunale decide inoltre sulle azioni per il risarcimento danno di cui all'art. 340 TFUE (art. 268 TFUE) e sulle controversie di lavoro tra l'UE e i suoi agenti (art. 270 TFUE).

**L'azione per inadempimento**, previsto dall'art. 258 TFUE, è di grande importanza perché la Commissione possa svolgere il suo ruolo di custode dei trattati. Attraverso questo procedimento, infatti, la Commissione può far valere dinanzi alla Corte – dopo un procedimento precontenzioso – la violazione del diritto dell'UE da pare di uno Stato membro. Sono autorizzati ad intervenire anche gli Stati membri (art. 259 TFUE). Se l'azione è fondata, allora la Corte dichiara che lo Stato in questione ha, nel caso concreto, violato il diritto dell'UE. La sentenza di accertamento della Corte non è esecutiva; quindi, qualora lo Stato non ponga in essere le misure necessarie per dare esecuzione alla sentenza, la Commissione può avviare, dopo aver posto lo Stato membro in condizione di presentare osservazioni, un secondo procedimento dinanzi alla Corte di giustizia allo scopo di far condannare lo Stato membro al pagamento di una somma forfettaria o di una penalità.

Se l'azione per inadempimento serve soprattutto ad assicurare il rispetto del diritto dell'UE da parte degli Stati membri, con **l'azione di annullamento** prevista dall'art. 263 i protagonisti attivi diventano soprattutto gli Stati, che sono messi in condizione di reagire nei confronti di atti illegittimi dell'UE. Con questa azione, difatti, possono essere impugnati atti dell'Unione – in particolare regolamenti, direttive e decisioni – dinanzi alla Corte di giustizia e da questa essere annullati. La Corte esercita inoltre un controllo sugli atti degli organi o organismi dell'Unione destinati a produrre effetti giuridici nei confronti di terzi (art. 263.1. TFUE). Gli atti possono essere impugnati solo per specifici motivi indicati dall'art. 263.2. TFUE: incompetenza, violazione di forme sostanziali, violazione dei trattati o di qualsiasi regola di diritto relativa alla loro applicazione, per sviamento di potere.

Legittimati all'azione sono gli Stati membri, il Parlamento europeo, la Commissione e il Consiglio (art. 263.2. TFUE). A differenza di quanto previsto per la Corte dei conti e la Banca centrale, che pure possono agire con azione di annullamento, gli Stati membri non devono dimostrare di aver subito una lesione dall'atto impugnato. Gli Stati si trovano quindi in una situazione privilegiata, dal punto di vista della legittimazione all'azione. Possono agire, ai sensi dell'art. 263.4. TFUE, anche le persone fisiche e giuridiche contro gli atti adottati nei loro confronti o che le riguardano direttamente e individualmente e contro gli atti regolamentari che le riguardano direttamente e non comportanti alcuna misura d'esecuzione (art. 263.4. TFUE). Se l'azione di annullamento è fondata, la Corte di giustizia dichiara «nullo e non avvenuto» l'atto impugnato; se necessario, la Corte precisa gli effetti dell'atto annullato che devono essere considerati definitivi (art. 264.1.-2. TFUE).

L'**azione in carenza** (art. 265 TFUE) permette di chiedere alla Corte di giustizia e al Tribunale l'accertamento dell'illegittimità di una omessa decisione di un organo dell'UE. L'azione in parola serve a sanzionare l'omissione di un'azione dovuta. I presupposti di ammissibilità sono simili a quelli dell'azione di annullamento, con la precisazione che, prima di proporre questa azione, l'istituzione rimasta inerte deve essere invitata ad agire. Se l'azione in carenza viene ritenuta fondata, ne segue l'obbligo dell'organo inerte di adottare i provvedimenti che la sentenza comporta (art. 266 TFUE).

Abbiamo lasciato per ultimo il procedimento giurisdizionale che ha maggiormente contribuito all'evoluzione dell'ordinamento unionale, vale a dire la **questione pregiudiziale** regolata dall'art. 267. Attraverso di esso la Corte di giustizia viene chiamata a pronunciarsi, in via ultima e definitiva, sull'interpretazione e sul contenuto del diritto unionale, così assicurando l'unità giuridica e l'applicazione unitaria del diritto. Esaminiamone brevemente i principali presupposti di ammissibilità.

Innanzitutto l'oggetto della richiesta concerne questioni di interpretazione dei trattati e di validità e interpretazione degli atti compiuti dalle istituzioni, dagli organi o dagli organismi dell'Unione (art. 267.1. TFUE).

L'art. 267.2. TFUE stabilisce poi che legittimati all'azione sono gli organi giurisdizionali degli Stati membri. Nel diritto europeo tale è l'autorità, terza e indipendente, che, sulla base della legge, è competente ad applicare la legge. Il tribunale nazionale è autorizzato a sollevare la questione solo se la soluzione della questione medesima è indispensabile per decidere la controversia dinanzi ad esso pendente.

Quando la questione è sollevata in un giudizio pendente davanti a un organo giurisdizionale nazionale di ultima istanza, tale organo è obbligato a rivolgersi alla Corte (art. 267.3. TFUE). L'obbligo in questione serve ad assicurare l'unità dell'ordinamento giuridico dell'UE. Secondo la Corte di giustizia, l'obbligo sussiste anche per i tribunali che non sono di ultima istanza nel caso in cui il tribunale in questione intenda negare la validità degli atti compiuti da un organo dell'Unione (CG, 22 ottobre 1987, C-314/85, *Foto-Frost*).

Il trattato non disciplina l'efficacia della sentenza adottata sulla questione pregiudiziale. Dall'art. 4.3. TUE, è possibile ricavare un effetto vincolante sostanziale nei confronti degli Stati membri (effetto *erga omnes* sostanziale). Ciò è vero soprattutto nell'ipotesi in cui, all'interno di un procedimento avviato in base all'art. 267, la Corte dovesse dichiarare invalida una norma del diritto UE.

Prima di concludere, va detto che uno dei motori dell'integrazione europea è stato proprio il ricorso che tutti i giudici degli Stati membri hanno fatto al rinvio pregiudiziale. Si è così attivato un preziosissimo dialogo tra giudici comuni e Corte di giustizia che ha costituito la base comune, la *koiné* del diritto europeo (Calvano, 2004, 231). Ad un certo punto è emersa la questione se anche la Corte costituzionale, in quanto giudice, potesse utilizzare il rinvio pregiudiziale. A lungo il giudice costituzionale italiano, a differenza dei suoi omologhi europei, si è autoescluso da questo dialogo europeo, ritenendo di non poter essere incluso tra gli organi giudiziari, ordinari o speciali che siano (ord. Corte cost. 536/1995). Una posizione, quella della Corte costituzionale italiana, in contraddizione con la propria giurisprudenza che, in altre occasioni, aveva confermato la propria natura di organo giurisdizionale. Pungolata dalla dottrina (Onida, 2002, 549) e dagli esempi di altri giudici costituzionali europei (soprattutto tedesco e francese), la Corte, nel 2008, ha posto fine a questo isolamento, promuovendo per la prima volta una questione pregiudiziale all'interno di un giudizio in via diretta (ord. 103/2008). Nel 2013 è stata promossa la prima questione all'interno di un giudizio in via incidentale (ord. 207/2013).

I rischi derivanti da un dialogo che può conferire l'ultima parola al giudice di Lussemburgo hanno probabilmente indotto la Corte costituzionale al *revirement* giurisprudenziale indicato col termine di 'doppia pregiudizialità', che obbliga il giudice comune italiano, in determinate circostanze, a rivolgersi prima alla Corte costituzionale italiana e poi alla Corte di giustizia (cfr. XIV.4.5.)

f) *Il ruolo dei tribunali degli Stati membri*

Spetta soprattutto ai tribunali degli Stati membri assicurare il rispetto del diritto dell'UE. Tale obbligo discende dal principio di preminenza del diritto UE nonché dall'art. 4.3. TUE.

Naturalmente i tribunali nazionali hanno le proprie regole processuali da applicare. Qualora dovessero ritenere che il diritto secondario o terziario dell'Unione non sia conforme al diritto primario, essi non possono procedere ad una dichiarazione d'invalidità e così non applicare il diritto UE. Essi possono (art. 267.2. TFUE) o devono, se sono tribunali di ultima istanza o vogliono annullare norme unionali (art. 267.3. TFUE), rivolgersi alla Corte di giustizia attivando il procedimento pregiudiziale previsto dall'art. 267.

### 2.2.4. *Le altre istituzioni*

a) *La Banca centrale europea*

Con il trattato di Maastricht si è dato vita all'Unione monetaria, che organizzativamente si articola nel Sistema europeo delle banche centrali (SEBC) e soprattutto nella Banca centrale europea (BCE).

LA BCE è dotata di personalità giuridica e di ampia indipendenza nei confronti degli organi dell'UE e degli Stati membri (art. 282 TFUE), nonché di legittimazione processuale nei ricorsi di annullamento e per carenza (artt. 263 e 265 TFUE).

Il Consiglio direttivo della BCE è composto dai membri del comitato esecutivo della BCE nonché dai governatori delle banche centrali nazionali degli Stati membri, la cui moneta è l'euro. Il comitato esecutivo comprende il presidente, il vicepresidente e quattro altri membri, nominati dal Consiglio europeo, su raccomandazione del Consiglio e previa consultazione del Parlamento europeo e del consiglio direttivo della BCE (art. 283 TFUE).

Il mantenimento della stabilità dei prezzi è il principale obiettivo del SEBC e quindi della BCE (art. 127 TFUE). Il SEBC sostiene inoltre «le politiche economiche generali nell'Unione al fine di contribuire alla realizzazione degli obiettivi dell'Unione» (art. 127 TFUE). Tra i compiti fondamentali vi sono: la definizione e l'attuazione della politica monetaria dell'Unione; la gestione delle operazioni sui cambi; la detenzione e gestione delle riserve ufficiali in valuta estera degli Stati membri; la promozione del regolare funzionamento dei sistemi di pagamento (art. 127.2. TFUE).

b) *La Corte dei conti*

Ciascuno Stato membro ha un proprio rappresentante nella Corte dei conti. I suoi componenti sono nominati dal Consiglio, per un mandato di sei anni, previa consultazione del Parlamento europeo. I membri della Corte godono di piena indipendenza e non possono ricevere istruzioni da alcun Governo o altra istituzione (art. 285.2. TFUE).

Compito della Corte è il controllo della legittimità e della regolarità delle entrate e delle spese dell'Unione e l'accertamento della sana gestione finanziaria (art. 287.2. TFUE). Come attesta l'art. 287.3., i poteri della Corte sono molto ampi, anche se essa è priva di poteri di sanzione. La Corte stende una relazione annuale, dopo la chiusura di ogni esercizio finanziario, che può rappresentare un elemento di pressione sulle istituzioni dell'Unione.

c) *La Banca europea per gli investimenti*

Con sede in Lussemburgo, la Banca europea è un istituto finanziario dell'UE, al quale devono appartenere tutti gli Stati membri. Essa ha il compito di contribuire allo «sviluppo equilibrato e senza scosse del mercato interno nell'interesse dell'Unione» (art. 309 TFUE). La Banca è indipendente dal punto di vista giuridico, organizzativo e finanziario rispetto agli organi dell'UE e agli Stati Membri. Tale indipendenza si riflette nel riconoscimento della personalità giuridica (art. 308 TFUE). La Banca finanzia – sulla base dei propri mezzi provenienti dai contributi degli Stati membri e dal mercato – progetti d'investimento di interesse per l'UE.

d) *Uffici e agenzie*

Esistono anche uffici dell'Unione, come Europol, Eurojust e altre specifiche unità amministrative, che sono spesso indicate come agenzie. Pur non essendo organi ai sensi dell'art. 13 TUE, i loro atti sono imputabili all'UE e sono quindi riconducibili dentro la nozione di organo.

Esempi di agenzie sono l'Ufficio per l'armonizzazione del mercato interno, l'Agenzia europea dell'ambiente, l'Agenzia europea per le sostanze chimiche, l'Agenzia europea per i medicinali.

L'istituzione di agenzie è possibile a condizione che l'attribuzione delle competenze sia espressa e ben determinata e che l'esercizio dei poteri trasmessi sia controllato da organi *ad hoc*. La Corte di giustizia esercita un controllo di legittimità sugli atti di questi organi, se destinati a produrre effetti giuridici nei confronti di terzi (art. 263.1. TFUE).

### 2.2.5. *Gli organi consultivi*

#### a) *Il Comitato economico e sociale*

L'art. 301 TFUE prevede che il Comitato economico e sociale non possa superare il numero massimo di 315 componenti, in rappresentanza delle organizzazioni di datori di lavoro, di lavoratori dipendenti e di altri attori rappresentativi della società civile, in particolare nei settori socioeconomico, civico, professionale e culturale (così l'art. 300.2. TFUE). La composizione del Comitato è determinata da una decisione, adottata all'unanimità, del Consiglio su proposta della Commissione (art. 301.2. TFUE). I membri del Comitato non sono vincolati da alcun mandato imperativo.

Il Comitato viene consultato dal Parlamento, dal Consiglio o dalla Commissione nei casi previsti dai trattati; il Comitato è comunque libero di formulare un parere di propria iniziativa, qualora lo ritenga opportuno. I pareri non sono vincolanti. Tuttavia la mancata richiesta di parere, nei casi in cui sia espressamente previsto, può costituire un vizio di forma sostanziale ai sensi dell'art. 263.2. TFUE, con la conseguenza che l'atto conseguente può essere dichiarato nullo.

#### b) *Il Comitato delle Regioni*

Anche questo organo ha funzioni consultive. È composto da rappresentanti democraticamente eletti delle entità regionali e locali interne agli Stati membri (art. 300 TFUE). A somiglianza di quanto previsto per il Comitato economico e sociale, anche questo comitato non può superare il numero massimo di 315 componenti (art. 305.1. TFUE); la sua composizione è comunque stabilita, con decisione unanime, dal Consiglio.

Il Comitato è stato istituito al fine di rafforzare la spinta a realizzare l'Europa delle Regioni anche da un punto di vista istituzionale. I suoi pareri non sono vincolanti. E tuttavia la mancata richiesta di parere costituisce un vizio formale che può essere fatto valere con l'azione prevista dall'art. 263 TFUE.

PARTE SECONDA

# L'ORGANIZZAZIONE COSTITUZIONALE

## CAPITOLO IV

# I PRINCIPI FONDAMENTALI

SOMMARIO: 1. Cenni storici sulla nascita della Repubblica. – 2. La suddivisione in parti della Costituzione e i Principi fondamentali. – 3. Il principio repubblicano. – 4. Il principio democratico. – 5. I principi contenuti nell'art. 2: il principio personalista; il principio solidaristico; il principio pluralistico. – 6. Il principio di eguaglianza formale e sostanziale (art. 3). – 7. Il principio lavoristico (art. 4). – 8. Il principio autonomistico (art. 5). – 9. Il rapporto dello Stato con le confessioni religiose. – 9.1. Il principio di laicità. – 9.2. Il principio concordatario (art. 7). – 9.3. Le intese con le altre confessioni religiose (art. 8). – 10. Il principio internazionalistico (artt. 10 e 11). – 11. La tutela delle minoranze linguistiche (art. 6). – 12. La tutela della cultura e dell'ambiente (art. 9).

## 1. *Cenni storici sulla nascita della Repubblica*

In questa sede è opportuno fornire alcuni cenni storici sugli eventi che più immediatamente hanno preceduto e determinato la nascita della Repubblica e della sua Costituzione. Sulle vicende pregresse ci limitiamo solo a ricordare che nel 1848 il re Carlo Alberto concesse lo **Statuto albertino** all'allora Regno di Sardegna (che dal 1861 diventerà Regno d'Italia). Lo statuto era una costituzione ottriata (concessa dal Re), flessibile (nonostante il preambolo indicasse lo Statuto come 'Legge fondamentale, perpetua ed irrevocabile della Monarchia ...'), breve e resse le sorti dell'ordinamento giuridico italiano fino alla caduta del fascismo.

Nella notte tra il 24 e il 25 luglio 1943 Mussolini fu destituito da capo del Governo. L'Italia si trovò così divisa in due: al Nord, dove si rifugiò Mussolini con il sostegno delle forze naziste, la **Repubblica sociale italiana**; al Sud, dove intanto sbarcarono le forze angloamericane, il **Regno del Sud**. Al momento della destituzione il Re affidò il Governo al generale Badoglio, che firmò la resa nei confronti delle potenze alleate (dandone notizia l'8 settembre) e restò in carica fino alla liberazione di Roma (4 giugno 1944) (Calamandrei, 1950).

Nell'aprile del 1944 fu raggiunta una importante tregua istituzionale (c.d. **patto** o **svolta di Salerno**) tra la monarchia e i partiti antifascisti, in forza della quale il Re Vittorio Emanuele III si ritirava a vita privata, appena Roma fosse stata liberata, impegnandosi a nominare il figlio, Umberto, **Luogotenente del Regno**[1]. Si badi che già vi erano state in passato Luogotenenze ma quella del 1944 fu diversa dalle altre in quanto non si trattò di una Luogotenenza del Re bensì del Regno, così implicitamente ammettendosi che non vi era un titolare del trono.

Tra la liberazione di Roma, avvenuta il 4 giugno 1944, e le elezioni del 2 giugno 1946 fu il Governo che, in assenza di un Parlamento, legiferò attraverso decreti-legge. Tale potere venne poi formalmente previsto dall'art. 4 d.l.lgt. 25 giugno 1944, 151 (c.d. **costituzione provvisoria**) (Calamandrei, 1950). Con tale decreto si stabiliva anche che «dopo la liberazione del territorio nazionale, le forme istituzionali saranno scelte dal popolo italiano che a tal fine eleggerà, a suffragio universale diretto e segreto, una Assemblea Costituente per deliberare la nuova costituzione dello Stato». Con il d.lgs.lgt. 16 marzo 1946, 98 si decise di sottrarre all'Assemblea costituente il potere di decidere sulla forma istituzionale – repubblica o monarchia – lasciando che sul punto fosse direttamente il popolo ad esprimersi tramite referendum, da svolgersi contestualmente all'elezione dell'Assemblea costituente; con lo stesso atto fu stabilito che l'Assemblea costituente, in caso di vittoria della Repubblica, avrebbe eletto un **Capo provvisorio dello Stato**.

Qualche giorno prima delle elezioni del 2 giugno, esattamente il 9 maggio del 1946, Vittorio Emanuele III abdicò a favore del figlio Umberto, che così saliva al trono col nome di Umberto II. Questo episodio fu l'estremo tentativo della monarchia sabauda di influenzare l'elettorato a proprio favore. Gli atti posti in essere dalla monarchia erano in chiaro contrasto con quanto stipulato a Salerno e con gli atti successivi. Difatti Vittorio Emanuele III aveva già abdicato al momento della tregua istituzionale, procedendo alla nomina del Luogotenente; inoltre, proprio perché aveva già abdicato, Vittorio Emanuele III non avrebbe potuto compiere alcun atto valido in quanto monarca regnante; inoltre l'art. 3 del decreto 151 (la costituzione provvisoria) impegnava tutti, ministri sottosegretari di Stato e anche il Luogotenente, a «non compiere, fino alla convocazione dell'Assemblea costituente, atti che comunque potessero pregiudicare la soluzione della questione istituzionale».

In ogni caso i decreti posti in essere dopo il 9 maggio continuarono a seguire la numerazione dei decreti luogotenenziali, anche se furono qualificati come decreti regi.

Le elezioni e il contestuale referendum istituzionale si svolsero il 2 giugno 1946 con un esito favorevole alla Repubblica[2].

Il 22 giugno 1946 vi fu la prima riunione dell'Assemblea costituente che, due

---

[1] Sul ruolo giocato dagli attori politici dell'epoca per il conseguimento della tregua istituzionale, che servì soprattutto a rinviare la decisione sulla forma di Stato (repubblica o monarchia) cfr. Procacci, 1977, 543-544.

[2] Per la Repubblica i voti furono 12.717.923, per la monarchia i voti furono 10.719.284, le schede bianche e nulle furono 1.498.136.

giorni dopo, elesse il Capo provvisorio dello Stato, nella persona di Enrico De Nicola, una personalità vicina alla monarchia.

È bene notare che l'Assemblea costituente fu eletta con un sistema proporzionale (un sistema di liste concorrenti in collegi plurinominali, con un collegio unico nazionale in cui confluirono i voti residui). La Democrazia Cristiana conquistò 207 seggi, mentre Partito Comunista e Partito socialista italiano di unità proletaria presero insieme 219 voti. Su un totale di 556 seggi, dunque, questi partiti presero circa i tre quarti dei seggi.

L'Assemblea costituente, oltre a redigere la Costituzione, svolse anche funzioni di legislazione ordinaria e di controllo sul Governo. Essa creò una Commissione (detta **Commissione dei 75**), suddivisa in tre sottocommissioni, cui fu affidato il compito di redigere la Costituzione. La quale fu approvata da tutta l'Assemblea costituente il 22 dicembre 1947 e promulgata il 27 dicembre, entrando in vigore il 1° gennaio 1948. L'Assemblea costituente continuò a lavorare per alcuni mesi fino alle elezioni del nuovo Parlamento il 18 aprile 1948.

In conformità a quanto stabilito dall'art. 2 del citato d.lgs.lgt. 16 marzo 1946, n. 98, fu adottato un decreto (mai pubblicato in G.U.) con il quale il Presidente del Consiglio in carica assumeva, fino alla nomina del Capo provvisorio dello Stato, le funzioni del Luogotenente.

Eletto il Capo provvisorio dello Stato, il Governo, ai sensi dell'art. 2 del decreto 98, rassegnò le dimissioni affinché il Capo dello Stato conferisse l'incarico per la formazione del nuovo Governo. Fu così che l'Assemblea costituente votò la fiducia al II, al III e al IV Governo De Gasperi, nel quale erano presenti democristiani, comunisti, socialproletari, repubblicani (nel III si aggiunsero alcuni ministri indipendenti mentre nel IV le sinistre furono estromesse).

Si noti che già il decreto 98, all'art. 3, aveva disegnato per questa fase un governo parlamentare razionalizzato, in cui il Governo otteneva la fiducia dall'Assemblea costituente, la quale poteva anche revocare tale fiducia votando un'apposita mozione. Questo modello fu poi fatto sostanzialmente proprio dall'Assemblea costituente trasfondendolo in Costituzione.

La funzione legislativa, invece, non fu lasciata – sempre per questo periodo costituente – all'Assemblea, ma delegata al Governo (art. 3 decreto 98).

## 2. *La suddivisione in parti della Costituzione e i Principi fondamentali*

La Costituzione italiana è organizzata in due Parti: la prima, dedicata ai *Diritti e doveri dei cittadini* e la seconda, all'*Ordinamento della Repubblica*. Le due parti sono concettualmente ben separabili poiché la prima disciplina le situazioni giuridiche particolarmente garantite dei cittadini (i diritti e i doveri) e la seconda istituisce gli organi di vertice dell'ordinamento e i rapporti che s'instaurano tra tali organi. Anche in ragione dei differenti ambiti le revisioni costituzionali (e i progetti di riforma costituzionale non andati in porto) hanno riguardato soprattutto la Parte seconda, le modifiche relative alla Parte prima essendo limitatissime e a carattere molto puntuale e specifico.

Non vanno poi dimenticate le diciotto *disposizioni transitorie e finali*, contenenti disposizioni di principio che contribuiscono a caratterizzare ulteriormente l'ordinamento costituzionale italiano.

Precedono queste due parti i **Principi fondamentali**, composti da dodici articoli, posti in apertura della Costituzione, che, notiamo, è priva di **preambolo** (presente in alcune costituzioni – come la costituzione statunitense, tedesca o come lo Statuto albertino – e contenente dichiarazioni di carattere molto generale, invocazioni alla divinità, al popolo, dichiarazioni che alludono all'origine del testo costituzionale).

I Principi fondamentali vanno interpretati *come un insieme*. Sarebbe difficile, ad esempio, interpretare il principio di eguaglianza sostanziale senza considerare il principio di eguaglianza formale (entrambi contenuti nell'art. 3) o, ancora, il principio pluralistico, formulato nell'art. 2, senza tener presente il principio democratico dell'art. 1. In ragione dello stretto legame è molto difficile stabilire una gerarchia tra gli stessi; alcuni di essi – il principio democratico, il principio personalista, il principio di eguaglianza – sono così generali e interrelati da sorreggersi l'uno con l'altro. In altri casi è invece possibile stabilire, se non una netta gerarchia, una precedenza (ad esempio tra il principio personalista e quello pluralista)[3].

Se non tutti, alcuni di essi hanno un rango diverso dalle altre disposizioni presenti in Costituzione giacché sono sottratti a revisione costituzionale. Espressamente ciò vale solo per il principio repubblicano, dal momento che l'art. 139 sottrae esplicitamente la forma repubblicana a revisione costituzionale. Ad estendere questa situazione ad altri principi è intervenuta una sentenza della Corte costituzionale (1146/1988, seguita poi da altre), che ha espressamente affermato che esistono principi supremi dell'ordinamento costituzionale sottratti a revisione costituzionale. La Corte non afferma esplicitamente che essi coincidono con tutti i principi fondamentali. È tuttavia plausibile sostenere, volendo seguire il ragionamento della Corte, che alcuni di essi vi rientrino sicuramente. Ciò non esclude, a parere di chi scrive, che non siano possibili puntuali interventi modificativi sugli stessi giacché la Costituzione esclude espressamente dalla revisione solo il principio repubblicano. La l. cost. 1/2022 che, come vedremo, interviene integrando l'art. 9, pare confermare quanto detto.

I Principi (volutamente definiti) fondamentali rappresentano dunque la matrice della Parte I che, occupandosi dei diritti e doveri, viene anche indicata come

---

[3] La Corte costituzionale ha precisato che la qualificazione di alcuni 'valori' (ricavabili dai principi e dai diritti fondamentali) come 'primari' (ad es. l'ambiente o la salute) implica che essi «non possono essere sacrificati ad altri interessi, ancorché costituzionalmente tutelati, non già che gli stessi siano posti alla sommità di un ordine gerarchico assoluto» (sent. 85/2013). E tuttavia anche questi 'valori' primari sono soggetti a limitazione da parte di altri 'valori' (cfr. ad esempio sent. 85/2013.

*parte sostanziale*, e della Parte II che, disciplinando gli organi costituzionali e quelli comunque apicali del nostro ordinamento nonché i loro reciproci rapporti, viene indicata come *parte organizzativa*. Di seguito procederemo ad un loro sintetico esame.

## 3. *Il principio repubblicano*

L'art. 1 qualifica l'Italia quale **Repubblica** democratica. Il carattere repubblicano dell'ordinamento giuridico italiano intende escludere ogni ritorno alla monarchia. L'art. 1 è infatti strettamente collegato con l'ultimo articolo del testo costituzionale, l'art. 139, che, come abbiamo appena osservato, sottrae la forma repubblicana anche alla revisione costituzionale. Ciò è perfettamente coerente rispetto alla storia della Costituzione italiana che nasce sul rifiuto della monarchia da parte del popolo italiano espresso con il referendum istituzionale del 2 giugno 1946. Riflessi di questo momento fondativo sono rinvenibili nella XIII e XIV disp. trans. fin.

Dal punto di vista concettuale, come abbiamo visto, monarchia e repubblica si distinguono per la differente posizione del capo dello Stato: nel primo caso esso trova la propria legittimazione nel diritto ereditario o nel diritto divino (lo Statuto albertino, non a caso, iniziava con le seguenti parole: "Carlo Alberto per la grazia di Dio re di Sardegna, Cipro ..."), mentre nel secondo trova fondamento e legittimazione, diretta o indiretta, nel popolo. Da ciò consegue che, nelle repubbliche, la titolarità degli uffici, soprattutto di quelli posti al vertice dell'ordinamento, deve discendere, direttamente o indirettamente, da una scelta popolare; inoltre essa è comunque limitata nel tempo e implica una responsabilità giuridica del titolare dell'ufficio[4].

Riteniamo che l'adozione della forma repubblicana – fondata sul rigetto di ogni legittimazione trascendente del potere – comporti anche una *netta separazione tra Stato e Chiesa*. Come vedremo, la Costituzione italiana risolve in questo senso il rapporto dello Stato con la Chiesa cattolica e con le altre confessioni religiose.

Ritorniamo poi su quanto già osservato nel cap. I: il rapporto oppositivo sussiste tra repubblica e monarchia, non anche tra democrazia e monarchia dal momento che esistono, ancora oggi, diverse monarchie parlamentari, i cui ordinamenti sono pienamente democratici. Inoltre nel passato sono esistite repubbliche senza un pieno fondamento democratico (si pensi alla Repubblica di Venezia che sempre più perse la propria origine democratica per assumere le forme di un'oligarchia).

---

[4] Può essere utile notare che l'art. IV, sez. 4, Cost. USA, prevede che «*gli Stati Uniti garantiranno a ogni Stato in questa Unione una forma di governo repubblicana*». In una celebre sentenza del 1891 (Duncan 139 U.S. 449, 461) la Corte suprema degli Stati Uniti interpretò tale disposizione nel senso che il tratto peculiare della forma di governo repubblicana consistesse nel diritto dei cittadini di scegliere i propri rappresentanti e di avere rappresentanti in assemblee legislative.

## 4. *Il principio democratico*

L'Italia non solo è una Repubblica ma, ancora ai sensi dell'art. 1, è anche una Repubblica **democratica**. Alla luce di quanto appena detto al termine del precedente paragrafo, la qualificazione 'democratica' non è affatto ultronea o superflua. L'ancoramento della Repubblica alla democrazia intende esprimere che l'origine di tutto il potere proviene, direttamente o indirettamente, dal popolo. Questo nesso è comunque reso palese dal successivo passaggio logico contenuto nell'art. 1. Il secondo comma contiene infatti l'enunciazione più chiara del principio democratico (presente nel testo costituzionale): l'attribuzione della sovranità al popolo.

Il potere costituente, nel produrre la Costituzione del 1948, ha conferito così una forma precisa alla sovranità popolare. E lo ha fatto stabilendo – oltre a quell'insieme di diritti e doveri che spettano ai singoli – il modo in cui la sovranità popolare (in quanto potere costituito) si esprime. La Costituzione opta infatti per un modello di democrazia in cui il popolo elegge i propri rappresentanti in Parlamento, i quali, a loro volta, saranno chiamati, in collaborazione col Presidente della Repubblica, a individuare un Governo. Questa opzione presuppone l'esistenza di una o più minoranze parlamentari, la cui presenza è indispensabile per lo sviluppo dialettico del modello di democrazia prescelto. Elezione dei rappresentanti da parte del popolo (meglio, di quella parte che chiamiamo corpo elettorale) e centralità del Parlamento nella formazione del Governo sono, quindi, i caratteri della **democrazia rappresentativa** disegnati dalla Costituzione.

Un'opzione diversa, di c.d. **democrazia diretta**, non sarebbe stata realistica per uno Stato costituito da un territorio esteso e da una popolazione molto numerosa giacché l'essenza della democrazia diretta sta nel conferimento, al popolo o a una sua parte, del potere di adottare direttamente le decisioni riguardanti la comunità. Strumenti della democrazia diretta – guardando all'ordinamento italiano – sono il referendum, l'iniziativa legislativa popolare, la petizione. La compiuta realizzazione della democrazia diretta è quindi possibile all'interno di comunità ristrette sia nel numero che nell'estensione sul territorio, come poteva accadere nel periodo dell'Atene di Pericle. Ciò non esclude tuttavia che forme limitate di democrazia diretta possano convivere all'interno delle democrazie rappresentative contemporanee. È quanto accade, ad esempio, in Svizzera, dove una democrazia rappresentativa convive con un uso intenso e frequente del referendum popolare esercitato in relazione all'attività legislativa.

Anche la Costituzione italiana prevede il ricorso a forme referendarie, sia al fine di abrogare una legge (art. 75), sia per confermare (in via eventuale) la legge costituzionale (art. 138) sia per permettere ai governi locali di recepire la volontà delle comunità locali (artt. 132 e 133). Peraltro, con recente modifica legislativa, il ricorso a queste forme di democrazia diretta è stato fortemento facilitato grazie alla possibilità di utilizzare la firma digitale per la raccolta delle sottoscrizioni necessarie ad attivare i referendum e i progetti di legge d'iniziativa popolare (art. 38-*bis* l. 108/2021). Il ricorso a queste ed altre forme di democrazia diretta è presente anche negli statuti delle Regioni. La previsione di tali strumenti non altera tuttavia il modello generale di democrazia, che è saldamente centrato all'interno della democrazia rappresentativa[5]. Dell'iniziativa legislativa popolare e della petizione si dirà più avanti.

Nella definizione dei caratteri della democrazia repubblicana non possiamo tuttavia prescindere da una considerazione più ampia dell'ordinamento costituzionale. La trama del tessuto costituzionale, per usare una metafora, è infatti costituita anche da altri istituti centrali per la comprensione del sistema democratico. Oltre a quelli che abbiamo già menzionato non possiamo tralasciare i diritti fondamentali e la Corte costituzionale. Se popolo, corpo elettorale, Parlamento, Governo sono infatti i soggetti che rimodellano e attualizzano, per così dire, quotidianamente la democrazia attraverso leggi, referendum, revisioni costituzionali, i diritti fondamentali e la Corte costituzionale contribuiscono in maniera uguale, anche se differente, alla costruzione del modello di democrazia repubblicana voluto dai Costituenti. Essi rappresentano dei vincoli esterni ai processi democratici di formazione della volontà pubblica, vincoli posti direttamente dalla Costituzione. Come avremo modo di vedere meglio esaminando le parti sui diritti fondamentali e sulla Corte costituzionale, tali vincoli sono in grado di restringere i margini di azione dei pubblici poteri (del Parlamenti ma anche, ad esempio, delle manifestazioni di democrazia diretta) e, in tal modo, conformano non solo i rapporti tra gli organi di vertice dell'ordinamento ma finiscono per retroagire anche sull'organizzazione sociale sia direttamente (ad esempio garantendo situazioni soggettive individuali o collettive contro il volere della maggioranza) sia indirettamente (ad esempio impedendo la formazione di aggregazioni sociali aventi come scopo la soppressione delle minoranze ovvero rendendo possibile la creazione di canali di comunicazione tra sfera sociale e sfera politica diversi da quelli del circuito proprio della democrazia rappresentativa).

Tipiche delle democrazie costituzionali sono anche le oscillazioni tra il polo democratico (Parlamento, corpo elettorale) e polo indirettamente rappresentativo (Corte costituzionale e giudici). Basti guardare alle molte ipotesi in cui l'inerzia del Parlamento italiano, consapevolmente o meno, ha giustificato decisioni della Corte costituzionale o dei giudici comuni, dirette a colmare le omissioni del Parlamento (di ciò diremo meglio nell'ultimo capitolo).

Possiamo così far rientrare la democrazia italiana all'interno di un concetto più ricco di democrazia, quello di **democrazia costituzionale**, con il quale intendiamo far riferimento a quegli ordinamenti costituzionali che, pur facendo pro-

---

[5] Proprio il recepimento dell'istituto referendario da parte della Costituzione italiana, che indubbiamente fa proprio un modello di democrazia rappresentativa, ha spinto la dottrina a ritenere che il referendum non possa considerarsi uno strumento di democrazia diretta (Luciani, 2005, 12).

prio il principio democratico, impongono al potere politico (e alle sue legittime manifestazioni di volontà) limiti derivanti direttamente dalla norma costituzionale (Bifulco, 2012).

## 5. *I principi contenuti nell'art. 2: il principio personalista; il principio solidaristico; il principio pluralistico*

Per la sua centralità è bene riprodurre il contenuto dell'art. 2: «*La Repubblica riconosce e garantisce i diritti inviolabili dell'uomo, sia come singolo sia nelle formazioni sociali ove si svolge la sua personalità, e richiede l'adempimento dei doveri inderogabili di solidarietà politica, economica e sociale*».

Oltre al valore centrale della persona, che deriva dal riconoscimento ad ogni uomo di diritti inviolabili e di doveri inderogabili, l'art. 2 si segnala per il contemporaneo rilievo che viene dato alle formazioni sociali. A dare concretezza al **principio personalista** provvede tutta la Parte I; in particolare, il Titolo I, intitolato 'rapporti civili', include i diritti della persona individuali e collettivi di più risalente tradizione, ma anche i diritti contenuti negli altri Titoli sono sempre orientati alla massima tutela della persona.

Accanto ad un principio personalista, estrapolabile dal riferimento letterale ai diritti inviolabili dell'uomo, è possibile individuare anche un **principio pluralistico** nella parte in cui la disposizione menziona le formazioni sociali e un **principio solidaristico**, racchiuso nella seconda parte della disposizione dedicata ai doveri. Principio personalista (diritti) e principio solidaristico (doveri) sono in rapporto di coessenzialità, enfatizzata dall'Assemblea costituente nella costruzione della disposizione in esame, piuttosto che in una supposta preminenza dei diritti sui doveri.

Al principio pluralistico sono ricondotte le **formazioni sociali**, vale a dire tutte le organizzazioni o comunità che si interpongono tra l'individuo e lo Stato: associazioni, famiglia, famiglia di fatto, coppie omosessuali, scuola, sindacati, partiti, comunità di lavoratori (Rossi, 1989). Tali formazioni sono tutelate a condizione che esse non ledano o comprimano eccessivamente il principio personalista e i diritti che da esso discendono. Si noti infatti che, nel riconoscere e garantire i diritti inviolabili, l'art. 2 precisa che essi spettano all'uomo «sia come singolo sia nelle formazioni sociali». Le formazioni sociali guadagnano sicuramente un riconoscimento costituzionale, ma in via indiretta, in quanto sono i luoghi in cui l'uomo svolge la sua personalità (Ridola, 2006, 128). Da qui discende l'idea che i diritti spettino sempre all'individuo, non anche alle formazioni intermedie.

Da quanto detto finora è possibile osservare che l'idea di uomo presente nell'art. 2 non è tanto quella dell'individuo astratto, propria della tradizione liberale, ma quella dell'uomo concreto, limitato ma anche potenziato dalle sue relazioni sociali (Crisafulli, 1954, 191).

Il principio pluralistico non ha solo la dimensione sociale appena riassunta, giacché ve n'è una anche istituzionale, legata soprattutto agli enti territoriali e funzionali, cui la Costituzione dedica un altro principio fondamentale contenuto nell'art. 5. Di esso meglio si dirà nella Parte terza.

## 6. *Il principio di eguaglianza formale e sostanziale (art. 3)*

Nel sancire il principio di eguaglianza, l'art. 3, nella sua interezza, connota la forma di Stato repubblicana. Non a caso è inserito tra i Principi fondamentali. Dal punto di vista storico l'art. 3 rappresenta una splendida sintesi della tradizione cristiana, nella parte in cui collega dignità ed eguaglianza, e di quella socialista, nella parte in cui chiede ai poteri pubblici l'impegno a realizzare un'eguaglianza effettiva.

Il primo comma rappresenta un ponte con la tradizione costituzionalistica liberale, ispirata alla c.d. **eguaglianza formale**, alla parificazione di tutti i cittadini di fronte alla legge. La perdurante attualità di questa tradizione non verrà mai sottolineata a sufficienza: essa, nell'eliminare le distinzioni e i privilegi che caratterizzarono l'*Ancien Régime* e nel sancire l'applicazione uniforme del diritto, costituisce l'essenza del costituzionalismo. Il principio trova la sua formulazione giuridica (fortemente influenzata dal pensiero di J.J. Rousseau) nell'art. 1 della Dichiarazione dei diritti dell'uomo e del cittadino del 1789: «Gli uomini nascono e rimangono liberi ed uguali nei diritti. Le distinzioni sociali possono essere fondate soltanto sull'utilità comune». L'affermazione del principio di eguaglianza richiederà la contemporanea affermazione di ulteriori principi e tecniche del costituzionalismo, come, ad esempio, il principio dello Stato di diritto, il connesso principio di legalità, la riserva di legge.

Nel sancire il principio di **eguaglianza sostanziale**, il secondo comma rappresenta, a voler riprendere la metafora appena utilizzata, un ponte in costruzione, diretto alla realizzazione di una società che, nelle intenzioni del padri costituenti, avrebbe dovuto eliminare quegli «*ostacoli di ordine economico e sociale, che, limitando di fatto la libertà e l'eguaglianza dei cittadini, impediscono il pieno sviluppo della persona umana e l'effettiva partecipazione di tutti i lavoratori all'organizzazione politica, economica e sociale del Paese*». L'art. 3.2. preannuncia una società diversa, da costruirsi giorno per giorno, attraverso la rimozione degli ostacoli e la partecipazione di tutti i lavoratori. Il secondo comma dell'art. 3 è sicuramente la matrice dello Stato sociale, ma è anche qualcosa di più poiché annuncia un programma a lunga scadenza, un programma per l'avvenire (secondo l'espressione di P. Calamandrei). Al principio sociale si richiamano molte disposizioni contenute nel Titolo II, dedicato ai rapporti etico-sociali e al già menzionato Titolo III della Parte I.

Il passaggio dallo Stato di diritto allo Stato sociale ha avuto ricadute profonde non solo sulle concrete politiche pubbliche (si pensi alle c.d. **azioni positive** o alle **discriminazioni alla rovescia**: sent. Corte cost. 422/1995) ma anche sulle categorie giuridiche del costituzionalismo: obbligando il legislatore e il giudice a prendere atto delle differenze esistenti in natura e nella società, il principio di eguaglianza sostanziale crea un nuovo rapporto tra legislatore e giudice, fondato non più su un controllo di mera legalità ma su tecniche quali il bilanciamento e la ragionevolezza che hanno portato a un riequilibrio dei rapporti tra questi due poteri dello Stato.

Dunque, pur dovendosi riconoscere che il principio ha una natura eminentemente *programmatica*, non può disconoscersi la sua profonda influenza ordinamentale (cfr. cap. XVII).

## 7. *Il principio lavoristico (art. 4)*

L'art. 1 contiene l'importante inciso secondo cui la Repubblica italiana è **fondata sul lavoro**. In questa dichiarazione non vi è alcuna accezione classista (non a caso, durante i lavori dell'Assemblea costituente, fu respinta l'idea della sinistra marxista di qualificare la Repubblica come 'Repubblica di lavoratori', che avrebbe invece caratterizzato in senso classista la Costituzione); piuttosto il lavoro, inteso come attività e funzione alla luce del successivo art. 4, diventa fattore di superamento delle precedenti distinzioni di classe. Fondamento del principio lavoristico non è il solo art. 1 poiché vanno almeno aggiunti gli artt. 3.2. e 4; il principio si dipana poi soprattutto nel Titolo III della Parte I dedicato ai 'Rapporti economici' (rinviamo alla Parte quinta per un'analisi più dettagliata delle concretizzazioni del principio lavorista).

Qual è la nozione di lavoro fatta propria dall'art. 4? È evidente che, alla luce di quanto prevede il secondo comma, il termine 'lavoro' ha un'accezione molto ampia, non legata alle sole attività di produzione. Nel concetto di lavoro di cui all'art. 4 possiamo far rientrare non solo il lavoro dipendente (privato e pubblico) e autonomo (artigiano, libero professionista, imprenditore), ma anche ogni attività intellettuale e artistica che sia in grado di produrre *progresso*.

Il primo comma si esprime in termini di 'diritto al lavoro', da cui è possibile ricavare una pretesa a svolgere un'attività lavorativa (a condizione che ci siano i presupposti di fatto e di diritto). È invece da escludere che dalla disposizione possa affermarsi un diritto al posto di lavoro. Il diritto al lavoro garantito dal primo comma contiene anche un sicuro elemento di libertà, consistente nella libera scelta del lavoro e delle modalità di svolgimento. Non va taciuto che, per lo svolgimento di alcune specifiche attività, la legge può fissare determinati requisiti al fine di garantire interessi generali. In questo caso, però, le limitazioni devono entrare in un rapporto di corretto bilanciamento con l'aspirazione di ogni individuo a svolgere un'attività lavorativa secondo le proprie inclinazioni (sent. Corte cost. 428/2008). Non va ugualmente trascurato il potere d'imposizione di prestazioni personali ai sensi dell'art. 23, che pure è in grado di incidere sul diritto al lavoro (e sulla libertà d'iniziativa economica).

La funzione della disposizione è inoltre *programmatica* e interpretativa. La prima tende all'individuazione di un obiettivo per il legislatore e i pubblici poteri, consistente nella creazione di posti di lavoro, anche se la disposizione non indica i mezzi per realizzare questo obiettivo (lasciando evidentemente alla politica economica tale compito). La seconda giustifica la dichiarazione d'illegittimità costituzionale di norme che pongano ostacoli non giustificati all'accesso al mercato del lavoro oppure costituiscano interferenze con la libertà di scelta e con le modalità di esercizio dell'attività lavorativa (in proposito si pensi all'illegittimità delle norme che prevedevano l'assenza di prole per assumere certi incarichi, soprattutto nella carriera militare, oppure che richiedevano caratteristiche morali: sentt. Corte cost. 248/1986, 108/1994, 332/2000, 391/2000).

Se dall'art. 4 non può neppure ricavarsi un diritto alla conservazione del posto di lavoro (sent. Corte cost. 45/1965), è pur vero che può desumersi un diritto a non essere licenziato arbitrariamente (ord. Corte cost. 56/2006).

Abbiamo appena osservato che il diritto al lavoro, pur essendo declinabile nella forma della pretesa, non può essere inteso come diritto al posto di lavoro. Riconoscendo il diritto al lavoro e affidando alla Repubblica una funzione di promozione delle condizioni perché tale diritto sia effettivo, la Costituzione lascia al legislatore la individuazione delle misure più idonee a tal fine. Fermo restando l'impegno alla creazione di un sistema economico capace di creare posti di lavoro, sono senza dubbio ammissibili forme di sostegno nei confronti dei lavoratori quali il reddito minimo garantito, il reddito di base e il salario minimo.

Il **reddito minimo garantito** è una misura molto diffusa negli Stati membri dell'UE. Esso consiste in un contributo che le istituzioni pubbliche forniscono a chi, in età lavorativa, non riesce a trovare un lavoro o percepisce una retribuzione inferiore a ciò che viene ritenuto essere una soglia di povertà. Tale reddito può variare a seconda dell'età e della situazione familiare del percipiente; normalmente l'attribuzione del reddito minimo viene legata alla condizione che il destinatario cerchi attivamente un'attività lavorativa.

Alla tipologia del reddito minimo garantito può ricondursi il c.d. **reddito d'inclusione**, previsto dal d.lgs. 147/2017, in base al quale, a decorrere dal 1° gennaio 2018, ai nuclei familiari con determinate caratteristiche[6] e che si trovino al di sotto di alcuni parametri economici viene attribuito un beneficio economico. La l. 205/2017 (legge di bilancio per il 2018) ha previsto che dal 1° luglio 2018 esso assuma carattere universale, vale a dire che non saranno più necessari i requisiti familiari ma solo quelli economici. Tale misura è stata sostituita dal **reddito di cittadinanza**, istituito con d.l. 4/2019, conv. in l. 26/2019, come misura di contrasto alla povertà, alla diseguaglianza e all'esclusione sociale (cfr. artt. 1 e 13). Di esso

---

[6] Deve ricorrere almeno una delle seguenti situazioni: presenza di un minorenne; di una persona con disabilità; di una donna in stato di gravidanza; di una persona di età pari o superiore a 55 anni che non riesca a trovare lavoro.

possono usufruire i nuclei familiari con determinati requisiti: oltre alla cittadinanza italiana o al possesso del permesso di soggiorno di lungo periodo, i requisiti economico-patrimoniali, elencati nell'art. 2, devono evidenziare una situazione di criticità. Il reddito è riconosciuto a condizione che il richiedente e i componenti familiari rilascino dichiarazioni di immediata disponibilità al lavoro. Perno di questo sistema sono i centri per l'impiego che dovrebbero sottoporre al beneficiario l'offerta di lavoro congrua. Il reddito di cittadinanza dura 18 mesi prorogabili. Come ha osservato la Corte costituzionale, il reddito di cittadinanza non si risolve in una misura assistenziale ma persegue obiettivi di politica attiva del lavoro e di integrazione sociale, come dimostrato dalla temporaneità della prestazione e dal carattere condizionale (sent. 19/2022). La Corte ha replicato questo ragionamento anche in relazione al reddito d'inclusione (sent. 34/2022).

Dal reddito minimo garantito si distingue il **reddito di base** che prescinde dallo svolgimento di un'attività lavorativa. Il reddito di base è infatti attribuito a tutti i cittadini o a tutti coloro che risiedono da un certo numero di anni, con erogazioni periodiche regolari, indipendentemente dal fatto che si svolga un'attività lavorativa (e, in linea teorica, dall'età). Il reddito di base ha dunque un carattere incondizionato e universale.

Il **salario minimo** consiste nella fissazione di una soglia retributiva minima, stabilita dalla legge o dalla contrattazione collettiva nazionale. In Italia sono i contratti collettivi nazionali a fissare tale soglia, a seconda del settore lavorativo.

## 8. *Il principio autonomistico (art. 5)*

Reagendo al centralismo della dittatura fascista, la Costituzione sancisce il principio autonomistico nell'art. 5 che, imponendo per un verso l'unità e l'indivisibilità della Repubblica, vuole dall'altro che questa promuova le autonomie locali, attui nei servizi che dipendono dallo Stato il più ampio decentramento amministrativo e adegui i principi e i metodi della sua legislazione alle esigenze dell'autonomia e del decentramento.

Il principio autonomistico (in senso territoriale) trova concreta attuazione nel Titolo V della Parte II, che reca la disciplina concreta di Regioni, Città metropolitane, Province e Comuni. A tal proposito va notato che nella Costituzione del 1948 l'art. 115 prevedeva che «*le Regioni sono costituite in enti autonomi con propri poteri e funzioni secondo i principi fissati nella Costituzione*», mentre l'art. 128 (oggi abrogato) stabiliva che «*le Province ed i Comuni sono enti autonomi nell'ambito dei principi fissati da leggi generali della Repubblica, che ne determinano le funzioni*». Derivava una diversa garanzia per le due tipologie di enti territoriali giacché funzioni e organi regionali erano direttamente disciplinati in Costituzione, funzioni e organi degli enti locali erano lasciate alla legge ordinaria.

Con ll. cost. 1/1999 e soprattutto 3/2001 l'intero Titolo V ha subito una profonda revisione nella direzione del rafforzamento dell'autonomia. L'espressione più chiara di questo orientamento è il nuovo art. 114, il quale, nella versione del 1948, recitava: «*la Repubblica si riparte in Regioni, Province e Comuni*». Nella formulazione assunta nel 2001 l'art. 114 segna una evidente soluzione di continuità: Comuni, Province, Città metropolitane e Regioni non sono più una mera ripartizione interna della Repubblica bensì, insieme allo Stato, sono parti costitutive della stessa. Non poco significativo è la circostanza che anche lo Stato sia una parte insieme alle altre: poiché lo Stato è una componente della Repubblica, anche se la componente più importante, il termine Repubblica, che così frequentemente ricorre nel testo costituzionale, va interpretato con grande attenzione giacché non necessariamente può giungersi alla conclusione (molto frequente prima del 2001) che esso coincida con il termine Stato (cfr. sent. Corte cost. 282/2002).

Raccogliendo prospettive già presenti in Assemblea costituente (Zuccarini e Bozzi), può così dirsi che il nuovo art. 114 ha inteso trasmettere l'idea che la Repubblica è un soggetto complesso che si costituisce partendo dal basso, dai Comuni, e non dall'alto, dallo Stato. Ciò non implica ovviamente un'indistinta equiordinazione di ruoli e competenze. Ad evitare i rischi di una simile conclusione sta l'art. 114.2. il quale, pur ribadendo che Comuni, Province, Città e Regioni sono tutti enti autonomi, afferma anche che i relativi poteri e funzioni sono fissati dalla Costituzione. In altri termini, è la Costituzione stessa a determinare i differenti poteri e le differenti funzioni degli enti territoriali (Demuro, 2006, 2170).

Di grande rilievo ai fini di una corretta comprensione dei rapporti tra Stato ed enti territoriali è anche la costituzionalizzazione del **principio di sussidiarietà**, avvenuta con la revisione costituzionale del 2001. Il principio di sussidiarietà ha radici molto lontane nel pensiero occidentale. Di esso è possibile dare due declinazioni giuridiche: **in senso verticale** e **in senso orizzontale**.

Nel primo senso esso vuole che le decisioni pubbliche siano adottate dal soggetto istituzionale più vicino ai cittadini, e quindi più periferico, a patto che tale soggetto svolga l'attività in maniera efficiente ed efficace (cfr. art. 4.a) l. 59/1997). Nel senso orizzontale il principio mira a regolare il rapporto tra enti pubblici, autonomie sociali e privati, sul presupposto che i soggetti pubblici potranno subentrare ai privati e/o alle autonomie sociali solo nel caso in cui questi ultimi non siano in grado di svolgere efficacemente ed efficientemente attività di interesse generale (cfr., ad esempio, art. 4 d.lgs. 267/2000). La sussidiarietà è quindi un principio regolativo sia del rapporto tra soggetti istituzionali (dall'Unione europea al Comune, passando per lo Stato, le Regioni, le Province e le Città metropolitane) sia del rapporto tra Stato e società.

Le due versioni sono presenti nel testo costituzionale a seguito della revisione effettuata con la l. cost. 3/2001. Si è già visto che lo stesso art. 114, col quale si apre il 'nuovo' Titolo V, costruisce la Repubblica italiana sussidiariamente: Comuni, Città, Province, Regioni e Stato, volutamente posti in un ordine che va dall'ente più vicino al cittadino a quello più distante.

L'art. 118, dedicato alla disciplina delle funzioni amministrative, utilizza il principio in maniera espressa sia in senso verticale che orizzontale. Si vedrà più da vicino che le funzioni amministrative, secondo quanto dispone l'art. 118.1., sono attribuite ai Comuni, «*salvo che, per assicurarne l'esercizio unitario, siano conferite a Province, Città, Regioni e Stato, sulla base dei principi di sussidiarietà, differenziazione ed adeguatezza*». È evidente che in questo caso il principio di sussidiarietà obbliga il legislatore (a seconda dei casi, lo si vedrà, statale o regionale) a conferire le funzioni amministrative agli enti territoriali più vicini ai cittadini e quindi più decentrati a condizione che siano in grado di svolgere le funzioni in maniera efficiente ed efficace. Nell'ultimo comma dell'art. 118 il principio viene formalizzato nella sua dimensione orizzontale attraverso una norma che promuove l'autonomia privata e il pluralismo sociale come forme di svolgimento di attività di interesse generale. Infine un espresso riferimento al principio ritorna nell'art. 120.2. in materia di potere sostitutivo.

## 9. *Il rapporto dello Stato con le confessioni religiose*

### 9.1. *Il principio di laicità*

La Corte costituzionale ha dichiarato la laicità **principio supremo** del nostro ordinamento (sent. 203/1989). Va spiegato il senso di questa dichiarazione giacché il principio di laicità può subire diverse declinazioni a seconda del rapporto che lo Stato intende instaurare con il fenomeno religioso.

Nella storia europea i rapporti tra gli Stati nazionali e le confessioni religiose (in particolare la religione cristiana) sono stati caratterizzati da periodi di subordinazione dello Stato nei confronti dei rappresentanti delle istituzioni religiose (*teocrazia*) e, al contrario, da periodi di subordinazione delle istituzioni religiose nei confronti dello Stato (*giurisdizionalismo*). L'epoca moderna è segnata dal progressivo affermarsi di un principio di separazione tra il governo della sfera mondana e di quella religiosa. Il principio di laicità è espressione di questa tendenza[7].

Il principio di laicità indica che lo Stato non fa propria nessuna dottrina o morale religiosa di una confessione religiosa, riconoscendo, allo stesso tempo, la libertà religiosa di ciascun individuo. Lo **Stato laico** è quindi un modo di rapportarsi al fenomeno religioso contrapposto allo **Stato confessionale o clericale** che assorbe,

[7] Non è questa la sede per ripercorrere le tappe della progressiva separazione della sfera religiosa da quella mondana. A tal fine basti ricordare la frattura costituita dalla Riforma protestante e dall'opera di Martin Lutero, la pace di Augusta del 1555 che ben può essere considerata il portato della Riforma luterana (con la statualizzazione della religione, ben sintetizzata nel principio *cuius regio eius religio*), la pace di Vestfalia del 1648 che porrà fine alle guerre di religione.

invece, i principi di una determinata fede o morale religiosa (Ruffini, 1901). Come dicevamo, il principio di laicità ammette tuttavia diverse declinazioni. Alcune esperienze mostrano una netta separazione tra lo Stato e le confessioni religiose; in questi casi l'esperienza religiosa è considerata come una questione eminentemente privata e lo Stato si astiene dall'adottare forme di sostegno nei confronti delle confessioni religiose. In altre esperienze la separazione non è così netta e vede lo Stato impegnato nel sostegno delle confessioni religiose, a condizione che ciò avvenga senza discriminazioni.

In Italia, a differenza di quanto accade in altri Stati, il principio di laicità non implica assoluta indifferenza dello Stato rispetto al fenomeno religioso e quindi totale equiparazione delle confessioni religiose alle associazioni comuni. Lo dimostrano gli artt. 7, 8, 19, 20. A confermarlo vi sono le sentenze della Corte cost. 203/1989 e 508/2000, secondo cui la separazione tra Stato e religione non implica «indifferenza dello Stato rispetto alle religioni, ma garanzia dello Stato per la salvaguardia della libertà di religione, in regime di pluralismo confessionale e culturale». Nessun dubbio sussiste inoltre sul fatto che il principio di laicità sia considerato addirittura un principio supremo (in questo senso troviamo molte sentenze della Corte cost. 203/1989, 259/1990, 195/1993, 329/1997).

La laicità positiva espressa dalla Corte comporta che l'insegnamento della religione cattolica nella scuola pubblica non contrasta col principio di laicità, sia per il valore formativo della cultura religiosa sia per la stretta attinenza dei principi del cattolicesimo al patrimonio storico del popolo italiano. Questa è l'interpretazione della Corte costituzionale, la quale ha aggiunto che la previsione come obbligatoria di un'altra materia, per coloro che non si vogliano avvalere dell'insegnamento della religione cattolica, si tradurrebbe in una «patente discriminazione» a loro danno (sent. 203/1989).

Da ciò segue anche la previsione del reato di vilipendio di una religione (art. 403 c.p.), non riconducibile sotto l'ombrello dell'art. 21 (a condizione che la condotta assuma la forma della contumelia, dell'offesa, dello scherno nei confronti della religione).

La **laicità positiva**, espressa dalla posizione della Corte, pare contraddire la tesi di chi ritiene che il principio di laicità – inteso come neutralità dello Stato rispetto alla religione, come separazione dello Stato rispetto alla religione – sia contenuto già negli artt. 7, 8 e 19 (Rimoli, 1990).

### 9.2. *Il principio concordatario (art. 7)*

Posto tra i Principi fondamentali, l'art. 7 regola i rapporti tra Stato e Chiesa cattolica. La disposizione di apertura sancisce il principio della reciproca, paritaria e piena indipendenza e sovranità. Il secondo comma disciplina i rapporti tra lo Stato italiano e la Chiesa, regolati dai **Patti Lateranensi**, cioè atti di diritto internazionale risalenti all'11 febbraio 1929 (Trattato, Concordato e convenzione finanziaria) (il Concordato è stato sostituito con l'Accordo del 18 febbraio 1984, dopo 17 anni di trattative seguite alla mozione approvata dalla Camera dei deputati il 5 ottobre 1967).

La Costituzione opera un rinvio a tali Patti. L'interpretazione di questo rinvio ha dato luogo a un vivace dibattito. Dalla giurisprudenza costituzionale si ricava che la disposizione contenuta nel secondo comma è stata ritenuta una norma sulla produzione normativa (nel senso che ci dice come vanno regolati i rapporti tra Stato e Chiesa). In base ad essa l'interpretazione costituzionale ritiene che sia stato costituzionalizzato solo il **principio concordatario**, vale a dire che i rapporti tra Stato e Chiesa sono regolati da un Concordato e più ampiamente dai Patti. La loro modifica, se accettata da entrambe le parti, può essere realizzata con legge; altrimenti, nel caso non sussista l'accordo con la Chiesa, la modifica deve essere realizzata con il procedimento di revisione costituzionale.

Allontanandosi da tale interpretazione, le conseguenze potrebbero essere molto più impegnative per la Repubblica. In particolare, enfatizzando la recezione dei Patti mediante rinvio, si potrebbe giungere a ritenere necessaria la revisione costituzionale per ogni modifica, anche se accettata dalla Chiesa. Il principio concordatario può essere, a sua volta, modificato tramite revisione costituzionale.

I Patti Lateranensi sono ritenuti esser subordinati all'intera Costituzione, non solo ai suoi principi supremi o a una sua parte. Sul punto però non vi è chiarezza. Infatti, quando è stata chiamata a occuparsi della conformità a Costituzione di norme dei Patti, la Corte ha risposto dicendo che esse sono tenute al «rispetto dei principi supremi dell'ordinamento costituzionale» (cfr. le più recenti sentt. 203/1989 e 13/1991). Quindi se il rispetto è limitato ai soli principi supremi, residua il dubbio che la norma del Concordato, e quindi anche della legge che vi dà esecuzione, possa derogare alla Costituzione.

Le norme di esecuzione dei Patti sono quindi *fonti atipiche*: da un lato possono derogare a norme costituzionali, dall'altro non possono essere derogate da leggi successive (cfr. cap. XII.5).

### 9.3. *Le intese con le altre confessioni religiose (art. 8)*

Posta a confronto con le altre confessioni religiose, la Chiesa cattolica si trova in posizione preferenziale perché per le altre confessioni sono previsti limiti alla potestà organizzativa (art. 8.2.) e perché i rapporti con lo Stato sono regolati dalla legge, previa intesa (art. 8.3.).

Uno dei principali problemi insiti nella disposizione riguarda la definizione di confessione religiosa. Se è dubbio che tale qualificazione spetti allo Stato, è altrettanto dubbio che ci si possa affidare all'autoqualificazione. Nella giurisprudenza della Corte si trovano casi in cui la Corte ha dato per presupposto di trovarsi di fronte a una confessione religiosa, pur in assenza di una disciplina legislativa (cfr. sentt. 195/1993 e 346/2002 in relazione ai Testimoni di Geova).

L'intesa con le rappresentanze delle confessioni religiose è un atto di diritto interno o può essere considerato un atto di diritto esterno, a somiglianza di quanto accade per i Patti Lateranensi? La maggioranza della dottrina tende a preferire la prima tesi in quanto la seconda presupporrebbe l'originarietà della confessione e, conseguentemente, la difficoltà di spiegare la previsione del secondo comma, secondo cui gli statuti non devono contrastare con l'ordinamento giuridico italiano.

Non può dirsi sussistere un obbligo di intesa per lo Stato (manca tuttora, ad esempio, l'intesa con la confessione musulmana). Ciò che la Costituzione impone è che, se lo Stato vuole regolare i rapporti con una confessione religiosa, deve procedere con legge preceduta da intesa. Ad oggi si ritiene che i rapporti con le confessioni religiose con le quali non vi sia intesa sono regolati dalla l. 1159/1929.

La prassi mostra che lo Stato ha proceduto attraverso leggi e intese con singole confessioni religiose: con la *Tavola valdese* (l. 449/1984); con *l'Unione italiana delle Chiese avventizie del 7° giorno* (l. 516/1988); con le *Assemblee di Dio* (l. 517/1988); con *l'Unione delle comunità ebraiche italiane* (l. 101/1989); con *l'Unione cristiana evangelica battista d'Italia* (l. 116/1995); con la *Chiesa evangelica luterana in Italia* (l. 520/1995), con l'*Unione Buddista Italiana* (l. 245/2012), con l'Unione Induista d'Italia (l. 246/2012). Va notato che si è giunti alla prima intesa solo nel 1984; tale ritardo è stato dovuto alla opportunità politica di modificare il Concordato prima di procedere con le singole intese.

In teoria potrebbe pensarsi a un'unica legge diretta a porre i presupposti comuni per la disciplina dei rapporti con tutte le confessioni religiose; in questo caso rimarrebbe comunque l'obbligo dell'intesa con la singola confessione.

Le leggi emanate sulla base delle intese sono da considerarsi anch'esse *atipiche*, per quanto dotate di una forza minore rispetto a quelle esecutive dei Patti: non possono derogare a norme costituzionali ma non possono essere derogate da norme successive in ragione sia della specificità del procedimento che dello stretto legame che la Costituzione pone tra legge e intesa.

Il limite posto dall'art. 8.2. – il non contrasto con l'ordinamento giuridico italiano – può essere un limite molto intenso, sicuramente più ampio del buon costume di cui all'art. 19. Ciò si spiega in quanto, mentre l'art. 19 riguarda la religione come dimensione individuale, l'art. 8 si occupa dell'aspetto organizzativo.

## 10. *Il principio internazionalistico (artt. 10 e 11)*

La Costituzione italiana dedica molta attenzione al **diritto internazionale**. Con la locuzione 'diritto internazionale' – lo abbiamo visto nel precedente capitolo – si fa riferimento all'insieme di norme che regolano i rapporti tra Stati sovrani. Questa è l'accezione tradizionale del diritto internazionale. Nel corso del XX secolo il diritto internazionale ha subito notevoli trasformazioni in quanto, accanto agli Stati sovrani che erano i soggetti esclusivi del diritto internazionale, sono stati presi in considerazione altri soggetti fino a quel momento non contemplati dall'ordinamento internazionale.

La sensibilità internazionale della Costituzione è dimostrata dagli enunciati riguardanti il diritto internazionale contenuti nei Principi fondamentali, nella parte organizzativa, nella parte dedicata al riparto della funzione legislativa tra Stato e Regioni. Dagli artt. 10 e 11, contenuti nei Principi fondamentali, si ricava chiaramente la percezione che i costituenti considerarono il nascente ordinamento repubblicano come parte della Comunità internazionale, regolandone conseguentemente i rapporti.

Non è presente, in Costituzione, un'uguale attenzione al **diritto sovranazionale**, termine riferito soprattutto all'Unione europea, per l'ovvia ragione che, al momento della scrittura del testo costituzionale, il fenomeno comunitario e poi unionale non era all'orizzonte. Con il termine *sovranazionale* si allude ad un'esperienza che nasce comunque nel diritto internazionale ma poi da esso si autonomizza. L'esempio per noi più rilevante è quello dell'Unione europea, la quale, in forza delle molteplici competenze ad essa trasferite, dei notevoli poteri di intervento sugli Stati membri, financo di sanzione in caso di violazioni gravi da parte degli Stati membri (art. 7 TUE), viene appunto qualificata come organizzazione sovranazionale. Vedremo che l'art. 11 è riuscito, fino ad oggi, a rappresentare la base d'appoggio costituzionale per l'ordinamento unionale. Con la revisione costituzionale del 2001 l'UE è però entrata in Costituzione (si leggano, a titolo esemplificativo, i cc. 1, 2, 3 e 5 dell'art. 117).

Diritto internazionale e diritto sovranazionale stanno, ciascuno a suo modo, cambiando profondamente il diritto costituzionale nazionale; e ciò vale non solo per l'Italia ma per tutti i paesi appartenenti all'Unione europea e alla comunità internazionale in generale. Per questa ragione riteniamo opportuno dedicare espressa attenzione al modo in cui la Costituzione italiana si rapporta all'uno e all'altro ordinamento. Per far questo dovremo utilizzare, per quanto in maniera molto sintetica e strettamente finalizzata ad un'analisi costituzionalistica, concetti e nozioni di due differenti discipline giuridiche (il diritto internazionale e il diritto dell'UE) (rinviamo a tal fine ai capp. III e XIV).

## 11. *La tutela delle minoranze linguistiche (art. 6)*

L'art. 6 afferma che «*La Repubblica tutela con apposite norme le minoranze linguistiche*». Lasciandosi alle spalle un regime dittatoriale caratterizzato dalla chiusura nei confronti della comunità internazionale e dal culto del nazionalismo, la disposizione apre uno scenario di inclusione nei confronti delle **minoranze linguistiche**. La Costituzione individua nella lingua ciò che caratterizza il gruppo etnico caratterizzabile come minoranza linguistica, evidentemente perché il linguaggio, e la forma che esso assume, è il mezzo di trasmissione dell'identità culturale del gruppo. L'art. 6, in questa prospettiva, rappresenta un ulteriore arricchimento del principio pluralistico sancito dall'art. 2 (Pizzorusso, 1967 e sent. 189/1987). Accanto all'art. 6 anche alcuni statuti speciali, in particolare quelli della Valle d'Aosta e del Trentino-Alto Adige, contengono norme a tutela delle minoranze linguistiche presenti sul loro territorio (cfr. anche la X disp. trans. fin. che menziona le minoranze linguistiche in riferimento specifico al Friuli-Venezia Giulia).

L'art. 6 rimette la tutela al legislatore e quindi a scelte politiche. Tuttavia il legislatore non è completamente libero. La Corte costituzionale ha infatti stabilito che dall'art. 6 (e dall'art. 3) discende un obbligo di ricercare una 'tutela minima', immediatamente operativa (sent. 15/1996). All'art. 6 ha dato attuazione la l. 482/1999 che contiene norme in materia di tutela delle minoranze linguistiche storiche. L'art. 2 dichiara di tutelare «la lingua e la cultura delle popolazioni albanesi, catalane, germaniche, greche, slovene e croate e di quelle parlanti il francese, il franco-provenzale, il friulano, il ladino, l'occitano e il sardo». L'applicazione territoriale della tutela prevista dalla legge ha impedito l'estensione della tutela anche nei confronti delle comunità zingare (Pizzorusso, 2000, 331)

## 12. *La tutela della cultura e dell'ambiente (art. 9)*

Tra i principi fondamentali maggiormente sottoposti ad interpretazioni evolutive vi è senza dubbio l'art. 9, che, composto di due brevi commi, disciplina due oggetti di grande rilevanza per la comunità nazionale: la cultura e il paesaggio. Più precisamente l'art. 9 recita: «*La Repubblica promuove lo sviluppo della cultura e la ricerca scientifica e tecnica. Tutela il paesaggio e il patrimonio storico e artistico della Nazione*». Conviene anche sottolineare che nel primo comma l'intento della Repubblica è la promozione (con una forte accentuazione del ruolo dinamico delle istituzioni repubblicane), mentre nel secondo l'intento è la tutela (nella consapevolezza della preesistenza di un paesaggio e di un patrimonio storico e artistico unici al mondo).

Non è possibile in questa sede ripercorrere le molte interpretazioni che sono state fornite di questa disposizione. Ciò che si vuole sottolineare con forza è che l'art. 9 è stata la base costituzionale per la tutela non solo dei beni espressamente in esso citati, ma anche della tutela dell'ambiente, un termine che nella Costituzione del 1948 non era presente e che, quindi, è stato ricavato attraverso interpretazioni dottrinali e giurisprudenziali che hanno fatto leva, in particolare, sugli artt. 9 e 32.

Le interpretazioni evolutive hanno riguardato innanzitutto il termine '**Repubblica**'. Dagli atti dell'Assemblea costituente si deduce che il termine alludeva allo Stato e ai suoi organi; nel corso del tempo e con l'attuazione delle Regioni si è tuttavia affermata, con forza, l'interpretazione che vuole il termine riferito non solo all'apparato statale ma anche agli altri enti che compongono la Repubblica in base all'art. 114.

La **promozione della cultura** va correttamente intesa poiché le esperienze totalitarie (alle quali l'Italia non è stata estranea) hanno tentato di condizionare, indirizzare e monopolizzare i più importanti canali di sviluppo culturale. Nell'esperienza repubblicana la cultura non è più, quindi, subordinata allo Stato ma è la Repubblica (lo Stato, con le sue istituzioni, ma anche tutti gli enti che la compongono) che deve favorire il libero sviluppo della cultura e della ricerca (**Stato di cultura**, termine costituzionalistico di provenienza tedesca: *Kulturstaat*) (Spagna Musso, 1961 e Ainis, 1991). Uno sviluppo che non può essere lasciato solo agli enti pubblici ma che deve coinvolgere anche gli enti e le associazioni private (basti leggere l'art. 33).

La **tutela del paesaggio** è una finalità che era stata già valorizzata poco prima dell'entrata in vigore della Costituzione. Con le ll. 1089/1939 sulle cose di interesse artistico e storico e 1497/1939 sulle bellezze naturali, l'ordinamento italiano si era infatti già dotato di strumenti normativi volti alla salvaguardia delle 'bellezze naturali' (cose immobili, complessi di cose immobili, panorami). Su questa base la dottrina più attenta, valorizzando il dettato dell'art. 9, ha poi interpretato il concetto di paesaggio in maniera innovativa, abbandonando un'accezione in termini puramente estetici e abbracciando una concezione di paesaggio come "forma del paese" (Predieri, 1969, 387).

Sulla scorta di queste interpretazioni la tutela del paesaggio è stata oggetto di nuovi interventi normativi a carattere generale. Senza la pretesa di ricostruire nel dettaglio una materia complessa, vale la pena di ricordare almeno la **Convenzione europea del paesaggio**, sottoscritta a Firenze nel 2000 ed eseguita con l. 14/2006, che mira ad una protezione di tutti i paesaggi, sia quelli eccezionali sia quelli della vita quotidiana sia anche quelli degradati (art. 2); e il **Codice dei beni culturali e del paesaggio**, adottato con d.lgs. 42/2004. Può essere molto utile riprendere la definizione di patrimonio culturale contenute nell'art. 2 del Codice poiché, stabilendo che il patrimonio culturale è costituito dai beni culturali e dai beni paesaggistici, esso lega insieme gli oggetti del primo e del secondo comma dell'art. 9.

Il Codice dei beni culturali e del paesaggio rappresenta un approdo normativo importante in quanto sancisce un punto sul quale la dottrina più attenta aveva molto insistito nel periodo successivo all'entrata in vigore della Costituzione, vale a dire che cultura e paesaggio, i due principali oggetti dell'art. 9, vanno interpretati non in maniera isolata bensì unitaria.

Come dicevamo in apertura, la **tutela dell'ambiente** non è contenuta nell'art. 9. Tale finalità entrerà espressamente in Costituzione solo nel 2001 con la l. cost. 3, che, modificando l'art. 117, inserisce tra le materie di competenza esclusiva dello Stato la «*tutela dell'ambiente, dell'ecosistema e dei beni culturali*» e, tra quelle di competenza concorrente, la «*valorizzazione dei beni culturali e ambientali*».

Prima del 2001 la strada percorsa per trovare un aggancio costituzionale alla tutela dell'ambiente è stato l'art. 32 che, tutelando la salute della persona, è stato interpretato anche come fondamento di un diritto all'ambiente salubre (Corte cass. 5172/1979). Nel 1986 con l. 349 è stato istituito il Ministero dell'ambiente, che, nella forma dell'illecito civile extracontrattuale, prevede anche la figura del danno ambientale (art. 18).

A completamento di quest'opera interpretativa e istituzionale diretta a dare concretezza alla tutela dell'ambiente è intervenuta soprattutto la Corte costituzionale con alcune sentenze di grande rilievo. In estrema sintesi la Corte qualifica l'ambiente come bene inerente ad un interesse primario e assoluto (sent. 641/1987), definendolo, in altre occasioni, anche un valore costituzionale (sent. 167/1987). In quanto valore, esso ha sicuramente una dimensione funzionale, nel senso di interesse della collettività alla difesa ambientale; ma ha anche una dimensione individuale, come diritto soggettivo individuale all'ambiente, riconosciuto come diritto fondamentale. Nella sent. 210/1987 la Corte afferma espressamente che «va riconosciuto lo sforzo in atto di dare un riconoscimento specifico alla salvaguardia dell'ambiente come diritto fondamentale delle persona e interesse della collettività».

La Corte costituzionale, sempre nel corso del 1987, procede anche ad una qualificazione giuridica dell'ambiente, inteso come «bene giuridico in quanto riconosciuto e tutelato da norme» (sent. 641/1987). Questa **accezione unitaria di ambiente** non è andata esente da critiche. Esse partono dalla constatazione che non sarebbe possibile un'accezione unitaria atteso che nella nozione di ambiente rientrano oggetti diversi, come l'aria, l'acqua, la flora, la fauna e gli equilibri biologici connessi (nonché il paesaggio), sui quali intervengono discipline settoriali molto differenziate. La Corte ha tuttavia ribadito che, per quanto la tutela dell'ambiente si realizzi attraverso una molteplicità di settori cui spesso corrispondono anche competenze diverse statali e regionali, la salvaguardia «ha assunto una propria autonoma consistenza, che, in ragione degli specifici ed unitari obiettivi perseguiti, non si esaurisce né rimane assorbita nelle competenze di settore» (sent. 356/1994).

In sintesi, l'ambiente ha, nel tempo, assunto una **dimensione soggettiva e oggettiva**: da un lato assume i caratteri del diritto soggettivo e, dall'altro, diventa l'oggetto di azioni pubbliche dirette alla sua tutela[8]. Proprio il legame con l'attività finalistica dello Stato permette di evidenziare anche la **dimensione sociale del diritto all'ambiente**.

Come abbiamo già osservato, la revisione costituzionale del 2001 ha costituzionalizzato la tutela dell'ambiente. A tale costituzionalizzazione ha poi fatto seguito anche l'adozione del d.lgs. 152/2006, contenente 'Norme in materia ambientale' (c.d. testo unico sull'ambiente), più volte modificato nel corso del tempo. A parti-

---

[8] Anche il Consiglio di Stato (sentt. 1601/2003; 5795/2004) ha affermato che «il cittadino è titolare di un diritto soggettivo all'ambiente salubre, quale riflesso del suo diritto alla salute costituzionalmente tutelato *ex* artt. 2 e 32 Cost.».

re dal 2001 uno dei problemi più spinosi è stata la ripartizione delle competenze tra Stato e Regioni in materia di tutela dell'ambiente, definita dalla Corte costituzione come **«materia trasversale»** (su questo rinviamo a cap. XIII.3.2.1).

Quanto finora detto non deve portare a ritenere che la materia del diritto ambientale sia lasciata al diritto nazionale. Poche altre materie hanno una derivazione internazionale e unionale come il diritto dell'ambiente[9]. Nella seconda metà del Novecento l'uso sempre più intenso delle risorse naturali e il timore di una guerra nucleare hanno sollecitato la sensibilità della Comunità internazionale, che, per quanto lentamente, ha portato all'adozione di accordi, convenzioni, trattati particolarmente rilevanti ai fini della tutela ambientale. Alcuni concetti giuridici, oggi entrati addirittura nel linguaggio comune, come il *principio di precauzione* e lo *sviluppo sostenibile*, provengono dal diritto internazionale. Il d.lgs. 152/2006, all'art. 3-*quater*, ha recepito il concetto di sviluppo sostenibile stabilendo che ad esso deve conformarsi ogni attività umana giuridicamente rilevante ai sensi del testo unico sull'ambiente, «al fine di garantire che il soddisfacimento dei bisogni delle generazioni attuali non possa compromettere la qualità della vita e le possibilità delle generazioni future».

Il diritto dell'ambiente diventa così vettore (principale ma non unico) della **responsabilità intergenerazionale** (Bifulco, 2008), un tema sul quale si gioca sempre più il destino delle comunità nazionali e internazionale (pensiamo non solo all'esaurimento progressivo delle risorse e alla sviluppo di energie alternative, ma anche a fenomeni come le migrazioni, la sovrappopolazione, la sostenibilità del debito pubblico).

Con l. cost. 1/2022 la tutela dell'ambiente è entrata in Costituzione tra i principi fondamentali. La legge aggiunge, infatti, un terzo comma all'art. 9 e integra anche i commi 2 e 3 dell'art. 41, dedicato all'iniziativa economica privata. Con riguardo all'art. 9, la legge introduce una norma di principio, la tutela dell'ambiente. Tra gli oggetti di tutela figurano anche la biodiversità e gli ecosistemi. Il legislatore costituzionale ha previsto anche la tutela degli animali, che tuttavia non è posta sullo stesso piano della tutela dell'ambiente: se questa ultima è affidata direttamente alle istituzioni della Repubblica in quanto principio fondamentale, la tutela degli animali è rimessa espressamente alla legge dello Stato.

Nell'art. 41, invece, tra i limiti allo svolgimento dell'attività economica, sono stati opportunamente aggiunti la salute e l'ambiente (al secondo comma), mentre nell'ultimo comma si prevede che la legge possa indirizzare e coordinare l'attività economica pubblica e privata a fini anche ambientali.

Pur inserendosi all'interno di un tessuto giurisprudenziale che aveva già enucleato il principio della tutela ambientale, la riforma appare rilevante per una serie

---

[9] Anche l'art. 37 CDFUE prevede «Un livello elevato di tutela dell'ambiente e il miglioramento della sua qualità devono essere integrati nelle politiche dell'Unione e garantiti conformemente al principio dello sviluppo sostenibile».

di motivi. In primo luogo, perché l'ambiente e la sua tutela sono ora espressamente previsti tra i principi fondamentali. In secondo luogo, perché si è espressamente previsto che l'attività economica possa essere orientata a fini ambientali, giustificando quindi futuri limiti e obiettivi, posti in via legislativa, all'attività imprenditoriale privata e pubblica. In terzo luogo, perché l'ambiente, la biodiversità, gli ecosistemi tutelati «anche nell'interesse delle future generazioni» introducono così in Costituzione una responsabilità intergenerazionale che potrà essere fatta valere più energicamente sia nei procedimenti legislativi e amministrativi sia nei giudizi di costituzionalità delle leggi.

## CAPITOLO V

# SOVRANITÀ POPOLARE E DEMOCRAZIA RAPPRESENTATIVA



## 1. *Democrazia rappresentativa, Parlamento e ruolo dei partiti*

Il Governo della Repubblica, composto dal Presidente del Consiglio e dai Ministri, si forma attraverso un procedimento in cui il Presidente della Repubblica nomina il Presidente del Consiglio e, sulla base di una proposta di quest'ultimo, i Ministri. L'esistenza del Governo dipende tuttavia dalla volontà del Parlamento. Solo dopo che la maggioranza del Parlamento avrà votato a favore del Governo, esprimendosi attraverso il c.d. voto di fiducia, il Governo potrà considerarsi effettivamente esistente. Se tale fiducia dovesse venir meno, viene meno anche il Governo.

La Costituzione italiana ha quindi dato vita a una **democrazia rappresentativa**, in cui, nonostante la tendenza al progressivo aumento dei poteri del Governo, l'organo centrale è e rimane il Parlamento. Questo modello è comune anche alle Regioni, per quanto la stabilità assicurata al rapporto tra Legislativo (Consiglio regionale) ed Esecutivo (Presidente della Giunta e Giunta regionale), ottenuta con la riforma costituzionale del 1999, sia maggiore rispetto al livello nazionale.

La Costituzione italiana prevede, ad integrazione del modello di democrazia rappresentativa, forme di esercizio diretto della sovranità, che prendono forma negli istituti della petizione, dell'iniziativa legislativa e dei referendum (abrogativo, costituzionale e consultivo). Di tali istituti diremo meglio in altre parti (per la petizione cfr. cap. XXIV.3; per l'iniziativa cfr. parte sul procedimento legislativo nel cap. XII.4.1.1; per i referendum cfr. le parti dedicate all'esame del referendum abrogativo e della legge costituzionale nel cap. XII e delle modifiche territoriali nel cap. X.10).

I nessi causali – nella nascita e nell'attività del Governo e poi tra Parlamento, Presidente della Repubblica e Governo stesso – portano a dire che nelle forme di governo parlamentari la separazione dei poteri non è rigida, preferendosi ragionare di bilanciamento dei poteri.

In una società pluralistica la democrazia rappresentativa ha bisogno dei **partiti politici**. Essi sono indispensabili per poter dare forma e voce alla volontà popolare all'interno delle istituzioni di governo. La *funzione di intermediazione* che i partiti svolgono tra società e istituzioni è indispensabile nelle grandi realtà statali giacché, ammesso che fosse possibile coinvolgere i cittadini in ogni scelta pubblica, i cittadini non avrebbero le capacità e il tempo per poter comprendere e conseguentemente decidere sulle principali questioni pubbliche.

I partiti diventano un requisito indispensabile per il funzionamento della democrazia rappresentativa: i membri dei partiti, selezionati dagli elettori, compongono gli ingranaggi degli organi parlamentari e alcuni di essi diventano poi parte del Governo.

Lo *Stato di partiti* è formula che descrive appunto la fortissima compenetrazione tra partiti politici e istituzioni pubbliche. Tutto ciò presenta anche dei rischi perché, come accade per ogni organizzazione, pure i partiti tendono a concentrare potere al loro interno influenzando, in qualche caso sovrapponendosi a, gli organi cui la Costituzione affida poteri rilevanti. È un fenomeno diffuso nel continente europeo, dove forte è il ruolo dei partiti nella vita politica.

La Costituzione disciplina il fenomeno partitico nelle forme dell'associazione, espressione della società civile. Come diremo meglio (cap. XXIV.2), questa collocazione ha contribuito a far sì che il Parlamento italiano non abbia mai adottato una legge sui partiti politici. Si tratta di una grave carenza perché, se è vero che il partito è espressione della società civile e che la previsione di controlli sulla vita interna è questione molto delicata, è altrettanto vero che i partiti tendono ad organizzarsi secondo schemi oligarchici e tendono, come detto, a sovrapporre se stessi alla volontà degli organi costituzionali. Una legge sui partiti politici sarebbe dunque pienamente conforme al dettato costituzionale secondo cui i cittadini, associandosi in partiti, concorrono con metodo democratico a determinare la politica nazionale.

Il partito, che il Costituente aveva dinanzi al momento in cui scrisse la Costituzione, è il **partito di massa**, fortemente organizzato, presente sul territorio in maniera diffusa e ideologicamente caratterizzato. Non bisogna dimenticare, tra l'altro, che alla caduta del fascismo il potere venne sostanzialmente esercitato dal Comitato di liberazione nazionale, composto da sei partiti di orientamento ideologico molto differenziato (Democrazia Cristiana, Partito Comunista Italiano, Partito Socialista Italiano di Unità Proletaria, Partito d'Azione, Partito Liberale Italiano e Partito democratico del Lavoro).

Quella struttura partitica costituirà lo scheletro del sistema partitico repubblicano fino all'inizio degli anni Novanta dello scorso secolo. In questo lungo periodo la politica nazionale è stata determinata dallo svolgimento dei programmi dei partiti all'interno degli organi statali (Bonini, 2007).

A partire dai primi anni Novanta, per motivi politici internazionali e nazionali, comincia a cambiare la forma dei partiti nazionali. Dal *partito di massa* o *piglia-tutto* (*catch-all party*) (Kirchheimer, 1966) si passa al *partito personale* (Calise, 2010), fortemente caratterizzato e dominato dal *leader*; a *partiti leggeri*, fatti di elettori, non più di iscritti; a partiti *impresa della politica*; negli ultimi anni abbiamo visto il susseguirsi di *partiti parlamentari*, nati cioè all'interno di gruppi parlamentari, senza alcun legame e identità con la società civile; e per reazione alla nascita di *movimenti* con una forte presa sociale espressa soprattutto attraverso Internet (Movimento 5 Stelle).

Questi mutamenti hanno coinciso con il cambiamento della legislazione elettorale che, nel 1993, ha abbandonato la formula proporzionale per avviarsi su una tortuosa strada maggioritaria. In questo periodo, nonostante tutta la complessità, è stato possibile un nesso più stretto tra la competizione elettorale dei partiti e la definizione dell'**indirizzo politico**.

## 2. *La sovranità popolare nella democrazia rappresentativa*

### 2.1. *Popolo, corpo elettorale, popolazione, nazione*

Fondamento e origine della democrazia rappresentativa è dunque il **popolo**. È ora il momento di distinguere tra popolo e corpo elettorale: nel diritto costituzionale popolo è l'insieme dei cittadini italiani, mentre **corpo elettorale** indica solo una parte del popolo, vale a dire la parte attiva composta da tutti i cittadini che hanno raggiunto la maggiore età (art. 48.1.). Quindi due sono i requisiti per possedere la capacità elettorale (e così far parte del corpo elettorale): la cittadinanza e la maggiore età.

Il corpo elettorale, oltre ad esser caratterizzato dalla *stabilità* (si presume essere sempre sussistente), ha la funzione di scegliere i rappresentanti che siederanno nelle assemblee elettive in rappresentanza del popolo medesimo. Oltre a tale centrale funzione elettorale il corpo elettorale, come abbiamo già detto, si esprime anche attraverso atti che incidono più direttamente sull'attività normativa (iniziativa legislativa popolare, referendum e petizioni).

Dal corpo elettorale e dal popolo vanno distinte le nozioni di **popolazione** e nazione. Con il primo termine, di ordine per lo più quantitativo, si indica il complesso delle persone fisiche presenti sul territorio in un certo momento storico: vi rientrano così anche coloro che non sono cittadini, come gli apolidi, gli stranieri e non vi rientrano i cittadini non presenti sul territorio al momento della misurazione. Più complesso il concetto di **nazione**, che indica in genere una collettività di uomini e donne legati da fattori antropologici e culturali comuni (religione, lingua, ecc.). Quando tali collettività si organizzano in forma statuale, essi possono dar vita a *Stati nazionali* (caratterizzati dall'omogeneità del gruppo), a *Stati plurinazionali* (in cui convivono collettività diverse dal punto di vista dei suddetti fattori antropolitici e culturali, come gli Stati Uniti d'America), a *Stati nazionali con presenza di minoranze* (come l'Italia, dove sono presenti minoranze linguistiche nelle Regioni Trentino-Alto Adige, Valle d'Aosta, Friuli-Venezia Giulia). Una collettività che si considera nazione può essere anche presente in più Stati (come nel caso della nazione tedesca, presente non solo in Germania ma anche in Svizzera e Austria). Nella Costituzione italiana il termine *Nazione* appare, oltre che nell'art. 51.2., nell'art. 67 a proposito della posizione del parlamentare.

### 2.2. *La cittadinanza*

Oltre alla maggior età, che è requisito disciplinato dall'art. 2 c.c. e recepito dall'art. 48, il requisito per acquistare la capacità elettorale, che si concretizza nell'elettorato attivo (capacità di votare) e nell'elettorato passivo (capacità di essere eletto), è la **cittadinanza**.

Il concetto di cittadinanza indica un rapporto giuridico tra la persona fisica e lo Stato. Tale rapporto dà vita a uno *status* giuridico, cioè ad un insieme di situazioni giuridiche soggettive attive (come la titolarità dei diritti politici) e passive (obblighi di prestazioni personali e patrimoniali) (sulle situazioni giuridiche soggettive cfr. cap. XVI).

Per attribuire la cittadinanza esistono due criteri generali presenti in gran parte degli Stati, in genere in maniera alternativa: a) la cittadinanza dei genitori (si diventa cioè cittadino italiano se si nasce da genitori italiani, indipendentemente dal luogo di nascita); b) il luogo di nascita (si diventa cittadino italiano se si nasce sul territorio italiano, indipendentemente dai genitori). Sono possibili inoltre ulteriori situazioni, che fuoriescono dallo *status* di cittadinanza: la *pluripolidia* (nel qual caso si è cittadino di più Stati) e l'*apolidia* (nel qual caso non si è cittadino di alcuno Stato). Per evitare tali situazioni gli Stati tendono a stabilire accordi internazionali.

In Italia la materia è disciplinata da l. 91/1992, che ha modificato la legislazione giolittiana contenuta nella l. 555/1912. Il criterio principale è dato dal c.d. *ius sanguinis* (qui il riferimento è al legame di sangue): è cittadino italiano colui che nasce da padre o madre italiani (art. 1), qualunque sia il luogo di nascita. Dunque chi nasce in Italia da cittadini stranieri non acquista la cittadinanza italiana; il criterio dello *ius soli* (qui il riferimento è al luogo di nascita) scatta solo «se entrambi i genitori sono ignoti o apolidi, ovvero se il figlio non segue la cittadinanza dei genitori secondo la legge dello Stato al quale questi appartengono (art. 1.1.b). La conseguenza di tale regola è che oggi i tanti giovani nati in Italia da cittadini stranieri (e che parlano l'italiano) possono acquisire la cittadinanza italiano solo al compimento della maggiore età, a condizione di aver risieduto in Italia legalmente e senza interruzioni fino al raggiungimento della maggiore età e di dichiarare di voler acquisire la cittadinanza italiana entro un anno dal compimento della maggiore età (art. 4.2.).

Esistono altri modi successivi di acquisto della cittadinanza. Con la c.d. *iuris communicatio* (estensione del diritto) lo straniero o l'apolide, coniuge di cittadino italiano, se risiede da almeno due anni ovvero dopo tre anni dal matrimonio, può acquisire la cittadinanza italiana (art. 5). Può ottenere la cittadinanza anche chi risiede in Italia al momento del compimento dei diciotto anni (da due anni) e faccia richiesta entro un anno di acquisire la cittadinanza (ma deve avere almeno un genitore o un parente in linea retta già cittadino) (c.d. *ius electionis*, per beneficio di legge o su richiesta) (art. 9). Infine per *naturalizzazione*: in questo caso la cittadinanza è concessa con decreto del Presidente della Repubblica in casi predeterminati dalla legge (art. 9).

## 3. *I sistemi e le leggi elettorali*

### 3.1. *Formula maggioritaria e proporzionale*

Le **elezioni** rappresentano un procedimento centrale per le democrazie rappresentative. Dal punto di vista giuridico, le elezioni sono infatti dei procedimenti attraverso i quali gli elettori, votando ed esercitando così un loro diritto fondamentale, scelgono gli organi governanti (a seconda della forma di governo gli elettori provvedono a formare uno o più di questi organi: le assemblee parlamentari, il capo del governo, il capo dello Stato). È quindi necessario avere a disposizione un meccanismo con il quale i voti dei cittadini si trasformano in seggi da assegnare all'interno del Parlamento o di altra assemblea legislativa. La trasformazione dei voti in seggi è un procedimento complesso, non solo per l'oggettiva difficoltà della formula elettorale, con la quale si indica normalmente il modo in cui i voti si trasformano in seggi, ma anche perché l'esito della trasformazione dei voti in seggi dipende dall'ampiezza delle circoscrizioni, dalla possibilità per l'elettore di esprimere preferenze, dal modo in cui è svolta la campagna elettorale, dal controllo sui fondi pubblici eventualmente attribuiti ai partiti. Per esprimere tutto ciò si ragiona di **sistemi elettorali**.

I sistemi elettorali devono essere recepiti da atti normativi, con il quale il legislatore sceglie uno di tali sistemi (leggi elettorali). Come si vedrà, in Italia esistono diverse leggi elettorali a seconda del livello di governo preso in considerazione (Parlamento europeo, Parlamento nazionale, Consigli regionali, ecc.).

Ogni sistema elettorale democratico deve contemperare due esigenze sostanzialmente contrapposte: la riproduzione il più fedele possibile degli orientamenti politici del corpo elettorale, da un lato, e la predisposizione di un organo rappresentativo efficiente, dall'altro. I due principali sistemi elettorali tendono a privilegiare una delle due esigenze (anche in dipendenza della cultura politica e istituzionale dominante nella società).

I due principali sistemi elettorali (o **formule elettorali**) sono il maggioritario e il proporzionale. In entrambi il campo da gioco, per così dire, è costituito dal corpo elettorale che viene normalmente diviso in unità o parti (collegi) più piccole. Il **collegio elettorale** è quindi l'insieme o il raggruppamento di elettori chiamati ad eleggere i rappresentanti (deputato, senatore, consigliere regionale, ecc.). In sé il collegio è un'unità astratta e deve essere quindi calato sul territorio. Prendendo in considerazione le elezioni per il Parlamento, il collegio viene fatto coincidere con la Regione (circoscrizione regionale) nel caso del Senato (art. 57.1.), mentre, con riguardo alla Camera dei deputati, il collegio non necessariamente coincide con la circoscrizione regionale (art. 56.4.) giacché, nel caso delle Regioni più popolose, la circoscrizione è suddivisa in più collegi. Se il collegio elegge un solo rappresentante, si ha il collegio uninominale; se il collegio elegge più rappresentanti, si ha il collegio plurinominale.

Con la **formula maggioritaria** i seggi sono attribuiti ai candidati che risultano più votati. Si possono avere formule *a maggioranza relativa*, per cui vince chi semplicemente prende più voti (modelli *plurality*, diffusi soprattutto negli ordinamenti anglosassoni) oppure formule *a maggioranza assoluta*, per cui guadagna il seggio chi prende più della metà dei voti (validi) (modello *majority*). In questa ipotesi, se nessuno dei concorrenti ottiene la maggioranza assoluta, bisogna ricorrere a correttivi, il più diffuso dei quali è il *ballottaggio* che consiste in una seconda votazione tra i due candidati più votati (in alcuni casi i concorrenti al secondo turno possono essere anche più di due, a condizione che abbiano superato una certa soglia) (in Australia si ricorre invece al voto alternativo, con il quale il candidato che ha preso meno voti li cede agli altri rimasti in lizza, così anche nel caso del penultimo, finché non si arriva alla maggioranza assoluta per tutti i candidati della circoscrizione).

La **formula proporzionale** mira invece a far corrispondere la proporzione dei voti ottenuti da ciascuna lista (corrispondente ad un partito, ad un movimento) al numero dei seggi in palio. Essa si applica per lo più in collegi plurinominali. Se la lista di candidati proposta dal singolo partito non può essere cambiata dall'elettore, si parla di lista bloccata; se l'elettore può invece esprimere una o più preferenze, risulteranno eletti i candidati che hanno ricevuto più preferenze. Esistono più modalità per esprimere le preferenze: l'elettore può limitarsi a indicare uno dei candidati presenti nella lista del partito oppure può indicarne più di uno o infine può decidere di votare per candidati di liste diverse (c.d. *panachage*). Queste alternative dipendono naturalmente da quanto stabilito dalle concrete leggi elettorali.

L'attribuzione dei seggi a ciascuna lista avviene secondo diversi metodi, tra i quali molto usati sono il metodo elaborato da V. d'Hondt (detto anche delle divisioni successive) e il metodo del quoziente. Nel **metodo d'Hondt** il totale dei voti conseguiti dalla lista vengono divisi successivamente per 1, 2, 3, 4 e così via. Immaginiamo che a concorrere siano tre partiti per 7 seggi:

| | *Lista X* | *Lista Y* | *Lista Z* |
|---|---|---|---|
| Numero di voti conseguiti | 400 | 180 | 80 |
| Dividendo per 1 | 400 (**1**) | 180 (**3**) | 80 (**7**) |
| Dividendo per 2 | 200 (**2**) | 90 (**6**) | 40 |
| Dividendo per 3 | 133 (**4**) | 60 | 26 |
| Dividendo per 4 | 100 (**5**) | 45 | 20 |
| Risultato | 4 seggi | 2 seggi | 1 seggio |

Scegliendo i quozienti più alti, l'esempio mostra che la lista X consegue 4 seggi (1, 2, 4, 5), la lista Y ne consegue due (3 e 6), la lista Z uno.

Nel metodo del **quoziente**[1] la distribuzione dei seggi avviene secondo la seguente successione di fasi: si determina dapprima il numero di voti validi conseguiti dalle liste (c.d. *cifra elettorale generale*); la cifra elettorale generale viene poi divisa per il numero di seggi in palio, ottenendosi così il *quoziente elettorale*; si calcola il numero di voti ottenuti da ciascuna lista o da liste collegate, individuandosi così la *cifra elettorale della lista*; si stabilisce il numero esatto di volte in cui il quoziente elettorale entra nella cifra elettorale della lista ed è questo numero a determinare quanti seggi spetteranno ai vari partiti in competizione nella circoscrizione. Con questo metodo, di per sé molto semplice, si crea l'inconveniente dei resti inutilizzati (emergente dalla divisione della cifra elettorale della lista per il quoziente elettorale). Esistono due principali rimedi. Si può decidere di attribuire i seggi alle liste che risultano avere i resti più alti (nel senso che sono più vicini al quoziente) oppure si può far ricorso al metodo elaborato da E. Hagenbach-Bishof, che prevede la divisione della cifra elettorale generale per il numero dei seggi aumentato di una o due o anche tre unità.

E quindi, applicando *il criterio dei resti più alti*, possiamo supporre che le liste siano sempre tre, che i seggi in palio siano 20 e che gli elettori siano 2000. In questo caso il quoziente elettorale è ottenuto dividendo il numero dei votanti per il numero dei seggi ed è dunque pari a 100. Ipotizziamo ancora che la lista X abbia ottenuto 882 voti, la lista Y 619 e la lista Z 499. Dividendo la cifra elettorale della lista per il quoziente avremo:

per la lista X 882 ÷ 100 = 8 con un resto di 82;
per la lista Y 619 ÷ 100 = 6 con un resto di 19;
per la lista Z 499 ÷ 100 = 4 con un resto di 99.

Sono assegnati 18 seggi; i due restanti spettano alle liste X e Z che hanno ottenuto i due resti più alti (82 e 99).

[1] Conviene notare che al metodo del quoziente e dei resti più alti la Costituzione fa espresso riferimento negli artt. 56.4. e 57.4.

Nel caso in cui il sistema elettorale scegliesse di far ricorso al *criterio Hagenbach-Bishof* dovremo invece dividere la cifra elettorale generale per il numero dei seggi aumentati di un'unità (2000 diviso 21). Procederemo poi nello stesso modo appena esaminato, vale a dire dividendo la cifra elettorale della lista per il nuovo quoziente (95,2). Avremo così:

per la lista X 882 ÷ 95,2 = 9 seggi;
per la lista Y 619 ÷ 95,2 = 6 seggi;
per la lista Z 499 ÷ 95,2 = 5 seggi.

In questa simulazione i 20 seggi disponibili sono stati attribuiti tutti direttamente alle liste, senza bisogno di ricorrere ai resti.

La formula proporzionale privilegia così l'esigenza di offrire rappresentanza a tutti i partiti concorrenti. La rappresentanza che riesce ad assicurare la formula proporzionale è solo tendenziale in quanto normalmente non si riescono ad assegnare tutti i seggi sulla base dei primi calcoli ed è quindi necessario, come abbiamo appena visto, ricorrere al c.d. *recupero dei resti*. Inoltre va detto che neppure il sistema proporzionale riesce ad assicurare che tutti i partiti e i loro candidati trovino rappresentanza; anche in tale sistema può accadere che un piccolo partito, pur avendo ricevuto un certo numero di voti, non trovi accesso all'assemblea. Questa evenienza diventa ancor più frequente nel caso in cui si faccia ricorso a soglie di sbarramento, che permettono il conseguimento di seggi solo ai partiti che abbiano conseguito una percentuale determinata rispetto al totale dei voti.

Vantaggi e svantaggi si distribuiscono equamente nei due sistemi. Il maggioritario funziona bene nei sistemi bipartitici e facilita la formazione e la stabilità dei governi, che possono essere anche espressione del solo partito uscito vittorioso dalle urne. Inoltre esso necessita di collegi molto piccoli in modo da favorire il rapporto tra elettori ed eletti. Lo svantaggio principale è che tende a sottorappresentare le minoranze, le quali, pur avendo preso i voti degli elettori, non riescono ad accedere in Parlamento o comunque la loro presenza in Parlamento non corrisponde effettivamente al numero di voti ottenuti. A tal proposito si tenga presente, con riguardo all'ordinamento italiano, che la Costituzione presuppone, in diverse disposizioni, la presenza di **minoranze** (artt. 72.3., 82.3., 83.3.). Inoltre, come si è già osservato, il concetto di Repubblica democratica sottintende la presenza e la tutela delle minoranze. Il sistema proporzionale, se per un verso tende ad assicurare rappresentanza a tutti i partiti, anche i più piccoli, per l'altro favorisce la frammentazione del sistema partitico e rende complessa la formazione dei governi, che spesso sono coalizioni di governo.

Esistono rimedi a questi difetti. Nel caso del sistema maggioritario è possibile prevedere il voto limitato o il voto cumulativo. Con il *voto limitato* si attribuisce all'elettore un numero di suffragi inferiore ai seggi da coprire, in maniera tale che la maggioranza non vinca tutto. Con il *voto cumulativo* l'elettore dispone di tanti suffragi quanti sono i seggi da coprire ma è costretto a scegliere un numero minore di candidati. Si tratta di rimedi comunque imperfetti, diretti ad assicurare una rappresentanza c.d. generica, in quanto il numero dei seggi da attribuire alla minoranza è stabilito *a priori* (non dipende quindi dalla sua effettiva consistenza ma è stabilita dal legislatore), con il rischio ulteriore che venga rappresentata una sola minoranza.

Per rimediare ai difetti del sistema proporzionale può farsi ricorso alle *soglie di sbarramento*, con le quali, come appena detto, si esclude dal riparto di voti i partiti che non hanno raggiunto almeno una certa percentuale di voti, e ai *premi di maggioranza*, con i quali si assegna al partito più votato un premio in termini di voti permettendogli così di raggiungere la maggioranza assoluta o comunque tale da consentirgli di governare con maggiore stabilità. Anche questi rimedi presentano difetti: nel primo caso si impedisce a una parte, seppure piccola, di elettori di avere rappresentanza in Parlamento (ovviamente più alta è la soglia, più si accentua il difetto); nel secondo caso si finisce per sovrarappresentare un partito, senza che ciò abbia una base nel corpo elettorale (e questa è la ragione per cui il premio deve essere limitato e deve scattare solo se si è raggiunta una soglia minima).

È infine possibile creare delle commistioni tra i due modelli. L'Italia ha conosciuto di recente sistemi misti (di essi parleremo nel cap. VI.2). Anche la Repubblica federale di Germania basa la propria stabilità su un sistema elettorale misto, proporzionale nella parte in cui assegna ai partiti i seggi proporzionalmente ai voti che ciascuno di essi ha conseguito (con una soglia di sbarramento del 5%) e maggioritario nella parte in cui alcuni dei seggi vengono assegnati ai candidati eletti direttamente in collegi uninominali (nei quali si vota in base al sistema maggioritario).

### 3.2. *Le disposizioni costituzionali in materia elettorale*

La Costituzione non contiene indicazioni precise in materia elettorale (al contrario di altre costituzioni molto più prescrittive, come la costituzione di Weimar e l'attuale costituzione spagnola). Prima delle modifiche intervenute con la l. cost. 2/1963, la Costituzione prevedeva che il numero dei rappresentanti fosse determinato in base al numero degli abitanti (1 deputato per ogni 80.000 abitanti e 1 senatore per ogni 200.000 abitanti). La l. cost. 2/1963 ha stabilito un numero fisso di deputati e senatori, rispettivamente 630 e 315 (artt. 56.2. e 57.2.). Per effetto della l. cost. 1/2020 (recante 'Modifiche agli articoli 56, 57 e 59 della Costituzione in materia di riduzione del numero dei parlamentari', pubblicata in G.U. il 12 ottobre 2019, sottoposta a referendum confermativo a settembre del 2020, su richiesta di un quinto dei senatori) il numero dei parlamentari è stato ridotto da 630 a 400 per la Camera dei deputati e da 315 a 200 per il Senato.

La legge ha adeguato la ripartizione dei seggi alle modifiche introdotte, prevedendo che la ripartizione dei seggi avvenga dividendo il numero degli abitanti della repubblica, quale risulta dall'ultimo censimento generale (che si effettua ogni 10 anni), per trecentonovantadue e poi distribuendo i seggi in proporzione alla popolazione di ogni circoscrizione, sulla base dei quozienti interi e dei più alti resti (così l'art. 56.4.).

Stesso procedimento è seguito al Senato, che, per espressa disposizione costituzionale, è eletto su base regionale (artt. 57.1. e 4.). La l. cost. 1/2020 non ha modificato il riferimento alla elezione su base regionale dei senatori contenuto nell'art. 57.1. con la conseguenza che, in assenza di ulteriori modifiche costituzionali, potranno esservi collegi uninominali eccessivamente ampi con effetti di carente rappresentatività dei territori.

La Costituzione contiene alcune ulteriori disposizioni in relazione al sistema elettorale degli organi della Regione all'interno dell'art. 122. Di esso diremo meglio nel cap. X.3.

### 3.2.1. *La legislazione elettorale per il Parlamento europeo*

È possibile fare ora cenno alla legislazione elettorale prevista per l'elezione dei rappresentanti italiani al Parlamento europeo[2]. È dal 1979 che il Parlamento europeo viene eletto direttamente dal corpo elettorale degli Stati membri. Non esiste una legislazione di origine unionale, valida per tutti gli Stati membri, in quanto finora la materia è stata lasciata all'autonomia degli Stati membri.

L'Italia si è dotata della l. 18/1979, che prevede un sistema a formula proporzionale, con liste concorrenti e soglia di sbarramento (fissata, dalla l. 10/2009, al 4% dei voti validi sul territorio nazionale). Il territorio è suddiviso in cinque grandi circoscrizioni (Italia nord-occidentale; Italia nord-orientale; Italia centrale; Italia meridionale; Italia insulare).

L'attribuzione dei seggi si svolge secondo il seguente procedimento. Si calcola la cifra elettorale di ciascuna lista, che è data dal numero di voti conseguiti in tutte e cinque le circoscrizioni; si calcola il quoziente elettorale nazionale, che è dato dalla divisione del totale dei voti validi ottenuti dalle liste che hanno superato il *quorum* per il numero dei seggi da distribuire; a questo punto si divide la cifra elettorale della singola lista per il quoziente appena ottenuto, ottenendosi così il numero di seggi che spetta a ciascuna lista; i seggi residui sono attribuiti con il metodo dei resti più alti.

Dopo aver così calcolato il numero di seggi che spettano a ciascuna lista, si procede alla determinazione dei seggi di ciascuna lista in relazione alle singole circoscrizioni. A tal fine si individua la cifra elettorale di lista, corrispondente ai voti ottenuti dalla singola lista nella singola circoscrizione; poi si calcola il quoziente elettorale di lista, che è dato dalla divisione della cifra elettorale nazionale della lista per il numero di seggi ad essa spettante; a questo punto si divide la cifra elet-

---

[2] Abbiamo scelto di esaminare le legislazioni elettorali in occasione della trattazione dell'organo o dell'ente di riferimento. Non abbiamo esaminato la legislazione elettorale del Parlamento europeo nel cap. III perché non avevamo ancora fornito le nozioni elementari sull'argomento.

torale di lista per il quoziente elettorale di lista; nel caso in cui non vengano assegnati tutti i seggi, si ricorre al metodo dei resti più alti.

### 3.3. *La legislazione elettorale di contorno*

Dei sistemi elettorali del Parlamento, degli organi regionali, provinciali e comunali diremo nelle parti dedicate all'esame dei diversi organi. In questa sede di presentazione generale dei sistemi elettorali conviene invece esaminare i profili della c.d. **legislazione di contorno**, espressione con cui si intende l'insieme delle norme che, pur non incidendo direttamente sul sistema elettorale, contribuisce a definirne indirettamente il modo di funzionamento, disciplinando in particolare: la *campagna elettorale*, ovvero il modo in cui i partiti, i movimenti e i candidati si confrontano tra loro nel periodo antecedente all'elezione, soprattutto attraverso l'uso dei mezzi di comunicazione di massa; i *finanziamenti* che i partiti e i candidati utilizzano a fini elettorali.

Una vera e propria disciplina delle campagne elettorali è giunta in Italia molto tardi. La vetusta l. 212/1956 è stata sostituita dalla l. 513/1993; più di recente la l. 28/2000 ha ulteriormente modificato la disciplina.

Quanto alle spese elettorali, la legge (in questo caso soprattutto la legge del 1993) prevede che il candidato nomini un *mandatario elettorale*, che ha il compito di raccogliere i fondi e di assicurare il suo utilizzo conformemente a legge (in particolare il rispetto del tetto di spese, fissato dalla legge, al fine di assicurare una condizione di parità tra i candidati). La legge prevede un controllo su acquisizione e utilizzo dei fondi da parte sia del singolo candidato che del partito. Il candidato è infatti obbligato, se eletto, a redigere un consuntivo delle spese e a sottoporlo al Presidente della Camera di appartenenza; un rendiconto deve essere pure presentato al Collegio regionale di garanzia elettorale (incardinato presso la Corte d'Appello), che effettua il controllo sul rispetto della normativa e può, in caso di violazione, irrogare sanzioni che arrivano fino alla decadenza dalla carica (si badi bene però: è la Camera di appartenenza a dichiarare la decadenza, sulla base dell'accertamento giudiziale).

Procedimento sostanzialmente simile è previsto per i partiti, i quali devono presentare il consuntivo delle spese elettorali sostenute ai Presidenti delle Camere e al Collegio appositamente istituito presso la Corte dei conti. Il controllo della Corte dei conti, in caso di violazioni delle regole da parte dei partiti, può incidere sull'ammontare del finanziamento che il partito riceve.

La l. 28/2000 fornisce una disciplina generale, valida cioè per tutte le campagne elettorali (inclusa quella relativa ai referendum)[3], e mira a porre tutti i candi-

[3] La prima disciplina della materia si trova nel d.l. 83/1995, seguito da altri decreti-legge non convertiti.

dati e le forze politiche in posizione di parità (c.d. ***par condicio***). L'obiettivo è raggiunto solo parzialmente, in ragione del fatto che una parte consistente dei mezzi di comunicazione di massa è proprietà di uno dei leader politici più influenti. Va aggiunto che la disciplina prevista dalla l. 28 non si applica alla comunicazione politica attraverso la stampa (art. 7): distinzione che ha suscitato non poche polemiche.

Gli artt. 2 e 3 della legge operano una distinzione importante tra *comunicazione politica* e messaggi politici autogestiti: con la prima espressione si intende la «diffusione sui mezzi radiotelevisivi di programmi contenenti opinioni e valutazioni politiche»; i *messaggi politici autogestiti*, invece, «recano la motivata esposizione di un programma o di un'opinione politica e hanno una durata compresa tra uno e tre minuti per le emittenti televisive e da trenta a novanta secondi per le emittenti radiofoniche». Mentre tutte le emittenti nazionali, siano esse pubbliche o private, sono obbligate a diffondere i programmi di comunicazione politica, solo l'emittente titolare della concessione pubblica (RAI) è obbligata a trasmettere i messaggi.

La legge vieta anche la diffusione (non anche l'utilizzo non pubblico) dei sondaggi politici ed elettorali nei quindici giorni antecedenti la data delle elezioni.

Il rispetto di questa disciplina, sinteticamente riassunta, è affidato, per quanto riguarda l'emittente pubblica alla Commissione parlamentare bicamerale per l'indirizzo generale e la vigilanza sui servizi radiotelevisivi e, per le emittenti private, all'*Autorità per le garanzie sulle comunicazioni*, la quale, in base all'art. 10 l. 28/2000, si vede attribuita un più generale potere di controllo degli obblighi posti dalla legge e dalla Commissione parlamentare.

### 3.3.1. *Primarie ed* election day

Le c.d. primarie sono un istituto originariamente previsto negli Stati Uniti e utilizzato per selezionare, soprattutto, i candidati dei partiti alla carica di Presidente degli Stati Uniti. La finalità delle *primarie* è chiara: permettere che a selezionare il 'miglior' candidato siano gli elettori del partito e non il suo vertice o la sua burocrazia.

In Italia alcuni partiti hanno fatto ricorso a questo strumento nell'esercizio della propria autonomia per selezionare i candidati al vertice del partito e alla carica di Presidente del Consiglio. La Regione Toscana ha approvato una legge in materia (l.r. 70/2004), che ha trovato applicazione già alle elezioni regionali del 2005.

Per concentrare in un'unica data (**turno annuale ordinario**, *election day*) le elezioni dei consigli comunali e provinciali, si prevede che esse si svolgano in un'unica data da determinarsi tra il 15 aprile e il 15 giugno (l. 120/1999). Va precisato che per gli organi il cui mandato termini nel primo semestre dell'anno, il periodo che va dal 15 aprile a 15 giugno è riferito all'anno in cui interviene la fine del mandato; per gli organi il cui mandato termini nella seconda metà dell'anno, l'elezione sarà rimandata all'anno seguente; se invece il mandato termina per altri motivi, la data da prendere in considerazione per stabilire il momento in cui svolgere l'elezione è il 24 febbraio.

Il turno unico non è stato rispettato sempre, essendo intervenute alcune leggi che hanno consentito lo sfalsamento temporale delle elezioni.

### 3.3.2. *Il contenzioso elettorale e la verifica dei poteri*

Nel corso del procedimento elettorale possono verificarsi irregolarità, che danno luogo al c.d. **contenzioso elettorale**. La disciplina si differenzia, in questo caso, a seconda dell'organo da eleggere.

Nel caso delle elezioni delle due Camere, il controllo dell'intero procedimento è affidato dall'art. 66 alle Camere stesse, alle quali spetta anche il controllo sulle cause d'ineleggibilità e incompatibilità. È in sostanza la Giunta delle elezioni a svolgere tale controllo, che conserva il nome risalente di **verifica dei poteri**. Il controllo delle Camere si estende ad ogni aspetto del procedimento, anche agli eventuali ricorsi presentati agli Uffici delle sezioni elettorali ovvero all'Ufficio centrale.

L'istituto appare antiquato ed è spesso fonte di abusi. Al singolo non è data alcuna possibilità di ricorso contro le decisioni, assunte a maggioranza, della Giunta e poi dell'Assemblea nel suo complesso. Corte costituzionale (sent. 259/2009) e Corte di cassazione (sez. un., 9151/2008) hanno sostanzialmente assecondato questo stato di fatto.

Decisamente più garantita è la posizione dei candidati nelle elezioni dei consigli regionali e locali; se è vero che sono i consigli regionali a convalidare l'elezione degli eletti, l'atto di convalida (che riguarda solo le cause di ineleggibilità e incompatibilità) è impugnabile davanti al giudice ordinario e a ricorrere possono essere il diretto interessato o un qualsiasi elettore (ll. 1147/1966 e 154/1981). Per quanto riguarda invece la regolarità delle operazioni elettorali sia regionali che locali la competenza spetta al giudice amministrativo. Questa disciplina è ripresa anche dagli artt. 41 ss. l. 18/1979 con riguardo all'elezione del Parlamento europeo (in questo caso il giudice amministrativo competente è il T.A.R. del Lazio, mentre quello ordinario è la Corte d'Appello competente per il territorio in cui è posto il collegio elettorale cui si riferiscono le irregolarità).

Le irregolarità poste in essere nel corso del procedimento elettorale prima del voto sono devolute alla giurisdizione esclusiva del giudice amministrativo per le elezioni regionali, provinciali e comunali. Così dispone il d.lgs. 104/2010, attuativo della delega contenuta nella l. 69/2009. Il legislatore delegato, che avrebbe dovuto regolare lo stesso tema anche in relazione alle elezioni delle due Camere, è tuttavia rimasto silente sul punto.

# CAPITOLO VI

# IL PARLAMENTO



## 1. *La centralità del Parlamento*

Il Parlamento, composto dalla Camera dei deputati e dal Senato della Repubblica, è eletto direttamente dal corpo elettorale, ricevendo così una diretta legittimazione popolare (artt. 56.1. e 58.1.).

Nel Parlamento trova la più diretta espressione la sovranità popolare. Su tale organo è costruita la forma di governo italiana, sia perché è il Parlamento che dà la fiducia al Governo sia perché è sempre il Parlamento (in seduta comune) che elegge il Presidente della Repubblica. La scelta per il governo parlamentare fu largamente condivisa all'interno dell'Assemblea costituente. A tal fine può essere utile riprodurre il celebre ordine del giorno proposto dall'on. Perassi davanti alla seconda sottocommissione della Commissione per la Costituzione, il 4 settembre 1946, dal seguente tenore: «*La Seconda Sottocommissione, udite le relazioni degli onorevoli Mortati e Conti, ritenuto che né il tipo del governo presidenziale, né quello del governo direttoriale risponderebbero alle condizioni della società italiana, si pronuncia per l'adozione del sistema parlamentare da disciplinarsi, tuttavia, con dispositivi costituzionali idonei a tutelare le esigenze di stabilità dell'azione di Governo e ad evitare le degenerazioni del parlamentarismo*».

L'ordine del giorno Perassi, accolto dai componenti dell'Assemblea, rappresenta, per così dire, le fondamenta sulle quali è stata costruita la forma di governo italiana. Ora dobbiamo esaminare da vicino l'organizzazione e le funzioni del suo principale organo, il Parlamento.

## 2. *La legislazione elettorale*

### 2.1. *La legislazione elettorale per l'elezione della Camera dei deputati e del Senato della Repubblica: dal 1948 ai referendum del 1991 e del 1993*

Fino alla prima guerra mondiale l'Italia utilizzò un sistema maggioritario con collegi uninominali (tranne per il periodo 1882-1891 in cui i collegi sono stati plurinominali). Nel 1919 si passò ad un sistema proporzionale, profondamente modificato nel 1923 con la c.d. legge Acerbo (l. 2444) che permise a Mussolini di garantirsi un'ampia maggioranza parlamentare.

Al voto per l'Assemblea costituente si adottò un sistema proporzionale, profondamente funzionale alla situazione politica che si era determinata all'indomani della caduta del fascismo (d.l.lgt. 74/1946). Di fondo quella scelta è rimasta immutata fino al 1993: dal 1948 al 1993 il sistema è stato sostanzialmente proporzionale, con il metodo del quoziente corretto (cfr. cap. V.3.1).

Al Senato, in realtà, si prevedeva che nei collegi di tipo uninominale il candidato che avesse raggiunto il 65% dei voti risultasse direttamente eletto. Nel caso in cui ciò non fosse accaduto (ed in effetti furono pochissimi i casi in cui si applicò tale regola), la legge prevedeva che si procedesse alla distribuzione dei seggi secondo un sistema proporzionale sostanzialmente simile a quello della Camera.

Nel 1953 con la l. 148 fu esperito un tentativo per imprimere una torsione maggioritaria al sistema: il provvedimento prevedeva che il partito o la coalizione di partiti che avesse raggiunto il 50% dei voti validamente espressi avrebbe ottenuto un premio di maggioranza. La legge fu duramente criticata (le opposizioni parlarono di 'legge truffa') ma non trovò applicazione in quanto nelle elezioni di quell'anno nessuna forza politica raggiunse la soglia del 50%.

Nel 1991 e nel 1993 sono intervenuti due importanti referendum: con il primo sono state eliminate le preferenze e con il successivo si è corretto in senso maggioritario il sistema misto che vigeva al Senato. Di conseguenza il Parlamento ha adottato una nuova legislazione elettorale con le ll. 276 e 277/1993 che hanno profondamente modificato il sistema elettorale. Infatti dal 1993 al 2005 il sistema è stato di tipo maggioritario assegnandosi il 75% dei seggi in collegi uninominali e il residuo 25% con metodo proporzionale. In tale periodo la frammentazione partitica non si è tuttavia ridotta bensì è, rispetto al periodo precedente, aumentata.

### 2.2. *La l. 270/2005*

Con la l. 270/2005 (conosciuta anche come *Porcellum*), utilizzata nelle elezioni del 2006, 2008 e 2013, si è ritornato ad un sistema proporzionale, così caratterizzato: presentazione di liste bloccate (aspetto colpito, come subito vedremo, da incostituzionalità); indicazione del capo della coalizione; clausola di sbarramento, relativa alla coalizione e alla lista non coalizzata; assegnazione di un premio di maggioranza senza soglia minima (anche questo aspetto sarà colpito da incostituzionalità); regole diverse per Camera e Senato.

La l. 270 è stata dichiarata incostituzionale dalla Corte costituzionale, con l'importante sent. 1/2014. Due i principali motivi di censura: con il primo la Corte ha ritenuto che l'attribuzione di un premio senza la previsione di una soglia minima violasse gli artt. 48.2. (eguaglianza del voto), 1.2., 3, 67; con il secondo ha stabilito che la previsione di liste bloccate privasse l'elettore della propria libertà di scelta, stravolgendo così la logica della rappresentanza.

### 2.3. *La l. 52/2015*

La sentenza della Corte non lasciava, ovviamente, l'Italia senza legge elettorale. Dall'abolizione del premio di maggioranza e delle liste bloccate scaturiva un sistema fortemente proporzionale (con voto di preferenza e con clausole di sbarramento fissate, per le liste coalizzate, al 10% alla Camera e al 20% al Senato e, per le liste non coalizzate, rispettivamente al 4% e all'8%).

Al fine di superare questa legislazione residuale, nel corso del 2015 era promulgata la l. 52/2015 (*Italicum*). La legge in questione riguardava *solo la Camera dei deputati*, in quanto, parallelamente al procedimento che aveva portato all'adozione della legge in questione, il Parlamento, su iniziativa del Governo, avviava un procedimento di revisione costituzionale che, se approvato, avrebbe portato ad un Senato eletto indirettamente. È noto però che il referendum costituzionale svoltosi il 4 dicembre 2016, ha avuto come esito la bocciatura del progetto da parte del corpo elettorale. La legge in esame non ha mai trovato applicazione ma è bene esaminarla nei suoi punti essenziali, anche al fine di capire per quali ragioni la Corte costituzionale l'ha dichiarata incostituzionale.

In sintesi la l. 52, entrata in vigore il 1 luglio 2016, prevedeva un sistema elettorale di tipo proporzionale, modificato da un premio di maggioranza. I seggi erano assegnati proiettando le percentuali ottenute dai partiti a livello nazionale sui 100 collegi (in ognuno di questi collegi i seggi variavano da un minimo di 3 a un massimo di 9). La lista che avesse raggiunto almeno il 40% dei voti al primo turno o che avesse vinto al ballottaggio (al quale accedevano le due liste più votate) otteneva, in base al premio di maggioranza, automaticamente 340 seggi (ciò che equivale al 54% del totale dei seggi). I restanti 277 seggi (escludendosi quello della Valle d'Aosta e i 12 della circoscrizione estero) erano divisi tra le altre liste che avevano superato lo sbarramento seguendo il metodo proporzionale.

Con la sent. 35/2017 la Corte costituzionale ha dichiarato incostituzionale la parte della legge che prevedeva l'attribuzione del premio attraverso il ballottaggio. In sintesi, a porsi in contrasto con gli artt. 1.2., 3 e 48.2., era il modo in cui era costruito l'accesso al ballottaggio, non il ballottaggio in sé, che pure è previsto a livello di legislazione comunale. L'aver previsto, in particolare, che una lista, pur avendo conseguito al primo turno un consenso limitato, potesse partecipare al ballottaggio e così ottenere il premio di maggioranza, avrebbe finito per distorcere il voto, comprimendo eccessivamente il carattere rappresentativo dell'assemblea elettiva e l'eguaglianza del voto. In altri termini, non era la tecnica del ballottaggio in sé a porsi in contrasto con la Costituzione, bensì la sua concreta utilizzazione che permetteva a una lista/partito di ottenere la maggioranza dei seggi in Parlamento, pur avendo conseguito al primo turno una percentuale molto bassa di voti. Questo effetto fortemente maggioritario entrava, tra l'altro, in contraddizione con la logica fondamentalmente proporzionale della legge giacché il riparto dei voti per la lista perdente avveniva sulla base dei voti conseguiti al primo turno. Il ragionamento della Corte, per questa parte, non appare pienamente condivisibile. Il ballottaggio è infatti necessariamente un metodo di semplificazione e di concentrazione del voto ed inevitabilmente sacrifica una parte dei voti dell'elettorato (dalla concorrenza tra molte liste nel primo turno si passa alla scelta finale tra le due liste o candidati più votati). Di conseguenza due sono le alternative: o si ritiene che il ballottaggio sia di per sé incostituzionale (ma allora dovrebbe esserlo pure quello previsto per le elezioni comunali) ovvero esso va ritenuto conforme a Costituzione.

L'altro profilo d'incostituzionalità ha riguardato la possibilità per il capolista eletto in più collegi di scegliere liberamente, senza alcun vincolo di tipo oggettivo e predeterminato, il collegio da lui prescelto. Tale «opzione arbitraria», così ha ragionato la Corte, non solo avrebbe permesso al capolista di scegliere il collegio, ma anche, indirettamente, di designare il rappresentante di un dato collegio elettorale (in quanto, scegliendo un collegio in cui un candidato abbia ottenuto molti voti di preferenza, non avrebbe permesso a quest'ultimo di ottenere il seggio, con l'effetto di vanificare i molti voti di preferenza degli elettori). E ciò si poneva in contrasto con i principi di eguaglianza e di libertà del voto (artt. 3 e 48.2.).

### 2.4. *La l. 165/2017*

Per effetto della sent. 35/2017 che – lo si ricorda – ha riguardato una legge elettorale che avrebbe dovuto trovare applicazione solo per la Camera dei deputati, il sistema elettorale tornava ad essere un sistema proporzionale (al Senato continuando ad avere applicazione la l. 270/2005 per come risultante dopo la sent. 1/2014).

Per superare questo nuovo stallo, il legislatore ha adottato la l. 165/2017. È questa la legge elettorale oggi vigente e applicata. Essa ha modificato, con l'art. 1, il d.P.R. 361/1957 contenente il testo unico delle leggi recanti norme per la elezione della Camera dei deputati e, con l'art. 2, il d.lgs. 533/1993 contenente il testo unico delle leggi recanti norme per l'elezione del Senato della Repubblica. Di fatto la l. 165 ha introdotto un *sistema elettorale misto tendenzialmente proporzionale* giacché i due terzi dei seggi sono assegnati con formula proporzionale e il rimanente terzo con formula maggioritaria in collegi uninominali. La descrizione della legge elettorale che segue è aggiornata agli effetti prodotti dalla l. cost. 1/2020, che ha ridotto il numero dei deputati da 630 a 400 (392 eletti in Italia e 8 nella circoscrizione Estero) e quello dei senatori da 315 a 200 (196 eletti in Italia e 4 nella circoscrizione Estero) [1].

Con formula maggioritaria, per cui il seggio in palio va a chi ha preso più voti, sono assegnati 146 seggi in collegi uninominali (cui va aggiunto il collegio della Valle d'Aosta) alla Camera e 67 seggi (cui vanno aggiunti nuovamente il collegio della Valle d'Aosta e i 6 collegi del Trentino-Alto Adige) al Senato. Quindi 147 alla Camera e 74 al Senato. Si badi bene che la l. 51/2019 ha sostituito queste previsioni numeriche, che stabiliscono un numero fisso di collegi uninominali, con un calcolo frazionario riferito al numero totale dei deputati e dei senatori (i tre ottavi). Ciò ha fatto per evitare che la riduzione del numero dei deputati e dei senatori, realizzata con la l. cost. 1/2020, potesse rendere inutilizzabile la legge elettorale (artt. 1 e 2 l. 51/2019). La l. 51/2019 prevede inoltre che, entro sessanta giorni dall'entrata in vigore della legge costituzionale di modifica del numero dei parlamentari, il Governo è delegato ad adottare un decreto legislativo per la determinazione dei collegi uninominali e plurinominali della Camera e del Senato.

---

[1] A seguito della l. cost. 1/2020 la **circoscrizione Estero**, introdotta a seguito della l. cost. 1/2000 e poi ulteriormente concretizzata dalla l. 459/2001, sarà costruita nella seguente maniera: 1) tre deputati e un senatore per la ripartizione Europa, Federazione russa e Turchia; 2) due deputati e un senatore per la ripartizione America meridionale; 3) due deputati e un senatore per la ripartizione America settentrionale e centrale; 4) un deputato e un senatore per la ripartizione Africa, Asia, Oceania e Antartide.

Con formula proporzionale, all'interno di collegi plurinominali, sono assegnati i seggi residui sia alla Camera che al Senato, con la differenza che nella prima il riparto avviene a livello nazionale, nel secondo il riparto avviene a livello regionale. I seggi residui sono 245 alla Camera e 122 al Senato; a questi vanno ancora aggiunti gli 8 seggi per la circoscrizione estero alla Camera e i corrispondenti 4 seggi per il Senato. Una caratteristica della legge è l'assenza della possibilità per l'elettore di esprimere una o più preferenze sicché, per evitare di incorrere in una delle censure di costituzionalità che aveva riguardato la l. 270/2005, il legislatore ha compensato quest'assenza costruendo dei collegi molto piccoli e imponendo liste elettorali molto brevi. A seconda del numero di voti che conquista ciascuna lista elettorale vengono eletti i candidati in esse previste secondo l'ordine di presentazione (per lista elettorale si intende l'elenco di persone che si candidano sotto l'egida di un partito, di un movimento, di un'unione per concorrere insieme alla carica elettiva).

È importante soffermarsi sulla **ripartizione del territorio**. Per l'elezione della **Camera** il territorio è ripartito in 28 circoscrizioni (sono leggibili nell'allegato alla l. 165). Il punto di riferimento per l'ampiezza della circoscrizione è la Regione: in alcuni casi (Regioni piccole) la circoscrizione coincide con la Regione, in altri (Regioni grandi) il territorio della Regione è scomposto in più circoscrizioni (accade così per la Campania, il Lazio, il Piemonte, la Sicilia e il Veneto, tutte con due circoscrizione, e per la Lombardia con quattro circoscrizioni). Dalla lettura della tabella allegata alla legge si evince che per la costruzione delle circoscrizioni che non coincidono con l'intero territorio regionale, si è proceduto all'accorpamento dei collegi uninominali previsti per il Senato con le riforme del 1993 (d.lgs. 535/1993).

Sulla base delle singole circoscrizioni vengono previsti i collegi uninominali e uno o più collegi plurinominali. Per poter disegnare tali collegi entra in gioco non più il criterio del territorio ma quello della popolazione. A tal fine l'art. 3 l. 165/2017 contiene i criteri per la concreta determinazione dei collegi, che sono stati attuati con d.lgs. 189/2017 (nella l. 165 sono invece direttamente individuati, sempre in allegato, i 6 collegi uninominali del Trentino-Alto Adige e i 2 del Molise).

La legge determina dunque direttamente il numero dei collegi uninominali (sono indicati nella tabella allegata), mentre rinvia al menzionato decreto legislativo per la individuazione dei collegi plurinominali.

Più facile la divisione del territorio nazionale per l'elezione dei membri del **Senato** in quanto, per espressa volontà costituzionale, la circoscrizione corrisponde al territorio di ciascuna Regione. Anche in questo caso la circoscrizione è divista in collegi uninominali e in uno o più collegi plurinominali. I 74 collegi uninominali sono suddivisi nelle varie circoscrizioni a seconda della popolazione e sono stati concretamente determinati dal d.lgs. 189/2017. Per la determinazione dei collegi plurinominali si procede con l'accorpamento dei territori dei collegi uninominali (secondo il criterio della contiguità territoriale dei collegi uninominali e facendo in modo di attribuire tendenzialmente un numero di seggi non inferiore a due e non superiore ad otto).

Per poter partecipare alle elezioni, il partito (o gruppo politico) è sottoposto ad alcuni obblighi: deposito del contrassegno e del programma elettorale, con indicazione del capo della forza politica; deposito del proprio statuto, se iscritto nel registro dei partiti politici, o comunque di alcuni elementi che permettano un'adeguata **trasparenza**. Se il partito non assolve a tali obblighi, è prevista la ricusazione della lista. I dati sono pubblicati sul sito del Ministero dell'interno.

Per i partiti è possibile partecipare alla competizione elettorale con la propria lista oppure coalizzandosi. Se decidono di coalizzarsi, la coalizione presenta candidati unitari nei collegi uninominali (sono previste eccezioni per i partiti presenti in circoscrizioni di Regioni speciali il cui statuto tutela le minoranze linguistiche). Diversa, ovviamente, la situazione nei collegi plurinominali: in questo caso, ogni partito presenta la propria lista anche se si è coalizzato. La lista è composta da un elenco di candidati, presentati in ordine numerico. Per rispettare il dettato della Corte costituzionale espresso nella sopra ricordata sent. 1/2014, il legislatore ha previsto **liste di candidati brevi**: il numero dei candidati della lista non deve essere inferiore a due e non può essere superiore a quattro. Inoltre, al momento della presentazione della lista il partito deve indicare i candidati nei collegi uninominali.

La lista deve essere sottoscritta, sia alla Camera che al Senato, da almeno 1500 e da non più di 2000 elettori iscritti nelle liste elettorali di Comuni compresi nel medesimo collegio plurinominale.

Quanto alle **modalità di voto**, l'elettore dispone di un unico voto su un'unica scheda. Se indica il candidato del collegio uninominale, il voto vale anche per la lista; se ci sono liste collegate (perché il candidato è appunto espressione dell'accordo delle liste coalizzate), il voto va alle liste della coalizione in proporzione ai voti ottenuta da ciascuna nel collegio uninominale. Se l'elettore indica la lista del collegio plurinominale, il voto vale anche per il candidato al collegio uninominale.

Nei collegi uninominali viene eletto il candidato che ha conseguito più voti (in caso di parità passa il più giovane): è questa la parte maggioritaria.

In quelli plurinominali, che costituiscono la gran parte dei seggi, il riparto avviene a livello nazionale per la Camera e segue il metodo proporzionale. La lista deve aver superato soglie di sbarramento non particolarmente alte: 3% per le liste singole e 10% per le coalizioni, in entrambi i casi la percentuale viene calcolata a livello nazionale. Se la coalizione non supera lo sbarramento del 10%, passa comunque la lista interna alla coalizione che abbia superato il 3%. Se all'interno della coalizione vi sono partiti che non hanno superato il 3%, i relativi voti sono attribuiti alla coalizione (non sono computati a favore della coalizione i voti dei partiti che non abbiano neppure superato l'1%). Questa previsione può favorire la formazione di coalizioni con liste molto piccole e frammentate.

Al Senato il metodo di riparto è sostanzialmente lo stesso, ma il calcolo avviene a livello regionale e non nazionale. Alle percentuali appena indicate va aggiunto che sono ammesse anche le liste che abbiano conseguito il 20% dei voti validi nella Regione. Perché le minoranze linguistiche possano accedere al riparto, infine, si prevede sia il criterio del 20% dei voti validi espressi nella Regione (per le minoranze questo criterio vale anche alla Camera) sia l'aver eletto almeno due candidati nei collegi uninominali.

In ciascun collegio plurinominale sono proclamati eletti i candidati della lista del collegio secondo l'ordine di presentazione.

La previsione di liste corte (cioè con pochi candidati) ha creato problemi nell'assegnazione dei seggi alle liste 'troppo' votate ma sprovviste di candidati in numero sufficiente; i voti sono stati assegnati a candidati di altri collegi (sempre dello stesso partito). Queste modalità rischiano di creare un *vulnus* al rapporto tra elettore ed eletto sol che si pensi che possono subentrare i migliori perdenti nei collegi uninominali di altre circoscrizioni e, in caso estremo, i candidati delle liste collegate in coalizione presentati in collegi uninominali di altre circoscrizioni (ord. Corte cost. 86/2020).

In caso di vacanza di un seggio esso viene attribuito, sia alla Camera che al Senato, al primo dei non eletti secondo l'ordine di presentazione (anche in questo caso potrebbero sorgere i problemi appena evidenziati dell'esaurimento dei candidati). Se a rendersi vacante è un seggio uninominale, si procede con elezioni suppletive.

Pur essendo vietato, a pena di nullità, candidarsi in più di un collegio uninominale, è tuttavia possibile la **pluricandidatura**. È infatti possibile candidarsi in un collegio uninominale e in collegi plurinominali con il limite massimo di 5 collegi plurinominali. Sono ammesse le pluricandidature nei collegi plurinominali, sempre con il limite massimo di 5. Chi si candida nella circoscrizione Estero non può candidarsi in altri collegi né alla Camera né al Senato.

L'eletto in più collegi plurinominali sarà proclamato nel collegio dove la lista ha preso meno voti rispetto al totale dei voti validi del collegio. Nel caso in cui il candidato al collegio uninominale sia eletto anche in collegio plurinominale si considera eletto nel collegio uninominale.

Per assicurare la **rappresentanza di genere** si prevede, in primo luogo, che nelle liste dei collegi plurinominali i candidati siano disposti in un ordine alternato dal punto di vista del genere; in secondo luogo, sia alla Camera che al Senato, nessun genere può essere rappresentato in misura superiore al 60%.

Il ritorno ad un sistema proporzionale, favorendo l'accesso in Parlamento anche di liste minori (a condizione che superino il 3%), è perseguito attraverso lo speculare *favor* nei confronti delle coalizioni. Due obiettivi difficili da conciliare nella prospettiva proporzionale. Del resto, le difficoltà incontrate dal sistema politico dopo le elezioni del 4 marzo 2018, in cui la l. 165 ha trovato la sua prima applicazione, dimostrano le insidie nascoste nella legge.

Anche il ricorso ai collegi uninominali e alle liste corte, attivato per recuperare il rapporto con gli elettori, incrinatosi anche in ragione del sistema introdotto dalla l. 270/2005, non pare in grado di sopperire alla mancanza del voto di preferenza.

## 3. *Il procedimento elettorale e i limiti all'elettorato passivo*

### 3.1. *Il procedimento*

Le elezioni del Parlamento seguono un articolato procedimento, che inizia con il d.P.R. d'indizione delle elezioni, adottato previa deliberazione del Consiglio dei ministri e su proposta del Presidente del Consiglio e del Ministro dell'interno. Il d.P.R., che va pubblicato non oltre il 45° giorno antecedente quello della votazione, fissa anche la data della prima riunione del Parlamento. A questa iniziativa segue la fase di costituzione degli uffici elettorali presso cui i partiti e i movimenti presentano le proprie liste. Seguono le votazioni e la proclamazione degli eletti.

### 3.2. *Incandidabilità, ineleggibilità, incompatibilità*

L'art. 51 garantisce a tutti i cittadini dell'uno e dell'altro sesso l'accesso alle cariche elettive (**elettorato passivo**), in condizioni di eguaglianza e secondo i requisiti stabiliti dalla legge. Quanto ai requisiti di eleggibilità rinviamo alla trattazione svolta *sub* art. 51 nel cap. XXIV.4. In questa sede dobbiamo occuparci dei limiti che la legge, in attuazione della riserva di legge appena richiamata, pone all'elettorato passivo. A tal fine è bene partire da un principio posto dalla Corte costituzionale, secondo cui tutti i limiti all'elettorato passivo sono governati dal principio del minimo mezzo (sent. Corte cost. 46/1969, ove si legge che «le cause d'ineleggibilità, derogando al principio costituzionale della generalità del diritto elettorale passivo, sono di stretta interpretazione e devono comunque rigorosamente contenersi entro i limiti di quanto sia ragionevolmente indispensabile per garantire la soddisfazione delle esigenze di pubblico interesse cui sono preordinate»).

L'elettorato passivo è soggetto a tre tipi di limitazione.

#### 3.2.1. *Incandidabilità*

Partiamo dalla situazione più limitante, rappresentata dall'**incandidabilità**. Si trova in tale situazione chi non può essere inserito nelle liste dei candidati. Essa è stata introdotta con la l. 55/1990 per le elezioni regionali e locali. Con la legge anticorruzione (l. 190/2012, attuata con d.lgs. 235/2012) l'incandidabilità ha trovato un'applicazione molto estesa riguardante il divieto di ricoprire cariche elettive e di Governo per chi è condannato in via definitiva alla pena della reclusione superiore a due anni per gravi reati non colposi (si va dai reati di terrorismo alla tratta delle persone ai delitti contro la P.A.: art. 1). La *ratio* è quella di escludere persone che siano state condannate per delitti particolarmente gravi.

È questa la situazione più limitante, perché, mentre nel caso dell'ineleggibilità le cause possono essere rimosse entro un certo termine prima delle elezioni, nel caso in esame ciò non può accadere. Si tratta quindi di una ineleggibilità rafforzata. A differenza dell'ineleggibilità che comporta invalidità, l'incandidabilità comporta l'illiceità degli atti compiuti dal candidato per ottenere la candidatura con conseguenti sanzioni e comporta la decadenza dal mandato.

L'incandidabilità va accertata, al momento della presentazione delle liste, dall'Ufficio centrale circoscrizionale per la Camera dei deputati e dall'Ufficio elettorale regionale per il Senato. La soluzione è stata criticata perché in deroga alla disciplina della verifica dei poteri spettante alle Camere. E tuttavia appare opportuno che le cause d'incandidabilità, agendo sul requisito soggettivo per l'accesso alle cariche elettive, siano accertate in via preventiva (dagli Uffici elettorali) e non successiva (dal Parlamento).

Può accadere che la causa di incandidabilità scatti durante lo svolgimento della carica; in tal caso interviene la decadenza, che deve essere dichiarata, nel caso del parlamentare, dalla Camera di appartenenza ai sensi dell'art. 66 (art. 3 d.lgs. 235/2012). Se la condanna non è definitiva, il soggetto che sta svolgendo la carica viene sospeso, in attesa della sentenza definitiva.

Proprio a proposito della legittimità costituzionale della misura di sospensione è intervenuta la sent. 236/2015 della Corte costituzionale che ha chiarito che la misura in questione (nella fattispecie riguardante una carica elettiva locale) non costituisce una sanzione o un effetto penale della condanna ma è la conseguenza del venir meno di un requisito soggettivo per l'accesso alle cariche elettive o per il loro mantenimento. Questa statuizione è stata ribadita nelle sentt. 276/2016 e 35/2021 con riguardo a cariche elettive regionali.

### 3.2.2. *Ineleggibilità*

Nella situazione di ineleggibilità si trova colui che non può essere eletto.

L'art. 65 rinvia alla legge il compito di stabilire le cause d'ineleggibilità che comportano l'invalidità dell'elezione del singolo individuo e l'annullabilità da parte della Camera di appartenenza. Essa incide sulla capacità elettorale. La *ratio* è quella di salvaguardare la libertà degli elettori, evitando che determinati soggetti possano approfittare della propria posizione soggettiva per influenzare la scelta degli elettori. Risulta però eleggibile chi rimuove le suddette cause 180 giorni prima della scadenza normale delle Camere ovvero entro 7 giorni dal decreto di scioglimento anticipato[2].

Le cause d'ineleggibilità vengono meno attraverso atti diretti ad eliminare in radice l'impedimento. A tal fine sono espressamente previste le dimissioni di chi

---

[2] È bene notare che l'art. 1.3. della legge elettorale del 2005, nel modificare l'art. 7 del t.u. n. 361, precisa che, perché si possa parlare di scioglimento anticipato, è necessario che il relativo decreto del Presidente della Repubblica determini la dissoluzione delle Camere prima di 120 giorni dalla scadenza ordinaria della legislatura.

abbia un rapporto di servizio con la P.A. ovvero il suo collocamento in aspettativa (sul punto l'importante sent. 309/1991 e la più recente 56/2017 della Corte costituzionale).

La materia è regolata dal d.P.R. 361/1957, secondo cui sono ineleggibili a parlamentare: i consiglieri regionali, i presidenti delle Province, i sindaci di Comuni con più di 20.000 abitanti, funzionari di alto grado della pubblica sicurezza e dell'esercito, prefetti e viceprefetti (art. 7); i magistrati, esclusi quelli in servizio presso le giurisdizioni superiori, con riguardo alle circoscrizioni sottoposte, in tutto o in parte, alla giurisdizione degli uffici ai quali sono stati assegnati nei sei mesi antecedenti la data di accettazione della candidatura (art. 8): i diplomatici e coloro che sono in rapporti con Stati esteri (art. 9); i soggetti che si trovano in determinati rapporti economici con lo Stato (concessionari di pubblici servizi, titolari di società sovvenzionate dallo Stato) (art. 10).

Per ineleggibilità sopravvenuta si intende il caso del parlamentare che, in costanza di mandato parlamentare, viene eletto sindaco di Comune con più di 20.000 abitanti o di Presidente di Provincia. In tal caso non c'è invalidità dell'elezione o decadenza dal mandato parlamentare giacché, fino al 2002, la fattispecie è stata trattata come causa d'incompatibilità, con la conseguenza che il parlamentare poteva scegliere.

Nel 2002 la Giunta per le elezioni della Camera ha interrotto questa prassi decennale della conversione dell'ineleggibilità sopravvenuta in causa d'incompatibilità, dichiarando compatibile con il mandato parlamentare l'elezione di tre deputati alla carica di sindaco di Comune sopra i 20.000 abitanti. Ciò ha provocato il fenomeno del cumulo dei mandati, con la conseguenza che molti sindaci di Comuni sopra i 20.000 abitanti o presidenti di Provincia hanno conservato la carica di deputato o senatore.

Sulla vicenda è infine intervenuta la Corte costituzionale che, con sent. 277/2011, ha dichiarato incostituzionale la mancata previsione dell'incompatibilità tra la carica di parlamentare e quelle di sindaco di Comune con popolazione superiore ai 20.000 abitanti.

#### 3.2.3. *Incompatibilità*

È in tale situazione colui che non può ricoprire contemporaneamente due diverse cariche.

La *ratio* è quella di evitare conflitti personali. A differenza di quanto accade con ineleggibilità e incandidabilità, l'incompatibile può far venir meno la causa d'incompatibilità tramite opzione.

La Costituzione indica alcune cause d'incompatibilità: impossibilità di appartenere ad entrambe le Camere (art. 65.2.), non cumulabilità della carica di parlamentare con quella di Presidente della Repubblica (art. 84.2), con quella di giudice costituzionale (art. 135.6.), di membro del C.S.M. (art. 104.u.c.), di componente del Consiglio regionale e di membro della Giunta regionale (art. 122.2.). In aggiunta a tali incompatibilità altre cause sono previste dalla l. 60/1953, la quale stabilisce che i parlamentari non possono ricoprire cariche: di nomina governativa in enti pubblici o privati (art. 1); in associazioni o enti che gestiscono servizi per lo Stato (art. 2); in banche o società che svolgano attività finanziarie (art. 3).

## 4. *La composizione e la continuità del Parlamento*

### 4.1. *Un bicameralismo perfetto*

Il Parlamento italiano è fondato sulla sostanziale parità delle due Camere di cui si compone, per cui si ragiona di **bicameralismo perfetto** (uno dei pochissimi ancora oggi al mondo). Per effetto della l. cost. 1/2020, a partire dalle prossime elezioni, la **Camera dei deputati** non sarà composta più da 630 bensì da 400 deputati (art. 1 l. cost. 1/2020, che ha modificato l'art. 56), mentre il **Senato della Repubblica** non sarà composto più da 315 bensì da 200 senatori (art. 2 l. cost. 1/2020, che ha modificato l'art. 57), cui si aggiungono i cinque senatori nominati dal Presidente della Repubblica e gli *ex* Presidenti della Repubblica (art. 59). L'art. 3 l. cost. 1/2020, modificando l'art. 59, ha infatti anche stabilito il tetto massimo di cinque per il numero dei senatori di nomina presidenziale.

Nonostante il clamore mediatico da cui la riforma è stata circondata, diretto a mostrare che il taglio allinea l'Italia alle più progredite democrazie costituzionali, la revisione costituzionale, allo stato, incide sul livello di rappresentanza del Parlamento, rendendo più diafano il rapporto tra eletti ed elettori. Lo sforzo riformatore avrebbe avuto maggior senso se fosse stato direzionato verso un effettivo mutamento del bicameralismo differenziato. Durante lo stato di emergenza da Covid-19 le tensioni tra Stato e Regioni hanno raggiunto forme inusitate, mostrando anche i limiti del sistema delle Conferenze. Da questo punto di vista un maggiore coinvolgimento dei livelli territoriali al centro, nel Parlamento, avrebbe meritato maggiore attenzione da parte del legislatore costituzionale.

Al di là di ciò, la riforma deve essere completata attraverso la revisione dei regolamenti parlamentari (nell'agosto 2022 solo il Senato della Repubblica ha predisposto un testo modificato del proprio regolamento) e della legislazione collegata. Non solo la revisione dei collegi elettorali, sui quali è sufficiente intervenire con atti normativi di rango primario, ma anche adeguamenti costituzionali sono ora indispensabili. In assenza di ulteriori modifiche costituzionali, infatti, il prossimo Presidente della Repubblica potrebbe essere eletto da un Parlamento in seduta comune composto da 605 parlamentari e integrato da 58 delegati regionali: una componente regionale non di scarso peso (circa il 10%) dopo la cura dimagrante del collegio parlamentare.

Tornando al disegno originario, l'Assemblea costituente, invero, operò alcune differenziazioni tra le due Camere riguardanti: la composizione, la durata e il sistema di elezioni. Gli elementi di differenziazione, originariamente previsti, sono venuti meno o, se permangono, sono del tutto trascurabili[3].

Nel 2021 è venuta meno la differenza relativa all'età minima necessaria per esercitare il diritto di elettorato attivo. Difatti, con la l. cost. 1/2021, è stata soppressa la previsione contenuta nell'art. 58.1., che attribuiva, per l'elezione dei senatori, il diritto di voto a coloro che avessero superato il venticinquesimo anno di età. Dunque il diritto di elettorato attivo per l'elezione dei deputati e dei senatori si acquista con il raggiungimento della maggior età.

Una seconda differenza originaria riguardava la durata delle due Camere. Si prevedeva infatti che la legislatura del Senato dovesse essere di sei anni, rispetto ai cinque della Camera. E tuttavia, il Presidente della Repubblica, sia nel 1953 che nel 1958, sciolse anticipatamente il Senato in concomitanza con la fine della legislatura della Camera. Poi con l. cost. 2/1963 anche la durata del Senato fu portata a cinque anni, sicché oggi le due Camere sono elette per cinque anni (art. 60.1., per come modificato dalla l. cost. 2/1963). Questo periodo di tempo è chiamato ***legislatura*** (termine che indica appunto il periodo che va dall'insediamento del Parlamento a seguito delle elezioni politiche fino al rinnovo con nuove elezioni).

Quanto, infine, al sistema di elezione, la Costituzione prevede che il Senato sia eletto a base regionale (art. 57.1.). Va aggiunto che l'Assemblea costituente approvò una risoluzione – mai attuata – per cui il Senato avrebbe dovuto essere formato con sistema elettorale maggioritario e la Camera con sistema proporzionale[4]. Le differenze sono dunque minime e non incidono affatto sulla sostanziale equiordinazione delle due assemblee.

### 4.2. *Il Parlamento in seduta comune*

Il Parlamento si riunisce in seduta comune (art. 55.2.) al fine di eleggere il Presidente della Repubblica (art. 83), un terzo dei membri del Consiglio superiore della magistratura (art. 104.4.), un terzo dei membri della Corte costituzionale (art. 135.1.), per la formazione di una lista di eleggibili da cui trarre i sedici membri che vanno ad integrare la Corte costituzionale nei giudizi di accusa (art. 135.u.c.); si

[3] Prima della modifica intervenuta con l. cost. 2/1963 il numero dei parlamentari non era fisso ma variabile. L'art. 56.1. assegnava infatti alla Camera «un deputato per ottantamila abitanti o per frazione superiore a quarantamila»; l'art. 57.2 prevedeva invece che a ogni Regione spettasse «un senatore per duecentomila abitanti o per frazione superiore a centomila».

[4] L'ordine del giorno fu proposto dall'on. Nitti dinanzi all'Assemblea costituente il 7 ottobre 1947 ed era del seguente tenore: «L'Assemblea costituente afferma che il Senato sarà eletto con suffragio universale e diretto col sistema del collegio uninominale».

riunisce invece, con funzioni accusatorie, per la messa in stato d'accusa del Presidente della Repubblica (art. 90.2.). Dinanzi ad esso, infine, il Presidente della Repubblica presta giuramento (art. 91)

Il Parlamento riunito in seduta comune è presieduto dal Presidente della Camera e alla sua attività si applica il regolamento della Camera. Le Camere riunite potrebbero tuttavia decidere di stabilire norme diverse (art. 65 R.S.).

Questione discussa è quella riguardante la natura giuridica del Parlamento in seduta comune, in particolare se esso abbia natura di collegio perfetto o imperfetto. In realtà, anche tra gli studiosi vi è molta incertezza sul concetto di collegio perfetto, alcuni identificandolo nell'organo per la cui deliberazione è necessaria la previa discussione (come accade nelle commissioni di concorso), altri nel collegio che, per costituirsi regolarmente, ha bisogno della presenza di tutti i suoi membri. Pare di poter dire che è perfetto l'organo che, in quanto chiamato a svolgere disamine approfondite, necessita della presenza di tutte le sue componenti per essere validamente costituito e per poter validamente deliberare (Sandulli, 1982, 206). Proprio perché mancano tali caratteristiche al Parlamento in seduta comune, si ritiene che esso sia un collegio imperfetto, quindi un semplice modo di riunirsi delle Camere.

La tesi non convince del tutto perché il Parlamento in seduta comune, proprio in virtù delle competenze attribuitegli, può considerarsi un vero e proprio organo costituzionale (e lo resta anche se qualche parlamentare non è presente alla riunione). Di conseguenza, il Parlamento può discutere e deliberare su questioni preliminari e incidentali; per fare un esempio, nel caso di riunione per l'elezione del Presidente della Repubblica, potrebbero essere previste candidature da parte di qualche parlamentare, candidature che il Parlamento in seduta comune potrebbe discutere e valutare (Armaroli, 1978, 509-13).

### 4.3. *La legislatura: la durata, le riunioni*

Non può esservi un vuoto, una soluzione di continuità nell'esistenza e nell'attività del Parlamento. Se il nostro ordinamento fosse privo del Parlamento, anche solo per poche ore, ciò sarebbe sintomo di un grave pericolo per le istituzioni repubblicane. Allo stesso tempo, tale continuità deve convivere con l'esigenza del rinnovo periodico dell'organo parlamentare attraverso cui la sovranità popolare trova la sua principale e più immediata espressione.

La legislatura termina o per scadenza naturale della stessa, stabilita in cinque anni (art. 60) ovvero per scioglimento anticipato ad opera del Presidente della Repubblica. Il periodo di cinque anni, se poteva giustificarsi al momento della redazione della Costituzione, andrebbe forse ripensato e, con revisione costituzionale, ridotto a quattro, vista la rapidità e l'accelerazione che contraddistinguono i tempi della politica contemporanea.

Il fatto che le Camere si rinnovino periodicamente – in omaggio al principio democratico – non deve incidere sulla loro funzionalità. È questa la ragione per cui la Costituzione tende ad assicurare continuità alla loro attività, pur nel necessario rispetto del principio democratico. Si spiega così che la **proroga** delle Camere – oltre a dover essere disposta per legge – sia possibile solo nel caso di guerra (art. 60.2.).

Al di fuori di questa ipotesi eccezionale, le Camere si rinnovano periodicamente attraverso elezioni che hanno luogo «*entro settanta giorni dalla fine delle precedenti*». In questo lasso di tempo, intercorrente tra la fine della legislatura e il rinnovo delle Camere, sono prorogati i poteri delle precedenti (art. 61) (c.d. ***prorogatio***)[5]. Dunque, mentre la proroga agisce sulla durata della legislatura per un tempo indeterminato che dipenderà dalla durata dello stato di guerra ed ha un carattere di straordinarietà, la *prorogatio* è prevista direttamente dalla Costituzione al fine di dilazionare i poteri delle Camere fino all'insediamento delle nuove e ha quindi un carattere di normalità. A ciò va aggiunto il periodo di tempo, che non può superare i venti giorni, tra le elezioni e la prima riunione delle nuove camere (art. 61.1.)[6].

Si apre la questione dei poteri delle Camere in questo periodo: in proposito sono state sostenute tutte le possibili posizioni, dalla pienezza dei poteri alla limitazione degli stessi all'ordinaria amministrazione, alla tesi secondo cui le Camere adottano tutti gli atti necessari a fronteggiare circostanze straordinarie. Nella prassi le Camere in periodo di *prorogatio* hanno convertito decreti-legge, approvato leggi di bilancio, discusso rinvii della legge, adottato leggi *ex* art. 80, sicché può dirsi che esse sono autorizzate ad adottare tutti gli atti indifferibili.

La legislatura decorre dalla data della prima seduta. Va però osservato che le norme regolamentari prevedono che deputati e senatori entrino nell'esercizio delle funzioni dal momento della proclamazione (artt. 1 R.C. e R.S.). Il primo atto delle nuove Camere consiste nell'elezione dei rispettivi Presidenti d'assemblea.

L'attività delle Camere è poi disciplinata dall'art. 62, che prevede le **riunioni di diritto** e quelle **in via straordinaria**: le prime possono, in teoria, anche prescindere dalla convocazione del Presidente dell'assemblea perché fissate direttamente dall'art. 62; le seconde sono richieste dal Presidente dell'assemblea, dal Presidente della Repubblica o da un terzo dei componenti l'assemblea. Queste ultime servono soprattutto per elasticizzare i lavori delle Camere che, lavorando

---

[5] La *prorogatio* è un principio che tende a valere per tutti gli organi costituzionali. Su tale istituto cfr. l. 444/1994, che regola la *prorogatio* per tutti gli organi statali, ma non per quelli di rilevanza costituzionale e per quelli regionali.

[6] Nel caso insorgesse la necessità di convocare le Camere successivamente alle elezioni, ma prima della convocazione delle nuove Camere, occorrerebbe un decreto del Presidente della Repubblica di anticipazione della prima riunione.

secondo un calendario, possono avere necessità di rivedere il periodo di sospensione che normalmente esiste tra una sessione di lavoro ed un'altra (c.d. aggiornamento).

## 5. *Lo* status *di parlamentare*

### 5.1. *L'inizio e la fine del mandato, la verifica dei poteri, l'indennità*

Una volta eletto, il parlamentare gode di una posizione giuridica particolarmente tutelata. Esaminiamone le principali caratteristiche.

È con la **proclamazione**, come si è già osservato, che i parlamentari entrano nell'esercizio delle funzioni. La proclamazione è l'atto conclusivo delle procedure elettorali. Per la Camera dei deputati è l'Ufficio centrale circoscrizionale che, dopo aver verificato la regolarità del procedimento elettorale, proclama gli eletti, dandone notizia ai parlamentari e alle segreterie delle rispettive Camere (art. 84 d.P.R. 361/1957). Per il Senato sono gli uffici elettorali regionali a provvedere ad analoga operazione (art. 17.7. d.lgs. 533/1933).

L'art. 66 stabilisce che spetta a ciascuna Camera provvedere a giudicare dei titoli di ammissione dei suoi componenti (c.d. **verifica dei poteri**) e delle cause di ineleggibilità e incompatibilità. In altri ordinamenti la verifica dei poteri è attribuita a un soggetto terzo, come potrebbe essere la Corte costituzionale. La disciplina contenuta nella Costituzione italiana, pur nell'intento di garantire la sovranità al Parlamento, pare quindi contrastare con il principio dello Stato di diritto e con i caratteri di una democrazia costituzionale in quanto affida il giudizio a un soggetto che è parte interessata.

Lo *status* di parlamentare si perde perché viene meno uno dei requisiti necessari passivi per essere parlamentare (incompatibilità non risolta, incandidabilità da cui segue decadenza) ovvero per dimissioni (che per prassi vengono respinte in un primo momento e poi, se rinnovate, accolte).

Il mandato del parlamentare termina naturalmente con la fine della legislatura.

L'art. 69 assicura ai membri del Parlamento una **indennità** stabilita dalla legge (De Santis, 2020 e Orofino, 2020). Lo Statuto albertino stabiliva espressamente che nessuna retribuzione o indennità potesse esser riconosciuta al parlamentare (art. 50). Il mutamento si spiega con l'intento di garantire a tutti – non solo ai notabili, che a lungo furono la parte predominante dei parlamenti statutari – la possibilità di esercitare la funzione di parlamentare con assoluta indipendenza. Di conseguenza spetta oggi al parlamentare un'indennità mensile (che non può superare lo stipendio di un magistrato con funzione di presidente di sezione della Corte di cassazione) e una diaria per il rimborso delle spese di soggiorno a Roma (l. 1261/1965). Nel 2012 ha cessato di esistere l'istituto del vitalizio (ma non per gli effetti già prodottisi nel passato), sicché i parlamentari percepiscono oggi un trattamento previdenziale ordinario alimentato dalle trattenute sull'indennità mensile ricevuta nel corso del mandato.

La l. 441/1982 obbliga il parlamentare a fornire all'Ufficio di presidenza tutte le informazioni sulla propria situazione patrimoniale. Il parlamentare è anche obbligato a dichiarare le sovvenzioni ricevute da privati, se di importo superiore ai 5.000 euro (art. 11.11. l. 96/2012).

### 5.2. *Il divieto di mandato imperativo*

L'art. 67 prevede il c.d. **divieto di mandato imperativo** nella parte in cui stabilisce che «*ogni membro del Parlamento rappresenta la Nazione ed esercita le sue funzioni senza vincolo di mandato*». Storica conquista del costituzionalismo, il divieto rompe i lacci che, nella Francia dell'*Ancien régime*, vincolavano i rappresentanti degli Stati generali alle direttive ad essi impartiti dalle assemblee rappresentative dei cittadini. Esso appartiene alla tradizione giuridica italiana in quanto già presente nell'art. 41 dello Statuto albertino.

Il divieto di mandato imperativo – indicato anche come libero mandato – impedisce che l'eletto sia vincolato, nella propria attività di parlamentare, a direttive, obblighi, indicazioni esterne. Non a caso l'art. 67 pone il parlamentare in collegamento diretto con la Nazione, così svincolandolo dal collegio o circoscrizione elettorale all'interno dei quali sia stato eletto. Essendo uno degli istituti centrali della democrazia rappresentativa, non può non risentire di tutte le frizioni che la democrazia rappresentativa ha vissuto allorché la sua veste è stata indossata dai partiti. Il partito (o il movimento) ha necessità di una ferrea disciplina per poter esercitare tutte le prerogative che la Costituzione gli affida. Ciò comporta anche la necessità di uno stringente controllo sui gruppi parlamentari e quindi sui parlamentari che fanno parte del gruppo. Non a caso, il diritto parlamentare inglese conosce le figure dei *whipper* e dei *chief-whipper* (letteralmente, colui che frusta), immagini che, nella loro crudezza, danno l'idea dell'importanza della disciplina per il funzionamento del partito all'interno del Parlamento.

È quindi possibile che i rapporti tra parlamentare, partito e gruppo parlamentare possano entrare in tensione. Se il parlamentare si sottrae alle direttive del gruppo, votando addirittura in senso diverso da quanto richiesto dal gruppo, nulla osta a che il gruppo possa disporre la espulsione o che il parlamentare stesso, spontaneamente, decida di uscire dal gruppo. In questi casi, tuttavia, proprio perché esiste il divieto di mandato imperativo, qualsiasi sanzione prevista dal gruppo parlamentare nei confronti del 'dissidente' o dei 'dissidenti' sarebbe incostituzionale per violazione dell'art. 67 (sul punto sent. Corte cost. 14/1964). La prassi di far firmare dimissioni in bianco o la previsione di sanzioni economiche è dunque in evidente contrasto con la Costituzione.

La tensione tra parlamentare e gruppo parlamentare rientra nella fisiologia di una democrazia rappresentativa, è anzi un modo per ravvivare l'essenza della democrazia rappresentativa rispetto alle eccessive incrostazioni che possono derivare dallo Stato dei partiti. In non poche e nobili occasioni la fuoriuscita del singolo parlamentare o di piccoli gruppi di parlamentari ha rappresentato un momento di crisi del singolo partito ma anche di arricchimento del sistema dei partiti nel suo insieme. In queste occasioni il giusto equilibrio tra l'art. 49, che assegna ai partiti il compito di determinare la politica generale, e l'art. 67, che tutela ogni singolo parlamentare, rischia di sbilanciarsi eccessivamente in un senso o nell'altro.

Non appartengono a questa tensione ideale, invece, le vicende che hanno caratterizzato il Parlamento italiano negli ultimi anni, definite col termine di 'transfughismo' parlamentare. L'abbandono del gruppo parlamentare per ragioni di mera convenienza (anche economica), non sanzionata dalle istituzioni parlamentari, è anch'essa una violazione dell'art. 67, nella parte in cui il parlamentare è chiamato a rappresentare la Nazione. Questi comportamenti hanno provocato le reazioni, sicuramente eccessive, del Movimento 5 Stelle, che è giunto a prevedere, nel corso della XVIII legislatura, nello statuto del gruppo parlamentare della Camera dei deputati, all'art. 21.5., il pagamento di 100.000 euro nei confronti del deputato che dovesse abbandonare il gruppo parlamentare volontariamente, per espulsione ovvero per dimissioni determinate da dissenso politiche (sul punto v. ora sent. Corte cost. 207/2021).

Ad un comprensibile sdegno nei confronti di prassi che nulla hanno a che fare con la democrazia rappresentativa si è reagito con uno strumento inidoneo. La strada da percorrere è invece quella delle adeguate modifiche dei regolamenti parlamentari dirette a disincentivare i comportamenti dettati da mero interesse personale. In questa direzione sono andate le modifiche del regolamento del Senato adottate a fine del 2017, di cui si dirà meglio nelle prossime pagine.

### 5.3. *Le immunità del parlamentare*

A caratterizzare lo *status* del parlamentare intervengono le **immunità** o **guarentigie parlamentari**. Esse tutelano ogni singolo parlamentare nella prospettiva di una più ampia tutela dell'organo parlamentare (carattere strumentale o funzionale delle immunità). Si arricchisce così, di un ulteriore importante tassello, la sfera dell'autonomia parlamentare.

Prima di esaminare gli aspetti problematici delle immunità, conviene dare uno sguardo all'attuale versione dell'art. 68, che disciplina l'argomento, non prima di aver avvertito che nel 1993 l'articolo è stato oggetto di un'importante revisione costituzionale.

L'art. 68 prevede due differenti immunità. L'**insindacabilità**, disciplinata nel primo comma, stabilisce che «*i membri del Parlamento non possono essere chiamati a rispondere delle opinioni espresse e dei voti dati nell'esercizio delle loro fun-*

*zioni*»: in questo modo si solleva il parlamentare da ogni responsabilità per quanto da esso dichiarato o deliberato nella sua attività di membro del Parlamento. La libertà di manifestazione del pensiero del parlamentare è così fortemente rafforzata; gli unici limiti ad essa opponibili possono essere quelli disposti dal Presidente della Camera di appartenenza nei confronti del parlamentare che faccia un uso offensivo, nei confronti di altro parlamentare o di privati, della propria libertà. Si tratta di un'immunità molto risalente nel tempo, esercitata dal Parlamento inglese già nel corso del XIV secolo e poi codificata all'art. 9 del *Bill of Rights* del 1689. La prospettiva storica è utile per comprendere meglio il carattere strumentale dell'insindacabilità, diretta a tutelare soprattutto l'organo nel suo complesso e la funzione parlamentare nel suo complesso (Zagrebelsky, 1979, 9).

Nel secondo comma l'art. 68 disciplina un'immunità a carattere processuale, richiedendo la previa autorizzazione a procedere della Camera di appartenenza per ogni richiesta dell'autorità giudiziaria diretta a limitare la libertà personale o domiciliare del parlamentare (**inviolabilità**). L'unica eccezione a tale regola riguarda l'esecuzione di una sentenza irrevocabile di condanna ovvero se il parlamentare venga colto in flagranza di reato, vale a dire nell'atto di commettere un reato.

Infine è previsto che un'analoga autorizzazione vada richiesta per sottoporre i membri del Parlamento a intercettazioni e a sequestro di corrispondenza.

Originariamente l'art. 68 offriva al parlamentare una tutela molto più ampia (c.d. **improcedibilità**). In tale direzione spingeva sia il secondo comma che anticipava il momento della richiesta di autorizzazione all'avvio del procedimento penale sia il terzo comma che esigeva l'autorizzazione anche per procedere all'arresto collegato ad un procedimento penale in corso ovvero per dare esecuzione ad una sentenza di condanna anche irrevocabile. Questa disciplina è stata mutata con la l. cost. 3/1993.

La revisione del 1993 ha fatto venir meno, come si è detto, l'istituto dell'improcedibilità, con la conseguenza che oggi il giudice può avviare un procedimento penale nei confronti di un parlamentare senza dover chiedere alcuna autorizzazione. Questa è invece necessaria per sottoporre il parlamentare a restrizioni della libertà personale o domiciliare e a restrizioni della libertà di corrispondenza e comunicazione (art. 68.2.-3.).

A seguito di tale modifica il Parlamento ha cercato di interpretare la prerogativa dell'insindacabilità in maniera più estesa, negando l'autorizzazione a procedere nei confronti delle richieste dell'autorità giudiziaria rivolte a colpire manifestazioni del pensiero del parlamentare diffamatorie o comunque offensive di privati cittadini, spesso espresse in sedi esterne alle aule parlamentari. Nel 1998 la Corte, dopo un periodo in cui aveva assecondato tale prassi interpretativa, annullò una delibera di insindacabilità (sent. 289 e 375/1997). La giurisprudenza successiva ha provveduto ad assestare la giurisprudenza della Corte: ciò ha fatto esigendo la presenza di un «**nesso funzionale**» tra l'attività del parlamentare e le espressioni contestate dal giudice al parlamentare (sentt. 10 e 11/2000). In particolare la Corte ha escluso che possa rientrare nella funzione parlamentare l'attività che il parlamentare ha posto in essere solo successivamente alle manifestazioni di pensiero diffamatorie o offensive (sentt. 521/2002; 347/2004). In sostanza le attività poste in essere fuori del Parlamento e ritenute offensive o diffamatorie ricadono sotto l'ombrello dell'insindacabilità solo se costituiscono «divulgazione e riproduzione» di previe attività parlamentari (sent. Corte cost. 120/2004).

Per meglio determinare quali attività siano coperte dall'insindacabilità è intervenuta la l. 140/2003, il cui art. 3 stabilisce che l'insindacabilità «*si applica in ogni caso per la presentazione di disegni o proposte di legge, emendamenti, ordini del giorno, mozioni e risoluzioni, per le interpellanze e le interrogazioni, per gli interventi nelle assemblee e negli altri organi delle Camere, per qualsiasi espressione di voto comunque formulata, per ogni altro atto parlamentare, per ogni altra attività di ispezione, di divulgazione, di critica e di denuncia politica, connessa alla funzione di parlamentare, espletata anche fuori del Parlamento*».

L'ultima parte della disposizione – laddove essa sembra permettere di far rientrare nell'immunità anche l'attività svolta fuori del Parlamento – è stata oggetto di un giudizio della Corte che, con sent. 120/2004 (interpretativa di rigetto), ha ritenuto che la legge non ha escluso il nesso funzionale tra le opinioni espresse fuori dal Parlamento e l'esercizio di funzioni parlamentari.

Più di recente la Corte ha anche aggiunto che il parlamentare non può invocare l'attività del gruppo parlamentare di appartenenza a scudo della propria attività al di fuori del Parlamento. La Corte ha infatti ribadito che la responsabilità del parlamentare ha carattere strettamente personale (sent. 46/2008).

La l. 140/2003 ha sancito la regola della c.d. **pregiudizialità parlamentare**, secondo cui il giudice procedente è obbligato a interrompere e archiviare il procedimento nel caso la Camera si sia pronunciata per l'insindacabilità, restando ovviamente fermo il potere del medesimo giudice, qualora ritenga che quanto deliberato della Camera rappresenti un uso illegittimo delle attribuzioni dell'assemblea, di sollevare conflitto di attribuzione dinanzi alla Corte costituzionale.

Ove il giudice non dovesse sollevare conflitto, il terzo (l'offeso, per intendersi) rischia di rimanere senza adeguata tutela. In ragione di ciò sono state prospettate, in dottrina, interessanti soluzioni alternative (come l'inversione dei ruoli tra giudici e Parlamento, nel senso che spetterebbe alle Camere sollevare conflitto di attribuzione ove ritenessero illegittima l'iniziativa giudiziaria nei confronti di un parlamentare); esse però non hanno trovato ascolto da parte del legislatore. Ciò spiega la ragione per cui i terzi rimasti insoddisfatti si sono rivolti alla Corte europea dei diritti dell'uomo che ha condannato più volte l'Italia per violazione dell'art. 6 CEDU (cfr. Cofferati c. Italia del 2009 e del 2010).

Dal punto di vista procedurale le richieste di autorizzazioni a procedere sono istruite dalla relativa Giunta (delle elezioni e delle immunità parlamentari al Senato, per le autorizzazioni alla Camera) e decise dal *plenum* del Senato o della Camera. La votazione – per determinazione delle rispettive Giunte per il Regolamento del 1993 – si svolge a scrutinio palese (artt. 18 R.C. e 19.5. R.S.).

La prassi parlamentare riscontra pochissime autorizzazioni alle richieste di arresto, anche se la regola dovrebbe essere quella di rilasciare l'autorizzazione tutte le volte in cui si riscontri che non sussiste un intento persecutorio nei confronti del parlamentare.

A prima lettura la disciplina delle **intercettazioni** delle comunicazioni lascia indubbiamente perplessi. Entrata in vigore la riforma dell'art. 68, fu subito notato che nessun giudice avrebbe utilizzato lo strumento dell'intercettazione nei confronti di un parlamentare, se doveva previamente essere autorizzato dalla Camera di appartenenza. D'altro canto va ribadito che la libertà del parlamentare è una libertà in qualche modo strumentale alla indipendenza del Parlamento. Ciò può aiutare a comprendere la *ratio* della disciplina.

Sta di fatto che il giudice deve chiedere la previa autorizzazione sia in caso di intercettazioni dirette (vale a dire su utenze del parlamentare) che indirette (vale a dire su utenze di terzi con i quali il parlamentare ha comunicato). Quest'ultima fattispecie è disciplinata dall'art. 6 l. 140/2003. È il giudice che decide se le intercettazioni siano rilevanti oppure no ai fini del procedimento principale. Se le ritiene irrilevanti, ne ordina la distruzione; se le ritiene rilevanti, chiede autorizzazione alla Camera di appartenenza. La Corte, con la sent. 390/2007, ha dichiarato l'illegittimità costituzionale dei commi 2, 5 e 6 dell'art. 6 nella parte in cui prevedeva che tali intercettazioni non fossero utilizzabili neppure verso i non parlamentari.

L'autorizzazione alla Camera di appartenenza è richiesta anche per l'acquisizione di tabulati (sul punto sent. Corte cost. 188/2010).

## 6. *L'autonomia del Parlamento*

### 6.1. *Le forme dell'autonomia*

Se il cuore del governo parlamentare è rappresentato dal Parlamento, è conseguente che esso possa usare i poteri che la Costituzione gli affida nella maniera più autonoma possibile. In questo modo il governo parlamentare si cala all'interno del principio della separazione dei poteri, garantendo al Legislativo autonomia rispetto all'Esecutivo (in particolare attraverso le immunità e la formazione dei propri organi interni) e al Giudiziario (in particolare attraverso le immunità ma anche, più discutibilmente, attraverso la verifiça dei titoli).

Come diremo, tale autonomia trova articolazione, in particolare, nell'autonomia regolamentare (art. 64.1.), nell'autonomia finanziaria e contabile (esenzione dai giudizi dinanzi alla Corte dei conti), nell'autodichia (le decisioni sui ricorsi dei dipendenti delle Camere sono risolte da organi interne alle stesse, non dalle giurisdizioni).

## 6.2. *L'autonomia regolamentare*

Al Parlamento è riservata un'ampia autonomia normativa nella forma di una riserva (assoluta) di regolamento (art. 64.1.). Camera e Senato hanno così un proprio regolamento con il quale disciplinano, nell'alveo delle norme costituzionali in materia, l'organizzazione interna e il funzionamento dell'Assemblea. La Costituzione prevede la maggioranza assoluta per l'approvazione del regolamento al fine precipuo di coinvolgere le forze di opposizione nella sua adozione.

Tali atti sono una fonte essenziale per la comprensione delle dinamiche della forma di governo, giacché essi non si limitano a disciplinare questione tecniche, legate al procedimento legislativo, ma anche snodi essenziali per i rapporti tra maggioranza e opposizione. Ciò si riflette nell'evoluzione della loro disciplina: i regolamenti approvati nel 1971 (fino a quel momento la Camera aveva utilizzato il regolamento approvato dalla Camera nel 1921, mentre il Senato si era dotato di un proprio regolamento nel 1948) esprimono l'intenzione di rafforzare i poteri del Parlamento, facendone il centro della forma di governo. Al mutare progressivo di quest'ultima, soprattutto a seguito delle tendenze maggioritarie sviluppatesi a partire dai primi anni Novanta, anche i regolamenti parlamentari cominciano a registrare uno spostamento del proprio baricentro: da strumento volto a realizzare la centralità del Parlamento essi diventano più attenti alle esigenze dell'efficiente funzionamento dell'asse maggioranza parlamentare-Governo.

Accanto ai regolamenti generali delle due Camere esistono poi regolamenti minori, previsti o dagli stessi regolamenti generali o da leggi ordinarie (a titolo esemplificativo, il regolamento della Giunta delle elezioni della Camera o il regolamento per la verifica dei poteri applicabile alla Giunta delle elezioni e delle immunità parlamentari del Senato o ancora il regolamento della Commissione bicamerale per l'indirizzo generale e la vigilanza dei servizi radiotelevisivi).

Il regolamento del Senato è stato oggetto di un'importante revisione adottata con delibera del 20 dicembre 2017 contenente 'Riforma organica del regolamento del Senato'[7], che ha ridotto notevolmente le differenze esistenti tra i due regolamenti.

## 6.3. *L'autonomia finanziaria e contabile*

Nell'ordinamento italiano vige il principio per cui vi è un obbligo di rendiconto dell'uso del pubblico denaro, al fine di controllare che le risorse finanziarie provenienti dal bilancio pubblico – che, si vedrà, è approvato dal Parlamento – siano usate correttamente, in conformità cioè a quanto previsto dalla legislazione. A tale controllo è preposta la Corte dei conti.

[7] In G.U. 19 gennaio 2018, n. 15.

Ci si è chiesti se anche le due Camere siano sottoposte all'obbligo di rendiconto. La risposta è tradizionalmente negativa, in omaggio al principio dell'autonomia del Parlamento, a sua volta espressione più immediata della sovranità popolare (sul punto sent. Corte cost. 29/1981, che ha sancito l'inesistenza di un tale obbligo).

Di conseguenza le Camere godono di autonomia finanziaria e contabile, predisponendo in piena autonomia i rispettivi bilanci (con fondi attinti dal bilancio pubblico) e stabilendo autonomamente le modalità di spesa.

### 6.4. *L'autodichia*

Le controversie relative allo stato economico e giuridico dei dipendenti delle Camere vengono decise da organi interni alle stesse, senza possibilità di ricorrere al giudice ordinario o speciale. Più volte si è posta la questione della conformità di tale istituto ai principi costituzionali in materia di diritto di difesa (artt. 24 e 111). La Corte costituzionale, nella nota sent. 154/1985, ha declinato la possibilità di sindacare le norme regolamentari che disciplinano la c.d. **giustizia domestica** o **autodichia**.

Tuttavia, con la sent. 120/2014, la Corte ha stabilito che i regolamenti parlamentari non possono porsi in contrasto con i diritti fondamentali e con i principi inderogabili di legalità e Stato di diritto. Lasciando così intendere che, in un eventuale conflitto di poteri sollevato dalla magistratura, la Corte non si sottrarrebbe a una rinnovata valutazione dell'istituto dell'autodichia rispetto ai diritti e ai principi appena menzionati (sul punto cfr. anche ord. 57/2017 e sent. 213/2017).

Questa apertura potrebbe spiegarsi anche alla luce della sentenza della Corte europea dei diritti dell'uomo (28 aprile 2009, Savino e altri c. Italia). La Corte europea ha chiesto che il modo di esercizio dell'autodichia venisse migliorato attraverso la previsione di un secondo grado e l'esclusione dei componenti dell'Ufficio di presidenza dalla composizione degli organi giudicanti. Da ciò sono derivate conseguenti modifiche dei regolamenti parlamentari.

## 7. *L'organizzazione interna*

### 7.1. *Il Presidente d'assemblea*

Le due Camere hanno una struttura organizzativa molto complessa. Tale complessità trova disciplina nei regolamenti parlamentari di cui abbiamo appena parlato.

Le Camere, appena elette, procedono all'elezione del proprio Presidente. Alla Camera dei deputati è prevista la maggioranza dei 2/3 dei componenti al primo scrutinio, poi la maggioranza dei 2/3 dei voti al secondo, la maggioranza assoluta dei voti a partire dal terzo; al Senato si prevede la maggioranza assoluta dei componenti nei primi due scrutini, la maggioranza assoluta dei voti nel terzo, e poi il ballottaggio tra i due senatori più votati. La previsione di *quorum* più bassi per l'elezione del Presidente del Senato si spiega con l'esigenza di non lasciare scoperta la carica che svolge la supplenza del Presidente della Repubblica.

La ragione della ricerca di un'ampia maggioranza da coagulare intorno all'elezione del Presidente di ciascuna Camera sta nel ruolo svolto da tale organo, chiamato a svolgere funzioni molto delicate, alcune delle quali sono indicate direttamente dalla Costituzione, come la convocazione dell'assemblea (art. 62.2.), il diritto di essere consultati prima dello scioglimento delle Camere (art. 88), la convocazione e la presidenza del Parlamento in seduta comune per il Presidente della Camera, la supplenza del Presidente del Senato nei confronti del Presidente della Repubblica in caso di suo impedimento (art. 86). Tuttavia le funzioni più rilevanti sono indicate nei regolamenti parlamentari e consistono, sinteticamente, nella direzione e nel controllo dei lavori dell'assemblea parlamentare, nella funzione di rappresentanza della Camera di appartenenza e nella esternazione della sua volontà.

Nello svolgere queste attività la funzione del Presidente deve ispirarsi al canone dell'imparzialità. È questo il motivo per il quale i Presidenti d'assemblea che, in costanza di mandato, hanno posto in essere o partecipato ad attività fortemente caratterizzate dal punto di vista partitico, hanno rassegnato le dimissioni[8]. Ciò non implica, però, che il Presidente d'assemblea svolga un ruolo notarile, godendo di un certo potere discrezionale nello svolgimento delle sue funzioni (Gianniti, Lupo, 2018, 161).

Il Presidente è coadiuvato da un Ufficio di presidenza, eletto dall'assemblea e formato in base a regole dirette a garantire la rappresentanza delle opposizioni.

### 7.2. *I gruppi parlamentari*

I gruppi parlamentari sono notoriamente ritenuti la proiezione dei partiti e dei movimenti politici in Parlamento. Allo stesso tempo non può configurarsi una

---

[8] Così accadde per Giuseppe Saragat nel gennaio 1947, che si dimise da Presidente della Assemblea costituente in ragione del fatto che aveva fondato il partito socialdemocratico; per Amintore Fanfani nel giugno 1973, nel momento in cui assunse la carica di segretario della Democrazia Cristiana; per Cesare Merzagora nel novembre 1967, per aver pronunciato dichiarazioni ritenute antipartitiche; per Sandro Pertini nel luglio del 1969, in occasione di un cambio della maggioranza. Più di recente sia il Presidente della Camera Gianfranco Fini nel luglio 2010 (in occasione della fondazione di un nuovo partito) che i presidenti della Camera Laura Boldrini (dichiarazioni critiche nei confronti della maggioranza) e del Senato Pietro Grasso (in occasione della fondazione di un nuovo partito) nel dicembre 2017 non hanno ritenuto, poco opportunamente, di rassegnare le dimissioni.

immedesimazione organica sì da considerare il gruppo come organo del partito. I regolamenti parlamentari tendono infatti ad accentuare l'autonomia dei gruppi rispetto ai partiti di riferimento.

Le funzioni dei gruppi sono centrali per l'attività parlamentare. Oltre al coordinamento dei propri membri, i gruppi, attraverso la presenza dei loro presidenti nella **Conferenza dei presidenti dei gruppi**, determinano la formazione del programma e del calendario dei lavori; inoltre sono i gruppi che designano i membri delle commissioni parlamentari.

I regolamenti prevedono numeri minimi per la loro costituzione: 20 alla Camera (ma il numero andrà ridotto) e 6 al Senato. La costituzione di gruppi composti da un numero minore è oramai ammessa solo alla Camera e deve essere autorizzata dall'Ufficio di presidenza, a condizione che il gruppo sia espressione di un partito organizzato su base nazionale e abbia avuto un determinato consenso elettorale (art. 14.2. R.C.).

Ciascun gruppo si dota, normalmente, di uno statuto nel quale sono regolati i diritti e gli obblighi dei membri. È infatti evidente che, se per un verso il parlamentare 'amplifica' i propri poteri attraverso la partecipazione al gruppo, egli è tenuto a rispettare la disciplina che lo stesso gruppo si dà. Ciò può generare conflitti tra il singolo membro e il gruppo, conflitti che possono portare alle dimissioni o all'espulsione.

In forme e ampiezza limitate questo fenomeno rientra, come abbiamo già osservato, nella fisiologia della vita parlamentare. Negli ultimi anni, a partire dalla XIII Legislatura, ha preso piede un più preoccupante fenomeno di vero e proprio transfughismo parlamentare, con punte molto preoccupanti raggiunte nel corso della XVII Legislatura: si è assistito non solo a passaggi di parlamentari da un gruppo ad un altro, ma anche alla costituzione, per scissione, di nuovi gruppi. Il regolamento della Camera ha ulteriormente favorito questa tendenza (art. 14.5. R.C.) consentendo che all'interno del gruppo misto (dove normalmente confluiscono coloro che non aderiscono a gruppi legati a un partito) possano costituirsi 'componenti politiche', costituite da almeno 10 parlamentari (la norma consente che si formino 'componenti politiche' anche con un numero di componenti minore, ma non inferiore a 3, qualora esse rappresentino un partito che abbia presentato candidati nei collegi uninominali).

La conseguenza è che, nell'ambito della formazione del governo Gentiloni, nel dicembre 2016, il Presidente della Repubblica ha dovuto consultare ventitre rappresentanze parlamentari, diciassette delle quali erano espressione di 'componenti politiche' dei gruppi misti della Camera o del Senato. Si tratta di evidenti degenerazioni che finiscono per incidere sulla legittimazione del Parlamento e dei partiti, dal momento che diventa difficile continuare a rappresentare i gruppi parlamentari come proiezioni dei partiti e dei movimenti all'interno del Parlamento.

Per questo motivo il Senato della Repubblica (non anche la Camera dei deputati), con le modifiche al regolamento intervenute a fine del 2017, ha posto un freno a tali fenomeni stabilendo, al modificato art. 14, che il gruppo è costituito da almeno sei senatori e deve rappresentare un partito o un movimento che si sia presentato alle elezioni e abbia conseguito l'elezione di senatori. Questa regola si applica anche ai partiti che si siano presentati in coalizioni: essi potranno costituirsi in gruppi autonomi alla condizione del requisito minimo dei dieci senatori.

Di notevole interesse anche la previsione del c. 1-*bis* dell'art. 13, che ora prevede la decadenza dall'incarico di componente il Consiglio di Presidenza per coloro che cessano di far parte del gruppo parlamentare di appartenenza e che entrino a far parte di un gruppo diverso da quello al quale appartenevano al momento dell'elezione (a questa regola sono sottratti solo il presidente del Senato e, più discutibilmente, i senatori questori). Per proteggere la posizione del parlamentare, la decadenza non opera se la cessazione è stata decisa dal gruppo di provenienza oppure in caso di scioglimento o fusione con altri gruppi parlamentari. Identico meccanismo di decadenza è previsto per i senatori che sono componenti della Giunta per il regolamento, della Giunta delle elezioni e delle immunità parlamentari, dell'Ufficio di Presidenza di commissioni parlamentari (cfr. artt. 18, 19, 27 R.S.)

### 7.3. *Le commissioni parlamentari*

Gran parte del lavoro delle due Camere si articola intorno alle commissioni parlamentari. Le funzioni delle commissioni sono in parte indicate in Costituzione: la funzione referente delle commissioni all'interno del procedimento legislativo (art. 72.1.); la funzione deliberante (art. 72.3.); quella ispettiva delle commissioni d'inchiesta (art. 82.2.). Molte altre funzioni sono state previste dai regolamenti parlamentari, come la funzione legislativa redigente, la funzione conoscitiva e di controllo.

Queste articolazioni interne delle due Camere sono composte da parlamentari «in modo da rispecchiare la proporzione dei gruppi parlamentari» (art. 72.3.). Ogni parlamentare fa parte di una commissione e, a tal fine, è designato dal gruppo di appartenenza. Ciò vale in particolare per la Camera (art. 19.3. R.C.), mentre al Senato i gruppi che non riescono a designare un proprio membro per ciascuna commissione sono autorizzati a designare uno stesso senatore per più commissioni (fino ad un massimo di tre) (art. 21.2. R.S.). Ciascuna commissione ha una competenza su una determinata materia che riflette, tendenzialmente, le competenze dei singoli Ministeri. Queste commissioni sono chiamate permanenti e sono state ridotte da quattordici a dieci al Senato (mentre alla Camera, nel momento in cui si scrive, le modifiche regolamentari non sono ancora interventute). Alcune di esse svolgono funzioni di filtro in quanto sono chiamate ad esprimere parere sugli aspetti di legittimità costituzionale (le commissioni Affari costituzionali) e finanziari (le commissioni Bilancio) dei progetti di legge (artt. 74 e 75 R.C. e 40 R.S.).

Le commissioni durano per l'intera legislatura e sono rinnovate integralmente ogni due anni, in modo da impedire che gli stessi parlamentari rimangano nella commissione alla quale sono assegnati inizialmente per l'intera legislatura.

La riforma del regolamento del Senato ha introdotto una disposizione interessante, nell'art. 21.3., che, in qualche modo, specifica la previsione costituzionale stabilendo che, nella formazione delle commissioni, il Presidente del Senato debba assicurare, per quanto possibile, oltre alla proporzione esistente in Assemblea tra i gruppi parlamentari, anche «il rapporto tra maggioranza e opposizione». Ciò si è previsto per evitare che coalizioni, composte da gruppi più piccoli ma più numerosi, finiscano per prevalere su coalizioni numericamente più consistenti ma composte da un numero minore di gruppi.

È sempre il regolamento del Senato ad assegnare alla Commissione Politiche dell'Unione europea un interessante ruolo di coordinamento con l'attività dei membri del Parlamento europeo eletti in Italia (art. 23.1-*ter* R.S.).

### 7.4. *Le commissioni bicamerali*

Le commissioni di cui si è appena parlato sono monocamerali. Esiste la possibilità di creare apposite commissioni bicamerali, composte da un numero pari di deputati e senatori. Ciò apparentemente contraddice il principio del bicameralismo. La Costituzione, tuttavia, ne prevede una, all'art. 126.

Nel corso del tempo la prassi di istituire commissioni bicamerali si è consolidata. Le leggi che le prevedono stabiliscono se esse abbiano carattere temporaneo o permanente. Le loro funzioni sono normalmente di vigilanza, indirizzo, controllo (si pensi alla commissione per l'indirizzo e la vigilanza dei servizi radiotelevisivi oppure al comitato parlamentare per la sicurezza della Repubblica). I lavori di queste commissioni sono disciplinati dal regolamento della Camera presso cui sono incardinate, anche se la prassi mostra il ricorso al regolamento della Camera a cui appartiene il presidente della commissione.

Delle commissioni d'inchiesta si dirà *infra*.

### 7.5. *Le giunte parlamentari*

Anche le giunte sono articolazioni interne alle due Camere. La loro composizione è più ristretta rispetto alle commissioni e soprattutto i membri delle giunte sono nominati dai presidenti delle due Camere (dopo consultazione con i gruppi). Questa caratteristica discende dal carattere vincolato della loro attività che, a differenza delle commissioni parlamentari, non incide sulla formazione della politica generale.

Svolgono funzioni di grande rilievo per le assemblee parlamentari, come si evince dal nome che hanno: giunta per il regolamento; giunta per le autorizzazioni;

giunta delle elezioni, comitato per la legislazione alla Camera; giunta per il regolamento, giunta delle elezioni e delle immunità parlamentari al Senato.

La giunta per il regolamento ha il compito di proporre modificazioni e integrazioni al regolamento; l'attività della giunta per le elezioni si occupa della c.d. verifica dei poteri, cioè riferisce all'aula sulla regolarità delle elezioni e sulla sussistenza di eventuali cause di ineleggibilità e incompatibilità, proponendone la convalida, l'annullamento o la decadenza. La recente riforma del Senato ha previsto, all'art. 18, che la giunta per il regolamento sia formata, per quanto possibile (la giunta è formata da solo dieci senatori), nel rispetto del principio di proporzionalità tra tutti i gruppi presenti in assemblea.

La giunta per le autorizzazioni decide sulle richieste avanzate dai giudici di sottoporre il parlamentare a misura limitativa della libertà personale ovvero a misure che comunque incidano sulla prerogativa dell'insindacabilità. Questa giunta decide anche in merito alle richieste di autorizzazione a procedere nei confronti del Presidente del Consiglio e dei ministri per i reati ministeriali, di cui all'art. 86 (su cui *infra*).

La presidenza della giunta delle elezioni e delle immunità parlamentari, a tenore dell'art. 19 del nuovo regolamento del Senato, va assegnata ad un esponente dell'opposizione.

### 7.6. *Le modalità di votazione*

L'art. 64.3. fissa il numero minimo di parlamentari, che deve essere necessariamente presente in aula perché la riunione possa ritenersi validamente costituita, nella metà più uno dei componenti (***quorum* strutturale**); stabilisce poi anche il numero minimo per la validità delle deliberazioni nella metà più uno dei presenti (***quorum* funzionale**). Quindi nel primo caso una maggioranza qualificata, nel secondo una maggioranza relativa. Nel primo caso, la presenza del numero minimo (numero legale) si presume esistente, salvo che non venga richiesta la verifica da parte del Presidente o su iniziativa di un certo numero di deputati o senatori. Il numero legale è necessario solo per le sedute nelle quali vanno assunte deliberazioni.

Fino al 2017, i due regolamenti differivano in merito ai *quorum* necessari per le deliberazioni. Infatti, in base all'art. 48 R.C., sono considerati presenti solo coloro che si esprimono con voto favorevole o contrario, con la conseguenza che gli astenuti sono calcolati per il *quorum* strutturale, ma non per quello funzionale. L'art. 107 R.S., invece, stabiliva che la decisione fosse presa a maggioranza dei senatori che partecipano comunque alla votazione, ivi compresi gli astenuti, con la conseguenza che il *quorum* funzionale si innalzava. Sul punto era intervenuta la Corte ritenendo ammissibili entrambe le interpretazioni dell'art. 64.3. (sent. 78/1984). Le modifiche al regolamento del Senato intervenute a fine 2017 stabiliscono ora, all'art. 107, che ogni deliberazione è presa a maggioranza dei senatori presenti, salvi i casi per i quali sia richiesta una maggioranza speciale, e che sono considerati presenti coloro che esprimono voto favorevole o contrario; ai fini della verifica del numero sono considerati presenti anche i senatori che esprimono un voto di astensione. In questo modo la modifica intervenuta avvicina la modalità di votazione e del relativo calcolo a quanto previsto per la Camera.

In caso di parità la proposta si intende respinta (tranne poche eccezioni).

Per lungo tempo le votazioni in Parlamento si sono svolte secondo la regola del **voto segreto**, che tutela maggiormente chi vota. Negli ultimi anni a prevalere è stata la regola inversa del **voto palese**, con l'eccezione del voto segreto per le votazioni sulle persone. È tuttavia possibile chiedere il voto segreto per le deliberazioni relative a: leggi concernenti i diritti di libertà, i diritti della persona umana, i diritti della famiglia e le modifiche regolamentari. Alla Camera il regolamento prevede questa possibilità anche per le votazioni su: istituzioni di commissioni d'inchiesta; gli organi costituzionali, le leggi elettorali.

L'art. 64.2. stabilisce che le sedute delle Camere sono pubbliche, salvo diversa deliberazione delle Camere medesime. I dibattiti sono oggetto di resoconti sommari e stenografici.

La Costituzione contiene una disposizione dettagliata solo per la commissione in sede deliberante (art. 72.3.). Nei restanti casi sono i regolamenti a dettare la disciplina, escludendo la pubblicità diretta (attraverso la presenza fisica del pubblico) e rendendo possibile, su richiesta, la ripresa televisiva a circuito chiuso.

## 8. *Le funzioni*

### 8.1. *La funzione legislativa (rinvio) e le altre funzioni*

La principale funzione del Parlamento è indubbiamente quella legislativa. Storicamente il Parlamento si afferma come centro di potere concorrente e poi alternativo al potere regio e questa posizione è affermata soprattutto attraverso il monopolio della funzione legislativa. Tuttavia, nel corso del tempo e soprattutto a partire dalla fine della seconda guerra mondiale, il peso della funzione legislativa non si concentra più esclusivamente all'interno del Parlamento poiché anche il Governo acquista progressivamente spazi rilevanti di potere normativo (decreti-legge, decreti legislativi, regolamenti, ecc.). Naturalmente quanto appena detto vale soprattutto per le forme di governo parlamentari perché in quelle dove maggiore è la separazione dei poteri la funzione legislativa rimane prerogativa del Parlamento, anche se il potere esecutivo ricava per sé altri spazi normativi. Della funzione legislativa, dei procedimenti in cui essa si articola ragioneremo in relazione ai diversi atti legislativi che il Parlamento adotta. A quelle parti, quindi, rinviamo (cap. XII).

Accanto alla funzione legislativa i Parlamenti hanno avuto la forza di sviluppare ulteriori funzioni, declinate in maniera differente a seconda della forma di governo. Tra queste ulteriori funzioni vi sono sicuramente la funzione conoscitiva e quella ispettiva nei confronti del potere esecutivo.

Il Parlamento, anche nelle forme di governo parlamentari, è in rapporto dialettico col Governo. Esso cerca di indirizzarne l'attività. A tal fine il Parlamento dispone di alcuni strumenti tipici, come la mozione, la risoluzione e l'ordine del giorno e di strumenti indiretti, come l'approvazione di alcuni provvedimenti legislativi di particolare rilievo per l'Esecutivo.

### 8.2. *La funzione di conoscenza e controllo: indagini conoscitive e commissioni d'inchiesta*

Per controllare e indirizzare l'attività politica, il Parlamento ha bisogno di conoscere gli argomenti e le questioni che è chiamato a trattare. A tal fine dispone di una serie di strumenti, diversi tra loro ma finalizzati a permettere ai membri del Parlamento di conoscere per deliberare.

#### 8.2.1. *Le indagini conoscitive e audizioni*

L'**indagine conoscitiva** è disposta dalle commissioni parlamentari al fine di «acquisire notizie, informazioni e documenti utili alle attività della Camera» (art. 144 R.C.). In questa sede la commissione può ascoltare, senza disporre di alcun potere coattivo, qualsiasi persona sia in grado di «fornire elementi utili all'indagine» (artt. 144 R.C. e 48 R.S.).

Le **audizioni** (o udienze legislative) sono invece finalizzate all'attività legislativa (artt. 143.2. R.C. e 47 R.S.). Esse incontrano un limite legato alla circostanza che le due disposizioni regolamentari prevedono che ad essere auditi siano solo membri del Governo, dirigenti e funzionari delle amministrazioni centrali e degli enti da queste controllate. Data la ristrettezza dei soggetti coinvolgibili nell'audizione, l'istituto è sempre meno utilizzato. Tuttavia, nei settori della programmazione economica e finanziaria e in quello delle politiche europee, le più recenti modifiche parlamentari hanno previsto la possibilità per le commissioni competenti di disporre audizioni di esponenti autorevoli del settore (artt. 127-*ter* R.C. e 144-*quater* R.S.).

#### 8.2.2. *Le commissioni d'inchiesta*

L'art. 82 prevede che «ciascuna Camera può disporre inchieste su materie di pubblico interesse», istituendo a tal fine una commissione. In genere tali commissioni sono istituite con legge, soprattutto nel caso in cui esse siano bicamerali; le commissioni monocamerali vengono invece disposte con deliberazione non legislativa. Possono riguardare qualsiasi argomento, a condizione che sia di pubblico interesse.

Il ricorso all'istituzione in via legislativa si spiega anche con la necessità di una migliore precisazione dei poteri della commissione. L'art. 82.2., oltre a disporre che la commissione sia formata in modo da rispecchiare la proporzione dei gruppi parlamentari, precisa infatti che essa procede «*alle indagini e agli esami con gli stessi poteri e le stesse limitazioni dell'autorità giudiziaria*». Il ricorso alla istituzione con legge ha così permesso alle commissione di andare anche oltre i poteri dell'autorità giudiziaria (ad esempio in materia di segreti opponibili alla commissione)[9].

In alcuni casi commissioni d'inchiesta e autorità giudiziaria hanno proceduto parallelamente, creandosi così rischiose interferenze. La Corte costituzionale è intervenuta sul punto stabilendo che le commissioni sono tenute a trasmettere all'autorità giudiziaria, se da questa richieste, atti e documenti utili all'indagine (ma non anche i documenti che la commissione ritenga di mantenere segreti per l'adempimento delle sue funzioni) (sent. 231/1975). Questa sentenza è importante anche perché ha riconosciuto alla commissione il potere di sollevare (e resistere ai) conflitti di attribuzione. Più di recente, tuttavia, la Corte ha dovuto precisare che le commissioni d'inchiesta non sono poteri autonomi, sganciati da collegamenti strutturali con le Camere di appartenenza (sent. 241/2007).

Per quanto la loro istituzione possa essere chiesta anche dalle opposizioni (art. 162 R.S.), il potere istitutivo delle commissioni d'inchiesta e la sua attività rimangono comunque nella disponibilità della maggioranza: per istituire una commissione d'inchiesta e per chiuderne i lavori è richiesta la maggioranza dei voti (artt. 40 R.C. e 162.1. R.S.). Non poche sono state quindi le critiche nei confronti dell'utilità di tale strumento come strumento di controllo sul Governo. In realtà diversi sono stati i casi di commissioni istituite dalla maggioranza per mettere sotto pressione l'opposizione (come è accaduto per la commissione d'inchiesta nel caso Mitrokin istituita con l. 92/2002). Il Governo non può, tuttavia, porre questione di fiducia sull'istituzione della commissione.

L'attività delle commissioni d'inchiesta si conclude con la trasmissione alle Camere di relazioni conclusive dei propri lavori. L'efficacia di queste relazioni è molto varia, in quanto, in alcuni casi, tali relazioni non sono state neppure prese in considerazione dalle assemblee.

### 8.3. *La funzione di controllo: interrogazioni e interpellanze*

L'**interrogazione** è uno strumento di controllo nelle mani del Parlamento e consiste in una domanda rivolta per iscritto al Governo, relativa a «se un fatto

[9] Cfr., ad esempio, la l. 597/1979, che istituì una commissione d'inchiesta sulla strage di via Fani e sull'assassinio di A. Moro. L'art. 4 prevedeva la non opponibilità del segreto di Stato alla Commissione.

sia vero, se alcuna informazione sia giunta al Governo, o sia esatta, se il Governo intenda comunicare alla Camera documenti o notizie o abbia preso o stia per prendere alcun provvedimento su un oggetto determinato» (artt. 128 R.C. e 145 R.S.).

Il rappresentante del Governo risponde in Assemblea o in commissione (a seconda da dove provenga l'interrogazione), oralmente o per iscritto in dipendenza dall'opzione scelta da chi interroga. Alla fine della risposta del Governo, l'interrogante può replicare dichiarandosi soddisfatto oppure no. La prassi mostra che molte interrogazioni rimangono inevase da parte del Governo.

Anche il tentativo di trasporre in Italia l'istituto britannico del *question time* attraverso la nostrana **interrogazione a risposta immediata** non ha prodotto risultati entusiasmanti (artt. 135-*bis* e 135-*ter* R.C. e 151-*bis* R.S.). In sostanza l'interrogazione deve essere presentata entro le 12 ore del giorno dedicato a questa tipologia di interrogazione e può essere posta sia in aula che in commissione.

L'**interpellanza** consiste invece «nella domanda, rivolta per iscritto, circa i motivi o gli intendimenti della condotta del Governo in questioni che riguardino determinati aspetti della sua politica» (artt. 136 R.C. e 154 R.S.).

Data la maggiore ampiezza di ambito dell'interpellanza, essa viene illustrata dal presentatore, che ne spiega le ragioni. Dopo le dichiarazioni del Governo, l'interpellante può, se non si ritiene soddisfatto, promuovere una discussione presentando una mozione (art. 138.2. R.C.). A questo punto si apre un dibattito che si chiude con un voto. Da strumento d'informazione l'interpellanza può così trasformarsi, per quanto ciò sia accaduto raramente, in strumento d'indirizzo coinvolgente la Camera o le Camere.

Con alcune modifiche regolamentari sono state introdotte le c.d. **interpellanze urgenti** (artt. 156-*bis* R.S. adottato nel 1988 e 138-*bis* R.C. adottato nel 1997): a presentarle deve essere un gruppo parlamentare ovvero un numero elevato di parlamentari (30 deputati o un decimo dei senatori). La sua presentazione obbliga il Governo a rispondere entro 48 ore. In ragione di ciò esistono limiti quantitativi alla presentazione di questo tipo di interpellanze.

### 8.4. *La funzione d'indirizzo: mozione, risoluzione e ordine del giorno*

Il Governo nasce sulla base di un programma ed è su tale programma che il Parlamento esprime la fiducia. Il rapporto di fiducia si sviluppa così in un rapporto dialettico che vede spesso Governo e Parlamento collocati in posizioni dialettiche. In ogni caso il Parlamento è partecipe nello sviluppo dell'attività di governo; tale partecipazione si svolge attraverso mozioni, risoluzioni e ordini del giorno ma anche attraverso l'approvazione di leggi di particolare importanza per l'indirizzo politico del Governo.

### 8.4.1. *La mozione*

Questo istituto è regolato dagli artt. 110 R.C. e 157 R.S. A differenza degli strumenti esaminati finora, la mozione deve essere presentata da un gruppo di parlamentari (10 deputati o un presidente di gruppo; 8 senatori); serve a provocare una discussione e poi una deliberazione dell'assemblea (non è presentabile in commissione) su questioni che incidono sull'attività del Governo.

Attraverso il voto l'assemblea può esprimere indirizzi rivolti al Governo affinché adotti un certo comportamento. Poiché la mozione vincola politicamente il Governo (e tale vincolo è fatto valere dal controllo che le commissioni competenti possono esercitare sull'attività successiva del Governo), quest'ultimo, in casi particolarmente importanti, è autorizzato a porre la questione di fiducia sull'approvazione. Le mozioni più importanti sono la **mozione di fiducia e di sfiducia**.

Sono, questi, gli unici strumenti di indirizzo espressamente previsti dalla Costituzione, all'art. 94. La prima è indispensabile per il concreto operare del Governo, il quale entro 10 giorni dal giuramento deve presentarsi alle Camere per ottenerne la fiducia, che viene concessa, dopo l'esposizione del programma di governo da parte del Presidente del Consiglio, mediante mozione motivata e votata per appello nominale. Una volta ottenuta la fiducia, il Governo è nella pienezza dei suoi poteri e potrà operare per realizzare il programma, in accordo con la maggioranza parlamentare.

Anche la sfiducia si adotta mediante mozione, firmata da almeno un decimo dei componenti della Camera almeno tre giorni prima della sua messa in discussione. Ad oggi, nonostante alcuni tentativi, non si è mai giunti all'adozione di una mozione di sfiducia. I tanti Governi italiani sono caduti per crisi soprattutto extraparlamentari.

### 8.4.2. *La risoluzione*

La risoluzione serve a manifestare orientamenti o a definire indirizzi su specifici argomenti (artt. 117, 118 R.C. e 50 R.S.).

A differenza della mozione, può essere presentata anche da un singolo parlamentare e viene utilizzata, frequentemente, per terminare un dibattito. Metaforicamente la risoluzione può essere paragonata a un *jolly* in quanto ad essa si ricorre per chiudere dibattiti attivati nel modo più vario (mozioni).

Oltre che in assemblea può essere presentata anche in commissione (e questa è un'ulteriore differenza rispetto alla mozione) per esprimere indirizzi su questioni di competenza della commissione. Il rappresentante del Governo, che deve essere presente in commissione quale destinatario della risoluzione, può chiedere che la commissione non voti e che della risoluzione sia investita l'assemblea (al Senato tale richiesta può essere presentata anche da un terzo dei componenti la commissione). Si evita in tal modo di dar luogo a deliberazioni contraddittorie tra assemblea e commissione.

Di recente la risoluzione è stata usata a fini diversi, come la riconferma della fiducia parlamentare al Governo in carica dopo verifica della maggioranza; il rimpasto nella formazione governativa; il rinvio alle Camere del Governo da parte del Presidente della Repubblica che non abbia accolto le dimissioni (in questi casi, normalmente, il Governo pone la questione di fiducia sull'approvazione della risoluzione).

Terminano con risoluzioni anche procedimenti molto caratterizzati, come l'approvazione del Documento di Economia e Finanza (DEF) (artt. 118-*bis* R.C. e 125-*bis* R.S.) e della relazione annuale sulla partecipazione dell'Italia all'UE (artt. 126-*ter* R.C. e 144-*bis* R.S.). In questo caso le risoluzioni diventano un parametro di riferimento per valutare poi gli emendamenti che saranno presentati nella sessione di bilancio (cfr. art. 10.1. l. 196/2009, modificata dal l. 39/2011).

### 8.4.3. *L'ordine del giorno*

Ordine del giorno (o.d.g.) è termine polisemico. Può indicare i temi che verranno trattati nella seduta di una delle due Camere (ad esempio, l'o.d.g. del Senato per il giorno 13 novembre); ma può anche indicare l'insieme dei provvedimenti che pendono davanti ad una delle due assemblee. In questa sede interessa una terza dimensione, quella dell'o.d.g. come atto di indirizzo nei confronti del Governo.

L'atto può essere presentato dal singolo parlamentare. La principale caratteristica è che l'o.d.g. accede ad un altro procedimento principale (normalmente l'approvazione di una legge o di una mozione) su cui l'assemblea deve pronunciarsi. In ragione di ciò ha una natura eminentemente strumentale o accessoria. Esso assume la forma di un impegno o di un invito che l'assemblea rivolge al Governo ('la Camera dei deputati impegna il Governo a...' oppure 'il Senato invita il Governo a ...').

L'o.d.g. può essere presentato in assemblea o in commissione. Su di esso deve esprimersi obbligatoriamente il rappresentante del Governo, il quale può accettarlo (in questo caso l'o.d.g. non è votato), rifiutarlo (in questo caso sull'o.d.g. si vota) oppure accettarlo come raccomandazione (in questo caso è il presentatore che decide se sottoporlo a votazione oppure accettarlo in questa veste).

La sua approvazione vincola il Governo a darvi seguito, anche se il grado di vincolo dipende dalla formula adottata (impegna, invita, ecc.) e dall'atto al quale accede. Se votato in relazione ad un disegno di legge, esso non vincola l'interpretazione della legge, rappresentando, al più, solo un ausilio esegetico.

### 8.5. *La funzione d'indirizzo nella procedura di approvazione della legge di bilancio*

Esclusivamente per comodità espositiva si esamina, solo ora, il vasto complesso di poteri che il Parlamento esercita sui conti dello Stato. Può dirsi anzi che uno degli snodi centrali del costituzionalismo moderno si è giocato sul rapporto tra Governo e Parlamento in materia di bilancio e, più in particolare, su quale dei due poteri avesse, per così dire, l'ultima parola. E prima ancora può dirsi che il governo parlamentare, che comincia a prender forma dopo la rivoluzione inglese del 1688, consolida la propria esistenza affermando il proprio controllo sulle spese del monarca inglese. Si ricorderà che lo scontro tra parlamento e monarca, nel corso della storia inglese, significò la sottrazione a quest'ultimo del potere di finanziare le guerre a suo piacimento e soprattutto la sottrazione al monarca del potere di mantenere eserciti a propria disposizione.

La materia è particolarmente complessa e ricca di evoluzioni istituzionali e normative. Evoluzioni che non riguardano solo l'ambito nazionale giacché, negli anni più recenti, esse sono state provocate dalle pressioni dell'Unione europea che, come vedremo, controlla e influenza i procedimenti di approvazione della legge di bilancio non solo in Italia ma in tutti gli Stati membri.

#### 8.5.1. *La previgente disciplina costituzionale in materia di bilancio*

Da quanto finora detto emergono due dati di grande rilievo: la centralità della materia del bilancio nella definizione dei rapporti tra Governo e Parlamento e la conseguente afferenza della materia del bilancio alla sovranità statale. Non sorprende, dunque, che la materia sia disciplinata dalla Costituzione.

L'art. 81, prima della sua modifica avvenuta con l. cost. 1/2012, conteneva alcuni fondamentali principi. Innanzitutto l'approvazione annuale della legge di bilancio e del rendiconto consuntivo. La **legge di bilancio** è un documento contabile contenente le entrate e le uscite che lo Stato prevede, nel primo caso, di incassare e, nel secondo, di affrontare nel corso dell'anno successivo, sulla base della legislazione vigente; il **rendiconto** è invece un documento contabile che 'fotografa' le entrate incassate e le spese affrontate nell'anno passato. Questi due documenti dovevano essere approvati entro il 31 dicembre di ogni anno.

La disciplina costituzionale previgente prevedeva inoltre il c.d. **esercizio provvisorio** del bilancio nell'ipotesi in cui le Camere non fossero riuscite ad approvare il bilancio entro il 31 dicembre. In questo caso, la Costituzione prevedeva l'esercizio provvisorio da autorizzarsi con legge e per periodi non superiori a quattro mesi, permettendo così al Governo di riscuotere entrate e di spendere per un dodicesimo delle uscite previste nel d.d.l. di bilancio (non approvato entro il termine predetto).

L'art. 81, nella sua precedente versione, conteneva altri due importanti principi: il divieto di stabilire nuovi tributi e nuove spese con le leggi di approvazione del bilancio e l'obbligo per ogni legge che implicasse nuove spese di indicare i mezzi per farvi fronte.

Alla luce di tali principi, il risultato era che la legge di approvazione del bilancio, pur contribuendo a determinare l'indirizzo politico (con essa si distribuivano le entrate tra i vari apparati dello Stato, potendosi ogni anno stabilire, ad esempio, che maggiori mezzi dovevano essere attribuiti alle spese di giustizia piuttosto che a quelle di difesa), era priva di innovatività poiché essa non introduceva modifiche sostanziali all'ordinamento. Da qui la sua classificazione tra le **leggi meramente formali**.

In sostanza con la legge di bilancio si autorizzava il Governo, per il successivo anno finanziario (che va dal 1° gennaio al 31 dicembre), a riscuotere le entrate e ad effettuare le spese ivi previste.

### 8.5.2. *Il bilancio pluriennale e la legge finanziaria*

L'originaria disciplina costituzionale trovò un'importante attuazione con la l. 468/1978, poi modificata con l. 362/1988. Luci ed ombre caratterizzavano questi provvedimenti. Tra gli aspetti sicuramente positivi vi fu la creazione della c.d. **sessione di bilancio**, vale a dire l'individuazione di un arco temporale (da settembre a dicembre) in cui il Parlamento era richiesto di occuparsi delle decisioni sui documenti di bilancio. Ma soprattutto questi provvedimenti permisero una maggiore flessibilità della manovra di bilancio, consentendo di inserire nuovi tributi o prevedere nuove spese o spostare risorse da un settore ad un altro. Ciò fu reso possibile grazie all'introduzione del **bilancio pluriennale** e della **legge finanziaria**.

Fu infatti previsto l'obbligo del Governo di presentare, entro il 30 settembre di ogni anno, all'interno del d.d.l. di approvazione del bilancio annuale, anche un bilancio pluriennale (con una durata minima triennale). In questo ambito temporale la legge finanziaria, da approvare sostanzialmente insieme al bilancio entro il 31 dicembre di ogni anno, serviva a operare modifiche e integrazioni a disposizioni legislative incidenti sul bilancio dello Stato e su quello degli enti ad esso collegati e a determinare il livello massimo di ricorso al mercato.

Quanto agli aspetti negativi, va detto che la legge finanziaria è stata la strumento tecnico attraverso il quale si è consentito il fortissimo indebitamento pubblico che caratterizza le finanze pubbliche italiane sia perché ad essa era permesso ridiscutere le precedenti scelte allocative inserendo nuove voci di spesa sia perché era l'unica legge che, con certezza, doveva essere approvata entro un termine ultimo (31 dicembre di ogni anno). La conseguenza è che essa era un'occasione ghiotta per i parlamentari per provare a inserire nuove spese che, in qualche modo, potessero accontentare l'elettorato di riferimento.

Con l'art. 11 della l. 196/2009 si è sostituita la legge finanziaria con la **legge di stabilità**.

### 8.5.3. *L'influenza della cornice europea: le regole del trattato di Maastricht*

Questo contesto nazionale viene profondamente mutato dall'incidenza del processo di integrazione europeo. Con il trattato di Maastricht sono stati inseriti dei vincoli quantitativi al **deficit pubblico** (dato dal disavanzo tra le entrate e le spese del comparto pubblico) e al **debito pubblico** (inteso come ammontare dei debiti che le pubbliche amministrazioni hanno contratto verso terzi, che possono essere privati, aziende, Stati) degli Stati membri. Il **Patto di stabilità e crescita** (introdotto col trattato di Amsterdam nel 1997) prevede infatti che il deficit non possa superare il 3% del prodotto interno lordo (PIL) e che il debito pubblico non possa superare il 60% del PIL. In caso di sforamento di tali limiti i competenti organi dell'UE avevano a disposizione una varietà di strumenti, che andavano dalla formulazione di raccomandazioni alla comminazione di sanzioni pecuniarie o ancora all'aiuto finanziario con concessioni di prestiti subordinati a regole prestabilite.

L'idea sottostante a tali criteri era che gli Stati membri parte dell'**Unione economica e monetaria** (UEM) si impegnassero a porre in essere criteri di azione tali da creare e mantenere una finanza pubblica sana, priva di passività o comunque con margini negativi minimi (l'ideale è il **pareggio di bilancio**). Tuttavia, neppure questi vincoli hanno aiutato l'Italia a ridurre il proprio debito pubblico.

### 8.5.4. *La crisi economico-finanziaria e i suoi riflessi sul quadro europeo*

La crisi economico-finanziaria scoppiata tra il 2007-2008 negli USA e poi giunta in Europa ha portato ad una revisione e a un sostanziale inasprimento di queste regole (ciò avviene tra il 2010 e il 2012).

Con il **Patto Europlus** sono stati irrigiditi i meccanismi di sorveglianza. In pratica alla Commissione europea sono stati dati poteri di intervento preventivi nel momento in cui emergono squilibri. Per consentire una stretta sorveglianza sul rispetto di questi obblighi da parte di tutti gli Stati membri si è stabilito che gli organi dell'Unione possano concordare la sostanza degli atti di bilancio con i singoli Stati durante i primi sei mesi dell'anno (semestre europeo); nei successivi sei mesi ciascuno Stato attua la manovra di bilancio tenendo conto delle indicazioni unionali[10].

Il 2 marzo 2012 viene adottato poi il c.d. ***Fiscal Compact***[11]. Questo atto è stato adottato nella forma di un vero e proprio trattato internazionale poiché Regno Unito, Croazia e Repubblica Ceca si sono rifiutati di aderirvi. Esso è stato ratifi-

---

[10] A tal fine sono stati adottati una serie di regolamenti, noti anche con il nome di *six pack* [Reg. (UE) n. 1173/2011; Reg. (UE) n. 1174/2011; Reg. (UE) n. 1175/2011; Reg. (UE) n. 1176/2011; Reg. (UE) n. 1177/2011; Dir. 2011/85/UE], ulteriormente rafforzato dal *two pack* [Reg. (UE) n. 472/201, Reg. (UE) n. 473/2013).

[11] Trattato sulla stabilità, il coordinamento e la *governance* nell'unione economica e monetaria, stipulato il 2 marzo 2012.

cato dall'Italia con l. 114/2012. Al suo interno vi è una sezione denominata *Fiscal Compact*. Quanto ai contenuti del trattato, esso ha portato la soglia di ammissibilità del deficit allo 0,5 del PIL e ha imposto la riduzione del debito pubblico di un ventesimo all'anno per venti anni in maniera tale da raggiungere, al termine del periodo, la soglia del 60%. Il trattato invita gli Stati a garantire tali regole al proprio interno anche, se necessario, con revisioni costituzionali.

### 8.5.5. *La modifica dell'art. 81*

La pressione europea su alcuni Stati membri affinché adeguassero le proprie regole, anche costituzionali, in materia di bilancio pubblico ai nuovi e più stringenti vincoli ha condotto, in Italia, alla modifica dell'art. 81 con la l. cost. 1/2012 (che ha cambiato anche altre disposizioni costituzionali). La modifica ha introdotto nell'art. 81 la regola dell'equilibrio tra entrate e spese del proprio bilancio, implicante il divieto del ricorso all'indebitamento, che era invece la regola cardine dell'orientamento economico posto alla base del *Welfare State* (e che trova le proprie basi teoriche nell'opera di J.M. Keynes).

Di centrale importanza è la definizione di **pareggio di bilancio**, che coincide con l'obiettivo di medio termine (così dispone l'art. 3 l. 243/2012). Ora, tale obiettivo è uguale al valore del saldo strutturale individuato sulla base dei criteri stabiliti dall'ordinamento dell'Unione europea (art. 2 della medesima legge). La conseguenza fondamentale è che la nozione centrale del bilancio, attraverso questo rinvio alla nozione di obiettivo di medio termine, è ricavata dalle deliberazioni degli organi dell'UE, non più da quelle degli organi costituzionali italiani.

All'indebitamento si può ricorrere, secondo l'art. 81.2., solo «*al fine di considerare gli effetti del ciclo economico e, previa autorizzazione delle Camere adottata a maggioranza assoluta dei rispettivi componenti, al verificarsi di eventi eccezionali*» (come è stato nel caso dell'emergenza da Covid 19).

L'altra importante modifica introdotta dal nuovo art. 81 si trova al sesto comma, in base alla quale è una legge, approvata a maggioranza assoluta dei componenti di ciascuna Camera, a stabilire «*il contenuto della legge di bilancio, le norme fondamentali e i criteri volti ad assicurare l'equilibrio tra le entrate e le spese dei bilanci e la sostenibilità del debito del complesso delle pubbliche amministrazioni*», in base ai principi stabiliti dalla l. cost. 1/2012 (in particolare dal suo art. 5). L'art. 5.1. stabilisce che la legge di cui al sesto comma (la legge rinforzata appena menzionata) intervenga sui seguenti aspetti: a) verifiche preventive e successive degli andamenti di finanza pubblica; b) accertamento delle cause degli scostamenti rispetto alle previsioni; c) limite massimo degli scostamenti negativi; d) definizioni delle gravi recessioni economiche, delle crisi finanziarie e delle gravi calamità naturali che giustificano l'indebitamento di cui all'art. 81.2.; e) previsione di una disciplina della spesa pubblica capace di salvaguardare gli equilibri di bilancio; f) l'istituzione di un organismo indipendente presso le Camere che analizzi e verifichi gli andamenti di finanza pubblica; g) le modalità con cui lo Stato, nelle fasi avverse del ciclo o in presenza di eventi eccezionali, concorre ad assicurare il finanziamento dei livelli essenziali delle prestazioni relative ai diritti civili e sociali da parte degli altri livelli di governo.

L'art. 5.2. della l. cost. 1/2012 stabilisce infine che la legge rinforzata disciplini: a) il contenuto della legge di bilancio statale; b) l'esercizio della facoltà dei livelli di governo territoriale di ricorrere all'indebitamento, ai sensi dell'art. 119.6. modificato dalla stessa l. cost. 1/2012; c) infine le modalità con le quali questi stessi livelli di governo concorrono alla sostenibilità del debito del complesso delle amministrazioni pubbliche (in coerenza a quanto previsto dall'art. 97.1. anch'esso modificato dalla l. cost. 1/2012). La legge rinforzata prevista dall'art. 81.6. è stata approvata con l. 243/2012.

Il nuovo art. 81 non contiene più la regola, presente nel vecchio testo, per cui con legge di bilancio non possono stabilirsi nuovi tributi o nuove spese. E difatti l'art. 15 l. 243/2012 accorpa legge di stabilità e legge di bilancio in un unico provvedimento, la legge di bilancio. Da qui deriva la conseguenza che la legge di bilancio non può essere più considerata una legge meramente formale, potendo modificare la legislazione vigente (in tal senso cfr. anche sent. Corte cost. 10/2016).

Ciò spiega anche il disposto dell'art. 21.2. l. 243 il quale prevede che, dal 1° gennaio 2016, tutti i richiami alla legge di stabilità o alla legge finanziaria vanno intesi come riferiti alla legge di bilancio.

#### 8.5.6. *I tempi della manovra di finanza pubblica*

L'effetto incrociato della normativa unionale e delle modifiche costituzionali ha avuto come effetto la sottoposizione della procedura di bilancio a un cronoprogramma che è oramai comune, almeno negli snodi principali, a tutti gli Stati membri dell'UE.

La prima scadenza è data dal 10 aprile, data entro la quale, ogni anno, il Governo presenta alle Camere il **Documento di Economia e Finanza** (DEF), che dà il quadro generale della programmazione economica e finanziaria per il successivo triennio e stabilisce gli obiettivi da raggiungere con la legge di bilancio. In tale documento si inserisce anche lo schema del Programma di stabilità, che viene presentato agli organi dell'UE entro il 30 aprile per permettere di valutare la rispondenza del prossimo bilancio nazionale alle regole europee.

Entro il 20 settembre di ogni anno il Governo presenta alle Camere la **Nota di aggiornamento** al DEF, elaborata alla luce delle raccomandazioni del Consiglio dell'UE (art. 10-*bis* l. 196/2009, come modificato dall'art. 2 l. 39/2011). A ciò segue, entro il 15 ottobre di ogni anno, la presentazione da parte del Governo alle Camere (ma anche alla Commissione europea e all'Eurogruppo) del **Documento Programmatico di Bilancio** (DPB), previsto dal Reg.UE 473/2013. Il DPB contiene in particolare l'obiettivo di saldo di bilancio e le proiezioni di entrate e di spesa (mentre, come detto, è venuto meno nel corso del 2016 l'obbligo di presentare il d.d.l. di stabilità). Entro il 20 ottobre va presentato il disegno di legge di bilancio, che le Camere devono approvare entro il 31 dicembre. Il 31 gennaio di ogni anno è la data entro la quale il Governo presenta alle Camere gli eventuali d.d.l. collegati alla manovra finanziaria.

In occasione dell'approvazione della legge di bilancio per il 2019 il Governo ha proceduto con il voto di fiducia ponendo le commissioni Bilancio delle due Camere nell'impossibilità di svolgere il loro ruolo. Il testo è stato approvato dalle due Camere senza che fosse dato loro il tempo per un'effettiva lettura e discussione. La principale forza d'opposizione, attraverso il suo gruppo parlamentare, ha così sollevato un conflitto di attribuzione, dichiarato inammissibile dalla Corte costituzionale. Quest'ultima, pur stigmatizzando l'uso del maxiemendamento [12] approvato con voto di fiducia, ha giustificato la ristrettezza dei tempi di approvazione in ragione della «lunga interlocuzione con le istituzioni europee», che ha causato una rideterminazione dei saldi della manovra economica in una fase avanzata del procedimento di approvazione parlamentare (ord. Corte cost. 17/2019).

Compiuto questo atto di assoluta centralità, il Governo è tenuto a svolgere ulteriori attività che mirano a dare stabilità a quanto fatto nel corso dell'anno precedente. Entro il 30 giugno (successivo all'approvazione della legge di bilancio) di ogni anno, il Governo presenta infatti alle Camere il **d.d.l. di assestamento**, diretto ad adeguare le previsioni della precedente legge di bilancio all'effettivo andamento dei conti pubblici. Ed entro la stessa data il Parlamento deve approvare con legge il **rendiconto consuntivo**, che è l'atto con il quale il Governo dà conto della gestione del bilancio di previsione (è una legge formale, sulla quale la Corte dei conti esercita il controllo *ex* art. 100.2.)

### 8.6. *La funzione d'indirizzo attraverso le leggi di approvazione dei trattati internazionali*

I rapporti internazionali sono tradizionalmente campo privilegiato dell'Esecutivo. Dopo la fase di negoziazione – che può anche essere molto lunga, soprattutto se il trattato è tra più Stati (**trattati multilaterali**) e non solo tra due Stati (**trattati bilaterali**) – il trattato viene firmato. Il potere di firma appartiene a un rap-

---

[12] Con il termine *maxi-emendamento* (Piccirilli, 2009) si allude soprattutto alla prassi di compattare un testo di legge basato su molteplici articoli in un unico articolo composto da un numero elevatissimo di commi. In questo modo non ci sono votazioni sui singoli articoli bensì un'unica votazione su un unico articolo, a sua volta suddiviso in centinaia, se non migliaia, di commi, come accade proprio per la legge di bilancio. Se poi si aggiunge che sull'approvazione di questo unico articolo, il Governo può porre la questione di fiducia, l'immagine del cappio intorno alla gola del Parlamento è quella che rende meglio l'idea di come, a volte, si struttura la dialettica tra maggioranza e opposizione.

presentante del Governo, chiamato plenipotenziario, che può essere il Capo dello Stato, il Presidente del Consiglio, il Ministro degli esteri, il capo della missione diplomatica, a seconda del rilievo politico del trattato (in alcuni casi, per la stipula di un singolo trattato, può essere nominato plenipotenziario anche un soggetto esterno; a tal fine è però necessaria una lettera del Capo dello Stato che gli attribuisca i c.d. pieni poteri).

A questo punto – solo per quei trattati internazionali che, a tenore dell'art. 80, «*sono di natura politica, o prevedono arbitrati o regolamenti giudiziari, o importano variazioni del territorio od oneri alle finanze o modificazioni di leggi*» – entra in gioco il Parlamento. Quando ricorrono le ipotesi dell'art. 80, è dunque necessaria l'approvazione di una **legge di autorizzazione alla ratifica del trattato** da parte del Presidente della Repubblica. La legge – che, ai sensi dell'art. 72 u.c., non può essere approvata con il procedimento in sede deliberante (sent. Corte cost. 295/1984) – è ritenuta meramente formale in quanto il contenuto è determinato dal trattato sicché la legge non innova materialmente l'ordinamento giuridico. A rafforzare il carattere di legge meramente formale vi è poi la prassi di considerare il trattato inemendabile da parte del Parlamento, che quindi si limita ad accettare o rigettare l'atto internazionale.

Una volta ratificato, il trattato entra in vigore nell'ordinamento internazionale con lo scambio delle ratifiche. Nei casi di trattati multilaterali con molte parti, le ratifiche vengono depositate presso uno Stato che funge da segretario. Normalmente il trattato entra in vigore negli Stati che depositano la ratifica. Si noti tuttavia che, perché il trattato produca effetti nell'ordinamento italiano, non è bastevole la ratifica. A tal fine è necessario un **ordine di esecuzione** (non espressamente disciplinato in Costituzione) che può essere disposto con la stessa legge di autorizzazione alla ratifica ovvero, più correttamente, con atto successivo. Non necessariamente l'ordine di esecuzione è dato con legge. La scelta del tipo di atto dipende dalle norme che vengono immesse nell'ordinamento: se esse incidono su norme di rango secondario, l'ordine può essere disposto anche con un decreto del Presidente della Repubblica. Le leggi con cui vengono dati gli ordini di esecuzione sono sottratte a referendum abrogativo.

Va però precisato che nella maggioranza dei casi il trattato è ratificato senza l'intervento del Parlamento (trattati 'in forma semplificata'); il procedimento si perfeziona con la firma del rappresentante del Governo, senza ratifica del Capo dello Stato. Attraverso questi strumenti lo spazio di azione del Governo in politica estera è molto ampliato, soprattutto se si considera che essi sono utilizzati per assumere impegni di natura militare.

CAPITOLO VII

# IL GOVERNO

SOMMARIO: 1. La scarna disciplina costituzionale sul Governo. – 2. Il problema del Governo. – 3. La formazione del Governo. – 3.1. Le disposizioni sulla formazione del Governo. – 3.2. Le consultazioni. – 3.3. L'incarico. – 3.4. La nomina. – 3.5. Il giuramento e i poteri del Governo. – 3.6. La fiducia. – 4. Le componenti del Governo. – 4.1. Gli organi previsti in Costituzione. – 4.2. Le componenti non necessarie. – 4.2.1. Il Vice Presidente del Consiglio dei ministri. – 4.2.2. I Ministri senza portafoglio. – 4.2.3. I sottosegretari di Stato. – 4.2.4. I vice ministri. – 4.2.5. I commissari straordinari del Governo. – 4.2.6. Il Consiglio di Gabinetto. – 4.2.7. I Comitati di ministri e interministeriali. – 5. Le crisi di Governo. – 6. Altre modifiche della compagine governativa: rimpasti, *interim*, sfiducia individuale, revoca. – 7. Responsabilità del Governo e dei ministri. – 8. Gli organi ausiliari. – 8.1. Il Consiglio nazionale dell'economia e del lavoro. – 8.2. Il Consiglio di Stato. – 8.3. La Corte dei conti.

## 1. *La scarna disciplina costituzionale sul Governo*

Il Titolo III della Parte II della Costituzione è dedicato al Governo e si articola in tre Sezioni dedicate, rispettivamente, al Consiglio dei ministri, alla P.A. e agli organi ausiliari. Al Governo sono dedicati pochi articoli, dal 92 al 96, il che stride con le funzioni sempre più rilevanti che i governi, intesi come vertice del potere esecutivo, sono andati assumendo – in una realtà sempre più globalizzata in cui i tempi di reazione agli *input* delle relazioni internazionali e sovranazionali sono necessariamente accelerati – anche all'interno dei governi parlamentari. È così accaduto che le poche disposizioni costituzionali disciplinanti il Governo non hanno potuto abbracciare la complessa realtà dei rapporti sviluppatisi intorno a questo fondamentale organo costituzionale. La forte discrasia tra la più ampia disciplina del Parlamento e la più striminzita regolazione del Governo ha inoltre giocato un ruolo non indifferente nella sottovalutazione dottrinale del Governo.

Non è un caso, allora, che la legge, cui lo stesso art. 95.3. rinvia per l'ordinamento della Presidenza del Consiglio e per la determinazione del numero, delle attribuzioni e dell'organizzazione dei ministeri, sia giunta solo nel 1988 (l. 400 recante «Disciplina dell'attività di Governo e ordinamento della Presidenza del Consiglio dei ministri») (Labriola, 1989). Fino a quel momento le regole giuridiche poste a disciplina del Governo erano rinvenute in discipline del periodo statutario e fascista (dalla l. 5195/1888 sui sottosegretari di Stato alla l. 2163/1925 sui poteri del Capo del Governo).

Un punto è dunque certo: la Costituzione contiene una disciplina minima del Governo; ciò ha permesso una forte flessibilità e una notevole capacità di adeguamento dell'istituzione rispetto alle evoluzioni della realtà politico-istituzionale, regolata, in gran parte, da consuetudini e convenzioni costituzionali (Paladin, 1970).

## 2. *Il problema del Governo*

Ogni sfera dell'esperienza giuridica è segnata dal suo rapporto con la realtà. Il diritto costituzionale è tuttavia, per sua natura, fortemente influenzato dalla politica. Ciò emerge, con forza particolare, nelle vicende relative al Governo, l'organo che più di tutti, più dello stesso Parlamento, riflette lo stato della struttura politico-partitica sottostante.

Le poche norme costituzionali ad esso dedicate hanno trovato applicazione in contesti politici molto differenti (Lupo, 2018, 150 ss.). È infatti possibile, a scopi meramente esplicativi, individuare almeno due fasi della storia della Repubblica italiana che aiutano a comprendere meglio il funzionamento del Governo: una prima fase che va dalla fondazione della Repubblica al 1993 ed una seconda fase che dalla crisi del sistema politico-partitico – esplosa ad inizio degli anni Novanta, condensatasi nel referendum sulla legge elettorale del 1993 e nell'adozione della nuova legge elettorale subito dopo – arriva fino ad oggi. Ovviamente sarebbe ben possibile estrapolare, all'interno di questa *summa divisio*, ulteriori (sub)fasi o periodi ma, ai presenti fini espositivi, tale rappresentazione è sufficiente a fare emergere il principale dato di fondo: il mutamento del sistema elettorale, che è espressione di una profonda crisi politica, segna anche il passaggio da un'esperienza politica in cui i governi erano espressione di coalizioni tra partiti fortemente legittimati (anche) da un sistema elettorale proporzionale ad una fase in cui i governi tendono ad essere espressione di un sistema politico che, pur continuando ad essere frammentato, tende a diventare bipolare.

La prima fase dell'esperienza repubblicana è stata caratterizzata da uno schema obbligato, composto, per un verso, dall'esclusione sistematica dal governo di uno dei due grandi partiti di massa, il Partito Comunista Italiano, in forza di un tacito accordo tra le forze politiche nazionali e internazionali (c.d. *conventio ad excludendum*) e, per altro verso, dal ruolo dominante dell'altro grande partito di massa, la Democrazia Cristiana, così abilitato a formare governi necessariamente di coalizione con altri piccoli partiti, politicamente omogenei (il partito liberale italiano, il partito repubblicano, il partito socialdemocratico, poi il partito socialista). Non si trascuri la circostanza che i governi di coalizione sono stati una necessità, dal momento che la Democrazia Cristiana – anche in ragione del sistema elettorale proporzionale – non ha mai sostanzialmente goduto della maggioranza assoluta in

Parlamento (ad eccezione delle elezioni del 1948 dove alla Camera ottenne 305 seggi su 575; al Senato lo stesso partito non riuscì a prendere la maggioranza assoluta dei seggi). Questo contesto politico ha fortemente influenzato i processi di formazione dei governi e soprattutto i rapporti tra le componenti del governo.

Pur in assenza di mutamenti costituzionali, il tracollo del sistema politico-partitico, se ha prodotto l'effetto di liberare le forze politiche cui, fino a quel momento, era stato impedito di andare al governo, ne ha mutato anche profondamente l'orientamento ideologico. Il cambiamento di nome della più grande forza politica di opposizione – da Partito Comunista Italiano in Partito Democratico della Sinistra (1991) – è indice della caduta delle contrapposizioni ideologiche e dell'ampliamento dell'offerta politica (da 180 a 360 gradi, per così dire). La formazione di due grandi schieramenti – uno di centro-destra e uno di centro-sinistra – sulla base di una legge elettorale prevalentemente maggioritaria (dal 1993 fino al 2005), ha così permesso al sistema politico di configurarsi in maniera tendenzialmente bipolare (e non bipartitica, vista la presenza, consentita dal sistema elettorale, di partiti minori che, paradossalmente, sono cresciuti di numero rispetto alla prima fase). Tutto questo ha influenzato i meccanismi di formazione del Governo predisposti dalla Costituzione, in quanto il nuovo sistema elettorale ha permesso di individuare, con maggiore sicurezza rispetto al passato, il capo della coalizione vincente. Sono invece rimasti sul tappeto i problemi collegati ai rapporti interni al Governo, soprattutto in ragione del carattere bipolare e non bipartitico della struttura politico-partitica.

L'attuale legge elettorale 165/2017 ha segnato un deciso ritorno al sistema proporzionale. La XVIII legislatura, formatasi a seguito delle prime elezioni con il nuovo sistema, ha fatto registrare, oltre ad un avvio di legislatura particolarmente faticoso, la presenza di tre governi di coalizione, tendenzialmente instabili, tutti presieduti da Presidenti del Consiglio non eletti.

Nonostante i limiti in termini di stabilità che caratterizzano i singoli governi italiani, è un fatto che il ruolo del governo è andato sempre più crescendo. Non solo in termini di atti normativi che oramai il governo adotta nei confronti del Parlamento ma anche per la crescente rilevanza delle sedi decisionali dell'UE dove è il governo ad essere presente. La necessità di fronteggiare l'emergenza pandemica non ha fatto che rafforzare questa tendenza, prima concentrando in seno al governo gli strumenti eccezionali per farvi fronte e poi affidandogli la gestione del Piano Nazionale di Ripresa e Resilienza (PNRR), un programma di mobilitazioni di risorse economiche, provenienti dall'UE, che non ha precedenti nella storia repubblicana.

La proclamazione dello stato di emergenza, adottata con delibera del Consiglio dei ministri del 31 gennaio 2020 sulla base della legislazione riguardante la protezione civile[1], ha abilitato il II Governo Conte (e poi il Governo Draghi) ad

---

[1] Art. 1.7.c), d.lgs. 1/2018.

adottare una serie di decreti-legge per contrastare la pandemia da Covid-19. Alcuni di questi decreti – in particolare il d.l. 6/2020, conv. con mod. nella l. 13/2020, e il d.l. 19/2020, conv. con mod. nella l. 35/2020 – hanno posto intense limitazioni alle libertà di circolazione, di riunione, di associazione, di fede religiosa e di iniziativa economica privata. Sulla base di tali atti con forza di legge sono stati poi adottati numerosi decreti del Presidente del Consiglio dei ministri, che hanno concretizzato le limitazioni ai diritti costituzionali. Delle concrete limitazioni si darà conto nell'esame delle singole libertà. Il profilo da sottolineare, in questa sede, è invece la concentrazione dei poteri nelle mani della Presidenza del Consiglio.

Anche l'adozione del PNRR ha provocato una concentrazione di ulteriori poteri in capo al Governo. All'origine vi è la decisione dell'UE di fronteggiare la crisi economica e quella pandemica attraverso un poderoso finanziamento, in gran parte a fondo perduto, a favore degli Stati membri. La decisione ha preso la forma del Reg.(UE) 2021/241, che istituisce il dispositivo per la ripresa e la resilienza. L'atto in questione ha individuato i settori di intervento (le c.d. missioni) e gli obiettivi generali e specifici che gli Stati devono realizzare entro il 2026. Da parte loro, gli Stati membri sono liberi di fare ricorso a tale finanziamento. Lo Stato italiano ha deciso in tal senso con un PNRR presentato il 30 aprile 2021 e approvato dalla Commissione europea e dal Consiglio dell'Unione europea con Decisione di esecuzione. Così, il Piano Nazionale di Ripresa e Resilienza, approvato dal Consiglio dei ministri il 15 aprile 2021, trasmesso alle Camere il 25 aprile 2021 e, come appena detto, approvato dagli organi unionali, è divenuto vincolante per lo Stato italiano. In concreto il PNRR si struttura intorno a tre assi strategici (digitalizzazione e innovazione, transizione ecologica e inclusione sociale), che sono stati preventivamente individuati dall'art. 3 Reg. (UE) 2021/241. Il finanziamento è condizionato al concreto raggiungimento degli obiettivi individuati nel Piano; è prevista dal regolamento un'attività di monitoraggio sull'effettivo conseguimento degli obiettivi. È anche prevista, dall'art. 21 del regolamento, la possibilità di modificare il Piano ma la valutazione delle proposte di modifica è rimessa alla Commissione.

Da quanto finora esaminato appare evidente il rilievo assunto dal Governo nell'interlocuzione con gli organi europei e nella concreta conformazione degli obiettivi contenuti nel Piano, che può ritenersi un atto di indirizzo politico. Tra gli atti attuativi del Piano si segnala il d.l. 77/2021, conv. con mod. in l. 108/2021, con il quale il Governo ha predisposto una complessa *governance* del PNRR.

## 3. *La formazione del Governo*

### 3.1. *Le disposizioni sulla formazione del Governo*

Le disposizioni costituzionali utili in materia di formazione del Governo sono contenute negli artt. 92.2. e 93, dalle quali ricaviamo con certezza che:

– il Presidente del Consiglio è nominato dal Presidente della Repubblica (art. 92);

– i Ministri sono proposti dal Presidente del Consiglio e nominati dal Presidente della Repubblica (art. 92);

– il Governo deve giurare per assumere le funzioni (art. 93);

– entro dieci giorni dal giuramento il Governo deve ottenere la fiducia da parte di entrambe le Camere (art. 94).

Ciò che la Costituzione non prevede sono le fasi precedenti che servono a individuare la persona in grado di assumere il ruolo di Presidente del Consiglio. Dall'analisi della prassi la dottrina costituzionalistica ha così estrapolato una fase di avvio, rappresentata dalle consultazioni del Presidente della Repubblica con soggetti capaci di dare indicazioni sulla personalità politica più adatta a ricevere l'incarico e una successiva fase in cui il Presidente, a seguito delle consultazioni oramai terminate, individua il soggetto destinato a ricevere formalmente l'incarico. Queste due fasi iniziali, non previste in Costituzione, sono così state conformate dalla prassi e dai rapporti di forza, cangianti nel corso del tempo, tra gli organi costituzionali (Zagrebelsky, 1968, 819 ss.).

### 3.2. *Le consultazioni*

Le **consultazioni** sono avviate dal Presidente della Repubblica dopo l'insediamento delle Camere ovvero, in caso di crisi del Governo, dopo le dimissioni del Presidente del Consiglio.

Tra i soggetti consultati i più importanti vi sono i Presidenti dei gruppi parlamentari e i segretari dei partiti o comunque i *leader* dei movimenti politici presenti in Parlamento: la loro audizione permette al Presidente della Repubblica di capire gli orientamenti degli schieramenti politici e la concreta possibilità di formare un nuovo Governo intorno ad un nuovo Presidente del Consiglio. A questi soggetti si aggiungono, ma con minore rilievo, i Presidenti della Camera e del Senato (gli unici che l'art. 88.1. vuole che siano sentiti prima dello scioglimento anticipato delle Camere), nonché gli *ex* Presidenti della Repubblica. Nulla impedisce che il Presidente della Repubblica ascolti anche altri soggetti se lo ritiene utile per la completezza del quadro[2].

---

[2] Come accadde nel 1964, quando il Presidente Segni invitò anche, in maniera a dir poco inopportuna, funzionari civili e militari.

### 3.3. *L'incarico*

Al termine delle consultazioni il Presidente della Repubblica, normalmente, assegna l'**incarico**. Nel caso in cui egli ritenesse ancora non matura la situazione e quindi necessario un ulteriore giro di consultazione, la prassi mostra il ricorso a due ulteriori soluzioni: il **mandato esplorativo** e il **preincarico**. Il primo viene affidato dal Presidente della Repubblica, in genere, al Presidente di una delle due Camere affinché svolga ulteriori consultazioni (così è accaduto, da ultimo, ad avvio della XVIII legislatura con i mandati affidati dal Presidente Mattarella prima alla Presidente del Senato M.E. Alberti Casellati e poi al Presidente della Camera R. Fico); il secondo viene invece assegnato a colui che presumibilmente riceverà l'incarico affinché compia un ulteriore giro di orizzonte (ad esempio così accadde con il preincarico a M. D'Alema nel 1998 e a P.L. Bersani nel 2013). Il vantaggio di questa seconda soluzione consiste, oltre che nel guadagnare ancora un po' di tempo, nel non esporre il 'preincaricato' al pericolo di un fallimento nel caso in cui non riuscisse a coagulare intorno a sé la maggioranza.

L'obiettivo delle consultazioni presidenziali è l'individuazione della personalità politica in grado di ricevere la fiducia. Anche in questo caso il mutato contesto politico ha influenzato non poco la funzione e l'efficacia delle consultazioni: nel corso della prima fase dell'esperienza repubblicana le elezioni non riuscivano a far emergere una maggioranza certa, sicché consultazioni e incarico erano molto rilevanti nell'individuazione del candidato Presidente del Consiglio; nel periodo successivo, in particolare a partire dal 1996, il nuovo sistema elettorale ha fatto emergere con maggiore chiarezza il polo vincente, sicché per il Presidente della Repubblica è stato più facile individuare il futuro capo del Governo (così almeno nel 1996, 2001, 2006, 2008; nel 2013 e nel 2018, invece, le consultazioni e l'incarico sono tornati a svolgere un ruolo di primo piano). Ciò ha cambiato anche la posizione dell'incaricato rispetto ai partiti. Nella prima fase dell'esperienza repubblicana erano sostanzialmente i partiti di maggioranza a indicare all'incaricato i nominativi dei possibili ministri e le priorità del Governo, mentre nella seconda fase il potere dei partiti si è attenuato.

L'incaricato è normalmente un parlamentare. Negli anni più recenti, in presenza di gravi crisi istituzionali ed economiche, gli incarichi sono stati affidati a soggetti esterni alla vita politica (C.A. Ciampi nel 1993 e M. Monti nel 2011, anche se, in quest'ultimo caso, Monti fu nominato senatore a vita pochi giorni prima di ricevere l'incarico). Nel 2014 anche M. Renzi, pur non essendo parlamentare, ha ricevuto l'incarico di formare il Governo. Con l'avvio della XVIII legislatura, nata sulla base della nuova legge elettorale proporzionale entrata in vigore nel 2017, sono occorsi al Presidente della Repubblica circa novanta giorni per formare il governo di coalizione con a capo un Presidente del Consiglio non eletto (G. Conte). Anche l'ultimo Governo della XVIII legislatura è stato presieduto da M. Draghi, anch'egli non eletto.

Rimane da verificare la posizione dell'incaricato rispetto al Presidente della Repubblica. L'incarico non conferisce a quest'ultimo alcuna pretesa nei confronti dell'incaricato, sul quale pesa tutto il carico di formare un Governo, un programma e di ottenere la fiducia. Il Capo dello Stato, quindi, non può neppure procedere con la revoca dell'incarico, se non in presenza di circostanze eccezionali (eccessiva durata delle consultazioni dell'incaricato, assenza di qualsiasi intesa tra l'incaricato e le forze di maggioranza).

Ad avvio della XVIII Legislatura, nel corso delle complesse trattative tra i partiti per la formazione del Governo, il Presidente incaricato G. Conte ha rimesso il mandato a causa delle tensioni con il Presidente della Repubblica riguardanti la persona del ministro per l'Economia. Non era mai accaduto che il Presidente della Repubblica opponesse, sulla persona di un ministro, un veto sostanziale motivato dalla necessità di tener conto dei rischi di destabilizzazione economica che la nomina di quella persona avrebbe potuto provocare (la persona in questione era il prof. P. Savona, un noto economista molto critico nei confronti della permanenza dell'Italia nel sistema della moneta unica europea). Dopo l'affidamento dell'incarico a C. Cottarelli (anch'egli non eletto) e a seguito di ulteriori trattative che hanno visto i due partiti più votati trovare un accordo politico, che ha previsto lo spostamento del prof. Savona dal ministero dell'Economia ad altro ministero, la vicenda si è poi chiusa positivamente con la rinuncia di Cottarelli e la definitiva nomina del Presidente del Consiglio G. Conte.

Si è molto discusso dell'opportunità e della legittimità della pressione esercitata dal Presidente della Repubblica sui due partiti e sul Presidente del Consiglio incaricato. In una prospettiva che volesse leggere la nomina del presidente del Consiglio come un evento avente rilievo solo nazionale, il comportamento del Presidente della Repubblica andrebbe valutato con qualche perplessità perché, in una repubblica parlamentare, il Presidente della Repubblica non dovrebbe interferire con questioni attinenti all'indirizzo politico. In realtà la vicenda della formazione del Governo Conte ha fatto emergere una nuova consapevolezza, vale a dire che la nomina del Presidente del Consiglio (e del governo nel suo insieme) non può più essere considerata una vicenda solo nazionale, bensì come un evento avente un profondo impatto sulla dimensione unionale e internazionale. In particolare, poiché la revisione costituzionale del 2012 (che ha modificato, tra gli altri, gli artt. 81 e 97) obbliga l'ordinamento italiano ad assicurare l'equilibrio dei bilanci e la sostenibilità del debito pubblico, in coerenza con l'ordinamento dell'Unione europea, un Governo che avesse un indirizzo politico contrastante con tali obiettivi porrebbe dei problemi di compatibilità con l'ordinamento costituzionale per come inserito in quello più ampio dell'Unione europea. In questa prospettiva, allora, il comportamento del Presidente della Repubblica, per quanto innovativo, appare adeguato alla nuova e complessa dimensione della posizione del Governo italiano all'interno dell'Unione europea (Piccirilli, 2018, 387 ss.).

L'incarico viene conferito oralmente, con un comunicato del Segretario generale della Presidenza della Repubblica alla stampa (fino al 1958 era stato assegnato con un decreto del Presidente della Repubblica).

L'incarico è accettato con **riserva**[3]. La ragione per cui il Presidente della Repubblica procede con l'incarico, anziché direttamente con la nomina, è almeno duplice: da un lato serve ad evitare la simultanea presenza di due Presidenti del Consiglio (il nuovo e l'uscente), dall'altro permette all'incaricato di svolgere le proprie consultazioni al fine di formare il Governo e il relativo programma. Per quanto criticata, soprattutto nei primi anni dell'esperienza repubblicana, questa prassi si è consolidata fino ad assumere la forma di una consuetudine o convenzione.

Se al termine delle sue consultazioni l'incaricato ritiene di avere la maggioranza necessaria per formare il Governo, egli scioglie positivamente la riserva con l'effetto di ricevere la nomina da parte del Presidente della Repubblica (riserva sospensiva). Se invece dovesse accorgersi di non avere la forza necessaria per formare una maggioranza parlamentare, scioglierà la riserva in senso negativo (riserva risolutiva).

### 3.4. *La nomina*

Sciolta positivamente la riserva, l'incaricato riceve la **nomina** con decreto del Presidente della Repubblica; con altro decreto vengono nominati i ministri, su proposta del Presidente del Consiglio; infine, con un terzo decreto, sono accettate le dimissioni del Governo uscente. Tutti e tre i decreti presidenziali, adottati contestualmente, sono oramai controfirmati dal Presidente del Consiglio subentrante. Fino al 1983 (ma lo stesso accadeva nell'epoca prefascista) così non è stato in quanto a controfirmare era il Presidente uscente; le perplessità legate alla eventualità di un rifiuto del Presidente uscente all'atto della controfirma spinsero a un mutamento di tale prassi. La nuova regola è stata poi formalizzata dall'art. 1.2. l. 400/1988.

La **scelta dei ministri** spetta al Presidente del Consiglio. Prima di quanto è accaduto nel corso della formazione del I Governo Conte, il Presidente della Repubblica è intervenuto sulla scelta dei ministri molto raramente, in particolare nei casi in cui mancavano i requisiti soggettivi. Così è accaduto nel 1994 quando il Presidente della Repubblica Scalfaro rifiutò di nominare C. Previti Ministro della Giustizia in ragione delle dichiarazione che quest'ultimo aveva lasciato in campagna elettorale; anche nel 2001, all'avvio del II Governo Berlusconi, il Presidente della Repubblica Ciampi rifiutò di nominare R. Maroni Ministro della Giustizia;

---

[3] All'avvio di quello che sarebbe stato il II Governo Berlusconi (2011) l'incaricato, appena ricevuto l'incarico, sciolse immediatamente la riserva, anche in ragione della chiara indicazione elettorale ricevuta dalla coalizione vincente; anche nel caso del definitivo incarico a G. Conte nel 2018, il presidente incaricato ha immediatamente sciolto la riserva.

infine nel 2014, all'avvio del Governo Renzi, il Presidente della Repubblica Napolitano si è opposto alla nomina del procuratore della Repubblica di Reggio Calabria N. Gratteri a Ministro della Giustizia per motivi di opportunità. In tutte e tre i casi i Presidenti incaricati non si sono opposti al rifiuto del Presidente della Repubblica.

### 3.5. *Il giuramento e i poteri del Governo*

A questo punto l'organo Governo è formato in via transitoria. La definitività interviene col **giuramento** del Presidente del Consiglio e dei ministri nelle mani del Presidente della Repubblica, espressamente previsto dall'art. 93. A ben vedere, solo col giuramento i ministri possono esprimere la loro accettazione (ed è infatti capitato che un ministro nominato abbia poi rifiutato di giurare, come è, ad esempio, avvenuto al momento della formazione del Governo Amato nel 2000, in occasione del quale il ministro appena nominato, E. Ronchi, ritirò la propria disponibilità). È anche questa la ragione per cui il giuramento interviene subito dopo la nomina, nel più breve tempo possibile.

Col giuramento il Governo può ritenersi formato. A spingere l'interpretazione in questo senso è lo stesso art. 93 che condiziona l'assunzione delle funzioni al giuramento.

Questa conclusione potrebbe essere revocata in dubbio da chi ritenesse che solo con l'ottenimento della fiducia il Governo entri nel pieno delle sue funzioni. Si noti tuttavia che, a inficiare questa tesi, interviene la circostanza che, anche se il Governo appena formato non dovesse ottenere la fiducia, esso resta in carica, pur dimissionario, fino all'insediamento del nuovo Governo. A dimostrazione, appunto, che il Governo esiste a partire dal giuramento. Inoltre un dato di comparazione conforta questa conclusione: in altri Paesi, quando si è voluto subordinare l'insediamento del Governo al voto parlamentare, si è normalmente invertito l'ordine delle fasi procedimentali: nella Repubblica Federale di Germania, ad esempio, il nuovo Cancelliere (equivalente al nostro Presidente del Consiglio) riceve prima la fiducia del Parlamento e poi la nomina da parte del Presidente della Repubblica (cfr. art. 63 della costituzione tedesca; così anche in Spagna).

Nel periodo che va dal giuramento alla fiducia (e che non può superare i dieci giorni)[4], il Governo può adottare tutti gli atti necessari e indilazionabili. La tesi che voleva limitarne i poteri all'ordinaria amministrazione, obbligando il Governo ad adottare atti dovuti, atti esecutivi di leggi già in vigore o motivati da necessità e urgenza, è stata smentita dall'esperienza. Di fatto, nel periodo suddetto, il

---

[4] E ciò al fine di evitare i c.d. governi del Presidente (della Repubblica), sulla falsariga di quanto accadde in Germania tra il 1919 e il 1933 in cui, a causa dell'assenza di una norma che obbligava espressamente il Governo a presentarsi in Parlamento, il Presidente della Repubblica riuscì a dare vita a governi che godevano della sua fiducia ma non di quella del Parlamento.

Governo elabora il programma di governo sul quale chiederà la fiducia, nomina i sottosegretari, presenta disegni di legge e può adottare decreti-legge e decreti legislativi. Si ritiene che l'unico atto sottratto ai suoi poteri sia la controfirma di un eventuale decreto di scioglimento anticipato del Parlamento in ragione del fatto che potrebbe trattarsi di uno scioglimento concordato tra il Presidente della Repubblica e il Presidente del Consiglio al fine di liberarsi di un Parlamento non disposto ad accordare la fiducia.

### 3.6. *La fiducia*

Presentandosi alle Camere, il Presidente del Consiglio espone il **programma di governo**, elaborato dal Presidente del Consiglio e approvato dal Consiglio dei ministri. Nel concedere la fiducia, il Parlamento si esprime sostanzialmente sulle dichiarazioni programmatiche, che, si noti bene, il Parlamento non può cambiare in quanto il programma è atto esclusivo del Governo.

L'art. 94 prevede che il **voto di fiducia** sia votato per appello nominale, previa mozione motivata; ciò al fine di permettere di render noto all'opinione pubblica quali forze sosterranno il Governo e quali vi si opporranno.

Nel caso in cui il Governo non ottenga la fiducia, come abbiamo già detto, il Governo rassegnerà le dimissioni, che il Presidente della Repubblica accetterà con riserva[5].

## 4. *Le componenti del Governo*

### 4.1. *Gli organi previsti in Costituzione*

Il Governo si compone del Presidente del Consiglio dei ministri e dei singoli ministri, che insieme formano il Consiglio dei ministri. Così recita l'art. 92.1., che descrive esclusivamente la composizione del Governo, senza dare indicazioni sugli aspetti funzionali e sui rapporti intercorrenti tra le tre componenti. In questo senso potrebbe essere utile l'art. 95, che si occupa, in forma comunque minima, delle funzioni del Presidente del Consiglio e dei ministri. Il primo «*dirige la politica generale del Governo e ne è responsabile. Mantiene l'unità di indirizzo politico ed amministrativo, promovendo e coordinando l'attività dei ministri*»; quanto ai ministri si afferma solo che essi sono responsabili collegialmente degli atti del Consiglio dei ministri e individualmente degli atti dei loro dicasteri. Si può quindi ben dire che le rispettive posizioni e funzioni sono appena sbozzate, mancando

---

[5] Nella storia repubblicana questo evento si è realizzato con il I Governo Fanfani nel 1954; con il I Governo Andreotti nel 1972, ancora con il V Governo Andreotti nel 1979 e con il VI Governo Fanfani nel 1987.

(opportunamente) una netta definizione delle stesse. Opportunamente perché i Costituenti immaginarono che sarebbe stata la prassi, la concreta esperienza a meglio definire ruoli e funzioni dei tre organi in questione.

Anche in questo caso è indispensabile avvertire che le due fasi dell'esperienza repubblicana forniscono contesti molto differenti per la corretta interpretazione della posizione del Governo e delle sue componenti. Nella prima fase, tendenzialmente, il Presidente del Consiglio veniva normalmente espresso dal partito di maggioranza relativa e il suo precipuo compito era quello di tenere insieme le diverse componenti partitiche dei governi di coalizione, che si esprimevano attraverso i Ministri (Capotosti, 1975). Nella seconda fase, a tendenza bipolare, la persona del Presidente del Consiglio, coincidente con il capo della coalizione vincente, ha goduto di una più forte investitura popolare. Anche in questa seconda fase la necessità di formare governi con più componenti partitiche (la nuova fase essendo caratterizzata da un tendenziale bipolarismo) non ha comunque permesso al Presidente del Consiglio di assurgere a quel ruolo primario che il capo del governo assume in altre forme di governo parlamentari (si pensi al *Premier* nel Regno Unito o al Cancelliere tedesco nella Repubblica federale di Germania).

Ciò premesso è ora possibile dare un rapido sguardo alle competenze dei singoli organi per come esse sono state disegnate dalla l. 400/1988, modificata dal d.lgs. 303/1999.

Come capo del Governo, il **Presidente del Consiglio** ha la rappresentanza generale del Governo (e quindi è a lui che si imputano i rapporti con gli altri organi costituzionali, quali il Presidente della Repubblica, il Parlamento, ecc.). A tal fine egli ha il potere di convocazione del Consiglio dei ministri, di formazione dell'ordine del giorno e di direzione dei lavori del Consiglio medesimo (Ciolli, 2018).

Avendo la responsabilità dell'unità e dell'omogeneità dell'azione del Governo, l'art. 5 l. 400/1988 conferisce al Presidente poteri di coordinamento con i singoli ministri. La legge rispecchia fedelmente un contesto politico in cui il Presidente del Consiglio non riesce a svolgere un ruolo di effettiva primazia. Basti pensare che non esistono poteri effettivi nei confronti di un Ministro che, dopo una deliberazione consiliare diretta ad adottare determinate misure, rimanesse inerte[6].

L'art. 2 l. 400/1988 individua i poteri del **Consiglio dei ministri** (e lo fa, significativamente, prima della disciplina dei poteri del Presidente del Consiglio). Tra di essi un particolare rilievo va dato all'approvazione delle iniziative legislative, come anche dei decreti-legge, dei decreti legislativi e dei regolamenti del Governo; alla risoluzione dei conflitti tra i Ministri e alla nomina degli alti funzionari (Ruggeri, 1981).

Come già detto, ciascun Ministro è a capo di un ministero (dicastero) e ne ha la piena responsabilità.

---

[6] Si rinvia all'art. 5 appena menzionato per l'elenco degli ulteriori poteri del Presidente del Consiglio.

### 4.2. *Le componenti non necessarie*

Accanto agli organi individuati dall'art. 92 la prassi ha mostrato l'emersione di altre figure soggettive che hanno oramai assunto un ruolo caratterizzante i Governi della Repubblica. Ciò è stato possibile in ragione sia della minima disciplina costituzionale sia delle esigenze effettive derivanti dai governi di coalizione in cui il peso dei partiti viene misurato anche sulla base dell'importanza e del numero dei ministri assegnati a ciascun partito. La l. 400/1988 ha poi disciplinato alcune di tali figure.

#### 4.2.1. *Il Vice Presidente del Consiglio dei ministri*

L'art. 8 l. 400 prevede che il Presidente del Consiglio possa proporre al Consiglio dei ministri la nomina di uno o più Vice Presidenti del Consiglio dei ministri. La prassi ne mostra un uso variegato e discontinuo. Si tende ad attribuire tale funzione al Ministro più importante del maggior partito della coalizione, diverso da quello cui appartiene il Presidente del Consiglio. Nel I Governo Conte (2018), in ragione di un delicato equilibrio tra i due partiti componenti la coalizione di governo, la carica di vicepresidente del Consiglio è andata a due Ministri, *leader* riconosciuti dei due partiti componenti il Governo.

#### 4.2.2. *I Ministri senza portafoglio*

Il fatto di essere 'senza portafoglio' indica che tali ministri non sono al vertice di quelle strutture amministrative complesse, chiamate **ministeri**, che curano settori rilevanti della P.A. (la giustizia come la sicurezza, i beni culturali come la salute, l'ambiente come i rapporti internazionali). Nel corso degli anni i **Ministri senza portafoglio** hanno registrato una progressiva valorizzazione: mentre inizialmente erano nominati al solo scopo di ampliare la base di consenso del Governo (di coalizione), col tempo sono stati sempre più utilizzati per dirigere strutture amministrative di più nuovo conio, facenti comunque capo alla Presidenza del Consiglio (Dipartimento per i rapporti con il Parlamento, Dipartimento per gli Affari Regionali, Dipartimento per le Politiche Europee, ecc.). I ministri senza portafoglio partecipano al Consiglio dei ministri.

#### 4.2.3. *I sottosegretari di Stato*

Quella del sottosegretari di Stato è una figura di governo antica, prevista originariamente nel sistema inglese, al fine di permettere ai ministri di aver accesso al Parlamento dove, secondo un'antica consuetudine, è ad essi vietato di entrare (ne è rimasto un residuo, anche nell'ordinamento italiano, nel c. 4 art. 10 l. 400/1988 che li disciplina).

I sottosegretari coadiuvano il Ministro. A tal fine sono nominati con decreto del Presidente della Repubblica, su proposta del Presidente del Consiglio e di concerto col Ministro coadiuvato. I compiti dei sottosegretari sono stabiliti direttamente dal Ministro con proprio decreto pubblicato in Gazzetta Ufficiale. Sono dunque figure con funzioni mobili, non individuate direttamente dalla legge. Pur giurando nelle mani del Presidente della Repubblica, essi non fanno parte del Consiglio dei ministri.

Tra di essi assume un ruolo di spicco il *Sottosegretario di Stato presso il Consiglio dei ministri*, che svolge le funzioni di segretario del Consiglio dei ministri e, proprio per questo, è anche l'unico ad essere ammesso al Consiglio medesimo.

#### 4.2.4. *I vice ministri*

La l. 81/2001 (che ha modificato l'art. 10 l. 400/1988) ha anche previsto la figura dei vice ministri da attribuire a non più di dieci sottosegretari, a condizione che ad essi vengano conferite «deleghe relative all'intera aria di competenza di una o più strutture dipartimentali ovvero di più direzioni generali». La delega, in tale ipotesi, va approvata dal Consiglio dei ministri. I vice ministri possono essere invitati al Consiglio dei ministri, dove non hanno diritto di voto, per riferire su argomenti e questioni attinenti alla materia loro delegata.

#### 4.2.5. *I commissari straordinari del Governo*

I commissari straordinari vengono nominati per assolvere specifici programmi governativi ovvero per far fronte a esigenze temporanee di coordinamento tra più amministrazioni statali. Tali figure hanno un importante precedente in quella dell'alto commissario, molto utilizzato nei primi anni dell'esperienza repubblicana (ad esempio l'alto commissario per il turismo, istituito nel 1947).

L'art. 11 l. 400/1988 precisa che la nomina del commissario straordinario non altera le attribuzioni dei ministeri fissate dalla legge. Sono nominati con decreto del Presidente della Repubblica, su proposta del Presidente del Consiglio, previa deliberazione del Consiglio dei ministri; con lo stesso decreto devono essere determinati i compiti del commissario, i mezzi e il personale messo a sua disposizione, la durata dell'incarico.

#### 4.2.6. *Il Consiglio di Gabinetto*

L'art. 6 l. 400/1988 prevede il potere del Presidente del Consiglio di istituire un Comitato, denominato **Consiglio di Gabinetto**, composto dai Ministri da lui designati. Tale collegio avrebbe la funzione di coadiuvare il Presidente del Consiglio nell'ambito delle funzioni che gli affida l'art. 95. In effetti, nel 1983, l'allora Presidente del Consiglio (B. Craxi) istituì tale organismo in via di prassi; la l. 400/1988, adottata l'anno successivo, ne prese atto all'art. 6. Fu poi ancora utilizzato nei successivi governi. Negli anni più recenti non vi si è fatto più ricorso. La sua limitata utilizzazione si spiega anche con la natura composita dei governi di coalizione, che mal sopportano la presenza di un altro organo collegiale che possa far concorrenza al Consiglio dei ministri.

#### 4.2.7. *I Comitati di ministri e interministeriali*

Storicamente i comitati di ministri nascono nell'esperienza inglese, durante il periodo della seconda guerra mondiale (Quadri, 1965). Sono organi composti da più ministri e svolgono funzioni che sono trasversali rispetto a più ministeri. I più noti, oggi, sono il CIPE (Comitato interministeriale per la programmazione economica), il CICR (Comitato interministeriale per il credito e il risparmio), il CISR (Comitato interministeriale per la sicurezza della Repubblica), il CIAE (Comitato interministeriale per gli affari europei), ma la storia della Repubblica ne annovera molti altri oramai non più esistenti.

Tra gli organi non necessari i comitati interministeriali hanno provocato le maggiori questioni dogmatiche in quanto la loro presenza rischia di incidere sulle competenze dei singoli Ministri (Ciriello, 1981 e Ciarlo, 1994). Ciò accade, in particolare, se le deliberazioni di un certo Comitato dei ministri assumono carattere vincolante; in questo caso, la loro istituzione deve essere prevista dalla legge (come è il caso del CICR, del CIPE) e assumono il nome di **Comitato interministeriale**. Se, invece, hanno carattere solo istruttorio o temporaneo rispetto all'attività del Consiglio dei ministri, possono essere istituiti con decreto del Presidente del Consiglio e assumono il nome di **Comitati di ministri**.

Per ovviare alla difficoltà appena menzionata, l'art. 6 l. 400 prevede che i Comitati devono trasmettere l'ordine del giorno delle proprie sedute al Presidente del Consiglio, il quale può deferire alcune questioni al Consiglio dei ministri. In questo modo si cerca di riportare presso la naturale sede del Consiglio dei ministri l'attività di direzione di tali organi (l'art. 6 prevede infatti che il Consiglio dei ministri possa impartire direttive a cui i Comitati debbono attenersi).

## 5. *Le crisi di Governo*

Abbiamo visto che i Costituenti, per quanto in maniera molto sintetica, provvidero a disciplinare il procedimento di formazione del Governo. Furono ancora più sintetici nel disciplinarne la fine, la c.d. crisi di governo, limitandosi a stabilire, nell'ultimo comma dell'art. 94, come votare la sfiducia (mozione firmata da almeno un decimo dei componenti della Camera e intervallo di almeno tre giorni tra la sua presentazione e la relativa discussione). Può quindi dirsi che i Costituenti immaginarono che i Governi finissero per un espresso voto di sfiducia da parte di una o di entrambe le Camere (Galizia, 1962, 367 ss.).

Quanto preconizzato dai Costituenti non ha mai preso forma nell'esperienza repubblicana giacché i Governi repubblicani sono caduti per molti e disparati motivi ma, sempre, in assenza di un voto di sfiducia parlamentare. Si parla, in proposito, di **crisi extraparlamentari**, al fine di enfatizzare che il Governo si dissolve non per effetto del venir meno del rapporto di fiducia a seguito di un voto parlamentare, bensì per effetto di una sorta di entropia, di implosione interna, che porta alle dimissioni del Presidente del Consiglio. Se si parte dalla constatazione che i Governi della Repubblica italiana sono stati per lo più governi di coalizione, è più immediatamente intuibile la ragione per cui è stata questa tipologia di crisi ad essere predominante: l'alterazione dei rapporti tra le diverse 'anime' del Governo – indipendentemente da fatto che le fratture si siano manifestate nei rapporti tra i ministri (V Governo De Gasperi) o tra i partiti (I Governo Berlusconi, I e II Governo Conte, Governo Draghi) – è stata la causa scatenante della crisi e delle conseguenti dimissioni.

Tuttavia la crisi extraparlamentare non è l'unico modo in cui il Governo viene meno. Il Governo si dimette, infatti, a seguito del voto contrario sulla **questione di fiducia** posta dallo stesso Governo. La questione di fiducia, che non coincide con la sfiducia di origine parlamentare, è istituto nato dalla prassi parlamentare consistente nella richiesta del Governo di votare per l'approvazione di progetti di legge, articoli, emendamenti (o anche per la loro reiezione), accompagnata dall'impegno a dimettersi in caso di votazione contraria a quella richiesta dal Governo (c.d. questione di fiducia concreta). Ma il Governo può anche decidere di chiedere al Parlamento una conferma della fiducia, indipendentemente dalla votazione su uno specifico atto (c.d. questione di fiducia astratta) (Olivetti, 1996). Se il Governo pone la questione di fiducia sull'approvazione di un atto, ciò ha l'effetto di bloccare tutte le proposte alternative, di provocare la decadenza di tutti gli emendamenti e di imporre la votazione per appello nominale (cfr. art. 116 R.C.). Da un lato è un'arma molto forte nelle mani del Governo per compattare la propria maggioranza, dall'altro elimina ogni forma di confronto parlamentare obbligando maggioranza e opposizione a 'prendere o lasciare'. Di conseguenza, è un istituto molto criticato da coloro che, attratti dalla logica consociativa, auspicano che il Parlamento sia la sede degli accordi e dei compromessi (in senso alto) tra maggioranza e opposizione, mentre è diversamente valutato da coloro che, più favorevoli alla logica maggioritaria, ritengono che esso sia uno strumento indispensabile per evitare negoziazioni al ribasso. I Governi guidati da R. Prodi sono caduti per effetto di un voto negativo su questione di fiducia sia nel 1998 che nel 2008. La legge elettorale approvata definitivamente il 26 ottobre 2017 è stata sottoposta a ben otto questioni di fiducia poste dal Governo Gentiloni (tre alla Camera e cinque al Senato).

In altri casi ancora il Governo ha preso atto del venir meno del rapporto di fiducia con le Camere a seguito di fatti concludenti, per esempio la mancata conversione in legge di un decreto-legge (ad esempio nel caso del IV Governo Berlusconi nel 2011).

Infine il Governo presenta le dimissioni tutte le volte in cui viene eletto un nuovo Presidente della Repubblica (c.d. *dimissioni di cortesia*, che il nuovo Presidente della Repubblica respinge) e a seguito del voto popolare per la formazione delle Camere. In alcuni casi è stato il voto popolare espresso in occasione di referendum a determinare le dimissioni (è quanto accaduto con il I Governo Amato dopo il referendum elettorale nel 1993 e col Governo Renzi dopo il referendum costituzionale svoltosi il 4 dicembre 2016).

Conclusivamente può dirsi che in una forma di governo parlamentare poggiante su un sistema pluripartitico i Governi sono sottoposti a tensioni anche di origine extraparlamentare che possono portare a crisi e dimissioni. Di conseguenza l'art. 94.4. è solo una delle possibili modalità attraverso cui un governo si dissolve.

Per tentare di ricondurre nell'alveo parlamentare le diverse fenomenologie di crisi, alcuni Presidenti della Repubblica (Gronchi nel 1957 col Governo Zolli e nel 1960 col Governo Tambroni; Leone nel 1974 col Governo Rumor; e poi Pertini, Cossiga, Scalfaro e, da ultimo, Mattarella con riguardo alle dimissioni di Draghi) hanno invitato i Presidenti del Consiglio dimissionari a presentarsi alle Camere per spiegare i motivi della crisi (c.d. **parlamentarizzazione della crisi**). Non pare tuttavia che l'invito possa essere interpretato come un obbligo formatosi in via consuetudinaria sicché il Presidente del Consiglio dimissionario potrebbe non ottemperare all'invito (come accadde nel caso del secondo Governo Fanfani, già nel 1959).

## 6. *Altre modifiche della compagine governativa: rimpasti,* interim*, sfiducia individuale, revoca*

Può capitare che vi sia necessità di sostituire uno o più Ministri. Tale evento deve avere carattere eccezionale e limitato, altrimenti sostituzione dopo sostituzione il Parlamento potrebbe trovarsi di fronte a un Governo sostanzialmente diverso da quello a cui ha accordato la fiducia[7].

Se tenuta entro questi limiti, la sostituzione di un componente del Consiglio dei ministri viene comunemente definita come **rimpasto**, che quindi deve riguardare casi limitatissimi (uno o pochi altri). Normalmente il rimpasto è dovuto a motivi personali, non a motivi politici; in caso diverso potrebbe portare alla crisi, soprattutto se il Ministro fosse esponente rilevante di un partito membro della coalizione.

Può anche accadere che un ministro lasci la direzione di un dicastero per un qualsiasi motivo (ad esempio, perché nominato commissario europeo). In questo caso il Presidente del Consiglio o un altro ministro può assumere la direzione del

---

[7] È in effetti quanto accadde nel 1960 con il Governo Tambroni che, per una serie di motivi, si presentò alla Camera e poi al Senato, per ottenerne la fiducia, in due formazioni diverse a causa delle dimissioni presentate da alcuni Ministri a seguito della prima votazione della fiducia.

ministero rimasto vacante ***ad interim***, vale a dire provvisoriamente[8]. L'*interim* dovrebbe essere limitato nel tempo, anche in ragione del fatto che la direzione di un ministero è attività piuttosto gravosa e impegnativa sicché risulta complicato per qualunque politico, pur particolarmente dotato, il doppio incarico (nel periodo fascista, invece, l'*interim* a favore del capo del Governo fu spesso utilizzato, evidentemente per ragioni diverse da quelle del buon andamento). L'istituto è oggi previsto dall'art. 9.4. l. 400/1988, che richiede un decreto del Presidente della Repubblica.

L'istituto della fiducia, previsto dall'art. 94, riguarda il Governo nel suo complesso. In altri termini, la fiducia che le due Camere accordano è rivolta al Governo nel suo complesso, non al singolo Presidente del Consiglio né ai singoli ministri. Stesso discorso vale per la sfiducia, disciplinata nella parte finale del medesimo articolo. Sulla possibilità di sfiduciare il singolo Ministro (sfiducia individuale), fino al 1995, si è discusso in termini astratti, sganciati da casi concreti, anche perché l'ipotesi non è prevista in Costituzione[9]. In quell'anno, invece, il Ministro della giustizia F. Mancuso fu colpito dalla **sfiducia individuale** del Senato, alla quale reagì non dimettendosi. Su proposta del Presidente del Consiglio fu allora adottato un decreto del Presidente della Repubblica con il quale il Ministro venne sostituito (in questo caso va evidenziato un aspetto importante: la sfiducia individuale non fu richiesta dall'opposizione ma fu voluta dalla maggioranza, quasi un'alternativa alla revoca). Il Ministro sollevò allora un conflitto di attribuzioni dinanzi alla Corte costituzionale, che si pronunciò con la nota sent. 7/1996.

In questa sentenza la Corte, dopo aver constatato che esiste una responsabilità individuale dei Ministri espressamente prevista dall'art. 95.2., ha ammesso il potere del Parlamento di sfiduciare il singolo ministro. Se votata, essa comporta l'obbligo delle dimissioni (con la conseguenza che, nel caso concreto, la Corte ha ritenuto legittimo il decreto presidenziale di sostituzione).

In via di prassi è emersa anche la mozione di sfiducia individuale ai sottosegretari di Stato.

Rimane infine da trattare la questione della **revoca** del Ministro da parte del Presidente del Consiglio, potere non previsto in Costituzione. Secondo alcuni studiosi, tale potere potrebbe essere considerato implicito nel potere di nomina. Tesi difficile da accogliere, se è vero che tale potere è espressamente previsto a favore del Presidente di Giunta regionale eletto a suffragio universale e diretto (art. 122.u.c.). Anche nella costituzione tedesca, che condivide con quella italiana la natura parlamentare, il potere di revoca del Capo del governo è espressamente

---

[8] Ad esempio, a luglio 2017 il Presidente del Consiglio Gentiloni ha assunto l'*interim* del Dipartimento per gli Affari Regionali a seguito delle dimissione del ministro E. Costa.

[9] La base normativa si trova nell'art. 115 R.C. e in un parere della Giunta del Regolamento del Senato (parere del 24 ottobre 1984).

previsto (art. 64 Cost. tedesca). Va inoltre ricordato che anche lo Statuto albertino prevedeva espressamente tale potere.

Resta il fatto che nei governi di coalizione il potere di revoca è molto difficile da esercitare perché richiede il consenso del partito del Ministro da revocare. In assenza di tale consenso lo spettro della crisi si concretizzerebbe immediatamente. In due casi relativamente recenti, che avrebbero potuto portare, accogliendo la tesi del potere di revoca implicito, alla revoca dei Ministri R. Ruggiero e C. Scajola – entrambi ministri del Governo Berlusconi, il secondo, inoltre, esponente del partito del Presidente del Consiglio – si è comunque preferito lo strumento delle dimissioni (più o meno spontanee) piuttosto che il ricorso alla revoca (Galizia, 1962, 386 ss.).

## 7. *Responsabilità del Governo e dei Ministri*

Il Governo agisce in forma eminentemente politica sicché è naturalmente esposto alla critica dell'opposizione presente in Parlamento e nell'opinione pubblica. Le forze dell'opposizione possono, in casi che ritengono particolarmente rilevanti, provare a far valere forme di **responsabilità politica** nei confronti del Governo (Rescigno, 1967). In questo caso si è fuori, dunque, da forme di responsabilità giuridica, che scattano ogni volta che sono violate norme giuridiche e che portano all'irrogazione di sanzioni di vario tipo (penali, civili, amministrative, contabili). A esser messa in discussione, in questo caso, è l'azione del Governo per le sue conseguenze politiche (si pensi alla decisione di un Governo di entrare in un'azione di guerra accanto ad altri Stati: tale decisione potrebbe essere fortemente criticata dall'opposizione parlamentare e forse da una parte delle forze di maggioranza, portando così ad una possibile crisi di governo).

Gli strumenti per far emergere tale responsabilità sono stati esaminati nel capitolo dedicato al Parlamento (con particolare riguardo agli strumenti di controllo di cui dispone il Parlamento) e in alcuni paragrafi del presente capitolo: dalla censura alla sfiducia individuale, nel caso in cui ad essere messa in discussione è la responsabilità del singolo Ministro. Deve comunque rimaner fermo che il principale strumento per la responsabilità politica rimane la sfiducia di cui all'art. 94.

Oltre alla responsabilità politica il Governo e i suoi ministri sono sottoposti anche a diverse forme di responsabilità giuridica. La più grave è senz'altro la **responsabilità penale**. Fino al 1989 la responsabilità del Presidente del Consiglio e dei Ministri era sottoposta allo stesso regime previsto per il Presidente della Repubblica, implicante la messa in stato d'accusa del Parlamento e il giudizio della Corte costituzionale in composizione allargata. Questo meccanismo piuttosto complesso è stato cambiato con la l. cost. 1/1989, anche a seguito dell'unico processo diretto ad accertare la responsabilità dei ministri. Il processo c.d. *Lockeed* occupò la Corte costituzionale per un periodo piuttosto lungo, impedendo a quest'ultima di svolgere le sue funzioni ordinarie e creando, di conseguenza, un notevole arretrato il cui smaltimento ha impegnato la Corte per anni.

La l. cost. 1/1989, modificando l'art. 96, ha operato una notevole semplificazione in quanto: a) i reati del Presidente del Consiglio e dei ministri sono sottoposti alla giurisdizione ordinaria; b) per poter procedere nei loro confronti, è richiesta l'autorizzazione a procedere della Camera (se il ministro è parlamentare) o del Senato (se il ministro non è parlamentare).

È bene tener presente le differenze che corrono tra questa autorizzazione e quella richiesta dall'art. 68.2. per poter procedere nei confronti dei parlamentari. Mentre in quest'ultimo caso le Camere possono negare l'autorizzazione per qualsiasi motivo, nel caso in esame la reiezione della richiesta deve avvenire a maggioranza assoluta [10] e solo nel caso in cui si pervenga alla conclusione che il ministro abbia agito per la tutela di un interesse dello Stato costituzionalmente rilevante o per il perseguimento di un preminente interesse pubblico. L'altra differenza riguarda il fatto che l'autorizzazione è richiesta anche se il Ministro non è parlamentare.

In quanto funzionari pubblici vale per il Presidente del Consiglio e per i Ministri l'art. 28 che prevede, oltre a una responsabilità penale, forme di responsabilità civile e amministrativa (quest'ultima difficile da costruire essendo il Ministro al vertice dell'apparato burocratico di riferimento). Al Presidente del Consiglio e ai Ministri si applicano anche forme di responsabilità contabile.

## 8. *Gli organi ausiliari*

All'interno del Titolo III dedicato al Governo, la Sezione I disciplina il Consiglio dei ministri; la Sezione II contiene alcuni principi riguardanti la P.A.; la Sezione III, infine, si occupa degli *organi ausiliari*, in particolare del Consiglio nazionale dell'economia e del lavoro (art. 99) e del Consiglio di Stato e della Corte dei conti (art. 100). Mentre il primo organo ha perso sempre più rilievo dal punto di vista istituzionale, gli altri due organi svolgono un ruolo rilevante, che, come vedremo nella parte dedicata al potere giudiziario, non è di sola consulenza e di controllo nei confronti del Governo e della P.A.

### 8.1. *Il Consiglio nazionale dell'economia e del lavoro*

Il Consiglio nazionale dell'economia e del lavoro (CNEL) è previsto dall'art. 99. È un organo di **rilevanza costituzionale**. Ciò vuol dire che la sua istituzione è

---

[10] Se non si raggiunge la maggioranza assoluta, l'autorizzazione s'intende concessa, mentre, nel caso dell'autorizzazione nei confronti del parlamentare, l'autorizzazione si intende negata se non si raggiunge la maggioranza assoluta.

direttamente prevista dalla Costituzione, come lo sono le sue funzioni. A differenza degli organi costituzionali, tuttavia, gli organi di rilevanza costituzionale – tra cui, oltre al CNEL, vanno annoverati il Consiglio superiore della magistratura, il Consiglio di Stato e la Corte dei conti – non sono espressione di sovranità e comunque non contribuiscono a definire la forma di governo. Sono anche detti organi ausiliari in quanto svolgono (anche) funzioni serventi, di varia natura, rispetto alle funzioni degli organi costituzionali.

Tra gli organi ausiliari il CNEL è quello che in astratto avrebbe il potere più rilevante, quello di iniziativa legislativa. Tale potere fu attribuito dai Costituenti al CNEL giacché l'Assemblea costituente pensava ad esso come ad un organo di importante consulenza del Parlamento e del Governo. Non a caso l'art. 99 aggiunge che esso «*può contribuire alla elaborazione della legislazione economica e sociale secondo i principi ed entro i limiti stabiliti dalla legge*». Di fatto, il sistema politico e partitico non ha gradito le intromissioni di una possibile 'terza' camera, condannando l'organo a una fattuale irrilevanza.

L'art. 99 prevede che sia la legge a specificare la composizione dell'organo, limitandosi a stabilire che al suo interno vi siano esperti e rappresentanti delle categorie produttive, «*in misura che tenga conto della loro importanza numerica e qualitativa*».

La l. 936/1986 (modificata da l. 383/2000, da art. 7 l. 39/2011 e art. 17 d.l. 138/2011) ha previsto 72 membri così distribuiti: a) 12 esperti (esponenti della cultura economica, sociale e giuridica, di cui 8 nominati dal Presidente della Repubblica e 4 proposti dal Presidente del Consiglio; b) 48 rappresentanti delle categorie produttive di beni e servizi nei settori pubblici e privati (24 in rappresentanza dei lavoratori dipendenti, 18 in rappresentanza delle imprese e 6 in rappresentanza dei lavoratori autonomi); c) 10 rappresentanti delle associazioni di promozione sociale e del volontariato; d) il Segretario generale e il Presidente (questi ultimi nominati dal Presidente della Repubblica su proposta del Presidente del Consiglio).

Il CNEL esprime valutazioni, osservazioni e proposte su alcuni atti del Governo. Tutti gli atti del CNEL sono assunti a maggioranza assoluta (art. 14 l. 936/1986).

### 8.2. *Il Consiglio di Stato*

Anche il Consiglio di Stato è un organo di rilevanza costituzionale, previsto dall'art. 100.1.

In esso convergono due importanti funzioni: quella di consulenza giuridico-amministrativa nei confronti del Governo e la funzione di giurisdizione (cfr. art. 103.1.). Questa doppia funzione rende il Consiglio di Stato e i giudici che di esso fanno parte un ingranaggio rilevante per il funzionamento delle strutture amministrative centrali. In questa prospettiva è molto rilevante l'art. 100.3. che vuole che la legge assicuri l'indipendenza dell'organo e dei suoi componenti.

In ragione di questa duplice competenza il Consiglio è composto da sette sezioni: quattro svolgono funzioni giurisdizionali (III, IV, V e VI), tre svolgono funzioni consultive (I, II e la sezione consultiva degli atti normativi). Quando le questioni da affrontare sono particolarmente rilevanti, il Consiglio si riunisce in **Adunanza Generale** (se si tratta di funzioni consultive) ovvero in **Adunanza Plenaria** (se si tratta di funzioni giurisdizionali).

Nell'ambito della funzione consultiva, il Consiglio rilascia pareri che possono essere facoltativi od obbligatori. I primi non sono vincolanti; i secondi, in alcuni casi, possono esserlo. Tra i pareri obbligatori vanno ricordati quelli sugli atti normativi del Governo e quelli sui ricorsi straordinari al Presidente della Repubblica.

### 8.3. *La Corte dei conti*

Altro organo di rilevanza costituzionale, la Corte dei conti è prevista dall'art. 100.2. Anche nei suoi confronti il comma successivo chiede che la legge assicuri l'indipendenza dell'organo e dei suoi componenti nei confronti del Governo.

Anche nel caso della Corte dei conti si sommano una pluralità di funzioni. Le sezioni giurisdizionali sono tre a livello centrale; in ogni Regione c'è una sezione giurisdizionale. Esistono poi diverse sezioni devolute alle funzioni di controllo.

Mentre l'art. 103 prevede quelle di natura giurisdizionale, l'art. 100.2 regola soprattutto le funzioni di controllo, che si svolgono: a) in forma preventiva sulla legittimità degli atti del Governo; b) in forma successiva, sulla gestione del bilancio dello Stato. In questo caso il controllo si conclude con il **giudizio di parificazione** del rendiconto consuntivo dello Stato e delle gestioni collegate, che serve a verificare se le previsioni contenute nel bilancio preventivo statale sono in linea con i risultati della gestione finanziaria contenuti nel rendiconto consuntivo; c) sulla gestione finanziaria degli enti partecipati dallo Stato. Di tutto ciò la Corte dà poi conto alle Camere con una relazione annuale.

CAPITOLO VIII

# IL PRESIDENTE DELLA REPUBBLICA

SOMMARIO: 1. Il Presidente di una repubblica parlamentare. – 2. L'elezione del Presidente. – 2.1. L'elezione da parte del Parlamento. – 2.2. Le disposizioni che configurano il Presidente quale garante dell'unità nazionale. – 3. Gli impedimenti e la supplenza. – 4. La responsabilità del Presidente della Repubblica. – 4.1. Esiste una responsabilità politica del Presidente? – 4.2. La responsabilità giuridica del Presidente. – 5. La controfirma. – 5.1. L'evoluzione storica. – 5.2. La disciplina costituzionale. – 5.2.1. Gli atti formalmente presidenziali e sostanzialmente governativi. – 5.2.2. Atti formalmente e sostanzialmente presidenziali. – 5.2.3. Atti privi di controfirma. – 5.2.4. Atti complessi.

## 1. *Il Presidente di una repubblica parlamentare*

L'inquadramento della figura del Presidente della Repubblica risulta particolarmente complesso. Una complessità che non riguarda solo l'ordinamento italiano ma tutte le forme di governo in cui, accanto al Parlamento e al Governo, si affianca anche un terzo organo con le funzioni di capo dello Stato. La maggiore articolazione delle forme di governo ternarie deriva anche da ragioni storiche, il capo dello Stato discendendo dalla posizione del monarca delle monarchie assolute, poi costituzionali e poi parlamentari.

Diverse sono le modalità per eleggere il capo dello Stato in un ordinamento repubblicano. L'elezione diretta è la soluzione scelta nelle forme di governo presidenziali e semipresidenziali, che conferiscono al capo dello Stato il ruolo anche di capo del governo. L'elezione da parte del Parlamento è invece la via prescelta per stabilizzare le forme di governo parlamentari, come accade sostanzialmente in Italia e come accadeva in Francia nel corso della terza repubblica; in alcuni casi, sempre all'interno dei governi parlamentari, l'elezione è affidata alla camera bassa, integrata da un uguale numero di rappresentanti dei livelli di governo territoriali (è questo il caso della Repubblica federale di Germania).

La diversa forma di governo, oltre che condizionare le modalità di elezione del capo dello Stato, incide sulla posizione di questo organo rispetto agli altri organi costituzionali. E così, mentre nei governi presidenziali e semipresidenziali non vi è dubbio sulla sostanziale coincidenza tra la figura del capo di Stato e quella di capo del Governo, la maggiore complessità del governo parlamentare finisce per creare problemi dogmatici rilevanti nell'interpretare il ruolo e le funzioni del capo dello Stato.

Non è un caso se, proprio negli ordinamenti con forme di governo ternarie, sono emerse le principali elaborazioni intorno alla figura del capo di Stato. Da chi ha riconosciuto in esso il detentore potenziale di tutti i poteri dello Stato a quelle che lo hanno posto a capo del potere esecutivo, da quelle che hanno rinvenuto in esso una magistratura d'influenza a quelle che lo hanno configurato come un potere neutro, ciascuna di queste teorie (con esclusione della prima, troppo legata al contesto tedesco dell'Ottocento) contiene un elemento utile – ma certo non autosufficiente o esaustivo – per leggere la figura del Presidente della Repubblica nell'ordinamento italiano. A ciò si aggiunga che la disciplina costituzionale del Presidente della Repubblica non contiene rinvii alla legge, sicché non c'è una disciplina legislativa che ne ha ulteriormente concretizzato ruolo e poteri (come è invece accaduto, anche se tardivamente, per il governo). Ciò aumenta le potenzialità interpretative e gli spazi creativi della prassi politica.

La presenza del capo dello Stato può essere considerata, almeno con riguardo all'ordinamento italiano, una risorsa per la Repubblica. Più sullo sfondo nei periodi in cui la dialettica tra Parlamento e Governo funziona fisiologicamente, il Presidente è stato in grado di assumere un ruolo di supplenza e sostegno nei periodi di crisi, nella consapevolezza che il ruolo centrale di direzione della vita politica italiana rimane l'asse Governo-maggioranza parlamentare. Non a caso, i molti tentativi di inquadramento concettuale del Presidente della Repubblica si concentrano sulle sue funzioni di tutore della Costituzione, di garante dell'unità, di arbitro tra i partiti.

## 2. *L'elezione del Presidente*

### 2.1. *L'elezione da parte del Parlamento*

Capo dello Stato di una repubblica parlamentare, il Presidente della Repubblica è eletto dal Parlamento, a differenza di quanto accade nelle forme di governo presidenziali e semipresidenziali in cui il Capo dello Stato è eletto direttamente dal corpo elettorale. Possesso della cittadinanza, età minima di cinquanta anni e godimento dei diritti civili e politici sono i requisiti richiesti dall'art. 84.1. per l'elettorato passivo.

L'elezione del Presidente è disciplinata dagli artt. 83 e 85. L'art. 85 prevede che trenta giorni prima della scadenza del mandato, il Presidente della Camera convochi il Parlamento in seduta comune e i delegati regionali. Questa regola è derogata solo nel caso in cui le Camere siano sciolte o manchino meno di tre mesi alla loro cessazione, per permettere che siano le nuove Camere ad eleggere il nuovo Presidente; in tale caso l'elezione avviene entro 15 giorni dalla prima riunione delle Camere. In questo periodo scatta la ***prorogatio*** del Presidente in carica.

Ad eleggere il Presidente provvede il **Parlamento in seduta comune** integrato da tre delegati per ciascuna Regione, eletti dal Consiglio regionale, in modo che sia assicurata la rappresentanza delle minoranze (solo la Valle d'Aosta invia un delegato).

La presenza dei delegati regionali non è sufficiente per ritenere che ad eleggere il Presidente sia un organo diverso dal Parlamento. Il numero complessivo dei delegati è infatti troppo basso per incidere sulla composizione del Parlamento a camere riunite (630 deputati + 315 senatori + i senatori a vita e gli *ex* presidenti della Repubblica). Di conseguenza si applicano le regole valide per tale collegio: in particolare presidenza del Presidente della Camera e applicazione del regolamento della Camera. Come abbiamo già osservato al par. VI.4.1., la l. cost. 1/2020, modificando fortemente la composizione numerica del Parlamento, non è intervenuta sull'ampiezza della delegazione regionale sicché vi è il rischio, in assenza di ulteriori modifiche costituzionali, che il Presidente della Repubblica venga eletto da un Parlamento in seduta comune composto da 605 parlamentari e integrato da 58 delegati regionali. Una delegazione regionale che potrebbe influenzare l'elezione del Presidente.

Il *quorum* fissato per l'elezione del Presidente è molto alto nei primi tre scrutini, richiedendosi i due terzi dell'assemblea. A partire dal quarto è sufficiente la maggioranza assoluta. Con l'eccezione delle elezioni di De Nicola, Cossiga e Ciampi, i Presidenti sono stati eletti dopo un numero piuttosto alto di scrutini (la punta si è toccata con i 23 scrutini occorsi per l'elezione del Presidente Leone).

### 2.2. *Le disposizioni che configurano il Presidente quale garante dell'unità nazionale*

Alla concretizzazione del dettato dell'art. 87.1., per cui il Presidente della Repubblica è il Capo dello Stato e rappresenta l'**unità nazionale**, concorrono varie norme. Innanzitutto l'alto *quorum* richiesto nei primi tre scrutini nell'auspicio che intorno all'elezione del Capo dello Stato si coaguli una maggioranza non coincidente con la maggioranza di governo. Tuttavia, come appena detto, sono stati pochissimi i casi di Presidenti eletti nelle prime tre votazioni.

Anche la durata settennale del mandato, più ampia di quella del Parlamento che lo elegge, rappresenta un'altra spinta a separare il Presidente dalla maggioranza di governo. E nella stessa direzione spinge anche l'elezione a scrutinio segreto.

Una volta eletto, la funzione di Presidente è incompatibile con qualsiasi altra carica. Al Presidente spetta un assegno (che gli viene corrisposto in ragione delle funzioni svolte)[1] e una dotazione (consistente in un insieme di beni immobili e mobili rientranti nel patrimonio indisponibile dello Stato).

---

[1] Cfr. art. 58 d.lgs. 325/2001.

In quanto organo costituzionale al Presidente è riconosciuta un'ampia autonomia organizzativa e normativa. In particolare tale autonomia trova svolgimento, dal punto di vista organizzativo, attraverso l'istituzione dell'**Ufficio della Presidenza della Repubblica**, strutturato con una serie di uffici facenti capo al **Segretario generale della Presidenza della Repubblica**[2]. L'Ufficio di Presidenza ha potere regolamentare e anche una forma di autodichia, così come avviene per le Camere e la Corte costituzionale (Sandulli, 1977, 1836 ss.). La legittimità di questa autodichia è contestata in quanto l'autonomia regolamentare del Presidente non è direttamente prevista in Costituzione, come accade per le Camere. Secondo alcuni autori essa contrasterebbe con gli artt. 102.1.-2. e 113 (Cicconetti, 2010, 1 ss.).

Il Presidente, una volta eletto e prima di assumere le funzioni, presta **giuramento** di fedeltà alla Repubblica e di osservanza della Costituzione dinanzi al Parlamento in seduta comune, non integrato dai rappresentanti regionali (art. 91). Si tratta di un altro elemento a sostegno della tesi che vuole che ad eleggere il Presidente sia il Parlamento in seduta comune e non un collegio diverso.

È dal giuramento, e non dall'elezione, che inizia il mandato.

Il mandato presidenziale, come si è già detto, dura **sette anni**. Al termine del mandato il Presidente diventa senatore di diritto a vita, salvo che non rinunzi a tale *status* (art. 59.1.).

## 3. *Gli impedimenti e la supplenza*

L'art. 86 disciplina le ipotesi di impedimento che possono riguardare il Presidente della Repubblica. La disciplina parte dalla previsione della supplenza che l'articolo in esame assegna al Presidente del Senato. Tale supplenza scatta «*in ogni caso che egli non possa adempierle*» (si intenda le sue funzioni). L'**impedimento** può essere **temporaneo** o **permanente**. La Costituzione non prevede tempi precisi per stabilire quando ricorra l'ipotesi dell'impedimento temporaneo e quando quella dell'impedimento permanente. Soprattutto in quest'ultimo caso molto dipenderà dalle circostanze concrete. La materia è suscettibile di essere integrata, oltre che da consuetudini, da **convenzioni costituzionali**: come vedremo, queste ultime sono regole non scritte, che regolano il comportamento degli organi costituzionali sulla base di accordi per lo più taciti.

Quanto all'impedimento temporaneo, può ricordarsi che nell'esperienza repubblicana vi sono stati casi di viaggi all'estero in cui il Presidente trasmise una parte delle sue funzioni al Presidente del Senato (così accadde nel caso del viaggio all'estero del Presidente Saragat nel 1967); anche la malattia potrebbe essere causa d'impedimento temporaneo.

Più complessa la determinazione dell'impedimento permanente (una grave ma-

[2] Il Segretariato fu istituito a seguito della soppressione del Ministero della Real Casa.

lattia fisica, un'infermità mentale). L'art. 86 parifica l'ipotesi dell'impedimento permanente, della morte e delle dimissioni del Presidente. In tutte queste ipotesi scatta la supplenza del Presidente del Senato, pur se breve. Da notare che la Costituzione equipara le dimissioni alle altre due ipotesi, con la conseguenza che, al ricorrere di questa ipotesi, il Presidente non rimane in *prorogatio* ma decade immediatamente. Ed infatti, nel 1992, allorché il Presidente Cossiga si dimise con un paio di mesi di anticipo rispetto alla scadenza del mandato, scattò la supplenza del Presidente del Senato Spadolini.

È anche possibile che dall'impedimento temporaneo si passi a quello permanente. A tal proposito giunge in aiuto l'episodio che riguardò il Presidente Segni nella seconda parte del 1964. Colpito da una trombosi, in ragione della quale scattò l'impedimento temporaneo, si decise di passare, dopo il lungo protrarsi della malattia, alla dichiarazione di impedimento permanente (su proposta di alcuni gruppi parlamentari). A tale dichiarazione, tuttavia, non si arrivò in quanto agli inizi di dicembre il Presidente fece pervenire un atto di dimissioni al Segretario generale della Presidenza della Repubblica, che ne diede comunicazione ai Presidenti delle Camere e al Presidente del Consiglio, che, a loro volta, ne presero atto.

In quella fase, di fronte alle incognite sullo stato di salute del Presidente, fu stabilito, in via convenzionale, anche il *modus procedendi* per accertare l'impedimento permanente: comunicazione del Segretario generale del Presidenza della Repubblica al Governo, il quale avrebbe dato comunicazione dell'evento al Presidente del Senato. Questi, previo accordo con il Presidente della Camera e il Presidente del Consiglio, avrebbe assunto la supplenza. Di fatto il procedimento s'interruppe perché il Presidente della Repubblica riuscì a presentare le dimissioni.

È possibile immaginare che, ove il procedimento fosse andato avanti in assenza delle dimissioni dell'interessato, sarebbero intervenuti anche il Presidente della Camera dei deputati al fine di indire le elezioni e il Parlamento in seduta comune al fine di procedere con le elezioni (o – ipotesi da non escludere – contestare la sussistenza delle condizioni per dichiarare l'impedimento del Presidente!). Proprio in questa ipotesi conflittuale potrebbe entrare in gioco anche la Corte costituzionale, chiamata ad intervenire in sede di conflitto di attribuzioni. Queste ipotesi servono solo a dar conto della delicatezza del procedimento in esame e della molteplicità di organi chiamati a partecipare.

A differenza del Presidente della Repubblica, il Presidente del Senato non presta giuramento (Bozzi, 1959, 23 ss.). In qualità di supplente, i suoi poteri sono limitati all'ordinaria amministrazione e a tutti gli atti indifferibili (e quindi, se necessario, potrebbe anche procedere allo scioglimento anticipato delle Camere). A differenza del Presidente della Repubblica, per il supplente non scatta l'incompatibilità assoluta prevista dall'art. 84.2., con la conseguenza che egli continua a svolgere le funzioni di Presidente del Senato.

## 4. *La responsabilità del Presidente della Repubblica*

### 4.1. *Esiste una responsabilità politica del Presidente?*

Parlamentari, membri del Governo e in genere gli organi costituzionali vedono disciplinate le forme di responsabilità direttamente in Costituzione. Accade sostanzialmente lo stesso per il Presidente della Repubblica, per il quale tuttavia l'art. 90 sancisce un principio di irresponsabilità, tranne che per due ipotesi molto gravi di reato.

Prima di esaminare queste ristrette ma gravi forme di responsabilità, va esaminata la questione della eventuale responsabilità politica del Capo dello Stato. A differenza di quanto si è visto per il Governo, il Presidente non è sottoposto ad alcuna responsabilità di tipo politico o istituzionale.

Alcuni autori hanno tuttavia sostenuto che per il Presidente varrebbe un tipo di **responsabilità politica diffusa**, collegata al ruolo politico comunque svolto dal Presidente (Barile, 1958, 308 ss.). In particolare, secondo questa tesi, per il fatto stesso di essere rieleggibile il Presidente sarebbe responsabile politicamente. Ma questa interpretazione pare provare troppo. Se è vero che il Presidente può essere rieleggibile, come in effetti è accaduto nel caso di Napolitano nel 2013 (che tuttavia non ha concluso il secondo mandato) e Mattarella nel 2022, è anche vero che ciò è accaduto non per volontà del Presidente rieletto, ma per incapacità dei partiti presenti in Parlamento di individuare un nuovo Presidente. Sorgono poi delle perplessità di carattere generale, legate alla circostanza che il Presidente, a differenza del Governo e della maggioranza che lo sostiene, non è e non può essere interessato al consenso della metà più uno degli elettori, proprio perché è chiamato a rappresentare l'unità nazionale. Infine questa supposta responsabilità non avrebbe sedi dove farsi valere.

Ciò non toglie che l'azione del Presidente, il suo comportamento possano essere oggetto di critica politica, da parte del corpo politico e degli elettori, nei limiti dell'art. 21. Resta fermo il reato previsto dall'art. 278 c.p. che punisce chi offende l'onore o il prestigio del Presidente della Repubblica[3].

### 4.2. *La responsabilità giuridica del Presidente*

Tornando ora alle ipotesi di (ir)responsabilità giuridica del Presidente, l'art. 90 prevede una sostanziale immunità per i reati connessi all'esercizio della sua funzione[4]. Per tali reati il Presidente è in sostanza non imputabile anche in ragione del

---

[3] È stato invece opportunamente abrogato l'art. 279 c.p. che puniva chi avesse pubblicamente fatto risalire al Presidente il biasimo o la responsabilità degli atti del Governo.

[4] Nel diritto inglese che, sul tema, rappresenta un punto di riferimento, si svilupparono progres-

fatto che tale irresponsabilità non è limitata alla durata del mandato ma copre il Presidente anche dopo la fine del mandato (in ciò è possibile ravvisare una deroga al principio di responsabilità per tutti i funzionari pubblici sancita dall'art. 28).

L'unica eccezione alla non imputabilità del Presidente riguarda i due reati di **alto tradimento** e **attentato alla Costituzione**. Le due ipotesi, tuttavia, presentano un profilo molto problematico discendente dalla sostanziale assenza della descrizione delle fattispecie dei due reati. In altre parole, nell'ordinamento giuridico italiano non esistono norme che descrivano precisamente le due differenti fattispecie di reato. In tal modo – è stato fatto notare – l'art. 90 deroga all'art. 25.2. nella parte in cui questa ultima disposizione fissa il principio fondamentale per cui nessuno può essere punito se non in forza di una legge entrata in vigore prima della commissione del fatto. I tentativi di riportare l'attentato alla Costituzione alla fattispecie prevista dall'art. 283 c.p. e l'alto tradimento all'art. 77 c.p.m.p. non riescono a colmare la evidenziata lacuna sia perché uno dei principi cardine del diritto penale è il divieto di analogia sia perché il reato di cui all'art. 77 può essere compiuto solo dai militari, tra i quali non rientra il Presidente (per quanto la Costituzione gli affidi il comando delle Forze armate). A ciò si aggiunga che né in Costituzione né altrove è determinata una pena. L'unica norma in proposito rilevante è l'art. 15.1. l. cost. 1/1953 che stabilisce che spetta alla Corte stabilirla (in assenza, come si è visto, di fattispecie descrittive dei due reati).

Difficile pensare che ci si trovi di fronte a una dimenticanza dei Costituenti, i quali, molto più probabilmente, ritennero di lasciare aperte le due fattispecie, lasciando al Parlamento e alla Corte costituzionale il compito di definirle. In assenza di una definizione normativa appare condivisibile la tesi interpretativa che legge la responsabilità penale del Presidente della Repubblica in termini restrittivi, considerandola una fattispecie residuale ed estrema, da far valere allorché la condotta del capo dello Stato non sia meramente *in*-costituzionale, ma piuttosto *anti*-costituzionale (Spadaro, 1993, 219 ss.).

Per tutti gli altri atti commessi dal Presidente, non legati all'esercizio delle sue funzioni, egli risulta pienamente responsabile, alla stregua di qualsiasi altro cittadino. Secondo l'opinione maggioritaria, il Presidente sarebbe processabile e condannabile secondo le regole comuni; secondo una tesi minoritaria l'azione non sarebbe esercitabile fino alla fine del mandato (c.d. **improcedibilità**) (Carlassare, 1983, 149 ss.)[5].

---

sivamente, a partire dal Medioevo, due importanti principi costitutivi della irresponsabilità del monarca: *the King cannot do wrong* e *the King cannot act alone*.

[5] A conferma della tesi maggioritaria depone la vicenda provocata dal Presidente Cossiga, il quale rilasciò, in costanza di mandato, dichiarazioni ritenute oltraggiose dai destinatari, i quali citarono il Presidente, al momento ancora in carica, in sede di giudizio civile (i fatti risalgono agli anni 1991-1992). Il giudizio fu instaurato quando era ancora in corso il mandato presidenziale e proseguì dopo la scadenza dello stesso. Le dichiarazioni non erano contenute in un messaggio formale e furono rilasciate in un contesto che non era istituzionale. Il Tribunale di Roma condannò il Presiden-

A tale proposito conviene ricordare che, in due momenti diversi, prima con l'art. 1 l. 140/2003 e poi con la l. 124/2008, il Parlamento aveva previsto la prerogativa della sospensione dei processi penali per tutta la durata del mandato del Presidente (e di altre cariche, tra cui quella del Presidente del Consiglio); la Corte costituzionale ha dichiarato incostituzionali entrambe le leggi (cfr. rispettivamente sentt. 24/2004 e 262/2009).

## 5. *La controfirma*

### 5.1. *L'evoluzione storica*

La posizione del Presidente può essere compresa appieno solo esaminando attentamente l'istituto della controfirma, disciplinato dall'art. 89. Esso prevede che (quasi) tutti gli atti del Presidente siano da lui firmati e controfirmati dai Ministri competenti (la disposizione recita 'proponenti'); per alcuni atti particolarmente rilevanti è poi previsto che a controfirmare sia anche il Presidente del Consiglio.

Come l'istituto della fiducia racconta lo sviluppo del rapporto tra Governo e Parlamento, così l'istituto della controfirma racconta lo sviluppo del ruolo del Capo dello Stato in una forma di governo parlamentare. Entrambi hanno infatti una storia risalente, la controfirma ancor più della fiducia, se è vero che essa risale già al basso Medioevo inglese. In quel periodo la funzione della controfirma era diretta soprattutto ad attestare la sicura provenienza dell'atto. Ma già in quell'epoca essa comincia a sviluppare quella che diverrà la funzione principale, vale a dire l'assunzione di responsabilità da parte del controfirmante. Non a caso, nel diritto costituzionale inglese la controfirma è stata paragonata a un parafulmine diretto a proteggere il monarca da ogni responsabilità per gli atti da lui voluti e firmati (e in ciò si scorge anche la strumentalità della controfirma rispetto all'irresponsabilità di cui generalmente godono i Capi di Stato nei governi parlamentari) (Sica, 1953).

L'evoluzione storica che ha portato il sistema inglese verso la monarchia costituzionale e poi parlamentare ha inevitabilmente mutato la funzione della controfirma giacché, nella generalità dei casi, a volere l'atto non è più il monarca bensì il ministro o il capo del Governo, vale a dire il controfirmante. Sicché la controfirma assume la nuova funzione di piena assunzione della responsabilità dell'atto. La controfirma assume così il valore di **proposta vincolante** nei confronti del Presidente della Repubblica.

---

te Cossiga al risarcimento dei danni morali, ritenendo di poter verificare il nesso tra la dichiarazione del Presidente e la funzione da esso svolta. Il Presidente Cossiga sollevò conflitto di attribuzione sostenendo di essere sottratto alla giurisdizione; la Corte costituzionale dichiarò infondato il ricorso, confermando che spettasse al giudice verificare la sussistenza delle causa di esclusione della responsabilità (sent. 154/2004). Il giudizio proseguì poi fino in Corte di cassazione con la definitiva condanna del Presidente.

## 5.2. *La disciplina costituzionale*

Se la prospettiva storica aiuta senz'altro a capire meglio l'istituto della controfirma, l'analisi della sua disciplina costituzionale aiuta a comprendere l'evoluzione della figura del Presidente e del suo ruolo all'interno della forma di governo. Difatti, firma e controfirma, apposti su una molteplicità di atti, mettono in diretto rapporto il Presidente con il Governo e, attraverso quest'ultimo, con il Parlamento. Anticipando subito la conclusione, si deve osservare che non sempre la controfirma rivela il vero autore dell'atto; in altre parole, non sempre il controfirmante è colui che vuole l'atto. In alcuni casi l'autore dell'atto rimane il Presidente; in altri ancora entrambi, firmante e controfirmante, concorrono alla volontà dell'atto. Riprendendo una tradizionale sistemazione degli atti presidenziali (Crisafulli, 1958, 167 ss.), è così possibile distinguere almeno quattro tipologie di atti: 1) gli atti che, pur firmati dal Presidente, sono voluti dal Governo (*atti formalmente presidenziali e sostanzialmente governativi*); 2) gli atti voluti e firmati dal Presidente (*atti sostanzialmente e formalmente presidenziali*); 3) gli atti privi di controfirma; 4) gli atti complessi.

Lo studio degli atti presidenziali, elencati nell'art. 87 e filtrati dalla controfirma, confermano, ancora una volta, la complessa figura del Presidente della Repubblica, certo non pienamente partecipe delle determinazioni della maggioranza politica, ma comunque non passiva o destinata a rimanere sullo sfondo della vita politica.

### 5.2.1. *Gli atti formalmente presidenziali e sostanzialmente governativi*

In questa categoria di atti, che è la più numerosa, il vero autore dell'atto è il controfirmante (Ministri o Presidente del Consiglio). La firma del Presidente svolge una funzione di controllo, che si dispiega soprattutto sul piano della legittimità.

#### a) *La promulgazione delle leggi*

La promulgazione delle leggi si inserisce nella parte finale del procedimento legislativo, allorché l'atto legislativo, deliberato da entrambe le Camere, viene portato all'attenzione del Presidente affinché questi lo promulghi. In questo caso l'atto è voluto dal Parlamento. La materia è disciplinata, in particolare, dall'art. 73 che stabilisce che il Presidente promulga la legge entro un mese dall'approvazione, salvo che le Camere, a maggioranza assoluta, ne dichiarino l'urgenza, nel qual caso la legge è promulgata nel termine stabilito dalle Camere medesime. La promulgazione consiste in una formula con la quale il Presidente, dopo aver accertato che le Camere hanno approvato un identico testo, manifesta la volontà di promulgare la legge, ordinandone la pubblicazione nella Raccolta ufficiale degli atti normativi della Repubblica e obbligando tutti ad osservarla e a farla osservare (poco oltre, vedremo che il Presidente può rinviare la legge alle Camere: trattandosi di un potere proprio del Presidente, sarà quindi trattato in quella sede). È in sostanza l'atto di promulgazione, esterno rispetto allo svolgimento della funzione legislativa, a conferire esecutorietà alla legge, che, nel caso di specie, comporta l'immediata efficacia dell'atto (nei confronti dello stesso Presidente della Repubblica e del Governo) (così sent. Corte cost. 321/1983). Alla promulgazione segue la pubblicazione.

b) *L'emanazione dei decreti aventi valore di legge e dei regolamenti*

Come avviene nel caso della promulgazione, con tale atto il Presidente porta all'esterno la volontà dello Stato che ha preso forma in quegli atti. Gli atti in questione sono voluti dal Governo; attraverso la controfirma il Presidente esercita comunque un **controllo di legittimità e di merito** (Paladin, 1982, 309 ss.). In via generale la differenza tra controllo di legittimità e di merito attiene al parametro del controllo: nel primo caso il parametro è normativo, costituito cioè da disposizioni normative; nel secondo il parametro è costituito dalla opportunità della scelta compiuta con l'atto. Il secondo tipo di controllo conferisce, quindi, al controllore un potere molto più penetrante nei confronti dell'atto del controllato. È questa la ragione per cui la previsione di controlli di merito è piuttosto limitata nell'ambito dell'ordinamento giuridico. Tenendo presente ciò, risulta meglio comprensibile la ragione per cui il Presidente, il quale deve permettere all'asse maggioranza parlamentare-Governo di poter fare le proprie scelte, raramente interviene sul merito degli atti. Ove tali scelte dovessero però esorbitare dalla legalità costituzionale e lo facessero con patente evidenza, il Presidente è il primo a poter intervenire per il ripristino della legalità.

Il Presidente sarà comunque tenuto a emanare gli atti se il Governo, nonostante i suoi eventuali rilievi, li confermi, potendosi rifiutare solo se l'emanazione configurasse un attentato alla Costituzione[6].

c) *L'autorizzazione alla presentazione alle Camere dei disegni di legge governativi*

Il Governo, per poter esercitare il proprio potere d'iniziativa legislativa *ex* art. 71, deve chiedere al Presidente l'autorizzazione in parola, rilasciata nella forma di un decreto del Presidente della Repubblica. Nell'esercitare tale potere, il Presidente svolge un controllo di legittimità e di merito. Di fronte alla conferma del Governo il Presidente, anche in questo caso, è tenuto ad adottare l'atto, salvo che non ritenga ricorrere gli estremi dell'attentato alla Costituzione.

---

[6] Nel 2009, ma già prima con il Presidente Cossiga, il Presidente Napolitano ha rifiutato di emanare un decreto-legge (con il quale il Governo intendeva bloccare gli effetti di un decreto della Corte di Appello di Milano).

d) *La ratifica dei trattati internazionali*

La politica estera e i rapporti internazionali sono affidati alla cura dell'asse maggioranza parlamentare-Governo. Al Presidente spetta ratificare i trattati internazionali e, nel far ciò, svolge un controllo sul rispetto dell'art. 80. Non può escludersi, ad esempio, che potrebbe rifiutare la firma ove ritenesse che il trattato vada autorizzato dal Parlamento.

In tale materia rientra anche il potere del Presidente di accreditare i rappresentanti diplomatici esteri (art. 87) e di dichiarare lo stato di guerra deliberato dalle Camere (art. 87).

e) *L'indizione delle elezioni per le Camere e dei referendum popolari*

L'art. 87 attribuisce i poteri in esame al Presidente, anche se la concreta determinazione dell'atto è rimessa al Governo.

Quanto all'indizione delle elezioni per le Camere, l'art. 61.1. detta una disciplina precisa. A ciò va aggiunto che l'art. 1 l. 123/1976 prevede che il decreto del Presidente della Repubblica sia preceduto da una deliberazione del Consiglio dei ministri, cui spetta la determinazione della data in base a valutazioni di concreta opportunità politica.

Anche nel caso dei referendum previsti dagli artt. 75 e 138, il Presidente ha il potere di indirne lo svolgimento. Il Presidente è tenuto ad adottare l'atto per permettere alla volontà popolare di esprimersi. Se il referendum abrogativo ha esito positivo, il Presidente può, su proposta del Ministro interessato e previa deliberazione del Consiglio dei ministri, ritardare l'effetto abrogativo per un periodo che non superi i 60 giorni dalla data di pubblicazione del decreto con cui si dichiara la volontà del corpo elettorale (art. 37 l. 352/1970).

f) *Lo scioglimento dei Consigli regionali*

La materia è disciplinata dall'art. 126, ove è previsto che il Presidente adotti un decreto motivato. Il potere di decisione è tuttavia nelle mani del Presidente del Consiglio, previa deliberazione del Consiglio dei ministri [artt. 50 l. 62/1953 e 2.3.o) l. 400/1988]. Anche in questo caso il Presidente è chiamato ad esercitare un controllo di legittimità.

g) *Poteri di nomina e poteri residuali*

Fino al 1991 numerose leggi stabilivano, sostanzialmente senza un criterio unificatore, che determinati atti dovessero avere la forma del decreto del Presidente della Repubblica. Con la l. 13/1991 si è opportunamente ridotto il numero di atti da adottarsi con tale atto. Per tutti questi atti (consistenti soprattutto in poteri di nomina dei più alti dirigenti statali) l'art. 1 prevede la proposta del Presidente del

Consiglio o del Ministro competente. Il secondo comma afferma anche che l'elencazione è tassativa e non può essere modificata, integrata, sostituita o abrogata se non in modo espresso (trattasi però di un enunciato contenuto in una legge ordinaria, modificabile da altra legge ordinaria). A tenore dell'art. 2.1., gli atti non compresi nell'elenco dell'art. 1 sono emanati con decreto del Presidente del Consiglio dei ministri o decreto ministeriale.

h) *Il conferimento di onorificenze*

Il Presidente conferisce le onorificenze della Repubblica. La materia è disciplinata dalle leggi. È il Governo che ha il potere di scelta, al Presidente spettando la sola adozione formale dell'atto. Anche nell'esercizio di tale potere il Presidente può tuttavia esercitare un controllo di legittimità.

### 5.2.2. *Atti formalmente e sostanzialmente presidenziali*

Negli atti di seguito esaminati l'autore effettivo dell'atto è il Presidente, sicché la controfirma serve ad attestare che l'atto proviene effettivamente dal Presidente della Repubblica. Il controfirmante può effettuare anche rilievi di legittimità e di merito.

a) *Il potere di rinvio della legge*

Come si è visto, l'art. 73 disciplina la promulgazione della legge. In quella sede il Presidente, nella sua funzione di controllo, può decidere di rinviare la legge alle Camere chiedendo una nuova deliberazione (art. 74).

I motivi per il quale il Presidente giunge al rinvio della legge devono riguardare la legittimità costituzionale del provvedimento (Paladin, 1986, 209-214). In altri termini, il Presidente deve convincersi che la legge presenta profili critici proprio in questa prospettiva.

Il Presidente Cossiga ha fatto un uso intenso del rinvio (21 volte). Nelle presidenze successive il rinvio ha spesso avuto ad oggetto provvedimenti particolarmente delicati. Negli anni più recenti la prassi ha evidenziato nuove forme di esercizio del potere in esame. In alcuni casi, infatti, il Presidente ha proceduto con la promulgazione, affiancandole un comunicato in cui si sottolineavano 'perplessità o preoccupazioni' (così il Presidente Napolitano) oppure una lettera (inviata al Presidente del Consiglio) in cui il Capo dello Stato incita il Governo a farsi parte attiva per monitorare gli effetti della legge e integrare il testo promulgato con ulteriori provvedimenti ritenuti opportuni o necessari per evitare violazioni del diritto comunitario ovvero per permettere una più adeguata sanzione di reati particolarmente gravi[7].

---

[7] Così ad esempio il Presidente Mattarella in occasione della promulgazione della legge recante 'Misure per contrastare il finanziamento delle imprese produttrici di mine antipersona, di munizioni e

Queste forme di esercizio del potere di promulgazione evidenziano come tale atto si disponga lungo una linea sottile in cui riesce molto difficile distinguere tra legittimità e merito. Proprio a proposito del rinvio, si è teorizzata la disponibilità in capo al Presidente della Repubblica di un controllo di merito costituzionale, grazie al quale il Presidente potrebbe "indicare quali implicazioni negative, anche se indirette, possono derivare al funzionamento della Costituzione dal contenuto della legge o anche per il momento in cui essa è venuta ad esistenza" (così Guarino, 1951, 959).

Quando il Presidente rinvia, lo fa con messaggio motivato. Se le Camere approvano di nuovo, egli è obbligato a promulgare (salva l'ipotesi che la promulgazione configuri un attentato alla Costituzione).

b) *I messaggi*

Il Presidente può inviare messaggi alle Camere. Non avendo un contenuto necessario, con essi il Presidente segnala alle Camere e quindi all'opinione pubblica l'esistenza di esigenze avvertite dalla sfera pubblica come insoddisfatte, così stimolando il Parlamento e le istituzioni pubbliche in generale ad intervenire nel modo da esse ritenute più adeguato. I messaggi hanno forma scritta e sono controfirmati dal Presidente del Consiglio[8].

In alcuni casi i messaggi hanno effettivamente stimolato un dibattito parlamentare (così accadde a seguito dei messaggi del Presidente Leone dell'ottobre 1975 e del Presidente Cossiga del giugno 1991); in altri casi, invece, non hanno prodotto effetti significativi.

c) *Poteri di nomina*

Al Presidente compete la nomina dei senatori a vita per i loro altissimi meriti nel campo sociale, scientifico, artistico e letterario. L'art. 59.2. prevede che il Presidente possa nominarne cinque. La disposizione – opportunamente interpretata nel senso che non possano esistere più di cinque senatori a vita – è stata intesa da alcuni Presidenti (Pertini, Cossiga) come abilitante ciascun Presidente a nominarne cinque. Questa interpretazione non è più possibile per effetto dell'art. 3 l. cost. 1/2020 che, modificando il secondo alinea dell'art. 59.2., stabilisce che «il numero complessivo dei senatori in carica nominati dal Presidente della Repubblica non può in alcun caso essere superiore a cinque».

L'art. 135 attribuisce al Presidente anche la nomina di un terzo dei giudici co-

---

submunizioni a grappolo' (27 ottobre 2017). È interessante notare che, in questo caso, il Presidente ha preso a parametro di controllo anche l'art. 117.1. in relazione a due convenzioni internazionali.

[8] Il messaggio del Presidente Cossiga del 26 giugno 1991 fu controfirmato dal Vice Presidente del Consiglio dei ministri. Ciò accadde per segnalare il disaccordo del Presidente del Consiglio sul contenuto del messaggio.

stituzionali (v. anche art. 4 l. 87/1953). La controfirma si limita ad attestare la provenienza dell'atto (mentre i requisiti soggettivi di ammissione sono accertati dalla Corte medesima *ex* art. 2 l. cost. 2/1967).

d) *La concessione della grazia*

Il Presidente può concedere la grazia. Con questo atto si incide sulla pena irrogata ad uno o più condannati (in ogni caso deve trattarsi di persone determinate), condonandola totalmente o commutandola in altra pena. Fino a qualche anno fa la ricostruzione più ricorrente assegnava tale potere al Governo oppure lo configurava come un atto complesso in cui le volontà del Presidente e del Governo concorrevano (Paladin, 1986, 235-6). La disciplina della materia (art. 681 c.p.p.) prevede un'istruttoria svolta dal Ministro della giustizia, cui segue poi la proposta di grazia al Presidente della Repubblica, il quale, a sua volta, può scegliere se concederla oppure no.

Con la sent. 200/2006 la Corte costituzionale ha invece ritenuto la grazia un potere proprio del Presidente. Il caso concreto nasceva dalla volontà del Presidente dell'epoca, Ciampi, di concedere la grazia a due condannati. A tal fine il Presidente invitava il Ministro ad avviare l'istruttoria. Di fronte al rifiuto del Ministro, il Presidente sollevava conflitto di attribuzione, risolto dalla Corte a suo favore. Secondo il Giudice delle leggi, il Presidente avrebbe un potere autonomo di procedere alla concessione della grazia, indipendentemente dalla proposta del Ministro. La controfirma avrebbe solo valore formale, limitandosi ad attestare la completezza e la regolarità dell'istruttoria.

e) *La convocazione straordinaria delle Camere*

È un potere del Presidente previsto dall'art. 62 e diretto a garantire il corretto funzionamento del Parlamento in periodi di tensione istituzionale.

### 5.2.3. *Atti privi di controfirma*

a) *Gli atti del Presidente come presidente di collegi*

Il Presidente presiede due organi collegiali di grande rilievo, il C.S.M. e il Consiglio supremo di difesa. In tal modo i Costituenti hanno inteso evitare che i corpi della magistratura e delle Forze armate fossero governate in maniera eccessivamente autonoma rispetto alle istituzioni repubblicane. La presidenza del Capo dello Stato permette di tenere in stretto collegamento i due corpi con lo «spirito democratico della Repubblica» (art. 52.3.)[9].

[9] È bene ricordare che anche il Vice Presidente del C.S.M. è eletto tra gli appartenenti alla quota parlamentare.

Di conseguenza, gli atti che il Presidente adotta come presidente del C.S.M. sono atti del collegio, non del Presidente, sicché essi non vanno controfirmati. Sono invece sottoposti a controfirma del Ministro della giustizia i provvedimenti relativi allo *status* dei magistrati, che prendono la forma del decreto del Presidente della Repubblica e sono adottati previa deliberazione del Consiglio.

Quanto al **Consiglio supremo di difesa**, l'art. 87 afferma che il Presidente esercita il comando delle Forze armate (art. 87). A quest'ultimo proposito bisogna ben intendere il senso della disposizione: con essa non si vuol dire che al Presidente spetti il comando operativo, quanto enfatizzare, come fa il richiamato art. 52.3., che le Forze armate sono al servizio della Repubblica e non della maggioranza.

Il Consiglio supremo di difesa è disciplinato dal Codice dell'ordinamento militare (d.lgs. 66/2010) e dal testo unico delle disposizioni regolamentari in materia di ordinamento militare (d.P.R. 90/2010). A tale organo spetta, oltre all'esercizio di funzioni prettamente militari, il compito di esaminare i problemi politici e tecnici relativi alla difesa nazionale e, quindi, di organizzare e coordinare le attività relative alla difesa nazionale.

A ben guardare, il Consiglio supremo di difesa esercita funzioni molto rilevanti in periodo sia di pace che, ancor più, di guerra. Funzioni che, per quanto eminentemente politiche e vincolanti per lo stesso Governo nel suo insieme, non sono fissate direttamente dalla Costituzione bensì dalla legislazione primaria. Per questo motivo non è ritenuto organo di rilevanza costituzionale.

È composto, oltre che dal Presidente, dal Presidente del Consiglio con funzioni di Vice Presidente, dai Ministri degli affari esteri, dell'interno, della difesa, dell'economia e delle finanze, dello sviluppo economico e dal Capo di Stato Maggiore della difesa. Ne fa parte anche il Segretario del Consiglio, nominato dal Consiglio ma scelto all'esterno del Consiglio medesimo. Si riunisce due volte l'anno su convocazione del Presidente della Repubblica o su proposta del Presidente del Consiglio.

### b) *Altri atti non soggetti a controfirma*

Non soggetti a controfirma sono pure gli **atti personali** del Presidente, ai quali nessuna volontà potrebbe contrapporsi. Tra questi vi sono il giuramento, le dimissioni, la dichiarazione d'impedimento permanente.

Il conferimento dell'incarico è ovviamente privo di controfirma in quanto è conferito oralmente. Infine lo sono anche i regolamenti presidenziali di organizzazione del personale della Presidenza (l. 1077/1948).

### c) *Esternazioni*

Nel tempo, accanto alla forma di comunicazione istituzionale svolta attraverso i messaggi tipici, alcuni Presidenti sono entrati in comunicazione diretta con la sfera pubblica attraverso discorsi pubblici, interviste, 'messaggi alla Nazione'. Può anzi dirsi che tali forme di comunicazione sono divenute prevalenti. È evidente che in questi casi l'esternazione non è sottoposta ad alcuna controfirma. Si creano così spazi ulteriori per il Presidente, che egli deve tuttavia saper usare in maniera molto accorta vista l'incidenza delle sue parole sulla vita istituzionale.

### 5.2.4. *Atti complessi*

In questa categoria possono farsi rientrare due atti specifici: la nomina del Presidente del Consiglio e lo scioglimento anticipato delle Camere.

a) *La nomina del Presidente del Consiglio*

Del procedimento di formazione del Governo si è già detto a suo tempo. In questa sede conviene solo ricordare che, se il potere di nomina spetta formalmente al Presidente della Repubblica, il nominato concorre con la sua volontà a determinare l'atto, la controfirma valendo come accettazione.

b) *Lo scioglimento anticipato delle Camere*

Significativamente, dopo l'art. 87 che elenca i principali poteri presidenziali, l'art. 88 disciplina lo scioglimento anticipato delle Camere, prevedendo che il Presidente può, sentiti i loro Presidenti, sciogliere le Camere o anche una sola di esse. Non può esercitare tale potere nel c.d. **semestre bianco**, vale a dire negli ultimi sei mesi del suo mandato, salvo che essi coincidano in tutto o in parte con gli ultimi sei mesi della legislatura. La peculiare riduzione dei poteri presidenziali nel semestre bianco è dovuta alla possibilità che il Presidente venga rieletto e che, proprio per conseguire tale fine, il Presidente possa essere tentato di sciogliere le Camere nella supposizione che queste non intendano rinnovargli il mandato. Vista la rilevanza del potere così disciplinato, è ben comprensibile che ad essi i Costituenti abbiano voluto dedicare un articolo *ad hoc*.

Il riferimento allo scioglimento di una sola Camera trova una particolare spiegazione nel fatto che, originariamente, la durata delle due Camere, come sappiamo, era differenziata: prima della modifica costituzionale intervenuta nel 1963 l'art. 60 prevedeva una durata di sei anni per il Senato e una durata di cinque per la Camera. Ciò spiega anche i primi tre scioglimenti anticipati intervenuti nel 1953, nel 1958 e nel 1963 e miranti a sciogliere anticipatamente il Senato per poter procedere a nuove e contemporanee elezioni delle due Camere (essendo venuto a scadenza, nei tre casi, il mandato della Camera dei deputati). La l. cost. 2/1963 ha modificato l'art. 60 ma non anche l'art. 88, che così mantiene la sua originaria versione. Per quanto difficile a immaginarsi, di fatto non può escludersi che anche oggi diventi necessario sciogliere una sola Camera [10].

---

[10] Può essere utile ricordare che si ragiona anche di **scioglimento tecnico** in relazione a quei casi in cui si è proceduto ad un peculiare scioglimento anticipato caratterizzato dal fatto che esso è in-

I motivi dello scioglimento anticipato possono essere molto diversi. La prassi mostra una casistica diversificata, che può essere semplificata e sintetizzata nelle seguenti ipotesi: impossibilità di formare un governo (così nel 1972, 1976, 1979, 1983, 1987, 1992); scollamento tra la composizione delle Camere e l'orientamento politico del Paese emerso in occasione di altri rilevanti eventi istituzionali (referendum ed elezioni degli enti territoriali). In ogni caso deve trattarsi di sintomi gravi e univoci che denunciano il malfunzionamento o l'impossibilità di funzionamento delle Camere.

Al verificarsi di queste situazioni, il Presidente è chiamato a prendere l'impegnativa decisione. La questione più discussa e controversa è la spettanza del potere. Lo scioglimento è atto del Presidente ovvero del Governo o ancora un atto complesso? Sono state fornite interpretazioni molto diverse dell'art. 88. Alcuni autori, accentuando la significatività del semestre bianco, hanno sostenuto che lo scioglimento è atto proprio del Presidente (Barile, 1958, 332-3; Bartole, 1999, 947); altri autori, valorizzando la previsione della controfirma sull'atto di scioglimento, lo hanno ricondotto nell'alveo governativo (Galeotti, 1949, 12-35); altri ancora, osservando la complessa esperienza italiana, lo hanno configurato come atto complesso, in cui le due volontà – quella del Presidente della Repubblica e quella del Governo – concorrono alla produzione dell'atto (Carlassare, 1983, 76 e 86).

Molto dipende dai contesti in cui la forma di governo parlamentare è calata (Guarino, 1948, 131 e 135). Nei governi parlamentari di tipo maggioritario il potere di scioglimento spetta indiscutibilmente al Governo: nel Regno Unito, ad esempio, il *Premier* chiede lo scioglimento poco dopo la metà del mandato, nel momento in cui si presume essere più forte, al fine di poter vincere nuovamente le elezioni. Nei governi parlamentari di coalizione, in cui i governi si formano successivamente allo svolgimento delle elezioni a seguito di trattative tra i partiti, lo scioglimento è atto nel quale il Presidente gioca un ruolo importante. In particolare, nell'esperienza italiana il Capo dello Stato, di fronte alle difficolta di funzionamento della maggioranza di governo, ha svolto la funzione di verificare se non fosse possibile, prima di procedere allo scioglimento, formare un altro Governo sostenuto da un'altra maggioranza. Solo di fronte alla constatazione della mancanza di un accordo tra i partiti in tale senso, il Presidente ha proceduto allo scioglimento. Così stando le cose, il Presidente ha giocato inevitabilmente un ruolo centrale nella gestione della crisi e nella decisione di scioglimento, attestando che non vi erano le condizioni oggettive per il proseguimento della legislatura. La controfirma del Presidente del Consiglio contribuisce ad attestare tale constatazione.

---

tervenuto a poche settimane dalla naturale scadenza della legislatura e dall'assenza delle contestuali dimissioni del Presidente del Consiglio all'epoca in carica. A questa decisione si è ricorso al fine di anticipare la data delle elezioni: così nel 2001 (Governo Amato), nel 2006 (Governo Berlusconi) e nel 2017 (Governo Gentiloni).

Nella più recente evoluzione della forma di governo italiana, a partire dai primi anni Novanta del secolo scorso, l'evoluzione bipolare del sistema politico non ha semplificato l'esercizio del potere in questione. Ricordiamo in particolare lo scioglimento del 1994 in cui il Presidente sciolse le Camere nonostante il Governo disponesse ancora della maggioranza parlamentare. Il Presidente dell'epoca motivò lo scioglimento facendo riferimento al referendum in materia elettorale del 1993 che, a suo dire, esprimeva l'esigenza del Paese di un rinnovamento della classe politica fortemente delegittimata.

Lo scioglimento è, in conclusione, un atto complesso.

## Capitolo IX

# L'ORDINAMENTO GIUDIZIARIO E LA FUNZIONE GIURISDIZIONALE



### 1. *Il giudice e l'ordine giudiziario in Costituzione*

Il Titolo IV della Parte II della Costituzione è dedicato alla 'magistratura', il potere che, nella teorica della separazione dei poteri, è chiamato ad applicare la legge e, proprio per questo, viene anche considerato come privo di un proprio indirizzo politico, il potere neutro per eccellenza, la bocca della legge (*bouche de la loi*) per usare la celebre espressione di Montesquieu.

Nel periodo dello Statuto albertino (artt. 68-73), a partire dalla legge Rattazzi (3781/1859), l''ordine giudiziario' era configurato in posizione subordinata rispetto al potere esecutivo, anche se, verso la fine del secolo XIX, diversi furono gli interventi normativi diretti a rafforzare le garanzie d'indipendenza del giudice. Nel periodo fascista la struttura gerarchica dell'organizzazione giudiziaria fu ulteriormente rafforzata. Di rilievo il decreto Grandi (r.d. 12/1941), che riordinò la composizione e le funzioni della giurisdizione nelle materie civile e penale. Le giurisdizioni speciali rimasero così regolate da leggi *ad hoc*. Era questo il contesto normativo e istituzionale entro il quale si trovò ad operare l'Assemblea costituente, dopo che con la c.d. legge sulle guarantigie (r.d.l. 511/1946) furono ripristinate quelle garanzie eliminate dal regime fascista.

«*La giustizia è amministrata in nome del popolo*», recita l'art. 101 che apre il Titolo IV. L'esercizio del potere giurisdizionale è così direttamente ricondotto alla fonte della sovranità. Questo enunciato viene subito riequilibrato dall'altrettanto lapidaria affermazione del secondo comma: «*i giudici sono soggetti soltanto alla legge*». Il diretto collegamento con la sovranità popolare viene filtrato e bilanciato dalla legge, che a quella sovranità dà forma concreta. Il principio democratico viene ricondotto nelle forme dello Stato di diritto.

Centrale è la **sottoposizione del giudice alla sola legge**. Si realizza così il fine dell'**indipendenza** del singolo giudice (c.d. indipendenza funzionale) e di tutto l'ordine giudiziario (c.d. indipendenza istituzionale) (D. Bifulco, 2008 e Zanon, Biondi, 2019). Mentre la garanzia del singolo giudice trova la propria fonte più diretta negli artt. 101 e 111.2., quella dell'ordine è prevista nell'art. 104 (e concretamente disciplinata, oltre che negli artt. 104 e 108.2, anche negli artt. 105 e 106). Indipendenza funzionale e indipendenza istituzionale garantiscono l'imparzialità del soggetto giudicante.

È in particolare l'art. 107 a fornire al giudice la garanzia dell'**inamovibilità**, in forza della quale il giudice non può essere spostato di sede o di funzione se non per decisione del C.S.M. e a seguito di un procedimento che gli garantisce i diritti di difesa ovvero con il suo consenso. Le ipotesi di trasferimento d'ufficio sono rare e comunque previamente stabilite dalla legge.

Con il termine **magistratura**, nell'uso che ne fa in particolare l'art. 104, si intende l'ordine giudiziario formato dai giudici ordinari (in questo senso la Corte cost. fin dalla sent. 22/1959). Il medesimo articolo qualifica la magistratura come «*un ordine autonomo e indipendente da ogni altro potere*». In questa netta separazione rispetto a tutti gli altri poteri è possibile rinvenire un ulteriore elemento fondante del principio dello Stato di diritto. La qualificazione aiuta a comprendere la specificità dell'ordine giudiziario, che non è potere sia perché non è organizzato secondo la logica propria degli altri poteri (maggioranza/opposizione, organizzazione gerarchica e piramidale) sia perché ciascun giudice, in ragione dell'autonomia e dell'indipendenza di cui gode, può essere considerato autonoma e compiuta espressione dell'ordine cui appartiene (Silvestri, 1985). Da qui l'idea che la magistratura sia un potere diffuso (Spagna Musso, 1969, 943), non strutturato gerarchicamente. La tradizionale espressione 'potere giurisdizionale', usata anche in questa sede, è quindi un omaggio alla tradizione e all'uso comune.

## 2. *La funzione giurisdizionale*

### 2.1. *Il principio di unicità della giurisdizione*

L'art. 102.1., a somiglianza di quanto fa l'art. 70 per le leggi, ragiona di 'funzione giurisdizionale', attribuita a «magistrati ordinari istituiti e regolati dalle norme sull'ordinamento giudiziario» (si noti che la locuzione 'ordinamento giudiziario' ricorre frequentemente nel titolo della Costituzione in esame: non solo all'art. 102.1, ma anche agli artt. 105.1., 106.2., 107.4., 108.1. e VII disp. trans. fin.). A prima lettura, sembrerebbe che l'Assemblea costituente abbia optato per il **principio di unicità della giurisdizione** in quanto la funzione giurisdizionale *tout court*, nella sua interezza, viene attribuita ai giudici ordinari. In realtà la questione è più complessa.

Va innanzitutto ricordato che, se è vero che a pochi anni dall'Unità d'Italia fu abolito il contenzioso amministrativo dei tribunali amministrativi ordinari (l. 26 marzo 1865, n. 2248, all. E), anche in ragione del fatto che plurime erano le giurisdizioni amministrative negli Stati preunitari, rimasero tuttavia in vita molti giudici speciali (Corte dei conti, Consigli di prefettura). Il giudice ordinario poteva conoscere degli effetti dell'atto amministrativo (ma non annullare l'atto, potere che rimaneva in capo all'Amministrazione) e disapplicare gli atti e i regolamenti in contrasto con la legge.

Nel 1889 (legge Crispi n. 5992), anche per offrire una più adeguata tutela al cittadino nei confronti degli atti della P.A., fu istituita una quarta sezione del Consiglio di Stato [1], cui fu attribuito il potere di annullare gli atti amministrativi che fossero viziati da «eccesso di potere, incompetenza, violazione di legge». Nel tempo si aggiunsero una quinta (l. 62/1907) e poi una sesta sezione del Consiglio di Stato (d.lgs. 642/1948). Per offrire tutela anche nei confronti degli atti e dei provvedimenti dell'amministrazione locale fu attribuito alle Giunte provinciali amministrative un uguale potere di annullamento.

Questi pochi cenni dovrebbero bastare per evidenziare che l'Assemblea costituente lavorò sulla base di tale sistema a doppia tutela, in cui la dottrina, seguita dalla giurisprudenza, aveva elaborato l'interesse legittimo come figura speculare rispetto a quella del diritto soggettivo: se il diritto soggettivo era la situazione giuridica soggettiva la cui violazione poteva farsi valere di fronte al giudice ordinario, l'interesse legittimo era concepito come situazione giuridica che, pur ricevendo dalla legge una tutela solo indiretta, incidentale, riflessa, poteva farsi valere di fronte alla giurisdizione amministrativa [2].

Non sorprende quindi che in Assemblea costituente si confrontassero due opposte visioni, quella che spingeva per l'unità della giurisdizione – un unico giudice per tutte le controversie – e quella che riteneva più adeguata la pluralità della stessa.

Il compromesso che venne fuori è sintetizzato negli artt. 102, 103, 113 e VI disp. trans. Alla tendenziale unità della giurisdizione prevista dall'art. 102 si accompagna l'espressa previsione di **giudici speciali** all'art. 103 (Consiglio di Stato, Corte dei conti e Tribunali militari); a ciò si aggiunge la previsione dell'art. VI disp. trans. che prevede la «*revisione degli organi speciali di giurisdizione attualmente*

---

[1] Dunque le prime tre sezioni del Consiglio di Stato continuarono ad esistere ma con funzioni essenzialmente consultive.

[2] Accanto a questa elaborazione dell'interesse legittimo, risalente a O. Ranelletti (1934, 161-172), vi era quella, riconducibile a E. Guicciardi (1942, 30-31), secondo cui la distinzione tra interessi legittimi e diritti soggettivi era da collegare alla differenza tra norme d'azione (che regolano l'attività amministrativa) e norme di relazione (che regolano i rapporti tra privato e Amministrazione).

*esistenti*». Pare quindi di potere dire che il principio di unità è, sì, affermato ma non in maniera assoluta. È affermato sia perché la funzione giurisdizionale è attribuita, nella sua interezza, ai magistrati ordinari sia perché, all'art. 102.2., è espressamente vietata la creazione di giudici speciali (ulteriori rispetto a quelli espressamente previsti dall'art. 103). È tendenziale perché il principio di unità è temperato dalla possibilità di prevedere sezioni specializzate e dall'esistenza di quei giudici speciali previsti dall'art. 103 [3].

L'art. 113.1. completa il quadro stabilendo il principio per cui «*contro gli atti della pubblica amministrazione è sempre ammessa la tutela giurisdizionale dei diritti e degli interessi legittimi dinanzi agli organi di giurisdizione ordinaria o amministrativa*». Il principio è reso immediatamente precettivo dal secondo comma che vieta ogni esclusione o limitazione della tutela giurisdizionale contro la P.A. a particolari mezzi d'impugnazione ovvero per determinate categorie di atti.

L'art. 113.1. lascia chiaramente intendere che sarà il legislatore a stabilire se la tutela sarà fornita dal giudice amministrativo o dal giudice ordinario. Il diritto costituzionale vigente, ferma restando la distinzione tra diritti soggettivi e interessi legittimi, opera quindi una sostanziale equiparazione delle due giurisdizioni in ordine alla tutela nei confronti della P.A., aprendo al legislatore le porte per interventi innovativi [4].

Va infine osservato che l'art. 102.2. prevede la possibilità di istituire **sezioni specializzate** presso organi giudiziari ordinari. Per comprendere la natura delle sezioni specializzate, può tornare utile ricordare che la Corte costituzionale ha precisato che tali sezioni non sono un *tertium genus* tra giurisdizione speciale e quella ordinaria, bensì «una *species* di quest'ultima». Vi è quindi un collegamento organico con la magistratura ordinaria. Come esempi di sezioni specializzate possono ricordarsi i Tribunali per i minorenni, il Tribunale regionale della acque pubbliche [5], l'Ufficio centrale per il referendum.

Da notare che l'art. 102.2. prevede sezioni specializzate, «anche con la partecipazione di cittadini idonei estranei alla magistratura». Non è questa l'unica sede in cui la Costituzione prevede forme di partecipazione diretta del popolo all'amministrazione della giustizia (cfr. artt. 106.2.-3., 104.4., 135).

---

[3] Il principio di unità non viene messo in discussione dall'incidenza sull'ordinamento giuridico italiano delle sentenze della Corte di giustizia dell'UE, dei Tribunali ecclesiastici, delle Corti internazionali.

[4] Si pensi al tema della c.d. giurisdizione esclusiva, per cui al giudice amministrativo è consentito, perché così dispone la legge, di conoscere anche di questioni relative a diritti soggettivi; allo stesso tempo, il legislatore potrebbe assegnare al giudice ordinario poteri di annullamento dell'atto amministrativo incidente su diritti soggettivi o di sospensione dell'esecutività dell'atto amministrativo (sul punto sent. Corte cost. 32/1970).

[5] Il Tribunale superiore delle acque pubbliche, conoscendo di interessi legittimi, è considerato giudice speciale.

## 2.2. *Il divieto di giudice straordinario e speciale*

**Straordinario** è il giudice istituito e chiamato a giudicare dopo che i fatti costitutivi di una qualsiasi fattispecie si sono già verificati. L'istituzione di un siffatto giudice contraddice il diritto fondamentale al giudice naturale precostituito per legge, previsto dall'art. 25 (uno dei cardini dello Stato di diritto). Questa è la ragione per cui esso è espressamente vietato dall'art. 102.2.

Quanto ai **giudici speciali**, abbiamo già avuto modo di osservare che i Costituenti mantennero alcuni giudici speciali, vale a dire quelli espressamente previsti all'art. 103, di cui subito diremo più approfonditamente. Ogni ulteriore ipotesi di istituzione di un nuovo giudice speciale è espressamente vietato dall'art. 102.2.

Il divieto di (nuovi) giudici speciali deriva, come si è detto, dal principio tendenziale di unità della giurisdizione. Nel corso del tempo si sono poste questioni sul rispetto di tale divieto. Così accadde allorché fu previsto dalla l. 352/1970 l'istituzione, presso la Corte di cassazione, dell'Ufficio centrale per il referendum. Per quanto ritenuto avente natura giurisdizionale, i dubbi sulla violazione dell'art. 102.2. sono stati risolti considerandolo una sezione specializzata (queste espressamente ammesse dell'art. 102.2.) della giurisdizione ordinaria. Simili questioni si sono poste con le norme che prevedono l'autodichia degli organi costituzionali (Corte costituzionale, Presidente della Repubblica e le due Camere) e con quelle che hanno previsto ipotesi di arbitrato obbligatorio (sent. Corte cost. 127/1977).

Sempre in tema di giudici speciali, abbiamo già ricordato che la VI disp. trans. fin. indicava un termine quinquennale per la revisione degli organi speciali di giurisdizione preesistenti all'entrata in vigore della Costituzione (si pensi ai giudici tributari), con l'eccezione dei tre giudici speciali previsti dall'art. 103.

Il termine quinquennale è stato ritenuto ordinatorio dalla Corte costituzionale (sent. 41/1957). Poiché il termine non è stato rispettato, è accaduto che sono state colpite da incostituzionalità le norme che prevedevano alcuni giudici speciali (consigli comunali in materia elettorale, consigli di Prefettura, Giunte provinciali amministrative, Giunta amministrativa della Valle d'Aosta). Ai fini della individuazione di quali fossero i giudici speciali, il criterio utilizzato in maniera prevalente è stato quello della ricorribilità in Cassazione delle decisioni dell'organo per violazione di legge ai sensi dell'art. 111.

## 2.3. *I giudici speciali a rilevanza costituzionale e la loro indipendenza*

L'art. 103 è interamente dedicato alla individuazione dell'ambito di giurisdizione dei tre più importanti giudici speciali: Consiglio di Stato, Corte dei conti e tribunali militari.

Al **Consiglio di Stato**, che una parte dei Costituenti desiderava abolire, è riservata quella giurisdizione che aveva già trovato una propria disciplina con la citata riforma del 1889: le controversie tra P.A. e privati in ordine agli interessi legittimi e, per particolari materie, anche in ordine ai diritti soggettivi. L'art. 103.1. prevede, più genericamente, anche «*altri organi di giustizia amministrativa*»: poiché non è possibile ritenere che tale formula possa comprendere qualsiasi ulteriore giudice amministrativo istituito successivamente all'entrata in vigore della Costituzione, la dottrina maggioritaria ha ritenuto che in essa vadano ricompresi quei giudici aventi attribuzioni affini al Consiglio di Stato (come il Tribunale superiore delle acque pubbliche) e a quelli con esso articolati in un unico plesso giurisdizionale (come il Consiglio di giustizia amministrativa per la Regione Sicilia); sicuramente vi rientrano i tribunali previsti dall'art. 125. A questo proposito la l. 1034/1971, istituendo i Tribunali amministrativi regionali (uno per Regione), ha così realizzato il principio del doppio grado di giurisdizione anche nel processo amministrativo.

La giurisdizione della **Corte dei conti**, come quella del Consiglio di Stato, è piuttosto risalente (l. 14 agosto 1862, n. 800). L'art. 103.2. riserva ad essa la giurisdizione «*nelle materie di contabilità pubblica e nelle altre specificate dalla legge*». Nella prima rientrano: i giudizi di conto, che vengono rilasciati sui rendiconti presentati da tutti coloro che hanno il maneggio di denaro pubblico o dispongono di beni e valori di proprietà pubblica; i giudizi di responsabilità dei pubblici funzionari ove questi abbiano provocato un danno alle amministrazioni pubbliche sia centrali che locali. Nella seconda rientrano le controversie in materia di pensioni (civili e militari). La Corte opera a livello regionale attraverso sezioni regionali di primo grado e sezioni centrali di secondo grado.

Quanto ai **tribunali militari**, essi sono stati mantenuti anche per il tempo di pace, con la giurisdizione limitata ai «reati militari commessi da appartenenti alle forze armate». La limitazione ha avuto effetti importanti in quanto ha fatto venir meno le ipotesi di connessione, previsti da norme precedenti alla Costituzione[6]. Con l. 180/1981 la materia dell'ordinamento giudiziario di pace è stata profondamente modificata: di rilievo particolare è stata l'istituzione di un giudice di secondo grado e la ricorribilità per cassazione dei provvedimenti dei giudici militari (ciò che ha portato all'abolizione del Tribunale supremo militare: cfr. sent. Corte cost. 1/1983 dove si affronta la questione del rapporto della disp. trans. VI.2. e dell'art. 111).

Ai giudici delle giurisdizioni speciali (oltre che del pubblico ministero presso di esse e agli estranei che partecipano all'amministrazione della giustizia), l'art. 108 assicura indipendenza, anche se ne demanda la concreta attuazione alla legge. Non può dunque predicarsi per i giudici speciali una tutela dell'indipendenza già articolata in Costituzione (Poggi, 1995, 173). Grazie alla giurisprudenza che nel tempo si è formata in materia di livelli minimi di indipendenza da assicurare a

---

[6] Connessione, in questo caso, implica che il reato, essendo stato commesso da appartenenti alle Forze armate e da soggetti ad esse estranei, poteva essere valutato dal tribunale militare che così giudicava anche su soggetti estranei alle Forze armate.

tali giudici, è oggi possibile affermare che il principio dell'indipendenza è assicurato dalla presenza dei requisiti dell'**inamovibilità** (cfr. sentt. Corte cost. 1/1978 e 74/1978 rispettivamente a proposito dei membri del Consiglio di Stato e della Corte dei conti di nomina governativa), della **non sottoposizione ad organi esterni alla giurisdizione** (v. le sentt. Corte cost. 55/1966 e 30/1967 che hanno dichiarato incostituzionali le norme sui Consigli di prefettura e sulle giunte provinciali amministrative), dell'**imparzialità** (v. la sent. Corte cost. 93/1965 che ha travolto le giurisdizioni penali dei Consigli comunali in materia di operazioni elettorali), delle previsioni di adeguate **garanzie processuali per l'autonomia del giudice** (v. sentt. Corte cost. 60/1969 e 121/1970 che hanno travolto le giurisdizioni penali dell'intendente di finanza e del comandante di porto). Va infine aggiunto che ciascuna delle tre magistrature speciali ha oggi, a somiglianza di quanto previsto per la magistratura ordinaria direttamente dalla Costituzione, un organo di autogoverno previsto dalla legge: il Consiglio di presidenza della giustizia amministrativa, previsto dalla l. 186/1982; il Consiglio di presidenza della Corte dei conti, istituito con l. 117/1988; il Consiglio della magistratura militare, istituito con l. 561/1988 e oggi disciplinato dal d.lgs. 66/2010.

Ricapitolando in estrema sintesi, la funzione giurisdizionale è esercitata dalla magistratura ordinaria e dai giudici speciali. La magistratura ordinaria si riparte in giurisdizione civile e in giurisdizione penale. I principali giudici speciali si articolano in giurisdizione amministrativa (Tribunali amministrativi regionali e Consiglio di Stato), giurisdizione contabile (Corte dei conti) e giurisdizione militare (tribunali militari). Esiste anche il giudice speciale tributario. Della sua conformità a Costituzione inizialmente si dubitò, tanto che la Corte costituzionale considerò le Commissioni tributarie quali organi amministrativi. A seguito di riforme legislative (d.P.R. 636/1972 e d.lgs. 545/1992) si è ritenuto che esse potessero considerarsi conformi al dettato della VI disp. trans. fin. in quanto 'revisionate' (Corte cost. 287/1974 e 196/1982). Permane ad oggi l'anomalia di un giudice speciale formato da soggetti che appartengono ad altre giurisdizioni ovvero in possesso di eterogenee qualifiche professionali (professori universitari, professionisti, dipendenti civili dello Stato). Le nomine di questi soggetti sono peraltro affidate al Ministro competente. La materia necessiterebbe di una più intensa giuridizionalizzazione, intervenuta con l'approvazione della l. 130/2022. In particolare la legge, in corso di pubblicazione al momento in cui scriviamo, prevede la professionalizzazione dei magistrati tributari attraverso il reclutamento di giudici tributari a tempo pieno e l'introduzione di istituti nuovi all'interno del processo tributario (come la prova testimoniale; la conciliazione su iniziativa del giudice per le controversie che non superano i 5000 euro; la presenza del giudice monocratico in primo grado per le cause che non superano il valore di 3000 euro, appellabili solo in casi determinati).

## 3. *I profili organizzativi dell'ordinamento giudiziario*

### 3.1. *La riserva di legge in materia di ordinamento giudiziario*

Altro centrale principio posto a disciplina della materia in esame è la previsione, contenuta nell'art. 108.1., che sia la legge (statale) a disciplinare l'ordinamento giudiziario e «*ogni altra magistratura*». In realtà, nel corso del tempo, sulla materia sono intervenuti atti sicuramente non legislativi (si pensi agli atti del C.S.M. relativi al conferimento di incarichi, agli atti del Ministro della giustizia sul funzionamento dei servizi della giustizia, agli atti di chi è preposto alla direzione degli uffici giudiziari). Senza ripercorrere le molte tesi dottrinarie in proposito, l'attuale stato delle cose tende a riservare alla legge la materia che dà più stretta attuazione al principio di indipendenza, lasciando spazio, su ciò che residua, agli atti subordinati.

La riserva di legge contenuta nell'art. 108 viene generalmente intesa come statale. Non vi è dubbio che spetti alla legge dello Stato la disciplina dello *status d*ei magistrati. Alcune sentenze della Corte costituzionale hanno ammesso la legittimità di interventi regionali in materia di incarichi ai magistrati, a condizione che tali incarichi siano estranei ai loro compiti istituzionali (sentt. Corte cost. 224 e 285/1999).

La Corte ha invece categoricamente escluso la legittimità di interventi normativi regionali diretti a dettare norme di diritto processuale, incidenti quindi sul concreto esercizio della funzione giurisdizionale, sulla base dell'assenza di una espressa attribuzione costituzionale di tale potere normativo alle Regioni (sentt. 4/1956, 352/2001). La revisione costituzionale operata con l. cost. 3/2001 ha reciso ogni dubbio sul punto, attribuendo allo Stato la potestà legislativa esclusiva sulle norme processuali [art. 117.2.l)]. La materia è oggi regolata dal d.lgs. 160/2006.

### 3.2. *L'accesso alla magistratura*

L'art. 106 prevede espressamente che l'accesso alla magistratura ordinaria avvenga **per concorso**. Si tratta di una regola che riguarda la magistratura ordinaria. Anche nelle magistrature speciali si entra per concorso, pur rimanendo possibile l'accesso per nomina governativa. Le eccezioni alla regola della nomina per concorso sono contenute nel medesimo art. 106.2.-3. Nel secondo comma si prevede la possibilità di nominare magistrati c.d. onorari. Le figure del giudice conciliatore, del viceconciliatore e del pretore onorario sono state oggi sostituite dalla figura del **giudice di pace**, previsto dalla l. 374/1991, con competenze in materia civile e penale.

Lo sviluppo della carriera del magistrato deve tener conto di quanto prevede l'art. 107.3., secondo cui «*i magistrati si distinguono fra loro soltanto per diversità di funzioni*». Traspare, da tale disposizione, l'intento di sottrarre la carriera del magistrato alla logica delle gerarchie interne, che era fatta propria dagli artt. 118 ss. dell'ordinamento giudiziario (sentt. Corte cost. 80 e 123/1970) e che è propria dell'organizzazione delle altre pubbliche amministrazioni. Se non esiste una distinzione per gradi, rimane la distinzione delle funzioni. Ed in effetti è possibile distinguere i magistrati a seconda che esercitino funzioni di merito, requirenti, di legittimità e direttive.

### 3.3. *Il Consiglio superiore della magistratura: composizione e funzioni*

Il C.S.M. è qualificabile come il vertice organizzativo dell'ordine giudiziario. Se ne parla, impropriamente, come organo di autogoverno della magistratura. Più correttamente esso va inteso come un organo di garanzia costituzionale, con funzioni di amministrazione della giurisdizione, direttamente previste in Costituzione (Pizzorusso, 1970, 97). Attraverso tale organo l'Assemblea costituente ha inteso rafforzare e garantire, anche dal punto di vista organizzativo, il principio di indipendenza della magistratura. La soluzione prescelta fu ritenuta la più idonea sia per assicurare una netta separazione della magistratura dal potere esecutivo sia per evitare di affidare tale funzione alla Corte di cassazione, vale a dire ad un organo composto esclusivamente da giudici. È comunque organo della magistratura, visto che è legittimato a sollevare (e a resistere nei) i conflitti di attribuzione dinanzi alla Corte costituzionale.

L'art. 104, nel tratteggiare l'organizzazione del C.S.M., richiede che due terzi dei componenti provengano dalla magistratura ordinaria (c.d. componente togata), in forza di elezione da parte di tutti i magistrati ordinari, e un terzo da professori ordinari e avvocati con quindici anni di esercizio (c.d. componente laica), in forza di elezione da parte del Parlamento in seduta comune. A tale composizione va aggiunta la presenza, di diritto, del Presidente della Repubblica, che presiede l'organo, del primo presidente e del procuratore generale della Corte di cassazione (art. 104.2.-3.). La vice presidenza, ancora per volontà della Costituzione, è assegnata a un componente non togato.

Il mandato di tutti i componenti è quadriennale e parte dal giorno dell'insediamento. La durata può essere prorogata fino all'insediamento del nuovo Consiglio (art. 30 l. 195/1958 e art. 36 d.P.R. 916/1958). Il Consiglio può essere sciolto con decreto del Presidente della Repubblica in caso di impossibilità di funzionamento. I membri del Consiglio non possono essere rieletti immediatamente.

A somiglianza di quanto è accaduto per altri rilevanti organi, anche il C.S.M. è stato istituito con ritardo. La legge che dà ad esso **attuazione** risale infatti al 1958 (l. 195). Incongruenze e incostituzionalità di questo primo importante provvedimento sono state poi risolte dalle successive ll. 1/1981 e 655/1985 e da alcune altrettanto importanti sentenze della Corte costituzionale.

La **composizione del Consiglio** è stata nuovamente modificata dall'art. 21 l. 71/2022. Per effetto della l. 44/2002 gli originari 30 membri elettivi erano stati portati a 27. La modifica del 2022 riporta la composizione ad un totale di 30 membri elettivi: 20 togati e 10 laici. Questi ultimi sono eletti dal Parlamento in seduta comune a maggioranza dei tre quinti. Un *quorum* così elevato ha provocato dubbi di costituzionalità ritenendosi violato l'art. 64.3. Le perplessità sono state superate sulla base di due argomenti: il primo sottolinea che l'art. 64.3. non riguarda il Parlamento in seduta comune e il secondo enfatizza la circostanza che la composizione del C.S.M. non rientra nel rapporto di maggioranza di governo, sottinteso alla regola posta dall'art. 64.3. Quanto ai componenti togati, essi hanno una composizione diversificata a seconda della funzione svolta[7].

La posizione del Presidente della Repubblica all'interno del collegio è stata oggetto di riflessione. In particolare ci si è chiesti se esso sia presente in qualità di Capo dello Stato ovvero come vertice dell'organo collegiale. L'opzione tra le due alternative ha ricadute pratiche, sol che si pensi alle funzioni di supplente (che, nella prima opzione, spetterebbero al Presidente del Senato e nella seconda al vicepresidente) o al potere di controfirma degli atti a rilevanza esterna (ministro o vicepresidente?). Il fatto che la gran parte delle deliberazioni del C.S.M. siano recepite con decreto del Presidente della Repubblica, controfirmato dal Ministro di giustizia, lascia intendere la volontà dell'ordinamento che la magistratura non resti avulsa dall'ordinamento generale.

Le **attribuzioni** del C.S.M. sono scolpite nell'art. 105. Il C.S.M. svolge soprattutto funzioni amministrative. A queste si aggiungono anche funzioni che possono definirsi giurisdizionali e (para)normative.

Tra le prime rientrano sicuramente le funzioni concernenti lo *status* dei magistrati, la composizione degli uffici direttivi, la nomina e la revoca dei magistrati ordinari e degli esperti presenti nelle sezioni specializzate[8]; possono farsi rientrare in questo ambito anche la verifica dei titoli di ammissione dei magistrati eletti (non anche dei componenti eletti dal Parlamento) e gli atti di gestione dell'autonomia contabile.

Quanto alla verifica dei titoli di ammissione, è controversa l'impugnabilità delle delibere consiliari in materia e delle decisioni sui reclami elettorali presentati dai magistrati. Anche a voler ammettere l'impugnabilità di tali atti, è pure controversa la spettanza della giurisdizione in materia, giacché Corte di cassazione e

---

[7] L'art.31 l.71/2022 prevede che due siano eletti dai giudici della Corte di cassazione in un collegio unico nazionale; cinque dai giudici che svolgono la funzione di pubblico ministero distribuiti in due collegi territoriali; otto dai giudici di merito distribuiti in quattro collegi territoriali; e altri cinque sempre dai giudici di merito, con ripartizione proporzionale dei seggi, in un unico collegio nazionale

[8] Le deliberazioni in materia sono impugnabili di fronte al giudice amministrativo (art. 17 l. 195/1958).

Consiglio di Stato esprimono opinioni differenti sul punto. Quanto all'elezione dei componenti laici, la verifica consiliare è solo preliminare rispetto alla deliberazione di spettanza parlamentare.

Nelle **funzioni giurisdizionali** rientra l'accertamento della **responsabilità disciplinare** dei magistrati. Tale specifica e rilevante funzione è attribuita alla sezione disciplinare del C.S.M., le cui deliberazioni (sentenze) sono ricorribili in Cassazione.

Sulla natura della sezione disciplinare quale nuovo giudice speciale si è a lungo dibattuto. I dubbi sono stati superati sulla base di due argomenti: a) le leggi istitutive e modificative (ll. 195/1958, 1198/1967) avrebbero svolto una funzione di revisione di giurisdizioni che preesistevano a livello periferico (artt. 22 ss. r.d. 511/1946) (sul punto cfr. sentt. Corte cost. 12/1971 e Corte cass. 413/1969, 506/1970); b) il tipo di giurisdizione in esame sarebbe previsto direttamente dall'art. 105. Il C.S.M. non gode di giurisdizione domestica (un altro indice che depone a favore della sua riconduzione tra gli organi a rilevanza costituzionale).

Quanto, infine, alle **funzioni c.d. paranormative**, vi è da annoverare la potestà regolamentare di cui dispone il C.S.M. in ordine ad alcune materie, come, ad esempio, la disciplina interna al Consiglio medesimo.

L'art. 5 l. 1/1981 prevede per tutti i componenti del Consiglio la «non punibilità per le opinioni espresse nell'esercizio delle loro funzioni e concernenti l'oggetto della discussione» (art. 32-*bis* l. 195/1958). Si tratta quindi di una **immunità** che, se copre sostanzialmente tutte le manifestazioni di pensiero, non assicura una 'copertura' per tutte le attività dei membri. I componenti del C.S.M. possono essere passibili di sospensione e decadenza.

### 3.4. *Il Ministro della giustizia*

Il Ministro della giustizia è l'unico ministro espressamente menzionato dalla Costituzione all'art. 110. Ne derivano almeno due conseguenze: le attribuzioni ad esso assegnate dall'articolo in esame sono garantite direttamente dalla Costituzione; in caso di interferenze di altri poteri il Ministro è autorizzato a sollevare conflitto di attribuzione a tutela delle proprie competenze (in tal senso Corte cost., già da sent. 123/1979).

L'art. 110 assegna al Ministro «*l'organizzazione e il funzionamento dei servizi relativi alla giustizia*», «*ferme le competenze*» del C.S.M. Tra i due organi, quindi, non può non esservi uno stretto collegamento non solo istituzionale ma anche funzionale, fondato sul principio di collaborazione cui devono ispirarsi i rapporti tra gli organi costituzionali. Nell'organizzazione e funzionamento rientrano in particolare l'assegnazione dei magistrati in relazione alle piante organiche e la sorveglianza sull'attività e sul comportamento dei magistrati. A tal fine l'art. 107.2. assegna al Ministro l'iniziativa dell'azione disciplinare. Esegue inoltre le deliberazioni del C.S.M., che prendono la forma di decreto del Presidente della Repubblica oppure di decreti ministeriali; cura anche la fase di pubblicazione delle leggi e dei decreti.

### 3.5. *La posizione del pubblico ministero*

Al 'pubblico ministero' l'art. 112 attribuisce l'esercizio dell'azione penale. Oltre a tale importante funzione, il p.m. è chiamato a proporre azioni, o a intervenire in processi promossi da altri, in nome e a favore dello Stato. In questo caso il p.m. interviene a favore dello Stato inteso come comunità giacché a tutela dello Stato-persona è preposta l'Avvocatura dello Stato[9].

Nella storia delle istituzioni italiane il p.m. viene originariamente costituito in un ruolo distinto rispetto a quello dei magistrati giudicanti; poi si passa all'unificazione dei ruoli; per arrivare, nell'epoca fascista, alla sottoposizione del p.m. al Ministro di giustizia. In Assemblea costituente riemerse la natura 'ancipite' del p.m., chiamato ad esercitare funzioni sia di giurisdizione che di esecuzione. In particolare fu proposto di formulare l'art. 101 facendo riferimento ai giudici e ai magistrati del p.m. Ciò avrebbe dovuto ridurre la distanza che pare permanere tra la figura del giudice e quella del p.m. La proposta non fu accolta; si pervenne così ad una soluzione di compromesso, che è quella accolta nell'art. 107.4.: «il pubblico ministero gode delle garanzie stabilite nei suoi riguardi dalle norme sull'ordinamento giudiziario». In effetti, secondo una lettura possibile delle disposizioni in esame, una differenza tra giudici e p.m. permarrebbe in quanto la garanzia per questi ultimi, prevista nell'art. 107.u.c., è rimessa alle norme sull'ordinamento giudiziario. Ciò potrebbe aiutare a giustificare i progetti normativi relativi a un riavvicinamento del p.m. al potere esecutivo.

Prevalente è però la tesi della **sostanziale assimilazione del p.m. al giudice ordinario**, facendo leva sulle molteplici garanzie che la Costituzione appresta al p.m.: in tal senso vanno le garanzie contenute nell'art. 107, le garanzie apprestate dagli artt. 105 e 106 in tema di nomina per concorso, l'inamovibilità ad esso garantita dall'art. 107.1. (interpretato estensivamente), la presenza del Procuratore generale della Corte di cassazione come membro di diritto del C.S.M., l'obbligo di esercitare l'azione penale di cui all'art. 112.

---

[9] L'**Avvocatura dello Stato** non è un organo di rilevanza costituzionale ma svolge una funzione ausiliaria molto importante per lo Stato, assicurando alle amministrazioni statali (e ad altre amministrazioni pubbliche per le quali la legge prevede espressamente il patrocinio dell'Avvocatura) la tutela legale dei diritti e degli interessi dello Stato. Svolge anche attività di consulenza facoltativa nei confronti delle Amministrazioni pubbliche. L'Avvocatura generale ha sede a Roma, mentre le Avvocature distrettuali sono presenti nei capoluoghi di Regione e presso le sedi della Corte d'appello.

Come non esiste un giudice unico, così non esiste un'unica figura di p.m. Infatti, per quanto il modello di riferimento sia il p.m. presso l'autorità giudiziaria ordinaria, esistono p.m. presso le giurisdizioni speciali, a cui, come si ricorderà, l'art. 108.2. fornisce garanzie di indipendenza.

Anche le attribuzioni svolte dal p.m. assumono una configurazione non unitaria, abbracciando attribuzioni sia giurisdizionali che amministrative (tra l'altro, tale disomogeneità funzionale influisce anche sulla corretta individuazione della natura – giurisdizionale o amministrativa – dell'organo). Ed infatti la legge attribuisce al p.m. compiti differenti anche a seconda della materia – civile, penale, amministrativa – nella quale è chiamato ad intervenire.

E così – per esemplificare – in materia civile il p.m. *può* intervenire per sospendere o annullare le delibere assembleari, per la dichiarazione di morte presunta, per la pronuncia di interdizione o inabilitazione; *deve* intervenire nelle cause matrimoniali, nelle cause riguardanti lo stato civile delle persone (si è molto discusso se, al di là delle espresse previsioni legislative di obbligo di azione civile, il p.m. sia tenuto ad esercitare l'azione anche nelle ipotesi in cui tale obbligo non deriva dal dettato legislativo).

In materia penale il p.m. è **obbligato ad esercitare l'azione penale**, per espressa previsione costituzionale (art. 112), con ciò intendendosi che il p.m. deve chiedere al giudice di decidere sulla fondatezza di una notizia di reato. È evidente l'intento di evitare che la decisione sull'opportunità sul se perseguire un reato sia così rimessa alla discrezionalità del p.m. Di fatto, l'obbligatorietà dell'azione penale cede di fronte alla difficoltà oggettiva – soprattutto nelle grandi realtà urbane – di valutare tutte le notizie di reato. È altrettanto chiaro che la sottoposizione all'obbligo mira a garantire l'indipendenza del p.m., cui non è consentito di scegliere (Daga, 1988).

### 3.6. *Le responsabilità del magistrato*

La responsabilità dei magistrati si articola in tre tipologie: civile, penale e disciplinare. Pochi dubbi sussistono sulla **responsabilità penale**, mentre molto controversa è la configurazione degli altri due tipi di responsabilità in ragione delle peculiarità delle funzioni svolte dal magistrato.

Quanto alla **responsabilità disciplinare**, l'art. 18 r.d.lgs. 511/1946, che prevedeva l'irrogabilità di sanzioni verso il magistrato che avesse mancato ai suoi doveri o avesse tenuta una condotta tale da incidere sul prestigio della magistratura, è passato indenne al giudizio della Corte costituzionale (sent. 100/1981). La materia è oggi regolata dal d.lgs. 109/2006.

Fortemente dibattuta è stata la configurabilità di una **responsabilità civile** del magistrato. Gli artt. 55, 56 e 74 c.p.c. sottoponevano l'ammissibilità di un'azione di responsabilità civile nei confronti di un magistrato all'autorizzazione del Ministro della giustizia limitandola alle sole ipotesi di dolo, frode, concussione ovvero di ingiustificata omissione, rifiuto o ritardo nel provvedere. Non c'era quindi responsabilità per errori commessi per colpa grave o lieve. A seguito dell'abrogazione referendaria dei menzionati articoli è subentrata la l. 117/1988, la quale, se estendeva la responsabilità anche alla colpa grave, allo stesso tempo la limitava a ipotesi molto specifiche. Rispetto a questo stato dell'arte sono sopravvenute alcune sentenze della Corte di giustizia (in particolare sent. CG, 13 giugno 2006, C-173/03, *Traghetti del Mediterraneo*), che hanno sostanzialmente ritenuto non conforme al diritto dell'UE le suddette limitazioni. È di conseguenza intervenuto il legislatore con la l. 18/2015 che ha modificato la l. 117/1988.

## 4. *Le norme sulla giurisdizione: obbligo di motivazione e funzione nomofilattica della Corte di cassazione*

L'art. 111 ha subìto una importante modifica con la l. cost. 2/1999. Con questa modifica sono stati aggiunti cinque nuovi commi, sicché i tre originari sono ora gli ultimi tre. Nella parte quinta si tratterà più specificamente, in sede di analisi dell'art. 24, delle innovazioni apportate dalla revisione. È bene dedicare attenzione, in questa sede, al nucleo originario dell'articolo, costituito appunto dagli ultimi tre commi, in quanto contengono disposizioni importanti in tema di giurisdizione.

L'**obbligo di motivazione** di tutti i provvedimenti giurisdizionali si spiega con l'esigenza di permettere un controllo sulle ragioni di diritto e sui presupposti di fatto che hanno portato alla decisione. In questo modo è possibile verificare l'eventuale vizio di violazione di legge, permettendo alla Corte di cassazione di svolgere meglio il proprio ruolo di **nomofilachia**, termine con il quale si intende dire che la Corte di cassazione ha il compito di assicurare l'uniforme interpretazione della legge.

La funzione di nomofilachia è sottintesa anche dalla successiva disposizione secondo la quale è sempre possibile ricorrere in Cassazione «*contro le sentenze e contro i provvedimenti sulla libertà personale, pronunciati dagli organi giurisdizionali ordinari e speciali*». La previsione risponde a finalità evidentemente diverse: nel primo caso, riguardante le sentenze, l'intento del Costituente è quello di assicurare, attraverso l'uniformità dell'interpretazione giurisprudenziale realizzata dalla Cassazione, l'unità del diritto nazionale; nel secondo caso, l'intento è quello di assicurare la massima garanzia nei confronti di qualsiasi misura giurisdizionale diretta ad incidere sulla libertà personale. A tale ultimo e importantissimo fine, nel corso del tempo, l'ordinamento ha rafforzato la tutela permettendo, ad esempio, anche il riesame nel merito delle misure restrittive della libertà personale (**Tribunale del riesame**, prima chiamato Tribunale della libertà).

La Corte di cassazione viene così investita del ruolo di chiusura della funzione giurisdizionale, un ruolo sempre più complesso in ragione della dimensione multiordinamentale nella quale è immerso l'ordinamento nazionale. Ciò giustifica anche la specificità della configurazione della categoria dei 'magistrati di cassazione', che, come già chiarito dalla Corte costituzionale (sentt. 86 e 87/1982), finisce per essere l'unica categoria funzionale prevista espressamente dalla Costituzione.

# Parte Terza

# GLI ENTI TERRITORIALI

# CAPITOLO X
# LE REGIONI E LE ALTRE AUTONOMIE TERRITORIALI



## 1. *Origini e attuazione delle Regioni*

### 1.1. *Regioni ed enti locali in Assemblea costituente*

La storia dell'Italia unita è una storia di tendenziale centralismo. Subito dopo l'Unità vi fu un tentativo di istituire degli enti simili alle attuali Regioni, ma il progetto incontrò una forte opposizione parlamentare. Il timore era che l'istituzione di un ente regionale potesse mettere in pericolo l'Unità così faticosamente conquistata. Di Regioni non si parlò più fino all'Assemblea costituente, se si fa eccezione per il programma del Partito popolare italiano che, nell'immediato primo dopoguerra, provò a rilanciare l'idea regionale. Non per questo può dirsi che i temi dell'autonomia territoriale e finanche del federalismo non siano stati oggetto di dibattito e comunque presenti nella storia d'Italia (Petraccone, 1995).

L'Assemblea costituente si trovò a lavorare in presenza di forti tendenze autonomistiche avvertite soprattutto in Sicilia e Sardegna. Ben prima della fine dei lavori dell'Assemblea, infatti, la Sicilia si era dotata di un proprio statuto e anche alla Sardegna e alla Valle d'Aosta erano state riconosciuti poteri autonomi. In un sol giorno, il 26 febbraio 1948, furono approvati dall'Assemblea costituente gli statuti speciali della Sicilia, Sardegna, Valle d'Aosta e Trentino-Alto Adige. Solo nel 1963 fu approvato quello del Friuli-Venezia Giulia, arrivato in ritardo a causa di controversie internazionali sul territorio di Trieste.

Al di là delle complesse vicende relative alle Regioni ad autonomia speciale o differenziata (da ora, per brevità, Regioni speciali), il compromesso raggiunto in Assemblea sulla configurazione della Regione fu non facile, spingendo la Democrazia Cristiana per il riconoscimento di forti poteri autonomi e mirando, invece, le sinistre a una Regione dotata di pochi poteri. Al di là dei contrasti, la volontà era quella di creare un ente territoriale autonomo, dotato anche di poteri legislativi. La cesura con la precedente esperienza era quindi forte giacché interrompeva il centralismo, non solo normativo, che aveva caratterizzato l'Italia a partire dalla sua Unità. L'essenza dell'**autonomia** consiste infatti nel riconoscimento alla comunità regionale del potere di eleggere propri rappresentanti che, in quanto dotati di potere legislativo, possono esprimere indirizzi normativi e politiche pubbliche non necessariamente conformi a quelle nazionali. Più ampia e articolata è tale autonomia, più lo Stato si sposta da una dimensione accentrata ad una composta.

Anche l'autonomia comunale e provinciale, che fin dall'Unità aveva sviluppato una propria solida tradizione e che nel periodo della dittatura fascista era stata compressa, trovava una nuova spinta con la Costituzione repubblicana. L'art. 128, abrogato poi nel 2001, elevava Province e Comuni ad enti autonomi nell'ambito di principi fissati da leggi generali della Repubblica, che ne avrebbero dovuto determinare le funzioni (Pizzetti, 1979).

### 1.2. *Le autonomie territoriali nel modello costituzionale del 1948*

Il modello regionale che venne fuori dall'Assemblea costituente si ispirava ad alcune linee di fondo, che proviamo a riassumere in termini molto sintetici. Conviene partire dalla differenziazione tra Regioni ad autonomia comune od ordinaria (da ora in poi, per brevità, Regioni ordinarie) e Regioni speciali, previste dall'art. 116, il cui regime giuridico differenziato si giustificava in ragione delle particolari caratteristiche etniche, geografiche, culturali.

Quanto ai poteri attribuiti alle Regioni, la Costituzione attribuiva a ogni Regione ordinaria il potere di darsi uno **statuto**, col quale disciplinare l'organizzazione regionale (la l. cost. 1/1999 inciderà particolarmente su questo profilo). Gli organi della Regione, dotati di poteri e funzioni diverse, erano (e sono) tuttavia individuati dalla Costituzione: Consiglio regionale con poteri principalmente legislativi, Giunta regionale con poteri esecutivi e Presidente della Giunta regionale. Nel modello del 1948 il Presidente e i membri della Giunta erano eletti dal Consiglio regionale tra i suoi componenti. Su questi aspetti le Regioni speciali presentano tuttavia non poche peculiarità. Fu previsto che gli statuti delle cinque Regioni speciali fossero approvati con legge costituzionale per ulteriormente garantire l'autonomia di queste Regioni.

Con riguardo alla **potestà legislativa**, alle Regioni ordinarie l'art. 117 dava il potere di adottare leggi nei limiti dei principi fondamentali stabiliti da leggi dello Stato e solo sulle materie ivi elencate. Differente era la posizione delle Regioni speciali, le quali, oltre a disporre di questa tipologia di potestà legislativa, disponevano anche di una **potestà legislativa esclusiva**, detta anche primaria o assoluta, che incontrava minori limiti rispetto alla tipologia prevista dall'art. 117. Tale maggiore potestà legislativa era disciplinata dai rispettivi statuti speciali [1]. Va aggiunto che le Province autonome di Trento e Bolzano sono dotate di autonomia legislativa.

Per entrambi i tipi di Regioni era poi prevista anche la potestà legislativa c.d. integrativo-attuativa (su cui cfr. cap. XIII.3.1).

La disciplina della funzione amministrativa era retta dal **principio del parallelismo**, enunciato nell'art. 118, in base al quale spettavano alle Regioni le funzioni amministrative nelle stesse materie sulle quali avevano competenza legislativa. A tali funzioni amministrative proprie potevano aggiungersi quelle delegate dallo Stato con legge.

L'autonomia finanziaria, infine, era disciplinata nell'art. 119, contenente un rinvio alla legge statale per la disciplina dei modi e dei limiti della stessa.

La Costituzione del 1948 non mancava di prevedere **istituti di controllo** sulle funzioni delle Regioni. L'art. 124 prevedeva la figura del commissario del governo, presente nel capoluogo di ciascuna Regione, a cui era attribuito il compito di sopraintendere alle funzioni amministrative esercitate dallo Stato e di coordinarle con quelle esercitate dalle Regioni. A ciò si aggiungevano forme di controllo sull'atti-

---

[1] Si riporta l'art. 3 dello st. Sicilia, che disciplina appunto tale potestà esclusiva: «L'Assemblea, nell'ambito della Regione e nei limiti delle leggi costituzionali dello Stato, senza pregiudizio delle riforme agrarie e industriali deliberate dalla Costituente del popolo italiano, ha la legislazione *esclusiva* nelle seguenti materie: (segue l'elenco)».

vità legislativa e amministrativa delle Regioni nonché sugli organi regionali; il sistema si chiudeva con la Corte costituzionale chiamata ad arbitrare le eventuali controversie intorno alla delimitazione delle competenze.

Le Regioni erano (e ancora sono) chiamate dalla Costituzione a partecipare anche all'elezione del Presidente della Repubblica (art. 83) e all'esercizio della funzione legislativa statale attraverso la presentazione di proposte di legge alle Camere (art. 121) e di richieste di referendum abrogativi e confermativi (cfr. rispettivamente gli artt. 75 e 138).

### 1.3. *La lenta attuazione delle Regioni*

Nonostante l'Assemblea costituente si fosse premurata di disporre, con l'VIII e la IX disp. trans. fin., un procedimento rapido per l'attuazione delle Regioni (un anno dall'entrata in vigore della Costituzione per l'elezione dei Consigli regionali e tre anni per l'adeguamento delle leggi dello Stato alle esigenze delle autonomie locali), ad entrare in funzione furono solo le quattro (in seguito divenute cinque) Regioni speciali. Le Regioni ordinarie entrarono in funzione solo nel giugno 1970, quando appunto si votò per eleggere i Consigli regionali, i quali diedero avvio al procedimento di approvazione degli statuti conclusosi a metà del 1971. Tra il 1948 e il 1970 vi sono da registrare l'approvazione della l. 62/1953 (c.d. legge Scelba) in materia di organi regionali e la l. 108/1968 con cui si disciplinò il procedimento elettorale regionale.

Il ritardo attuativo fu in gran parte dovuto alla posizione del principale partito, la Democrazia Cristiana, che, pur avendo voluto fortemente le Regioni in Assemblea costituente, ritenne poi che la loro attuazione avrebbe rafforzato le forze di opposizione parlamentare in periferia. L'**ostruzionismo di maggioranza** (Calamandrei, 1953, 1)– questo il termine che riassumeva l'atteggiamento della Democrazia Cristiana in quegli anni – fu quindi la principale causa politica del ritardo nell'attuazione.

Per poter concretamente funzionare, le Regioni dovevano poter esercitare le funzioni loro assegnate; soprattutto avevano bisogno di personale e mezzi. A tal fine fu necessario che lo Stato trasferisse verso le Regioni le funzioni fino a quel momento esercitate dall'amministrazione centrale. Il trasferimento fu operazione non facile per la naturale inerzia delle amministrazioni a conservare quanto più possibile i poteri originari. Dal punto di vista normativo il trasferimento delle funzioni avvenne in due fasi. La prima si attuò con i decreti delegati del 1972 (adottati sulla base della delega contenuta nell'art. 17 della legge finanziaria 281/1970); nacque, con questi decreti, la tecnica del 'ritaglio', ad indicare la tendenza dello Stato a ritagliarsi, all'interno delle materie di competenza regionale, sfere di competenze proprie. La seconda tappa prese vita con il d.lgs. 616/ 1977: in questo caso il trasferimento fu più ampio e per 'settori organici' di materie. Se si fissano questi snodi normativi, si può meglio percepire che le Regioni ordinarie sono dunque organi piuttosto recenti all'interno dell'ordinamento giuridico italiano.

La storia istituzionale delle Regioni vive una fase di grande intensità negli anni Novanta. I più volte richiamati eventi dei primi anni del decennio favoriscono l'affermazione di forze politiche che, fino a quel periodo, erano ancora prive di rilievo nazionale. Il movimento leghista, in particolare, farà dell'autonomia regionale la propria principale ragione di esistenza.

Il nuovo clima politico permette l'avvio di un processo di riforma realizzato tramite legislazione ordinaria. La l. 59/1997, contenente diverse deleghe legislative, dà il via a un processo di trasformazione dell'apparato centrale con ricadute sul sistema delle autonomie territoriali. A queste sono infatti trasferite molte funzioni amministrative, soprattutto con il d.lgs. 112/1998, attuativo della legge delega. Viene avviato dal Parlamento un parallelo processo di riforma costituzionale, con la l. cost. 1/1997 che istituisce una Commissione parlamentare avente il compito di redigere un progetto di revisione dell'intera seconda parte della Costituzione. I lavori della Commissione non trovarono attuazione normativa a causa del mancato accordo tra maggioranza e opposizione. Il contenuto principale di quel progetto, per la parte relativa al solo Titolo V della Parte II, fu tuttavia trasfuso nella l. cost. 3/2001, che costituirà, insieme alla l. cost. 1/1999, il principale oggetto di studio delle prossime pagine (per uno sguardo generale sulla portata della l. cost. 3/2001, Pizzetti, 2002, 221 ss.).

## 2. *La forma di governo regionale*

### 2.1. *La forma di governo prima del 1999*

Con la l. cost. 1/1999 viene in particolare modificata la potestà statutaria delle Regioni disciplinata nell'art. 123. Oltre ad intervenire sulla potestà statutaria, la l. cost. 1/1999 introduce un'altra principale novità, riguardante il potere delle Regioni ordinarie di disciplinare, appunto in via statutaria, la propria forma di governo.

Fino al 1999 la Regione aveva assunto le forme del **governo assembleare**, vale a dire una particolare declinazione del governo parlamentare in cui è l'assemblea legislativa, piuttosto che l'Esecutivo, il motore dell'attività politica e istituzionale. Con la l. cost. 1/1999 viene interrotta questa tendenza, anche se bisogna registrare delle rilevanti innovazione antecedenti al 1999. Si allude, in particolare, alla l. 43/1995 diretta ad assicurare una maggiore stabilità dell'Esecutivo regionale tramite una nuova legge elettorale (di cui diremo meglio più avanti). La l. cost. 1/1999, facendo propria l'opzione di fondo della legge del 1995, offre alle Regioni il potere di disciplinare la forma di governo con il nuovo art. 123. Contestualmente, attraverso la modifica di altri articoli del Titolo V (in particolare gli artt. 121, 122 e 126), la legge costituzionale mette a punto un modello di forma di governo regionale fondato sull'elezione popolare diretta del Presidente della Giunta regionale, modello che può essere derogato dalle diverse scelte degli statuti.

Le Regioni, nell'adottare i nuovi statuti, hanno sostanzialmente recepito il modello previsto in Costituzione. L'unica eccezione è rappresentata, ad oggi, dalla Valle d'Aosta e dalla Provincia autonoma di Bolzano che, come si è detto, ha abbandonato il sistema dell'elezione popolare diretta del Presidente della Giunta. Di seguito si darà conto dei tratti principali del modello costituzionale.

### 2.2. *I caratteri principali della forma di governo regionale*

Gli organi indefettibili della Regione sono il Consiglio regionale, la Giunta e il suo Presidente (art. 121.1.). Indefettibile, perché previsto ora dall'art. 123.4., è anche il Consiglio delle autonomie locali[2]. È chiaro tuttavia che, ad oggi, sono i primi tre organi il cuore del governo regionale.

L'elezione diretta del **Presidente della Giunta**, prevista dall'art. 122.5., è coerentemente affiancata dalla previsione di ulteriori poteri in capo al medesimo organo, quale, in particolare, il **potere di nominare e revocare i componenti della Giunta** (art. 122.5.). Sono poi confermati poteri che già spettavano al Presidente (rappresentanza della Regione; promulgazione delle leggi ed emanazione dei regolamenti regionali; direzione delle funzioni amministrative delegate dallo Stato alle Regioni), con un'aggiunta di notevole rilievo: al Presidente, comunque venga eletto, spetta l'importante funzione di direzione e responsabilità della politica della Giunta (art. 121.4.).

Il rafforzamento del Presidente è perseguito non solo nei confronti della Giunta ma anche e soprattutto nei confronti del Consiglio. Si prevede infatti che la rimozione, l'impedimento permanente, la morte, ma soprattutto le dimissioni volontarie del Presidente hanno come effetto le dimissioni della Giunta e lo scioglimento del Consiglio (art. 126.3.). Un potere, anche questo, da non sottovalutare per imporre a Giunta e Consiglio la volontà del Presidente. È qui il segreto, se così si può dire, dell'attuale stabilità dei governi regionali: è molto difficile, in altre parole, che un Consiglio voti la sfiducia al proprio Presidente o alla propria Giunta visto che l'esito dell'approvazione della sfiducia coinciderebbe con lo scioglimento del Consiglio medesimo (da qui l'uso dell'espressione *aut simul stabunt aut simul cadent*, riferita appunto al fatto che il Presidente della Giunta e il Consiglio sono collegati, per così dire, nella vita e nella morte).

Il **Consiglio regionale** esercita le potestà legislative e le altre funzioni conferitegli dalla Costituzione e dalle leggi. Non dispone più, in maniera espressa, del potere regolamentare, che ha per lo più ceduto all'Esecutivo regionale; ma so-

---

[2] La Corte costituzionale, nella sent. 175/2006, stabilisce che anche le Regioni speciali possono dotarsi di un organo come il Consiglio delle autonomie locali.

prattutto, nel modello costituzionale (derogabile), non elegge più il Presidente e la sua Giunta. Di rilievo è la puntuale previsione contenuta nell'art. 122, per come modificato dalla l. cost. 1/1999, che riserva alla legge regionale di stabilire «*il sistema di elezione e i casi di ineleggibilità e di incompatibilità del Presidente e degli altri componenti della Giunta regionale nonché dei consiglieri regionali [...] nei limiti dei principi fondamentali stabiliti con legge della Repubblica*». La disposizione prevede un'ulteriore ipotesi di potestà legislativa concorrente, non contenuta nella disposizione che le raccoglie tutte (l'art. 117.3.). I principi fondamentali sono ora stabiliti dalla l. 165/2004.

Nel complesso la nuova forma di governo regionale, per come prevista dal testo costituzionale revisionato e fatta propria dalle Regioni, pur restando all'interno del modello parlamentare, si allontana dallo schema di funzionamento del governo nazionale: elezione del Presidente a suffragio universale diretto, sistema elettorale e meccanismo del '*simul ... simul*' assicurano all'Esecutivo regionale una stabilità di cui è privo l'Esecutivo nazionale.

## 2.3. *Le alternative al modello costituzionale di forma di governo regionale*

Delineati i tratti principali della forma di governo regionale, ci si deve chiedere quali siano gli spazi per modelli alternativi. A tal proposito va nuovamente ribadito che gli artt. 122.5. e 123.1. lasciano chiaramente intendere che lo schema appena descritto è derogabile da parte degli statuti. Per rispondere alla domanda appena formulata, vanno chiariti i limiti che la Costituzione considera non derogabili dall'autonomia regionale. Ciò implica che tali limiti sono non superabili, indipendentemente dall'opzione che il singolo statuto potrà compiere.

Tra questi il primo è il potere del Presidente di dirigere la politica della Giunta, previsto, come si è visto, dall'art. 121.4. La lettura della disposizione non lascia adito a interpretazioni derogatorie. Un secondo limite può essere individuato nei principi fondamentali posti dalla legge-cornice prevista dall'art. 122.1. in materia di legislazione elettorale. Più controversa è l'inderogabilità degli ultimi due commi dell'art. 126 che disciplinano, come si è visto, la sfiducia. E tuttavia se l'istituto della sfiducia fosse derogabile, vi potrebbe essere il rischio di avere un Presidente e una Giunta sostanzialmente immuni dalla dialettica maggioranza/opposizione. Gli attuali sistemi elettorali regionali, in attuazione di quanto chiesto dalla l. 165/2004, assicurano infatti al Presidente e alla sua Giunta una sicura maggioranza consiliare, eletta contestualmente all'elezione del Presidente. Se fosse possibile prescindere dalla sfiducia, pur nelle forme molto lasche assicurate dall'art. 126, sarebbe alto il rischio di avere una forma di governo iperpresidenziale[3].

[3] Inderogabili sono considerate anche la disciplina dello scioglimento anticipato del Consiglio e

Questi limiti finiscono per restringere molto il campo delle scelte alternative regionali. La strada effettivamente percorribile da parte della Regione che volesse allontanarsi dal modello costituzionale è il ritorno verso un governo parlamentare in cui il Presidente della Giunta viene eletto dal Consiglio regionale (a somiglianza di quanto accade a livello nazionale). In questa direzione si sono infatti mosse la Regione Valle d'Aosta con la l. 21/2007 e la Provincia autonoma di Bolzano con legge provinciale 14/2017, che ha previsto, come abbiamo già osservato, l'elezione del Presidente della Giunta da parte del Consiglio regionale (e la mozione di sfiducia costruttiva).

## 3. *La legislazione elettorale per l'elezione dei Consigli regionali*

### 3.1. *Le diverse fonti in materia di legislazione elettorale*

Le innovazioni riguardanti le Regioni non sono arrivate solo attraverso le pur importanti leggi di revisione costituzionale. In particolare la legislazione elettorale regionale è costruita attraverso uno stretto collegamento tra legislazione ordinaria e legislazione di rango costituzionale.

La l. cost. 1/1999 è intervenuta anche sulla disciplina della legislazione elettorale, introducendo una rilevante novità. Mentre fino a quella data tale disciplina era interamente rimessa alla legge statale, la legge costituzionale riconduce tale materia alla potestà legislativa concorrente della Regione. Prima della l. cost. 1/1999 tutta la materia elettorale (sistema di elezione e legislazione di contorno) era infatti disciplinata dalla legge statale, in particolare dalla l. 108/1968, che prevedeva per le Regioni un sistema elettorale di tipo proporzionale, per molti versi simile a quello presente a livello nazionale fino al 1993. Anche il numero dei consiglieri regionali era fissato dalla legge statale con una soglia minima di 30 e una massima di 80 componenti, a seconda della popolazione presente nella singola Regione. Gli elettori potevano esprimere le proprie preferenze, in numero variabile da 1 a 3 in ragione del numero dei consiglieri da eleggere nella singola circoscrizione.

Oggi l'art. 122.1, modificato dalla l. cost. 1/1999, prevede, come abbiamo già detto, che «*il sistema di elezione e i casi di ineleggibilità e di incompatibilità del Presidente e degli altri componenti della Giunta regionale nonché dei consiglieri regionali sono disciplinati con legge della Regione nei limiti dei principi fondamentali stabiliti con legge della Repubblica, che stabilisce anche la durata degli organi elettivi*».

La scelta del legislatore costituzionale è coerente con quella più ampia, com-

---

della rimozione del Presidente della Giunta di cui all'art. 126.1. e l'autoscioglimento del Consiglio nel caso di dimissioni contestuali della maggioranza dei membri del Consiglio medesimo (D'Atena, 2019, 110-111).

piuta con la medesima legge costituzionale 1/1999, di attribuire alle Regioni la scelta sulla forma di governo. È infatti innegabile lo stretto legame esistente tra legislazione elettorale e forma di governo. Non può tuttavia negarsi che il quadro finale risulta piuttosto complesso giacché sulla materia si produce un intreccio di fonti costituito dalla legge statale, dallo statuto e dalla legge elettorale regionale (Cosulich, 2008). A ciò si aggiunga il regime differente cui sono sottoposte le Regioni speciali.

Proviamo ad esaminarne gli snodi principali.

### 3.2. *La l. 43/1995*

Il punto di partenza è la l. 43/1995 con cui il legislatore statale adatta il sistema elettorale regionale, in quel momento ancora disciplinato dalla legge statale, alle innovazioni che furono introdotte a livello nazionale a seguito del referendum abrogativo del 1993. Lo schema della l. 43/1995 è molto semplice: 4/5 dei consiglieri sono eletti in base a liste provinciali concorrenti, con recupero dei resti nel collegio unico regionale; il restante quinto viene eletto sulla base di liste regionali bloccate, collegate ad una o più liste provinciali. Questo quinto, equivalente circa al 20% dei seggi, rappresenta il premio di maggioranza, che è assegnato alla lista regionale più votata.

Dunque vi sono una lista regionale, che esprime il candidato alla Presidenza della Regione, e liste provinciali (in genere coincidenti con un partito), che si collegano alla lista regionale. La legge incentiva la formazione di coalizioni e alleanze in quanto prevede una clausola di sbarramento del 3% dei voti per la lista che non sia collegata. In caso di collegamento tale clausola non agisce se la lista regionale cui si è collegata la lista provinciale ha ottenuto più del 5%.

Al momento in cui si reca alle urne, l'elettore dispone così di una scheda all'interno della quale può esprimere due voti: uno riguarda la lista provinciale (ed è qui che si può esprimere la preferenza), l'altro riguarda la lista regionale, che è poi la lista del candidato alla Presidenza. Da notare che la l. 43/1995 prevede la possibilità del voto disgiunto, vale a dire che l'elettore, che ha espresso una preferenza per una lista provinciale, può scegliere di votare una lista regionale diversa, non collegata cioè alla lista provinciale prescelta.

Se l'elettore esprime il voto solo per la lista provinciale, il voto si intende espresso anche alla lista regionale collegata (art. 2, ult. alinea) (nel caso in cui l'elettore voti solo per la lista regionale, un'estensione alla lista provinciale non è possibile nel caso in cui le liste provinciali collegate siano più d'una).

La ripartizione dei seggi avviene calcolando dapprima il numero dei voti e quindi dei seggi ottenuti dalle liste provinciali. In questa fase il sistema elettorale funziona in maniera proporzionale. Se una lista provinciale o più liste provinciali tra loro collegate hanno ottenuto un numero di seggi pari o superiore al 50%, il premio di maggioranza viene assegnato solo per metà, l'altra metà venendo assegnata alle liste provinciali non collegate alla lista regionale più votata; se invece il numero di seggi è inferiore al 50%, allora il premio viene assegnato per intero alla lista in questione.

In questo modo la l. 43/1995 assicura alla lista regionale più votata (e quindi al candidato Presidente) almeno il 55% dei seggi del Consiglio. Ciò fa verificando se la cifra elettorale della lista regionale più votata sia inferiore al 40% del totale dei voti conseguiti da tutte le liste regionali; se inferiore, verifica se il totale dei seggi della lista regionale più votata e delle liste provinciali ad essa collegate sia pari o superiore al 55%: nel caso in cui non sia stato raggiunto il 55%, viene assegnata alla lista regionale una quota aggiuntiva di seggi tale da consentire di raggiungere il 55% dei seggi. In tal modo la l. 43/1995 prevede una deroga all'art. 2 l. 108/1968, che fissa il numero dei consiglieri in maniera rigida.

Si badi: in base alla l. 43/1995 il candidato alla Presidenza, che guida la lista regionale e che ottiene più voti, non diveniva automaticamente Presidente della Giunta regionale, in quanto l'indicazione espressa dagli elettori era considerata solo politicamente, non anche giuridicamente, vincolante. Su questo punto è intervenuto l'art. 5 della l. cost. 1/1999 trasformando l'indicazione elettorale da meramente politica a giuridicamente vincolante (con la conseguenza, quindi, che il candidato della lista regionale più votata diviene Presidente *ex lege*).

Prima di procedere oltre, va fissato un punto: la l. 43/1995 è la base legislativa sulla quale è intervenuta la l. cost. 1/1999.

### 3.3. *La l. cost. 1/1999*

Come abbiamo già osservato, la l. cost. 1/1999 modifica anche l'art. 122.1., riconducendo la materia elettorale regionale alla competenza legislativa regionale di tipo concorrente. La Corte ha ritenuto quella dell'art. 122.1. una fattispecie di potestà concorrente pienamente equiparata a quella generale prevista dall'art. 117.3., stabilendo, nella sent. 196/2003, che le Regioni possono adottare le proprie leggi elettorali anche in assenza di una legge cornice statale, così implicitamente equiparando la fattispecie normativa a quella generale anche dal punto di vista del rapporto (assenza di) legge-cornice/legislazione regionale di dettaglio.

Dunque la l. cost. 1/1999, per un verso, recepisce e 'costituzionalizza' la l. 43/1995 e, per un altro, apre alle Regioni la strada per l'adozione di proprie leggi elettorali (nell'ambito dei principi fondamentali stabiliti dalla legge-cornice). Ora, poiché questa seconda opzione richiede, da parte dello Stato, l'adozione della legge-cornice e, da parte regionale, la previa adozione di un nuovo statuto e poi di una conseguente legge regionale elettorale, l'art. 5 l. cost. 1/1999 ha opportunamente previsto un **regime transitorio**, così sintetizzabile: a) l'elezione del Presidente della Giunta si svolge contestualmente al rinnovo dei rispettivi Consigli da effettuarsi con le modalità previste dalle disposizioni di legge ordinaria vigenti in materia di elezione dei Consigli regionali; b) sono candidati alla Presidenza della Giunta i capilista delle liste regionali; c) è proclamato eletto il capolista che consegue più voti validi in ambito regionale; d) il Presidente fa parte del Consiglio, come anche il secondo capolista più votato.

### 3.4. *I rapporti tra legge-cornice, statuti e leggi regionali*

La legge contenente i principi fondamentali attuativi dell'art. 122.1. è stata adottata solo nel 2004 con la l. 165. Il ritardo nell'adozione della legge-cornice è stato, a sua volta, causa del ritardo con cui le singole Regioni hanno adottato le proprie leggi elettorali. Anche se, come si è appena detto, la Corte ha dato il sostanziale via libera all'adozione di leggi elettorali regionali in assenza di legge-cornice, a condizione che tali legge avessero ad oggetto aspetti di dettaglio e non incidessero sul regime transitorio stabilito dall'art. 5 l. cost. 1/1999, alto era il rischio che le leggi regionali, se adottate prima della legge-cornice, dovessero poi essere ulteriormente adeguate a quest'ultima. E in effetti solo l'Abruzzo (l.r. 1/2002) e la Toscana (l.r. 25/2004) hanno adottato la legge elettorale prima della l. 165/2004.

L'art. 122.1. riserva alla legge regionale il «*sistema di elezione*». La Corte costituzionale, con sent. 151/2012, ha inteso in senso ampio tale locuzione, comprendendovi non solo la disciplina del sistema elettorale in senso stretto ma anche la disciplina del procedimento elettorale e dello svolgimento delle elezioni (così arrivando a comprendere la disciplina delle campagne elettorali e il rimborso delle spese per i movimenti e i partiti politici sostenute per suddette campagne).

I principi fissati dall'art. 4 l. 165/2004 in materia di sistema di elezioni sono scarni: 1) individuazione di un sistema elettorale che agevoli la formazione di stabili maggioranze e assicuri la rappresentanza delle minoranze; 2) contestualità delle elezioni del Presidente della Giunta e del Consiglio regionale in caso di elezione a suffragio universale e diretto del primo; in caso diverso, previsione di termini temporali tassativi, comunque non superiore ai novanta giorni, per l'elezione del Presidente e l'elezione/nomina degli altri componenti della Giunta; 3) divieto di mandato imperativo.

L'art. 122.1. sembra escludere ogni intervento dello statuto regionale nella disciplina della materia ivi prevista. Eppure, data la stretta attinenza tra forma di governo, determinata dallo statuto, e legislazione elettorale, determinata dalla legge regionale, le interferenze sono inevitabili. Basti riflettere, ad esempio, su come la determinazione del numero dei consiglieri – scelta di competenza statutaria – incida sulla legislazione elettorale e, per converso, come la formula elettorale – scelta di competenza legislativa – incida sull'elezione del Presidente della Giunta e dei consiglieri. Da un punto di vista procedimentale poi, gli statuti richiedono spesso maggioranze qualificate per l'approvazione della legge elettorale, mostrando ancora una volta un rapporto di influenza, per quanto indiretto, dei primi sulle seconde. Inoltre la Corte ha osservato che l'adozione dello statuto deve precedere quella della legge elettorale (sent. 4/2010).

In pratica allo statuto spettano solo scelte di carattere fondamentale relative alla forma di governo – come l'elezione diretta o meno del Presidente della Giunta, il numero dei consiglieri, la indizione delle elezioni –, di cui la legge elettorale non potrà non tener conto.

La legge elettorale dovrà muoversi, quindi, nei limiti fissati dalla legge-cornice statale e dallo statuto. Di fatto le Regioni hanno recepito il modello elettorale della l. 43/1995 (così la Toscana con le ll. 25, 70, 74/2004; le Marche con l. 27/2004; la Campania con l. 4/2009; il Veneto con l. 5/2012), alcune apportandovi limitate modifiche (così la Calabria con l. 1/2005; il Lazio con l. 2/2005; la Puglia con l. 2/2005; la Basilicata con ll. 3 e 19/2010). Alle Regioni prive di una propria autonoma disciplina legislativa si applica la l. 43/1995, come modificata dalla l. cost. 1/1999 (Perniciaro, 2013).

### 3.5. *Le Regioni ad autonomia speciale e la legislazione elettorale*

Esaminata la situazione delle Regioni ordinarie con riguardo alla legislazione elettorale, dobbiamo ora dedicare un cenno alle Regioni speciali. Prima delle modifiche costituzionali intervenute tra il 1999 e il 2001, molto si è discusso sulla natura della potestà legislativa delle Regioni speciali in materia elettorale. Per quanto solo lo statuto del Friuli-Venezia Giulia definisca tale potestà come concorrente (cfr. art. 5 dello statuto), l'opinione prevalente la qualificava come concorrente. Allorché tali Regioni hanno provveduto a modificare in senso maggioritario la propria legislazione elettorale (prima della l. cost. 2/2001, che ha poi conferito loro espressamente tale potere), il dibattito si è nuovamente rinnovato in ragione di alcune previsioni contenute in alcuni statuti speciali (artt. 13 st. Friuli-Venezia Giulia, 25 st. Trentino-Alto Adige, 16 st. Sardegna) secondo cui l'elezione dei Consigli doveva avvenire con sistema elettorale proporzionale.

La questione è stata superata grazie all'intervento dell'appena menzionata l. cost. 2/2001, che ha connotato la potestà legislativa in esame come **esclusiva**, sottoponendola al rispetto dei principi dell'ordinamento giuridico della Repubblica e prevedendo un procedimento aggravato, in qualche modo simile al procedimento di revisione costituzionale: maggioranza assoluta dei componenti il Consiglio e sottoposizione al referendum a prescindere dalla maggioranza ottenuta, qualora ne faccia richiesta una percentuale del corpo elettorale che varia da Regione a Regione.

## 4. *Le funzioni amministrative e i rapporti con gli enti locali*

### 4.1. *La disciplina antecedente alla l. cost. 3/2001*

Rinviando al capitolo sulle fonti del diritto l'esame della funzione legislativa delle Regioni ordinarie e speciali, dobbiamo ora esaminare la nuova disciplina della **funzione amministrativa regionale**, che consiste tradizionalmente nell'attività di esecuzione e attuazione della legge.

L'originaria versione dell'art. 118 dava vita a una disciplina delle funzioni amministrative molto diversa dall'attuale, fondata sul già menzionato **principio del parallelismo**: in pratica la Regione aveva competenze amministrative nelle stesse materie in cui aveva anche competenza legislativa.

Per evitare la duplicazione di apparati amministrativi (accanto a quello statale anche quello delle Regioni), il Costituente previde, al terzo e ultimo comma dell'art. 118 (prima della modifica intervenuta nel 2001), che «*la Regione esercita normalmente le sue funzioni amministrative delegandole alle Province, ai Comuni o ad altri enti locali, o valendosi dei loro uffici*». In sostanza, attraverso la delega delle funzioni ovvero attraverso l'utilizzazione (avvalimento) delle strutture organizzative locali, le Regioni avrebbero dovuto limitare il loro apparato amministrativo a funzioni di programmazione e di direzione (si esprimeva questo concetto con la locuzione di **amministrazione regionale indiretta**) (Mor, 1974).

A somiglianza di quanto è accaduto nell'ambito della funzione legislativa, anche nella sfera delle funzioni amministrative la concretizzazione costituzionale si è allontanata dal modello originario, sia perché ha prevalso la tendenza delle Regioni a trattenere le funzioni piuttosto che a delegarle sia perché lo Stato ha ulteriormente ristretto gli spazi dell'autonomia amministrativa. In particolare attraverso la previsione legislativa di una **funzione statale d'indirizzo e coordinamento sull'attività amministrativa regionale** (art. 17.1.a) l. 281/1970 e poi, in via più generale, l. 382/1975) fu infatti previsto che nelle materie trasferite alle Regioni «resta riservata allo Stato la funzione di indirizzo e di coordinamento delle attività delle Regioni che attengono ad esigenze di carattere unitario, anche con riferimento agli obiettivi del programma economico nazionale ed agli impegni derivanti dagli obblighi internazionali».

### 4.2. *Le funzioni amministrative nella nuova disciplina dell'art. 118*

L'art. 118 disciplina il riparto della funzione amministrativa. Significativamente l'art. 118.1., sulla scia di quanto già faceva la precedente versione del 1948, ragiona di «*funzioni amministrative*», quasi non fosse più possibile parlare dell'attività di esecuzione e attuazione della legge come di un'unica funzione dai tratti unitari e dall'unitaria attribuzione allo Stato. In effetti, accanto e oltre alla pluralizzazione oggettiva e soggettiva della funzione amministrativa[4], le funzioni amministrative vanno considerate in maniera differente rispetto alla funzione legislativa (che nell'art. 117.1. è considerata al singolare). In particolare, mentre in base alla precedente formulazione dell'art. 118 le Regioni avevano funzioni amministrative nelle stesse materie in cui avevano competenze legislative, il nuovo art. 118.1., proseguendo sulla strada inaugurata dalla l. 59/1997[5], attribuisce l'insieme delle funzioni amministrative ai Comuni, fermo restando il potere di conferire agli enti territoriali sovraordinati tutte le funzioni che necessitino di un esercizio unitario. Se ricorre quest'esigenza, il conferimento deve avvenire sulla base dei tre principi di **sussidiarietà**, **differenziazione** e **adeguatezza**. Sono così poste le basi, almeno in teoria, per un'attribuzione di funzioni amministrative non necessariamente uniforme: in altri termini, non tutti i Comuni devono necessariamente avere le stesse identiche funzioni ma è possibile distinguere, ad esempio in base alla dimensione del Comune, proprio in ragione dei principi di differenziazione e adeguatezza.

Va però subito aggiunto che la redazione dell'art. 118 non è tra le più felici a causa di un secondo comma nel quale si moltiplicano definizioni delle funzioni amministrative piuttosto indeterminate: si ragiona infatti di **funzioni attribuite**, **proprie** e **conferite**, per non parlare poi delle funzioni **fondamentali** previste dall'art. 117.2.p). Diverse sono state le interpretazione che hanno provato a conciliare le varie tipologie di funzioni.

Tra le molte l'interpretazione più lineare può essere così sintetizzata (Marini, 2002, 39 ss.). In via di principio vale la clausola generale e residuale contenuta nel primo comma, per cui tutte le funzioni amministrative sono attribuite ai Comuni, tranne che non scatti la clausola dell'esercizio unitario. In concreto, poiché l'art. 114 prevede una Repubblica composta da una pluralità di autonomie territoriali, viene anche previsto che Comuni, Province e Città metropolitane abbiano funzioni proprie. Tali sono quelle identificate dallo Stato in base alla competenza legislativa ad esso attribuita dall'art. 117.2.p), dove si ragiona di funzioni fondamentali (quindi tra funzioni proprie e funzioni fondamentali vi sarebbe una sostanziale identificazione o sovrapposizione). Nulla esclude, infine, che lo Stato e le Re-

---

[4] Si pensi esemplificativamente, quanto alla frammentazione oggettiva, alla funzione amministrativa collegata alla tutela dell'ambiente, spezzettata in numerosissime sottofunzioni, come la predisposizione di linee guida, l'attività di monitoraggio, l'attività di controllo, ecc.; e quanto alla frammentazione soggettiva, pensiamo ancora alle molteplici funzioni amministrative legate alla tutela dell'ambiente, attribuite, a seconda della dimensione degli interessi, allo Stato, alle Regioni, alle Province, ai Comuni o ancora a enti pubblici, come consorzi e forme associative di enti territoriali.

[5] In sostanza la l. 59/1997 opera una notevole trasformazione del modello amministrativo, pur in assenza di una riforma costituzionale, conferendo alle Regioni e agli enti locali «*tutte le funzioni e i compiti amministrativi relativi alla cura degli interessi e alla promozione dello sviluppo delle rispettive comunità, nonché tutte le funzioni e i compiti amministrativi localizzabili nei rispettivi territori in atto esercitati da qualunque organo o amministrazione dello Stato, centrali o periferici, ovvero tramite enti o altri soggetti pubblici [...]*» (art. 1, corsivo mio) e lasciando allo Stato solo le funzioni espressamente attribuite dalla legge medesima.

gioni, entrambe con legge, conferiscano altre funzioni ai suddetti enti, sempre sulla base dei principi di sussidiarietà, differenziazione e adeguatezza.

La legislazione statale in materia non è riuscita a identificare, successivamente al 2001, le funzioni proprie degli enti locali con sufficiente chiarezza. Si segnala, a tal proposito, l'art. 7.1. l. 131/2003, secondo cui lo Stato e le Regioni sono obbligati a **conferire** le funzioni amministrative da loro esercitate a Province, Città metropolitane, Regioni e Stato. Il conferimento deve avvenire secondo i tre principi di sussidiarietà, differenziazione e adeguatezza e comunque deve limitarsi soltanto a «quelle funzioni di cui occorra assicurare l'unitarietà di esercizio, per motivi di buon andamento, efficienza o efficacia dell'azione amministrativa ovvero per motivi funzionali o economici o per esigenze di programmazione o di omogeneità territoriali». «Tutte le altre funzioni amministrative non diversamente attribuite» conclude la disposizione in esame «spettano ai Comuni». Come è chiaro, si tratta di una disposizione che dà mandato al legislatore di intervenire, senza farlo direttamente (art. 2.1.). Il Governo ha lasciato però scadere la delega contenuta nell'art. 2.1. diretta all'individuazione delle **funzioni fondamentali**, definite dallo stesso art. 2.1. come quelle essenziali per il funzionamento di Comuni, Province e Città metropolitane nonché per il soddisfacimento di bisogni primari delle Comunità di riferimento.

I successivi tentativi di procedere al conferimento organico delle funzioni amministrative si sono arenati. Solo la l. 42/2009 in materia di c.d. federalismo fiscale ha proceduto, in via transitoria e al fine di attuare l'art. 119, all'individuazione delle funzioni fondamentali degli enti locali. Come diremo meglio, l'attuazione di tale legge è stata tuttavia parziale.

### 4.3. *I rapporti tra Regioni ed enti locali*

Il rapporto tra Regioni ed enti locali presenti sul proprio territorio (Comuni, Province, e poi Città metropolitane) non è mai stato un rapporto diretto, bensì un rapporto mediato dalla presenza dello Stato. In altri termini, il **potere ordinamentale sugli enti locali** – vale a dire il potere di disciplinare organizzazione e funzioni degli stessi – non spetta alle Regioni bensì allo Stato. Questo principio subisce un'eccezione solo nel caso delle Regioni speciali cui tale potere è riconosciuto espressamente; le ragioni di tale differenziazione sono oggi difficilmente spiegabili.

L'Assemblea costituente diede vita a un modello ambiguo. Per un verso, essa attribuì allo Stato notevoli poteri ordinamentali. Uno sguardo all'art. 128, abrogato poi dalla revisione del 2001, il quale disponeva che «*le Province e i Comuni sono enti autonomi nell'ambito dei principi fissati da leggi generali della Repubblica, che ne determinano le funzioni*», aiuta a comprendere il rapporto privilegiato tra Stato ed enti locali. Inoltre l'art. 118.1. riservava allo Stato l'attribuzione delle funzioni amministrative di interesse strettamente locale agli enti locali. Per l'altro, l'Assemblea costituente pose anche le premesse per uno sviluppo diverso, in cui Regioni ed enti locali erano chiamati ad un rapporto diretto. In tal senso si è già analizzato il contenuto generale dell'art. 118, da cui emerge una Regione avente soprattutto un ruolo di direzione e programmazione, che utilizza le strutture amministrative locali e quindi collabora con esse. Alla Regione è anche attribuito il controllo sugli atti di Comuni e Province; infine, su molte delle materie di competenza legislativa regionale, i Comuni o le Province esercitano proprie competenze amministrative.

Ad aver prevalso, negli anni successivi all'entrata in vigore della Costituzione, è stata la prima versione del modello, quello a prevalenza statale. Solo con la l. 142/1990, che dettava per la prima volta, in maniera organica, i principi dell'ordinamento e delle funzioni degli enti locali, si riconosce alle Regioni un ruolo più determinante nei rapporti e nella disciplina degli enti locali. Sette anni dopo, con la già citata legge di delega 59/1997, il ruolo delle Regioni viene ulteriormente valorizzato, stabilendosi che le funzioni amministrative conferite dallo Stato restano alle Regioni solo se attengono alla cura di interessi unitari della collettività regionale, tutte le altre funzioni spettando agli enti locali e, allo stesso tempo, riducendosi il potere dello Stato di attribuire funzioni amministrative agli enti locali.

Abbiamo già detto, ad inizio del presente capitolo, delle innovazioni apportate dalla l. cost. 3/2001 in relazione alla generale riconfigurazione dei rapporti tra Stato, Regioni ed enti locali. In questa sede vogliamo ricordare solo alcuni aspetti particolarmente rilevanti per le autonomie locali.

Va in primo luogo menzionata l'abrogazione dell'art. 128, anche in ragione della nuova previsione contenuta nell'art. 114.2. in base alla quale tutti gli enti territoriali sono riconosciuti come «*enti autonomi con propri statuti, poteri e funzioni secondo i principi fissati dalla Costituzione*». Allo Stato è tuttavia riconosciuta la potestà legislativa esclusiva in materia di «*legislazione elettorale, organi di governo e funzioni fondamentali di Comuni, Province e Città metropolitane*» [art. 117.2.p)].

La riforma del 2001 ha poi abrogato anche la disposizione che prevedeva i controlli regionali sugli atti amministrativi degli enti locali (art. 125.1.).

Infine l'art. 123 (revisionato nel 1999) ha previsto che in ogni Regione sia previsto e disciplinato dallo statuto il **Consiglio delle autonomie locali**, organo di consultazione tra le Regioni e gli enti locali (art. 123.4.). Organi del genere erano già sorti in diverse Regioni italiane. Oggi la previsione costituzionale, se da un lato rende obbligatoria la presenza di questo organo, dall'altro ne limita gli sviluppi alla funzione consultiva. I nuovi statuti hanno confermato la natura consultiva dell'attività di tali organi, coinvolgendoli nei procedimenti di modifica degli statuti, di approvazione delle leggi aventi ad oggetto materie di interesse per gli enti locali, di approvazione dei programmi di sviluppo e di programmazione finanziaria, stabilendo il numero massimo dei componenti i Consigli e rinviando poi alla legge regionale per la concreta determinazione.

## 5. *L'autonomia finanziaria*

### 5.1. *Concetto e funzione*

Con autonomia finanziaria si intende la capacità degli enti territoriali di determinare autonomamente, all'interno di regole stabilite dalla Costituzione e dalle leggi dello Stato, le forme e l'ampiezza delle entrate finanziarie e delle spese relative necessarie per svolgere i compiti ad essi attribuiti. Maggiore è il livello di autonomia in questo settore, maggiore è l'effettività del principio di responsabilità che dovrebbe sempre governare il rapporto tra elettori ed eletti. È infatti chiaro che, se il potere pubblico locale ha un effettivo potere di imporre tasse, imposte e tributi, il cittadino può meglio comprendere come vengono poi utilizzati i suoi soldi (Putnam, Leonardi, Nanetti, 1982, 1078 ss.).

È l'art. 119 – profondamente mutato dalla revisione costituzionale del 2001 e poi, in misura minore, dalla l. cost. 1/2012 –, che disciplina questa materia. La sua attuazione – nonostante l'adozione dell'importante legge di delega 42/2009 contenente 'Delega al Governo in materia di federalismo fiscale, in attuazione dell'articolo 119 della Costituzione' – è però tuttora molto lenta e travagliata. Alcuni decreti attuativi sono stati emanati, anche grazie alla l. 85/2011 che ha prorogato i termini di scadenza della l. 42; ma molto è ancora rimasto da fare.

La definizione del quadro costituzionale in materia di autonomia finanziaria si completa sia con il rinvio diretto all'art. 117.3., che comprende, tra le materie di competenza concorrente, appunto il coordinamento della finanza pubblica e del sistema tributario, sia con il rinvio indiretto all'art. 117.2., che comprende tra le materie di competenza esclusiva dello Stato il «sistema tributario e contabile dello Stato»[6]. Non può essere infine tralasciato il contenuto della clausola residuale contenuta nell'art. 117.4., che è stata intesa da alcuni studiosi come fondamento della competenza regionale residuale in materia di tributi regionali e locali.

### 5.2. *I principi contenuti nell'art. 119*

L'art. 119 equipara Regioni ed enti locali con riguardo all'autonomia finanziaria. L'equiparazione di Regioni ed enti locali in punto di autonomia finanziaria non è del tutto corretta in quanto il posizionamento sullo stesso livello di Regioni da un lato e degli altri enti locali dall'altro non trova corrispondenza in un uguale potere impositivo di tutti questi enti territoriali: solo alle Regioni spetta infatti il pote-

[6] Con la l. cost. 1/2012 la materia «armonizzazione dei bilanci pubblici» è stata trasferita dalla competenza concorrente a quella esclusiva: cfr. la nuova formulazione della lett. e) dell'art. 117.2.: la «perequazione delle risorse finanziarie».

re legislativo in materia tributaria, mentre Comuni e Province non hanno un'uguale potestà legislativa.

Il secondo comma determina le concrete tipologie impositive spettanti a Comuni, Province, Città e Regioni (tributi e compartecipazioni al gettito di tributi erariali). È grazie a tale disposizione che si aprono nuovi spazi all'autonomia legislativa regionale in materia finanziaria. Infatti dalla disposizione in esame, che permette alle Regioni di stabilire e applicare tributi ed entrate propri, «*in armonia con la Costituzione e secondo i principi di coordinamento della finanza pubblica e del sistema tributario*», è possibile derivare alcune innovative conseguenze.

Allo Stato viene attribuito il compito di porre principi fondamentali, lasciando così alle Regioni uno spazio per propri interventi normativi. Sulla base di questi principi fondamentali, le Regioni possono istituire **tributi propri**, cioè tributi istituiti con proprie leggi. Per effetto della l. 42/2009 e del d.lgs. 68/2011, questi principi, sul versante delle entrate regionali, sono stati posti, anche se, di fatto, gli spazi per un'autodeterminazione delle Regioni sono ancora estremamente ridotti.

Queste sono le disposizioni del nuovo art. 119 che maggiormente spingono verso la differenziazione tra le Regioni e, quindi, verso il principio di responsabilità ad essa collegato. Poiché dall'autonomia finanziaria, se effettivamente praticata, potrebbero derivare serie differenze di capacità di prestazioni tra le diverse Regioni italiane, con conseguenti diseguaglianze tra cittadini a seconda della Regione di residenza, il legislatore costituzionale del 2001 ha previsto due specifici rimedi.

Il primo è rappresentato dall'obbligo, per la legge dello Stato, di istituire «*un fondo perequativo, senza vincoli di destinazione, per i territori con minore capacità fiscale per abitante*», sancito dal terzo comma dell'art. 119. L'art. 9 l. 42/2009 ha precisato il carattere verticale del fondo, così stabilendo un ruolo forte dello Stato nella redistribuzione delle entrate; ha inoltre determinato da quali entrate sarà alimentato tale fondo e soprattutto ha orientato la perequazione alla riduzione adeguata delle differenze. In sostanza il fondo non eliminerà le differenze tra i territori ma si limiterà a ridurle.

**Tributi propri**, **compartecipazioni al gettito di tributi statali** e quote del **fondo perequativo** rappresentano quindi le fonti di finanziamento ordinarie di Regioni ed enti locali in quanto il quarto comma stabilisce che le risorse derivanti dalle fonti appena menzionate consentono di finanziare integralmente le funzioni pubbliche attribuite a Regioni ed enti locali (c.d. principio di autosufficienza).

L'altro rimedio, diretto ad evitare divaricazioni finanziarie (e quindi prestazionali) troppo profonde tra le Regioni, è dato dalla possibilità, prevista dall'art. 119.5., per lo Stato di destinare «*risorse aggiuntive*» e di effettuare «*interventi speciali in favore di determinati Comuni, Province, Città metropolitane e Regioni*». Si tratta di un rimedio che si basa su presupposti differenti rispetto a quelli previsti in relazione al fondo perequativo e che quindi è diretto a integrare e completare i vuoti lasciati dalle redistribuzioni operate in base al terzo comma. Tre sono i presupposti in presenza dei quali è possibile ricorrere a questi contributi di scopo: 1) promuovere lo sviluppo economico; 2) favorire l'effettivo esercizio dei diritti della persona; 3) provvedere a scopi diversi dal normale esercizio delle funzioni proprie degli enti territoriali.

A larghissima maggioranza è stata approvata a luglio del 2022 la l. cost. 2/2022, che ha introdotto il principio di insularità dopo il comma quinto dell'art. 119. La disposizione prevede che «la Repubblica riconosce le peculiarità delle Isole e promuove le misure necessarie a rimuovere gli svantaggi derivanti dall'insularità».

Il sesto comma dell'art. 119 prevede infine che tutti gli enti territoriali abbiano un proprio patrimonio, da attribuire secondo i principi generali stabiliti da leggi statali. Con la l. cost. 1/2012 si è poi introdotta una complessa disposizione a tenore della quale gli enti territoriali possono indebitarsi per finanziare spese d'investimento (nella costruzione di infrastrutture, ad esempio), a condizione che vengano definiti i piani di ammortamento e che sia rispettato l'equilibrio di bilancio «*per il complesso degli enti di ciascuna Regione*».

L'indebitamento viene così fortemente limitato a sole spese d'investimento; inoltre le due condizioni ulteriori – piano di ammortamento, teso a dimostrare la fattibilità della spesa e la capacità dell'ente di rientrare dall'esborso, e rispetto dell'equilibrio di bilancio regionale – pongono forti limiti a spese non caratterizzate.

### 5.3. *La l. 42/2009*

Con la l. 42/2009 il legislatore ha conferito delega al Governo al fine di attuare l'art. 119. L'opportunità della legge era generalmente condivisa, per almeno due motivi. In primo luogo, l'assenza di una legge contenente i principi di coordinamento della finanza pubblica si traduceva in una sostanziale inattuazione della revisione costituzionale del 2001. In secondo luogo, l'assenza di tale legge non poteva essere supplita dalle Regioni giacché, in questa materia, non è alle stesse consentito desumere i principi fondamentali dalle leggi dello Stato vigenti (sent. Corte cost. 37/2004).

Oltre a prevedere una serie di sedi istituzionali rivolte alla predisposizione di tutti gli strumenti utili (normativi ma soprattutto economico-finanziari) per una compiuta realizzazione dell'autonomia finanziaria degli enti territoriali, la legge in questione ha individuato una serie di principi che possono così sintetizzarsi.

In primo luogo, essa ha definito le fonti delle entrate regionali (art. 7). La legge ha poi previsto finanziamenti differenziati a seconda delle tipologie di spesa (art. 8). La chiave di volta dell'impianto normativo è tuttavia la previsione per cui le spese delle Regioni saranno finanziate non più in base alla spesa storica, bensì in base ai **costi standard**. Ciò vuol dire che la spesa pregressa (spesso gestita in maniera inefficiente) non rappresenta più la base di partenza per la determinazione delle necessità finanziarie delle Regioni; tale base sarà invece costituita da un calcolo comparativo che mette a confronto le spese delle Regioni più virtuose dal punto di vista finanziario con quelle delle Regioni meno virtuose. L'aspetto critico è che la legge non determina i criteri per calcolare tali costi.

Ad oggi sono stati adottati dodici decreti legislativi in attuazione della legge di delega. Non può tuttavia affermarsi che l'autonomia finanziaria delle Regioni sia oramai un fatto compiuto. L'attuazione dell'art. 119 ha incrociato i rigori finanziari imposti dalla crisi economica, che ha indubbiamente modificato le priorità del legislatore. Molti decreti attuativi della l. 42/2009 prevedono ulteriori rinvii a successivi provvedimenti, quasi una specie di scatole cinesi. Infine, in una prospettiva più interna al sistema politico italiano, la partita che si gioca intorno all'attuazione dell'art. 119 è così delicata e spinosa da spiegare i ritardi attuativi e i rinvii presenti, in molti dei decreti legislativi, ad ulteriori più specifici provvedimenti attuativi.

## 6. *I controlli sulle Regioni*

### 6.1. *L'abrogazione dei controlli sugli atti amministrativi delle Regioni e del commissario del Governo*

In questa sede esamineremo solo ciò che rimane dei controlli sugli atti amministrativi e sugli organi, rinviando al capitolo dedicato alla Corte costituzionale l'esame del controllo di costituzionalità sugli atti legislativi e, più ampiamente, sugli atti non legislativi in sede di conflitto di attribuzione.

La Costituzione del 1948 prevedeva forme di controllo a cascata, che dallo Stato andavano fin giù verso i Comuni. Tali controlli si svolgevano nei confronti degli atti legislativi e degli atti amministrativi, prevedendosi anche un controllo sugli organi regionali. La l. cost. 3/2001 ha cambiato questa complessa articolazione, da un lato abrogando le disposizioni che prevedevano le forme più intense di controllo (cfr. gli artt. 124, 125.1., 129, 130) e dall'altro mutando le forme del controllo rimaste in esistenza (cfr. il nuovo art. 127). Così procedendo, la riforma del 2001 ha notevolmente ampliato il grado di autonomia delle Regioni e degli enti locali.

L'art. 125.1., prima della sua modifica nel 2001, stabiliva che sugli atti amministrativi della Regione fosse esercitato un controllo di legittimità da parte di una commissione statale, presieduta dal **commissario del Governo** (presente in ogni capoluogo regionale e avente il compito di soprintendere alle funzioni amministrative esercitate dallo Stato e di coordinarle con quelle esercitate dalla Regione), la cui concreta disciplina era rimessa alle leggi della Repubblica (art. 41 l. 62/1953). Più precisamente, a tale commissione era attribuito un controllo di legittimità e, nei soli limitati casi previsti dalla legge, un controllo di merito. In quest'ultimo caso, la Costituzione prevedeva che il controllo si svolgesse nella forma della richiesta di riesame della deliberazione da parte del Consiglio regionale.

Per quanto, nei fatti, il **controllo sugli atti amministrativi** sia progressivamente venuto meno (esemplificativo di questa tendenza, in particolare, l'art. 17.32. l. 127/1997), l'art. 125.1. è stato definitivamente abrogato dalla revisione costituzionale effettuata con l. cost. 3/2001. Molto si è discusso sulla possibilità di prevedere ulteriori e nuovi controlli da parte del legislatore ordinario, in assenza del fondamento costituzionale. La legislazione statale si è mossa nella direzione della previsione di nuovi controlli affidati, però, a organi giurisdizionali. Questo orientamento legislativo trova la propria spiegazione anche nella crisi economico-finanziaria che ha imposto limiti più rigidi sul versante delle spese regionali.

Più precisamente l'art. 12 d.l. 174/2012 ha previsto che alcuni atti regionali, particolarmente rilevanti, siano sottoposti a controllo preventivo di legittimità da parte delle sezioni regionali della Corte dei conti[7]. L'art. 7.7.-9-, l. 131/2003, più volte modificato, ha attribuito alla Corte dei conti la verifica del rispetto degli equilibri di bilancio da parte delle Regioni (e degli enti locali). Anche in ragione di questi poteri attribuiti alla Corte dei conti il c. 8-*bis* prevede la possibilità di integrare le sezioni regionali della Corte dei conti con due componenti designati dal Consiglio regionale e dal Consiglio delle autonomie locali.

L'art. 14 d.l. 138/2011 (convertito in l. 148/2011) fa inoltre obbligo alle Regioni di istituire un collegio di revisori dei conti, il quale opera in collegamento con le sezioni regionali della Corte dei conti al fine di vigilare sulla regolarità contabile, finanziaria ed economica della gestione dell'ente. La Corte costituzionale ha respinto le censure di costituzionalità mosse nei confronti di tale previsione (sent. 198/2012).

Al legislatore regionale (statutario o ordinario) è infine rimessa la possibilità di prevedere controlli interni (sentt. Corte cost. 64/2005 e 267/2006).

La revisione del 2001 ha comportato anche l'abrogazione dell'art. 124, che prevedeva la menzionata figura del commissario del Governo. In proposito va segnalata la previsione contenuta nell'art. 10 l. 131/2003 che prevede, con riferimento alle sole Regioni ordinarie, la figura del Rappresentante dello Stato per i rapporti con il sistema delle autonomie.

Infine il legislatore costituzionale del 2001 ha abrogato anche l'art. 130, che prevedeva il controllo di legittimità, questa volta da parte di un organo regionale, sugli atti amministrativi degli enti locali.

## 6.2. *Il potere sostitutivo dello Stato*

Nei rapporti intersoggettivi il controllo non si svolge solo sugli atti già concretamente adottati dall'ente sottoposto a controllo, ma anche sulla sua inerzia nel-

[7] Cfr. sent. Corte cost. 10/2017, a proposito del controllo sui rendiconti dei gruppi consiliari delle sezioni regionali della Corte dei conti, stabilito dall'art. 1.11 d.l. 174/2012.

l'adozione di un atto dovuto. Maggiore è l'autonomia dell'ente regionale, maggiore è il danno che può derivare dalla mancata adozione di atti necessari per dare attuazione o esecuzione ad obblighi statali, unionali o internazionali: l'inerzia mette in discussione la realizzazione di politiche pubbliche, la concretizzazione di norme o principi costituzionali e, nel caso di atti in attuazione di norme unionali o internazionale, chiama in gioco la responsabilità dello Stato. Per questo motivo le costituzioni federali prevedono spesso poteri sostitutivi e di ingerenza anche nei confronti degli Stati membri (c.d. esecuzione federale).

La Costituzione italiana non prevedeva tale potere di sostituzione, sicché, con l'andare del tempo (soprattutto dopo l'istituzione delle Regioni ordinarie), è intervenuto il legislatore ordinario a prevedere, con norme *ad hoc*, la sostituzione statale nei confronti degli enti regionali. Questi ultimi hanno impugnato le leggi di fronte alla Corte costituzionale, così permettendo a quest'ultima non solo di trovare una base costituzionale a tali poteri (in tal senso la sent. 142/1972) ma anche di elaborare una disciplina minima, per quanto di natura giurisprudenziale. Su questa base giurisprudenziale anche il legislatore ha potuto prevedere norme più generali in materia[8].

Con la l. cost. 3/2001 si giunge, per la prima volta, a una formalizzazione costituzionale del potere sostitutivo attraverso l'art. 120.2., che contiene un'espressa previsione dei poteri sostitutivi statali, riferita problematicamente non alle sole Regioni ma a tutti gli enti territoriali (Mainardis, 2007). La disposizione, oltre a prevedere la sostituzione per il caso di inadempimento nei confronti di obblighi internazionali e unionali, utilizza clausole generali (come il pericolo grave per l'incolumità e la sicurezza pubbliche), mutuate anche da esperienze straniere (come nel caso della tutela dell'unità giuridica o dell'unità economica, che è clausola presente nella costituzione tedesca del 1949).

Molto si è discusso in questi anni con riguardo all'estensione del potere di sostituzione anche verso l'attività legislativa. Mentre ciò è sicuramente possibile nel caso in cui l'attività legislativa regionale riguardi l'attuazione del diritto dell'Unione europea (lo prevede espressamente l'art. 117.5.), la dottrina tende a dare una risposta negativa per tutti gli altri casi, anche in ragione del fatto che la disposizione attribuisce il potere in questione al Governo (piuttosto che allo Stato, come appunto avviene nel caso dell'art. 117.5.).

---

[8] Da questo punto di vista si segnala in particolare l'art. 5 d.lgs. 112/1998, che, con riferimento alle funzioni amministrative conferite dallo Stato alle Regioni e agli enti locali e quindi facendo salve le altre disposizioni in materia di poteri sostitutivi previste dalla legislazione vigente, prevede che «in caso di accertata inattività che comporti inadempimento agli obblighi derivanti dall'appartenenza alla Unione europea o pericolo di grave pregiudizio agli interessi nazionali», il Governo azioni un procedimento che porta alla nomina di un commissario il quale provvede in via sostitutiva ovvero, in casi di assoluta urgenza, all'adozione diretta del provvedimento, immediatamente comunicato rispettivamente alla Conferenza permanente per i rapporti tra lo Stato, le Regioni e le Province autonome di Trento e di Bolzano (se relativo a inerzia regionale) oppure alla Conferenza Stato-Città e autonomie locali.

La disposizione costituzionale ha trovato attuazione ad opera dell'art. 8 l. 131/2003, che disciplina compiutamente il procedimento da seguire per poter procedere alla sostituzione (Scaccia, 2004, 683 ss.). Il modello di intervento sostitutivo previsto dall'art. 8 non deve necessariamente applicarsi ad ogni intervento sostitutivo dello Stato (sentt. Corte cost. 240/2004 e 254/2009), potendo il legislatore prevedere altre ipotesi di intervento sostitutivo (sent. Corte cost. 43/2004). In ogni caso la Corte, nella sent. 171/2015, ha ribadito che i poteri sostitutivi vanno esercitati sulla base dei seguenti principi: a) devono essere previsti e disciplinati dalla legge, che ne deve definire i presupposti sostanziali e procedurali, in ossequio al principio di legalità; b) devono essere attivati solo in caso di accertata inerzia della Regione o dell'ente locale sostituito; c) devono riguardare solo atti o attività privi di discrezionalità nell'*an*, la cui obbligatorietà sia il riflesso degli interessi unitari alla cui salvaguardia provvede l'intervento sostitutivo; d) devono essere affidati a organi del Governo; e) devono rispettare il principio di leale collaborazione all'interno di un procedimento nel quale l'ente sostituito possa far valere le proprie ragioni; f) devono conformarsi al principio di sussidiarietà (conforme sent. Corte cost. 56/2018).

### 6.3. *Il controllo sugli organi regionali*

L'art. 126 disciplina lo scioglimento del Consiglio regionale e la rimozione del Presidente della Giunta in tre ipotesi tassative di estrema gravità: compimento di atti contrari alla Costituzione, gravi violazioni di legge e ragioni di sicurezza nazionale (De Fiores, 2006). Si tratta di un istituto – presente anche nelle costituzioni di molti Stati federali – diretto a garantire e a conservare l'ordine democratico e la sicurezza nazionale nei casi eccezionali in cui essi possano essere messi in pericolo per eventi posti in essere dalle istituzioni regionali o all'interno dei confini di determinate Regioni.

Prima della modifica intervenuta con la l. cost. 1/1999 si prevedeva inoltre lo scioglimento anche nell'ipotesi in cui il Consiglio regionale non accogliesse l'invito del Governo di revocare il Presidente della Giunta o la Giunta che avessero compiuto atti contrari alla Costituzione o gravi violazioni di legge. L'abrogazione è ulteriore testimonianza dell'afflato autonomistico del legislatore costituzionale che, evidentemente, ha ritenuto tale quarta ipotesi di scioglimento causa di possibile interferenza del Governo sul funzionamento degli organi regionali.

La gravità della sanzione prevista dall'art. 126 spiega la complessità del procedimento dal punto di vista soggettivo, come è testimoniato dal fatto che in esso intervengono: il Governo, che assume l'iniziativa; il Parlamento, che rilascia il parere, obbligatorio ma non vincolante, attraverso la Commissione parlamentare per le questioni regionali; il Presidente della Repubblica, che adotta il decreto.

Un'ultima differenza rispetto alla precedente formulazione dell'art. 126 è data dalla mancata menzione della nomina, nel decreto di scioglimento, della Commissione di tre membri scelti dal Presidente della Repubblica avente il compito di svolgere l'ordinaria amministrazione della Giunta, di adottare gli atti improrogabili che poi il nuovo Consiglio deve ratificare e di indire le elezioni del nuovo Consiglio (cfr. in particolare art. 53 l. 62/1953). L'eliminazione del riferimento alla nomina della suddetta Commissione lascia evidentemente spazi all'autonomia regionale nella fase di redazione dei nuovi statuti per rinvenire nuove formule sostitutive o alternative rispetto alla precedente soluzione.

## 7. *I raccordi tra Stato e Regioni*

### 7.1. *Il sistema delle conferenze*

Stato e Regioni non sono entità autonome ma vivono nell'unità dell'ordinamento repubblicano. A tal fine la Costituzione già contiene alcuni 'innesti' delle Regioni sulle attività statali. L'art. 83 prevede l'invio di tre delegati per ciascuna Regione al Parlamento in seduta comune per l'elezione del Presidente della Repubblica; l'art. 121 dispone che le Regioni possano presentare proposte di legge alla Camere; e infine gli artt. 75 e 138 stabiliscono che cinque consigli regionali possano provocare il referendum abrogativo e quello costituzionale.

A queste forme di raccordo se ne sono aggiunte altre, sviluppatesi al di fuori delle previsioni costituzionali originarie.

In tutti gli Stati unitari composti si pone la questione centrale di come i livelli di governo possano partecipare alla funzione legislativa, dove trovano forma le principali politiche nazionali. Negli Stati federali le seconde Camere hanno questa precipua funzione.

In assenza di una seconda Camera rappresentativa degli interessi regionali e locali, Stato e Regioni hanno dato vita al c.d. '**sistema delle conferenze**', che, in parte, supplisce a tale carenza (Bifulco, 2006, 233 ss.). Con il termine 'conferenze' si fa riferimento a organismi collegiali in cui siedono insieme i rappresentanti degli esecutivi dello Stato, delle Regioni e degli enti locali. Le Conferenze, oggi, sono tre: la Conferenza permanente per i rapporti fra lo Stato, le Regioni e le Province autonome (anche chiamata **Conferenza Stato-Regioni**, istituita con d.P.C.M. nel 1983); la **Conferenza Stato-Città ed autonomie locali** (istituita con d.P.C.M. nel 1996); la **Conferenza unificata** (istituita col d.lgs. 281/1997). Sono composte da rappresentanti dello Stato (in genere il Presidente del Consiglio che normalmente delega altri membri del Governo) e, a seconda del tipo di conferenza, da rappresentanti delle Regioni oppure degli enti locali o ancora, nel caso dell'unificata, da tutte e tre le componenti.

Ad esse si ricorre per acquisire il punto di vista degli enti territoriali su atti statali. Normalmente la posizione degli enti territoriale assume la forma di un parere (facoltativo o obbligatorio), di un'intesa (obbligatoria), di accordi (facoltativi); in altri casi le conferenze hanno anche, in materie di esclusiva competenza regionale o locale, funzioni di deliberazione e di designazione.

Il loro ruolo è divenuto sempre più importante nel corso del tempo, anche perché la Corte costituzionale ne ha progressivamente fatto il centro delle relazioni intergovernative tra Stato, Regioni ed enti locali, il «luogo di espressione e insieme di sintesi degli interessi regionali e statali coinvolti» (sent. 21/2016). Sempre di più, soprattutto nei casi di intrecci di materie, la Corte ha imposto allo Stato, prima che esso proceda all'adozione di discipline sublegislative (in particolare regolamentari) in materie di competenza anche regionale, di cercare la previa intesa con la Conferenza Stato-Regioni o con la Conferenza unificata. Nell'importante sent. 251/2016, la Corte ha, per la prima volta, imposto allo Stato di cercare l'intesa anche sull'adozione di decreti legislativi, portando così l'intesa all'interno del procedimento legislativo (per quanto di delegazione).

### 7.2. *L'integrazione (mancata) della Commissione parlamentare per le questioni regionali*

Va inoltre ricordato che la l. cost. 3/2001, all'art. 11, ha attribuito ai regolamenti parlamentari la facoltà di integrare la Commissione parlamentare per le questioni regionali con rappresentanti delle Regioni, delle Province autonome e degli enti locali. Così integrata, la Commissione avrebbe il potere di esprimere un parere sui progetti di legge contenenti disposizioni riguardanti materie relative alla potestà concorrente ovvero ricadenti nell'ambito normativo dell'art. 119 (autonomia finanziaria). Nella disposizione costituzionale si prevede che, nel caso in cui tale parere sia negativo o condizionato all'introduzione di alcune modifiche, il progetto potrà diventare legge solo se il Parlamento si adegui a tali richieste ovvero approvi il progetto a maggioranza assoluta dell'intera Assemblea parlamentare.

Ad oggi la disposizione non è stata attuata (Bifulco, 2018, 217 ss.). Tuttavia le modifiche al regolamento del Senato, intervenute nel corso del 2022, hanno previsto all'art. 138-*bis* R.S., che la Commissione possa invitare i rappresentanti delle Regioni e degli enti locali in relazione a specifici provvedimenti, conferendo loro il potere di formulare osservazioni e proposte con riguardo ai lavori della Commissione. Poiché si tratta di una previsione contenuta nel solo regolamento del Senato (come detto, al momento in cui si scrive, la Camera non ha ancora provveduto a modificare il proprio regolamento), il secondo comma precisa che la previsione è sempre applicabile quando il Presidente della Commissione è un senatore. La norma è, in ogni caso, ben lontana dal dare attuazione all'art. 11 l. cost. 3/2001.

### 7.3. *Il principio di leale collaborazione*

Immanente ad ogni Stato composto, la leale collaborazione è stata utilizzata dalla Corte, già da prima delle riforme costituzionali del 1999-2001, come principio d'interpretazione e, ove necessario, d'integrazione della disciplina costituzionale dei rapporti tra Stato e Regioni (Bartole, 1971, 84 ss.). Di origine giurisprudenziale, il principio ha trovato un approdo costituzionale con la l. cost. 3/2001, che lo ha introdotto nell'art. 120.2.

La Corte costituzionale ne ha riconosciuto il fondamento costituzionale, prima del 2001, nell'art. 5, in particolare nel principio per cui la Repubblica, nella salvaguardia della sua unità, «riconosce e promuove le autonomie locali», alle cui esigenze «adegua i principi e i metodi della sua legislazione» (sentt. 242/1997 e 35/1972). Ma anche il principio di buon andamento di cui all'art. 97 è stato spesso invocato dalla Corte a base del principio di leale collaborazione giacché risponde a canoni di buona organizzazione che tutte le unità organizzative di un ordinamento, in nome della sua unità, si portino reciproco ausilio ove necessario, anche «al fine di prevenire inutili duplicazioni o sprechi» (così sent. Corte cost. 139/1990). Dopo la sua introduzione nel testo costituzionale il principio di leale collaborazione è diventato un **principio costituzionale scritto**.

Sono molteplici gli usi che la Corte ha fatto del principio. Esso ha costituito la base di alcuni obblighi e di istituti importanti per i rapporti Stato-Regioni (dovere di mutua informazione, conferenza di servizi, avvalimento, poteri sostitutivi). L'uso più significativo riguarda l'intesa, vale a dire la «paritaria codeterminazione del contenuto dell'atto» che viene sottoposto ad intesa. La Corte ha obbligato lo Stato a fare ricorso a tale strumento nei casi di interferenze con materie di competenza regionale.

## 8. *Le Regioni, il diritto internazionale e l'UE*

### 8.1. *Il 'potere estero' delle Regioni e l'attuazione interna degli accordi internazionali*

Negli Stati federali, soprattutto se di tipo associativo, gli Stati membri conservano una capacità di intrattenere rapporti giuridici con Stati esteri o con entità territoriali di Stati esteri (Stati membri, Regioni, livelli di governo periferici in generale), all'interno di regole di condotta condivise dalla Federazione. Tale capacità non deve infatti mettere in discussione la conduzione della politica estera e la responsabilità internazionale, che restano comunque in capo all'ente centrale.

Anche alle Regioni è stata riconosciuta questa capacità, che viene normalmente indicata come '**potere estero**' delle Regioni. In esso si ricomprende la capacità di dar vita a rapporti giuridici con entità statali o substatali straniere. A ciò si affianca, sempre in capo alle Regioni, il potere di attuare, nell'ordinamento italiano, i trattati internazionali e le norme di diritto internazionale pattizio. Il riconoscimento di questo potere estero è avvenuto gradualmente a partire dal d.P.R. 616/1977 (art. 4.2.).

La l. cost. 3/2001 è intervenuta anche sul tema in esame. L'art. 117, per come è stato da essa modificato, contiene molteplici riferimenti al tema in esame nei commi 1, 2, 3, 5 e 9 dell'art. 117. Per quanto riguarda l'analisi dei primi tre commi possiamo rinviare alla parte dedicata alle fonti del diritto.

I commi 5 e 9 dell'art. 117 disciplinano i profili più rilevanti dell'attività estera delle Regioni. Il primo ribadisce che spetta alle Regioni e alle Province autonome provvedere, nelle materie di loro competenza, «*all'attuazione e all'esecuzione degli accordi internazionali*». La disposizione è rilevante in quanto attribuisce a tutte le Regioni un potere che, prima della revisione del 2001, spettava alle sole Regioni speciali: ogni volta che un accordo internazionale tocca materie di competenza delle Regioni, sono queste a dare attuazione allo stesso nel proprio ordinamento. L'art. 6.1. l. 131/2003 precisa che l'attuazione e l'esecuzione devono riguardare gli «accordi internazionali ratificati»; sorge il dubbio se, per gli accordi in forma semplificata (che non vengono ratificati), tale disciplina trovi comunque applicazione.

Nell'ultimo comma dell'art. 117 si stabilisce che, nelle forme stabilite da leggi dello Stato, alle Regioni è attribuito – si intende, nell'ambito delle materie di loro competenza – il potere di concludere **accordi** con Stati e **intese** con enti territoriali interni ad altro Stato (quindi con Stati membri di Federazioni, con livelli comunali, provinciali regionali o quant'altro). La previsione costituzionale è stata concretizzata dall'art. 6 l. 131/2003, che attribuisce allo Stato (attraverso la Presidenza del Consiglio e il Ministero degli Esteri) un controllo sull'attività regionale diretta alla conclusione di accordi e intese.

### 8.2. *Le Regioni nell'Unione europea*

Le Regioni svolgono un ruolo anche nell'ambito dell'UE. Va detto che la stessa UE, dopo un lungo periodo di scarso interesse per le autonomie territoriali presenti negli Stati membri, ha sviluppato una notevole sensibilità per le identità costituzionali degli Stati membri e, nel caso degli Stati membri aventi una natura federale o regionale, delle loro componenti territoriali.

Nello studio del ruolo di tali componenti territoriali nella formazione e nell'attuazione del diritto unionale si distingue tradizionalmente una **fase ascendente** e una **fase discendente**. Nella fase ascendente si esamina la capacità delle Regioni di incidere sui processi di formazione delle decisioni assunte a livello unionale, mentre in quella discendente si focalizza l'attenzione sul ruolo giocato dalle stesse nella fase di attuazione del diritto UE.

### 8.2.1. *La fase ascendente*

Con riguardo alla fase ascendente, la l. cost. 3/2001 ha ampliato i poteri delle Regioni. In particolare l'art. 117.5. rappresenta la risposta costituzionale a quel processo di erosione delle competenze regionali provocato dall'enorme sviluppo dell'ordinamento unionale e dall'accrescersi conseguente delle competenze dei suoi organi a scapito non solo degli enti centrali ma anche degli enti territoriali degli Stati membri (*Länder* nella Repubblica federale di Germania e in Austria, *Comunità Autonome* in Spagna, Regioni in Italia e così via). La disposizione fissa il principio della partecipazione delle Regioni alla fase ascendente della formazione del diritto unionale e alla fase discendente della sua attuazione ed esecuzione. La concretizzazione di questo principio di partecipazione è stata oggetto di successivi interventi normativi (D'Atena, 2002, 913 ss.).

Un primo intervento, che ha avuto di mira soprattutto la **partecipazione diretta** alla fase ascendente, si è avuto con l'art. 5 l. 131/2003. Si possono distinguere due ipotesi, entrambe contenute nel primo comma dell'art. 5, a seconda del tipo di competenza legislativa regionale coinvolta dal processo decisionale dell'UE: a) «Nelle materie di loro competenza legislativa» (dizione che dovrebbe ricomprendere tutte le ipotesi di competenza c.d. concorrente), le Regioni e le Province autonome partecipano, «nell'ambito delle delegazioni del governo, alle attività del Consiglio e dei gruppi di lavoro dei comitati del Consiglio e della Commissione europea, secondo modalità da concordare in sede di Conferenza Stato-Regioni che tengano conto della particolarità delle autonomie speciali e, comunque, garantendo l'unitarietà della rappresentazione della posizione italiana da parte del Capo delegazione designato dal governo». Nella delegazione deve essere assicurata la partecipazione di almeno un rappresentante delle Regioni speciali e delle Province autonome di Trento e Bolzano; b) «Nelle materie che spettano alle Regioni ai sensi dell'art. 117, quarto comma, della Costituzione» (vale a dire in quelle di competenza legislativa regionale residuale), il Capo delegazione, che potrà essere anche un presidente di Giunta regionale o di Provincia autonoma, è designato, sì, dal Governo, ma sulla base di criteri da concordare in sede di Conferenza Stato-Regioni. La disciplina appare decisamente innovativa rispetto allo stato della precedente legislazione.

Venendo alla **partecipazione indiretta**, la recente l. 234/2012 ha, per un verso, perfezionato le previsioni contenute nella l. 11/2005 e, per l'altro, introdotto opportuni adeguamenti dell'ordinamento nazionale al trattato di Lisbona. In particolare l'art. 24 prevede una serie di meccanismi informativi e decisionali che aumentano il grado di partecipazione delle Regioni nella fase ascendente.

È innanzitutto previsto che il Governo informi dettagliatamente le Regioni, per il tramite della Conferenza Stato-Regioni, circa i progetti normativi dell'Unione che riguardino le materie di loro competenza (commi 1 e 2) e dell'andamento delle riunioni in sede unionale (commi 8-10). In secondo luogo, allorché un progetto di atto normativo riguardi materie di competenza regionale, ciascuna Regione può inviare osservazioni al Governo. Più significativamente, però, le Regioni possono chiedere la convocazione della suddetta Conferenza per raggiungere un'intesa diretta a determinare la posizione italiana sui progetti di atti. Nei casi più complessi, sempre su richiesta della Conferenza, il Governo appone una c.d. **riserva di esame** in sede di Consiglio dell'Unione europea, che produce l'effetto di sospendere, per trenta giorni, il procedimento decisionale in sede unionale (commi 3-6). Infine i rappresentanti delle Regioni sono convocati ai gruppi di lavoro che svolgono il lavoro istruttorio per il Comitato interministeriale per gli affari comunitari europei (c. 7).

La l. 234 prevede poi una sessione speciale della Conferenza Stato-Regioni, dedicata espressamente alla trattazione delle politiche dell'UE di interesse regionale. La Conferenza, a tal fine, viene convocata ogni quattro mesi ed esprime parere su una serie di atti e di indirizzi elencati nell'art. 22.

Si è infine già detto che l'art. 25 l. 234 prevede il coinvolgimento delle Regioni nella verifica del rispetto del principio di sussidiarietà tramite l'invio di osservazioni alle Camere.

### 8.2.2. *La fase discendente*

Con riguardo alla **fase discendente**, la l. 234/2012, riprendendo, in parte, i contenuti della l. 11/2005, riafferma il dettato costituzionale per cui Stato e Regioni, nelle materie di propria competenza legislativa, danno tempestiva attuazione alle direttive e agli altri obblighi derivanti dall'Unione europea (artt. 29.1. e 40.1.). Al fine di evitare inadempienze regionali, il legislatore del 2012 ha confermato quanto già previsto dalla l. 11/2005, vale a dire il potere dello Stato di adottare i provvedimenti di attuazione degli atti dell'Unione di competenza delle Regioni. Tali provvedimenti hanno un evidente valore dispositivo, cioè si applicano alle sole Regioni inadempienti e solo a far data dalla scadenza del termine stabilito per l'attuazione; in ogni caso perdono efficacia dal momento in cui entrano in vigore i provvedimenti di ciascuna Regione (art. 4.1.). Si tratta, quindi, di un potere sostitutivo preventivo e anticipato, che si affianca a quello successivo previsto dalla l. 131/2003.

Va infine menzionato quanto previsto nel secondo e ultimo comma dell'art. 5 l. 131/2003. Gli enti territoriali degli Stati membri dell'Unione non hanno accesso diretto alla Corte di giustizia per impugnare atti comunitari ritenuti in contrasto con i trattati istitutivi. Per colmare questa lacuna, l'art. 5 prevede una soluzione di doppio livello. Nelle materie di competenza legislativa delle Regioni e delle Province autonome, anche una sola Regione può chiedere al Governo italiano di proporre ricorso dinanzi alla Corte di giustizia contro atti normativi dell'UE ritenuti illegittimi. In questo caso è il Governo che valuterà l'opportunità di proporre poi il ricorso. Il Governo sarà invece obbligato, nelle materie rientranti nella competenza residuale delle Regioni, «a proporre ricorso qualora esso sia richiesto dalla Conferenza Stato-Regioni a maggioranza assoluta delle Regioni e delle Province autonome».

### 8.2.3. *L'Unione europea di fronte alle Regioni*

Solo gradualmente l'ordinamento unionale ha riconosciuto un ruolo ai livelli regionali degli Stati membri. Tra i primi segnali di cambiamento vanno ricordate la *Dichiarazione Comune* di Parlamento e Commissione del 1984, con cui si auspicava una maggiore collaborazione tra istituzioni comunitarie ed enti regionali nei programmi di sviluppo e la risoluzione del Parlamento europeo sulla politica regionale della Comunità e sul ruolo delle Regioni del 18 novembre 1988: c.d. *Carta comunitaria della regionalizzazione*. Tuttavia un'effettiva apertura ai livelli regionali si verifica solo col trattato di Maastricht che introduce il **principio di sussidiarietà**, istituisce il Comitato delle Regioni (di cui si è detto al cap. III) e prevede che al Consiglio dei ministri possano prender parte rappresentanti delle Regioni.

Il trattato di Lisbona, in particolare il *Protocollo n. 2 sull'applicazione dei principi di sussidiarietà e proporzionalità*, ha elaborato un procedimento di controllo preventivo del rispetto del principio di sussidiarietà da parte degli atti normativi unionali che coinvolge sia le istituzioni dell'Unione (chiamate a motivare sulle ragioni di un intervento normativo su materie di competenza statale e regionale) sia le istituzioni nazionali (chiamate ad esprimere eventuali osservazioni su tali progetti). L'art. 6 del Protocollo afferma espressamente che spetta ai Parlamenti nazionali «consultare all'occorrenza i parlamenti regionali con poteri legislativi».

In applicazione di tale normativa europea la l. 234/2012 prevede appunto che, al fine di verificare il rispetto del principio di sussidiarietà, le assemblee dei consigli regionali e delle Province autonome possano far pervenire le loro osservazioni in tempo utile per l'esame parlamentare (art. 25).

Il trattato di Lisbona ha infine rafforzato anche i poteri del Comitato delle Regioni, abilitandolo a proporre ricorsi alla Corte di giustizia per denunciare la violazione del principio di sussidiarietà, ove tale violazione sia realizzata da atti normativi sui quali sia richiesta la sua consultazione.

## 9. *Gli enti locali (Comuni, Province, Città metropolitane)*

### 9.1. *I principi costituzionali*

Oltre che Stato e Regioni, la Repubblica è composta da Comuni, Province e Città metropolitane (art. 114.1). Questi sono gli «enti locali» previsti direttamente dalla Costituzione (la locuzione appare sia nell'art. 123 che nell'art. 116). La legislazione ordinaria – prima la l. 142/1990 e poi il d.lgs. 267/2000 (contenente il testo unico delle leggi sull'ordinamento degli enti locali, c.d. TUEL) – ne prevede anche altri, con la funzione di rappresentare o la comunità presente su una parte del territorio (ad esempio le Comunità montane) ovvero determinati soggetti che svolgono particolari attività sul territorio di riferimento (ad esempio le Camere di commercio) (Di Maria, Napoli, Pertici, 2019).

Storicamente il **Comune** è l'ente di primo e immediato riferimento del cittadino. A questo ente sono attribuite, di conseguenza, «tutte le funzioni amministrative che riguardino la popolazione e il territorio comunale, precipuamente nei settori organici dei servizi sociali, dell'assetto ed utilizzazione del territorio e dello sviluppo economico ...» (art. 13 d.lgs. 267/2000).

Le **Province** sono state oggetto di una affrettata riforma, realizzata con la l. 56/2014. Il provvedimento legislativo opera una 'dequotazione' delle Province, che – qualificate come **enti di area vasta** (art. 1.3.) – si vedono ridurre il numero delle funzioni precedentemente svolte e, soprattutto, diventano **enti di secondo grado** giacché il Presidente della Provincia e il consiglio provinciale non sono più organi eletti direttamente dal corpo elettorale ma dai sindaci e dai consiglieri dei Comuni delle Province.

La l. 56/2014, allo stesso tempo, istituisce ben dieci **Città metropolitane** (tra cui Roma, Milano, Napoli e Torino), che, per quei territori, vanno a sostituirsi alle Province. Le Città metropolitane svolgono quindi tre tipi di funzioni: le funzioni che erano prima delle Province, funzioni proprie delle Città e altre funzioni che possono essere loro attribuite a seguito di operazioni di riordino da parte delle Regioni.

Nello sforzo di semplificazione istituzionale, va infine osservato che la l. 56/2014 ha cercato di intervenire anche sul numero molto elevato di Comuni presenti in Italia, favorendo processi associativi e di fusione.

L'art. 114 offre agli enti territoriali da esso menzionati una **garanzia di esistenza**: vale a dire che la loro esistenza è garantita dalla Costituzione direttamente sicché la legge ordinaria non potrebbe procedere alla loro soppressione. A tali enti l'art. 114 garantisce anche «*propri statuti, poteri e funzioni secondo i principi fissati dalla Costituzione*». Questa disposizione serve a correttamente collocare l'autonomia degli enti territoriali nell'ambito dell'ordinamento italiano. Dell'autonomia normativa e finanziaria delle Regioni si è già trattato in precedenza. A somiglianza di questa, anche quella degli enti locali deve svolgersi nell'ambito dei principi costituzionali, che attribuiscono soprattutto allo Stato poteri normativi in grado di limitare l'autonomia degli enti locali [9].

Basti pensare a quanto dispone l'art. 117.2.p), che attribuisce allo Stato la potestà legislativa esclusiva in materia di legislazione elettorale, di organi di governo e funzioni fondamentali di Comuni, Province e Città metropolitane. Pur partendo

---

[9] Tutt'altra situazione è presente nelle Regioni speciali, che hanno potestà legislativa in materia di ordinamento degli enti locali.

dal principio del Comune come ente a competenza amministrativa generale, l'art. 118 stabilisce inoltre il potere dello Stato e delle Regioni, ciascuno per le materie di propria competenza, di attribuire agli enti locali le funzioni amministrative. Tutto ciò permette di concludere che l'autonomia statutaria e regolamentare degli enti locali deve svolgersi nei limiti non solo della Costituzione ma anche delle leggi (per espressa volontà della Costituzione).

Anche agli enti locali l'art. 119 riconosce **autonomia finanziaria di entrata e di spesa**. A differenza delle Regioni, che hanno anche autonomia legislativa in materia tributaria (in forma estremamente limitata, come si è visto), l'autonomia degli enti locali in questo ambito è sostanzialmente 'derivata' da quanto lo Stato e, più limitatamente, le Regioni decidono di concedere. La l. 42/2009 concretizza questo principio stabilendo che le spese per le funzioni fondamentali (previste all'art. 117.2.p) sono finanziate, attraverso il meccanismo del fabbisogno *standard*, con tributi propri, compartecipazioni ai tributi statali e regionali e con un fondo perequativo (artt. 11-13). In particolare l'art. 13 prevede l'istituzione, presso il bilancio di ciascuna Regione, di due fondi, uno a favore dei Comuni e uno a favore delle Province e delle Città metropolitane, alimentati dallo Stato: è la legge dello Stato a stabilire i criteri di riparto.

### 9.2. *L'organizzazione degli enti locali*

Il TUEL disciplina l'organizzazione degli enti locali. Limitando l'analisi a Comuni, Province e Città metropolitane, la legge prevede che tutti questi enti abbiano un Consiglio, una Giunta e un Sindaco (nel caso delle Province vedremo che la situazione è mutata a seguito della l. 56/2014).

Il **Consiglio comunale** è composto da un numero che varia da 12 a 60 membri a seconda del numero degli abitanti; quello provinciale oscilla dai 10 ai 16 membri. Il Consiglio è, secondo l'art. 42, organo di indirizzo e di controllo politico-amministrativo. Di conseguenza sono assegnati ad esso una serie di atti qualificati come 'fondamentali' espressamente indicati dall'art. 42; inoltre al Consiglio spetta l'adozione dello statuto e dei regolamenti (non attribuiti alla Giunta).

Il **Sindaco** è l'organo responsabile dell'amministrazione comunale (art. 50). Ad esso il TUEL assegna la funzione di rappresentanza dell'ente, poteri di convocazione e di presidenza della Giunta, nonché di sovrintendenza al funzionamento dei servizi e degli uffici e all'esecuzione degli atti. Al Sindaco è attribuita anche la funzione di ufficiale di Governo, con la conseguenza di sovrintendere ai servizi statali che lo Stato lascia svolgere ai Comuni e di adottare ordinanze contingibili e urgenti in materia di ordine e sicurezza pubblica (art. 54).

La **Giunta** comunale collabora con il Sindaco (prima della l. 56/2014 esisteva anche la Giunta provinciale, venuta meno per effetto dell'innovazione legislativa del 2014); ad essa il TUEL attribuisce il potere di adottare, residualmente, gli atti non assegnati al Consiglio o al Sindaco (art. 48).

Sindaco e Consiglio comunale sono eletti direttamente dalla comunità locale con cadenza quinquennale. I componenti della Giunta sono nominati e revocati dal Sindaco. L'elezione contestuale e diretta dei due organi comporta che anche nel caso del Comune, come per le Regioni, si applichi la regola del *simul stabunt simul cadent*. L'art. 141 TUEL prevede infatti che in caso di dimissioni, impedimento permanente, rimozione, decadenza, morte del Sindaco e dimissioni contestuali di più della metà dei consiglieri, la Giunta decada e il Consiglio venga sciolto.

Quanto all'ente provinciale, esso è diventato un ente di secondo grado poiché il Presidente e il Consiglio sono eletti dai Sindaci e dai consiglieri dei Comuni presenti nella Provincia. Ciò a seguito delle innovazioni introdotte dall'art. 1.58. e 69. l. 56/2014.

La l. 56/2014, istituendo le **Città metropolitane**, le ha configurate come **enti di secondo grado**. Difatti i suoi organi sono eletti indirettamente, anche se a tale regola lo statuto della Città può derogare. Gli organi della Città sono: il Sindaco metropolitano, coincidente con il Sindaco del Comune capoluogo (a questa regola lo statuto può derogare); il Consiglio metropolitano, eletto dai Sindaci e dai consiglieri comunali dei Comuni della Città metropolitana (in alternativa direttamente dai cittadini residenti nella Città metropolitana); dalla Conferenza metropolitana, composta dal Sindaco metropolitano e dai Sindaci dei Comuni presenti nella Città metropolitana.

### 9.3. *La legislazione elettorale per Comuni, Province e Città metropolitane*

La legislazione elettorale per gli enti locali è stata la prima a subire gli effetti dei mutamenti politici intervenuti nei primi anni Novanta. Con le ll. 81/1993, 415/1993 e poi 120/1999 è stato abbandonato l'impianto proporzionalistico che caratterizzava tale legislazione elettorale a favore di sistemi fondati su premi di maggioranza, clausole di sbarramento e ricorso al ballottaggio. A differenza dei travagli che caratterizzano, come si è visto, la legislazione elettorale nazionale, quella in esame è rimasta costante, riuscendo a garantire stabilità ai sistemi di governo locale.

Con riguardo ai **Comuni**, la disciplina si differenzia a seconda che la popolazione dei Comuni sia **inferiore o superiore ai 15.000 abitanti**. Se inferiore, il sistema è congegnato in maniera tale che i due terzi dei seggi del Consiglio comunale vadano alla lista che ha ottenuto più voti e che il candidato Sindaco collegato a tale lista diventi Sindaco. Ciò che rimane viene distribuito alle altre liste in base al metodo d'Hondt. L'elettore ha diritto di esprimere un solo voto (senza possibilità quindi di voto disgiunto) e una preferenza. Nel rarissimo caso di parità di voti tra due candidati, si andrà al ballottaggio. Si tratta di un sistema che favorisce fortemente la maggioranza, che ottiene i due terzi dei seggi anche se non ha raggiunto il 50,01%, e non favorisce una forte opposizione poiché non assegna il restante terzo alla lista finita seconda ma distribuisce i voti tra tutte le liste successive alla prima, favorendo così la frammentazione.

Se la popolazione supera i 15.000 abitanti, il sistema cambia notevolmente. Innanzitutto l'elettore potrà esercitare il voto disgiunto, nel senso che potrà votare per una lista non collegata al candidato Sindaco per il quale ha espresso il voto. Diventa Sindaco il candidato che ottiene la maggioranza dei voti validamente espressi. Nel caso in cui nessuno consegua tale risultato, è previsto il ballottaggio tra i due candidati più votati al primo turno.

Quanto alla distribuzione dei seggi del consiglio, ciò avviene sulla base di un sistema proporzionale secondo il metodo d'Hondt, con l'aggiunta di un consistente premio di maggioranza, che varia a seconda che il Sindaco risulti eletto al primo o al secondo turno. Se eletto al primo turno e se la lista o le liste ad esso collegate non hanno ottenuto il 40% dei voti validi, viene loro assegnato il 60% dei seggi (a condizione che altre liste concorrenti non abbiano raggiunto il 50%). Se eletto al secondo turno, il premio di maggioranza, che porta la lista al 60% dei seggi, viene assegnato se nessun'altra lista ha conseguito il 50% dei voti validi al primo turno. Quindi l'assegnazione dei seggi del consiglio avviene sulla base dei voti conseguiti al primo turno; inoltre non accedono al riparto le liste che non abbiano conseguito il 3% dei voti validi [10].

Quanto alla **Provincia**, Presidente e consiglio non sono più eletti direttamente dal corpo elettorale. Il primo viene eletto dai sindaci e dai consiglieri dei Comuni della Provincia; sono eleggibili i sindaci il cui mandato scada non prima di 18 mesi dalla data delle elezioni (art. 1.58 l. 56/2014). Risulta eletto, in base ad un sistema che tende a ponderare il peso dei Comuni grandi e di quelli minori, il candidato con il maggior numero di voti.

Il consiglio provinciale, composto dal Presidente della Provincia e da un numero variabile di consiglieri che va da 16 a 10 a seconda della popolazione provinciale, è eletto dai sindaci e dai consiglieri comunali dei Comuni della Provincia (art. 1.69. l. 56/2014). Sono eleggibili i Sindaci e Consiglieri in carica al momento delle elezioni, che si svolgono in un unico collegio elettorale sulla base di scrutinio di lista. Sono eletti i candidati con le maggiori cifre elettorali, soggette a ponderazione tra Comuni grandi e Comuni più piccoli. A questi due organi si aggiunge l'assemblea dei sindaci, composta dai sindaci dei Comuni appartenenti alla Provincia (art. 1.56. l. 56/2014).

Con riguardo alle **Città metropolitane**, la l. 56 prevede, come abbiamo già detto, tre organi fondamentali: il Sindaco, il consiglio e la conferenza metropolitani. Il Sindaco metropolitano è di diritto il sindaco del Comune capoluogo (art.

---

[10] È accaduto, per quanto non frequentemente, che abbia conseguito la maggioranza dei voti, già al primo turno, un gruppo di liste non collegate al candidato Sindaco più votato. In tale caso, il premio di maggioranza a favore delle liste che sostengono il Sindaco risultato vincente non può scattare con la conseguenza che quest'ultimo è costretto a convivere con un Consiglio comunale la cui maggioranza ha sostenuto un candidato Sindaco differente (fenomeno impropriamente denominato dell'anatra zoppa) (è accaduto ad Isernia nel 2012 e a Lecce nel 2018 ma anche in Comuni più piccoli).

1.19.), tranne che lo statuto non preveda l'elezione diretta del Sindaco e del consiglio metropolitano (art. 1.22.). Il consiglio, composto dal sindaco metropolitano e da un numero di consiglieri che va da 14 a 24 a seconda della popolazione della Città, è eletto dai sindaci e dai consiglieri comunali dei Comuni presenti sul territorio della Città (art. 1.25.); questa elezione indiretta può essere sostituita dall'elezione diretta alle condizioni stabilite dall'art. 1.22., che, a sua volta, prevede due diversi procedimenti, a seconda che la Città abbia una popolazione superiore o inferiore a tre milioni. La conferenza metropolitana è invece composta dal Sindaco metropolitano e dai Sindaci dei Comuni appartenenti alla Città (art. 1.42.).

In conclusione, mentre alle Province non è dato derogare al modello di elezione indiretta, questa possibilità è invece offerta alle Città metropolitane. Si tratta di un elemento di ulteriore differenziazione tra i due enti territoriali, che accentua le maggiori potenzialità delle Città (in questo caso, dal punto di vista della loro legittimazione politica) rispetto alle Province.

### 9.4. *Lo scioglimento dei consigli e la rimozione degli amministratori locali*

Per ipotesi tassative il TUEL prevede lo scioglimento dei Consigli comunali e provinciali e la rimozione degli amministratori locali.

Lo scioglimento è previsto dall'art. 141 nei casi di atti contrari alla Costituzione, gravi e persistenti violazioni di legge, gravi motivi di ordine pubblico o quando non sia approvato nei termini il bilancio, mentre la rimozione è prevista dal successivo art. 142. A queste ipotesi va aggiunta lo scioglimento dei consigli conseguente a fenomeni di infiltrazione e di condizionamento di tipo mafioso, previsto dall'art. 143.

## 10. *Le variazioni territoriali delle Regioni e degli enti locali*

### 10.1. *La fusione di Regioni e la creazione di nuove Regioni*

La Costituzione indica, all'art. 131, le Regioni esistenti e, all'art. 132.1., il procedimento per la fusione di quelle esistenti e per la creazione di nuove Regioni (Pedrazza, Gorlero, 1979 e 1991). In proposito può notarsi che, se per un verso l'Assemblea costituente ha fatto proprio l'artificiale ripartizione che Pietro Maestri – direttore dell'Istituto di Statistica – operò nel 1863 al fine di individuare i compartimenti statistici, che divennero così i territori delle attuali Regioni, dall'altro, attraverso la previsione dell'art. 132, essa ha stabilito un procedimento fortemente partecipativo per la modifica di queste nuove entità.

Il procedimento di fusione/creazione parte infatti dall'iniziativa dei Comuni interessati (tanti Consigli comunali da rappresentare almeno un terzo delle popolazioni interessate), prevede di sentire i Consigli regionali (i pareri delle Regioni interessate non sono vincolanti, secondo la giurisprudenza della Corte costituzionale: sent. 246/2010), richiede lo svolgimento di un referendum coinvolgente le popolazioni interessate (per popolazioni interessate vanno intese non solo le popolazioni che chiedono la variazione ma anche quelle che la subiscono: sent. Corte cost. 278/2011; la materia è ulteriormente disciplinata dalla l. 352/1970), si conclude con l'approvazione di una legge costituzionale. Come si vede, il procedimento è ispirato alla partecipazione di tutti i principali soggetti, a partire dal corpo elettorale, interessati alla fusione/creazione; il metodo partecipativo e consensuale prescelto dall'art. 132 trova la propria radice nel principio democratico di cui all'art. 1 e nel principio di autonomia di cui all'art. 5 Cost. Si tenga inoltre conto che la **Carta europea dell'autonomia locale**, all'art. 5, prevede espressamente che le modifiche territoriali si svolgano a condizione di consultare le collettività locali, preferibilmente attraverso il referendum (la Carta, adottata nell'ambito del Consiglio d'Europa, è entrata in vigore in Italia nel settembre del 1990).

Il procedimento esaminato non è stato mai attivato. A tal proposito si ricorda che l'originaria versione dell'art. 131, che contiene l'elenco delle Regioni, prevedeva l'unica Regione 'Abruzzi e Molise'. Le due Regioni furono separate, prima dell'istituzione delle Regioni a statuto ordinario, con la l. cost. 3/1963, che modificò il testo dell'art. 131.

### 10.2. *Le variazioni riguardanti gli enti locali*

L'art. 132.2. prevede un complesso procedimento per permettere a Comuni e Province, che ne facciano richiesta, di **staccarsi da una Regione e di aggregarsi ad un'altra** (Orofino, 2003, 255 ss.). La disposizione costituzionale richiede che debba esservi l'approvazione della maggioranza delle popolazioni della Provincia o delle Province interessate e del Comune o dei Comuni interessati espressa mediante referendum (la disposizione, nella parte in cui si riferisce alla maggioranza delle popolazioni, è stata modificata dalla l. cost. 3/2001). Anche in questo caso è richiesto il parere dei Consigli regionali interessati. La Costituzione non prevede altri presupposti [11].

La l. 352 prevede che entro sessanta giorni dalla pubblicazione in G.U. dell'esito favorevole dei referendum, relativi sia al primo che al secondo comma, il Ministro dell'interno presenta a Parlamento il disegno di legge costituzionale o ordinaria (art. 45 l. 352) [12].

---

[11] E difatti è stato dichiarato incostituzionale l'art. 42 l. 352/1970, che introduceva anche il requisito del parere dei Consigli provinciali o comunali, non richiesto dalla disposizione costituzionale.

[12] La sent. Corte cost. 66/2007 ha stabilito che i procedimenti previsti dall'art. 132 si applicano anche alle Regioni speciali.

Meno complessa perché affidata alla legge dello Stato è la **variazione territoriale delle Province**, prevista dall'art. 133. È richiesta l'iniziativa dei Comuni, sentita la Regione con parere obbligatorio ma non vincolante.

L'art. 133.2. prevede infine che la Regione, con propria legge, dopo aver sentito con referendum le popolazioni interessate, possa **istituire nuovi Comuni**. La condizione fattuale è che la popolazione del nuovo Comune non sia inferiore ai 10.000 abitanti (art. 15 TUEL). Per «popolazioni interessate» la Corte costituzionale ha affermato che bisogna intendere non solo quelle direttamente interessate, vale a dire quelle che subiranno il trasferimento da un Comune ad un altro, ma anche quelle indirettamente interessate. Sarà la Regione a stabilire quali siano tali parti della popolazione e quale valutazione debba farsi dei voti espressi dalle popolazioni diversamente interessate (sentt. Corte cost. 94/2000 e 47/2003).

PARTE QUARTA

# LE FONTI DEL DIRITTO

## CAPITOLO XI

# LE FONTI DEL DIRITTO: CRITERI GENERALI



### 1. *Diritto come fatto sociale e linguistico*

Il diritto è innanzitutto un *fatto sociale* giacché le norme che contribuiscono a comporre l'ordinamento giuridico regolano i comportamenti degli uomini, i rapporti tra loro esistenti e istituiscono quelle strutture che finiscono per esercitare potere sui singoli e sul gruppo.

Essendo composto da norme, il diritto, oltre che un fenomeno sociale, è anche un *fatto linguistico* (Searle, 1969, 47 ss.). Le norme sono infatti enunciati prescrittivi, normalmente scritti. È questo insieme di enunciati che forma il diritto oggettivo (comprensivo, come chiariremo subito, delle disposizioni, degli atti normativi e delle norme). Non tutte le norme sono enunciati prescrittivi e tuttavia, in tal caso, sono comunque riconducibili agli enunciati prescrittivi.

Proviamo a esemplificare. L'art. 575 c.p. definisce il reato di omicidio stabilendo, in maniera intuitivamente prescrittiva, che «chiunque cagiona la morte di un uomo è punito con la reclusione non inferiore ad anni ventuno». Ma se leggiamo il seguente enunciato, contenuto nel c.d. codice dell'ambiente (art. 3-*quater*), «data la complessità delle relazioni e delle interferenze tra natura e attività umane, il principio dello sviluppo sostenibile *deve* consentire di individuare un equilibrato rapporto, nell'ambito delle risorse ereditate, tra quelle da risparmiare e quelle da trasmettere, affinché nell'ambito delle dinamiche della produzione e del consumo si inserisca altresì il principio di solidarietà per salvaguardare e per migliorare la qualità dell'ambiente anche futuro», riesce più difficile coglierne il carattere prescrittivo (anche se aiuta l'uso del verbo deontico). Eppure anche un enunciato così complesso può essere considerato una norma giuridica in quanto ricollegabile ad altri enunciati, contenuti nel codice dell'ambiente e in altri documenti normativi, aventi natura prescrittiva.

Nella sua struttura fondamentale *la norma giuridica è quindi un enunciato prescrittivo (a struttura condizionale, secondo alcuni autori) avente un contenuto generale e astratto* (Guastini, 2014, 33).

Nella forma più sintetica essa si esprime nella sequenza logica: se A, allora B. A è ciò che il legislatore prende in considerazione e disciplina (protasi), B è la conseguenza, la previsione degli effetti stabiliti dal legislatore (apodosi). La protasi può riguardare un qualsiasi fenomeno – un evento naturale come un comportamento umano – al quale il legislatore connette determinati effetti. L'apodosi, come abbiamo appena visto citando l'articolo del codice dell'ambiente, può spesso mancare.

Ribadiamo che, spesso, nel corso di queste pagine, esamineremo norme giuridiche che si allontanano da questo schema. I principi costituzionali, le consuetudini, le norme costitutive sono tutte norme che si allontanano da tale schema: per i principi non è possibile determinare con precisioni le conseguenze; le consuetudini non sono redatte in forma scritta; le norme costitutive (ad esempio, al verificarsi di un certo fatto, l'art. 2 c.c. fa conseguire l'effetto giuridico dell'acquisizione della maggiore età) determinano esse stesse la fattispecie dal quale scaturisce la conseguenza. E tuttavia esse vanno considerate norme giuridiche in quanto facenti parte dell'ordinamento giuridico: è dal legame che queste norme intrattengono con le altre norme contenute nell'ordinamento giuridico che esse ricavano la loro giuridicità.

Si percepisce così anche il *carattere artificiale* o volontaristico del fenomeno giuridico giacché, anche nel caso in cui l'evento regolato sia un evento naturale o comunque non dipendente dalla volontà dell'uomo (si pensi al distacco di una parte di un fondo costeggiante un fiume), le conseguenze, gli effetti sono stabiliti dalla volontà del legislatore (quella parte del fondo diventa parte del fondo al quale è unita).

## 2. *Struttura della norma giuridica*

### 2.1. *Generalità e astrattezza*

A differenza del comando concreto e puntuale, la norma giuridica, proiettandosi verso il futuro, regola un comportamento riferendolo, dal punto di vista soggettivo, a tutti i soggetti dell'ordinamento o a una classe di essi, non determinabili individualmente: è questo il carattere della **generalità**. La norma, allo stesso tempo, deve regolare non un comportamento determinato ma un comportamento astratto o comunque tutti i comportamenti che rientrano in uno schema astratto delineato dalla norma medesima: è questo il carattere dell'**astrattezza**. Può così dirsi che la generalità riguarda l'elemento soggettivo, i destinatari della norma giuridica, mentre l'astrattezza riguarda l'oggetto della norma, il comportamento regolato.

L'art. 575 c.p., che prevede e punisce l'omicidio, non disciplina il singolo fatto di sangue (l'uccisione della persona *x* alla ora *y* nel luogo *j*) ma tutti quei comportamenti che cagionano la morte di un uomo, senza riferimento a soggetti determinati.

Alcuni autori riferiscono l'astrattezza alla proiezione della norma nel tempo futuro, che è una tipica caratteristica della norma giuridica (Guastini, 2014, 39-40). Astrattezza finisce così per voler dire che la norma giuridica non disciplina fattispecie passate, già realizzatesi: la *retroattività* della norma si produce appunto quando una norma collega a fatti antecedenti alla sua entrata in vigore effetti giuridici. In questa accezione, quindi, astrattezza coincide con irretroattività della norma giuridica. Ciò non vuol dire che una norma giuridica non possa occuparsi di fattispecie passate. Quando ciò accade, alla norma si attribuisce carattere retroattivo, con ciò intendendosi dire che essa è appunto priva di astrattezza.

Per distinguere l'atto normativo dall'atto amministrativo – soprattutto nel caso in cui quest'ultimo abbia carattere generale (si pensi, come esempio, al decreto ministeriale) – la giurisprudenza enfatizza il requisito della indeterminabilità dei destinatari, osservando che, mentre i destinatari dell'atto normativo sono sempre indeterminabili, quelli dell'atto amministrativo generale devono essere determinabili in fase di concreta applicazione giacché è proprio dell'atto amministrativo disciplinare non una serie indeterminata di casi, ma una fattispecie particolare (Cons. Stato, Ad. Plen., 9/2012).

La posizione giurisprudenziale può fornire un'utile indicazione per risolvere problemi pratici, una volta che però sia chiaro che si incontrano spesso atti primari e secondari – e che dunque dovrebbero avere natura normativa – privi della generalità e dell'astrattezza. Atti cioè formalmente normativi (in ragione della loro forma) e sostanzialmente provvedimentali (in ragione del loro contenuto). Di questo diremo meglio più avanti.

### 2.2. *Disposizione e norma*

Finora si è usato il termine norma giuridica come equivalente di enunciato prescrittivo. Bisogna ora precisare che le norme non coincidono con gli enunciati. Conviene esemplificare: l'art. 59 Cost. contiene il seguente enunciato: «*Il Presidente della Repubblica può nominare senatori a vita cinque cittadini che hanno illustrato la Patria per altissimi meriti nel campo sociale, scientifico, artistico e lettera-*

*rio*». A questo enunciato possono attribuirsi almeno due significati: 1) ciascun Presidente può nominare fino a cinque senatori a vita; 2) i senatori a vita sono in totale cinque e mai più di cinque, sicché spetta al Presidente della Repubblica nominarli quando sia il caso. Questi due significati vengono attribuiti attraverso un'operazione intellettuale che chiamiamo **interpretazione** (attribuzione di senso o significato). Il *significato*, il contenuto di senso è la norma, sicché, nel caso specifico, l'enunciato contenuto nell'art. 59 dà luogo a due possibili norme.

Possiamo ora brevemente sintetizzare in termini giuridici quanto appena detto, partendo dalla premessa dell'importanza della dimensione linguistica del diritto. Nella tradizione giuridica italiana il termine **disposizione** sta ad indicare ciò che corrisponde al più ampio concetto di *enunciato*: disposizione ha sicuramente un connotato più giuridico rispetto ad enunciato, che è termine molto generale. Con **atto normativo** si indica l'atto che contiene la disposizione, il documento dove essa viene formulata (ad esempio, la legge). La **norma**, infine, è il significato della disposizione (Crisafulli, 1964).

## 3. *Validità, esistenza ed efficacia*

Si dice che l'ordinamento è composto da tutte le norme valide presenti nell'ordinamento giuridico. Una norma è *valida* allorché essa sia stata prodotta conformemente alle regole che ne disciplinano la formazione e il contenuto. Le norme che disciplinano la formazione di altre regole sono chiamate *norme sulla produzione giuridica* (di esse si dirà poco oltre), poiché disciplinano la creazione e l'applicazione del diritto, determinando l'organo competente e il procedimento; quando la norma prodotta è conforme alle norme sulla produzione, si dice che essa è valida dal punto di vista formale (**validità formale**); se non lo è, essa presenta un vizio formale. Ad esempio, una legge è valida dal punto di vista formale se la sua formazione ha seguito il procedimento previsto dagli artt. 71 ss.

Le norme che delimitano il contenuto di altre norme sono ad esse sovraordinate; quando la norma prodotta non contrasta con tali norme, si dice che essa è valida dal punto di vista materiale (**validità materiale o sostanziale**); se non lo è, essa presenta un vizio materiale. Se viziata, la norma è annullabile (e quindi produce effetti finché non viene dichiarato l'annullamento). Ad esempio, una legge è valida dal punto di vista sostanziale se non viola, ad esempio, quanto prescrive l'art. 19 in materia di libertà religiosa (Ferrajoli, 2013, 73 e 95).

*Validità ed esistenza non coincidono*. Quest'affermazione non è affatto scontata e un giurista come Hans Kelsen (il massimo esponente del positivismo giuridico) la riterrebbe assolutamente errata per il semplice motivo che lui, come molti altri dopo di lui, hanno identificato validità ed esistenza (Kelsen, 1945, 173 ss.).

La realtà ci mostra tuttavia che validità ed esistenza non possono essere considerati fenomeni coincidenti. All'interno di un ordinamento possono esistere ed esplicare efficacia norme giuridiche invalide; ciò accade finché l'ordinamento non provveda ad espellere tali norme. Una norma è *inesistente* quando è priva dei requisiti minimi per la sua esistenza (accertare l'inesistenza non è operazione facile). Se inesistente, la norma è nulla (e quindi non c'è neppure bisogno di una dichiarazione di annullamento).

Quanto appena detto permette anche di chiarire il concetto di **efficacia**, vale a dire la capacità della norma di produrre effetti giuridici. Essa non coincide con la validità giacché possono esistere norme efficaci invalide.

## 4. *Efficacia nel tempo delle norme: abrogazione, annullamento, retroattività*

Esistenza ed efficacia sono concetti indispensabili per comprendere il momento dal quale una norma prende vita e quello nel quale cessa di esistere.

Partiamo da una questione tipica del mondo del diritto: una norma può esistere ma essere priva di efficacia e quindi non essere vigente. Ciò accade, ad esempio, tutte le volte in cui, una volta perfezionatosi il procedimento di adozione della norma, essa viene pubblicata stabilendosi però che essa acquisterà efficacia in un momento futuro. Ad esempio il regolamento UE 2016/679, pubblicato nella Gazzetta ufficiale dell'Unione europea del 4 maggio 2016, entrato in vigore venti giorni dopo la sua pubblicazione, è diventato efficace dal 25 maggio 2018.

Nell'ordinamento italiano il momento di entrata in vigore (che normalmente coincide con l'inizio dell'efficacia) degli atti normativi più importanti è stabilito rispettivamente dall'art. 73.3 per le leggi e dall'art. 10.1 disp. prel. c.c. per i regolamenti. Quanto alla perdita di efficacia, le norme sono soggette ad abrogazione e ad annullamento.

L'**abrogazione** è normalmente posta in essere dall'autore della norma abrogata; o meglio è posta in essere da una norma di pari o maggior rango adottata successivamente. Il fenomeno abrogativo non ha quindi a che fare con una valutazione relativa alla validità della norma abrogata, ma riguarda solo la sua esistenza: accade cioè, ad un certo punto, che si decida di eliminare (abrogare) quella determinata norma dall'ordinamento per i motivi più diversi. Prendendo a riferimento gli atti legislativi o parificati alla legge, l'abrogazione può essere *espressa* (esempio: è abrogato l'art. 1 l. 241/1990) oppure *tacita* (in questo caso il legislatore adotta una norma incompatibile con quella precedente ovvero interviene sulla stessa materia senza dichiarare l'espressa abrogazione della precedente disciplina) (art. 15 disp. prel. c.c.).

L'effetto abrogativo è istantaneo, non retroagisce, sicché le norme abrogate continueranno, in genere, ad essere applicate a tutte le fattispecie poste in essere durante la loro vigenza e prima della loro abrogazione (Guastini, 2010, 295-319).

A differenza dell'abrogazione, l'**annullamento** implica una valutazione sulla validità della norma, compiuta normalmente da un organo giurisdizionale, il quale giunge alla conclusione che la norma è invalida (per vizi formali o materiali). La dichiarazione di annullamento retroagisce, vale a dire la norma annullata è come se non avesse mai prodotto effetti (rimangono salvi i c.d. *rapporti esauriti*, vale a dire quei rapporti giuridici sorti quando la norma annullata era esistente e definiti prima del suo annullamento).

Di retroattività e irretroattività delle norme, da un punto di vista generale, abbiamo già parlato poco sopra. Ora va aggiunto che, in una prospettiva di *diritto positivo* (vale a dire in una prospettiva che guarda all'insieme delle norme vigenti in un dato ordinamento giuridico in un certo momento), l'ordinamento italiano si occupa delle norme retroattive in tre occasioni, stabilendo principi omogenei anche se non identici.

In primo luogo viene all'attenzione l'art. 11.1. disp. prel. c.c., il quale stabilisce che: «la legge non dispone che per l'avvenire: essa non ha effetto retroattivo». In secondo luogo, l'art. 2.1. c.p. stabilisce che: «nessuno può essere punito per un fatto che, secondo la legge del tempo in cui fu commesso, non costituiva reato». Infine, in Costituzione, l'art. 25.2. stabilisce: «*nessuno può essere punito se non in forza di una legge che sia entrata in vigore prima del fatto commesso*».

L'art. 11.1. riguarda il principio di irretroattività in ogni campo del diritto, mentre le altre due disposizioni riguardano la sola sfera materiale del diritto penale. Da ciò possiamo ricavare due conseguenze: la prima è che il principio generale di irretroattività della legge (art. 11.1. disp. prel. c.c.) può essere derogato, in virtù del criterio cronologico, da altre norme di rango legislativo (non anche, però, da norme di rango sublegislativo); la seconda è che il principio costituzionale della irretroattività della sola legge penale (art. 25.2. e 2.1. c.p.) non può essere derogato da altre norme successive di rango legislativo.

## 5. *Fonti del diritto: fonti-atto e fonti-fatto*

A questo punto è possibile passare all'esame del modo in cui le norme sono prodotte, operando una prima grande suddivisione: in ogni ordinamento giuridico esistono norme che regolano la produzione del diritto e norme che sono l'effetto di tale produzione (norme prodotte). Le prime, le norme che regolano la produzione del diritto, prevedono gli atti abilitati a produrre diritto e per questo sono definite *fonti del diritto* o, più precisamente, **fonti sulla produzione normativa** (Bobbio, 1960, 34 ss.). Per esemplificare: l'art. 138, che prevede il procedimento per l'adozione di leggi costituzionali, è la fonte sulla produzione delle leggi costituzionale mentre la l. cost. 3/2001 è la 'norma' prodotta; gli artt. 70-74, che disciplinano il procedimento legislativo statale, sono le fonti sulla produzione delle leggi mentre la l. 241/1990 è la 'norma' prodotta; l'art. 17 l. 400/1998, che prevede i regolamenti del Governo, è la fonte sulla produzione dei regolamenti mentre il d.P.R. 25 luglio 1997, n. 306, recante disciplina in materia di contributi universitari, è la norma prodotta.

Tutte queste norme, oltre ad individuare il tipo di fonte (la legge costituzionale, la legge ordinaria, il regolamento), individuano il soggetto autorizzato ad adottare la legge e il procedimento da seguire. Da esse si ricavano anche gli elementi necessari per individuare correttamente il rango del potere normativo e la posizione delle norme così prodotte nell'ambito dell'ordinamento giuridico (si vedrà infatti che esiste una scala gerarchica delle fonti e quindi delle norme da esse prodotte nell'ordinamento).

Sinteticamente si dice che sono 'fonti del diritto' o anche 'fonti normative' tutti i fatti abilitati dall'ordinamento giuridico, o meglio da una norma dell'ordinamento giuridico, a produrre norme giuridiche per quello stesso ordinamento.

Questi fatti creativi di diritto sono di due tipi: c.d. **fonti-atto**, cioè veri e propri atti giuridici (la legge, il decreto-legge) e quindi atti linguistici ovvero c.d. **fonti-fatto**, cioè meri fatti, come può essere un certo comportamento ripetuto nel tempo nella convinzione che esso risponda a un obbligo giuridico, senza che vi sia una formulazione contenuta in un atto giuridico (Crisafulli, 1993, 44 ss.).

In entrambi i casi all'origine della norma c'è un atto di volontà umana: nel caso delle fonti-atto l'atto di volontà si cristallizza in un documento redatto da un soggetto a ciò autorizzato (con forme standardizzate o tipiche), mentre nel caso delle fonti-fatto la volontà è diffusa e non è rinvenibile un unico soggetto, ma, in genere, più soggetti che ripetono un dato comportamento (e quindi manca una forma tipica).

A seconda dell'ordinamento giuridico preso in considerazione cambia la rilevanza e il ruolo assegnato alle due fonti di produzione: la consuetudine era molto più diffusa negli ordinamenti antichi, mentre oggi prevalgono nettamente le fonti-atto. Tuttora esistono ordinamenti in cui la consuetudine svolge un ruolo rilevante, come nel Regno Unito.

## 6. *Fonti di cognizione*

Se le fonti di produzione servono a creare diritto oggettivo, le fonti di cognizione servono a conoscerlo. A tal fine esistono determinati soggetti pubblici a cui l'ordinamento conferisce il potere di pubblicare gli atti prodotti (le leggi, i decreti-legge, i regolamenti, ecc.) in determinati documenti, chiamati appunto **fonti di cognizione**. In Italia tali fonti di cognizione sono la Gazzetta ufficiale della Repubblica italiana (GURI), dove vengono pubblicati tutti gli atti normativi, e la Raccolta ufficiale degli atti normativi della Repubblica italiana, dove vengono inseriti tutti gli atti normativi pubblicati in Gazzetta ufficiale. La Raccolta viene pubblicata annualmente, mentre la Gazzetta è pubblicata tutti i giorni non festivi. Tutta la materia della pubblicazione degli atti normativi è regolata dalla l. 839/1984.

Oltre alla Gazzetta ufficiale esistono altre fonti ufficiali, quali i *Bollettini ufficiali delle Regioni* (*BUR*) e la *Gazzetta Ufficiale* dell'Unione europea (*GUUE*), dove vengono pubblicati gli atti dei relativi enti. Esistono poi raccolte private degli atti normativi.

Nelle fonti di cognizione ufficiali vengono pubblicati gli atti normativi. La loro efficacia, normalmente, non coincide con il giorno della loro pubblicazione. Difatti, proprio per permettere ai destinatari di prenderne conoscenza e di valutare gli effetti prodotti dalle norme, tra la pubblicazione e l'entrata in vigore intercorre un periodo, chiamato *vacatio legis*, di sospensione degli effetti del nuovo atto. Allo scadere della *vacatio*, l'atto entra in vigore spiegando i propri effetti giuridici. Una volta entrato in vigore, si presume che tutti abbiano conoscenza del nuovo atto.

## 7. *Antinomie normative*

### 7.1. *Gerarchia e rigidità*

Nell'ordinamento giuridico le fonti e gli atti da esse prodotte tendono a disporsi in forma piramidale, gerarchica, verticale: se le norme, per esser valide, devono rispettare le regole poste dalle fonti di produzione, è allora evidente che queste ultime devono avere un rango superiore, pena la loro irrilevanza nella creazione dell'ordine (*gerarchia formale*). Questo tipo di gerarchia è di tipo logico, tanto che è presente anche nelle costituzioni flessibili.

Il disporsi delle fonti in modalità verticale ci permette di comprendere il concetto di **rigidità**, che caratterizza le costituzioni delle democrazie costituzionali. *Gerarchia e rigidità non coincidono*. Rigidità è infatti una caratteristica specifica dell'atto 'costituzione' e sta a indicare che essa non può essere mutata da altri atti normativi (in particolare dalla legge) ad essa subordinati. L'atto 'costituzione' acquista così rigidità nel senso che non può essere cambiato se non nei modi e dagli atti da essa stessa previsti. In questo le costituzioni rigide si distinguono dalle *costituzioni flessibili* che, non prevedendo modi e atti specifici per la propria revisione e, non implicando una gerarchia tra le fonti, ammettono implicitamente di poter essere derogate da atti normativi successivi (in particolare dalla legge) (in senso diverso Pace, 2000).

L'introduzione della rigidità, che è caratteristica della costituzione, s'irradia su tutto l'ordinamento giuridico. Essa implica infatti che, nell'ordinamento, vi sarà un livello normativo superiore che è costituito dalla costituzione; accanto a questa, o in posizione immediatamente subordinata, vi saranno le fonti abilitate a modificare la costituzione; a livello inferiore vi saranno gli altri atti, abilitati dalla costituzione medesima a produrre norme (in genere la legge e gli atti ad essa equiparati). La dogmatica costituzionalistica italiana usa la nozione di **fonti primarie** per indicare l'insieme di atti normativi subordinati alla costituzione (legge e atti ad essa equiparati) e quella di **fonti secondarie** per indicare l'ulteriore livello normativo, costituito soprattutto dai regolamenti del Governo, subordinato alle fonti primarie. Questa distinzione di piani è definita tecnicamente **gerarchia delle fonti**, che può assumere vari gradi complessità a seconda dell'ordinamento giuridico di riferimento.

Accanto alla gerarchia formale esistono ipotesi di **gerarchia materiale** per cui una norma è superiore ad un'altra perché così è stabilito da una norma ulteriore. Perché sussista questo tipo di gerarchia, è però necessario che si sia in presenza di una costituzione rigida, la quale appunto stabilisce (implicitamente) che la costituzione è superiore alla legge ordinaria, che la costituzione può essere cambiata solo da una legge di revisione costituzionale, che la forma repubblicana (e quindi le norme che a questa danno forma) non possono essere cambiate neppure con legge di revisione costituzionale, ecc.

In altre parole, l'ordinamento giuridico, per poter guidare il comportamento dei soggetti che lo compongono prevenendo i conflitti che da essi possono insorgere, ha bisogno di **coerenza** – vale a dire che vanno esclusi i contrasti tra norme (c.d. antinomie normative) – e **completezza** – vale a dire che ogni rapporto giuridico deve trovare la norma del caso nell'ordinamento.

Ed è proprio per assicurare, da un lato, l'ordine tra le norme e, dall'altro, la completezza dell'ordinamento – e quindi ciò che si chiama coerenza e completezza dell'ordinamento – che ciascun ordinamento fa proprie regole che servono a disciplinare le frequenti antinomie tra norme.

### 7.2. *Criterio cronologico (e il conseguente effetto di abrogazione) e di specialità*

Se per un attimo si provasse ad immaginare un ordinamento giuridico estremamente semplice, composto da una sola fonte (ad esempio, la legge), i criteri per risolvere le antinomie potrebbero essere molto semplici. Il primo sarebbe fornito dal *criterio cronologico* per cui la legge successiva prevale su quella precedente (*lex posterior derogat priori*). L'applicazione di questo criterio implica l'effetto di abrogazione: la legge successiva abroga la precedente, e cioè produce la cessazione dell'efficacia della legge precedente dal momento di entrata in vigore della nuova legge (cfr. art. 15 disp. prel.: «Le leggi non sono abrogate che da leggi posteriori per dichiarazione espressa del legislatore, o per incompatibilità tra le nuove disposizioni e le precedenti o perché la nuova legge regola l'intera materia già regolata dalla legge anteriore»).

Al più, tale criterio sarebbe completato dall'adozione del *criterio di specialità* per cui, nel caso in cui le due norme abbiano un oggetto (parzialmente) identico, prevale la norma con l'oggetto più specifico, e ciò indipendentemente dal momento dell'adozione (*lex specialis derogat legi priori*). Ciò vuol dire che se la legge A, adottata in un tempo precedente alla legge B, ha un oggetto più specifico, continua ad applicarsi la legge A.

Tuttavia, come dicevamo, la realtà degli attuali ordinamenti giuridici è molto più complessa di quella che si è ora simulata. Sicché, pur tenendo fermi i due appena esaminati, si dovrà far ricorso a criteri più complessi, corrispondenti ad ordinamenti in cui esiste una pluralità di fonti di produzione del diritto.

### 7.3. *La gerarchia delle norme (e il conseguente effetto di annullamento)*

L'assetto gerarchico delle fonti e delle norme da esse prodotte è diffuso in tutti gli ordinamenti giuridici progrediti. Esso risponde al principio per cui '*lex superior derogat inferiori*'. Anche nell'ordinamento italiano le fonti sono disposte in una scala gerarchica che, partendo dalla Costituzione, passa per le leggi e gli atti aventi forza di legge e prosegue nei diversi tipi di regolamenti. Ciascuna fonte ha la propria norma autorizzatrice in una fonte superiore (la legge costituzionale nella Costituzione; la legge ordinaria nella Costituzione; il regolamento nella legge ordinaria). Al vertice della scala gerarchica vi è la c.d. *norma fondamentale*, che viene tendenzialmente fatta coincidere, negli ordinamenti statali, con la costituzione. La Costituzione esiste perché esiste e per essa non valgono i parametri della validità/invalidità, applicabili a tutte le altre norme dell'ordinamento (Guastini, 2001, 2 ss.) (sul fondamento di validità della Costituzione italiana si dirà meglio nel prossimo paragrafo).

Si è detto che il criterio gerarchico poggia sul principio eminentemente giuridico per cui la norma superiore prevale su quella inferiore. Qual è dunque l'elemento che conferisce tale superiorità? È il concetto di *forza normativa*, per cui ad una certa fonte (ad esempio la legge) l'ordinamento attribuisce una forza – che si traduce in una capacità creativa e di resistenza – maggiore rispetto ad altra fonte (ad esempio il regolamento governativo). L'adozione di una nuova legge implica quindi due conseguenze: che le norme da essa prodotte prevalgono sulle leggi precedenti (criterio cronologico) e sui regolamenti precedenti e successivi (criterio gerarchico); che le norme prodotte da fonti inferiori (nell'esempio il regolamento) non potranno modificare le norme delle fonti superiori (la legge). Anzi, ove un regolamento dovesse essere adottato successivamente e fosse in contrasto con la legge, le norme prodotte saranno oggetto di una dichiarazione di annullamento. Nel primo caso si parla di una forza attiva (e quindi di innovazione dell'ordinamento) e nel secondo di forza passiva (di resistenza agli interventi delle norme successive inferiori).

Ovviamente, ove la collisione dovesse riguardare norme di pari rango, troverà applicazione il criterio cronologico o quello di specialità.

Più complesso è il caso in cui la norma posteriore sia di grado superiore. In questo caso possono aversi soluzioni diverse: 1) la norma successiva può dichiarare di abrogare le norme precedenti (in sostanza trova applicazione il criterio cronologico); 2) la norma successiva non si pronuncia sugli effetti delle norme precedenti; in questo caso saranno i giudici a ritenere che sia intervenuta un'abrogazione implicita e a disapplicare la norma precedente (anche in questo caso trova applicazione il criterio cronologico; della disapplicazione diremo nel prossimo paragrafo); 3) sempre in caso di silenzio della norma successiva, il giudice potrebbe dichiarare l'annullamento della norma precedente. È questo quanto si è verificato con l'entrata in vigore della Costituzione del 1948: la Corte, nella sua prima sentenza (1/1956), ha ritenuto che il contrasto tra una norma del testo unico sulle leggi di pubblica sicurezza, antecedente alla Costituzione, e il nuovo art. 21 Cost. andasse risolto nei termini dell'annullamento, e non dell'abrogazione. E ciò in ragione della maggior forza della Costituzione rispetto a tutte le fonti antecedenti l'entrata in vigore della Costituzione medesima (in sostanza qui trova applicazione il criterio gerarchico).

### 7.4. *Criterio della competenza (e disapplicazione)*

Il criterio di competenza svolge un ruolo importante tutte le volte in cui ad un determinato soggetto e alla fonte di cui esso ha disponibilità l'ordinamento affidi la disciplina di una determinata materia, di un settore, di un ambito materiale (Crisafulli, 1960, 779 ss.).

Ad esempio, negli ordinamenti giuridici statali di tipo federale un ruolo centrale è svolto dal criterio di competenza in base al quale la costituzione determina, a seconda della materia di volta in volta in considerazione, se il potere di adottare leggi spetti alla Federazione oppure agli Stati membri. Nell'ordinamento italiano i commi 2, 3 e 4 dell'art. 117 utilizzano il criterio della competenza stabilendo chi – se lo Stato o le Regioni – abbia potestà legislativa sugli elenchi di materie ivi contenuti. E ancora, l'art. 64 riserva a ciascuna Camera la disciplina del funzionamento delle Camere (nel senso che ciascuna Camera adotta il proprio regolamento). Questo esempio è particolarmente utile giacché la Costituzione, nello stabilire che tale materia sia disciplinata da ciascuna Camera, impedisce che a disciplinare tale materia intervenga la legge o un atto ad essa equiparata, anche se ad adottare il regolamento parlamentare e la legge è, in sostanza, sempre lo stesso soggetto (con la fondamentale differenza, si noti, che nel caso del regolamento parlamentare ogni Camera, singolarmente, adotta il proprio, mentre nel caso della legge tutte e due le Camere concorrono all'adozione dell'atto).

In questi casi, ove a disciplinare la materia attribuita alla fonte competente dovesse subentrare altra fonte, l'antinomia viene risolta in termini di illegittimità della norma invasiva. L'effetto è quindi di annullamento. Anche i rapporti tra diritto nazionale e diritto dell'UE sono regolati, fondamentalmente, dal criterio della competenza; in questo caso, ove il giudice dovesse rendersi conto che la norma italiana abbia invaso la sfera di competenza dell'UE, procederà con la *disapplicazione* della stessa. La disapplicazione è un istituto processuale in base al quale l'ordinamento autorizza il giudice, quando questi riscontri un determinato vizio della norma che sarebbe tenuto ad applicare, a non applicarla, non anche quello di annullarla o di dichiararla abrogata (Pagotto, 2008).

A questa soluzione si è giunti sulla scorta di una serie di sentenze della Corte costituzionale, la quale, partendo dalla separazione dell'ordinamento unionale rispetto a quello nazionale (un assunto sempre più problematico), ha ritenuto che non potesse essere una norma nazionale a stabilire l'abrogazione o l'annullamento di una norma derivante da un distinto ordinamento (Corte cost. 170/1984).

Nel caso in cui il contrasto si produca tra una norma unionale e una norma nazionale di rango legislativo, sarà la norma italiana ad essere disapplicata, una volta accertato che la norma unionale abbia competenza. Nel caso in cui il contrasto riguardi una norma unionale e una norma costituzionale, ad essere disapplicata sarà, anche questa volta, la norma costituzionale, tranne il caso in cui la norma costituzionale sia posta a tutela dei principi supremi e dei diritti inviolabili.

## 8. *Riserva di fonte normativa*

È ora possibile trattare il fondamentale istituto della **riserva di legge**, che poggia sia sul criterio di gerarchia che su quello della competenza. Esso funziona nella seguente maniera: la disciplina di una determinata materia o di un particolare settore è riservata dalla Costituzione a una determinata fonte, normalmente la legge ordinaria. L'effetto principale è così la limitazione del concorso tra fonti in relazione all'ambito regolato. Vedremo subito che la limitazione non è assoluta.

Nella riserva convergono, quindi, sia la logica della gerarchia (esclusione delle fonti subordinate) sia la logica della competenza (riserva dell'intervento normativo ad una data fonte). Si noti che il suo principale effetto non è tanto quello di escludere che sulla materia possa incidere l'asse Governo-maggioranza parlamentare perché la riserva di legge non esclude – tranne che sulla materia non ci sia una riserva di legge formale – l'intervento dei decreti-legge e decreti legislativi; il suo principale effetto è quello di escludere l'intervento delle fonti subordinate alla legge (Balduzzi, Sorrentino, 1989). Naturalmente tale effetto di preclusione verso le fonti secondarie si traduce in una più ampia limitazione del Governo che dispone della potestà normativa secondaria.

Molto si è discusso sul fondamento della riserva, vale a dire se essa serva a tutelare i diritti fondamentali ovvero se il suo fondamento vada cercato nel principio democratico (e, secondo alcuni, nella tutela delle minoranze parlamentari), giacché la riserva creerebbe un collegamento privilegiato tra Parlamento e produzione normativa (Fois, 1963). La giurisprudenza costituzionale ha interpretato la riserva di legge come riserva di livello normativo, vale a dire che negli ambiti riservati dalla Costituzione alla legge possono intervenire sia la legge sia gli atti ad essa equiparati (sent. 184/1974). Questa equiparazione troverebbe giustificazione nella uguale sottoponibilità della legge e degli atti ad essa equiparati al controllo di costituzionalità. Nel prendere atto di questa effettività è stato osservato come il significato e la funzione originari della riserva di legge siano così profondamente mutati, con effetti anche sul generale assetto della forma di governo: essa non servirebbe più a garantire il Parlamento o l'opposizione nei confronti del Governo, quanto ad assicurare la sottoponibilità degli atti legislativi al controllo di costituzionalità (Piccirilli, 2019).

La Costituzione italiana utilizza ampiamente l'istituto, rinvenendosi circa un un centinaio di riserve di legge. L'istituto ricorre soprattutto nella prima parte della Costituzione, dedicata alla disciplina dei diritti e dei doveri, una materia intuibilmente sensibile e, per questo, riservata alla legge del Parlamento.

Va anche aggiunto che la riserva di legge conosce diverse modulazioni, a seconda che essa escluda del tutto l'intervento delle fonti subordinate ovvero lo consenta in una qualche misura: nel primo caso si parla di *riserva assoluta*, nel secondo di *riserva relativa*. Nello stabilire se ricorre l'una o l'altro tipo, molto dipende dal modo in cui la riserva è redatta (e dall'interpretazione prevalente che si è conseguentemente sviluppata).

Per meglio comprendere, si pongano a confronto, testualmente, due disposizioni costituzionali contenenti riserve. La prima è l'art. 13.2. il quale stabilisce che le restrizioni alla libertà personale sono ammesse «*nei soli casi e modi previsti dalla legge*»; il secondo è l'art. 23 secondo cui «*nessuna prestazione personale o patrimoniale può essere imposta se non in base alla legge*». Nel primo caso, il riferimento ai soli casi e modi giustifica un'interpretazione secondo cui la Costituzione non ammette, sulla materia, altri interventi se non quelli della legge; nel secondo caso il riferimento molto generale alla legge è stato interpretato nel senso di permettere che la legge ponga i principi della materia, potendo lasciare ad ulteriori interventi regolamentari la disciplina più dettagliata della materia.

In altri casi la Costituzione rafforza ulteriormente l'istituto della riserva o perché delimita più specificamente le condizioni della disciplina legislativa ovvero perché riserva la disciplina ad una fonte sovraordinata alla legge. Nel primo caso si parla di *riserva rinforzata* (ad es. l'art. 16 per il quale le limitazioni alla libertà di circolazione possono essere adottate dalla legge ma solo per motivi di sanità e sicurezza); nel secondo si ricorre alla riserva di legge costituzionale (ad es. l'art. 137.2.).

Diversa dai casi precedenti è la riserva di legge formale. In questo caso, chiedendo che sia il Parlamento ad intervenire con un atto che si produce attraverso il procedimento legislativo, la Costituzione esclude espressamente l'intervento del Governo attraverso atti con forza di legge. Ciò accade tutte le volte in cui la dialettica Parlamento-Governo è posta alla base dell'atto, che è finalizzato al controllo sul Governo da parte del Parlamento. Casi noti di riserva di legge formale sono contenuti negli artt. 80 e 81; sono necessariamente tali anche la riserva rinforzata per procedimento (ad esempio nell'art. 79).

Apparentemente criterio di competenza e riserva di fonte normativa (in particolare, riserva di legge) sembrano sovrapporsi. In realtà non è così. Il criterio di competenza serve a stabilire quale sia il soggetto autorizzato a disciplinare una certa materia, mentre la riserva di legge ha principalmente una funzione di garanzia. Certo, nel determinare il soggetto competente, si finisce anche per determinare, spesso, la fonte competente (ad esempio, se una materia è attribuita alla competenza legislativa regionale, sarà la legge regionale a disciplinare la materia). Ma tale effetto di determinazione della fonte non è né scontato né automatico in quanto, nell'esempio appena fatto, la Regione potrebbe far ricorso anche al regolamento regionale (dopo aver disciplinato la materia con legge). Il fine della riserva di legge, soprattutto se assoluta, è invece quello di individuare con precisione il tipo di fonte normativa necessario.

Conviene infine notare che la Costituzione menziona spesso la legge in senso evidentemente atecnico. Così è nell'art. 3.1., dove il riferimento alla legge è del tutto generico, sostituibile con il termine 'diritto dell'ordinamento italiano'; lo stesso può dirsi per l'art. 101.2. In questi casi non ricorrono delle riserve di legge, ma dei meri *rinvii alla legge*.

## 9. *Principio di legalità*

Conviene ora esaminare un altro principio centrale per la formazione del costituzionalismo e strettamente collegato all'istituto della riserva di legge: il **principio di legalità**, in forza del quale ogni atto normativo e ogni atto applicativo deve trovare la propria base nella legge e quindi nella volontà del Parlamento. Abbiamo appena visto che, secondo una certa ricostruzione dogmatica, anche la riserva di legge risponde alla stessa finalità. Si è posta infatti con frequenza la questione della differenza esistente tra principio di legalità e riserva di legge in quanto il primo sembra assorbire la seconda. È tuttavia evidente che la riserva di legge appare come una tecnica puntuale, sicuramente applicativa del principio di legalità, utilizzata per esigenze specifiche. A ben guardare, riserva di legge e principio di legalità si integrano e completano vicendevolmente poiché, mentre la riserva serve ad assicurare che una materia sia disciplinata dalla legge o dal livello normativo di rango primario, il principio di legalità serve a vincolare l'azione dell'Amministrazione.

Nel tempo sono state sviluppate due diverse interpretazioni del principio: a) *legalità in senso formale*, per cui a fondamento del potere (in senso funzionale oltre che soggettivo) deve esservi una legge, la quale, però, non è tenuta a determinare necessariamente il contenuto, il fine del potere normativo, ma può limitarsi ad attribuire codesto potere. Questa declinazione lascia ampi margini alla discrezionalità del potere esecutivo; b) *legalità in senso sostanziale*, per cui la legge non deve limitarsi ad attribuire il potere normativo, bensì deve delimitarlo, indicando l'oggetto, il contenuto dei provvedimenti, il fine del potere medesimo, il modo di esercizio. L'intento di questa interpretazione, che è quella prevalente nel nostro ordinamento, è di vincolare maggiormente il potere al suo fondamento democratico (Carlassare, 1990). Tuttavia, in un mondo sempre più complesso, riesce molto difficile pensare che una legge attributiva del potere riesca a definire tutti questi limiti. La conseguenza è che sono spesso i giudici ad apporli concretamente.

Queste due tradizionali accezioni del principio di legalità mostrano evidenti limiti. Proprio perché il legislatore non riesce a delimitare il potere, può essere utile ragionare di *una legalità in senso procedurale*. In molti casi, infatti, la materia è così tecnica e soggetta ad innovazioni che è difficile per lo stesso Governo riuscire ad intervenire con atti normativi. Per questa ragione l'ulteriore specificazione è rimessa ad organi amministrativi tecnici o ad autorità amministrative indipendenti. In questi casi, sempre più frequenti, il legislatore dovrebbe obbligare il soggetto dell'amministrazione chiamato a dare concretezza alla disciplina a confrontarsi, in via procedimentale, con i soggetti interessati o destinatari della disciplina (cfr., da ultimo, sent. Corte cost. 69/2017).

Il fondamento costituzionale del principio di legalità viene rinvenuto principalmente nell'art. 23. Per quanto venga generalmente riconosciuto che tale disposizione rappresenti la formulazione più generale del principio di legalità nell'ordinamento giuridico italiano, è vero che esso non è in grado di ricomprendere quei provvedimenti che non impongono prestazioni di alcun genere, né personale né patrimoniale. Da tale constatazione discende allora la tesi che considera l'art. 23 come ricognitivo di un principio che si ricava dalla Costituzione nella sua interezza, in particolare dagli artt. 3.1., 81 e 97. In sostanza questi articoli riconoscerebbero implicitamente il principio di legalità, di cui l'art. 23 rappresenterebbe la formulazione più generale, anche se parziale.

## 10. *Interpretazione della legge e le lacune del diritto*

Essendo un fenomeno linguistico, gli enunciati giuridici sono oggetto di interpretazione. Tre sono tradizionalmente i principali metodi interpretativi: grammaticale, teleologica, storica (Guastini, 2001).

L'**interpretazione grammaticale** si concentra sul significato grammaticale o lessicale di una parola o di una frase. A tal fine può essere utile per l'interprete estendere la comprensione alla connessione che si instaura tra gli enunciati quando essi siano in qualche rapporto formale o sostanziale tra loro (**interpretazione sistematica**).

Dall'interpretazione grammaticale a quella **teleologica** (gr. *telos*, fine) il passo è breve giacché l'interprete, per meglio comprendere il testo, può avere bisogno di spingersi alla considerazione del fine, dell'intenzione, dello scopo che intendeva perseguire il legislatore con quell'enunciato.

Collegata all'interpretazione teleologica vi è quella **storica** in quanto, anche in questo caso, l'interprete è chiamato a spiegare l'enunciato basandosi sui motivi che hanno spinto il legislatore ad adottarla. Ovviamente questo metodo sconta la difficoltà che ad adottare l'enunciato non è stato un singolo soggetto ma un collegio composto da una pluralità di soggetti.

Nel caso dell'interpretazione avente ad oggetto un enunciato costituzionale la difficoltà aumenta a causa dell'aspirazione all'eternità che le le costituzioni hanno. Con ciò si vuol dire che è proprio delle costituzioni l'aspirazione a durare nel tempo e quindi nelle generazioni, sicché la soluzione di questioni che emergono per effetto delle innovazioni tecnologiche o per il mutamento delle condizioni sociali (tutela dell'ambiente, uso dell'intelligenza artificiale, aborto, famiglie omosessuali), alla luce di costituzioni che possono essere anche molto risalenti (si pensi al caso degli Stati Uniti, dove la relativa costituzione ha superato da tempo i duecento anni di vita), rivela indubbie difficoltà.

Quelli esaminati sono metodi interpretativi diffusi in tutti gli ordinamenti giuridici, dove sono declinati con equilibri differenti. Le diverse accentuazioni dipendono anche dal rapporto che si instaura tra potere legislativo e potere giudiziario: nei casi in cui quest'ultimo sia dotato di effettiva indipendenza e autonomia si assiste al fenomeno dell'**interpretazione giudiziale** (ted. *richterliche Rechtsfortbildung*), che è capace di interpretazioni molto creative, slegate dal testo.

Si tenga inoltre presente che non esiste un metodo migliore dell'altro. Spesso si fa ricorso a tutti i metodi indicati per risolvere una questione interpretativa. E ciò accade anche nell'ordinamento italiano che predispone delle regole sull'applicazione dei metodi interpretativi. L'art. 12 disp. prel. c.c. afferma infatti che «nell'applicare la legge non si può ad essa attribuire altro senso che quello fatto palese dal *significato proprio* delle parole secondo la *connessione* di esse e dalla *intenzione* del legislatore». Le parti poste in corsivo permettono chiaramente di identificare il rinvio all'interpretazione grammaticale, sistematica e teleologica.

L'art. 12 delle preleggi permette di distinguere concettualmente tra **applicazione** e **interpretazione**. L'articolo evoca infatti due operazioni intellettuali che nella mente del giurista non vengono spesso distinte in quanto mirano allo stesso problema, vale a dire il rinvenimento della norma da applicare al caso concreto. La prima operazione è l'applicazione del diritto (l'art. 12 fa riferimento alla legge), mentre la seconda è l'attribuzione di senso all'enunciato normativo (l'art. 12 fa riferimento al legislatore).

Le due operazioni possono essere però nettamente separate. L'attribuzione di senso è ciò che chiamiamo interpretazione; questa operazione intellettuale è normalmente compiuta dal giudice, dall'avvocato o dal funzionario amministrativo, che devono applicare la legge al caso concreto, ma anche dal professore che deve spiegare a lezione il significato di un testo normativo o comunque da qualsiasi soggetto.

L'applicazione del diritto riguarda invece l'utilizzazione della norma per il caso concreto. È la classica operazione compiuta dal giudice chiamato a risolvere una controversia. L'applicazione del diritto – come si desume chiaramente dal testo dell'art. 12 delle preleggi – presuppone logicamente la sua interpretazione.

Ed è attraverso l'interpretazione che si riempiono le c.d. **lacune** del diritto. L'ordinamento giuridico, infatti, oltre che ad aspirare alla coerenza (e qui nasce il tema delle antinomie), tende ad essere completo, per cui, in teoria, dovrebbe esistere una norma per ogni caso che richiede una disciplina giuridica. In realtà non è così in quanto è inevitabile che sorgano casi per i quali non è rinvenibile la relativa norma. L'unico modo per evitare le lacune è il ricorso alla c.d. **norma di chiusura**, vale a dire una norma che disponga in generale per tutti i casi non disciplinati da norme giuridiche (stabilendo, ad esempio, che tutto quanto non è espressamente disciplinato è permesso). In assenza di tale norma di chiusura, le lacune si creano (nonostante la tesi, diversamente declinata nel tempo, che le lacune siano solo apparenti) e spetta soprattutto agli interpreti (e nel caso concreto ai giudici) 'trovare' la norma del caso. Vi è qui uno spazio per la creazione non legislativa del diritto da parte dei giudici, che tuttavia non godono di arbitrio ma devono giustificare le proprie decisioni in base ad una serie di argomenti.

L'ordinamento giuridico italiano mette a disposizione del giudice (e dell'interprete in generale) due criteri interpretativi per risolvere le lacune, contenuti nel secondo comma dell'art. 12 disp. prel. c.c., secondo cui «se una controversia non può essere decisa con una precisa disposizione, si ha riguardo alle disposizioni che regolano casi simili o materie analoghe; se il caso rimane ancora dubbio, si decide secondo i principi generali dell'ordinamento giuridico dello Stato». La prima parte della disposizione fa riferimento alla c.d. ***analogia legis***, mentre la seconda riguarda la c.d. ***analogia iuris***.

Nel primo caso si indirizza il giudice alla ricerca di norme che disciplinano casi simili, analoghi, affini. L'attività 'creativa' del giudice è bloccata tuttavia da una norma di chiusura, che vale, però, solo per le leggi eccezionali e penali e che stabilisce un principio di libertà, contenuta nell'art. 14 disp. prel. c.c. («le leggi penali e quelle che fanno eccezione a regole generali o ad altre leggi non si applicano oltre i casi e i tempi in esse considerati»). Se il caso non può essere risolto attraverso l'*analogia legis*, allora l'art. 12 permette il ricorso ai *principi generali dell'ordinamento giuridico dello Stato* (oggi indicati, per lo più, come *principi generali del diritto*), ricavabili da un'interpretazione dell'insieme delle leggi esistenti nella materia in questione.

Dalla lettura dell'art. 12 disp. prel. c.c. si potrebbe ricavare l'impressione che l'ordinamento giuridico italiano metta a disposizione dell'interprete una disposizione che permette di evitare o risolvere le lacune (ricorrendo appunto all'argomento analogico). La questione è teoricamente complessa perché dipende dalla concezione che si ha del diritto e dell'ordinamento giuridico. Vi è stato infatti chi ha sostenuto, molto autorevolmente, che ogni ordinamento contiene, anche solo implicitamente, la norma di chiusura che qualifica come permesso tutto ciò che non è espressamente comandato [è la teoria della norma generale esclusiva sviluppata da Zitelmann (1903) e D. Donati (1910)]. Ma la questione è anche dogmaticamente molto complessa perché chiama in gioco il ruolo del giudice e dei limiti che il giudice incontra nell'interpretazione (la domanda è: fino a dove può spingersi il giudice nella creazione del diritto?). Le risposte alle lacune, anche nel diritto costituzionale, dipenderanno dunque da scelte teoriche e dogmatiche.

## 11. *L'interpretazione della Costituzione*

### 11.1. *Interpretazione della legge e interpretazione della Costituzione*

Possono i metodi appena indicati, sviluppatisi intorno all'interpretazione della legge, essere applicati anche all'interpretazione della Costituzione? La risposta della dottrina costituzionalistica italiana non è univoca.

Non può certo negarsi l'importanza di tali metodi anche per l'interpretazione costituzionale. Tuttavia gli enunciati costituzionali – formulati, per lo più, nella forma del principio, e quindi dal contenuto molto ampio – mal si prestano ad essere interpretati solo in base a questi criteri. Enunciati come l'art. 3 (riguardante il principio di eguaglianza) o come l'art. 41 (l'iniziativa economica privata è libera) posseggono un grado di astrazione tale da distinguerli strutturalmente dalle disposizioni contenute nelle ordinarie disposizioni legislative (per quanto anche in queste, a volte, si ritrovano norme ad oggetto molto astratto). Diventa difficile estrarre da norme così generali e astratte un contenuto concreto ed utilizzabile per risolvere questioni concrete.

L'interpretazione della Costituzione si distingue dall'interpretazione della legge anche per altri motivi. In primo luogo, in ragione dei soggetti che sono chiamati ad applicare la Costituzione: ad applicare la Costituzione sono pochi e qualificati soggetti (il legislatore, la Corte costituzionale, il Presidente della Repubblica). Di fronte alle concretizzazioni legislative, che il legislatore (inteso come Parlamento e Governo nell'esercizio delle loro rispettive funzioni normative) è tenuto ad operare, è il giudice costituzionale che, se chiamato in causa, esprime l'ultima parola. A seconda dell'ordinamento può esservi un ruolo più o meno accentuato della giurisdizione costituzionale, favorito o frenato dal ruolo del Parlamento, dai meccanismi di accesso alla giurisdizione costituzionale, dalla sensibilità di Governo e Parlamento nel dar seguito alle sentenze dei giudici costituzionali. Insomma, per quanto la Costituzione configuri l'orizzonte di vita di una comunità politica e di tutti i membri che ne sono parte, è innegabile che l'attività interpretativa è affidata ad un soggetto molto autorevole (la Corte costituzionale), sottratto, per lo più, a qualsiasi tipo di responsabilità. In secondo luogo, l'interpretazione costituzionale è operazione intellettuale piuttosto complessa, che fa appello anche a complesse categorie dogmatiche (come la separazione dei poteri, l'uso di concetti come democrazia, repubblica, potere legislativo, ecc.), non essendo sufficiente, spesso, la mera attribuzione di significato. Infine, l'interpretazione costituzionale fa uso di tecniche che non ricorrono nell'interpretazione della legge – come il principio di ragionevolezza, il bilanciamento dei principi, la proporzionalità – non sono utilizzate in altre sfere del diritto (di cui si dirà meglio).

Conclusivamente pare di poter dire che l'interpretazione costituzionale ha una sua specificità rispetto all'interpretazione della legge (in senso opposto Guastini, 2001, 147 ss.). Non solo per i motivi finora indicati, ma anche perché l'interpretazione costituzionale presuppone, molto spesso, una dimensione dogmatica (e quindi teorie sul significato e sulla funzione della costituzione) che più raramente entra in gioco nell'interpretazione della legge.

## 11.2. *L'interpretazione conforme a Costituzione*

L'esistenza di una Costituzione rigida ha prodotto effetti anche sui metodi d'interpretazione della legge. In molti ordinamenti costituzionali, infatti, si è sviluppato il canone dell'interpretazione conforme a Costituzione, in forza del quale l'interpretazione della legge e delle disposizioni legislative deve essere conforme al diritto costituzionale (Luciani, 2016). Tale metodo può quindi essere ricondotto all'interno del metodo dell'interpretazione sistematica di cui si è detto sopra.

La sua utilizzazione comporta che, tutte le volte in cui sia possibile dare diversi significati ad un enunciato di rango legislativo, bisogna preferire quello che si accorda con il testo costituzionale, escludendo i significati non compatibili. Questo criterio è stato molto utilizzato dalle giurisdizioni costituzionali, anche da quella italiana, perché consente di 'salvare' il testo di una disposizione dal destino dell'incostituzionalità, attribuendo ad esso un significato conforme a Costituzione.

Il ricorso a questo criterio diventa inutilizzabile – soprattutto per ragioni di certezza del diritto – se il testo della disposizione (o l'intenzione del legislatore) è in palese e frontale contrasto con il testo costituzionale.

L'obbligo di interpretazione conforme riguarda tutti gli interpreti della legge all'interno dell'ordinamento, non solo il giudice ma anche l'amministrazione. Il canone dell'interpretazione conforme si estende al di là del perimetro dell'organizzazione statale per abbracciare anche il diritto regionale. Difatti l'art. 123 dispone che gli statuti regionali – e a maggior ragione le leggi regionali – devono essere in armonia con la Costituzione.

Come altri ordinamenti costituzionali europei, l'Italia appartiene all'Unione europea ed è membro del Consiglio europeo. Di conseguenza, la legge italiana, oltre ad essere conforme alla Costituzione, deve essere pure conforme al diritto dell'Unione e alla CEDU (Cannizzaro, 2015, 3 ss.). Ciò crea a volte non pochi problemi interpretativi in quanto la conformità al diritto unionale potrebbe tradursi in una non conformità al parametro costituzionale. Una recente dimostrazione di questi rischi si è avuta con la vicenda Taricco, in cui la conformità al diritto dell'Unione avrebbe comportato una violazione dei principi fondamentali della Costituzione. La vicenda si è poi risolta con una sentenza della Corte di giustizia, che ha riconosciuto il contrasto e ha invocato l'intervento del legislatore italiano per risolvere la questione. (nell'ordine le sentenze di interesse sono: CG, 8.9.2015, C-105/14, *Taricco*; ord. Corte cost. 24/2017; CG, 5.12.2017, C-42/17, *M.A.S. e M.B.*; sent. Corte cost. 115/2018).

## Capitolo XII

# LE FONTI DEL DIRITTO STATALE



### 1. *La Costituzione italiana: caratteristiche*

L'Assemblea costituente, dopo avere lavorato alla redazione della Costituzione nel corso degli anni 1946-47, l'approvò il 22 dicembre 1947, al termine dei suoi lavori. La Costituzione fu promulgata da parte del Capo provvisorio dello Stato il 27 dicembre seguente e, nello stesso giorno, fu pubblicata, entrando in vigore il 1° gennaio 1948. La Costituzione italiana è dunque una costituzione votata e non concessa (come era stato il caso dello Statuto albertino).

La Costituzione è al vertice dell'ordinamento giuridico nazionale ed è espressione diretta, dal punto di vista storico, di quelle forze sociali e politiche che lottarono contro la dittatura fascista.

Rigidità e lunghezza caratterizzano la costituzione italiana. È **rigida** in quanto prevede un procedimento *ad hoc* per la propria modifica. Inoltre sottrae per espressa volontà la forma repubblicana alla revisione medesima. È una costituzione **lunga** in quanto non si limita a disciplinare l'organizzazione dei poteri e i pochi diritti che già in epoca liberale erano assurti a diritti costituzionali ma si spinge a prevedere norme di principio e diritti di nuova generazione (rispetto a quelli dell'epoca liberale), come i diritti sociali. Ciò rappresenta una frattura rispetto allo Statuto albertino, che invece era il riflesso del costituzionalismo liberale.

La Costituzione contiene molte norme di principio, come il principio democratico (art. 1), il principio personalista (art. 2), il principio di eguaglianza (art. 3), e norme programmatiche, come il principio di eguaglianza sostanziale (art. 3.2.), il principio lavorista (artt. 1 e 4). Appena entrata in vigore la Costituzione, una parte della magistratura e della dottrina dell'epoca sostenne che tali norme programmatiche non fossero immediatamente precettive o comunque che esse si rivolgessero solo al legislatore. Queste tesi sono state definitivamente superate, anche con l'ausilio della dottrina (Crisafulli, 1952, 68 ss.), a favore di una concezione della Costituzione come tutta e immediatamente precettiva. Le norme programmatiche, pur avendo un oggetto molto esteso, sono anch'esse precettive, almeno nel senso che rappresentano criteri di interpretazione delle leggi, anche se preesistenti alla Costituzione, orientando così l'attività del legislatore.

## 2. *La Costituzione come norma fondamentale*

Anche per la Costituzione italiana si pone l'affascinante questione del suo fondamento. Intorno al problema del fondamento della costituzione, non solo di quella italiana, le posizioni delle principali scuole teoriche del diritto si divaricano. È infatti chiaro che porre la questione del fondamento della norma fondamentale equivale a porre la questione del fondamento del diritto *tout court*, visto che, oltre la norma fondamentale, si può supporre che vi sia il mero fatto (la violenza creatrice del diritto oppure l'organizzazione dalla quale scaturirà il diritto) (Romano, 1945, 35 ss.) o, per non cadere nella contraddizione di porre alla base di tutta la costruzione ordinamentale ciò che è non-diritto (la violenza, il fatto), un'ipotesi logica (Kelsen, 1945, 111 ss.) o, ancora, che vi sia una norma di riconoscimento, fondata cioè sull'effettivo comportamento dei giudici, degli organi giuridici e dei cittadini che riconoscono come validi ed effettivi i criteri indicati dalla norma originaria (Hart, 1961, 118 ss.).

Proviamo a esemplificare. Se la Costituzione italiana può essere considerata la norma fondamentale dell'ordinamento giuridico, quale sarà il suo fondamento? Può rispondersi che essa trova la propria base nel d.lgs.lgt. 16 marzo 1946, n. 88 che previde il referendum istituzionale e l'elezione dell'Assemblea costituente o, ancor prima, nel d.lg.lgt. 25 giugno 1944, n. 151 (c.d. costituzione provvisoria). Questa può considerarsi una risposta adeguata per il giurista positivo. Certo, ci si potrebbe chiedere ulteriormente: e qual è il fondamento giuridico del suddetto d.lgs.lgt. 88? A questo punto, si dovrebbe rispondere che esso sta nel fatto della defenestrazione di Mussolini. Ma è bene fermarsi qui e ritenere che l'ordinamento possa ben poggiare su un fatto, su un potere di fatto, *extra ordinem*, capace di imporre un nuovo ordine e quindi un nuovo ordinamento: è quella che Kelsen definisce la 'prima' costituzione (Kelsen, 1945, 116 ss.). Questa conclusione implica ovviamente che il metro di un ordinamento giuridico (soprattutto se statale) non è un criterio formale come la validità, bensì un criterio sostanziale come il principio di effettività, in base al quale una norma è giuridicamente esistente se è accettata e osservata dai suoi destinatari (un principio presente nel diritto internazionale).

## 3. *La revisione costituzionale*

### 3.1. *Leggi costituzionali e di revisione*

L'art. 138 è una norma sulla produzione in quanto prevede un procedimento specifico per la modifica della Costituzione. La sua esistenza non incide sul carattere della rigidità; anzi, per alcuni versi lo rafforza in quanto consente quegli adeguamenti del testo costituzionale ritenuti indispensabili permettendo così che il testo nella sua interezza continui a vivere attraverso il tempo e il succedersi delle generazioni. L'art. 138 introduce una gerarchia non solo formale ma anche sostanziale in quanto stabilisce che le leggi ordinarie non possono modificare la Costituzione.

Il testo costituzionale distingue tra *leggi di revisione della Costituzione* e *altre leggi costituzionali*, pur assoggettando entrambi gli atti al medesimo procedimento[1]. La differenza tra i due atti si chiarisce focalizzando l'attenzione sulla differente funzione: mentre con la **legge di revisione** si incide sul testo costituzionale, vale a dire sui 139 articoli e sulle 18 disposizioni transitorie e finali, modificandoli (ad esempio cfr. l'art. 57 per come modificato con l. cost. 2/1963), sostituendoli (ad esempio cfr. l'art. 117, per come modificato dalla l. cost. 3/2001), abrogandoli (ad esempio, cfr. art. 124, a seguito della l. cost. 3/2001), aggiungendo nuove disposizioni (all'interno dell'articolo, come nel caso dell'art. 111 per come modificato dalla l. cost. 2/1999) ovvero creando un articolo aggiuntivo rispetto ad un altro (normalmente con la tecnica dei *bis*, *ter*, *quater*, ecc., ad oggi mai adoperata per il testo costituzionale), la legge costituzionale non interviene sul testo costituzionale ma lo integra dall'esterno.

Spesso è la stessa Costituzione a chiedere questi interventi integrativi. Si prendano come esempi gli artt. 137.1. e 71 che rinviano a leggi costituzionali: nel primo caso la legge costituzionale serve a meglio definire le caratteristiche del pro-

[1] Conviene notare che in G.U. la legge adottata ai sensi dell'art. 138 è sempre denominata come 'legge costituzionale'; ma l'art. 16 l. 352/1970, che regola la formazione del quesito referendario, distingue espressamente tra legge costituzionale e legge di revisione costituzionale.

cesso costituzionale, nel secondo caso la legge costituzionale serve individuare altri soggetti aventi il potere d'iniziativa legislativa. In altri casi è invece il legislatore che decide liberamente di adottare una legge costituzionale per intervenire su materie costituzionali: come nel caso della l. cost. 1/1967, con la quale sono state adottate disposizioni che incidono sull'ultimo comma dell'art. 10. A tal proposito si noti che *materia costituzionale* e *forma costituzionale*, nell'ordinamento italiano attuale, tendono a coincidere, nel senso che è materia costituzionale ciò che viene disciplinato dalla Costituzione o dalle norme cui il legislatore decide di dare veste, e quindi forza, costituzionale (sent. Corte cost. 168/1963). Con le leggi costituzionali, quindi, si amplia il testo costituzionale, pur non intervenendo sulla sua materialità.

### 3.2. *I limiti alla revisione costituzionale*

L'art. 139, con il quale si chiude la Costituzione, sottrae alla revisione costituzionale la **«forma repubblicana»**. Anche in questo caso la Costituzione pone una gerarchia materiale tra la norma contenuta nell'art. 139 e le leggi di revisione costituzionale. È questo l'unico limite espresso, da leggersi in stretto collegamento con l'art. 1, che pure si occupa della forma repubblicana, qualificando l'Italia come Repubblica democratica. Da questo circolo ideale ricaviamo chiaramente non solo il divieto di reintrodurre la forma monarchica ma anche ogni revisione della forma democratica[2].

Ovviamente ciò non impedisce affatto di procedere a diverse declinazioni del principio democratico, accentuando, ad esempio, maggiormente il versante della democrazia diretta rispetto a quella della democrazia rappresentativa ovvero procedendo a revisioni della forma di governo, fermo restando, come si è detto, il rispetto del principio democratico, che, nella sua essenza, richiede che tutti i poteri pubblici provengano dal e siano emanazione del popolo.

La Corte costituzionale ha stabilito che esistono limiti ulteriori rispetto a quelli espressamente sanciti in Costituzione. Nella sent. 1146/1988 la Corte ha infatti deciso che esistono '*principi supremi*' che, pur non essendo menzionati tra quelli sottratti a revisione, non possono essere modificati neppure attraverso revisione costituzionale: tra questi vi sarebbero i diritti inalienabili della persona umana. Il divieto di revisione non riguarderebbe tanto la lettera delle disposizioni, quanto il loro '*contenuto essenziale*'. A vigilare sul rispetto di questi principi vi è la Corte costituzionale, chiamata a giudicare anche sulla conformità delle leggi di revisione

---

[2] Sono rimaste minoritarie le tesi di chi ha sostenuto che la forma repubblicana sarebbe modificabile attraverso un procedimento in due fasi: nella prima si procederebbe all'abrogazione dell'art. 139 e poi alla restaurazione della monarchia attraverso un nuovo referendum istituzionale (Biscaretti di Ruffia, 1986).

nei confronti dei principi supremi. Se così non fosse, afferma la Corte, vi sarebbe una lacuna proprio al vertice dell'ordinamento.

È chiaro che la Corte costituzionale ha così introdotto un ulteriore tipo di gerarchia, non previsto espressamente dalle disposizioni costituzionali. La dottrina definisce questo tipo di *gerarchia 'assiologica'*, giacché è l'interprete (in questo caso la Corte) a stabilire che una o più norme sono superiori alle altre (Guastini, 2001, 80). Il punto non è sempre perfettamente colto da quella dottrina costituzionalistica che osserva la supremazia dei principi supremi solo in chiave di gerarchia materiale. Che questa sussista è senz'altro vero, ma ciò accade solo a seguito di una previa interpretazione tesa ad affermare una gerarchia assiologica.

Limiti espressi e limiti impliciti alla revisione costituzionale dipendono anche dalla concezione della Costituzione che si fa propria. Una *concezione in senso sostanziale della Costituzione* prescinde dai procedimenti formali e identifica l'essenza della Costituzione in un nucleo di principi ritenuti immodificabili, sicché, indipendentemente dalle forme adottate, tali principi non possono essere incisi se non sapendo che, così facendo, si sta instaurando una nuova costituzione. Una *concezione in senso formale della Costituzione* sarà invece attenta ai procedimenti seguiti per modificare la Costituzione e giungerà a ritenere possibile ogni revisione che segua il procedimento stabilito dalla costituzione medesima. L'instaurazione di un nuovo ordine costituzionale si avrà solo a seguito del ricorso a procedimenti di modifica *extra ordinem*.

### 3.3. *Il procedimento di revisione*

L'art. 138 regola nel dettaglio il procedimento di revisione costituzionale, che si articola in due fasi. La prima, necessaria, si svolge in Parlamento: ciascuna Camera è chiamata ad una doppia approvazione ad un intervallo non minore di tre mesi. I regolamenti parlamentari permettono che dopo la prima approvazione di una Camera l'altra inizi l'esame del testo senza attendere che ci sia stata la seconda deliberazione; inoltre nella fase di seconda votazione le Camere non possono introdurre emendamenti, limitandosi alla votazione finale, dopo la discussione delle linee generali della legge. Per la prima approvazione è sufficiente la maggioranza relativa.

Se nella seconda votazione di ciascuna delle due Camere il testo è approvato a maggioranza dei due terzi, la legge può essere promulgata e pubblicata. Nel caso in cui nella seconda votazione tale alto *quorum* non sia raggiunto, si apre una fase eventuale. La legge viene infatti pubblicata in G.U. a soli fini notiziali (per permettere a tutti di prenderne conoscenza) e può essere sottoposta a referendum popolare se, entro tre mesi dalla suddetta pubblicazione, ne facciano richiesta un quinto dei membri di una Camera, cinquecentomila elettori o cinque Consigli regionali. La legge sottoposta a referendum deve essere approvata dalla maggioranza dei voti validi, senza che sia richiesto un *quorum* strutturale (come avviene nel caso del referendum abrogativo). La raccolta delle firme è ora possibile anche in via elettronica attraverso l'uso della firma digitale (art. 38-*bis* l. 108/2022).

Il procedimento referendario, eventuale, ha l'effetto di sospendere il perfezionamento della legge e il referendum ha in questo caso un'efficacia confermativa.

È evidente, in questo caso, la *funzione oppositiva del referendum*: se sull'ipotesi di revisione costituzionale o se sulla legge costituzionale non è stato possibile un accordo molto ampio, come quello previsto dei due terzi delle Camere, allora è possibile, per chi è rimasto minoranza, chiedere al corpo elettorale se esso concordi con l'ipotesi legislativa oppure se sia contrario. Paradossalmente nel 2001, nel 2005-6 e nel 2016, anni in cui il Parlamento è giunto all'adozione di leggi costituzionali, la richiesta di referendum è pervenuta anche dalle parti che quelle leggi avevano voluto[3]. Non così nel 2020. Nel 2001 e nel 2020 il corpo elettorale ha confermato quanto voluto dal Parlamento, mentre negli altri due casi si è pronunciato in senso contrario. L'art. 138 – abbiamo già osservato – non prevede, come nel caso del referendum abrogativo, un *quorum* strutturale sicché l'esito del procedimento è deciso solo dalla maggioranza dei voti validi.

Anche in questo caso i dettagli della disciplina del referendum costituzionale sono contenuti nella l. 352/1970. A somiglianza di quanto previsto per il referendum abrogativo, la legge assegna all'Ufficio centrale per il referendum il compito di verificare la legittimità (quindi la regolarità formale) della richiesta. A differenza di quanto previsto per il referendum abrogativo, l'art. 4 l. 352/1970 predetermina il contenuto del quesito referendario, distinguendo, all'art. 16, tra legge costituzionale e legge di revisione costituzionale (vedremo che, nel caso del referendum abrogativo, l'ultima parola sulla formulazione del quesito spetta all'Ufficio centrale). Spazi interpretativi si riaprono, a favore dell'Ufficio centrale, allorché la legge da sottoporre a referendum abbia carattere misto, vale a dire sia contestualmente legge costituzionale e di revisione (sul punto la sent. del T.A.R. Lazio, 11662/2016).

In caso di richiesta sia da parte di parlamentari che da parte del corpo elettorale, il termine piuttosto breve di tre mesi, che decorre dalla pubblicazione in G.U. del testo approvato dal Parlamento, continua a correre, non risultando bloccato dalla presentazione della richiesta parlamentare.

---

[3] Nel 2001 la richiesta è pervenuta da maggioranza e opposizione parlamentare; nel 2005 la richiesta è pervenuta da tutti e tre i soggetti autorizzati a richiedere referendum; nel 2016 la richiesta è pervenuta nuovamente da maggioranza e opposizione parlamentari; nel 2020 la richiesta è giunta da parlamentari (senatori) che si sono opposti all'approvazione della legge.

### 3.4. *Ipotesi di decostituzionalizzazione*

Vanno segnalate alcune ipotesi in cui atti o disposizioni costituzionali possono essere modificati attraverso un procedimento diverso dall'art. 138. Ciò è possibile in quanto così statuisce una disposizione di rango costituzionale o, direttamente, il testo costituzionale.

Per la prima ipotesi può prendersi ad esempio la l. cost. 2/2001 che ha stabilito che le modifiche agli statuti delle Regioni ad autonomia speciale (adottati con legge costituzionale) non sono sottoposte al referendum di cui all'art. 138. In sostanza per l'adozione degli statuti speciali o le loro modifiche non trova applicazione la fase eventuale prevista dall'art. 138 appena esaminata.

Come esempio della seconda ipotesi può prendersi in considerazione la disposizione contenuto nell'art. 116.3., la quale prevede che, a certe condizioni e attraverso una legge approvata a maggioranza assoluta dalle due Camere, le Regioni possano assumere ulteriori competenze rispetto a quelle loro assegnate dalla Costituzione, in questo modo derogando al riparto delle materie contenute nell'art. 117.

Per quanto le due fattispecie siano molto differenti (nel primo caso c'è solo una modifica del procedimento di revisione, nel secondo c'è un vero e proprio passaggio dal livello di normazione costituzionale a quello legislativo rinforzato), può ragionarsi di fenomeni di 'decostituzionalizzazione'.

## 4. *La legge ordinaria*

### 4.1. *Una nozione solo formale di legge*

L'art. 70 prevede lapidariamente: «*la funzione legislativa è esercitata collettivamente dalle due Camere*». Gli artt. 71-74 ne descrivono poi il procedimento di approvazione (Modugno, 1973, 872 ss.). Dalla disposizione possono ricavarsi informazioni rilevanti. Innanzitutto la conferma del bicameralismo perfetto giacché la funzione è esercitata «collettivamente dalle due Camere», senza alcun tipo di distinzione.

Ricaviamo inoltre che la legge è una fonte subordinata alla Costituzione. Da un lato, per poter cambiare la Costituzione – ora lo sappiamo – bisogna ricorrere ad un atto diverso e, dall'altro, l'atto legislativo è previsto dalle disposizioni costituzionali appena ricordate, che sono quindi, in tale prospettiva, le fonti di produzione della legge. La subordinazione della legge alla Costituzione segna un cambiamento di notevole importanza visto che, nel periodo dello Stato liberale, la legge era l'atto normativo per eccellenza, di rango così elevato che poteva anche modificare la costituzione (allora rappresentata dallo Statuto albertino).

Dalla disposizione non si ricavano invece né un concetto di legge o di funzione legislativa né i possibili limiti cui essa è sottoposta. Ora, se i limiti si ricavano in via sistematica (sottoposizione alla Costituzione e alle leggi costituzionali, ma anche, come vedremo, sottoposizione alle norme del diritto dell'Unione europea e del diritto internazionale, ecc.), ciò che è totalmente assente è una definizione o, almeno, l'individuazione dei caratteri della legge. Il concetto è quindi completamente presupposto dentro quello di funzione legislativa. In molte altre disposizioni la Costituzione utilizza il concetto di legge ma esse non aiutano a caratterizzarla. Eppure la ricerca di una definizione è molto importante perché la legge è anche un concetto di relazione, dal quale, cioè, ricaviamo la definizione o l'individuazione di altri atti che hanno valore o forza *di legge*; ed è anche un concetto rilevante per la scienza giuridica visto che, ad esempio, distinguiamo tra legge formale e legge meramente formale.

Tradizionalmente, ad indicare l'essenza della legge, v'erano i caratteri della norma prodotta dalla legge stessa: generalità e astrattezza (legge in senso materiale). In realtà, tali caratteri potevano essere utili per definire la natura dell'atto legislativo in un ordinamento in cui gli atti normativi erano di numero limitato o molto limitato, come accadeva negli Stati liberali in cui la legge e il regolamento che l'attuava erano gli atti normativi di principale importanza. In un ordinamento pluralistico anche dal punto di vista degli atti normativi, questi caratteri non aiutano più a individuare la legge per la semplice ragione che anche gli atti aventi forza di legge dovrebbero essere caratterizzati da generalità e astrattezza (se questo può non valere sempre per i decreti-legge, dovrebbe invece valere sempre per i decreti legislativi). Inoltre proprio l'avvento della forma di Stato sociale, venuta progressivamente a sostituire quella liberale, ha contribuito a determinare un declino della generalità e astrattezza della legge giacché molto spesso il legislatore, non solo italiano, è stato costretto ad adottare le c.d. *leggi-provvedimento*, vale a dire leggi che, in quanto prive dei caratteri di generalità e astrattezza, assumono il contenuto (ma non la forma) di un provvedimento amministrativo (in questa categoria rientra un'ampia fenomenologia: le leggi *ad personam*, leggi retroattive, leggi di incentivazione, leggi di sanatoria e convalida) (Mortati, 1968).

Per questa ragione la Corte costituzionale, nelle sent. 60/1957 e 331/1988, ha detto a chiare lettere che l'art. 70 non definisce la funzione legislativa, con la conseguenza che anche leggi prive di generalità e astrattezza, quando ricorrano 'particolari situazioni di interesse generale', rappresentano un legittimo esercizio della funzione legislativa. La conseguenza di tale ragionamento è che ciò che definisce una legge, alla fine, è solo la sua forma, il suo venir in essere, cioè, attraverso il procedimento previsto dagli artt. 71-74. Allo stesso tempo, il rischio implicito in questo ragionamento è di permettere al legislatore di dare forma legislativa a qualsiasi contenuto (legge in senso solo formale).

Un esempio, tra i tanti possibili, può aiutare a comprendere i profili problematici sollevati dalle leggi prive di carattere normativo. Può avvenire che il legislatore adotti leggi o atti aventi forza di legge per interpretare precedenti atti normativi. Queste leggi vengono chiamate *leggi di interpretazione autentica*, in quanto è l'autore della legge che interviene per spiegare come una precedente legge vada interpretata. Esse hanno un evidente carattere retroattivo. Non sono di per sé vietate, a condizione che il legislatore non voglia celare, attraverso questo atto, l'intenzione di determinare l'esito di controversie in corso. Può accadere infatti che nel corso del tempo, intorno ad una norma si sia sviluppata un'interpretazione non gradita al legislatore. In questi casi, se il legislatore interviene, con norma dichiarata di interpretazione autentica, per condizionare processi in corso, la Corte costituzionale ha ritenuto che la legge d'interpretazione autentica sia in contrasto con il diritto di difesa previsto dall'art. 24 (in quanto, nel corso del processo, la legge cambia le regole da applicare) e con l'art. 102, in quanto la legge finisce per interferire con la funzione giurisdizionale (sentt. 374/2000; 85/2013; 94/2009; 12/2018).

### 4.2. *Il procedimento legislativo*

La produzioni di leggi è il frutto di un procedimento alquanto complesso, in cui diritto e politica si intrecciano come in pochi altri luoghi dell'ordinamento giuridico. Basti pensare che la funzione legislativa può ritenersi lo strumento principale di attuazione del programma del Governo. Di questo intreccio vi è evidenza massima in diversi momenti del procedimento, ma forse l'esempio migliore che si può indicare è la libertà di cui godono le Camere nel decidere quali disegni di legge prendere in considerazione[4]. Ciò dimostra che, pur avviato il procedimento legislativo, esso non necessariamente deve concludersi, potendo interrompersi per volontà delle Camere.

Nella sua essenza il procedimento legislativo – regolato dagli artt. 71, 72 e 73 Cost. e dai regolamenti parlamentari – si articola nelle seguenti fasi (Galeotti, 1957, 55): l'*iniziativa* (fase d'iniziativa), l'*istruttoria* e l'*approvazione* (fase costitutiva), la *promulgazione* (fase perfettiva) e infine la *pubblicazione* (fase integrativa dell'efficacia). Non tutte queste fasi sono di esclusiva competenza del Parlamento o dei suoi membri, potendo entrare in azione, come vedremo, diversi soggetti.

#### 4.2.1. *L'iniziativa legislativa*

La fase dell'iniziativa è regolata dall'art. 71, il quale dispone che «*l'iniziativa delle leggi appartiene al Governo, a ciascun membro delle Camere ed agli organi ed enti ai quali sia conferita da legge costituzionale*» (si vedrà che, ad oggi, tutti i titolari d'iniziativa legislativa sono direttamente individuati dalla Costituzione, piut-

---

[4] Disegno di legge è ogni proposta di testo normativo, redatta in articoli, preceduta da una relazione esplicativa e sottoposta all'esame delle Camere. Al Senato tutte queste proposte vengono chiamate disegni di legge; alla Camera il termine disegno di legge è usato solo per le proposte provenienti dal Governo, per tutte le altre usandosi il termine 'proposta di legge'.

tosto che da legge costituzionale). Non è un caso se il Governo è il primo soggetto ad esser indicato come titolare dell'iniziativa: le sue proposte sono anche le più autorevoli e possono contare sulla maggioranza delle Camere. Il d.d.l. governativo è redatto da uno o più ministri (a seconda della materia), comunicato al Presidente del Consiglio, approvato dal Consiglio dei ministri, autorizzato dal Presidente della Repubblica ad essere presentato in Parlamento (art. 87.4) e, infine, presentato ad una delle due Camere.

L'iniziativa legislativa su alcune materie è riservata, di fatto, al Governo: leggi legate alla manovra di bilancio e di conversione dei decreti-legge. Fino a qualche anno fa si annoveravano, in questo ambito riservato, anche le leggi di autorizzazione alla ratifica dei trattati internazionali: dalla fine degli anni Novanta sono stati ammessi d.d.l. presentati da membri del Parlamento in questa materia. Risultano ancora riservati al Governo il disegno di legge di delegazione europea e il disegno di legge europea (previsti dalla l. 234/2012) e le leggi di approvazione delle intese con confessioni diverse dalla cattolica.

L'iniziativa spetta anche a ciascun membro del Parlamento, individualmente o collettivamente. Si tratta di una netta frattura rispetto alla tradizione statutaria che, all'art. 10 st., attribuiva il potere di proporre leggi al Re e a ciascuna delle due Camere. Di fatto, però, l'iniziativa del singolo parlamentare ha uno scarso rilievo.

Altri soggetti titolari di questo potere sono il C.N.E.L., e i Comuni nell'ambito del procedimento per mutare le circoscrizioni provinciali o istituirne di nuove (art. 133). In quest'ultimo caso non siamo di fronte a un vero e proprio potere d'iniziativa legislativa quanto di una richiesta, vale a dire di un atto d'impulso necessario e presupposto, che, se seguito dall'intesa con la Regione, permette di attivare il procedimento legislativo (in concreto il d.d.l. viene poi redatto dal Governo, dal Parlamento o dalle Regioni).

L'iniziativa spetta anche alle Regioni (art. 121.2.). La Costituzione non pone limiti agli oggetti di tali proposte, anche se le Regioni si sono opportunamente autolimitate, esercitando l'iniziativa su argomenti di loro interesse.

L'art. 71.2. dedica poi particolare attenzione all'iniziativa popolare, che può riguardare qualsiasi materia e va esercitata mediante proposta sottoscritta da cinquantamila elettori. La raccolta delle firme è possibile anche in via elettronica, attraverso l'uso della firma digitale (art. 38-*bis* l. 108/2002) La materia è ulteriormente disciplinata dalla l. 352/1970. Nella prassi l'iniziativa popolare ha avuto uno scarso impatto. L'unico privilegio di cui essa gode consiste nel fatto che, mentre tutti gli altri d.d.l. non esaminati decadono alla fine della legislatura, le proposte di iniziativa popolare non esaminate rimangono in vita.

### 4.2.2. *La fase istruttoria: l'attività delle Commissioni*

Per effetto dell'iniziativa il d.d.l. giunge sul tavolo di uno dei due Presidenti d'assemblea, il quale assegna la proposta alla commissione competente per materia e ne determina anche la sede dell'esame. Infatti diversi possono essere i procedimenti seguiti dalle commissioni. Di ciò si occupa l'art. 72, che prevede un procedimento ordinario o in sede decentrata o referente al primo comma e un procedimento in sede deliberante al terzo comma. A ciò va aggiunto il procedimento in sede redigente, previsto non direttamente dalla Costituzione bensì dai regolamenti.

Il *procedimento normale* o con commissione *in sede referente* (poiché la commissione, al termine dei lavori, riferirà all'aula, vale a dire all'intera Camera) vede la commissione svolgere un'adeguata istruttoria sul testo (ciò vuol dire che può sentire funzionari pubblici, ministri, disporre indagini conoscitive, ecc.). I regolamenti parlamentari assegnano un limite di tempo per tale attività alle commissioni (due mesi per entrambe le Camere: artt. 81 R.C. e 44 R.S.) ma esso è ritenuto meramente ordinatorio, sicché le commissioni hanno a disposizione anche più tempo.

La commissione ha il potere di cambiare il testo, anche attraverso emendamenti discussi e votati nell'ambito della commissione. Sul testo così elaborato vengono raccolti i pareri delle commissioni interessate. I pareri di alcune commissioni (bilancio, affari costituzionali, politiche dell'Unione europea, giustizia) sono particolarmente importanti. Addirittura il mancato adeguamento a tali pareri da parte della commissione in sede deliberante (una sede che sarà esaminata poco oltre) comporta l'automatica trasmissione del testo all'aula, senza che la commissione possa deliberare sul punto. Nel caso della commissione in sede referente, invece, questo obbligo di adeguamento si attenua notevolmente, potendo l'aula decidere in senso diverso dal parere di tali commissioni (per maggiori dettagli artt. 73.4., 74.3., 75.2. R.C. e 40.7. R.S.).

Terminata l'istruttoria, la commissione manda il d.d.l. in aula con un relatore che riferirà all'intera assemblea il lavoro svolto dalla commissione e le caratteristiche del d.d.l.; possono essere previsti anche uno o più relatori di minoranza. L'aula procederà all'esame dei caratteri generali della proposta e poi dei singoli articoli, che potranno essere soppressi, sostituiti o cambiati (emendati). Terminata la votazione sui singoli articoli, l'aula vota l'intero testo della proposta (art. 72.1.).

L'art. 72.2. prevede la possibilità di un procedimento abbreviato «*per i disegni di legge dei quali è dichiarata l'urgenza*», su richiesta del Governo, di un Presidente di gruppo, del proponente, del presidente della commissione o da un gruppo di dieci deputati o otto senatori. Se approvata dalla Camera, i tempi si riducono della metà (artt. 69 R.C. e 77 R.S.).

L'art. 72.3. prevede un procedimento alternativo rispetto alla procedura normale, in cui la commissione agisce in *sede deliberante* (così si esprime il R.C.). In effetti, in tale ipotesi, la commissione competente esamina e approva direttamente il testo (artt. 92.1. R.C. e 35.1. R.S.). Alla commissione in sede deliberante dovrebbe farsi ricorso per leggi aventi oggetto di scarso rilievo generale o comunque particolarmente urgenti. In ogni caso, per evitare usi distorti o abusi di tale procedura (purtroppo confermati dalla prassi), il testo costituzionale prevede che, fino al momento dell'approvazione definitiva, il d.d.l. possa essere sempre rimesso alla Camera, se il Governo o un decimo dei componenti della Camera o un quinto della commissione richiedono «*che sia discusso o votato dalla Camera stessa oppure che sia sottoposto alla sua approvazione finale con le sole dichiarazioni di voto*».

Inoltre l'art. 72.4. esclude il ricorso a questo tipo di esame per i d.d.l. in materia costituzionale ed elettorale, per quelli di delegazione legislativa, di autorizzazione a ratificare i trattati internazionali, di approvazione di bilanci e consuntivi[5].

Vi è infine un terzo procedimento, non previsto in Costituzione ma solo dai regolamenti (artt. 96 R.C., 36 e 42 R.S.), in cui la divisione del lavoro tra commissione e assemblea è di tipo ancor diverso: il d.d.l. viene dapprima discusso, nelle sue linee generali, in assemblea; poi passa in commissione che redige il testo in articoli (da qui la definizione di procedimento con commissione in *sede redigente*); infine torna in assemblea per la votazione dei singoli articoli (senza dichiarazione di voto e senza il potere di introdurre nuovi emendamenti) e per la votazione finale (in questa sede, solo alla Camera, sono possibili le dichiarazioni di voto). Quindi, in questo procedimento, l'assemblea conserva il potere d'intervento, anche se non può modificare il testo.

A tale procedura si applicano gli stessi limiti di materia e gli stessi poteri di richiamo (espressamente previsti solo dalla norma del Senato), esaminati con riguardo alla commissione in sede deliberante. Anche per questo motivo tale procedura viene ricondotta nell'ambito del precedente procedimento speciale, come una sua sottospecie.

Per potersi procedere con la promulgazione, le due Camere devono aver deliberato su un testo identico. Se ciò non accade, il testo torna alla Camera che ha deliberato per prima, la quale limiterà il proprio esame alle sole parti modificate. Se in questa sede la Camera non dovesse limitarsi ad approvare le parti nuove introdotte dall'altra Camera, il testo dovrà tornare alla Camera che ha deliberato per seconda affinché sia essa, questa volta, ad esaminare le parti nuove, e così via (c.d. *navette*).

### 4.2.3. *La promulgazione e la pubblicazione*

Ci si avvia così alla fase finale del procedimento legislativo. L'art. 73 prevede che le leggi siano promulgate dal Presidente della Repubblica entro un mese dall'approvazione parlamentare o entro un termine minore se le Camere, ciascuna a maggioranza assoluta, ne determina l'urgenza.

La promulgazione è un potere di spettanza presidenziale (Bartholini, 1955). Attraverso il suo esercizio il Presidente della Repubblica esercita un controllo sulla legge (diverso rispetto a quello eventuale della Corte). In caso di controllo positivo

---

[5] Come già rilevato, non è facile la definizione di cosa significhi materia costituzionale: la Corte costituzionale, anche in questo caso, tende a far coincidere la materia con la forma costituzionale.

il Presidente procede con la firma del deliberato; in caso di esito negativo, il Capo dello Stato può chiedere, con messaggio motivato, alle Camere una nuova deliberazione; nel caso però in cui le Camere riapprovino, il Presidente è obbligato a promulgare (art. 74).

Una volta promulgata, la legge deve esser pubblicata entro 30 giorni. A tal fine il Ministro della giustizia, che detiene il sigillo di Stato, appone il suddetto sigillo sulla legge e poi ne cura la pubblicazione sulla G.U. a fini di certezza legale. Il testo viene poi inserito nella Raccolta ufficiale degli atti normativi della Repubblica italiana (l. 839/1984 art. 16 t.u. 1092/1985). La legge entra in vigore il quindicesimo giorno successivo alla pubblicazione in G.U. salvo che non sia la stessa legge a prevedere un termine diverso (D'Atena, 1974).

## 5. *Le leggi rinforzate e atipiche*

Alcune disposizioni costituzionali vincolano il ricorso alla legge ordinaria, il cui procedimento è stato appena descritto, al verificarsi di determinate circostanze ovvero all'adozione di un procedimento rafforzato.

Così gli artt. 132.2. e 133.1., in tema di variazioni territoriali di Regioni, Province, Comuni, obbligano a ricorrere alla legge ma la sua adozione deve essere preceduta da particolari adempimenti normalmente non previsti per la legge ordinaria; lo stesso accade nel caso dell'art. 116.3. in tema di ampliamento delle competenze legislative regionali, e dell'art. 8.3., in tema di disciplina delle confessioni religiose diverse dalla cattolica. Nell'ipotesi dell'art. 79 in tema di amnistia e indulto, le leggi previste devono, invece, essere approvate con la maggioranza dei due terzi dei componenti; così infine anche nel caso dell'art. 81, per come riformato nel 2012, che prevede, nell'ultimo comma, una legge da approvare a maggioranza assoluta. In questi casi la dottrina parla di *leggi rinforzate*, alludendo appunto all'aggravamento del procedimento per la loro adozione (l'aggravamento, si noti bene, riguarda, in alcuni casi, ciò che sta prima del procedimento legislativo, come il sentire le popolazioni interessate o l'intesa con lo Stato; in altri, riguarda il *quorum* deliberativo con il quale si conclude il procedimento, che risulta aggravato rispetto a quello ordinario, richiedendosi la maggioranza dei due terzi o quella assoluta) (Ferrari, 1958, 477). In questa categoria rientrano solo le leggi per le quali l'aggravamento procedimentale è previsto direttamente in Costituzione, non dalla legislazione ordinaria. E così non rientrano in questa categoria le molte leggi approvate, ad esempio, dopo il parere della Conferenza Stato-Regioni, appunto perché tale aggravamento non è previsto dalla Costituzione bensì da norme di legge ordinaria. Infine le norme contenute nelle leggi rinforzate non possono essere modificate o abrogate da leggi adottate senza seguire lo stesso procedimento.

In altri casi la legge, cui rinvia la Costituzione senza prevedere alcun tipo di aggravamento procedimentale o deliberativo, viene ritenuta atipica perché dotata di una forza di legge differente rispetto a quella delle leggi 'ordinarie' In questa tipologia, appunto definita dalla dottrina come *leggi atipiche*, si fanno rientrare le c.d. *leggi meramente formali*, i cui esempi principali sono la legge di approvazione del bilancio (ma oramai sappiamo che, dopo le modifiche costituzionali del 2012, non è più così) e la legge di autorizzazione alla ratifica dei trattati internazionali (art. 80). Sono dette meramente formali perché non introducono nuove norme nell'ordinamento giuridico.

Sempre all'interno di questa categoria dell'aticipità rientrerebbero tutte quelle leggi che, pur avendo la forma della legge ordinaria, godrebbero di una forza passiva maggiore o rinforzata. Tra queste le leggi sottratte al referendum abrogativo (che, proprio perché non abrogabili in via referendaria, hanno una forza di resistenza maggiore); le leggi adottate in forza dell'art. 10.2., che regolano la condizione dello straniero «in conformità delle norme e dei trattati internazionali» e che non possono essere derogate liberamente da leggi successive che non si attengano alle stesse condizioni.

È bene precisare, in via conclusiva, che la distinzione tra leggi rinforzate e atipiche è stata ritenuta nominalistica in quanto le fonti rinforzate possono essere considerate fonti atipiche rispetto al tipo più generale in cui rientrano (Crisafulli, 1993, 240).

## 6. *Gli atti con forza di legge*

### 6.1. *Forza e valore di legge*

Nello Stato liberale ottocentesco la legge era l'atto normativo per eccellenza. In particolare nelle monarchie costituzionali e poi parlamentari la primarietà dell'atto legislativo stava a significare anche la centralità del Parlamento rispetto alla figura del monarca; in altre parole, la centralità della legge era espressione della progressiva affermazione dell'emergente principio democratico rispetto al più risalente e tradizionale principio monarchico.

Negli Stati democratici contemporanei assistiamo a una progressiva perdita di centralità della legge che cede sempre più la scena, per così dire, agli atti ad essa equiparati di provenienza governativa. È un fenomeno generale, non circoscrivibile all'ordinamento giuridico italiano. In questo ordinamento tale generale tendenza si traduce soprattutto nella graduale ascesa del decreto-legge e poi del decreto legislativo delegato.

La sezione seconda del Titolo I della Parte II della Costituzione, dedicato a 'La formulazione delle leggi', apre con l'art. 70, che abbiamo già esaminato e che attribuisce la funzione legislativa alle due Camere. Negli artt. 76 e 77 prevede, tuttavia, due procedimenti che, differenziandosi dal procedimento legislativo ordinario, portano all'adozione di atti del Governo aventi valore di legge: il decreto legislativo delegato e il decreto-legge. Come vedremo, in entrambi i procedimenti il Parlamento continua a svolgere un ruolo importante ma, indubbiamente, il punto di equilibrio si sposta verso il Governo. Questi atti hanno oramai assunto un ruolo centrale nella dinamica della forma di governo e sono utilizzati in maniera molto intensa (Celotto, Frontoni, 2002, 1).

Per indicare questi atti la Costituzione, agli artt. 77 e 134, usa una terminologia non univoca giacché all'art. 77.1., che va riferito anche alla fonte prevista dall'art. 76 (il decreto legislativo delegato), ragiona di decreti aventi «**valore** di legge ordinaria»; al comma successivo, con riguardo più specifico al decreto-legge, si ragiona invece di «provvedimenti provvisori con **forza** di legge»; all'art. 89.2. è presente la locuzione 'valore legislativo'; all'art. 134, infine, si fa riferimento più ampio agli «atti, aventi forza di legge, dello Stato ...».

In sede di interpretazione la differenza tra valore e forza di legge è stata valorizzata per sostenere che l'uso del termine 'valore' implicherebbe che l'atto in questione (il decreto legislativo delegato) è parificato in tutto e per tutto alla legge, includendo e assorbendo anche il riferimento alla forza di legge. Di contro, sempre in questa interpretazione, l'uso del termine 'forza di legge' (riferito al decreto-legge), accanto alla definizione di «provvedimento provvisorio», vorrebbe indicare che l'atto, proprio in ragione di tale provvisorietà, necessita della conversione in legge per la sua validità, proprio per questo limitata nel tempo (sessanta giorni) (Esposito, 1962).

Tra i due termini, forza e valore di legge, il più evocativo è certo il primo. Esso appare nel cap. III, sez. III, art. 6 della Costituzione francese del 3 settembre 1791, che segue la Dichiarazione dei diritti dell'uomo e del cittadino del 1789. In questa Dichiarazione, lo abbiamo già ricordato, l'art. 6 definisce la legge come espressione della volontà generale, dando così alla legge un posto assolutamente privilegiato in quella che oggi chiamiamo gerarchia delle fonti. Se, fatta questa premessa, si legge l'art. 6 della Costituzione del 1791, appare chiaro che, scrivendo che i decreti sanzionati dal Re ... hanno *forza di legge* e recano il nome di legge, il legislatore dell'epoca voleva dire che quegli atti, pur non avendo la stessa forma delle leggi, hanno la stessa forza, vale a dire la stessa capacità innovativa. Oggi, la pluralità delle fonti e soprattutto la presenza di una Costituzione rigida che utilizza in maniera intensa il criterio di competenza hanno incrinato la vocazione gerarchica della forza di legge. La prassi non distingue, sostanzialmente, tra valore e forza di legge.

Conclusivamente, dunque, con il termine 'forza di legge' possiamo equiparare alla legge, in via interpretativa, altri atti normativi sulla base di due fondamentali criteri: 1) l'atto in questione è in posizione di subordinazione gerarchica rispetto alle fonti costituzionali ovvero è autorizzato dalle fonti costituzionali a disciplinare determinate materie ad esso riservate; 2) l'atto è sottoposto al controllo di costituzionalità (Ruggeri, 1977, 203).

## 6.2. *La legge di delega e il decreto legislativo delegato*

L'art. 76 disciplina un complesso procedimento legislativo, che parte con un atto legislativo (la legge di delega o di delegazione) e termina con un atto del Governo avente valore di legge, chiamato decreto legislativo delegato. L'istituto risale alle prassi ottocentesche esistenti in diversi ordinamenti giuridici, tra cui anche quello italiano. Ciò contribuisce a spiegare l'attenzione dedicata dalla Costituzione all'argomento [6].

È dunque un potere normativo più limitato rispetto a quello che il Parlamento esercita con la legge ordinaria in quanto il Parlamento delimita gli ambiti di intervento del Governo. Anche la forma con cui è costruita la disposizione – l'uso della doppia negazione – suggerisce l'idea di un potere normativo limitato. Inoltre ad esser delegato è l''esercizio' della funzione, non la funzione in sé o la sua titolarità: ciò implica, da un lato, che il Parlamento non dismette i propri poteri e, dall'altro, che il Parlamento può in ogni momento arrestare l'attività delegata del Governo, revocando la delega. Ad esempio, il Parlamento potrebbe adottare una legge che abroga la precedente legge di delegazione oppure potrebbe anticipare l'intervento del governo adottando una legge che disciplini in tutto o in parte la materia precedentemente delegata (Paladin, 1996, 205).

Va però subito aggiunto che la delega legislativa è oramai l'atto normativo maggiormente utilizzato, a dimostrazione del forte ruolo assunto dal Governo nell'ambito della funzione legislativa (e va ulteriormente notato che si tratta di un fenomeno che non riguarda solo la democrazia italiana bensì gran parte delle democrazie costituzionali). Anche per porre dei freni a questo processo espansivo il Parlamento prevede, almeno nei casi più importanti, che il Governo porti in Parlamento – in una delle commissioni – il decreto in lavorazione affinché il Parlamento possa verificare il rispetto, da parte del Governo, dei limiti apposti dalle Camere.

In verità è l'art. 14 l. 400/1988 a prevedere che, qualora il termine per l'esercizio della delega ecceda i due anni, il governo sia tenuto a richiedere il parere delle Camere sugli schemi dei decreti delegati. La prassi ha fatto ricorso a tale strumento in maniera molto intensa. Si è così anche posta la questione del carattere vincolante del parere. Dall'esame della prassi non è possibile ricavare tale carattere vincolante. Ciò che accade è che, nel caso in cui il governo non si conformi ai pareri delle commissioni parlamentari, si prevede un riesame dello schema di decreto dinanzi all'assemblea, non più dinanzi alle commissioni (è quanto si è verificato, ad esempio, con la legge di riforma della pubblica amministrazione, l. 124/2015) (Biondi Dal Monte, 2018).

Perché il Governo possa esercitare tale potere, il Parlamento deve adottare

---

[6] Prima dell'adozione della l. 400/1988, il decreto legislativo era pubblicato in G.U. come decreto del Presidente della Repubblica (d.P.R.). La l. 400/1988, all'art. 14, ha precisato che la denominazione è quella di 'decreto legislativo'.

una previa legge di delega indicando i principi e i criteri direttivi ai quali il Governo dovrà attenersi, il tempo entro il quale esercitare la delega e gli oggetti definiti.

Quanto ai **criteri** e ai **principi direttivi**, si è posta la questione della loro eventuale differenza. Ad avviso di alcuni studiosi, i principi indicherebbero le norme fondamentali della disciplina, mentre i criteri denoterebbero gli scopi da raggiungere e i mezzi da utilizzare. Nella realtà il legislatore delegante non distingue. Anche sulla determinatezza di tali decreti si discute molto in quanto, a volte, essi sono vaghi e indeterminati, altre volte sono molto dettagliati. Una eventuale incostituzionalità di tali criteri, per troppa indeterminatezza o per troppo dettaglio, è valutabile dalla Corte costituzionale solo in casi estremi (sent. Corte cost. 30/1961).

Il **termine** per l'esercizio della delega, che viene stabilito dal legislatore con la legge di delega, decorre normalmente dalla pubblicazione della legge di delega. Il decreto si considera adottato tempestivamente se entro il termine stabilito dalla legge di delega il decreto sia stato emanato dal Presidente della Repubblica (in tal senso si esprime l'art. 14.2. l. 400/1988).

Il Parlamento dovrebbe ricorrere alla delega in caso di normative molto complesse (un codice, ad esempio) o con alto tasso di tecnicità. In realtà vi ricorre per regolare gli oggetti più diversi. Sul punto la questione che si pone è se vi siano limiti al ricorso alla delega. I più immediati limiti dovrebbero essere quelli posti dalla riserva di legge e dalla c.d. riserva di assemblea, prevista dall'art. 72.u.c.

Con riguardo alla riserva di legge, si è ritenuto che, avendo il decreto legislativo forza di legge, esso sia utilizzabile anche per le materie dove è prevista la riserva di legge. Fa eccezione a quanto appena detto il caso in cui la riserva non sia una semplice riserva di atto ma anche una riserva di organo, vale a dire che la Costituzione vuole che la materia sia regolata con un atto legislativo *del* Parlamento. Esempi di ciò sono l'art. 8.3. oppure l'art. 116.3.: in entrambi i casi è chiaro che è il Parlamento, non il Governo, a dover adottare l'atto normativo.

Quanto alle materie sottoposte a riserva di assemblea (e quindi, in pratica, sottratte all'esame in commissione deliberante), la tesi prevalente è che l'art. 72.4. non intervenga sulla distribuzione delle competenze normative tra Parlamento e Governo, così consentendo l'adozione di decreti legislativi anche nelle materie ivi contemplate (Paladin, 1996, 208).

In conclusione può dirsi che i limiti all'uso della delega sono da ricavarsi in via interpretativa, con il preciso intento di individuare i casi in cui l'atto da adottare presupponga non solo il rango legislativo ma anche l'esercizio di qualche forma di controllo del Parlamento sul Governo, così implicando una non fungibilità tra i due organi. Questo orientamento interpretativo porta così a concludere che va escluso il ricorso alla delega: per la conversione in legge dei decreti-legge (art. 77); per la deliberazione dello stato di guerra e per il conferimento dei relativi poteri (art. 78); per l'autorizzazione alla ratifica dei trattati internazionali (art. 80); per l'approvazione del bilancio e del rendiconto consuntivo dello Stato (art. 81); per l'istituzione di commissioni parlamentari di inchieste (art. 82) (Paladin, 1996, 208).

Ancora con riguardo all'oggetto, in via di prassi sono emersi due fenomeni rilevanti. Accade spesso che il Parlamento conferisca, con lo stesso atto legislativo, una pluralità di deleghe, riguardanti cioè più oggetti, permettendo così al Governo di adottare più decreti legislativi (un esempio tra i tanti è la l. 42/2009).

Il secondo fenomeno riguarda i casi in cui il legislatore autorizzi il Governo ad intervenire nuovamente, successivamente all'entrata in vigore del decreto legislativo, per integrare e/o correggere gli effetti dell'originario decreto legislativo (c.d. decreti correttivi). Per quanto tale prassi non soddisfi pienamente il principio della certezza del diritto (interventi plurimi e successivi rischiano di creare incertezze interpretative e discipline disorganiche), la Corte costituzionale l'ha consentita, apponendovi alcuni limiti (in sent. 153/2014 è infatti precisato che i decreti correttivi e integrativi devono intervenire solo in funzione di correzione e integrazione delle norme delegate già emanate, e non già in funzione di un esercizio tardivo, per la prima volta, della delega 'principale' e che essi devono rispettare i medesimi principi e criteri direttivi già posti per l'esercizione della delega 'principale') (Lupo, 1996).

Una volta ricevuta la delega, il Governo è tenuta ad esercitarla, anche se vi sono stati casi di mancato esercizio senza conseguenze politiche di rilievo. Il Governo deve attenersi a tutti i limiti apposti dalla legge di delega; il mancato rispetto di tali limiti può portare al c.d. *eccesso di delega* che la Corte può rilevare se investita della questione in un giudizio di legittimità costituzionale[7]. In altri termini, la legge di delega funge da norma interposta tra l'art. 76 e il decreto legislativo.

La delega va esercitata nel **tempo** prestabilito. L'individuazione del termine finale ha costituito oggetto di discussione tra i costituzionalisti. A prevalere è la tesi che il rispetto del termine vada stabilito con riguardo all'emanazione del decreto da parte del Presidente della Repubblica.

Abbiamo già detto che il ricorso alla delega legislativa è divenuto sempre più intenso. Ciò si avverte non solo per il numero di decreti legislativi che vengono adottati, ma anche per la significatività degli interventi normativi di questo tipo. Se a ciò si aggiunge che l'iniziativa legislativa in materia di delegazione vede spesso il Governo come parte attiva, che il Governo ricorre spesso alla questione di fiducia per l'approvazione dei disegni di legge di delegazione, che spesso si usano le leggi di conversione dei decreti-legge (di cui diremo *infra*) per prorogare i termini per l'esercizio delle deleghe, se si considera tutto ciò non si può non osservare che attraverso l'esame di questo atto normativo si tocca con mano lo spostamento del baricentro del potere normativo di rango primario verso il Governo.

---

[7] Un esempio recente è nella sent. 51/2017.

### 6.3. *Alcuni casi di delegazione: i testi unici e l'attuazione del diritto dell'Unione europea*

La delega legislativa è usata anche per autorizzare il Governo a riordinare gli atti normativi esistenti in una certa materia, adottati in momenti successivi, sì da creare problemi interpretativi e applicativi. L'opera del Governo consiste così nel riordino della materia attraverso un unico atto normativo, chiamato appunto *testo unico.*

Spesso la delega al Governo non è espressa, limitandosi il legislatore ad autorizzare il Governo, senza indicare principi e criteri direttivi (con la conseguenza che il Governo deve ricavarli dalla normativa che va a riordinare: sent. Corte cost. 16/1957). In ogni caso, delega o mera autorizzazione, le disposizioni del testo unico si sostituiscono alle norme preesistenti. Tale caratteristica permette di definire tali testi unici come innovativi. L'atto viene adottato con un decreto legislativo.

Di compilazione vengono invece definiti i testi unici aventi l'unica funzione di raccogliere, in maniera ordinata, i testi normativi esistenti su una determinata materia. I testi unici di mera compilazione, a differenza dei precedenti, sono mere fonti di cognizione, non potendo innovare il diritto oggettivo. In materia di testi unici compilativi è intervenuto l'art. 17-*bis* l. 400/1988, introdotto dalla l. 69/2009, che indica i criteri che il Governo deve seguire nella redazione dei testi unici compilativi. In base a tale disposizione, i testi unici compilativi adottati dal Governo sono deliberati, previo parere del Consiglio di Stato, dal Consiglio dei ministri ed emanati con decreto del Presidente della Repubblica. La disposizione prevede anche che il Governo possa demandare la redazione del testo unico al Consiglio di Stato.

Consapevole dell'esistenza di troppe leggi, il legislatore ha previsto, con l'art. 20.11 l. 59/1997 e con le successive leggi di semplificazione, la redazione, con cadenza annuale, di testi unici individuati dal Governo. Con successive modifiche si è previsto poi il parere del Consiglio di Stato sullo schema di testo unico deliberato dal Consiglio dei ministri (art. 7.4 l. 50/1999) e, nei casi in cui si verta in materie di competenza regionale, il parere della Conferenza Stato-Regioni (art. 2.3 d.lgs. 281/1997).

È bene menzionare un altro caso peculiare di delega legislativa. Nel tempo si è fatto sempre più frequentemente ricorso alla delega legislativa per dare attuazione al diritto dell'Unione. La l. 234/2012, che è oggi a governo della materia, prevede due strumenti specifici a tal fine: la legge europea e la legge di delegazione europea. Quest'ultima contiene una delega al Governo per il recepimento delle direttive europee e l'attuazione di altri atti dell'UE. È da rilevare che queste deleghe sono normalmente molto ampie e si limitano a rinviare ai principi e ai criteri contenuti nelle direttive dell'Unione, con la conseguenza che il diritto del-l'Unione diventa una nuova tipologia di norma interposta tra l'art. 76 e il decreto legislativo.

## 6.4. *Gli atti adottati ai sensi dell'art. 78*

L'art. 78 recita: «*Le Camere deliberano lo stato di guerra e conferiscono al Governo i poteri necessari*». In sostanza, ove venisse deliberato lo stato di guerra, dovrebbe essere il Parlamento ad indicare i poteri necessari, senza ricorrere al meccanismo della delega. Sul punto esistono differenti opinioni dottrinali. Secondo alcuni autori, infatti, con tali atti il Parlamento e il Governo potrebbero anche derogare alla Costituzione. In assenza di riscontri concreti, l'analisi è rimasta di tipo dottrinale.

Va tuttavia aggiunto che il r.d. 8 luglio 1938 n. 1415, recante approvazione dei testi della legge di guerra e della legge di neutralità e poi il codice militare di guerra (r.d. 303/1941) prevedevano i bandi militari, vale a dire ordinanze emanate dall'Autorità militare una volta dichiarato lo stato di guerra, aventi effetti *erga omnes*. La loro utilizzabilità – in astratto di dubbia costituzionalità – sembra condizionata all'espresso richiamo che le Camere ne facciano al momento del conferimento dei poteri necessari.

## 6.5. *I decreti legislativi di attuazione degli statuti speciali*

Tutti e cinque gli statuti delle Regioni ad autonomia speciale prevedono questa ulteriore fonte del diritto, di rango primario e a competenza riservata (non esercitabile, quindi, con altri atti, ad esempio con legge), attraverso la quale il Governo adotta le norme di attuazione degli statuti. Con tali decreti si è provveduto al trasferimento di funzioni, uffici e personale dallo Stato alle Regioni e, poi, negli anni successivi a tutte le esigenze di costante adeguamento degli ordinamenti regionali speciali.

Le norme vengono adottate con decreto del Presidente della Repubblica, previa deliberazione del Consiglio dei ministri, su proposta di una commissione paritetica, composta cioè da membri designati, per una metà, dal Governo e, per l'altra metà, dalla Regione. Tali decreti vengono dunque adottati in assenza di una legge di delega del Parlamento bensì in forza di un'autorizzazione permanente contenuta nelle norme degli statuti[8]. La Corte ha espressamente escluso che si tratti di deleghe legislative, trattandosi di disposizione che «consentono in via permanente al Governo di dettare norme di attuazione, ogni qual volta sia necessario» (sent. 212/1984) (Sias, 2012 e Cosulich, 2019).

---

[8] Cfr. artt. 43 st. Sicilia; 56 st. Sardegna; 48-*bis* st. Valle d'Aosta; 107 st. Trentino-Alto Adige; 65 Friuli-Venezia Giulia.

### 6.6. *La decretazione legislativa d'urgenza*

A causa dell'abuso fattone dal fascismo, l'istituto del decreto-legge fu trattato con molta prudenza in sede di Assemblea costituente. Sintomatico è l'*incipit* dell'art. 77 che inizia con un sostanziale divieto di adozione di decreti aventi valore di legge in assenza di delegazione delle Camere. Il secondo e il terzo comma rappresentano un'eccezione a questo principio, al verificarsi di casi straordinari di necessità e urgenza. Questi commi prevedono un procedimento piuttosto complesso per il venir in essere dei decreti-legge[9].

Difatti il Governo, di propria iniziativa, è autorizzato ad adottare atti provvisori con forza di legge, sotto la propria responsabilità, in casi straordinari di necessità e urgenza. Il decreto-legge entra in vigore immediatamente, e cioè il giorno della sua pubblicazione in G.U.R.I. o al massimo il giorno dopo. Il giorno in cui viene emanato va presentato alle Camere che, se non riunite o sciolte, sono convocate e si riuniscono entro cinque giorni. Esse hanno sessanta giorni di tempo per convertirlo in legge. Se ciò non accade, il decreto perde efficacia fin dall'inizio (decadenza). Le Camere possono regolare con legge i rapporti giuridici sorti sulla base dei decreti non convertiti.

La decretazione d'urgenza pone una serie di impegnative questioni dogmatiche di carattere sia sostanziale che procedimentale delle quali bisogna dar conto tenendo presente costantemente gli sviluppi della prassi. Come vedremo in più di un'occasione, ad una disciplina costituzionale della decretazione d'urgenza molto cauta ha corrisposto un uso della stessa nella prassi frequente, intenso, quasi convulso, cui la Corte, solo in parte, è riuscita a porre rimedio.

Fin da subito è apparsa controversa la natura dell'atto decreto-legge, anche in ragione della lettera della Costituzione, che ragiona di «provvedimenti provvisori con forza di legge». Ciò ha giustificato la tesi di chi ha ravvisato nel decreto-legge un provvedimento invalido fin dalla nascita, sottoposto ad una sorta di condizione sospensiva, vale a dire l'entrata in vigore della legge di conversione (Esposito, 1962). Tesi affascinante ma estrema, che giunge a presupporre che la Costituzione possa autorizzare atti originariamente invalidi. Di conseguenza, di maggior credito ha goduto la tesi che vede nel decreto-legge un atto valido ma instabile, sottoposto ad una sorta di condizione risolutiva rappresentata dalla legge di conversione (Paladin, 1979).

A valutare la ricorrenza dei requisiti (*straordinarietà, necessità e urgenza*), che devono essere esplicitati nel preambolo (art. 15 l. 400/1988), è in primo luogo il Governo, chiamato ad adottare l'atto con forza di legge, e poi il Parlamento che, se dovesse ritenerli insussistenti, può decidere di non convertire. Sul punto è intervenuta la Corte costituzionale che, prima con la sent. 29/1995 e poi con le sentt.

---

[9] È l'art. 15 l. 400/1988, non la Costituzione, a prevedere la denominazione di 'decreto-legge' per questa tipologia di atti.

171/2007 e 128/2008, ha stabilito che il difetto (evidente) di tali presupposti può portare ad un vizio della legge di conversione.

Anche il Presidente della Repubblica, che ne deve autorizzare la presentazione alle Camere, può effettuare un controllo e potrebbe bloccarne l'emanazione in caso di evidente e palese illegittimità. Si sono verificati casi in cui l'opinione negativa del Presidente della Repubblica sull'opportunità del decreto-legge ha prodotto l'effetto di bloccare la sua definitiva adozione (come nel caso del decreto-legge che il Governo, ad inizio del 2009, voleva adottare nella vicenda relativa ad Eluana Englaro: cfr. cap. XXII.1.).

Il controllo sulla sussistenza dei presupposti di necessità e urgenza è in particolare affidato alla commissione Affari costituzionali al Senato e alla commissione di merito (cioè competente per materia) alla Camera dei deputati. Se il parere espresso è positivo, il procedimento continua presso la commissione competente, che opera in sede referente e con tempi ridotti (15 giorni) rispetto a quelli previsti per l'approvazione delle leggi. Se il parere di una delle due commissioni è invece negativo, spetta all'Assemblea decidere in via definitiva.

L'osservazione della prassi mostra un evidente abuso provocato, in primo luogo, dal mancato rispetto dei requisiti in esame. Il riscontro effettivo dei tre requisiti è stato disinvoltamente piegato alle esigenze delle maggioranze. Attraverso decreti-legge sono state adottate riforme molto importanti (ad esempio, col d.l. 54/1993 si è profondamente cambiata la disciplina della Corte dei conti), che certo, proprio perché tali, non avrebbero dovuto essere realizzate con uno strumento normativo emergenziale; con i decreti-legge si sono attuati gli obiettivi programmatici dei governi (ad esempio, con il d.l. 4/2019, si è adottato il trattamento di pensione anticipata c.d. 'quota cento'); si sono 'inventate' prassi come la reiterazione dei decreti per cui il Governo ripresentava, con lievi modifiche formali, un decreto non convertito dalle Camere, spesso a causa del sovraffollamento di decreti-legge da convertire (c.d. decreti catenaccio). Questa prassi è stata espressamente vietata dall'art. 15.2. l. 400/1988. Sul punto è anche intervenuta la Corte costituzionale stabilendo, prima, che tale prassi rischiava di alterare l'equilibrio istituzionale, in particolare nei rapporti tra Governo e Parlamento (sent. 302/1988) e, poi, vietando espressamente la reiterazione del decreto-legge non convertito per infruttuoso decorso del tempo (sent. 360/1996).

Dottrina e giurisprudenza si sono interrogate sulla presenza di altri limiti rispetto a quelli fissati dall'art. 77.2. In particolare un serrato confronto ha riguardato l'uso del decreto-legge in funzione di deroga e/o sospensione di norme costituzionali per fronteggiare situazioni di emergenza (Esposito, 1962). L'opinione prevalente ritiene che il decreto-legge, che è atto con forza di legge, non possa derogare alle norme costituzionali (Sorrentino, Caporali, 1994). L'uso intenso del decreto-legge per frenare gli effetti della pandemia legata al virus Covid-19 conferma il ricorso a tale strumento anche in funzione di limitazione di diritti fondamentali.

Il decreto-legge, oltre a rispettare i requisiti espressamente indicati dall'art. 77

e a dover restare nei 'ranghi' delle fonti primarie, non può essere utilizzato per spezzare definitivamente gli argini del principio della separazione dei poteri. Con ciò si vuol dire che, per quanto l'art. 77 non fissi dei limiti di materia al decreto-legge (come invece fa l'art. 75 per il referendum abrogativo), esso non può essere utilizzato tutte le volte in cui la legge, in quanto atto del Parlamento, è necessaria per permettere al Parlamento non solo di regolare una materia ma anche, nel far ciò, di controllare il Governo. La riserva di legge formale, in questi casi, rappresenta dunque un limite all'uso del decreto-legge. È lo stesso principio che abbiamo seguito, poco sopra, per fissare dei limiti intrinseci ai decreti legislativi e che viene espressamente fatto proprio dall'art. 15 l. 400/1988, secondo il quale, con decreto-legge, il Governo non può: a) conferire deleghe legislative ai sensi dell'art. 76; b) provvedere nelle materie indicate nell'art. 72.4.; c) rinnovare le disposizioni di decreti-legge dei quali sia stata negata la conversione in legge con il voto di una delle due Camere; d) regolare i rapporti giuridici sorti sulla base dei decreti non convertiti; e) ripristinare l'efficacia di disposizioni dichiarate illegittime dalla Corte costituzionale per vizi non attinenti al procedimento. A queste ipotesi, che non rispondono tutte alla logica della separazione dei poteri, altre se ne possono aggiungere, come il divieto di usare il decreto-legge per l'approvazione del bilancio dello Stato o per autorizzare la ratifica di trattati internazionali e così via.

Altro limite molto discusso riguarda la materia elettorale. Data la natura delicatissima della materia elettorale per gli equilibri della forma di governo, la disciplina attraverso il decreto-legge non pare affatto consona. Oltre a non giustificarsi rispetto ai requisiti richiesti dall'art. 77.2., quella elettorale è una materia nella quale le distanze tra Parlamento e Governo dovrebbero essere ben segnate; in altri termini, dovrebbe essere il Parlamento a disciplinare questa materia. In assenza, tuttavia, di espliciti divieti posti dalla Costituzione, diversi sono stati gli interventi in materia attraverso decreti-legge. Essi dovrebbero essere ritenuti ammissibili nella misura in cui si limitino alla c.d. legislazione di contorno.

Soprattutto negli ultimi anni l'atto normativo in esame è stato utilizzato per disciplinare oggetti tra loro molto disparati, approfittandosi della maggiore celerità e del procedimento più agevole che caratterizza il decreto-legge. Questa ulteriore forma di abuso è stata utilizzata sia, per così dire, in entrata (da parte del Governo al momento della redazione del testo del decreto-legge) sia in uscita (da parte del Parlamento che, in sede di conversione, ha inserito, attraverso emendamenti, oggetti completamente diversi da quelli previsti dal testo governativo). Si tratta di prassi che snaturano nel profondo il decreto-legge che in tanto è previsto dalla Costituzione in quanto usato in maniera accorta, puntuale, per disciplinare questioni urgenti e limitate dal punto di vista dell'oggetto.

Al fine di frenare tale prassi, i regolamenti assegnano al Presidente d'assemblea il potere di dichiarare inammissibili gli emendamenti o gli articoli aggiunti in sede di conversione non omogenei rispetto al contenuto del decreto (in proposito cfr. le importanti sentt. Corte cost. 22/2012 e 237/2013). Anche su queste ulteriori forme di abuso è intervenuta la Corte costituzionale con le sentt. 22/2012 e 32/2014. La Corte si è richiamata espressamente all'art. 15.3. l. 400/1988 secondo cui «i decreti devono contenere misure di immediata applicazione e il loro contenuto deve essere specifico, omogeneo e corrispondente al titolo».

In presenza di forti ed evidenti disomogeneità in uscita (vale a dire di forte discrepanze tra quanto previsto dal testo autorizzato dal Presidente della Repubblica e il testo emerso in sede di conversione), il Presidente della Repubblica, in sede di promulgazione della legge di conversione, si è sentito autorizzato a rinviare la legge al Parlamento giustificando il rinvio proprio in ragione della presenza di emendamenti profondamenti disomogenei rispetto al contenuto originario del decreto [10].

In base agli artt. 2.3. e 15.1. l. 400/1988 spetta al Consiglio dei ministri deliberare e adottare il testo del decreto-legge, che viene previamente predisposto, normalmente, dai ministri competenti per materia. Il testo così deliberato viene portato all'attenzione del Presidente della Repubblica per l'emanazione, ai sensi dell'art. 87.5. In questa fase il Presidente esercita un controllo di legittimità (cfr. par. VIII.5.2.1.) Subito dopo l'emanazione il testo può essere pubblicato nella G.U. per entrare immediatamente in vigore.

Come già abbiamo osservato, le Camere hanno a disposizione sessanta giorni per la conversione in legge. Molto si è discusso sulla natura della legge di conversione, se essa abbia natura di novazione (e quindi il nuovo atto si ricollega al precedente, provocandone l'estinzione) ovvero di convalida (il nuovo atto si ricollega all'atto originario, superandone i vizi o difetti – nel caso del decreto-legge, la sua provvisorietà – mantenendo fermi gli effetti che l'atto convalidato ha prodotto). La questione non è solo teorica: se alla legge dovesse riconoscersi il carattere della novazione, allora la legge di conversione sarebbe in grado di assorbire gli eventuali vizi del decreto con effetto sanante (privi, ad esempio, del carattere di straordinarietà, necessità e urgenza); non così nel caso alla legge dovesse attribuirsi natura di convalida. La Corte costituzionale che, in un primo momento, si era orientata nel senso della novazione (ad esempio v. sent. 108/1986), ha cambiato la propria posizione a partire dalla sent. 29/1995. Ciò rende possibile sindacare la costituzionalità del decreto-legge in maniera autonoma rispetto alla legge di conversione.

Va anche aggiunto che i regolamenti parlamentari dispongono una riserva d'assemblea – che, dunque, esclude le commissioni – per la conversione in legge del decreto.

Questione delicatissima è quella dell'*emendabilità* del decreto. In via astratta bisognerebbe ritenere che il decreto-legge non risulta emendabile da parte del Par-

---

[10] Il 29 marzo 2002 il Presidente della Repubblica Ciampi rinviò la legge di conversione del d.l. 4/2002 in materia di zootecnia, pesca e agricoltura, anche per motivi di disomogeneità. Il Presidente Napolitano, invece, con lettera del 22 febbraio 2011 indirizzata ai Presidenti delle due Camere manifestava forti perplessità sull'omogeneità della legge di conversione del decreto-legge c.d. *milleproroghe*.

lamento in sede di conversione, stante anche la espressa previsione che del decreto solo il Governo è responsabile. Di fatto, tuttavia, i decreti-legge sono quasi sempre emendati. La condizione di ammissibilità dovrebbe essere rappresentata dalla sopra discussa omogeneità degli emendamenti rispetto al perimetro definito dal testo governativo. Dunque, emendamenti che vanno al di là del perimetro possono incorrere in dichiarazioni d'incostituzionalità (o, ipotesi complicatissima per i suoi effetti sui termini decadenziali del decreto-legge, in un rinvio parziale da parte del Presidente della Repubblica).

È opportuno soffermarsi sugli effetti temporali della legge di conversione. Nel caso in cui il Parlamento si limiti alla sola conversione, senza ulteriori emendamenti o modifiche, allora non ci sarà una *vacatio legis*, riguardante la legge di conversione, per evitare vuoti normativi privi di giustificazione. Se invece il Parlamento dovesse procedere con emendamenti all'originario decreto-legge, essi avranno un'efficacia retroattiva se di soppressione integrale di articoli o commi; avranno, al contrario, efficacia dal giorno successivo alla pubblicazione della legge di conversione negli altri casi, salvo che la legge medesima non disponga diversamente (così l'art. 15.5. l. 400/1988). Se infine il Parlamento rifiuta di convertire il decreto, l'art. 15.6. l. 400/1988 prevede l'immediata pubblicazione in G.U., anche se non sono trascorsi i sessanta giorni.

Una volta conclusosi positivamente il percorso di approvazione della legge di conversione, essa viene promulgata dal Presidente della Repubblica, il quale può esercitare i suoi poteri di controllo. Questione discussa è se i sessanta giorni scadano al momento dell'approvazione da parte delle Camere ovvero se nei sessanta giorni debba intervenire anche la promulgazione presidenziale. Se si vuole permettere al Presidente della Repubblica un più libero ed effettivo esercizio dei suoi poteri (ad esempio, per valutare il requisito dell'omogeneità), bisogna ritenere in via interpretativa che la promulgazione presidenziale non può essere inclusa nel termine dei sessanta giorni.

Conclusivamente va menzionata l'ipotesi della **mancata conversione del decreto-legge**, prevista espressamente nella frase finale dell'art. 77.3. Al ricorrere di tale evenienza le Camere possono regolare con legge i rapporti giuridici sorti sulla base dei decreti non convertiti. La mancata conversione rappresenta un episodio che potrebbe addirittura mettere in crisi il Governo, soprattutto nel caso in cui essa ricorra non per il mero trascorrere del tempo bensì per un'espressa volontà del Parlamento di non convertire l'atto governativo. Oltre a poter eventualmente mettere in crisi i rapporti tra Parlamento e Governo, la mancata conversione comporta necessariamente la decadenza del decreto-legge, vale a dire che tutti i rapporti giuridici sorti sul suo fondamento – e potrebbero esservi anche provvedimenti giurisdizionali – restano privi di base legale.

Dalla mancata conversione possono discendere ipotesi di responsabilità (civile, amministrativa, contabile, penale) per i ministri che all'interno del Consiglio dei ministri hanno votato a favore del decreto-legge, visto che l'art. 77.2. specifica che il decreto è adottato dal Governo, «sotto la sua responsabilità». Per prevenire tali conseguenze, il Parlamento può (non *deve*) regolare con legge i rapporti giuridici che sono venuti in essere durante la vigenza dell'atto governativo. Per tale motivo la legge in questione può farsi rientrare tra le c.d. *leggi di sanatoria*, giacché essa è diretta, con evidente efficacia retroattiva, a disciplinare o comunque far salvi rapporti sorti sulla base del decreto non convertito.

Come la delegazione legislativa, anche il decreto-legge rappresenta un punto di osservazione privilegiato per la comprensione degli assetti concreti della forma di governo italiana. Gli usi e gli abusi di questo provvedimento normativo costituiscono un altro elemento importante per capire il rafforzamento del Governo nell'ambito della funzione legislativa. Tra l'altro, le prassi legate a questo atto legislativo si rinnovano con notevole frequenza. È recente il caso dell'approvazione dei decreti-legge con la formula 'salvo-intese', che sta a dire che all'interno del Consiglio dei ministri l'intesa è stata solo di massima e che il testo abbisogna di ulteriori affinamenti. Una prassi che, se dovesse stabilizzarsi, potrebbe essere considerata un ulteriore indice della mancanza dei requisiti di straordinarietà, necessità e urgenza del decreto.

## 7. *I regolamenti degli organi costituzionali*

Gli organi costituzionali sono dotati di autonomia normativa. Va anticipato fin da subito che non tutti gli organi costituzionali godono della stessa autonomia normativa o, meglio, di un'autonomia normativa direttamente garantita dalla Costituzione, sicché l'analisi va articolata a seconda dell'organo. Solo per i regolamenti del Parlamento e della Corte costituzionale è possibile sostenere la natura di fonti primarie.

Dei **regolamenti parlamentari** si è già fatto cenno nel capitolo sul Parlamento, essendo espressione dell'autonomia normativa della Camera dei deputati e del Senato della Repubblica.

Essi sono previsti dall'art. 64, che riserva agli stessi l'organizzazione e il funzionamento dell'Assemblea. Sono quindi fonti primarie (nonostante il nome di regolamento) e hanno una competenza riservata (Manzella, 1991). Ai regolamenti fa rinvio anche l'art. 72, in materia di procedimento legislativo, il quale risulta così regolato dalle (poche) norme costituzionali e dalle (molte) norme regolamentari. Si è così posta la questione se la Corte costituzionale possa dichiarare l'incostituzionalità di una legge per violazione dei regolamenti. La Corte costituzionale, fin dalla sent. 9/1959, ha risposto negativamente (su ciò cfr. par. XXVI.6.1.1.)

Il **potere regolamentare della Corte costituzionale** non è espressamente previsto in Costituzione ma solo in una legge ordinaria (arrt. 14 e 22 l. 87/1953). Tuttavia ai regolamenti della Corte si potrebbe riconoscere un duplice fondamento costituzionale: il primo, riconducibile alla sua qualità di organo costituzionale; il secondo, in quanto gli articoli appena menzionati troverebbero un loro fondamento costituzionale nella l. cost. 1/1953 che richiama e rinvia alla l. 87/1953.

La questione più delicata riguarda però le norme regolamentari che la Corte adotta per regolare i processi che si svolgono dinanzi ad essa (l'art. 22 l. 87/1953 li definisce *norme integrative* di procedura). In tale materia vige una riserva di legge costituzionale e una riserva di legge ordinaria, poste dall'art. 137, sicché tali norme regolamentari non possono in alcun modo porsi in contrasto con le norme di rango sovraordinato.

In sintesi, mentre in materia di organizzazione interna può riconoscersi un'autonomia normativa della Corte costituzionalmente fondata a somiglianza di quanto accade per il Parlamento, in materia di processo costituzionale l'autonomia regolamentare della Corte deve mantenersi entro i limiti stabiliti dalle leggi costituzionali e ordinarie in materia.

Il **Presidente della Repubblica** può adottare, al fine di organizzare i servizi della Presidenza, regolamenti, su proposta del Segretario generale della Presidenza (e senza controfirma ministeriale). Ciò è previsto dagli artt. 3 e 4 l. 1077/1948.

Una interpretazione accreditata ritiene che l'autonomia normativa del Presidente, specie quando si esprime in regolamenti che disciplinano quegli uffici che più da vicino permettono al Presidente di esercitare le proprie funzioni, avrebbe fondamento costituzionale da rinvenirsi nelle disposizioni costituzionali che regolano la posizione e le funzioni del Presidente della Repubblica. L'analisi della realtà mostra però che la giurisprudenza considera i regolamenti in questione come atti amministrativi, quindi sindacabili dal Giudice amministrativo.

Infine anche il Consiglio dei ministri ha un proprio potere regolamentare interno, previsto dall'art. 4.3.-4. l. 400/1988, che si esercita con decreto del Presidente del Consiglio. Tale regolamento deve considerarsi un atto regolamentare, quindi di natura secondaria, a tutti gli effetti, subordinato alla legge. La Presidenza del Consiglio ha infine un potere regolamentare previsto dal d.lgs. 303/1999, esercitato anch'esso mediante decreto del Presidente del Consiglio. Con esso è regolato il funzionamento delle strutture generali della Presidenza del Consiglio dei ministri.

## 8. *Il referendum abrogativo*

Il ricorso al popolo come soggetto chiamato a deliberare, con effetti diversi, è uno strumento molto antico (Salerno, 1992). A seconda della prospettiva il ricorso al popolo può essere valutato come espressione più genuina della democrazia ovvero come un elemento plebiscitario associato ad ordinamenti autocratici o totalitari. Nelle grandi realtà statuali la sua utilizzazione si scontra con difficoltà oggettive, legate alle complicazioni delle procedure di voto e ai tempi rapidi delle decisioni.

La Costituzione italiana prevede tre forme di referendum: il referendum *abrogativo*, diretto all'abrogazione di leggi o atti aventi forza di legge (art. 75); il referendum *approvativo*, che, previsto come fase eventuale del procedimento di revisione costituzionale, serve a permettere l'entrata in vigore del disegno di legge costituzionale approvato dal Parlamento ovvero a farlo decadere (art. 138); il referendum *consultivo*, previsto per le modifiche territoriali delle Regioni e per le aggregazioni di Province e Comuni (rispettivamente commi 1 e 2 dell'art. 132). Solo il primo dei tre costituisce una (peculiare) fonte del diritto in quanto è in grado di produrre l'abrogazione di un preesistente atto normativo; gli altri due, invece, non hanno questo effetto innovativo dell'ordinamento, costituendo solo parte di un procedimento più ampio.

Il referendum previsto dall'art. 75 serve a «*deliberare la abrogazione, totale o parziale, di una legge o di un atto avente valore di legge*». Per quanto i problemi legati alla corretta individuazione dell'oggetto siano di non immediata soluzione, è ora possibile affermare, in via di prima approssimazione, che ad essere sottoposti a referendum possono essere gli atti di legislazione primaria (leggi, decreti-legge, decreti legislativi). È rimasta minoritaria la tesi che vuole sottoponibile a referendum abrogativo le leggi costituzionali e di revisione costituzionale, e ciò per una duplice ragione: la principale poggia sulla circostanza che l'art. 75 si riferisce chiaramente agli atti legislativi di rango primario; la secondaria è che l'art. 138 già prevede un referendum all'interno del procedimento di revisione (anche se esso è esperibile solo nei confronti delle leggi approvate a maggioranza assoluta).

Se il referendum ha esito positivo (vale a dire che a prevalere sono i voti favorevoli all'abrogazione), esso produce l'effetto di abrogazione dell'atto sottoposto a deliberazione popolare.

La dogmatica delle fonti del diritto prevede che caratteristica delle fonti è, per un verso, la loro forza di innovare, producendo nuove norme e, per l'altro, di abrogare le norme precedenti incompatibili. L'atto referendario possiede solo questa seconda caratteristica (cfr. cap. XI.7.3). Nonostante ciò, esso è considerato atto con forza di legge. Ad ulteriore dimostrazione della correttezza di questa conclusione si adduce che, in caso di esito positivo, lo Stato fa propria una volontà non sua, bensì del corpo elettorale, attraverso un proprio atto – un decreto del Presidente della Repubblica – con il quale si dà conto dell'esito positivo del referendum.

La materia è disciplinata dalla l. 352/1970. Il quesito referendario è formulato dai promotori del referendum, che devono essere almeno dieci (art. 7) e devono presentare alla cancelleria della Corte di cassazione la richiesta (art. 7). La raccolta delle firme deve svolgersi nell'arco di tre mesi, che partono dalla presentazione della richiesta da parte dei promotori all'Ufficio centrale per il referendum (che è l'organo istituito presso la Corte di cassazione per valutare la corretta formulazione del quesito e la correttezza del procedimento di raccolta delle sottoscrizioni) (Pinardi, 2000). In ogni caso le richieste di referendum devono essere depositate, insieme ai certificati elettorali dei sottoscrittori, in ciascun anno dal 1° gennaio al 30 settembre (art. 32). Come anticipavamo (cfr. cap. IV.4), la raccolta delle firme è ora possibile anche in via elettronica, attraverso l'uso della firma digitale (art. 38-*bis* l. 198/2022).

L'Ufficio centrale effettua un controllo di legittimità per verificare che la richiesta sia conforme alle norme di legge. In sostanza l'Ufficio centrale effettua tutti i controlli diretti ad accertare la veridicità delle sottoscrizioni e il rispetto delle norme procedimentali; stabilisce inoltre la denominazione della richiesta, vale a dire il quesito sul quale gli elettori dovranno esprimersi (art. 31). Entro il 15 dicembre l'Ufficio decide, in via definitiva e con ordinanza, sulla legittimità delle richieste presentate. All'Ufficio centrale è riconosciuta natura giurisdizionale[11].

Se l'Ufficio centrale, al termine dei suoi controlli, adotta un'ordinanza favorevole, dichiarando la legittimità della richiesta o delle richieste – possono infatti presentarsi più richieste contemporaneamente – di referendum, il procedimento continua presso la Corte costituzionale. È opportuno ricordare che la Costituzione non attribuisce tale competenza alla Corte; a tal fine è intervenuto l'art. 2 l. cost. 1/1953. Il suo Presidente fissa il giorno dell'udienza (non oltre il 20 gennaio) dell'anno successivo a quello in cui è stata pronunciata l'ordinanza della Cassazione. La relativa sentenza, con la quale la Corte valuta l'ammissibilità delle richieste rispetto al parametro fornito dall'art. 75.2., va pubblicata entro il successivo 10 febbraio (sugli aspetti relativi all'ammissibilità si rinvia alla parte a ciò dedicata nel capitolo sulla Corte costituzionale). Se la Corte dichiara la non ammissibilità, il procedimento si arresta; se invece si pronuncia a favore dell'ammissibilità, il procedimento si sposta presso il Presidente della Repubblica che, su deliberazione del Consiglio dei ministri, indice, con proprio decreto, il referendum in una data tra il 15 aprile e il 15 giugno.

A questo punto deve essere il corpo elettorale a pronunciarsi. Per aversi abrogazione, l'art. 75.4. prevede il raggiungimento di un *doppio quorum*, *strutturale* e *funzionale*. Il primo è raggiunto se ha partecipato alla votazione la maggioranza degli aventi diritto, mentre il secondo si ottiene se si esprime a favore dell'abrogazione la maggioranza dei voti validi. Se si verificano queste due condizioni, l'art. 37 l. 352/1970 prevede che il Presidente della Repubblica, con proprio decreto, dichiara l'avvenuta abrogazione. Come si è detto, il decreto viene pubblicato in G.U. e dal giorno successivo alla pubblicazione l'abrogazione produce i suoi effetti. In caso contrario, di mancata abrogazione, di ciò si dà notizia in G.U. e non si può proporre richiesta di abrogazione del medesimo atto nei cinque anni successivi.

---

[11] Così sentt. Corte cost. 164/2008, 334/2004 e ord. 343/2003; in tal senso lo stesso Ufficio centrale: ordd. 11 novembre 2008 e 21 ottobre 2016: non potendo essere considerato una giurisdizione speciale, per il divieto contenuto nell'art. 102, esso viene configurato come una sezione specializzata, anche se questa soluzione non è lineare in quanto la sua configurazione è predeterminata dalla legge: in base all'art. 12 l. 352/1970 esso è infatti composto dai tre presidenti di sezione della Corte di cassazione più anziani nonché dai tre consiglieri più anziani di ciascuna sezione; le funzioni di presidente sono assegnate al presidente di sezione più anziano, mentre gli altri due presidenti svolgono le (insolite) funzioni di vicepresidente; il collegio può decidere con la presenza minima del presidente o di un vicepresidente e di sedici consiglieri. L'Ufficio può sollevare questioni di costituzionalità: cfr. sentt. Corte cost. 226/1976, 278/2011, 181/2015.

Il Parlamento è libero di intervenire sulla materia oggetto del referendum. Se ciò accade e quindi se prima dello svolgimento del referendum l'atto legislativo sottoposto a referendum viene abrogato, l'Ufficio centrale dichiara che le operazioni relative non avranno più luogo. Così dispone l'art. 39 l. 352/1970. La Corte costituzionale ha però precisato che, se la modifica del legislatore è solo formale o di dettaglio, l'effetto abrogativo non si produce e il referendum avrà luogo (cfr. sent. Corte cost. 174/2011 a proposito del referendum sull'energia nucleare).

L'esito positivo del referendum impedisce al Parlamento di riproporre una legge dal contenuto identico a quella abrogata. Si ritiene che ciò sia ammissibile solo nel caso in cui tra lo svolgimento del referendum e la riproposizione legislativa di un atto dal contenuto identico sia intervenuto lo scioglimento delle Camere visto che, in tale ipotesi, può legittimamente ritenersi che le nuove Camere rappresentino un diverso orientamento del medesimo organo che ha provocato l'abrogazione (cfr. sent. Corte cost. 199/2012).

Si è infine posta una questione teoricamente complessa. Poiché l'effetto del referendum è quello di abrogare una o più disposizioni, ci si è chiesti se le precedenti disposizioni (a loro volta abrogate per effetto delle norme su cui si è svolto il referendum con esito positivo), per effetto dell'abrogazione referendaria, tornino in vita. La Corte esclude questo effetto di reviviscenza sulla base dell'argomento che sarebbe incerta la volontà degli elettori, ammettendolo solo nel caso in cui l'abrogazione referendaria abbia avuto ad oggetto le norme che espressamente abrogavano quelle di cui si chiede la reviviscenza) [12].

## 9. *I regolamenti del Governo*

### 9.1. *Legge e regolamento*

Il rapporto tra legge e regolamento rappresenta uno dei cardini del costituzionalismo moderno, giacché, dietro le due fonti, sono chiamati in causa i due principali soggetti della forma di governo, rispettivamente il Parlamento e il Governo (Cheli, 1967). Di conseguenza, e in estrema sintesi, al prevalere delle tendenze democratiche il pendolo tende a restare sulla legge, nel senso che ai regolamenti viene riconosciuto comunque uno spazio ma a condizione che esso abbia sempre un fondamento nella legge, mentre la prevalenza dei regolamenti governativi è un in-

---

[12] L'abrogazione può essere infatti espressa o tacita. Nel primo caso l'atto contiene quindi una clausola abrogativa espressa. L'ipotesi della possibile reviviscenza riguarda appunto il caso dell'abrogazione di una clausola abrogativa espressa. Sul punto cfr. sentt. 24 e 28/2011; 13/2012; 12/2014; sent. 5/2015 relativo a richiesta di abrogazione di disposizioni che prevedevano la soppressione di uffici giudiziari.

dice sintomatico del prevalere di tendenze autoritarie ovvero caratteristico dei governi presidenziali e semipresidenziali.

Va anche precisato che il termine regolamento, nell'ambito del diritto positivo, è polisemantico, in quanto capace di denotare atti molto diversi tra loro: dal regolamento dell'Unione europea ai regolamenti del Governo, dal regolamento parlamentare al regolamento comunale, e così via. In questa sede saranno oggetto di analisi solo i regolamenti del Governo che rientrano tra le c.d. fonti secondarie (perché subordinate, nella scala gerarchica, alle fonti primarie).

Storicamente già la l. 100/1926 conteneva una disciplina dei potere regolamentare del Governo visto che prevedeva tre tipologie di regolamenti: quelli di esecuzione, quelli indipendenti e quelli di organizzazione. È questo lo sfondo sul quale interviene la Costituzione repubblicana che, in tema di regolamenti, si limita a prevedere (così fino al 2001) che il Presidente della Repubblica emana i regolamenti. Come è avvenuto per la legge, l'art. 87.5. dà per scontato il concetto di regolamento, limitandosi a richiedere l'emanazione del Presidente (in continuità con quanto già avveniva in periodo statutario e fascista dove ad emanare i regolamenti era il Re).

A lungo la dottrina costituzionalistica italiana si è confrontata sulla dimensione del potere regolamentare, in particolare sull'ambito di tale potestà. La questione principale può essere così sintetizzata: può il Consiglio dei ministri adottare regolamenti indipendentemente da un'espressa norma di legge che preveda tale puntuale potere? Come è comprensibile, rispondere positivamente alla domanda implica il riconoscimento di uno spazio normativo al Governo non indifferente, mentre la risposta negativa implica la necessità di una base legislativa per l'esercizio del potere regolamentare governativo. La struttura gerarchica del sistema delle fonti consente di rispondere che il regolamento deve trovare il proprio fondamento nelle fonti superiori che lo hanno previsto, con la conseguenza che il potere regolamentare del Governo deve sempre avere una base o fondamento nella legge (Carlassare, 1966).

Prima di passare all'analisi della disciplina fornita alla materia dall'art. 17 l. 400/1988 appena menzionato, conviene ricordare che la l. cost. 3/2001 ha introdotto all'art. 117.6. una previsione più articolata sui regolamenti. In particolare essa prevede che sia lo Stato sia le Regioni sia gli enti locali abbiano una tale potestà. La nuova disposizione costituzionale è rilevante in quanto anche la precedente disciplina contenuta nella l. 400/1988 deve ora essere letta alla luce del nuovo, più articolato quadro costituzionale.

La materia dei regolamenti è in continua evoluzione, anche in ragione del fatto che la disciplina sui regolamenti è contenuta in una legge ordinaria e non direttamente in Costituzione. Non può quindi ragionarsi – come è invece possibile fare in relazione agli atti normativi primari – di una loro tipicità giacché altre leggi possono prevedere altre tipologie di regolamenti, come è accaduto appunto nel caso dei regolamenti di attuazione della legge comunitaria.

### 9.2. *Forma, procedimento e tipologie*

Il procedimento per adottare un regolamento governativo è alquanto complesso sia dal punto di vista procedimentale che dal punto di vista soggettivo: su iniziativa di uno o più ministri oppure del Presidente del Consiglio, essi sono deliberati dal Consiglio dei ministri; a ciò segue il parere del Consiglio di Stato e la successiva emanazione da parte del Presidente della Repubblica; interviene poi il controllo della Corte dei conti e infine la pubblicazione sulla G.U. I regolamenti che seguono tale procedimento assumono il nome di regolamenti, anche se formalmente, essendo emanati con un atto del Presidente della Repubblica, hanno la forma del d.P.R.

Molto ricca è la tipologia di regolamenti previsti dall'art. 17 l. 400/1988. I primi a venire in esame sono i **regolamenti esecutivi** (art. 17.1.a), che hanno la funzione di meglio specificare le norme legislative a cui danno esecuzione. Si prenda ad esempio la l. 152/2001 che prevede e disciplina i patronati. La legge afferma che i patronati vanno finanziati con contributi pubblici. A tal fine l'art. 13 rimanda a un regolamento, il quale è chiamato a determinare quali patronati, aventi quali caratteristiche e svolgenti quale funzione, potranno essere finanziati. Questo regolamento, essendo strettamente esecutivo dell'enunciato legislativo, non può discostarsi da quanto disposto dalla legge (art. 4 disp. prel. c.c.).

La lett. b) dell'art. 17.1. prevede poi la figura dei **regolamenti di attuazione e integrazione** delle leggi e dei decreti legislativi recanti norme di principio. Dopo la menzionata riforma costituzionale del 2001 tale disposizione va riferita alle materie di competenza esclusiva dello Stato. Si tratta di regolamenti, dunque, che avendo la funzione di attuare e integrare norme di principio hanno un maggiore ambito normativo rispetto al regolamento esecutivo. A tale regolamento non può farsi ricorso nelle materie coperte da riserva assoluta di legge (art. 13).

Quella dei c.d. regolamenti **indipendenti**, regolata dalla lett. c), è figura recessiva, soprattutto dopo la riforma costituzionale del 2001. Indipendenti sono quei regolamenti che intervengono su materie non regolate dalla legge e non coperte da riserva di legge. Avendo l'art. 117, per come revisionato nel 2001, dapprima disciplinato il riparto delle materie tra Stato e Regioni e poi stabilito gli ambiti dei regolamenti statali, regionali e locali, può dirsi che oggi non residua uno spazio effettivo per tali tipi di regolamenti.

Anche ai **regolamenti di organizzazione**, previsti dalla lett. d), si fa oramai scarsissimo ricorso perché l'art. 97.2. predilige il ricorso alla legge per l'organizzazione dei pubblici uffici. L'art. 4-*bis* l. 59/1997 ha previsto il ricorso a regolamenti per l'organizzazione e il funzionamento dei ministeri, aggiungendo che è richiesto parere delle commissioni parlamentari [13].

---

[13] Con la privatizzazione del pubblico impiego è venuta meno la funzione dei regolamenti che recepivano gli accordi sindacali nel pubblico impiego, previsti dalla lett. e).

La figura sicuramente più interessante è costituita dai regolamenti disciplinati al secondo comma dell'art. 17, i c.d. *regolamenti autorizzati o delegati*. Il fenomeno riguarda il più ampio tema della delegificazione, vale a dire quella tendenza che mira a decongestionare l'attività del Parlamento, lasciando ad esso solo l'adozione delle leggi e delle attività più importanti e riversando sul Governo i compiti, anche normativi, più di dettaglio. Il fenomeno è oramai molto diffuso (Demuro, 1995 e Tarli Barbieri, 1996).

In pratica il Parlamento adotta una legge con la quale autorizza il Governo ad adottare norme su materie che erano già state regolate dalla legge e che necessitano di una nuova disciplina. In questo modo si ottiene un duplice effetto: su quella determinata materia la disciplina legislativa precedente viene abrogata e ad essa si sostituisce una disciplina regolamentare. Ovviamente perché ciò possa avvenire senza compromettere i caposaldi del sistema delle fonti, deve essere la legge autorizzante a precisare quali leggi sono abrogate. Anche in questo caso il ricorso al regolamento autorizzato è escluso dalle materie per le quali vige una riserva di legge assoluta.

Vale la pena menzionare un'altra figura regolamentare, non disciplinata dalla l. 400/1988 ma dalla disciplina legislativa che regola l'attuazione del diritto unionale (v. ora l. 234/2012). Si tratta dei **regolamenti di attuazione della legge comunitaria**, ammissibili solo in materie di competenza esclusiva statale.

Vanno infine menzionati i regolamenti dei singoli ministri (**regolamenti ministeriali**) o di più ministri (**interministeriali**) o **del Presidente del Consiglio**, tutti sinteticamente disciplinati al terzo comma dell'art. 17 l. 400/1988. Per la loro valida adozione è richiesta l'espressa previsione legislativa; sono ammissibili solo se regolano materie rientranti nelle attribuzioni del ministero o di più ministeri (o del Presidente del Consiglio).

## 10. *La consuetudine come fonte prevista dall'ordinamento*

### 10.1. *Profili generali*

Mentre le fonti-atto sono il frutto di un atto di volontà, quello del legislatore o di altro autore di normazione che esprime una volontà attraverso la formulazione di norme, le fonti-fatto rinviano a un fenomeno differente in cui la ripetizione di un comportamento nel tempo, accompagnato dalla convinzione della sua obbligatorietà, produce la nascita di una norma giuridica non scritta. Anche nel caso delle fonti-fatto, comunque, la norma nasce da una volontà, diffusa e non concentrata in un unico soggetto (Bobbio, 1942). La consuetudine – questo il nome della norma prodotta attraverso tale procedimento – è dunque una norma non scritta, tipica degli ordinamenti antichi.

Gli elementi costitutivi sono quindi un *fattore oggettivo*, la ripetizione costante e uniforme di un comportamento (***diuturnitas***) e un *fattore soggettivo*, la convinzione dell'obbligatorietà giuridica (***opinio iuris ac necessitatis***). Quanto al primo fattore, non è ovviamente possibile stabilire una regola che ci dica con esattezza quando si è formata una consuetudine; nel diritto costituzionale, ad esempio, la ripetizione del comportamento può essere anche molto limitata. Quanto al fattore soggettivo, vi è stato chi ha fatto notare come la consuetudine sarebbe basata su un errore o su un circolo vizioso in quanto l'obbligatorietà giuridica sarebbe inesistente. La risposta è stata che forse ciò è corretto se ci si pone nell'ottica del singolo, non anche se si assume quella del gruppo sociale.

Nell'epoca moderna la consuetudine ha avuto un ampio sviluppo nel Regno Unito e nei paesi da essa culturalmente influenzati. Oggi, in sistemi a diritto scritto, le fonti-fatto hanno perso importanza.

## 10.2. *Le disposizioni sulla legge in generale*

Delle fonti-fatto, tuttavia, l'ordinamento giuridico italiano si occupa. Nelle disposizioni sulla legge in generale, che sono premesse al codice civile (e quindi ben antecedenti alla Costituzione) e che disciplinano questioni che riguardano la teoria delle fonti normative, l'art. 1 individua le fonti del diritto, collocando all'ultimo posto, dopo le leggi e i regolamenti, gli **usi**. E sugli usi, che corrispondono alle consuetudini, le disposizioni ritornano all'art. 8 in cui è detto che «Nelle materie regolate dalle leggi e dai regolamenti gli usi hanno efficacia solo in quanto sono da essi richiamati».

Il Ministero dell'industria, oggi il Ministero per lo Sviluppo Economico, cura la raccolta delle consuetudini tuttora esistenti; anche le Camere di commercio raccolgono le consuetudini locali. Le consuetudini ivi raccolte sono presunte esistenti fino a prova contraria (art. 9 disp. prel. c.c.). La desuetudine si produce quando viene meno uno dei due elementi che compongono la consuetudine.

Le disposizioni preliminari ammettono solo le consuetudini *secundum legem*, che cioè, essendo richiamate dalla legge, non si pongono in contrasto con esse, vietando quelle *contra legem* (in contrasto con la legge). Vi è poi un terzo tipo di consuetudini, quelle *praeter legem*, vale a dire che intervengono su materie non regolate dalla legge, di cui l'art. 8 nulla dice. Proprio da tale silenzio può aversi la conferma che la sfera delle consuetudini è più ampia di quella regolata dalle disposizioni sulla legge in generale. In altri termini, può ritenersi che la regola dell'art. 8 vale solo per le materie regolate da leggi (qui il termine legge può essere inteso in senso ampio come comprensivo anche delle fonti costituzionali) e regolamenti, potendosi così ipotizzare che nelle materie – nella realtà sono pochissime – dove tali fonti non intervengono vi sia spazio per le consuetudini [14].

---

[14] L'art. 1 del codice della navigazione richiama espressamente la consuetudine come fonte del diritto.

## 10.3. *Le consuetudini costituzionali*

Proprio nel diritto costituzionale si apre così un margine per le norme consuetudinarie (Rossano, 1992, 145 ss.), in quanto la Costituzione non riesce a disciplinare tutte le materie del diritto costituzionale (il diritto costituzionale è più ampio della Costituzione) e inoltre perché i soggetti attivi nel campo del diritto costituzionale sono molto ridotti rispetto a quelli presenti negli altri campi del diritto. Naturalmente, proprio perché anche la consuetudine costituzionale si struttura secondo il modello generale, non c'è sempre accordo sull'esistenza di una consuetudine. In materia di formazione del Governo, ad esempio, si ritiene che l'art. 92 sia sostanzialmente integrato da consuetudini costituzionali, in particolare nelle fasi delle consultazioni e dell'incarico, non espressamente previste dall'art. 92.

Il diritto costituzionale conosce anche le c.d. *consuetudini facoltizzanti*, che darebbero cioè al destinatario della norma consuetudinaria il potere di scegliere se attenersi oppure no a quel comportamento. Ad esempio, prima della l. 400/1988, si riteneva che la materia delle componenti non necessarie del governo fosse regolata da consuetudini facoltizzanti, appunto perché non tutti i Governi seguivano le stesse regole in materia.

Le consuetudini costituzionali, non potendo porsi in contrasto con le disposizioni costituzionali (quindi, anche nel campo del diritto costituzionale, vale il divieto delle consuetudini *contra legem*), sono subordinate alla Costituzione. Si ritiene che esse potrebbero integrare il parametro di costituzionalità nei giudizi di legittimità e nei conflitti di attribuzione. D'altronde, la consuetudine vive soprattutto se sanzionata da un giudice (almeno così accade nei paesi di *common law*). Sul ruolo della ripetizione dei comportamenti come consolidamento di principi costituzionali è intervenuta la Corte cost. con sent. 121/1981.

L'analisi finora condotta ha considerato la consuetudine come fonte prevista dall'ordinamento. Per sua natura, tuttavia, la consuetudine può anche svilupparsi al di fuori dell'ordinamento, come una fonte *extra ordinem* (di cui subito si dirà), capace di porsi in contrasto con gli atti e le norme dell'ordinamento: si pensi ai fatti che permettono l'instaurazione di nuovi ordinamenti costituzionali, in rottura con quelli preesistenti (rivoluzioni, colpi di Stato).

## 11. *Le convenzioni e le norme di correttezza costituzionale*

Le **convenzioni costituzionali** (termine mutuato dal diritto inglese dove le *conventions of the constitution* svolgono un ruolo centrale e diverso rispetto alle convenzioni del nostro ordinamento) sono regole peculiari del diritto costituzionale. Esse consistono in regole, anch'esse *prive di vincolatività giuridica*, che disciplinano il comportamento degli organi costituzionali. Le convenzioni servono a risolvere questioni applicative del diritto costituzionale (inteso, in questo caso, come comprensivo della Costituzione e delle leggi costituzionali) e risultano essere la conseguenza di un accordo, tacito o espresso, tra gli organi di vertice dell'ordinamento (Rescigno, 1972).

La *reciprocità* che caratterizza queste regole e la loro occasionalità (vale a dire che esse servono a risolvere problemi applicativi puntuali grazie ad un accordo raggiunto dagli organi coinvolti) spiega anche la difficoltà di riconoscere loro carattere giuridico e quindi vincolante. Una successiva violazione della regola convenzionale tende a rimanere, infatti, priva di sanzione giuridica. La materia degli impedimenti del capo dello Stato ha dato luogo al sorgere di convenzioni: ad esempio, allorché nel 1964 il capo dello Stato fu colpito da una grave malattia, la soluzione raggiunta fu il frutto di un accordo; anche la questione dei viaggi all'estero del Presidente, nelle prime occasioni che si presentò, diede vita a soluzioni convenzionali differenti (nel 1956 si ritenne che il viaggio all'estero non desse vita a un'ipotesi di impedimento temporaneo; diversamente si ritenne, invece, nel viaggio all'estero del Presidente Saragat) (cfr. cap. VIII) (Bifulco, 1992, 31 ss.).

Se si consolidano, le convenzioni possono portare alla formazione di una consuetudine. Un esempio in tal senso può essere rinvenuto nella torsione parlamentare che lo Statuto albertino ricevette nei suoi primi anni di applicazione in seguito ad un accordo iniziale della Corona e del Parlamento, poi stabilizzatosi.

Nel diritto costituzionale esistono le c.d. **norme di correttezza costituzionale**, che non hanno forza giuridica e che forniscono regole di corretto comportamento delle istituzioni (Treves, 1962). Esse danno vita a un insieme di regole di condotta, di deferenza e discrezione, che caratterizza il comportamento dei soggetti chiamati a svolgere ruoli istituzionali di vertice. A caratterizzare tali regole dalle consuetudini sarebbe proprio l'assenza dell'elemento psicologico.

Si badi che in alcuni casi le norme del diritto costituzionale rinviano a regole di correttezza: così l'art. 54 secondo cui coloro che ricoprono uffici pubblici sono chiamati ad esercitare le funzioni «con disciplina ed onore»; anche le norme parlamentari fanno spesso richiamo alle regole della buona educazione (artt. 33 R.C. e 61 R.S. che usano il termine 'sconveniente').

## 12. *La necessità e le fonti* extra ordinem

La **necessità** può diventare fonte del diritto. In genere, a prevedere che ciò possa accadere è lo stesso ordinamento con norme che abilitato alcuni soggetti ad intervenire, in situazione appunto di necessità, attraverso atti normativi che alterano momentaneamente il normale funzionamento della produzione normativa.

Abbiamo già incontrato un'ipotesi del genere, in occasione dell'esame della dichiarazione dello stato di guerra. In questo caso lo stato di oggettiva necessità altera il normale funzionamento della funzione normativa. Anche dei bandi militari abbiamo fatto cenno.

Vanno menzionate le **ordinanze di necessità**, anche definite come 'contingibili ed urgenti', adottabili da parte di organi dello Stato o degli enti territoriali per «prevenire ed eliminare gravi pericoli che minacciano l'incolumità dei cittadini» (art. 38.2 l. 142/1990 e ora art. 50 d.lgs. 267/2000). Queste ordinanze possono derogare alle disposizioni legislative incontrando come unico limite i principi generali dell'ordinamento giuridico dello Stato. Nello stesso senso vanno le norme della l. 225/1992 in materia di protezione civile, oggi contenute nel codice della protezione civile (d.lgs. 1/2018).

In tutti questi casi siamo di fronte ad ipotesi in cui la necessità è comunque infrenata all'interno dell'ordinamento giuridico.

Nel caso delle **fonti *extra ordinem*** questo labile legame tra il fatto e l'ordinamento giuridico viene definitivamente meno. Nelle ipotesi più gravi (rivoluzione) ciò può portare all'instaurazione di una nuova forma di Stato o di governo e quindi di un nuovo ordinamento giuridico, come nel caso della caduta del fascismo. Nelle ipotesi meno gravi, l'ordinamento giuridico, nel suo complesso, rimane vigente producendosi delle alterazioni rispetto all'assetto precedente (c.d. *rotture della Costituzione*). Si pensi all'introduzione della decretazione d'urgenza nel periodo statutario, non prevista dallo Statuto albertino.

## 13. *Postilla: qualità della legge e forma di governo*

Problema a sé è la c.d. qualità della legge, dell'atto normativo in generale, la cui redazione è divenuta sempre più scadente. Non è solo una questione di qualità della scrittura e di sua intellegibilità. È divenuta oramai una questione di completo disinteresse del legislatore nei confronti dei destinatari degli atti normativi. Questi ultimi si trovano a dover fronteggiare: atti normativi composti da un unico articolo, contenente migliaia di commi (tipico è il caso delle leggi di bilancio); atti normativi di sistema, vale a dire che intendono disciplinare un settore normativo, anch'essi composti da un unico articolo, contenente centinaia di commi (v., ad esempio, la l. 56/2014); atti normativi caratterizzati da insopportabili disomogeneità, come accade nel caso dei decreti-legge e delle relative leggi di conversione. E gli esempi potrebbero continuare.

Le modifiche del regolamento del Senato hanno introdotto il Comitato per la legislazione all'art. 20-*bis*, chiamato a esprimere pareri sull'impatto e sulla qualità dei testi, con riguardo alla loro omogeneità, alla semplicità, chiarezza e proprietà della loro formulazione. L'innovazione va salutata con favore, anche se è chiaro che un miglioramento potrà esserci solo intervenendo sui meccanismi decisionali e ristabilendo una migliore e più efficace divisione dei ruoli tra Parlamento e Governo.

CAPITOLO XIII

# LE FONTI DELLE AUTONOMIE TERRITORIALI



## 1. *La potestà statutaria delle Regioni*

### 1.1. *Profili generali*

Gli statuti delle Regioni disciplinano l'organizzazione delle Regioni e il modo in cui le funzioni ad esse spettanti sono esercitate, in armonia con la Costituzione. La Costituzione italiana distingue tra statuti delle Regioni ad autonomia speciale e statuti delle Regioni ad autonomia ordinaria (da ora Regioni o statuti speciali e Regioni o statuti ordinari). La differenza è profonda e attiene al valore giuridico dell'atto, al procedimento di formazione, ai limiti giuridici cui esso è sottoposto.

L'autonomia statutaria delle Regioni ordinarie è stata profondamente innovata dalla revisione costituzionale operata con la l. cost. 1/1999 (Olivetti, 2002).

### 1.2. *Gli statuti delle Regioni ad autonomia speciale*

L'art. 116 stabilisce che gli statuti delle Regioni speciali sono adottati con legge costituzionale. Ciò conferisce agli statuti speciali il rango più elevato nella gerarchia delle fonti, sottraendo, allo stesso tempo, alle cinque Regioni speciali la disponibilità del proprio statuto.

Per estendere anche alle Regioni speciali le innovazioni introdotte dalla l. cost. 1/1999 riguardanti la materia statutaria delle Regioni ordinarie (esaminate nei prossimi paragrafi), è stata adottata la l. cost. 2/2001 (intitolata appunto *Disposizioni concernenti l'elezione diretta dai Presidenti delle Regioni a statuto speciale e delle Province autonome di Trento e di Bolzano*). In tal modo è stata attribuita anche alle Regioni speciali la competenza legislativa esclusiva in materia di forma di governo (per ogni Regione è previsto il relativo procedimento di approvazione). Ove adottate, le singole leggi regionali sono abilitate a sostituire la disciplina relativa alla forma di governo contenuta nello statuto speciale (modalità di elezione del presidente della Regione, nomina e revoca degli assessori, incompatibilità e ineleggibilità di consiglieri e assessori). Come abbiamo visto, si tratta di un'ipotesi di 'decostituzionalizzazione', per cui una materia (la forma di governo delle Regioni speciali), prima sottoposta alla disciplina della legge costituzionale, è ora sottoposta alla disciplina della legge regionale ordinaria, approvata a maggioranza assoluta.

Ad oggi, la Valle d'Aosta, con la l. 21/2007, e la Provincia autonoma di Bolzano con la legge provinciale 14/2017 si sono date una forma di governo diversa da tutte le altre esaminate nel cap. X, prevedendo l'elezione del Presidente della Regione da parte del Consiglio e la mozione di sfiducia costruttiva.

### 1.3. *Gli statuti delle Regioni ad autonomia ordinaria*

#### 1.3.1. *Procedimento di formazione e natura dell'atto*

Prima della menzionata revisione del 1999, l'art. 123.2. prevedeva un procedimento di formazione degli statuti ordinari articolato in due fasi: al Consiglio regionale spettava di deliberare lo statuto a maggioranza assoluta dei componenti, al Parlamento spettava di approvarlo con legge, sicché si è a lungo discusso sulla riconducibilità dello statuto allo Stato o alla Regione.

Questi opposti orientamenti sono oggi entrambi superati. Poiché il nuovo statuto regionale è 'prodotto' interamente all'interno della Regione, senza alcuna possibilità di intervento dello Stato, si può con certezza concludere per la sua natura di atto regionale. Difatti il vigente art. 123.2.-3., prevede un procedimento di formazione da molti definito come *para-costituzionale*. Con questa espressione si allude al fatto che il suddetto procedimento ricalca, per alcuni aspetti, quello che bisogna seguire per l'adozione delle leggi costituzionali e di revisione costituzionale (Carlotto, 2007). È infatti prevista una doppia approvazione con maggioranza assoluta dei componenti il Consiglio regionale; un intervallo tra le due deliberazioni non inferiore a due mesi; l'eventualità del referendum (che può essere chiesto indipendentemente dal tipo di maggioranza con il quale è stato approvato lo statuto in Consiglio) ove esso sia richiesto da un cinquantesimo degli elettori della Regione o da un quinto dei componenti del Consiglio regionale (non anche da parte degli enti locali).

Oltre che al giudizio popolare, lo statuto può essere sottoposto al controllo di costituzionalità della Corte ove sia impugnato dal Governo entro trenta giorni dalla sua prima pubblicazione.

Notevoli sono stati i problemi applicativi collegati alla disciplina costituzionale. In particolare dall'art. 123.3. si intende che il referendum si svolge prima della promulgazione e quindi prima della pubblicazione necessaria. Da ciò si è ricavata la necessità di una doppia pubblicazione dello statuto: una pubblicazione a soli fini notiziali (come nel caso delle leggi costituzionali) e un'altra pubblicazione, successiva a fini legali. È stato anche chiarito che l'impugnazione governativa dello statuto deve esser fatta dopo la pubblicazione notiziale (sent. Corte cost. 304/2002). Non ogni problema è stato però risolto perché il ricorso alla Corte non sospende i termini per la proposizione del referendum e nulla garantisce che la sentenza della Corte arrivi prima del referendum. A questa situazione d'incertezza hanno provato a porre rimedio alcune Regioni con proprie soluzioni statutarie e legislative.

Da quanto detto può concludersi che lo statuto regionale è, con riguardo al procedimento di approvazione, *atto legislativo rinforzato* (vale a dire che, rispetto alle 'ordinarie' leggi regionali, lo statuto è sottoposto a un procedimento aggravato), sicché, nelle materie ad esso riservate, esso è in posizione sovraordinata rispetto alle leggi della Regione. La dottrina ragiona, a proposito dello statuto regionale ordinario, di *legge statutaria*, proprio per indicare la natura diversa e superiore dello statuto rispetto alle altre leggi regionali.

### 1.3.2. *Gli oggetti di disciplina degli statuti*

Il principale oggetto della potestà statutaria è la forma di governo. Ad essa si è dedicata specifica attenzione nel cap. X. Accanto alla forma di governo, l'art. 123 prevede che lo statuto determini anche «*i principi fondamentali di organizzazione e di funzionamento*». L'enunciato lascia chiaramente intendere che in relazione a questo oggetto si instaura una concorrenza di fonti: allo statuto spetta fissare i principi e alla legge regionale il dettaglio.

A proposito dei principi di organizzazione, alcuni statuti hanno previsto norme di principio dirette a fissare scopi e obiettivi da perseguire. A titolo di esempio può essere preso in considerazione l'art. 4.1.h), st. Toscana, secondo cui la Regione persegue, tra le finalità prioritarie, «il riconoscimento delle altre forme di convivenza». L'esempio chiarisce che queste norme non intendono attribuire diritti o doveri ma solo formulare degli obiettivi che l'ente si propone di perseguire (Catelani, Cheli, 2008).

Queste norme sono state oggetto di impugnazione da parte del Governo. La Corte, con le sentt. 372, 378 e 379/2004, ha dichiarato le censure inammissibili ritenendo tali disposizioni prive di contenuto normativo ed espressione, al più, di orientamenti politici e culturali. Di fatto, quindi, le disposizioni sono rimaste negli statuti, nella consapevolezza – soggetta però a mutamenti nel tempo – che esse sono prive di contenuto normativo.

Oltre alla forma di governo e ai principi fondamentali di organizzazione e di funzionamento, gli altri oggetti rientranti nella competenza degli statuti ed espressamente indicati dall'art. 123.1. sono l'esercizio del diritto di iniziativa e del referendum su leggi e provvedimenti amministrativi e la pubblicazione delle leggi e dei regolamenti regionali. Nella disciplina di queste materie le Regioni hanno prodotto, in alcuni casi, interessanti innovazioni.

In relazione a tali altri oggetti indicati nel primo comma dell'art. 123, si è riaperta la questione, già sorta nella vigenza del precedente regime normativo, della natura della riserva di statuto. In altri termini, sorge la domanda relativa all'intensità della riserva di statuto prevista dalla Costituzione, e cioè se gli oggetti previsti dall'art. 123.1. debbano essere interamente disciplinati dallo statuto (riserva assoluta) ovvero se lo statuto possa limitarsi a porre i principi che leggi regionali successive svilupperanno (riserva relativa). Anche in questa caso la risposta è stata nel senso di ritenere che la riserva abbia un valore relativo.

### 1.3.3. *I limiti alla potestà statutaria*

Rispetto alla precedente disciplina costituzionale la l. cost. 1/1999 innova in maniera sensibile il tema dei limiti. Nel testo costituzionale del 1948 il limite era duplice poiché lo statuto doveva essere «*in armonia con la Costituzione e con le leggi della Repubblica*». Oggi, per effetto della riforma del 1999, rimane solo il limite dell'armonia con la Costituzione (Rosini, 2016).

La caducazione del limite dell'armonia con le leggi esprime il chiaro intento di ampliare la potestà statutaria regionale, lasciando che l'armonia con la Costituzione funzioni da limite negativo. L'effetto ampliativo dovrebbe risultare più ampio nelle ipotesi in cui la fattispecie regolata dalla Regione non sia espressamente regolata dalla Costituzione, mentre, nei casi in cui la materia risulti disciplinata dalla Costituzione, il limite agisce in maniera positiva e conformante.

La Corte costituzionale è intervenuta sul punto con la sent. 304/2002, stabilendo che, dal punto di vista dell'ampiezza del vincolo, il limite si estende all'intera Costituzione, ad ogni suo disposto e non solo alla parte contenuta nel Titolo V della Parte II e che, nella prospettiva dell'intensità del vincolo, l'armonia non implica il rispetto formale della lettera della Costituzione, bensì l'aderenza allo spirito della Costituzione.

In realtà, almeno in ipotesi specifiche, il vincolo è stato esteso anche alle leggi dello Stato che, intervenendo su materie in cui si intrecciano le competenze dello Stato e delle Regioni, finiscono per rappresentare un limite nei confronti degli statuti. Si pensi alla legislazione statale in materia di impiego pubblico, che costituisce un limite non solo per le leggi regionali ma anche e soprattutto per gli statuti.

## 2. *Legislazione, amministrazione e giurisdizione tra Stato e Regioni: profili generali*

Prima di esaminare come è disciplinata la potestà legislativa delle Regioni, è bene, in via preliminare, osservare che, a differenza di quanto accade per gli Stati membri delle federazioni, le Regioni italiane dispongono solo della potestà legislativa ed amministrativa, non anche di quella giurisdizionale. Si spiega così la riserva allo Stato della materia «giurisdizione e norme processuali», con la connessa materia «giustizia amministrativa», nonché la materia «ordinamento civile e penale». Essendo infatti sottratte alle Regioni le discipline relative a giudici e processi, ai rapporti di diritto privato, ai reati e alle pene, l'oggetto fondamentale della legislazione regionale è costituito dalle politiche pubbliche e dai rapporti tra amministrazioni regionali nonché dai rapporti tra pubbliche amministrazioni e cittadini (Paladin, 1958, 96).

Inoltre il potere di determinare le competenze regionali (la c.d. competenza della competenza) spetta allo Stato, che, con legge costituzionale, può cambiare le regole sul riparto.

## 3. *La potestà legislativa delle Regioni*

### 3.1. *La situazione prima della riforma costituzionale del 2001*

Prima della revisione costituzionale del 2001, le Regioni ordinarie possedevano due tipi di potestà legislativa. Il più importante era la **potestà legislativa concorrente**, per cui le Regioni potevano adottare leggi nell'ambito di un ristretto numero di materie, elencate nel primo comma dell'art. 117. Per *materie* si intende un insieme di attribuzioni, avente in comune un oggetto determinato, affidato dalla Costituzione alla legislazione delle Regioni (per esempio la materia dell'agricoltura, dell'urbanistica, del turismo e così via).

La potestà legislativa in questione era ed è tuttora denominata concorrente perché sulla materia intervengono, concorrono appunto, due fonti: la legge statale che dovrebbe intervenire per prima, definendo i principi della materia e la legge regionale che dovrebbe dettagliare tali principi, adeguandoli alle specificità del proprio territorio. Per tutto ciò che non era espressamente previsto nell'elenco, la competenza spettava allo Stato.

L'altro tipo di potestà legislativa, contenuto nell'art. 117.2, ha avuto applicazione molto limitata. In questo caso lo Stato demandava alla Regione il potere di adottare norme per l'attuazione di leggi statali. Ciò spiega la definizione di *potestà legislativa integrativo-attuativa.*

Nel caso delle Regioni speciali l'art. 116 demandava agli statuti la concretizzazione della potestà legislativa. Erano e sono i singoli statuti speciali a determinare quindi la potestà legislativa della singola Regione [1]. Sostanzialmente anche in tali statuti si rinvengono le due potestà legislative appena esaminate con riguardo alle Regioni ordinarie. Ciò che dunque le caratterizza è un terzo tipo di potestà legislativa, propria delle sole Regioni speciali, definita **esclusiva** o **primaria** o **piena**. Essa si caratterizza per il fatto che, nelle materie rientranti in tale tipologia, la Regione non incontra il limite dei principi fondamentali, sicché finisce per avere maggiori spazi di intervento.

Negli sviluppi concreti, la potestà legislativa delle Regioni è stata fortemente ristretta da parte dello Stato attraverso, in particolare, un uso distorto del limite dell'interesse nazionale e della legislazione di cornice.

Quanto all'**interesse nazionale**, esso era contenuto nell'art. 117.1. La sua funzione avrebbe dovuto essere quella di parametrare la legislazione regionale ai valori fondamentali dell'ordinamento: quindi un limite di merito piuttosto che di legittimità (non a caso, l'art. 127.4. ne attribuiva il controllo al Parlamento, non alla Corte costituzionale). Nella realtà, il legislatore statale, ogniqualvolta ha ritenuto essere presente un interesse nazionale, lo ha utilizzato come base legale per interventi normativi statali in settori materiali di competenza delle Regioni. La Corte costituzionale, da parte sua, ha avallato questa scelta, intendendo l'interesse nazionale come strumento diretto a salvaguardare l'unità dell'ordinamento e quindi come espressione dell'art. 5. A ciò si aggiunga la presenza di altri limiti, di cui si dirà oltre, ricavati direttamente dalla Costituzione e dagli statuti speciali.

Con riguardo al concreto uso della potestà legislativa concorrente, nel dettato originario della Costituzione, la legge statale avrebbe dovuto limitarsi a porre principi e non anche disposizioni di dettaglio. Nella realtà è andata molto diversamente, prevedendosi, oltre alle norme di principio, anche quelle di dettaglio. Sebbene la Corte abbia precisato che queste disposizioni di dettaglio sono derogabili da parte delle Regioni al momento dell'adozione delle proprie leggi, resta il fatto che con questa tecnica lo Stato ha ulteriormente ristretto l'autonomia legislativa regionale, predeterminando sostanzialmente anche la disciplina regionale.

---

[1] E così, ad esempio, la potestà legislativa di tipo concorrente trova disciplina, negli statuti speciali, agli artt. 3 Sardegna; 5 Trentino-Alto Adige; 5 Friuli-Venezia Giulia (la Valle d'Aosta ne è priva). L'art. 17 Sicilia attribuisce alla Regione una competenza non pienamente coincidente con la potestà concorrente.

## 3.2. *La funzione legislativa dopo la riforma del 2001*

Mentre il precedente testo dell'art. 117 era costruito in maniera tale che le Regioni ordinarie potessero svolgere la propria limitata autonomia legislativa solo sulle materie dell'elenco ivi previsto, il nuovo testo dell'art. 117 capovolge il criterio generale di riparto delle competenze legislative (Olivetti, 2003, 91 ss.).

Sono previsti due elenchi di materie, contenuti rispettivamente nel secondo e terzo comma dell'art. 117: nel primo si individuano le materie sulle quali è competente in via esclusiva lo Stato, nel secondo ritorna lo schema, ormai noto, della potestà concorrente, cioè di materie in cui lo Stato pone i principi fondamentali della materia e la Regione i successivi sviluppi legislativi. A parte la novità del doppio elenco, ciò che dovrebbe assicurare la completezza del riparto è la clausola contenuta nel quarto comma: «*Spetta alle Regioni la potestà legislativa in riferimento ad ogni materia non espressamente riservata alla legislazione dello Stato*». In base a tale clausola residuale, che ricorda da vicino quelle presenti nelle costituzioni federali più risalenti nel tempo, ciò che non risulta presente nei due elenchi viene attribuito alla competenza residuale delle Regioni. Si tratta, quindi, di un ribaltamento rispetto alla logica con cui funzionava il precedente schema di riparto (Bifulco, Celotto, 2015).

È anche opportuno chiarire fin da subito che la revisione dell'art. 117 riguarda le sole Regioni ordinarie giacché la potestà legislativa delle Regioni speciali continua ad essere regolata dai rispetti statuti (con qualche adeguamento, di cui diremo tra poco).

### 3.2.1. *Le materie di potestà legislativa esclusiva statale*

Le materie contenute nell'elenco di cui all'art. 117.2. conservano un forte legame con quelle norme di principio, di scopo, di programma nonché con le norme attributive di libertà e diritti fondamentali che sono contenute nella Parte I della Costituzione e che caratterizzano la forma di Stato (la determinazione dei livelli essenziali delle prestazioni di cui alla lett. m).

Il legame strutturale con l'ente centrale vale sicuramente per le materie che attengono alla statualità, nella sua proiezione esterna ed interna (politica estera o organizzazione amministrativa dello Stato).

Una sicura specificità dell'ordinamento costituzionale italiano è l'attribuzione allo Stato della potestà legislativa sulla «*legislazione elettorale, organi di governo e funzioni fondamentali di Comuni, Province e Città metropolitane*» (lett. p).

Dall'insieme delle altre materie possono poi individuarsi altre finalità tradizionalmente attribuite agli enti centrali. Tra queste vi sono sicuramente la *sicurezza* (lett. d), h), q)), la *tutela dell'unità giuridica dell'ordinamento* (lett. l)), la *tutela dell'unità economica* (lett. e) e r)) e *sociale dell'ordinamento* (lett. m), n), o)). Infine vi è da menzionare la finalità di *tutela dell'ambiente* (lett. s), che ben può essere considerata di chiusura rispetto a tutte le altre giacché mira a preservare le condizioni di vita delle generazioni presenti e future.

Di notevole rilievo l'interpretazione che la Corte costituzionale ha dato di queste materie, che entrano in relazione con altre materie di competenza concorrente e residuale (c.d. interferenze competenziali). Le più importanti tra di esse – come la tutela dell'ambiente, i livelli essenziali delle prestazioni, la tutela della concorrenza, l'ordinamento civile e penale – sono state definite dalla Corte stessa come **materie traversali,** ad indicare, appunto, la difficoltà di contenere le stesse entro argini ben precisi.

La ricaduta pratica di tale configurazione è che in relazione a tali materie, rientranti nell'elenco di cui all'art. 117.2., la potestà legislativa esclusiva dello Stato interferisce spesso con altre materie di competenza regionale. Ciò non si traduce necessariamente in un vizio della disciplina statale, ove sia accertata la rispondenza della disciplina medesima alle finalità che lo Stato deve perseguire. A compensazione di ciò la Corte ammette interventi legislativi regionali in quanto siano legati alla cura di interessi regionali funzionalmente collegati a quelli rientranti nella materia trasversale (si pensi, ancora una volta, al rapporto tra tutela dell'ambiente e governo del territorio o ancora al rapporto tra tutela dell'ambiente e tutela della salute). Inoltre le Regioni possono stabilire, per il raggiungimento dei fini propri delle loro competenze, livelli più elevati di tutela (ad esempio ambientale) (sentt. Corte cost. 373/2010; con riferimento alla tutela della concorrenza, sent. 209/2013).

### 3.2.2. *Le materie regionali: la potestà concorrente*

Le materie rientranti nella potestà legislativa concorrente, che rappresentano il cuore delle competenze legislative delle Regioni ordinarie, attengono a profili materiali differenti rispetto a quelli appena esaminati. Esse sono riconducibili soprattutto alle *attività di prestazione* tipiche degli ordinamenti statali contemporanei, vale a dire all'insieme di prestazioni, di natura molto differente, che gli enti pubblici sono chiamati a svolgere sul proprio territorio.

È poi possibile rinvenire un fascio di materie che si collega strettamente al *sistema economico e produttivo* nella sua dimensione internazionale, nazionale e locale, nonché al *settore delle infrastrutture*. I fasci di materie legati al sistema economico e produttivo nonché alle infrastrutture hanno poi un'indubbia incidenza sul territorio regionale. Si spiega così che un altro settore di grande rilievo per le Regioni sia rappresentato dalle competenze legate al *governo del territorio*.

Con riguardo alla potestà legislativa concorrente sono diverse le problematiche da affrontare.

La prima riguarda il caso dell'**assenza di leggi-cornice**, vale a dire delle leggi che lo Stato è chiamato ad adottare per porre i principi fondamentali ai sensi dell'art. 117.3. Dopo l'entrata in vigore della l. cost. 3/2001 lo Stato avrebbe dovuto procedere a una riconsiderazione della propria legislazione nelle materie di competenza concorrente. In questo senso disponeva anche l'art. 1 l. 131/2003, che prevedeva, in attesa dell'adozione delle leggi statali contenenti nuovi principi, la possibilità per lo Stato di adottare decreti legislativi ricognitivi dei principi fondamentali delle materie da parte dello Stato. Questa previsione, tranne limitate eccezioni, è rimasta sostanzialmente inattuata. L'inerzia del legislatore ha così provocato la riemersione di problemi che già si erano posti nella vigenza del precedente testo costituzionale.

Nel caso di completa assenza di leggi-cornice la Corte, riallacciandosi alla situazione ordinamentale precedente alla revisione costituzionale del 2001, ha ritenuto che le Regioni possano comunque legiferare, ricavando i principi fondamentali dalla preesistente legislazione statale (sentt. 282/2002 e 196/2003).

Altra questione problematica riguarda la **corretta individuazione dei principi fondamentali**. Nella nota sent. 177/1988 la Corte aveva distinto i tratti caratterizzanti i principi fondamentali: da un lato il tratto sostanziale, dall'altro quello strutturale. In base al primo, i principi si caratterizzano in quanto «norme espressive di scelte politico-legislative fondamentali o, quantomeno, di criteri o di modalità generali tali da costituire un saldo punto di riferimento in grado di orientare l'esercizio del potere legislativo regionale»; in base al secondo, i principi devono essere suscettibili «di sviluppi o di svolgimenti ulteriori».

L'avvento del nuovo Titolo V fa sì che il criterio strutturale venga tendenzialmente conservato dalla Corte (anche se subisce non poche eccezioni a seconda dell'oggetto della disciplina e dei contesti storico-istituzionali), mentre il criterio sostanziale appare in declino giacché sono frequenti le sentenze nella quali la Corte riconosce natura di principio a disposizioni dal carattere puntuale o provvisorio.

Altra questione delicata riguarda la **forma dell'atto chiamato a porre i principi fondamentali**. Confermando un orientamento precedente alla revisione del 2001, la Corte non attribuisce alla legge formale il compito esclusivo di enucleare i principi fondamentali, ritenendo che anche decreti legislativi (sentt. 285/2005; 303/2003; 280/2004; 50/2005; 205, 270/2005) e decreti-legge (sentt. 6 e 196/2004) siano in grado di contenerli. In un caso (sent. 11/2014), la Corte ha addirittura riconosciuto alle *Linee Guida per l'autorizzazione degli impianti alimentati da fonti rinnovabili* adottate con d.m. 10 settembre 2010 – quindi a norme prive di rango legislativo – carattere di norme interposte facenti corpo unico con la disciplina statale di principio cui le Regioni, in virtù di quanto stabilito dall'art. 117.3., devono attenersi per non incorrere nella declaratoria di incostituzionalità.

È stato riconosciuto anche l'obbligo di adeguamento delle Regioni al regolamento statale attuativo di legge-cornice (sentt. Corte cost. 302/2003; in senso opposto: 30/2005). Una giurisprudenza problematica, visto l'art. 117.6. che nelle materie concorrenti attribuisce alle Regioni la potestà regolamentare.

Altra *querelle*, già presente in vigenza del precedente Titolo V, è la **sopravvenienza di principi fondamentali**. Si è posta infatti la questione del loro rapporto con la precedente legislazione regionale. In virtù dell'art. 10 l. 62/1053, l'effetto di tale sopravvenienza va inquadrato in termini di abrogazione. Anche la Corte si muove in questa direzione (sentt. 153/1995; 171/1999; 302/2003)[2].

Secondo altra linea interpretativa (attinente alla politica del diritto), si potrebbe fissare alle Regioni un termine entro il quale adempiere, scaduto il quale lo Stato potrebbe intervenire con norme di dettaglio, a somiglianza di quanto previsto per il Trentino-Alto Adige. L'art. 10 l. 62/1953 non trova infatti applicazione nei confronti della Regione Trentino-Alto Adige[3].

Ulteriore questione riguarda la **legittimità delle norme di dettaglio**. La nuova formulazione dell'art. 117.3. Cost., che costruisce il potere statale di determinazione dei principi come una sorta di eccezione rispetto alla pienezza della competenza regionale, non ha infatti impedito che lo Stato continuasse a prevedere anche norme di dettaglio. Sul punto la Corte non esprime una posizione lineare, anche se appaiono prevalenti le sentenze nelle quali la disciplina statale di dettaglio è stata ritenuta illegittima (sentt. 278, 341/2010; 205/2011; 147/2012).

### 3.2.3. *Le materie regionali: la potestà residuale*

Come abbiamo detto, l'art. 117.4. Cost. contiene infine una disposizione tipica delle costituzioni federali: la clausola residuale a favore delle Regioni che fa di esse (almeno in via teorica) enti a competenze generali, per cui tutto ciò che non è espressamente riservato alla legislazione dello Stato spetta alle Regioni. La Corte costituzionale ha preferito denominare le materie ricadenti in tale potestà come rientranti nella competenza legislativa residuale, piuttosto che esclusiva, regionale. Ciò non implica che le materie rientranti nella potestà residuale siano poche o di scarso rilievo.

Il tenore letterale della disposizione lasciava pensare che tutto ciò che non fosse espressamente menzionato nei due precedenti elenchi dovesse ricadere nella potestà residuale delle Regioni. La Corte è stata di contrario avviso, ritenendo che, per far scattare la competenza regionale, non è sufficiente che la materia non sia elencata nei commi 2 e 3 dell'art. 117, essendo viepiù necessario che la materia innominata non sia riferibile ad altre materie nominate.

La Corte ha anche chiarito che residualità non equivale ad esclusività: le interferenze sono presenti in tutte le materie residuali, che subiscono così compressioni anche forti. Si pensi alla materia dei servizi pubblici locali, strutturalmente imbricata con molte materie rientranti nella potestà esclusiva (tutela della concorrenza) e concorrente (governo del territorio).

---

[2] Rimane ovviamente nella disponibilità del giudice del caso concreto la possibilità di sviluppare un'interpretazione capace di rendere compatibile la disposizione regionale con i nuovi principi.

[3] E ciò in virtù dell'art. 2 del d.lgs. 16 marzo 1992, n. 266 (Norme di attuazione dello statuto speciale per il Trentino-Alto Adige concernenti il rapporto tra atti legislativi statali e leggi regionali e provinciali, nonché la potestà statale di indirizzo e coordinamento).

### 3.2.4. *Il nuovo Titolo V e l'autonomia legislativa delle Regioni speciali*

Quanto alla Regioni speciali, il punto di partenza è rappresentato dalla situazione delle attribuzioni delle cinque Regioni prima della riforma. Come è ben noto, al di là di alcune puntuali differenze, anche le attribuzioni delle Regioni speciali si articolano in tre tipi di potestà legislative: quella primaria o piena o esclusiva, quella concorrente[4] e quella integrativo-attuativa (cfr., ad esempio, gli artt. 3, 4 e 5 st. Sardegna).

La revisione costituzionale del 2001, nell'accrescere l'autonomia legislativa delle Regioni ordinarie, ha prodotto uno squilibrio, un'inversione di tendenza rispetto al precedente assetto dei rapporti tra Regioni ordinarie e Regioni speciali, conferendo alle prime un'autonomia legislativa maggiore di quella che gli statuti riservano alle Regioni speciali. Per evitare questo stato di fatto, l'art. 10 l. cost. 3/2001 ha previsto che «sino all'adeguamento dei rispettivi statuti» (quindi in via transitoria) le disposizione della legge cost. 3/2001 «si applicano anche alle Regioni a statuto speciale e alle Province autonome di Trento e Bolzano *per le parti in cui prevedono forme di autonomia più ampie rispetto a quelle già attribuite*».

L'art. 10 formula quindi il criterio della **disciplina più favorevole**, in forza del quale si applica la norma che contiene la disciplina più ampia per l'ente regionale (Ruggeri, 2007, 535 ss.). Va inoltre aggiunto che la prevalenza della disciplina statutaria più favorevole implica che questa va applicata nella sua interezza, vale a dire rispettando tutti i limiti previsti dallo statuto (principi dell'ordinamento giuridico, obblighi internazionali, norme fondamentali delle riforme economico-sociali della Repubblica).

### 3.2.5. *La flessibilizzazione del riparto di competenze: prevalenza e leale collaborazione*

Il riparto della funzione legislativa tra Stato e Regioni crea interferenze continue tra le materie. Per risolvere tali problemi il Giudice delle leggi utilizza due criteri alternativi, prevalenza e concorrenza.

Il **criterio della prevalenza** è utilizzato allorché appaia evidente alla Corte che una materia si impone alle altre con carattere di prevalenza (per cui la disciplina degli asili nido rientra nella materia dell'istruzione piuttosto che in quella dell'assistenza) (sent. Corte cost. 370/2003). Laddove la 'concorrenza di competenze' non sia risolvibile attraverso il criterio della prevalenza, la Corte ricorre al «*canone della leale collaborazione, che impone alla legge statale di predisporre adeguati strumenti di coinvolgimento delle Regioni, a salvaguardia delle loro competenze*».

Il canone della **leale collaborazione**, che, come abbiamo già detto, con la revi-

[4] Non assegnata, ma la conclusione è oggetto di discussione, alla Sicilia (cfr. art. 17 st. Sicilia) e alla Valle d'Aosta.

sione costituzionale del 2001 ha trovato un espresso riconoscimento costituzionale, è divenuto un principio costituzionale espresso ed è perno fondamentale della giurisprudenza costituzionale in materia di rapporti Stato-Regioni.

Già prima della revisione costituzionale del 2001, la Corte ha fatto frequente ricorso al principio di leale collaborazione. Successivamente alla revisione costituzionale del 2001 la Corte ha utilizzato il principio in esame, anche nelle materie rientranti nella competenza legislativa esclusiva dello Stato. Esemplificativa è la giurisprudenza che a tale principio si è richiamata nell'ambito delle materie trasversali, che, pur essendo in astratto materie di competenza esclusiva statale, obbligano – dice la Corte – alla cooperazione.

Ma la Corte ha fatto ricorso al principio in questione anche per impedire atteggiamenti isolazionistici delle Regioni. Difatti, tutte le volte in cui le Regioni hanno adottato leggi che, in qualche modo, escludevano ogni 'dialogo' con lo Stato (ad esempio, in materia ambientale: 67/2011 o di governo del territorio: 117/2013), la Corte ha utilizzato il principio per colpire le relative leggi regionali.

Il principale strumento applicativo del principio è costituito dall'**intesa** tra Stato e Regioni. Sono le leggi dello Stato a farvi riferimento, stabilendo che l'adozione di un atto debba essere adottato 'previa intesa' con le Regioni. È così divenuto importante capire gli effetti che comporta la necessità di trovare un'intesa. A tal fine bisogna distinguere tra *intesa in senso forte* e *intesa in senso debole*. Nel primo senso l'intesa comporta "una paritaria codeterminazione del contenuto dell'atto sottoposto ad intesa" (sentt. Corte cost. 351/1995; 747/1988; 220/1990; 351/1991; 207/1996), con la conseguenza, di non poco momento, «che il suo mancato raggiungimento costituisce ostacolo insuperabile alla conclusione del procedimento» (sent. 6/2004); nel secondo senso, invece, l'intesa riassumerebbe solo «la concordanza delle volontà delle parti a seguito della manifestazione del parere favorevole da parte della Regione» (sent. 514/1988), con la diversa conseguenza che il mancato raggiungimento dell'accordo non impedisce il proseguimento del procedimento.

Consapevole del possibile affievolimento dell'intesa in un mero parere (sent. 222/2005), la Corte ha sottoposto la legittimità delle intese *deboli* a due garanzie a favore della Regione: a) la Regione deve poter emettere il proprio parere sulla base della conoscenza di tutti gli elementi che hanno indotto lo Stato a esercitare il potere in questione nel particolare modo sottoposto all'avviso regionale; b) la decisione statale eventualmente divergente dal parere regionale deve esser sorretta da un'adeguata motivazione (sent. 1031/1988). Del resto, in tal senso dispone l'art. 3.3. d.lgs. 281/1997, che disciplina la materia delle intese nell'ambito del sistema delle Conferenze. Tuttavia, nonostante il rafforzamento degli aspetti garantistici, la Corte non ha esitato, in altre occasioni, a ritenere equivalente intesa e parere favorevole (sentt. 514/1988; 180/1989).

A questo proposito, con la sent. 251/2016 la Corte costituzionale ha stabilito che quando il legislatore delegato riforma istituti incidenti su competenze statali e regionali, che siano tra loro inestricabilmente connesse, è necessario ricorrere all'intesa, e non al mero parere, con le Regioni; intesa da adottare all'interno di una delle sedi del sistema delle Conferenze (una conferma di tale giurisprudenza nella sent. 261/2017). In termini semplici, la Corte ha detto che, quando si ricorre al meccanismo della delega legislativa in materie di competenza statale e regionale, il Governo deve raggiungere l'intesa con le Regioni sul testo del decreto legislativo. La sentenza inverte una giurisprudenza assestata che ragionava di irrilevanza formale degli atti delle Conferenze sul procedimento legislativo (sent. 437/2001) (Bifulco, 2017).

### 3.2.6. *La flessibilizzazione del riparto di competenze: la chiamata in sussidiarietà*

Con la sent. 303/2003 la Corte costituzionale ha ritenuto conforme a Costituzione la l. 443/2001 che attribuiva allo Stato non solo funzioni amministrative in materia di lavori pubblici di preminente interesse nazionale ma anche la competenza a disciplinare legislativamente tale funzione, nonostante in tale ambito esistessero competenze legislative regionali.

La sentenza è di estremo rilievo ed è servita ad attutire gli effetti dell'abrogazione, operata con la l. cost. 3/2001, della clausola dell'interesse nazionale. Tramite tale clausola, come abbiamo detto, lo Stato attraeva verso di sé competenze regionali. Ancora una volta è l'interpretazione della Corte a colmare lacune dell'ordinamento.

In altri termini, la Corte costituzionale, prendendo le mosse dall'art. 118.1. che attribuisce allo Stato il potere di attrarre sussidiariamente verso l'alto le (sole) funzioni amministrative in ragione della necessità di assicurarne l'esercizio unitario, ha esteso l'attrazione anche alla competenza legislativa. Tale estensione è stata motivata sulla base del principio di legalità che, richiedendo che le funzioni assunte per sussidiarietà siano anche organizzate e regolate dalla legge, esige che tale compito sia assolto dalla legge statale e non dalle singole leggi regionali, che ostacolerebbero il conseguimento dell'esercizio unitario.

Poiché la chiamata in sussidiarietà permette allo Stato di allocare e disciplinare con legge una funzione amministrativa, anche se la materia, secondo un criterio di prevalenza, rientra nella potestà legislativa regionale primaria delle Regioni speciali (sent. Corte cost. 144/2014), concorrente o residuale (sentt. 88/2007; 79/2011), la Corte richiede che la legge statale, oltre a essere rispettosa dei principi di sussidiarietà, differenziazione ed adeguatezza nella allocazione delle funzioni amministrative, contenga una disciplina pertinente e indispensabile rispetto alla funzione della chiamata in sussidiarietà. Inoltre «*essa deve risultare adottata a seguito di procedure che assicurino la partecipazione dei livelli di governo coinvolti attraverso strumenti di leale collaborazione o, comunque, deve prevedere adeguati meccanismi di cooperazione per l'esercizio concreto delle funzioni amministrative allocate in capo agli organi centrali*» (sent. 278/2010). Lo strumento ritenuto dalla

Corte il più adeguato ai fini della partecipazione regionale è l'intesa in senso forte (Scaccia, 2009).

### 3.3. *I limiti della potestà legislativa regionale*

#### 3.3.1. *I limiti di carattere generale*

Le leggi delle Regioni ordinarie e speciali sono sottoposte a limiti generali, riguardanti cioè tutte le potestà legislative regionali, da quella primaria o assoluta delle Regioni speciali, a quella concorrente, a quella residuale. Tali limiti, in parte, sono espressamente stabiliti, in parte sono stati ricavati in via interpretativa. Il loro superamento comporta l'illegittimità della legge regionale. Li esamineremo di seguito, in rapida sintesi.

a) L'art. 117.1., per come modificato nel 2001, recita: «*la potestà legislativa è esercitata dallo Stato e dalle Regioni nel rispetto della Costituzione, nonché dei vincoli derivanti dall'ordinamento comunitario e dagli obblighi internazionali*». Da questa disposizione ricaviamo un primo evidente limite, quello del **rispetto della Costituzione,** da alcuni studiosi ritenuto superfluo giacché i limiti costituzionali alle potestà legislative regionali derivano da specifiche disposizioni costituzionali.

b) Il **limite delle materie** è connaturato alla logica del riparto della potestà legislativa: le leggi regionali sono valide solo se rimangono nell'ambito delle materie stabilite dalla Costituzione e dalle leggi costituzionali con le quali sono state adottate gli statuti speciali. Il limite si ricava dagli elenchi di materie contenute nell'art. 117.2.-4. e nelle corrispondenti disposizioni degli statuti speciali.

c) Maggiore è l'autonomia legislativa di cui godono le Regioni, maggiore è la probabilità che si accentuino le differenze tra le Regioni. È questo un problema diffuso negli Stati federali ma latente anche in uno Stato regionale come il nostro. Il **principio di eguaglianza** come limite alla potestà legislativa regionale diventa quindi uno strumento per assicurare quella omogeneità delle condizioni di vita sulla quale si costruisce il senso di solidarietà di una comunità.

In tale prospettiva assume un rilievo particolare la disposizione contenuta nell'art. 117.2.m), che, riservando allo Stato la disciplina dei livelli essenziali delle prestazioni da garantire su tutto il territorio nazionale, mira ad assicurare un nucleo comune minimo di eguaglianza rispetto agli ordinamenti regionali[5]. All'interno del singolo ordinamento regionale, il principio di eguaglianza esplica poi tutta la propria efficacia. Per quanto strettamente attinente al divieto di discriminazione per motivi di genere, il limite del principio di eguaglianza trova oggi una ulteriore

---

[5] Cfr. da ultimo sent. Corte cost. 72/2020 sulla diretta applicazione dei livelli essenziali di assistenza nell'ordinamento regionale.

specificazione nell'art. 117.7., che obbliga le leggi regionali a rimuovere «*ogni ostacolo che impedisce la piena parità degli uomini e delle donne nella vita sociale, culturale ed economica*» e a promuovere «*la parità di accesso tra donne e uomini alle cariche elettive*» (disposizione introdotta dalla l. cost. 2/2001).

d) La Corte costituzionale ha poi spesso collegato al principio di eguaglianza anche il **limite del diritto privato**, che vieta alle Regioni di intervenire legislativamente sui rapporti regolati dal codice civile al fine dichiarato di garantire l'uniformità, nel territorio nazionale, della disciplina dettata per i rapporti privati (già dalla sent. 7/1956; più di recente 282/2004; 159/2013). Questa preclusione ha contribuito alla formazione di un orientamento – molto lontano da quello diffuso negli Stati federali – che vede le Regioni impegnate ad intervenire, dal punto di vista legislativo, soprattutto nella sfera dei rapporti di natura pubblicistica, non anche in quello dei rapporti tra privati.

e) Il **limite del diritto penale** trova invece il proprio fondamento, oltre che nel principio di eguaglianza dei cittadini di fronte alla legge, nell'art. 25.2., la cui riserva di legge è stata sempre interpretata dalla Corte in senso statale (fin dalla sent. 21/1957). La riserva di legge contenuta nell'art. 108.1., anch'essa interpretata nel senso di riserva esclusivamente statale, è invece il fondamento del *limite del diritto processuale* (fin dalla sent. 4/1956). Il legislatore costituzionale del 2001 ha trasfuso questi limiti di carattere ordinamentale in materie di esclusiva competenza statale (art. 117.2.l).

f) Il **limite del territorio** funziona anche da ambito di validità della singola legge regionale. Esso è sostanzialmente contenuto nell'art. 120.1. Diretta applicazione del principio unitario fissato nell'art. 5, la disposizione mira ad evitare che tra le Regioni possano formarsi barriere all'ingresso che impediscano la libera circolazione delle merci e delle persone nonché la libertà di stabilimento. Inoltre le disposizioni contenute nell'art. 117.8.-9. presuppongono una proiezione dell'attività della Regione al di là dei propri confini territoriali.

g) Nella più recente giurisprudenza costituzionale sono venuti alla luce casi in cui alcune Regioni hanno violato, soprattutto in materia di pubblico concorso, precedenti giudicati costituzionali (sent. Corte cost. 72/2013)[6] ovvero hanno reiterato disposizioni legislative contrastanti con gli artt. 3 e 97, senza ottemperare a precedenti giudicati costituzionali (sent. Corte cost. 245/2012; 73/2013). La Corte ha così usato il parametro dell'**art. 136** come limite a leggi regionali dirette a violare il *giudicato costituzionale* precedentemente formatosi. Si tratta di un'ulteriore applicazione del limite costituzionale.

h) L'**appartenenza all'Unione europea** costituisce un ulteriore limite per le Regioni (e per lo Stato). L'esser parte dell'UE produce, per le Regioni, vincoli di carattere negativo, nel senso che è ad esse vietato di adottare leggi in materie

[6] Con il termine 'giudicato' si allude generalmente a quanto stabilito da una sentenza in via definitiva.

di competenza dell'Unione, e di carattere positivo, nel senso che le Regioni sono tenute ad attuare la normazione unionale se questa ricade su materie di competenza regionale. Prima della revisione del 2001, l'attività di attuazione, riferita soprattutto alle direttive, era mediata da un provvedimento normativo dello Stato (ciò non valeva per le Regioni speciali che potevano attuare direttamente le direttive) (sul punto v. soprattutto la sent. Corte cost. 632/1988). Oggi è l'art. 117.5 a riconoscere il potere di attuazione diretta a tutte le Regioni.

Tale disposizione costituzionale è oggi svolta dall'art. 40 l. 234/2012 (che ha sostituito la l. 11/2005), in cui è detto che «le Regioni e le Province autonome, nelle materie di propria competenza, provvedono al recepimento delle direttive europee» (ma cfr. anche art. 29 l. 234/2012). Nel caso in cui la direttiva riguardi le materie di competenza esclusiva dello Stato, il Governo «indica i criteri e formula le direttive ai quali si devono attenere le Regioni e le Province autonome ai fini del soddisfacimento di esigenze di carattere unitario, del perseguimento degli obiettivi della programmazione economica e del rispetto degli impegni derivanti dagli obblighi internazionali».

Quando è lo Stato che attua le direttive, procede normalmente con la c.d. legge di delegazione europea, che, in base all'art. 30 l. 234/2012, contiene anche «disposizioni che individuano i principi fondamentali nel rispetto dei quali le Regioni e le Province autonome esercitano la propria competenza normativa per recepire o per assicurare l'applicazione di atti dell'Unione europea nelle materie di cui all'art. 117, terzo comma, della Costituzione».

i) Il **limite degli obblighi internazionali** era già presente negli statuti speciali. Il tenore dell'attuale art. 117.1. pare sottoporre tutte le leggi, statali e regionali, all'obbligo di rispettare qualsiasi norma di diritto internazionale pattizio (diritto dei trattati) (Sorrentino, 2004).

L'art. 1.1. l. 131/2003 non ha chiarito la questione. Esso si limita a precisare che «*costituiscono vincoli alla potestà legislativa dello Stato e delle Regioni, ai sensi dell'articolo 117, primo comma, della Costituzione, quelli derivanti dalle norme di diritto internazionale generalmente riconosciute, di cui all'art. 10 della Costituzione, da accordi di reciproca limitazione della sovranità, di cui all'articolo 11 della Costituzione, dall'ordinamento comunitario e dai trattati internazionali*».

Anche se con riguardo al rapporto tra legge italiana e Cedu, la Corte costituzionale, nelle sentt. 348 e 349/2007, ha stabilito che il contrasto tra norme interne e norme pattizie va risolto dal giudice facendo ricorso all'interpretazione conforme delle norme interne con quelle pattizie e, in caso di esito negativo, sollevando questione di legittimità costituzionale per violazione indiretta dell'art. 117.1. (sul punto cfr. anche cap. XXVI.6.1.2).

Con la revisione del 2001 l'art. 117.5. prevede ora un ruolo delle Regioni nell'attuazione ed esecuzione degli accordi internazionali. La materia è più specificamente regolata dall'art. 6.1. l. 131/2003. Poiché persiste la responsabilità dello Stato per la corretta attuazione dei trattati internazionali, sono previsti poteri sostitutivi in caso di inerzia regionale o di violazione da parte delle Regioni degli accordi internazionali. Tali poteri di sostituzione dello Stato sono previsti direttamente dalla Costituzione (artt. 117.5. e 120.2.) e poi ulteriormente specificati dall'art. 6.6. l. 131/2003. Qualora vi sia urgenza di introdurre tali norme attuative, si ritiene che lo Stato abbia il potere di provvedervi con norme cedevoli anche nelle materie che appartengano alla competenza residuale.

Con la stessa revisione costituzionale del 2001 alle Regioni è stata riconosciuta una limitata capacità di contrarre impegni sul piano internazionale (art. 117.9.).

l) La Corte ha affermato che il limite del **coordinamento della finanza pubblica**, in nome del quale, negli anni più recenti dominati dalla crisi economico-finanziaria scoppiata nel 2008, sono state adottate le principali normative dirette a ridurre il potere di spesa delle Regioni, si applica anche nei confronti delle Regioni speciali (in part. sentt. 39/2014 ma anche 169/2007, 120/2008, 229/2011). Conviene osservare che il coordinamento della finanza pubblica non è un limite, bensì una materia rientrante nella potestà legislativa concorrente. In realtà il legislatore e la Corte costituzionale lo hanno utilizzato come un limite generale posto nei confronti della legislazione regionale nel suo insieme. La Corte ha legato il limite ai più ampi obiettivi di rispetto del parametro dell'unità economica della Repubblica e di prevenzione degli squilibri di bilancio.

Esempi di tale limite sono le norme in materia di contenimento dei costi (sent. Corte cost. 139/2012), sulla stabilizzazione del personale pubblico (sent. Corte cost. 18/2013), sul Patto di stabilità territoriale (sent. Corte cost. 62/2017), sui limiti alle assunzioni (sent. Corte cost. 72/2017) (Rivosecchi, 2013).

### 3.3.2. *I limiti relativi alle potestà legislative concorrente e residuale (rinvio)*

I limiti esaminati finora riguardano tutte le tipologie di potestà legislativa regionale. Ad essi vanno aggiunti i limiti che riguardano più specificamente le singole potestà legislative.

E così, con riguardo alla potestà legislativa concorrente, il primo limite ad entrare in considerazione è quello dei **principi fondamentali**. Non riteniamo di dover aggiungere altro rispetto a quanto detto a proposito della potestà legislativa concorrente (§ 3.2.2.).

Nelle materie rientranti nella c.d. competenza residuale le Regioni dovrebbero incontrare limiti minori in quanto, vertendosi in settori materiali posti al di fuori della potestà concorrente, dovrebbero valere solo i limiti di carattere generale derivanti dall'art. 117.1.

### 3.3.3. *I limiti alla potestà legislativa delle Regioni speciali*

La definizione delle competenze delle Regioni speciali risulta, per diverse ragioni, più complessa e articolata. In primo luogo, come abbiamo già osservato, è la Costituzione a riconoscere alle Regioni speciali forme e condizioni particolari di autonomia, espresse nei rispettivi statuti adottati con legge costituzionale. In secondo luogo, ciò ha fatto sì che ciascuna delle cinque Regioni speciali abbia un quadro competenziale differenziato rispetto alle altre. Infine tale differenziazione è stata accentuata dalle norme di attuazione, cui gli stessi statuti speciali rinviano e che hanno ulteriormente accentuato le diversità, spesso senza giustificato motivo. Esaminiamo di seguito i limiti relativi alle Regioni speciali.

a) Gli statuti speciali subordinano, con terminologia non uniforme, la potestà legislativa primaria al **limite dei principi dell'ordinamento giuridico della Repubblica** e delle norme fondamentali delle riforme economico-sociali[7].

A differenza dei principi fondamentali posti dalle leggi-cornice dello Stato, i principi (generali) dell'ordinamento giuridico hanno un carattere molto più ampio e servono da raccordo nella costruzione dell'ordinamento. Con le parole della Corte, sono da considerare «come principi dell'ordinamento giuridico quegli orientamenti e quelle direttive di carattere generale e fondamentale che si possono desumere dalla connessione sistematica, dal coordinamento e dalla intima razionalità delle norme che concorrono a formare, in un dato momento storico, il tessuto dell'ordinamento giuridico vigente». Tali principi, secondo la Corte, possono anche riflettere determinati settori ma finiscono per convergere nelle suddette direttive generali (sent. 6/1956). Esempi di principi generali sono il principio di concorrenza e il divieto dell'abuso di diritto (sent. Corte cass., sez. un., 23726/2007 e Cons. Stato, Ad. Plen., 3/2011).

b) Il **limite delle norme fondamentali delle riforme economico-sociali** si è rivelato un altro strumento di compressione dell'autonomia speciale (sent. Corte cost. 116/1967, 314/2003, 308/2006, 189/2007, 165/2009). Sebbene l'oggetto di queste norme statali sia in teoria amplissimo, abbracciando il campo dei rapporti economico-sociali, è pur vero che il limite all'autonomia speciale avrebbe dovuto essere sottoposto a due condizioni: 1) il carattere fondamentale di norme 2) contenute in provvedimenti legislativi di riforma. Così non è stato, giacché il limite è stato ritenuto operante anche se contenuto in interventi normativi aventi carattere transitorio (sent. Corte cost. 493/1991).

Nella sent. 207/2012 la Corte costituzionale ha affermato che tali norme devono essere contenute in provvedimenti di rango primario, non secondario. Come esempi possiamo ricordare che la Corte ha ritenuto tali le norme contenute nella riforma agraria (sent. 37/1966) oppure quelle con le quali è stato adottato il piano generale per gli acquedotti (sent. 4/1964).

---

[7] Cfr. artt. 2 st. Valle d'Aosta; 3 st. Sardegna; 4 st. Trentino-Alto Adige; 4 st. Friuli-Venezia Giulia. L'art. 14 dello statuto della Sicilia non contempla il limite dei principi dell'ordinamento giuridico della Repubblica, facendo esclusivo riferimento alle «riforme agrarie e industriali deliberate dalla Costituente del popolo italiano»; attraverso un'interpretazione estensiva di quest'ultimo enunciato, i due limiti sono stati ritenuti operanti anche nei confronti dell'ordinamento siciliano.

### 3.3.4. *Riepilogo in tema di limiti alla potestà legislativa regionale*

I limiti generali riguardano, come abbiamo detto, ogni attività legislativa regionale, indipendentemente dal tipo di Regione.

La potestà legislativa concorrente delle Regioni ordinarie e speciali è sottoposta, oltre che a tutti i limiti generali, a quello dei principi fondamentali per la singola materia.

La potestà residuale è sottoposta solo ai limiti generali (anche se, di fatto, è delimitata fortemente dalle competenze statali).

La potestà primaria delle Regioni speciali è sottoposta anch'essa, oltre che ai limiti generali, ai principi dell'ordinamento giuridico, alle norme fondamentali delle riforme economico-sociali (interesse nazionale) e al coordinamento della finanza pubblica.

La potestà concorrente delle Regioni speciali è sottoposta a tutti i limiti precedenti ma per effetto dell'art. 10 l. cost. 3/2001 è equiparata a quella concorrente delle Regioni ordinarie.

## 4. *La differenziazione prevista dall'art. 116.3*

La revisione costituzionale del 2001 ha inserito nell'art. 116 un terzo comma, che può costituire il fondamento costituzionale di un'asimmetria ulteriore tra le potestà legislative delle Regioni (Cecchetti, 2002, 2 e Morrone, 2007, 156).

La disposizione prevede infatti che possano attribuirsi «*ulteriori forme e condizioni particolari di autonomia*» concernenti le materie di cui all'art. 117.3 (e quindi tutte le materie rientranti nella potestà concorrente) e, con riguardo all'art. 117.2, le sole materie della lett. l) (con esclusivo riferimento all'organizzazione della «della giustizia di pace», e cioè dei giudici di pace), n) (norme generali sull'istruzione) ed s) (tutela dell'ambiente, dell'ecosistema e dei beni culturali) ad «altre Regioni». Un'interpretazione sistematica della disposizione permette di chiarire che la disposizione intende riferirsi alle Regioni ordinarie, visto che i due commi precedenti riguardano esclusivamente le Regioni speciali.

L'art. 116.3. prevede un procedimento piuttosto complesso per la propria attuazione. L'iniziativa spetta alla Regione interessata ad ottenere 'ulteriore' autonomia, la quale dovrà previamente 'sentire' gli enti locali (a tal fine dovrebbe essere sufficiente il parere del CAL, cui tuttavia non pare potersi assegnare efficacia vincolante). Il punto centrale del procedimento è l'intesa tra lo Stato e la Regione, in base alla quale dovranno essere determinati gli oggetti (e cioè le materie) e le forme (le condizioni, i trasferimenti dello Stato, gli aspetti finanziari) della maggiore autonomia; l'art. 116.3. pone inoltre un vincolo di carattere finanziario nella parte in cui stabilisce che l'attribuzione di maggiore autonomia deve avvenire «nel rispetto dei principi di cui all'articolo 119». Stipulata l'intesa, sarà possibile approvare la legge dello Stato, a maggioranza assoluta dei componenti. Dubbio è se la legge debba limitarsi a recepire i contenuti dell'intesa o se possa emendarli: vista la delicatezza della materia non può escludersi questa seconda evenienza.

C'è da chiedersi in cosa consista l'attribuzione di «*ulteriori forme e condizioni particolari di autonomia*». Nel caso di intesa avente ad oggetto una delle tre materie di cui all'art. 117.2., il relativo 'plusvalore' consisterà nell'attribuzione alla Regione del potere di adottare una propria disciplina normativa sulla materia; l'ampiezza della potestà normativa riconosciuta alla Regione sarà determinata dall'intesa e potrà variare a seconda della materia. Si prenda infatti il caso della lett. n): in questa materia la Regione dispone già di una competenza legislativa concorrente in materia di 'istruzione', cui andrebbe a sommarsi, ora, la 'maggiore' autonomia in materia di 'norme generali sull'istruzione'. L'esempio lascia pensare che l'intera materia possa passare all'autonomia della Regione, anche se evidenti esigenze unitarie permettono di affermare che nell'intesa lo Stato si riserverà ambiti di coordinamento tesi a garantire le istanze unitarie. Nell'ipotesi di un'intesa in materia di tutela dell'ambiente è ipotizzabile che non si realizzi un semplice trasferimento della competenza dallo Stato alla Regione poiché l'intesa è strumento idoneo per identificare precisi ambiti materiali da trasferire e altri da mantenere presso lo Stato. Infine, nel caso in cui l'intesa riguardi materie rientranti nella potestà legislativa concorrente, il 'plusvalore' potrà certo consistere nella sottrazione della materia al limite dei principi fondamentali, con la conseguenza che la Regione si troverà ad avere sulla materia una competenza di tipo esclusivo; ma anche in questo caso non può escludersi che l'intesa serva a distinguere ambiti (sub)materiali da trasferire all'autonomia regionale e altri da mantenere nell'ambito della potestà concorrente.

Come mostrano gli esempi appena condotti, la dimensione del trasferimento di ulteriori competenze a favore delle Regioni dipenderà da quanto Stato e Regione stabiliranno nell'intesa posta alla base della legge statale.

Tra il 2017 e il 2019 tre Regioni – Emilia-Romagna, Lombardia e Veneto – hanno chiesto di avviare le trattative con lo Stato ai sensi dell'art. 116.3. Le trattative hanno portato a tre accordi preliminari all'intesa (Bifulco, 2019, 260 ss.). Già in due altre occasioni le Regioni avevano chiesto l'attuazione del procedimento, senza tuttavia che si giungesse a risultati concreti.

## 5. *La potestà regolamentare delle Regioni*

Nel descrivere la forma di governo regionale abbiamo già accennato al fatto che l'art. 121.1., nella sua versione antecedente alla modifica del 1999, attribuiva al Consiglio regionale la potestà legislativa e regolamentare. La riforma costituzionale del 2001 ha inciso innovativamente anche su questa fonte del diritto. Per la prima volta nella storia dell'Italia repubblicana essa, all'art. 117.6., contiene infatti un'articolata disciplina costituzionale della potestà regolamentare.

Innanzitutto la riforma attribuisce allo Stato il potere regolamentare nelle materie di legislazione esclusiva statale, a meno che non voglia delegare, con legge, tale attività alle Regioni. Se attivata, la delega darebbe vita a una nuova fonte del diritto, quella dei regolamenti regionali delegati dallo Stato.

I nuovi statuti, nell'assegnare il potere regolamentare prevalentemente alle Giunte, hanno riservato questa peculiare funzione di integrazione regolamentare ai Consigli regionali. La delega del potere regolamentare dallo Stato alle Regioni implica che le Regioni, nell'ambito di questa funzione, non possono usare l'atto legislativo.

L'art. 117.6. stabilisce poi che il potere regolamentare spetta alle Regioni, «*in ogni altra materia*», quindi nelle materie sia di legislazione regionale concorrente sia di legislazione regionale residuale (sentt. Corte cost. 325/2010 e 46/2013). Spetta agli statuti regionali dettagliare ulteriormente, prevedendo le possibili tipologie di regolamenti regionali e, soprattutto, determinando il soggetto (Giunta o Consiglio) competente ad adottarli.

In realtà la prassi mostra un uso della potestà regolamentare da parte statale molto pervasiva. Una prima questione riguarda la seguente questione: l'esclusione del potere regolamentare statale nelle materie di legislazione regionale impedisce di attribuire ad organi statali il potere regolamentare o anche, più ampiamente, il potere di emanare atti a contenuto normativo? La risposta dovrebbe essere affermativa e così ha statuito anche la Corte (sent. 88/2003) ma la legislazione statale va in direzione opposta, continuando a prevedere atti ministeriali diretti a stabilire criteri, modalità e procedure, a volte precisando che si tratta di «decreti aventi natura non regolamentare». Di recente la Corte è giunta ad avallare questa prassi, giustificandola sulla base dell'argomento dell'assenza dei contenuti normativi propri di questi atti, aventi natura di coordinamento tecnico (sent. 46/2013).

Regolamenti statali possono essere emanati in materie di competenza regionale quando si tratti di assicurare il tempestivo recepimento di direttive dell'UE, in sostituzione delle Regioni e Province autonome inadempienti (art. 8 l. 11/2005). In tal caso gli atti statali si applicano a decorrere dalla scadenza del termine stabilito per l'attuazione della rispettiva normativa unionale e perdono efficacia dalla data di entrata in vigore della normativa di attuazione di ciascuna Regione e Provincia autonoma. Tali regolamenti devono essere proposti all'esame preventivo della Conferenza Stato-Regioni.

## 6. *Le fonti normative di Comuni, Province e Città metropolitane*

Finora abbiamo trattato delle fonti normative delle Regioni (e delle Province autonome di Trento e Bolzano), gli unici enti territoriali ad avere, oltre allo Stato, la potestà legislativa. Comuni, Province e Città metropolitane, per quanto previsti dall'art. 114, sono privi di potestà legislativa, disponendo solo della potestà normativa statutaria e regolamentare (Di Folco, 2007).

L'autonomia degli altri enti territoriali si svolge, innanzitutto, attraverso la **potestà statutaria**, garantita a tutti gli enti territoriali dall'art. 114. In estrema sintesi, l'autonomia degli enti locali si concretizza nella determinazione dei principi di organizzazione e di funzionamento dell'ente, nelle forme di controllo, anche sostitutivo, nelle garanzie delle minoranze e nelle forme di partecipazione popolare; tale autonomia deve svolgersi in armonia con la Costituzione, con i principi generali in materia di organizzazione pubblica e con quanto stabilito dalle leggi statali adottate in attuazione dell'art. 117.2.p) (così l'art. 4.2. l. 131/2003).

L'altro tipo di potestà normativa è quella **regolamentare**, prevista espressamente dall'art. 117.6. L'art. 4 l. 131/2003 pone in chiara posizione subordinata i regolamenti rispetto agli statuti poiché afferma espressamente che i regolamenti sono adottati nel rispetto delle norme statutarie. Il medesimo art. 4 riserva ai regolamenti degli enti territoriali alcuni oggetti specifici: la loro organizzazione (sicché i regolamenti espliciteranno i principi contenuti negli statuti) nonché l'organizzazione, lo svolgimento e la gestione delle funzioni.

Il rapporto tra i regolamenti degli enti locali e le leggi e i regolamenti dello Stato e delle Regioni deve conformarsi a quanto dispone l'art. 117.6., secondo cui, «in ordine alla disciplina dell'organizzazione e dello svolgimento delle funzioni loro attribuite», dovrà essere riservato a Comuni, Province e Città metropolitane uno spazio non occupabile né da norme statali né, in particolare, dai regolamenti regionali.

Ciò è confermato dalla l. 131/2003, che, all'art. 4.4., si occupa della potestà normativa degli enti locali. La disposizione ribadisce la riserva della disciplina dell'organizzazione, dello svolgimento e della gestione delle funzioni dei Comuni, delle Province e delle Città metropolitane alla potestà regolamentare dell'ente locale, nell'ambito della legislazione dello Stato o della Regione, che ne assicura i requisiti minimi di uniformità, secondo le rispettive competenze.

Va però aggiunto che la sent. 372/2004 della Corte costituzionale ha salvato la previsione statutaria toscana che permette alla legge regionale di disciplinare l'organizzazione e lo svolgimento delle funzioni conferite agli enti locali per assicurare requisiti essenziali di uniformità. Una volta avvenuto tale trasferimento di funzioni amministrative regionali agli enti locali (ulteriori rispetto alle funzioni fondamentali degli enti locali), la Regione non può tuttavia affidare ad un organo regionale, in via suppletiva, poteri regolamentari (sent. Corte cost. 246/2006).

Tirando le somme, il complesso quadro dei rapporti tra Stato, Regioni ed autonomie locali prevede una competenza esclusiva statale sugli oggetti previsti dall'art. 117.2.p). Sui restanti oggetti intervengono le Regioni, il cui potere legislativo è tuttavia limitato dal principio dell'autonomia statutaria degli enti locali; ciò implica che la riserva posta dall'art. 117.6. a favore di Comuni, Province e

Città metropolitane deve essere rispettata dalla legge regionale, tranne che non sussistano ragioni di uniformità che solo la disciplina legislativa regionale può assicurare nell'ambito del territorio regionale. Da parte loro i regolamenti comunali e provinciali saranno vincolati al rispetto degli statuti, rispettivamente, comunali e provinciali.

Capitolo XIV

# LE FONTI DEL DIRITTO INTERNAZIONALE E DELL'UNIONE EUROPEA



## 1. *Le fonti del diritto internazionale*

### 1.1. *Profili generali*

Il diritto internazionale è composto da soggetti (tendenzialmente gli Stati, ma non solo) posti su un piano di parità. Il diritto che regola i rapporti tra gli Stati, fondato sul principio di eguaglianza dei singoli Stati, costituisce il **diritto internazionale pubblico**.

Accanto ad esso esiste il diritto internazionale privato che regola i rapporti tra soggetti privati (persone fisiche o giuridiche) aventi fattispecie complesse, composte cioè da elementi dell'ordinamento giuridico italiano e da elementi di uno o più ordinamenti stranieri. Le norme del **diritto internazionale privato** indicano quindi al giudice italiano quale norma deve trovare applicazione. La materia è oggi regolata dalla l. 218/1995, in sostituzione della parte delle disposizioni sulla legge in generale che tale materia regolavano.

Diverso ancora è il caso della c.d. **presupposizione**, in cui l'ordinamento italiano prende in considerazione situazioni disciplinate in altri ordinamenti statali, facendone discendere effetti giuridici anche nell'ordinamento italiano.

Le fonti del diritto internazionale sono costituite soprattutto dai trattati (o convenzioni) internazionali e dalla consuetudine. Un'utile indicazione per la individuazione delle fonti è fornita dall'**art. 38 dello statuto della Corte Internazionale di Giustizia** (organo giurisdizionale dell'Organizzazione delle Nazioni Unite), giacché esso indica le norme che la Corte può applicare in giudizio.

L'art. 38.1. elenca le seguenti fonti: 1) le convenzioni internazionali, generali o speciali, che istituiscono delle regole espressamente riconosciute dagli Stati in lite; 2) la consuetudine internazionale che attesta una pratica generale accettata come diritto; 3) i principi generali di diritto riconosciuti dalle nazioni civili; 4) infine, con riserva della disposizione dell'art. 59, le decisioni giudiziarie e la dottrina degli autori più autorevoli delle varie nazioni, come mezzi ausiliari per determinare le norme giuridiche.

Tra le prime tre fonti di produzione non esiste un esplicito rapporto di gerarchia, sicché eventuali contrasti tra convenzioni internazionali, consuetudini e principi generali vanno risolti attraverso il criterio di specialità e cronologico.

### 1.2. *Il* ius cogens

Poiché il diritto internazionale viene sostanzialmente formato dagli Stati, essi lo possono abrogare o modificare (*ius dispositivum*). Esistono tuttavia norme che sono sottratte alla libera disponibilità degli Stati (*ius cogens*). A tal fine è utile la **Convenzione di Vienna sul diritto dei trattati** che, all'art. 53.2., stabilisce essere «nullo qualsiasi trattato che, al momento della sua conclusione, sia in contrasto con una norma imperativa di diritto internazionale generale. Ai fini della presente convenzione, per norma imperativa di diritto internazionale generale si intende una norma che sia stata accettata e riconosciuta dalla Comunità internazionale degli Stati nel suo insieme in quanto norma alla quale non è permessa alcuna deroga e che non può essere modificata che da una nuova norma di diritto internazionale generale avente lo stesso carattere».

Le norme appartenenti al *ius cogens* sono poche, proprio in ragione del fatto che, per essere tali, devono essere riconosciute da tutti gli Stati. Vengono riportati a questa tipologia i divieti di aggressione e di violazione di diritti umani particolarmente importanti (tortura, genocidio, schiavitù) e il principio di autodeterminazione dei popoli. Nonostante tale limitatezza, è tuttavia possibile osservare che anche all'interno dell'ordinamento internazionale il criterio gerarchico è riuscito a farsi strada. Ciò vale non solo nel rapporto tra *ius cogens* e *ius dispositivum* (e quindi il diritto prodotto dalle fonti prima indicate) ma anche nel rapporto tra quello che possiamo chiamare – mutuando il lessico del diritto dell'Unione europea – il diritto internazionale primario e il diritto internazionale secondario. Come esempio di diritto primario possiamo pensare al trattato che istituisce un'organizzazione sovranazionale e come esempio di diritto internazionale secondario al diritto che tale organizzazione produce sulla base delle norme autorizzative del trattato istitutivo.

A tale diritto internazionale secondario appartengono anche le decisioni delle organizzazioni internazionali. In particolare alle Risoluzioni dell'Assemblea generale delle Nazioni Unite è riconosciuta una forza non vincolante; nei casi in cui la risoluzione sia votata da tutti gli Stati, essa può essere considerata come l'avvio della formazione di una consuetudine internazionale. Le decisioni del Consiglio di sicurezza delle Nazioni Unite possono avere forza vincolante (cfr. art. 25 dello statuto delle Nazioni Unite). Ad esse, come a tutte le norme del diritto internazionale, non può riconoscersi un effetto diretto all'interno degli ordinamenti giuridici statali.

### 1.3. *Le convenzioni internazionali*

Le convenzioni internazionali sono le fonti più utilizzate del diritto internazionale. Tali convenzioni danno vita al c.d. **diritto internazionale pattizio**. Una convenzione internazionale è un atto prodotto dalla convergenza della volontà di due o più soggetti di diritto internazionale (Stati ma anche organizzazioni internazionali), con il quale sono stabiliti diritti e obblighi per le parti contraenti. Spesso possono assumere un *nomen iuris* diverso (accordo, trattato, protocollo), ma ciò non incide sulla loro natura giuridica. A seconda che l'atto sia stato il frutto dell'accordo di due o più soggetti, si parla di convenzioni *bilaterali* o *multilaterali*.

Le convenzioni internazionali sono regolate dal diritto internazionale sui trattati, che disciplina le modalità di conclusione, di esecuzione e di interpretazione delle convenzioni. Il diritto sui trattati è, in grande misura, parte del diritto consuetudinario e, per altra parte, scaturisce dai principi generali riconosciuti dalle nazioni civili. La citata Convenzione di Vienna del 23 maggio 1969 ha disciplinato tale materia in via convenzionale.

### 1.4. *Il diritto internazionale consuetudinario*

Il diritto internazionale consuetudinario è di grande significato per lo sviluppo del diritto internazionale. A differenza del diritto convenzionale, esso può sorgere anche contro la volontà di uno Stato determinato. L'art. 38 dello statuto della Corte internazionale di giustizia specifica che deve trattarsi di «una pratica generale accettata come diritto». L'enunciato richiama gli elementi tipici della norma consuetudinaria, vale a dire l'elemento oggettivo in base al quale, per la formazione di una norma consuetudinaria, è necessario che il comportamento risulti ripetuto nel tempo, e l'elemento soggettivo in base al quale il comportamento viene ripetuto sulla base della convinzione della sua obbligatorietà.

Accanto a norme consuetudinarie universali (valide per tutti gli Stati) è possibile che si formi un diritto consuetudinario regionale (valido cioè solo per una parte di Stati, come accade per il diritto della CEDU). Uno Stato può sottrarsi all'applicazione di una norma consuetudinaria solo a condizione che esso l'abbia contestata fin dal suo formarsi (*persistant objector*).

### 1.5. *I principi generali di diritto riconosciuti dalle nazioni civili*

I principi generali di diritto riconosciuti dalle nazioni civili sono quei principi giuridici presenti in maniera diffusa negli ordinamenti giuridici degli Stati nazionali; devono essere presenti nella maggioranza degli Stati. Originariamente la formula serviva a separare le 'nazioni civili' dagli ordinamenti giuridici 'primitivi'; oggi tale formula è considerata superata e ricomprende tutti gli Stati esistenti. La Corte internazionale di giustizia ricorre a questi principi in via sussidiaria quando non rinviene nel diritto internazionale pattizio e consuetudinario norme applicabili al caso concreto. Come esempi di tali principi possono ricordarsi il principio della responsabilità internazionale, della terzietà del giudice, il principio di buona fede, il principio del *ne bis in idem* (diretto a impedire che si venga giudicati due volte per lo stesso fatto), il principio *inadimplenti non est adimplendum* (per cui non si è tenuti ad adempiere nei confronti della controparte inadempiente).

### 1.6. *Il* soft law

Infine, con il termine *soft law* si indicano tutte quelle determinazioni delle organizzazioni internazionali e delle conferenze tra Stati prive di carattere vincolante. Il *soft law* può assumere un ruolo rilevante nella formazione del diritto consuetudinario in quanto può essere ritenuto indice del formarsi di un comportamento ritenuto giuridicamente vincolante.

## 2. *L'adattamento dell'ordinamento italiano al diritto internazionale*

### 2.1. *I rapporti tra diritto internazionale e ordinamento giuridico statale*

Il rapporto che un ordinamento giuridico statale instaura col diritto internazionale dipende da una molteplicità di fattori storici, economici, sociali e culturali. Due approcci hanno prevalso nel tempo.

In base all'**approccio monistico** (Kelsen, 1920, Verdross, 1964), il diritto internazionale e quello degli Stati nazionali vanno considerati come un unico ordinamento giuridico. Le eventuali antinomie tra diritto internazionale e diritto nazionale sono sciolte in maniera diversa. All'interno della teoria monistica vi sono infatti i fautori del primato del diritto statale secondo cui il diritto internazionale prevale su quello statale solo se esso è riconosciuto come vincolante dallo Stato (monismo statualistico) e coloro che, partendo dal primato del diritto internazionale, affermano che il diritto statale è subordinato a quello internazionale sicché a prevalere è quest'ultimo (monismo internazionalistico).

In base all'**approccio dualistico** (Triepel, 1899, 111), il diritto internazionale e il diritto nazionale, pur avendo punti di interferenza, poggiano su fonti differenti, si indirizzano a soggetti differenti e regolano materie differenti.

Nella realtà della comunità internazionale ha prevalso e prevale la teoria dualistica, anche se in forma temperata. Può forse dirsi che il dualismo temperato si avvicina non poco al monismo a prevalenza statale. Ed infatti, per un verso, il dualismo spiega come mai, anche oggi, gli ordinamenti nazionali si ritengano indipendenti dal diritto internazionale e che il diritto internazionale entri negli ordinamenti nazionali grazie all'intermediazione di atti dello Stato nazionale [1].

Dall'altro verso, però, va riconosciuto che esistono obblighi internazionali indipendenti dagli ordinamenti giuridici nazionali: l'art. 27 della citata convenzione di Vienna recita che «Una parte non può invocare le disposizioni della propria legislazione interna per giustificare la mancata esecuzione di un trattato».

## 2.2. *I procedimenti di adattamento previsti nell'ordinamento giuridico italiano*

Il recepimento del diritto internazionale nell'ordinamento giuridico italiano avviene tramite procedimenti di adattamento (così accade nella gran parte degli Stati nazionali contemporanei). I procedimenti sono sostanzialmente di due tipi, ma il punto centrale è che, in tutti e due i casi, nell'ordinamento nazionale troverà applicazione non il diritto internazionale bensì l'atto statale attraverso il quale il diritto internazionale è stato adattato.

Sul tipo di adattamento molto incide anche la tipologia delle norme internazionali da adattare. A tal fine si distingue tra norme direttamente applicabili (*self-executing*), che cioè possono trovare immediata applicazione perché sono già complete, determinate, e norme (*non-self-executing*), che cioè sono indeterminate e necessitano di un atto del diritto nazionale per essere meglio specificate e determinate.

---

[1] Va tuttavia precisato che esistono costituzioni che prevedono la diretta applicabilità del diritto internazionale (come nel caso delle costituzioni francese e portoghese) e costituzioni che sono moniste con riguardo al diritto internazionale generale e dualiste con riguardo al diritto internazionale convenzionale (come nel caso della Costituzione italiana).

Ciò premesso, l'ordinamento italiano prevede procedimenti diversi per l'adattamento del diritto internazionale: un procedimento ordinario e due procedimenti speciali (Cataldi, 1997).

### 2.2.1. *Il procedimento ordinario (rinvio fisso o materiale o recettizio)*

A questo procedimento si ricorre soprattutto quando le norme internazionali, per lo più contenute in una convenzione, sono solo programmatiche, non determinate (*non-self-executing*). Per introdurre tali norme nell'ordinamento italiano, il legislatore adotta quindi un atto (normalmente una legge) il cui contenuto corrisponde alle norme contenute nell'atto di diritto internazionale. L'atto di diritto interno adatta così l'ordinamento italiano a quello internazionale. Si dice anche che l'atto di diritto interno opera un **rinvio fisso** (detto anche materiale o recettizio) alle norme del diritto internazionale; ciò comporta che, se la convenzione viene mutata, continueranno a vigere, nell'ordinamento italiano, le norme nazionali di adattamento della precedente convenzione finché non saranno esse stesse modificate con altro atto di diritto nazionale (Cannizzaro, 1992).

Nella fase applicativa, ove insorgessero questioni, le norme internazionali serviranno come ausilio per l'interpretazione delle norme di diritto italiano.

### 2.2.2. *I procedimenti speciali: adattamento automatico e rinvio mobile (o formale)*

A differenza del procedimento ordinario, in cui la convenzione internazionale necessita di un atto interno che riproduce le norme internazionali, i procedimenti speciali si caratterizzano perché utilizzano dei meccanismi di adattamento molto più snelli e rapidi, chiamati con terminologie spesso non omogenee, che possiamo così individuare: adattamento automatico e rinvio mobile.

Con l'**adattamento automatico** le norme del diritto internazionale penetrano direttamente nell'ordinamento italiano per effetto di una fonte di produzione (italiana) che nazionalizza la fonte di produzione internazionale. L'esempio più chiaro è fornito dall'art. 10.1. in base al quale «*l'ordinamento giuridico italiano si conforma alle norme del diritto internazionale generalmente riconosciute*». Le norme del diritto internazionale generalmente riconosciute sono, in pratica, le norme consuetudinarie. In base a quanto si è detto, esse hanno rango costituzionale in quanto entrano nel nostro ordinamento in virtù di una norma costituzionale (l'art. 10.1.), con l'unico limite dei principi supremi (sottratti a revisione costituzionale).

Con il **rinvio mobile** (o formale) l'adattamento avviene tramite un atto di diritto interno (normalmente una legge) che rinvia espressamente ad altre norme internazionali. È questo il meccanismo previsto dall'art. 80, per cui il Parlamento adotta un atto con il quale si limita a dare piena ed intera esecuzione alla convenzione *x* o al trattato *y*. Questo atto è detto **ordine di esecuzione** ed è sottratto al referendum abrogativo (nell'interpretazione costante della Corte costituzionale).

Per alcune convenzioni particolarmente rilevanti l'art. 80 chiede una previa legge di autorizzazione alla ratifica della convenzione (è vero anche che, spesso, la legge che autorizza contiene anche l'ordine di esecuzione).

## 3. *La posizione del diritto internazionale all'interno dell'ordinamento giuridico statale*

È quasi superfluo sottolineare come i fenomeni di internazionalizzazione dell'economia (e quindi del diritto) abbiano accentuato l'importanza del rapporto tra diritto internazionale e diritto statale in ogni ordinamento giuridico.

Con riguardo all'Italia, una volta scartato l'approccio monistico a prevalenza del diritto internazionale, il rango del diritto internazionale (e delle norme da esso prodotte) all'interno dell'ordinamento giuridico statale dipende da quanto dispone la Costituzione al riguardo.

Ciò implica che il diritto internazionale generale ha rango di diritto costituzionale, entrando nel nostro ordinamento attraverso l'art. 10.1. Si è posta la questione di un possibile contrasto tra una norma del diritto internazionale generale e una norma costituzionale italiana. Nel 1979 la Corte costituzionale distinse tra norme internazionali generali preesistenti e successive all'entrata in vigore della Costituzione. Per le prime l'adattamento era pieno (avendo il Costituente valutato tale compatibilità al momento della formulazione dell'art. 10.1.); per le seconde l'effetto conformativo si produceva solo verso le norme consuetudinarie che non fossero in contrasto con i principi fondamentali dell'ordinamento costituzionale (sent. 48/1979).

Nel 2014, con una sentenza che ha fatto molto discutere, la Corte ha reciso questa distinzione temporale, estendendo il vincolo ai principi fondamentali anche nei confronti delle norme consuetudinarie formatesi prima dell'entrata in vigore della Costituzione. Nel caso specifico il contrasto era tra l'immunità degli Stati dalla giurisdizione di altri Stati per fatti riconducibili all'esercizio di poteri sovrani (norme di diritto internazionale generale molto risalenti nel tempo) e diritto alla difesa di cui all'art. 24; la Corte ha dato prevalenza al diritto di difesa (degli eredi di deportati in campi di concentramento durante la Seconda guerra mondiale) nei confronti dello Stato tedesco (sent. 238/2014).

Con riguardo al diritto internazionale pattizio, a lungo è stata prevalente la concezione secondo cui le norme del diritto internazionale hanno lo stesso rango degli atti normativi utilizzati per adattarsi ad esso. Le convenzioni internazionali hanno quindi ricevuto lo stesso trattamento che ricevono le leggi (visto che sono queste a dare normalmente esecuzione alle convenzioni internazionali). La conseguenza di questa impostazione è però che qualsiasi legge ordinaria ha il potere di modificare o abrogare norme che hanno origine nel diritto internazionale, ferma restando la responsabilità internazionale dello Stato per la violazione del diritto internazionale.

Le uniche eccezioni a tale principio sono state considerate le ipotesi contenute nell'art. 10.2. in materia di condizione giuridica dello straniero; nell'art. 11 per la parte relativa alle norme di adattamento dei trattati che consentono limitazioni di sovranità (rinvio); e nell'art. 7 con riguardo alle norme di esecuzione dei Patti Lateranensi.

Nel 2001 la modifica dell'art. 117.1. ha introdotto un elemento di grande novità stabilendo espressamente che «*La potestà legislativa è esercitata dallo Stato e dalle Regioni nel rispetto della Costituzione, nonché dei vincoli derivanti dall'ordinamento comunitario e dagli obblighi internazionali*». Se gli obblighi internazionali costituiscono un vincolo per il legislatore statale e per quello regionale, va allora capito quale tipo di vincolo esso è capace di esplicare.

Con le sentt. 348 e 349/2007 la Corte ha posto un punto fermo al riguardo, anche se con prevalente riferimento alle norme internazionali contenute nella Convenzione europea dei diritti dell'uomo (CEDU). Quest'ultima va considerata – ha detto la Corte – come una norma che si interpone tra la Costituzione (art. 117.1.) e la legge ordinaria, con la conseguenza che, se una legge statale o regionale si pone in contrasto con la norma convenzionale (cioè con uno degli articoli contenuti nella CEDU), a prevalere è la norma della CEDU che integra la norma costituzionale contenuta nell'art. 117.1. In quell'occasione la Corte ha anche aggiunto che il giudice chiamato a risolvere il contrasto deve sforzarsi di produrre un'interpretazione della legge italiana conforme alle norme della CEDU, per come esse sono interpretate dalla Corte di Strasburgo. Se il giudice italiano non dovesse riuscire nell'opera di *interpretazione conforme*, sarà obbligato a sollevare questione di legittimità costituzionale; e in questo caso il parametro sarà l'art. 117.1. integrato dalla disposizione della CEDU che si ritiene violata [2].

Successivamente la Corte costituzionale ha precisato che l'obbligo di conformarsi alla Corte di Strasburgo sussiste per il giudice comune solo quando ci sia un diritto consolidato, vale a dire un preciso e definitivo orientamento giurisprudenziale (sent. 49/2015). Nel 2018 il giudice costituzionale italiano ha rivendicato l'opera di 'valutazione sistemica' che esso conduce nel bilanciare il diritto della CEDU con quello della Costituzione italiana (sent. 120/2018). Può dunque dirsi che l'iniziale apertura del 2007, operata con le sentt. 348 e 349, è stata successi-

[2] Nella sent. 210/2013 la Corte costituzionale pare individuare due situazioni che legittimano la disapplicazione della norma interna contrastante con la CEDU da parte del giudice: a) fattispecie uguali a quella in cui è stata riscontrata l'illegittimità convenzionale ma non denunciate dinanzi alla Corte della Convenzione europea (indicata anche come Corte di Strasburgo, dal nome della città in cui ha sede), divenendo così inoppugnabili; b) fattispecie in cui il giudice deve decidere con riguardo alle stesse parti che hanno adito la Corte di Strasburgo, ottenendo sentenza favorevole. In questo caso il giudice può disapplicare la norma, senza rinviare alla Corte costituzionale.

vamente regolata in maniera tale da permettere alla Corte di non perdere il controllo sui rapporti tra diritto convenzionale e diritto costituzionale.

Rimane tuttavia senza risposta una questione ancor più delicata, vale a dire se tutti gli obblighi internazionali possano essere considerati alla stregua di norme interposte ed integrare così il rinvio mobile contenuto nell'art. 117.1. agli obblighi internazionali. Stando ad una interpretazione letterale, la risposta dovrebbe essere positiva. Confermano questo orientamento anche le sentt. Corte cost. 85/2012 e 7/2013.

Una ulteriore specificazione della questione appena posta riguarda poi la possibilità di considerare all'interno del parametro di costituzionalità dell'art. 117.1. tutti i trattati da cui l'Italia risulti obbligata dal punto di vista del diritto internazionale oppure solo quelli che hanno seguito il procedimento previsto dall'art. 80, vale a dire che sono stati preceduti da legge di autorizzazione alla ratifica, ratificati e poi recepiti con legge di esecuzione. La soluzione più corretta, stando ad un'interpretazione sistematica della Costituzione, è quella che ritiene che per il legislatore il vincolo si produca solo a seguito dei trattati adottati ai sensi dell'art. 80.

## 4. *Le fonti del diritto dell'Unione europea*

### 4.1. *Profili generali*

Le fonti del diritto unionale sono tradizionalmente distinte a seconda dell'autore degli atti. Vi è un c.d. **diritto primario**, che è il diritto posto direttamente dagli Stati membri (costituito in particolare dai trattati) e un **diritto secondario** (o derivato), che è il diritto posto dagli organi dell'UE sulla base del diritto primario (regolamenti, direttive, decisioni, ecc.). Esistono poi altre fonti normative, in qualche modo subordinate ai primi due livelli, che abilitano gli organi dell'UE ad adottare ulteriori atti normativi. L'UE stipula anche trattati internazionali con Stati terzi e con altri soggetti di diritto internazionale.

Tra diritto primario e secondario c'è sicuramente un rapporto di condizionamento, nel senso che il diritto secondario è valido in quanto conforme al diritto primario. Nell'ambito del diritto secondario gli artt. 289, 290 e 291 stabiliscono una sorta di gerarchia tra atti legislativi, atti delegati e atti di esecuzione.

#### 4.1.1. *Il diritto primario*

Il diritto primario è composto dai trattati fondativi, dai trattati che li hanno modificati, dai trattati di accesso, dai protocolli.

Nel diritto primario possiamo far rientrare anche i '**principi generali comuni ai diritti degli Stati membri**', ricavati originariamente dalla Corte di giustizia, in via interpretativa, dalle tradizioni costituzionali comuni degli Stati membri (art. 288.2.

TCE, oggi art. 340 TFUE). La Corte di giustizia, in alcune sentenze, ritenne che i diritti fondamentali fossero parte di tali principi generali (CG, 12 novembre 1969, C-29-69, *Stauder*; CG, 13 dicembre 1979, C-44/79, *Hauer*).

Questi principi generali comuni hanno svolto un ruolo molto importante per la costruzione dell'ordinamento unionale. Da essi la Corte ha ricavato il principio di eguaglianza, il diritto di proprietà, le libertà relative allo stabilimento e alla circolazione, il diritto di riunione, il rispetto della vita familiare, la libertà di manifestazione del pensiero. È bene precisare che nei trattati istitutivi non erano previsti cataloghi di diritti fondamentali; per questo motivo essi furono ricavati, in via interpretativa, dalla Corte di giustizia.

Con l'entrata in vigore del trattato di Lisbona i diritti fondamentali sono divenuti parte del diritto primario a pieno titolo. In tal senso dispone l'art. 6.1. TUE, conferendo alla Carta dei diritti fondamentali lo stesso valore giuridico dei trattati. Ai sensi dell'art. 6.2. l'UE deve aderire alla CEDU. Infine l'art. 6.3. stabilisce che «i diritti fondamentali, garantiti dalla Convenzione europea per la salvaguardia dei diritti dell'uomo e delle libertà fondamentali e risultanti dalle tradizioni costituzionali comuni agli Stati membri, fanno parte del diritto dell'Unione in quanto principi generali».

Un altro principio che la Corte ha valorizzato è quello dello Stato di diritto (la Corte ragiona quindi di un'Unione di diritto). Da tale principio la Corte ha poi ricavato ulteriori principi e diritti procedimentali, quali il principio di legalità, il diritto a una difesa effettiva e al giusto procedimento, il divieto del *ne bis in idem*.

Principi generali, diritti fondamentali, tradizioni costituzionali comuni rappresentano così limiti materiali per il diritto secondario dell'UE.

### 4.1.2. *Il diritto secondario (regolamenti, direttive, decisioni)*

Il diritto secondario è posto dagli organi dell'Unione sulla base del diritto primario. I più importanti atti di diritto secondario sono menzionati dall'art. 288 TFUE, che recita: «per esercitare le competenze dell'Unione, le istituzioni adottano regolamenti, direttive, decisioni, raccomandazioni e pareri».

Attraverso i regolamenti e le direttive l'UE adotta norme che possiamo definire corrispondenti a quelle legislative (con riferimento al diritto nazionale) in quanto aventi contenuto generale e astratto.

La scelta tra regolamento o direttiva dipende dalla base normativa dell'atto da adottare. Per base normativa si intende normalmente, nell'ambito del diritto unionale, la previsione, contenuta nei trattati, della fonte utile o necessaria per intervenire su una determinata materia. In alcuni casi la base normativa concede maggiori margini di scelta, in altri casi, invece, è indicato con precisione il tipo di atto da adottare. Vale in ogni caso il *principio di proporzionalità*, sancito dall'art. 5.4. TUE, per cui le istituzioni unionali devono restringere al minimo lo spazio decisionale degli Stati membri.

I **regolamenti** hanno portata generale e sono direttamente applicabili in tutti gli Stati membri (art. 288.2 TFUE), sicché non necessitano di alcun atto di recepimento da parte degli Stati membri per poter esplicare la loro efficacia (**atti ad applicabilità diretta**).

L'art. 288.3. TFUE recita: «La **direttiva** vincola lo Stato membro cui è rivolta per quanto riguarda il suo risultato da raggiungere», lasciando così a ciascuno Stato membro la scelta dello strumento più adeguato per il suo recepimento. La direttiva pone dunque un obbligo preciso, coincidente con l'obiettivo o gli obiettivi da raggiungere; quanto al modo in cui ciascuno Stato deve raggiungere quell'obiettivo, la scelta è rimessa appunto allo Stato membro. Si tratta di una fonte del diritto che presuppone la cooperazione dello Stato membro.

La direttiva indica anche il termine di tempo entro cui lo Stato deve procedere col recepimento. Ciò non vuol dire che fino allo scadere del termine fissato nella direttiva lo Stato sia libero di regolare come vuole la materia in cui la direttiva è intervenuta. Difatti, dal momento in cui la direttiva è adottata lo Stato è già obbligato ad astenersi dall'adozione di norme o provvedimenti che possano rendere più difficile il raggiungimento dell'obiettivo. Questo effetto preventivo deriva dall'art. 288.3. TFUE in combinato con l'art. 4.3., al 2, TUE. Il vincolo sostanziale è ricavato dai contenuti delle direttive.

Nell'attività di recepimento delle direttive il legislatore nazionale deve muoversi all'interno dei principi che reggono la normazione unionale. Ciò vuol dire che la direttiva va recepita in maniera concreta, determinata e chiara in conformità al principio di certezza del diritto. Il legislatore nazionale non è obbligato a usare la legge ordinaria dello Stato, potendo fare ricorso anche ad atti aventi forza di legge. La Corte di giustizia valuta molto problematicamente il recepimento attraverso prassi amministrative o tramite soli atti amministrativi.

Nel caso in cui il legislatore nazionale non recepisca la direttiva nel termine assegnato o lo faccia in maniera carente o insufficiente, si pone la questione relativa all'applicabilità diretta della direttiva. In teoria dovrebbe rispondersi negativamente alla possibilità di applicare direttamente la direttiva, senza passare attraverso l'atto di recepimento dello Stato in quanto, a differenza del regolamento, la direttiva vincola solo lo Stato membro e non è direttamente applicabile. Tuttavia la Corte di giustizia ha detto che, nell'ipotesi di un recepimento mancante o carente, può riconoscersi un effetto diretto alle norme della direttiva se ricorrono tre condizioni: 1) il termine deve essere scaduto; 2) il recepimento dello Stato deve essere assente o carente; 3) la disposizione della direttiva, dal punto di vista del contenuto, deve essere incondizionata e autosufficiente, ovvero '*self-executing*' (CG, 4 dicembre 1974, C-41/74, *van Duyn*).

In mancanza di tali caratteristiche non è possibile riconoscere effetto diretto alle direttive, con la conseguenza che il giudice italiano sarà costretto a sollevare questione di legittimità costituzionale (sentt. Corte cost. 170/84; 284/07; 28/2010; 269/2017). In via esemplificativa, non è possibile riconoscere effetti diretti se dall'applicazione della direttiva deriva una responsabilità penale (CG, 2 maggio 2005, C-387, 391, 403/02, *Berlusconi e altri*). Inoltre l'efficacia diretta è tendenzialmente di tipo 'verticale' (UE-Stati membri), non anche 'orizzontale' (tra soggetti privati). Per evitare gli effetti distorsivi di una tale limitazione, la CGUE obbliga i giudici e le amministrazioni nazionali ad interpretare il diritto nazionale, anteriore o successivo, alla luce della lettera e dello scopo delle direttive, affinché anche nelle controversie tra privati si raggiungano i risultati perseguiti dalle direttive (CGUE, 22 novembre 2005, C-144/04, *Mangold*; 19 gennaio 2010, C-555/07, *Kücükdeveci*).

Può dunque dirsi che, mentre l'applicabilità diretta è una caratteristica che pertiene all'atto, l'effetto diretto (o efficacia diretta) è una caratteristica della norma, che è frutto dell'interpretazione della Corte di giustizia (CG, 5 febbraio 1963, C-26/62, *Van Gend & Loos*). Il suo riconoscimento ha permesso ai singoli di potere far valere direttamente il diritto unionale (quindi anche quello derivante dalle direttive, le cui norme siano dotate di certe caratteristiche) davanti ai tribunali, indipendentemente dagli atti nazionali di recepimento. Appare chiaro che l'effetto diretto, insieme al principio della preminenza del diritto dell'UE, è stato uno strumento giurisprudenziale che ha contribuito a rafforzare fortemente il diritto unionale nei confronti dei diritti nazionali.

Infine l'UE ha a disposizione anche le **decisioni** (art. 288.4. TFUE), nonché le **raccomandazioni** e i **pareri** (art. 288.5. TFUE). La decisione è obbligatoria; può avere anche un carattere provvedimentale (cioè indirizzarsi a soggetti determinati). Raccomandazioni e pareri non hanno invece carattere vincolante.

### 4.1.3. *Atti ulteriori*

Il diritto derivato prevede ulteriori atti produttivi di diritto. La Commissione può infatti essere delegata da un atto legislativo ad «adottare atti non legislativi di portata generale che integrano o modificano determinati elementi non essenziali dell'atto legislativo» (art. 290.1. TFUE). Questi atti delegati, che servono a creare condizioni uniformi di esecuzione, devono essere distinti dagli atti di esecuzione di cui all'art. 291.2. TFUE.

È bene rammentare che il trattato di Lisbona distingue tra *atti legislativi*, vale a dire gli atti normativi adottati dal Parlamento e dal Consiglio mediante procedura legislativa, ordinaria o speciale, costituiti da regolamenti, direttive o decisioni e *atti non legislativi*, posti in essere dalla Commissione. In quest'ultimo caso si tratta soprattutto di atti delegati (che la Commissione assume su delega di un atto legislativo) o di atti di esecuzione (normalmente adottati dagli Stati membri ma che, in alcuni casi, sono rimessi alla Commissione o al Consiglio al fine di assicurare condizioni uniformi di esecuzione). Tra atti legislativi e non legislativi non esiste alcuna gerarchia: ciò che conta è la base giuridica presente nei trattati, da cui si ricava poi la fonte utilizzabile. È così ben possibile, per esempio, che una decisione di natura non legislativa (nella specie, una decisione del Consiglio) possa prevalere su un regolamento avente natura legislativa (CG, 6 settembre 2017, C-643/15 e C-647/15, *Repubblica slovacca e Ungheria c. Consiglio dell'Unione europea*).

## 4.2. *Le competenze normative dell'Unione europea*

L'Unione europea è un ordinamento composto dalle istituzioni dell'Unione e dagli Stati membri. Si pone quindi la questione del riparto delle competenze, a somiglianza di quanto accade negli Stati composti (come gli Stati federali e regionali).

Il rapporto tra UE e Stati membri è retto dal **principio di attribuzione** per cui le competenze dell'Unione sono solo quelle che ad esse gli Stati membri decidono di trasferire (art. 5.1. TUE). A differenza degli Stati, che dispongono di una competenza generale, l'Unione non decide delle proprie competenze (c.d. **competenza della competenza**).

In vigenza dei precedenti trattati il riparto delle competenze non era fissato con precisione (a titolo esemplificativo si guardi l'art. 3 del trattato istitutivo della Comunità economica europea). Si è fatto così ricorso a generali criteri interpretativi di tipo teleologico per ampliare le competenze delle istituzioni europee. Con l'entrata in vigore del trattato di Lisbona gli artt. 3-6 TFUE individuano invece elenchi precisi di competenze, che si fondano su materie e non su scopi o fini. In questi articoli viene fatta una precisa differenza tra competenze esclusive dell'UE (sul punto anche l'art. 2.1. TFUE), competenze concorrenti dell'UE e degli Stati membri e competenze di coordinamento, sostegno, completamento.

Un criterio di tipo teleologico è rimasto comunque all'interno dell'art. 352 TFUE, in base al quale l'Unione può adottare disposizioni per adottare un'azione che appare necessaria per realizzare uno degli obiettivi stabiliti dai trattati senza che questi ultimi abbiano previsto i poteri di azione. A tal fine è però necessaria l'unanimità del Consiglio e la previa approvazione del Parlamento europeo.

Ancora in deroga al principio di attribuzione, si ritiene, sulla base di un'interpretazione della Corte di giustizia, che l'UE possa adottare, in situazione di eccezione, competenze che non le sono state attribuite espressamente (c.d. **poteri impliciti**). Tale tesi dogmatica si richiama a quella degli *implied power* di origine statunitense ed afferma che, indipendentemente dal tenore letterale delle disposizioni che attribuiscono competenze, spettano all'Unione anche quelle competenze che sono necessarie per un efficace adempimento delle competenze ad essa affidate. La dottrina degli *implied powers* è stata utilizzata soprattutto per fondare le competenze estere dell'UE (CG, 31 marzo 1971, C-22/70, *Commissione*). Alcuni aspetti di questa giurisprudenza sono oggi inglobati nell'art. 3.2. TFUE.

L'art. 5 TUE stabilisce che, nell'esercizio delle sue competenze normative, l'UE deve sempre osservare il **principio di sussidiarietà** (non anche, però, quando esercita le sue competenze esclusive). Il principio consente all'UE, in base all'art. 5.3. TUE, di intervenire nei settori che non sono di sua competenza esclusiva solo se e in quanto gli obiettivi dell'azione prevista non possono essere conseguiti in misura sufficiente dagli Stati membri, né a livello centrale né a livello regionale e locale, e possono essere meglio conseguiti a livello di Unione. Il principio di sussidiarietà è ulteriormente disciplinato dal Protocollo sull'applicazione dei principi di sussidiarietà e di proporzionalità, il quale prevede che il rispetto del principio sia assicurato dai parlamenti nazionali. L'effettività di questo procedimento è molto discussa.

Anche il **principio di proporzionalità** conforma l'azione dell'UE (artt. 5.1. e 4 TUE). Esso serve a limitare l'azione dell'UE rispetto alle competenze degli Stati membri (ad esempio suggerendo l'uso della direttiva rispetto a quello del regolamento).

### 4.3. *Il procedimento legislativo*

Col trattato di Lisbona ci si è proposti di rafforzare il ruolo del Parlamento europeo nell'ambito del procedimento legislativo. Gli artt. 289.1. e 294 TFUE prevedono che il procedimento legislativo si snodi attraverso l'adozione congiunta di un atto (regolamento, direttiva o decisione) da parte del Parlamento europeo e del Consiglio, su proposta della Commissione. Nell'intento degli autori del trattato di Lisbona il rafforzamento del ruolo del Parlamento avrebbe dovuto coincidere con una maggiore legittimazione democratica dell'azione dell'Unione nel suo complesso.

Si noti anche che il trattato, negli articoli appena citati, usa la locuzione 'procedura legislativa', sebbene tra le fonti dell'UE non vi siano leggi (almeno non nel senso in cui sono intese nell'ordinamento italiano; ma cfr. quanto appena detto in § 4.1.3.). Un elemento di ulteriore differenza tra l'ordinamento dell'Unione e quello italiano in materia di atti legislativi è la **motivazione** prevista per tutti gli atti giuridici dell'UE (art. 296.2. TFUE) ed assente nel caso delle leggi italiane. Le regole relative alla sottoscrizione, adozione e pubblicazione degli atti giuridici variano a seconda del tipo di procedimento seguito e a seconda dei destinatari. Inoltre le regole dipendono anche dalla natura legislativa dell'atto. Tutto ciò è disciplinato nell'art. 297 TFUE.

Il **procedimento legislativo ordinario**, che è dettagliato nell'art. 294, deve trovare applicazione tutte le volte in cui sono le norme del trattato a prevederlo: può estendersi fino a tre letture, con l'intervento di un Comitato di conciliazione. Eccezioni al procedimento ordinario sono previste in casi specifici (art. 289.2. TFUE), che permettono l'adozione di un atto giuridico da parte del Parlamento con la partecipazione del Consiglio ovvero da parte del Consiglio con la partecipazione del Parlamento.

Alla Commissione spetta l'iniziativa (art. 17.2. TUE e 294.2. TFUE); dalla proposta della Commissione il Consiglio può allontanarsi solo deliberando all'unanimità (art. 293.1. TFUE).

Il trattato ha attribuito ad almeno un milione di cittadini europei il **diritto d'iniziativa** d'invitare la Commissione europea a presentare una proposta di adozione di un atto giuridico (art. 11.4. TUE e 24.1. TFUE). In base all'art. 289.4., per casi specifici previsti dal Trattato, possono avere il diritto d'iniziativa anche altri soggetti (gruppi di Stati membri, Banca centrale europea, Corte di giustizia).

**Procedimenti legislativi speciali** sono quei procedimenti nei quali, come si è detto, il Parlamento e il Consiglio non decidono insieme bensì uno dei due si limita a partecipare. Proprio perché derogano al procedimento ordinario devono essere espressamente previsti. Esistono così procedimenti in cui la decisione spetta al Consiglio e il Parlamento viene solo previamente consultato (artt. 21.3., 22.1., 77.3., 81.3., 89, 126.14. TFUE) ovvero si limita ad approvare (artt. 19.1., 25.2., 86.1. TFUE). In altri casi, invece, è il Parlamento a decidere, limitandosi il Consiglio a partecipare (es. artt. 223.2., 226.3., 228.4. TFUE).

Il trattato di Lisbona ha previsto tre diversi **procedimenti di revisione del trattato**. Il procedimento ordinario è descritto nell'art. 48.2.-5. TUE; il secondo, semplificato, è previsto dall'art. 48.6 TUE; il terzo, descritto come procedimento con 'clausole di passerella', è invece disciplinato nell'art. 48.7. TUE (ma anche 31.3. TUE e 81.3. TFUE).

### 4.4. *I rapporti tra diritto dell'Unione europea e ordinamento giuridico statale*

Nei rapporti tra ordinamento unionale e ordinamento giuridico italiano sono determinanti le decisioni assunte dalle rispettive giurisdizioni di vertice, la Corte di giustizia e la Corte costituzionale. Il pluralismo che contraddistingue i rapporti tra l'ordinamento unionale e quello degli Stati membri fa sì che, pur essendoci principi comuni validi per tutti gli Stati membri, ogni Stato membro abbia una sua specificità. Da questo punto di vista l'Italia, in un dialogo che spesso è stata vera contrapposizione tra Corte di giustizia e Corte costituzionale, ha contribuito a stabilizzare i principi che ora passiamo in rassegna.

La dichiarazione n. 17, annessa al trattato di Lisbona, contiene una statuizione che per la sua rilevanza conviene riportare: «La conferenza ricorda che, per giurisprudenza costante della Corte di giustizia dell'Unione europea, i trattati e il diritto adottato dall'Unione sulla base dei trattati prevalgono sul diritto degli Stati membri alle condizioni stabilite dalla summenzionata giurisprudenza». Il parere allegato ricorda che «Dalla giurisprudenza della Corte di giustizia si evince che la **preminenza del diritto comunitario** è un principio fondamentale del diritto comunitario stesso. Secondo la Corte, tale principio è insito nella natura specifica della Comunità europea. All'epoca della prima sentenza di questa giurisprudenza consolidata (*Costa c. ENEL*, 15 luglio 1964, C-6/64) non esisteva alcuna menzione di preminenza nel trattato. La situazione è a tutt'oggi immutata. Il fatto che il principio della preminenza non sia stato incluso nel futuro trattato non altera in alcun modo l'esistenza del principio stesso e la giurisprudenza esistente della Corte di giustizia».

Dalla dichiarazione si evince che il fondamento della preminenza o primato del diritto unionale sul diritto nazionale è ricavato dalla giurisprudenza della Corte di giustizia. In particolare, secondo la Corte di giustizia, la preminenza deriva dall'autonomia dell'ordinamento giuridico discendente dai trattati di Roma, rispetto sia all'ordinamento internazionale che agli ordinamenti nazionali (CG, 5 febbraio 1963, C-62, *van Gend & Loos*; CG, 9 marzo 1978, C-106/77, *Simmenthal*). La Corte di giustizia si richiama anche alla necessità di dare piena efficacia alle norme dell'Unione; in altri termini, tale efficacia dipende dal grado di vincolo che il diritto unionale è in grado di creare nei confronti del diritto degli Stati membri. Tale vincolo giuridico discenderebbe dagli artt. 4.3. al. 2 e 3; 19.1., al. 1, TUE; artt. 288.2. e 4., al. 2, TFUE e, *a contrario*, dall'art. 288.5. TFUE. Da tutto ciò la CG ricava una preminenza del diritto dell'Unione su tutto il diritto degli Stati membri (anche quello di livello costituzionale) (CG, 15 luglio 1964, C-6-64, *Costa* e, in particolare, sul rapporto col diritto costituzionale, CG, 17.12.70, 11/70, *Internationale Handelsgesellschaft*).

La posizione delle principali giurisdizioni costituzionali degli Stati membri è invece differente, se non opposta. Il punto dal quale esse partono è che sono gli Stati a rimanere i signori dei trattati (l'espressione ricorre spesso nella giurisprudenza del Tribunale costituzionale tedesco: *Herren der Verträge*). Il diritto dell'Unione non sarebbe quindi autonomo rispetto agli ordinamenti degli Stati membri, bensì proprio in questi troverebbe la propria fonte. Per la Corte costituzionale il diritto dell'Unione vige nell'ordinamento italiano in ragione dell'adesione dello Stato italiano ai trattati dell'Unione, fondata sull'art. 11 e sulle relative norme di adattamento (sentt. Corte cost. 14/1964; 98/1965; 183/1973; 232/1975).

Quanto alla preminenza del diritto dell'Unione, la Corte costituzionale ha riconosciuto tale preminenza attraverso un percorso complesso articolato in tre fasi:

– con la sent. 14/1964 (ricordata anche come **sentenza Costa *contro* Enel**, dal nome delle parti), la Corte applicò al diritto sovranazionale gli stessi criteri che si ritenevano applicabili (in quel periodo) al diritto internazionale, sostenendo che le norme sovranazionali prevalessero sulle disposizioni incompatibili anteriori di rango uguale o inferiore ma che potessero essere abrogate da leggi successive;

– con la sent. 232/1975 (ricordata anche come **sentenza I.C.I.C.**), la Corte, accogliendo le 'rimostranze' della Corte di giustizia rispetto alla sentenza di dodici anni prima, ritenne che le leggi italiane in contrasto col diritto sovranazionale fossero incostituzionali per violazione dell'art. 11 e andassero impugnate dinanzi alla Corte costituzionale;

– con la sent. 170/1984 (ricordata anche come **sentenza Granital**), infine, la

Corte ha fatto un ulteriore passo nei confronti della Corte di giustizia, stabilendo che, in caso di contrasto tra norma sovranazionale e norma italiana, possa essere direttamente il giudice comune ad applicare la prima senza dover rivolgersi alla Corte costituzionale. Al più, se al giudice comune dovessero insorgere dubbi, esso potrà rivolgersi alla Corte di giustizia con un rinvio pregiudiziale. Si consideri che a tale conclusione la Corte costituzionale è giunta dopo che la Corte di giustizia aveva stabilito, proprio su rinvio pregiudiziale di un giudice italiano, che, in caso di contrasto tra norma sovranazionale e norma nazionale, i giudici nazionali dovessero disapplicare direttamente la norma nazionale (cfr. già citata CG, 9 marzo 1978, C-106/77, *Simmenthal*).

Dunque la prevalenza del diritto unionale, in caso di contrasto tra norme, è assicurata tramite **disapplicazione** (o non applicazione), che comporta che la norma italiana continua a vigere e potrà trovare applicazione in tutte le fattispecie in cui non deve farsi applicazione del diritto dell'Unione. Quanto detto riguarda il contrasto con il diritto prodotto dalle fonti primarie.

In caso di contrasto delle norme unionali con le disposizioni costituzionali la prevalenza del diritto dell'Unione, comprendente il diritto primario e il diritto secondario direttamente applicabile, è stata espressamente riconosciuta dalla Corte costituzionale a partire dalla sent. 98/1965 e poi espressamente ribadita in sent. 399/1987. Secondo la Corte costituzionale (già dalla sent. 183/1973), il primato si arresta solo nei confronti dei principi inviolabili e dei diritti fondamentali della Costituzione (sentt. 170/1984, 126/1996).

È questo un aspetto che merita approfondimento. La preminenza del diritto dell'UE può mettere a rischio la 'tenuta' dei diritti nazionali, soprattutto delle loro caratteristiche fondamentali. Per questo motivo, già in epoca risalente, la Corte costituzionale (insieme al Tribunale costituzionale federale tedesco) ha ribadito, da un lato, il principio della preminenza del diritto comunitario (oggi unionale) su quello nazionale e, dall'altro, l'impermeabilità dei principi costituzionali supremi e dei diritti fondamentali rispetto ad alterazioni indotte dal diritto unionale. A garantire tale inviolabilità la Corte chiama se stessa, specificando che, in caso di violazione, non potendo sindacare fonti di altro ordinamento (perché quelle dell'ordinamento europeo sono considerate fonti esterne), essa si riserva il potere di sindacare la legge di esecuzione del trattato, per la parte in cui essa consente l'ingresso di atti lesivi dei principi supremi e dei diritti fondamentali (così già in sent. 183/1973) (Sorrentino, 1971, Cartabia, 1995, Donati, 1995; nella prospettiva dell'ordine pubblico Angelini, 2007, 110).

Se, dunque, sono ammesse dalla stessa Costituzione limitazioni alla sovranità (art. 11), esistono limiti a tali limitazioni. Questa posizione della Corte costituzionale ha poi preso il nome di teoria dei **controlimiti**, validi non solo come bastioni nei confronti del diritto dell'UE ma anche verso ipotesi di revisione costituzionale, verso consuetudini di diritto internazionale, verso i Patti lateranensi. La Corte costituzionale ha attivato questi controlimiti nei confronti del diritto internazionale nel menzionato caso della sent. 238/2014. Con riguardo al diritto convenzionale la questione è stata affrontata in termini generali nella sent. 348/2007. Ne confronti del diritto unionale la Corte ha minacciato l'attivazione dei controlimiti nella vicenda Taricco, poi fortunatamente ricondotta nei binari del dialogo tra Corti (cfr. cap. XI.2.).

Con la riforma costituzionale del 2001 l'art. 117.1. pone come limiti della potestà legislativa dello Stato e delle Regioni gli obblighi derivanti dall'ordinamento comunitario (il legislatore costituzionale ha usato un termine vetusto – comunitario – visto che nel 2001 alla Comunità era già subentrata l'Unione europea). L'art. 117.1. conferma quanto già riconosciuto dall'art. 11. Il vincolo previsto nell'art. 117.1. è solo uno degli elementi rilevanti del rapporto tra diritto interno e diritto dell'Unione. Restano infatti ferme tutte le conseguenze che derivano dalle limitazioni di sovranità che l'art. 11 consente, sul piano sostanziale e processuale, per l'amministrazione e i giudici: in particolare il fatto che l'esercizio dei poteri normativi delegati all'Unione trovi un limite esclusivamente nei principi fondamentali dell'assetto costituzionale e nella maggior tutela dei diritti inalienabili della persona (così sentt. 227/2010 169/2006, 284/2007, 102/2008).

### 4.5. *La tutela dei diritti fondamentali nell'Unione europea*

Le divergenze tra Corte di giustizia e Corte costituzionale riguardano anche la questione della tutela dei diritti fondamentali nei confronti del diritto secondario. Questo profilo acquista rilevanza nei casi in cui gli atti giuridici dell'Unione hanno effetto diretto.

Partendo dalla tesi del primato del diritto unionale nei confronti del diritto nazionale, la Corte di giustizia pretende la competenza esclusiva sul controllo degli atti dell'Unione. Il parametro del controllo è costituito dai diritti fondamentali inclusi nel diritto primario (art. 6 TUE).

Se la Corte di giustizia pretende il monopolio del controllo sugli atti dell'UE, è anche vero che essa è disposta a condividere con gli Stati membri le forme del controllo (CG, 22 ottobre 1987, C-314/85, *Foto-Frost*). Ciò vuole dire che, nel caso in cui il giudice di uno Stato membro voglia annullare un atto dell'Unione perché in contrasto con i diritti fondamentali dell'Unione, allora egli dovrà preventivamente sollevare questione pregiudiziale ai sensi dell'art. 267 TFUE.

In effetti non può negarsi che sia compito della Corte di giustizia la tutela dei diritti fondamentali dell'Unione nei confronti di atti della stessa Unione. L'aspetto problematico è che – con l'eccezione dei casi previsti dagli artt. 263.3., al. 4 e 265.3. TFUE – l'ordinamento unionale non prevede il ricorso individuale, con la conseguenza che la violazione dei diritti fondamentali dell'Unione europea viene sempre fatta valere all'interno di procedimenti giurisdizionali nazionali. Questa è la ragione per la quale, nell'ipotesi in cui il giudice nazionale si convinca che l'atto unionale contrasti con i diritti fondamentali dell'Unione, egli non può annullarlo direttamente, ma è costretto a rivolgersi preventivamente alla Corte di giustizia ai sensi dell'art. 267 TFUE.

Nel diverso caso di contrasto di una disposizione dell'Unione con i diritti fondamentali della Costituzione italiana, allora il giudice italiano dovrà sollevare questione di legittimità costituzionale impugnando la norma di esecuzione del trattato (nella parte in cui ha permesso la violazione). Nell'ipotesi più specifica in cui il giudice italiano sia chiamato ad applicare una disposizione del diritto italiano che sia di attuazione del diritto unionale (una norma che, ad esempio, attua una direttiva), allora il giudice italiano avrà una duplice possibilità a seconda della fattispecie. Se la disposizione interna è ritenuta meramente applicativa di quella unionale, allora il giudice italiano dovrà procedere con il **rinvio pregiudiziale c.d. di validità**: in questo caso, infatti, il giudice ritiene che la disposizione italiana sia ripetitiva di quella unionale, sicché dovrà chiedere alla Corte di giustizia se la norma unionale è valida oppure no.

Se, invece, la disposizione interna contiene un'attuazione non obbligata (perché la disposizione unionale lascia aperte diverse modalità applicative al legislatore nazionale), allora il giudice italiano dovrà comunque rivolgersi al giudice europeo ma in sede di rinvio pregiudiziale interpretativo. In pratica chiederà alla Corte di giustizia se la normativa italiana di attuazione sia conforme ai diritti fondamentali dell'Unione.

Infine, con riguardo al rispetto delle competenze da parte degli organi dell'Unione, la Corte di giustizia ritiene di avere, essa sola, il potere di dichiarare nulli o comunque non conformi al diritto primario dell'Unione gli atti viziati da incompetenza (chiamati anche atti *ultra vires*).

Prima di chiudere questo capitolo, è opportuno accennare ad una questione ulteriore che mette ancora una volta in dialogo Corte costituzionale e Corte di giustizia nella prospettiva dei diritti fondamentali. Si allude alla questione della c.d. **doppia pregiudizialità**, che nasce «laddove una legge sia oggetto di dubbi di illegittimità tanto in riferimento ai diritti protetti dalla Costituzione italiana, quanto in relazione a quelli garantiti dalla Carta dei diritti fondamentali dell'Ue in ambito di rilevanza comunitaria» (così sent. Corte cost. 269/2017). L'ipotesi è tanto più probabile in quanto, dopo l'entrata in vigore del trattato di Lisbona, i diritti contenuti nella CDFUE fanno parte a pieno titolo del diritto primario. Nulla esclude, dunque, che un giudice italiano riscontri, su una controversia che è chiamato a giudicare, dubbi riguardanti la conformità della disciplina legislativa italiana sia con riguardo ai diritti fondamentali della Costituzione italiana sia con con riguardo a quelli sanciti dalla CDFUE. In questi casi, chiamati appunto di 'doppia pregiudizialità, la Corte costituzionale, imponendo ai giudici comuni un'inversione dell'ordine delle pregiudiziali che, fino a quel momento, aveva visto la Corte costituzionale coinvolta solo dopo la soluzione di questioni pregiudiziali ai sensi dell'art. 267 TFUE, ha stabilito che il giudice italiano debba sollevare prima la questione di legittimità costituzionale, restando ferma la possibilità (successiva alla pronuncia della Corte costituzionale) di azionare il rinvio pregiudiziale per le questioni interpretative o di invalidità del diritto dell'Unione (così sent. Corte cost. 269/2017). Questo indirizzo, inaugurato con la sentenza appena citata, è stato poi confermato da una serie di decisioni intervenute nel corso del 2019 (sentt. 20/2019; 63/2019; 112/2019; ord. 117/2019). L'orientamento giurisprudenziale – ben giustificabile alla luce dell'intento della Corte italiana di recuperare spazi di intervento nei confronti di quella del Lussemburgo – andrà ulteriormente raffinato soprattutto in ragione del fatto che nulla impedisce al giudice comune italiano di rivolgersi prima alla Corte di giustizia. I rischi di incertezze, che poi si risolvono in una lesione del principio di certezza del diritto, sono ancora alti.

PARTE QUINTA

# I DIRITTI E I DOVERI FONDAMENTALI

CAPITOLO XV

# I DIRITTI FONDAMENTALI: PROFILI GENERALI



## 1. *Cenni storici*

Prima di iniziare una puntuale analisi dei profili generali dei diritti fondamentali, conviene definirne concetto e natura. A tal fine appare utile partire dalla prospettiva storica, che aiuterà a percepire due aspetti importanti. Il primo riguarda la progressiva differenziazione di un gruppo di diritti rispetto ad altri, un gruppo di diritti che può essere quindi considerato il nucleo originario. Il secondo riguarda il rapporto tra diritti fondamentali e Costituzione giacché la prospettiva storica permette di comprendere meglio che di veri e propri diritti fondamentali potrà parlarsi solo allorché alla carta o alla dichiarazione che li contiene verranno riconosciuti una natura e una forza peculiari, superiori rispetto agli altri atti giuridici (del Parlamento o del Governo). Rigidità costituzionale e diritti fondamentali sono quindi strettamente intrecciati.

Nella prospettiva strettamente giuridica dei diritti fondamentali coglie nel segno la tesi secondo cui è solo con la Costituzione statunitense del 1787 che i diritti fondamentali prendono forma giacché i documenti costituzionali precedenti erano discipline contrattuali o legislative dei cittadini o dei baroni inglesi adottate in funzione di delimitazione del potere monarchico (Schmitt, 1928, 212). Tale era, in effetti, la *Petition of Rights*, presentata dalla Camera dei *Lords* e dai Comuni al Re Carlo I nel 1628: in essa i presentatori del documento chiedevano al Re, in particolare, il riconoscimento dell'inviolabilità personale (oltre alla richiesta che, per imporre nuove tasse, fosse necessario l'assenso del Parlamento).

La Petizione richiama a sua volta un importantissimo precedente, la *Magna Charta* del 1215 (*The Great Charter of the Liberties of England*). Gli autori della Petizione chiudono il documento affermando che «Tutte queste cose essi domandano umilmente a V.M. come loro diritti e loro libertà» (*rights and liberties*). Altri documenti seguiranno, sempre sul suolo inglese: *l'Habeas Corpus Act* (1679) e il *Bill of Rights* (1689).

I diritti della persona troveranno poi un altro vigoroso riconoscimento negli Stati Uniti d'America: il *Bill of Rights* della Virginia (1776), antecedente rispetto alla Costituzione degli Stati Uniti (1787), contiene un elenco di diritti da garantire al cittadino, all'interno di un impianto generale fortemente improntato al principio democratico: libertà di stampa, diritto di proprietà, libertà religiosa, diritti all'interno del processo. La Costituzione degli Stati Uniti nasce priva di un catalogo di diritti. Essi saranno inseriti dopo pochi anni, nel 1791, con il *Bill of Rights.*

Infine il processo di formazione delle carte dei diritti torna in Europa, allo scoppio della Rivoluzione francese, con la celebre *Dichiarazione dei diritti dell'uomo e del cittadino* (1789), doppiata, a pochi anni di distanza, dall'atto costituzionale del 24 giugno 1793, voluto dal movimento giacobino e contenente una nuova Dichiarazione dei diritti dell'uomo e del cittadino.

Nel corso dell'Ottocento molte saranno le carte costituzionali che riconosceranno diritti, anche se la concreta attuazione degli stessi sarà rimessa alla legge. Inoltre, in coerenza con la forma di Stato liberale, ad essere riconosciuti saranno per lo più diritti individuali. Emblematico, in questo senso, lo Statuto albertino, che, per un verso, prevede solo libertà individuali (con la sola eccezione del diritto di riunione) e, per l'altro, rimette sistematicamente la relativa disciplina del singolo diritto alla legge. Nella stessa direzione si muovono le costituzioni di altri Stati europei, ad esempio le costituzioni dei tanti stati tedeschi appartenenti al *Deutscher Bund* nel periodo che va dal 1815 al 1871. Va anche sottolineato che i diritti richiesti dalla classe borghese saranno poi, nel corso dell'Ottocento. Ulteriormente ampliati attraverso il conflitto con la classe operaia.

Essendo contenuti in costituzioni flessibili, le prescrizioni sui diritti delle carte ottocentesche, oltre che rinviare all'attuazione legislativa, non avevano la capacità di resistere a eventuali modificazioni o limitazioni apportate da leggi successive. Con riguardo all'Europa, bisognerà attendere il Novecento perché i diritti fondamentali riescano a trovare un'effettiva garanzia nel carattere rigido delle nuove Costituzioni. Antesignana, da questo punto di vista, la Costituzione tedesca di Weimar (1919) [1].

---

[1] Una raccolta dei documenti storici in materia di diritti è in Battaglia (1946); per una trattazione storica Fioravanti (1995).

## 2. *Alcune questioni definitorie*

### 2.1. *Natura dei diritti fondamentali*

L'espressione 'diritti fondamentali' proviene dall'ambiente giuridico tedesco, nel quale già la Costituzione di Francoforte del 1848 adoperava tale locuzione (*Grundrechte*). L'espressione ha poi trovato progressiva affermazione anche nell'ambito culturale italiano.

A conferma della sua origine dottrinale va constatato che il termine 'fondamentale' appare solo una volta nel catalogo costituzionale (per l'esattezza in relazione al diritto alla salute di cui all'art. 32). Il lessico costituzionale è molto più variegato: in alcuni casi la Costituzione ragiona di «libertà personale», di domicilio «inviolabile», di «libertà della corrispondenza»; in altri di «diritto di riunirsi», «di associarsi», «di professare liberamente la propria fede religiosa»; in altri casi si esprime in termini di potere conferito all'individuo, come nel caso della circolazione («ogni cittadino può circolare»), del diritto di agire in giudizio («tutti possono agire in giudizio»); in altri casi ancora l'individuo è tutelato, indirettamente, attraverso la formulazione di un obbligo negativo generale («nessuno può essere distolto dal giudice naturale» oppure «nessuno può essere punito se non in forza di una legge ...»); in altri casi, infine, a esser tutelato non è tanto l'individuo quanto un bene riguardante l'individuo (il domicilio, la proprietà) o un'attività da esso esplicata (l'iniziativa economica privata).

A tenere insieme tali diverse situazioni – espresse, come visto, in un linguaggio non sempre omogeneo e preciso – sta il principio fondamentale formulato dall'art. 2, che afferma: «La Repubblica riconosce e garantisce i *diritti inviolabili* dell'uomo ...». Partendo da questo rilevante dato letterale, la dottrina ha racchiuso nell'espressione 'diritti fondamentali' la congerie di situazioni soggettive appena indicate.

Può essere allora utile definire i diritti fondamentali guardando alla loro posizione nell'ordinamento. Dal punto di vista delle situazioni soggettive, i diritti fondamentali sono, tendenzialmente, **diritti soggettivi**. Ciò che li distingue dai 'normali' diritti soggettivi è la loro **posizione apicale**, che li sottrae alla modifica da parte degli atti di normazione primaria. È il fatto di essere previsti dalla Costituzione (o di essere ricavabili dalla stessa) che conferisce a tali diritti il carattere dell'inviolabilità o fondamentalità.

L'opzione appena compiuta, per cui sono fondamentali tutti i diritti riconosciuti e garantiti dalla Costituzione, risolve anche la controversia sulla corretta identificazione dei diritti fondamentali nell'ordinamento italiano. Rispetto alla posizione di chi ha sostenuto che sarebbero fondamentali solo quei diritti definiti espressamente come inviolabili dalla Costituzione (sono così qualificabili solo i seguenti: libertà personale, domicilio, comunicazione e diritto di difesa) appare prevalente la posizione di chi ritiene che siano fondamentali tutti i diritti garantiti dai principi fondamentali e dalla prima parte della Costituzione (Barile, 1984, 53-54). È su questa posizione la maggioranza della dottrina italiana e, soprattutto, la giurisprudenza costituzionale. Da ciò discende che tutti i diritti fondamentali – diritti di libertà, sociali e politici – in quanto riconducibili all'art. 2 ed a condizione che siano espressamente previsti dalla Costituzione, sono, nel loro contenuto essenziale, diritti fondamentali.

### 2.2. *Il fondamento di validità dei diritti. Diritti fondamentali e diritti umani*

Il collegamento al testo costituzionale nell'identificazione dei diritti fondamentali permette anche di chiarire due ulteriori importanti profili.

Il primo riguarda il **fondamento di validità** dei diritti fondamentali. Alcuni autori, infatti, enfatizzando la presenza del verbo *riconoscere* all'interno dell'art. 2 («*la Repubblica riconosce ... i diritti inviolabili dell'uomo ...*»), hanno sostenuto un fondamento giusnaturalistico dei diritti fondamentali (giacché si riconosce qualcosa che esiste indipendentemente dal potere creativo di un soggetto)[2]. La prospettiva da cui muove chi scrive è diversa. Si ritiene infatti che sia il diritto positivo a conformare storicamente i diritti dei singoli, indipendentemente dalla natura (fondamentale o meno) che essi possano assumere. Alla tesi secondo cui l'art. 2 conterrebbe un aggancio al diritto sovrapositivo nella parte appena citata può ribattersi, quindi, che la disposizione va spiegata storicamente, come presa d'atto che i diritti non sono concessi dallo Stato per propria autolimitazione (come volevano le teorie dei diritti riflessi e poi dei diritti soggettivi pubblici, elaborate nel corso dell'Ottocento rispettivamente da Gerber, 1852, 27-31 e G. Jellinek 1892, 96) ma sono connaturati alla dignità dell'uomo. È cioè indubbio che, da un punto di vista morale, ad ogni uomo vada 'riconosciuto' un plesso di diritti senza del quale l'uomo perde la sua dignità, divenendo oggetto di un diritto arbitrario. Ciò riconosciuto, la concreta configurazione dei diritti fondamentali dipende dal testo costituzionale.

Quanto appena detto ci permette di introdurre il secondo profilo, riguardante la **distinzione tra diritti fondamentali e diritti umani**. La categoria dei diritti umani è propria del diritto internazionale, che riconosce l'esistenza di diritti che, per la loro importanza, devono essere riconosciuti a tutti gli uomini, indipendentemente dalla loro appartenenza a uno specifico ordinamento giuridico: si pensi al divieto di tortura e di trattamenti inumani. Esiste quindi, in molti casi, una sovrapposi-

---

[2] Questa impostazione trova un brillante fondamento nella Relazione di Giorgio La Pira sui principi relativi ai rapporti civili, svolta dinanzi alla I Sottocommissione in Assemblea costituente. Ivi il costituente cattolico rigetta con forza la "anteriorità metafisica" dello Stato rispetto all'individuo, che aveva provocato la catastrofe della guerra, e afferma che compito della nuova Costituzione italiana è di "riaffermare solennemente i diritti naturali – imprescrittibili, sacri, originari – della persona umana e costruire la struttura dello Stato in funzione di essi. *Lo Stato per la persona e non la persona per lo Stato*: ecco la premessa ineliminabile di uno Stato essenzialmente democratico" (La Pira, 1946, 14).

zione sostanziale tra diritti fondamentali e diritti umani, nel senso che molti diritti umani sono incorporati dalle costituzioni nazionali come parte integrante dei diritti fondamentali.

Inoltre, spesso, l'uso del termine 'diritti umani' ha una caratterizzazione morale, sottintendendo il riferimento a quei diritti che spettano a tutti gli uomini indipendentemente dal riconoscimento che ne faccia una costituzione o un legislatore. Il rischio è così quello di cadere nuovamente in prospettive giusnaturalistiche.

Questo è il motivo per cui, nella presente trattazione, l'analisi è limitata ai diritti fondamentali per come li abbiamo individuati.

### 2.3. *Significato dell'inviolabilità*

L'art. 2 qualifica i diritti dell'uomo come 'inviolabili'. Su tale qualificazione e sui suoi effetti molto si è discusso in Italia. Due le questioni principali: l'inviolabilità va intesa in senso assoluto? In caso di risposta negativa, qual è l'ambito di inviolabilità?

In relazione al primo punto è evidente che l'inviolabilità riguarda tutti i poteri pubblici che possono incidere nella sfera soggettiva del singolo: potere legislativo, esecutivo e giurisdizionale. Va però subito aggiunto che questa affermazione, presa alla lettera, si rivela fallace, giacché è proprio la Costituzione a prevedere limitazioni ai diritti fondamentali provenienti dal legislatore, dal giudice, dal potere esecutivo. Basta dare un'occhiata all'art. 13 per rendersene conto.

Alla luce di quanto appena detto vanno intese anche quelle che possiamo qualificare come caratteristiche intrinseche dei diritti in esame, quali l'**assolutezza** (cioè la possibilità di esercitarli nei confronti di tutti), l'**inalienalibilità** e l'**irrinunciabilità** (sicché non possono essere dismessi per volontà del titolare), l'**imprescrittibilità** (sicché il mancato esercizio del diritto non comporta la sua perdita). Tali caratteristiche non ricorrono tuttavia indefettibilmente. Esistono diritti fondamentali relativi (diritto d'iniziativa economica); in alcuni casi è possibile rinunciare al diritto, a certe condizioni (l'inviolabilità del domicilio è rinunciabile su consenso del titolare del diritto: Corte cass. 25177/2014); in altri ancora il diritto si prescrive (diritto di agire in giudizio e alla difesa).

Preso atto che inviolabilità non vuol dire sottrazione assoluta a limiti, un'autorevole tesi ha sostenuto che l'inviolabilità implica la sottrazione dei diritti fondamentali alla revisione costituzionale (Barile, 1984, 53 ss.; Caretti, Tarli Barbieri, 2017; Grossi, 1991, 145 ss.). Come dire: se è la medesima Costituzione che, pur dichiarando inviolabili certi diritti, li sottopone a limiti di vario genere, è evidente che l'inviolabilità deve avere ad oggetto un livello d'intervento più alto, quello che si esplica attraverso la revisione costituzionale e che potrebbe portare alla modificazione/eliminazione dei diritti medesimi.

Da ciò discende una seconda collegata questione, riguardante l'ambito di sottrazione a revisione dei diritti fondamentali (si viene così alla seconda questione). In altri termini, bisogna chiedersi se l'inviolabilità comporti la completa sottrazione a revisione costituzionale ovvero la possibilità di modifiche parziali, limitate dei diritti fondamentali ad opera del legislatore costituzionale. In campo entrano due tesi: a chi ha sostenuto che ciò che è sottratto a revisione è il c.d. *nucleo essenziale* dei d.f. (Caretti, 2002, 93, 141) si contrapposta la tesi secondo cui l'inviolabilità garantirebbe una *garanzia di esistenza* (Grossi Pi, 1972, 727-8). Nel primo caso i sostenitori della tesi del contenuto essenziale (di chiara derivazione tedesca: cfr. l'art. 19.2. della Costituzione tedesca, che stabilisce il principio dell'immodificabilità del contenuto essenziale del diritto, c.d. *Wesensgehaltsgarantie*) incontrano la difficoltà di dover definire cosa è contenuto essenziale (immodificabile) e cosa non lo è (modificabile). Nel secondo caso i sostenitori della tesi finiscono per attribuire al legislatore costituzionale uno spazio maggiore, sottoponendolo al solo limite della non sopprimibilità. Questo spazio maggiore si ridurrebbe sensibilmente, tuttavia, nei casi in cui la Costituzione afferma espressamente che il diritto è inviolabile (sono i quattro casi, sopra già richiamati, degli artt. 13, 14, 15, 24): in queste ipotesi sarebbe escluso un intervento che riducesse l'ambito dell'inviolabilità.

Rispetto a queste tesi la Corte costituzionale ha preso una posizione molto chiara. Nella sent. 1146/1988 essa ha infatti stabilito che «i principi supremi dell'ordinamento costituzionale» sono sottratti anche alla revisione costituzionale. Nelle sentenze successive, che hanno riaffermato tale principio, la Corte ha poi incluso tra i principi supremi, sottratti a revisione, anche i diritti inviolabili (cfr., ad esempio, sent. 366/1991). In altre sentenze, la Corte ha poi fatto una chiara opzione a favore della tesi del contenuto essenziale come limite alla revisione.

### 2.4. *La questione dei nuovi diritti*

Più il testo costituzionale invecchia, più diventa necessario adeguarlo alle nuove esigenze provenienti dalla società. Pensiamo, per un solo attimo, ai notevoli problemi affrontati nell'ordinamento statunitense fornito di una Costituzione adottata nel lontano 1787 e tuttora vigente. Proprio per affrontare questa oggettiva difficoltà di tenere sempre agganciato il testo costituzionale alla realtà, è stata formulata la tesi che legge nell'art. 2 una clausola a fattispecie aperta, che permetterebbe di rispondere a tutte le nuove domande di libertà provenienti dalla coscienza sociale per come riconosciute dalla giurisprudenza e dal legislatore (Barbera, 1974, 50 ss.). La tesi in questione è stata criticata da parte di quegli studiosi che, sostanzialmente obiettando che l'accoglimento della tesi comporterebbe un modo surrettizio di revisione costituzionale (se crei un nuovo diritto fondamentale, modifichi l'assetto costituzionale), hanno letto l'art. 2 come una clausola riassuntiva dei soli diritti e doveri previsti nella Parte I (Pace, 2003, 20 ss.). Questa parte della dottrina ritiene che, pur senza chiudersi alle richieste provenienti dalla società, i diritti fondamentali vadano ricavati attraverso l'interpretazione delle norme costituzionali esistenti. Vi è anche chi ha sostenuto che il nuovo diritto deve essere ricavabile dall'interpretazione 'ragionevole' di altre norme costituzionali, come nel caso: dell'identità personale ricavato dal diritto al nome (previsto dall'art. 22) (cfr. ora sent. Corte cost. 286/2016, esaminata *sub* art. 22 nella presente parte); del diritto all'identità sessuale dalla libertà personale (previsto dall'art. 13); del diritto alla vita dal divieto di pena di morte (previsto dall'art. 27); del diritto all'onore e alla reputazione dalla pari dignità umana (previsto dall'art. 3); del diritto alla riservatezza dalla protezione degli ambiti di vita costituzionalmente garantiti (ricavato dagli artt. 13, 14, 15, 19, 29). In tutti questi casi non sarebbe sufficiente il mero richiamo all'art. 2, ritenendosi necessario un maggiore onere argomentativo (Modugno, 1995, 7 ss.).

La Corte costituzionale, per un lungo periodo, sembrava orientata a non accogliere la tesi in esame (sentt. 29/1962, 102/1975). Tuttavia la sua giurisprudenza è segnata dal riconoscimento di diritti non scritti in Costituzione. Eccone alcuni: il diritto alla riservatezza e all'immagine (sent. 38/1973); il diritto all'identità personale (sent. 13/1994); il diritto alla vita (sentt. 27/1975, 223/1996); il diritto alla libertà sessuale (sentt. 561/1987, nella quale la Corte riconosce il diritto al risarcimento alle donne vittime di stupri in periodo bellico; 98/1979); il diritto all'abitazione (sentt. 404/1988, 252 e 310/1989, 419/1991, 44/2020). Va precisato che, in alcuni casi, l'attribuzione del carattere di fondamentalità è stata agevolata dal previo intervento del Parlamento che, con legge, ha previsto il diritto in esame.

Si tratta di una giurisprudenza che conduce la Corte molto vicina al legislatore costituzionale. Stabilendo che nuovi diritti hanno una 'dimensione' costituzionale si attrae nell'orbita costituzionale qualcosa che in origine non vi era. Una funzione, questa, che dovrebbe essere riservata al legislatore in funzione di revisore costituzionale, non alla Corte costituzionale.

Inoltre la sussunzione di un diritto 'legislativo' (si vuol dire riconosciuto dal legislatore ordinario, non dalla Costituzione) al rango di diritto fondamentale finisce per esporre il suddetto diritto alle mutevoli innovazioni del legislatore che lo ha 'istituito', rischiando così di far venire meno le caratteristiche dei diritti fondamentali. Si prenda ad esempio il diritto alla protezione dei propri dati personali, non previsto espressamente in Costituzione. In Italia esso è stato previsto dalla legislazione ordinaria, che consente, in alcuni casi, una rinuncia alla riservatezza dei propri dati. Se così è e se esso viene considerato come un diritto fondamentale, è inevitabile constatare che viene meno o comunque si indebolisce il carattere dell'irrinunciabilità.

Conclusivamente possiamo osservare che dietro alla questione dei nuovi diritti e dell'interpretazione dell'art. 2 in senso aperto o chiuso si cela il complesso rapporto che lega tra loro le Corti e il Parlamento, presente in ogni *democrazia costituzionale*. La risposta varia a seconda degli ordinamenti (vi è ad esempio una profonda differenza nella concezione di questo rapporto tra Stati Uniti d'America e gli Stati europei), delle fasi storiche (in alcuni casi prevalgono le Corti, in altre i Legislatori), della particolare complessità del problema e delle sensibilità sociale (segregazione razziale, aborto, televisione, fecondazione assistita). In fondo, rispondere positivamente alla questione della clausola aperta vuol dire quindi esprimere un atto di profonda fiducia nel ruolo e nella saggezza dei giudici costituzionali, quali interpreti più autorevoli del testo costituzionale.

## 3. *Titolarità dei diritti fondamentali e problemi connessi*

### 3.1. *Il soggetto di diritto, l'esercizio e la limitazione dei diritti*

In via astratta i diritti fondamentali spettano a tutti gli uomini. L'art. 2 Cost. ragiona infatti di «diritti inviolabili dell'uomo», dove il riferimento è all'uomo in quanto persona e non in quanto cittadino o maggiorenne o capace d'intendere e di volere e così via. Tuttavia altre disposizioni della Costituzione non vanno nella stessa direzione, lasciando intendere che i diritti e i doveri in essa previsti vadano imputati ai soli cittadini e non a tutti gli uomini. La questione della titolarità sarà approfondita poco oltre.

L'esercizio di tali diritti può essere sottoposto ad alcuni requisiti. In base all'art. 2 tutte le persone fisiche sono centri di imputazione di diritti (**soggetti di diritto**). Le disposizioni del codice civile che disciplinano la capacità giuridica (l'astratta idoneità ad essere titolare di diritti, spettante a tutti fin dalla nascita) e la capacità d'agire (la concreta capacità di esercitare i diritti, che si acquista tendenzialmente con la maggiore età), rappresentano i principali requisiti generali per l'esercizio dei diritti. Non sono però esclusivi; nel caso poi dei diritti fondamentali si aggiungono ulteriori peculiarità. In alcuni casi, oltre alla capacità giuridica e d'agire, l'esercizio di tali diritti richiede anche la capacità naturale (ad esempio, per poter esercitare la libertà di riunione o di pensiero bisogna aver già sviluppato determinate capacità fisiopsichiche).

**Limitazioni** nella titolarità e nell'esercizio di diritti fondamentali possono discendere dal particolare rapporto che sussiste tra il singolo e il potere pubblico (è il caso del detenuto o dell'appartenente alle forze armate) ovvero tra il singolo e l'istituzione cui l'ordinamento conferisce poteri speciali (è il caso del minore, dello studente, del lavoratore dipendente).

### 3.2. *I diritti fondamentali spettano solo a chi è già in vita?*

Un punto problematico è l'individuazione del momento dal quale il soggetto diventa titolare di diritti. La Corte costituzionale, con la celebre sent. 27/1975, riconobbe che la tutela del concepito ha fondamento costituzionale negli artt. 2 e

31.2. Nella stessa sentenza la Corte sottolineò tuttavia che i diritti del concepito, quale essere umano, sono tutelati meno intensamente rispetto a chi è già persona (la madre).

Più di recente la l. 40/2004, in particolare l'art. 13, pare attribuire il diritto fondamentale alla vita all'embrione, vale a dire a quell'entità che prende forma subito dopo il concepimento. Questo riconoscimento legislativo è alquanto problematico poiché l'art. 3 l. 194/1978 permette l'interruzione di gravidanza entro i 90 giorni dal concepimento. Sembra, in altre parole, esservi un'antinomia. Sul punto è intervenuta la Corte cost. con sentt. 96 e 229/2015, sostanzialmente confermando la posizione espressa con la sent. 27/1975.

### 3.3. *I diritti fondamentali spettano solo al cittadino?*

In Assemblea costituente viene nettamente distinta la posizione del cittadino rispetto a quella dello straniero. Per rendersene conto basta leggere l'art. 10.2. oppure il Titolo della Parte I (diritti e doveri dei cittadini) o ancora quegli articoli in cui la titolarità del diritto è espressamente attribuita al cittadino (artt. 16, 17, 18) (in contrasto con quelle disposizioni in cui la titolarità è, per così dire, aperta: artt. 13, 19, 21). Anche il principio di eguaglianza è riferito ai soli cittadini.

Nonostante ciò, l'interpretazione della Corte costituzionale ha spinto verso una sempre maggiore parificazione dello straniero al cittadino, con l'eccezione di quei rapporti che legano l'individuo così intimamente allo Stato e ai suoi elementi costitutivi da non permettere un'estensione dei diritti fondamentali, che in tali rapporti sono coinvolti, anche agli stranieri (è il caso, ad esempio, del diritto di voto riferito agli organi nazionali) (sentt. Corte cost. 306/2008, 187/2010, 61 e 329/2011).

In particolare la Corte costituzionale ha stabilito, fin dall'inizio della sua attività, «l'eguaglianza dello straniero rispetto al cittadino nella sfera dei diritti fondamentali», l'«eguaglianza di situazioni soggettive nel campo della titolarità dei diritti di libertà» (sentt. 120/1967, 104/1969, 144/1970). Ai fini di tale interpretazione, la Corte ha valorizzato particolarmente l'art. 2 nella parte in cui ragiona di diritti inviolabili *dell'uomo*; parimenti la Corte ha valorizzato l'art. 10.2. secondo cui «*la condizione giuridica dello straniero è regolata dalla legge in conformità delle norme e dei trattati internazionali*», interpretando estensivamente le garanzie a favore degli stranieri che derivano dai trattati internazionali. Può quindi dirsi che tendenzialmente i diritti fondamentali, in particolare quelli qualificati come inviolabili, sono estesi a tutti gli uomini, mentre per quelle situazioni fondamentali in cui è in gioco un rapporto specifico tra cittadino e Stato la titolarità è ristretta e comunque sottoposta a limiti (diritto di voto, di circolazione). Anche con riguardo al principio di eguaglianza, la Corte, in direzione opposta al tenore letterale dell'art. 3, ha esteso il principio di eguaglianza anche agli stranieri (sentt. 120/1967, 54/1979 e, in particolare, 186/2020). Visto il tenore letterale della Costituzione italiana, che distingue tra diritti che spettano ai soli cittadini e diritti che, non essendo intestati espressamente ai soli cittadini, possono appartenere a tutti, la posizione della Corte e quella di gran parte della dottrina è andata oltre il dato testuale (Pace, 2003, 10 ss. e 306).

Problematico è anche il rapporto tra la descritta situazione di apertura nei confronti dello straniero e l'art. 16 disp. prel. c.c. secondo cui lo straniero è ammesso a godere dei diritti civili del cittadino a condizione di reciprocità e salve le disposizioni contenute in leggi speciali. Per una parte della dottrina tale disposizione, che non è stata abrogata, non sarebbe operativa (disapplicazione); per altri l'art. 16 avrebbe un'efficacia residuale, entrando in gioco solo per gli aspetti non attinenti ai diritti fondamentali e per gli stranieri non regolarmente soggiornanti. Infine tale medesima tendenza porta anche alcuni autori a ritenere che le norme che riservano ai cittadini l'esercizio di taluni diritti non siano suscettibili di interpretazione analogica, perché eccezioni rispetto al principio della titolarità universale[3].

### 3.4. *Le formazioni sociali sono titolari di diritti fondamentali?*

A differenza di quanto prevede l'art. 19.3. della Costituzione tedesca, quella italiana non prevede espressamente che dei diritti fondamentali siano titolari anche le persone giuridiche. Aggiungiamo che, nel riconoscere e garantire i diritti inviolabili, l'art. 2 precisa che essi spettano all'uomo «sia come singolo sia nelle formazioni sociali». Con il termine 'formazioni sociali' si intendono tutte le organizzazioni o comunità che si interpongono tra l'individuo e lo Stato: associazioni, famiglia, famiglia di fatto, coppie omosessuali, scuola, sindacati, partiti, comunità di lavoratori.

Le formazioni sociali guadagnano sicuramente un riconoscimento costituzionale, ma in via indiretta, in quanto sono i luoghi in cui l'uomo svolge la sua personalità. Da qui discende l'idea che i diritti spettino sempre all'individuo, non anche alle formazioni intermedie. Questa posizione molto netta può essere forse ammorbidita osservando che nulla impedisce di conferire alle formazioni sociali tutti quei diritti – se del caso anche fondamentali – che ad esse spettano per il conseguimento dei fini che si propongono. Con l'aiuto della giurisprudenza costituzionale si può ulteriormente precisare che, per evidenti motivi attinenti alle diverse caratteristiche degli individui rispetto ai soggetti collettivi, la tutela costituzionale dei diritti di libertà dei primi non è necessariamente identica a quella che può essere apprestata ai secondi (cfr. ordd. Corte cost. 221 e 286/2011).

Quanto appena detto vale per le formazioni sociali di carattere privato, con l'ulteriore precisazione che parte della dottrina tende a negare che diritti fondamentali possano spettare a quei soggetti collettivi, come le imprese, che si pro-

[3] Normative applicative possono essere rinvenute nel d.lgs. 286/1998, nel d.lgs. 140/2005 per stranieri che fanno domanda d'asilo, nel d.lgs. 25/2008 sullo *status* di rifugiato.

pongono finalità economiche. L'art. 2, però, non distingue, riferendosi solo alle formazioni sociali ove si svolge la personalità dell'uomo

Molto più diffusa è la tesi che nega diritti fondamentali a soggetti collettivi pubblici (persone giuridiche pubbliche), per l'ovvia ragione che i diritti fondamentali nascono proprio per garantire i singoli nei confronti di tali figure. La tesi è senz'altro condivisibile, anche se essa necessiterebbe di un'analisi più specifica, poiché esistono persone giuridiche pubbliche che, proprio per perseguire finalità di pubblico interesse, potrebbero necessitare della titolarità di diritti fondamentali (si pensi ad una società pubblica come la RAI, che svolge funzioni rilevantissime nella sfera della manifestazione del pensiero).

## 4. *L'ambito di garanzia dei diritti fondamentali*

### 4.1. *La dimensione verticale e le sistemazioni dogmatiche*

La principale funzione dei diritti fondamentali è quella di apprestare una tutela della sfera soggettiva al massimo grado della gerarchia delle fonti dell'ordinamento. Essi nascono, dal punto di vista storico, come strumento di tutela nei confronti dello Stato o comunque dei poteri pubblici (è questa la dimensione verticale). Da tale primigenia funzione di difesa (ted. *Abwehrrechte*) la dottrina ha dedotto un **contenuto negativo dei diritti fondamentali**, consistente appunto nella pretesa ad un'astensione da parte dello Stato e dei poteri pubblici nei confronti della sfera protetta dell'individuo. Si noti, per inciso, che tra i poteri pubblici vanno annoverati, oltre alle autorità statali, anche le istituzioni internazionali e dell'UE.

Soprattutto in Europa continentale la nascita di quelli che saranno poi i diritti fondamentali è fortemente legata all'idea di un'autolimitazione dello Stato (da qui la teoria già menzionata dei diritti riflessi, ted. *Reflexrechte*). Non va trascurata la circostanza che l'elaborazione teorica intorno ai diritti nasce, a fine Ottocento, in un contesto fatto di costituzioni flessibili, in cui la legge disponeva dei diritti ivi sanciti.

Lo sviluppo storico ha permesso di riconoscere ai diritti fondamentali ulteriori e più nuove funzioni. La polifunzionalità dei diritti era già stata intuita dalla sistemazione che di essi aveva dato **Georg Jellinek** (1892, 96), secondo cui il rapporto tra cittadino e Stato dava vita a quattro fondamentali posizioni: 1) lo *status subiectionis* in cui il cittadino è soggetto allo Stato e non ha alcun diritto; 2) lo *status libertatis* in cui il cittadino vanta la pretesa a che lo Stato non intervenga o intervenga solo in certi ambiti e con certi limiti; 3) lo *status civitatis* in cui il cittadino vanta la pretesa a che lo Stato renda prestazioni di carattere positivo (diritti civili e poi sociali); 4) lo *status civitatis activae* in cui il cittadino vanta la pretesa di concorrere a determinare la volontà dello Stato (diritti politici).

La teoria dei diritti soggettivi pubblici di Jellinek è per alcuni versi superata (si pensi allo *status subiectionis*, oggi non configurabile, neppure nei casi di soggezione determinata da rapporti di specifica subordinazione tra individuo e Stato) e per altri ancora appare insufficiente (dove collocare, ad esempio, i diritti fondamentali che si legano alla posizione dei soggetti all'interno del processo). Essa è stata contestata da chi ha ritenuto che il vero contenuto di una parte dei diritti fondamentali – i c.d. diritti di libertà – non si risolva nella mera dimensione negativa ma consista nel libero esercizio di comportamenti materiali (libertà di circolazione, di riunione, di manifestazione del pensiero) e/o di attività giuridiche (libertà di iniziativa economica).

Tuttavia essa ha profondamente influenzato la dogmatica europea dei diritti fondamentali, in particolare quella tedesca e italiana. Ad essa vanno riconosciuti alcuni meriti: l'aver spostato l'attenzione dallo Stato verso il cittadino e le sue libertà in un contesto ordinamentale fortemente statocentrico; l'aver implicitamente riconosciuto che i diritti fondamentali sono quelli e solo quelli che il diritto attribuisce; l'enfatizzazione della dimensione verticale di tali diritti, che rimane ancora oggi il lato caratterizzante di questa tipologia di situazioni giuridiche soggettive.

Sulla scorta della sistemazione di Jellinek, la dottrina ha tuttavia ammodernato la classificazione dei diritti fondamentali, lavorando soprattutto sul lato delle finalità che essi perseguono.

Parte della dottrina costituzionalistica italiana ritiene utile la contrapposizione tra diritti con natura individualistica, attribuiti all'uomo "come tale e a vantaggio dell'uomo", e diritti aventi natura funzionale, attribuiti cioè all'uomo "nella sua specifica qualità di membro o di partecipe di determinate comunità, per le funzioni che in esse il singolo debba esplicare, sicché tale partecipazione determina il contenuto ed i limiti del diritto" (così Esposito, 1959, 8). La categoria dei **diritti funzionali** è utile per caratterizzare i diritti fondamentali, oltre che nell'ambito della dimensione collettiva, nella sfera della famiglia, della proprietà privata e terriera e nell'ampia sfera dei diritti collegati al principio democratico. Non ha invece senso una caratterizzazione in senso funzionale dei diritti di libertà, caratterizzati come sono dalla libertà di scegliere il se, il come e il quando dell'esercizio della libertà medesima.

Una sistemazione molto diffusa in dottrina distingue tra **libertà negative** (del cui contenuto si è appena detto), diritti politici e di partecipazione, diritti sociali. Con **diritti politici e di partecipazione** si fa riferimento a quei diritti fondamentali che mirano a garantire una partecipazione attiva ai circuiti decisionali della Repubblica (libertà nello Stato, con un evidente riferimento allo *status civitatis activae* di Jellinek). Tra di essi possiamo annoverare il diritto di manifestare il proprio pensiero, il diritto di riunione e associazione, il diritto di voto. Da notare che alcuni diritti fondamentali rientrano sia all'interno della prima tipologia che all'interno della seconda, a dimostrazione che abbiamo a che fare con qualificazioni dottrinali.

Molto problematica, infine, è la corretta individuazione dei **diritti sociali**, che, consistendo nella pretesa a ottenere determinate prestazioni da parte dei pubblici poteri (nei campi della salute, dell'istruzione, della previdenza sociale, ecc.), sono la manifestazione più diretta del principio sociale o dello Stato sociale (*libertà tramite lo Stato*, che richiama lo *status activus* di Jellinek). Il loro legame strutturale con la sussistenza di fattori di natura politico-economica pone problemi di ordine politico e dogmatico. Ed infatti, tra i padri della Costituzione, vi fu chi, come Piero Calamandrei, propose si inserirli in un preambolo al fine di evitare che i diritti soggettivi si confondessero con i diritti sociali.

Se non può sussistere dubbio sul fatto che tali diritti sono da annoverarsi tra quelli fondamentali, non fosse altro perché previsti in Costituzione, è altrettanto vero che essi sono **diritti condizionati** (dal concreto riconoscimento da parte di legge e atti amministrativi). È questa la ragione per cui alcuni autori tendono a negare il carattere di diritto soggettivo assoluto a tali diritti e a riportarli in quella di potere, intesa come situazione astratta e potenziale, che sarà poi eventualmente concretizzata dalla norma di legge. A questa notazione, che indubbiamente coglie un elemento di verità, va affiancata la constatazione che alcuni diritti sociali si atteggiano a veri e propri diritti soggettivi (pensiamo al diritto all'assistenza sanitaria in casi di esigenze terapeutiche estreme).

A conclusione di questa breve disamina possiamo osservare che la triplice distinzione tra diritti di libertà, diritti politici e diritti di partecipazione e infine diritti sociali – per quanto non esente da critiche dirette a dimostrare la difficoltà di catalogare rigidamente situazioni giuridiche che tendono a condividere caratteri con più di una tipologia – si rivela ancora utile ad un primo inquadramento dei diritti fondamentali. Inoltre, proprio perché tutti i diritti fondamentali sopportano limitazioni e bilanciamenti, la distinzione si rivela utile per valutare, sempre da un punto di vista generale, l'incidenza dei limiti. Ed infatti per i diritti di libertà l'intervento restrittivo, pur sempre possibile, è sottoposto a limiti stretti, indicati in Costituzione. Per questi diritti il bilanciamento è senz'altro possibile ma esso deve esser previsto direttamente in Costituzione (diritto di libertà rispetto alla potestà punitiva dello Stato) o comunque deve essere sottoposto ad interpretazione stretta (diritto all'onore rispetto alla manifestazione del pensiero). Nel caso dei diritti politici e di partecipazione l'ampiezza delle pretese ad essi ricollegate viene a dipendere fortemente dalle forme e dai limiti previsti dall'art. 1.2.; mentre nel caso dei diritti sociali le prestazioni finiscono per dipendere dalla disponibilità finanziaria dei soggetti pubblici (diritti condizionati). Viene fuori insomma un quadro che enfatizza il carattere (tendenzialmente) negativo e assoluto dei diritti di libertà, nonché la possibilità di intestarne la titolarità ad ogni essere umano, rispetto ai diritti politici e di partecipazione politica e ai diritti sociali.

Quanto detto aiuta ad intuire meglio la storicità dei diritti, il loro prodursi per stratificazioni (si parla di **generazioni dei diritti**), secondo le esigenze della società. Utilizzando analisi precedenti e oramai risalenti (Bobbio, 1990), è così possibile provare a riassumere lo sviluppo storico dei diritti di libertà secondo il seguente schema: nel corso dell'Ottocento (Stato monoclasse) i diritti fondamentali sono declinati nella forma delle libertà negative, come *libertà dallo Stato* (ted.: *Abwehrrechte*), cioè come non impedimento a fare; con l'avvento dello stato pluriclasse emergono i diritti fondamentali nella loro versione positiva, cioè come *libertà nello Stato* (diritti politici e di partecipazione); infine, nel corso del Novecento, si giungerà allo sviluppo delle *libertà mediante lo Stato* (diritti sociali). La dottrina costituzionalistica ha poi individuato anche diritti di c.d. quarta generazione (legati alla tutela dell'ambiente, alla bioetica, alle manipolazioni genetiche, alle generazioni future).

### 4.2. *La dimensione orizzontale*

Assume sfumature diverse il problema dell'efficacia dei diritti fondamentali nei rapporti interpersonali e verso le formazioni sociali (dimensione o efficacia orizzontale)(ted. *Drittwirkung*).

La capacità dei diritti fondamentali di svolgere i propri effetti non solo nella dimensione verticale ma anche nella disciplina dei rapporti tra individui è stata riconosciuta dalla Corte costituzionale già da tempo (sent. Corte cost. 122/1970, in tema di libertà di manifestazione del pensiero).

Con riguardo al rapporto tra individuo e formazioni sociali vanno segnalati due profili. In primo luogo è molto discussa la questione di quali limiti possa sopportare il diritto fondamentale del singolo che sia membro volontario di una formazione sociale. In questo caso il singolo potrà subire limitazioni al proprio diritto di riunione, di manifestazione del pensiero, qualora egli abbia liberamente aderito alla formazione sociale. Al singolo deve però sempre rimanere disponibile il diritto di uscire dalla formazione.

In secondo luogo, a fronte dei crescenti fenomeni di globalizzazione, si assiste frequentemente al conflitto tra diritti fondamentali dei singoli e soggetti collettivi aventi dimensioni multinazionali operanti soprattutto nella sfera dell'economia, della scienza, della ricerca medica. In questi casi l'esigenza di un'interpretazione dei diritti aperta all'efficacia orizzontale è quanto mai stringente in una società in cui poteri pubblici e poteri privati (soprattutto quelli di grandi dimensioni) sono in grado di incidere fortemente sulla sfera giuridica degli individui. Basti pensare alla tutela nei confronti dei grandi operatori globali che, detentori di portali attivi su Internet, trattano delicati dati personali.

## 5. *Le garanzie dei diritti fondamentali*

Avviandoci alla fine di questa parte introduttiva, esaminiamo le garanzie che la Costituzione italiana offre ai diritti fondamentali, partendo dall'elemento della **rigidità** che mira a sottrarre alla disponibilità della maggioranza la modifica della Costituzione. Abbiamo anche notato che la Corte costituzionale, nella sent. 1146/1988, ha affermato che esiste un contenuto essenziale dei principi supremi, tra i quali rientrerebbero anche i diritti fondamentali, che sono sottratti a revisione costituzionale.

Altra importante garanzia è rappresentata dalla presenza della **riserva di legge**, di cui sono disseminate le disposizioni contenenti i diritti fondamentali. Indubbiamente la riserva di legge ha la funzione di sottrarre la materia all'intervento del Governo, anche se non esclude che ad intervenire, e quindi a modellare il diritto nel concreto, possa essere la maggioranza parlamentare. Questo rischio è tuttavia attenuato dai limiti posti dalla Costituzione e dal controllo della Corte costituzionale sulle leggi e gli atti aventi forza di legge.

Accanto alla riserva di legge appare di altrettanto rilievo la presenza della **riserva di giurisdizione**, anch'essa presente in alcune disposizioni sui diritti fondamentali. Se il giudice gode di una posizione di terzietà e imparzialità, ciò rappresenta un'effettiva garanzia per i diritti e le libertà degli individui. Le disposizioni sulla tutela giurisdizionale, contenute in particolare negli artt. 24, 111 e 13 Cost., fanno un tutt'uno con la riserva di giurisdizione.

La Costituzione prevede anche la **responsabilità dei funzionari** e dei dipendenti dello Stato e degli enti pubblici, dichiarati dall'art. 28 «*direttamente responsabili ... degli atti compiuti in violazione di diritti*». Come vedremo a suo tempo, la disposizione ha ricevuto un'applicazione non pienamente corrispondente al dettato della norma costituzionale.

Infine, come avremo modo di approfondire nella parte finale, il controllo di costituzionalità rappresenta la principale garanzia per la tutela dei diritti fondamentali.

## 6. *I limiti dei diritti fondamentali*

Il tema dei limiti che incontrano i diritti fondamentali coincide sostanzialmente con quello della possibilità di intervento dei poteri pubblici nella sfera soggettiva dei singoli. In relazione ad alcuni diritti la Costituzione prevede **limiti specifici**, delimitando così gli spazi di intervento; in altri essa non prevede limiti espressi ma ciò non implica che il diritto sia sottratto ad interventi esterni. Secondo la Corte costituzionale, infatti, non esistono diritti fondamentali privi di limiti; da ciò l'ulteriore conseguenza per cui «tutti i diritti fondamentali tutelati dalla Costituzione si trovano in rapporto di integrazione reciproca e non è possibile pertanto individuare uno di essi che abbia la prevalenza assoluta sugli altri» (sent. Corte cost. 85/2013). A differenza di altre costituzioni, che prevedono limiti generali espressi per i diritti fondamentali (come nel caso dell'art. 2.1. della Costituzione tedesca che prevede il limite generale del divieto di violare l'ordine costituzionale e la legge morale), la Costituzione italiana non prevede un limite generale espresso. Piuttosto è la Corte ad aver teorizzato un **limite generale** inespresso o implicito con la nota tesi secondo cui il concetto di limite sarebbe consustanziale al concetto di diritto (sent. Corte cost. 1/1956).

L'apposizione dei limiti direttamente in Costituzione varia da disposizione a disposizione; in alcuni casi, si prevede che i limiti saranno apposti dal legislatore ordinario. Tali differenze permettono di apprezzare anche il differente 'valore' che i Costituenti hanno attribuito ai vari diritti: stabilendo i limiti direttamente in Costituzione, i Costituenti hanno mostrato di voler attribuire agli stessi una tutela maggiore rispetto al caso in cui essi hanno rimesso al legislatore ordinario la possibilità di ulteriori limiti. Ritorna quindi l'appena richiamato istituto della riserva di legge, che viene previsto, fin dalla sua originaria previsione nell'art. 4 della Dichiarazione dei diritti del 1789 come *unico* strumento di limitazione della libertà [4]. Il livello di tutela del diritti aumenta anche in dipendenza del tipo di riserva di legge: una riserva di legge rinforzata garantisce maggiormente il diritto rispetto a una riserva di legge relativa.

La Costituzione non prevede né lo **stato di guerra** né lo **stato di necessità** quali cause di limitazione o sospensione dei diritti fondamentali (come avviene in altri testi costituzionali: ad esempio nella Costituzione di Weimar del 1919). La Costituzione disciplina, all'art. 78, il procedimento per dichiarare lo stato di guerra (difensiva) ma nulla dice sulle conseguenze della dichiarazione sui diritti fondamentali, in particolare se da essa possa seguire una limitazione o una sospensione di tali diritti.

La dottrina tende a distinguere lo stato di guerra dallo stato di necessità o (come dicono alcuni) d'eccezione, che ricomprenderebbe le ipotesi dello stato d'assedio e della guerra interna o guerra civile. Alcuni studiosi ritengono che, per quanto non previsto, lo stato di necessità, ove si presenti e venga conseguentemente dichiarato, potrebbe essere considerato come fattore implicito di limitazione/sospensione dei diritti fondamentali.

L'Italia, nel corso degli anni Settanta del secolo scorso, ha fronteggiato una situazione che, per molti versi, può essere ritenuta paragonabile allo stato di necessità, giacché il terrorismo interno portò ad un vero e proprio attacco nei confronti degli apparati statali (basti pensare al rapimento e all'uccisione dell'ex Presidente del Consiglio, Aldo Moro). L'ordinamento fronteggiò questa situazione, senza alcuna dichiarazione preventiva di stato di emergenza o di necessità. Gli strumenti utilizzati per affrontare quell'attacco furono cercati nella c.d. **legislazione di emergenza**, che intervenne soprattutto su alcuni istituti del diritto processuale penale.

Anche l'**adempimento dei doveri di solidarietà** comporta, di fatto, una limitazione generale dei diritti.

---

[4] Art. 4 della Dichiarazione dei diritti dell'uomo e del cittadino: «La libertà consiste nel poter fare tutto ciò che non nuoce ad altri: così, l'esercizio dei diritti naturali di ciascun uomo ha come limiti solo quelli che assicurano agli altri membri della società il godimento di questi stessi diritti. Tali limiti possono essere *determinati solo dalla Legge*».

Con la proclamazione dello stato di emergenza adottata con delibera del Consiglio dei ministri del 31 gennaio 2020 sulla base della legislazione riguardante la protezione civile[5], il II Governo Conte è stato messo in grado di adottare una serie di decreti-legge per contrastare la pandemia da Covid-19. Alcuni di questi decreti-legge – in particolare i d.l. 6 e 19/2020 – hanno posto intense limitazioni alla libertà di circolazione, alla libertà di culto, alla libertà di riunione e di associazione, d'iniziativa economica. Sulla base dei decreti-legge sono stati poi adottati numerosi d.P.C.M. che hanno concretizzato le limitazioni ai diritti. Si è così confermata la tesi dottrinale per cui la fonte cui ricorrere per un'eventuale limitazione o sospensione dei diritti fondamentali fosse da rinvenire nella disciplina costituzionale del decreto-legge (Barile, 1953, 373)[6].

Limiti specifici possono discendere dalle funzioni che il singolo individuo si trova a svolgere (come prevede l'art. 98.3. con riguardo al diritto d'iscriversi ai partiti politici per i magistrati, i militari di carriera, i funzionari di polizia, i rappresentanti diplomatici) ovvero, come già si è detto, da situazioni di **soggezione speciale** (in cui si trovano i minori, i detenuti, i militari). In quest'ultimo caso il punto problematico è la delimitazione del punto massimo di compressione dei diritti, giacché è difficile immaginare una sospensione totale della titolarità in ragione della situazione di soggezione speciale.

## 7. *La tutela dei diritti nella dimensione internazionale e sovranazionale*

### 7.1. *Il diritto internazionale*

I diritti dei quali si è trattato finora esplicano effetti nell'ambito dell'ordinamento giuridico nazionale.

A livello internazionale e sovranazionale si sono moltiplicate le carte o le dichiarazioni contenenti cataloghi di diritti. Lasciando in disparte le questioni relative alla natura di tali diritti (se ne è accennato ad inizio del presente capitolo), conviene in questa sede esaminare le principali manifestazioni della tutela ultrastatale dei diritti.

Il punto di riferimento è la **Carta delle Nazioni Unite** del 1945 e la **Dichiarazione dei diritti dell'uomo** del 1948, adottata dall'Assemblea generale dell'ONU.

La Dichiarazione, per quanto priva di carattere vincolante, è stata la base per l'adozione di altri due importanti trattati internazionali in materia di diritti uma-

[5] Art. 1.7.c), d.lgs. 1/2018.

[6] La Corte costituzionale si è espressa favorevolmente sul modello di gestione dell'emergenza: sent. 198/2021. Nella sent. 37/2021 ha inoltre affermato che, per ragioni logiche prima che giuridiche, la gestione della pandemia esige una disciplina unitaria, che si radica nella materia «profilassi internazionale» di competenza esclusiva statale.

ni: il **Patto internazionale sui diritti economici, sociali e culturali** e il **Patto internazionale sui diritti civili e politici** (approvati dall'ONU nel 1966, ratificati in Italia con l. 881/1977). A questi due importanti testi altri hanno fatto seguito, come ad esempio la Convenzione di New York sui diritti del fanciullo del 1989 (ratificata in Italia con l. 176/1991).

La Dichiarazione e i Patti contengono la disciplina dei tradizionali diritti di libertà nonché, come si evince anche dal titolo di uno dei due Patti, di diritti sociali. Svolgono inoltre una funzione importante per quegli Stati privi di costituzioni contenenti un dettagliato elenco di diritti.

L'effettività dei Patti è rimessa a rapporti periodici, che gli Stati firmatari s'impegnano a presentare, sulle misure adottate per dare attuazione ai diritti in essi sanciti (art. 40 Patto sui diritti civili e art. 16 Patto sui diritti economici). Nell'ambito del primo Patto sono anche possibili ricorsi degli Stati e individuali (art. 41).

Il loro impatto sull'ordinamento italiano segue la disciplina generale dell'adattamento al diritto internazionale: essendo ratificati con legge, essi hanno forza di legge. Quindi una legge successiva può porsi in contrasto con gli stessi (ferma la responsabilità internazionale dello Stato). Questa è stata la posizione fino alla modifica dell'art. 117, per quanto si debba ricordare un'isolata sentenza (10/1993) nella quale la Corte aveva osservato che le leggi di ratifica dei trattati andavano considerate quali fonti atipiche, sottratte quindi all'abrogazione. L'art. 117.1., subordinando la potestà legislativa dello Stato e delle Regioni agli obblighi internazionali, conferisce ora alle carte esaminate una posizione sovraordinata rispetto alla legislazione.

### 7.2. *Il diritto internazionale regionale o convenzionale (CEDU)*

La Convenzione europea per la salvaguardia dei diritti dell'uomo e delle libertà fondamentali (CEDU) è stata adottata nel 1950 dagli Stati membri del Consiglio d'Europa (oggi sono 47), eseguita con l. 848/1955. Il Consiglio d'Europa è stato creato con il Trattato di Londra del 5 maggio 1949 da 10 Stati europei con il compito di dare massima tutela ai diritti fondamentali dell'uomo. Nel tempo il Consiglio ha adottato anche altri atti, di minore rilievo, come la Carta sociale europea (1961) oppure la Convenzione europea per la prevenzione della tortura e dei trattamenti o delle pene inumani o degradanti (1987). Alla Convenzione sono stati inoltre aggiunti alcuni importanti Protocolli.

Formalmente la Convenzione è un trattato di diritto internazionale, con la conseguenza che dovrebbe seguire il regime di rapporti appena esaminato. Esistono però due fondamentali differenze rispetto ai trattati internazionali: a) la Convenzione prevede un sistema di tutela giurisdizionale – di cui la Corte europea è l'istituzione principale – per garantire l'effettività dei diritti; b) a tale sistema di tutela possono accedere anche i singoli, dopo aver esperito tutti i rimedi interni (art. 35).

La Corte europea dei diritti dell'uomo, che ha sede a Strasburgo, procede in composizione di giudice unico, in Comitati (con 3 giudici), in Camere (con 7 giudici) e nella Grande Camera (17 giudici) (art. 26 CEDU).

La Corte si pronuncia con sentenza definitiva cui le Parti «si impegnano a conformarsi». È poi l'organo politico, e cioè il Comitato dei ministri del Consiglio d'Europa (composto da tutti i ministri degli esteri degli Stati membri), che sorveglia l'esecuzione della sentenza (art. 46). Qualora il diritto interno non permetta la riparazione integrale delle conseguenze della violazione, la Corte, se necessario, accorda «un'equa soddisfazione alla parte lesa» (oppure condanna lo Stato a risarcire il danno morale o materiale al ricorrente).

A seguito della modifica dell'art. 117.1. la CEDU riceve una tutela differenziata. La Corte, nelle sentt. 348 e 349/2007, ha infatti detto che, se il giudice dubita della conformità della legge italiana alla CEDU, deve tentare di risolvere il dubbio in via interpretativa; se non è possibile, deve sollevare questione di legittimità costituzionale per violazione dell'obbligo di rispetto degli obblighi internazionali (art. 117.1.).

Va infine ricordata la Commissione europea per la Democrazia attraverso il diritto, conosciuta come Commissione di Venezia, che funziona come organo consultivo del Consiglio d'Europa. Essa ha svolto un ruolo di grande rilievo nella fase di ingresso dei paesi dell'Europa orientale all'interno dei sistemi giuridici europei. Garantendo un 'sostegno sostanziale' a tali Stati, la Commissione ha infatti contribuito all'adozione di costituzioni conformi agli standard del patrimonio costituzionale europeo (Bartole, 2020).

### 7.3. *Il diritto dell'Unione europea*

In origine i trattati istitutivi delle tre Comunità (economica, del carbone e dell'energia atomica) non prevedevano un catalogo di diritti fondamentali. La Corte di giustizia, a partire dagli anni '60, ha però elaborato una giurisprudenza secondo cui i diritti fondamentali sono ricompresi nei principi generali dell'ordinamento comunitario (CG, 12 novembre 1969, C-29/69, *Stauder*; CG, 17 dicembre 1970, C-11/70, *Internationale Handelgesellschaft*). Essi però, non essendo specificati nei trattati, sono stati ricavati dalle «tradizioni costituzionali comuni degli Stati membri» e dai trattati internazionali stipulati dagli Stati membri (come la CEDU). Negli anni poi si è registrato una sempre maggiore sensibilità dell'ordinamento unionale verso i diritti fondamentali, strumentale, per un verso, alla gestione dei rapporti con le Corti costituzionali più gelose dei propri cataloghi e più attente al rispetto dei c.d. controlimiti, e, per un altro, alla progressiva affermazione dell'UE come ordinamento a carattere generale.

Va detto che, pur privo di un elenco di diritti, il trattato di Roma (1957) conteneva alcune libertà di carattere economico, sulle quali doveva trovare fondamento il mercato comune: la libertà di circolazione delle persone, dei servizi, delle merci e dei capitali. Con il Trattato di Maastricht del 1992, a seguito dell'introduzione della cittadinanza europea, sono stati previsti alcuni diritti propri dello *status* di cittadino. Con lo stesso Trattato viene introdotto l'art. 6 secondo cui «L'Unione rispetta i diritti fondamentali quali sono garantiti dalla CEDU e quali risultano dalle tradizioni costituzionali comuni degli Stati membri, in quanto principi generali del diritto».

Il passo decisivo è compiuto nel 2000 con l'approvazione della **Carta dei diritti fondamentali dell'Unione europea**, che però non viene incorporata nei trattati, quindi nel diritto primario (anche per le forti resistenze di alcuni Paesi, come la Gran Bretagna e i paesi scandinavi). La Carta è molto attenta ai diritti di nuova generazione (bioetica, ambiente, integrità della persona, clonazione).

L'UE ha poi istituito anche un'Agenzia dell'UE per i diritti fondamentali, prevista dal Reg. 168/2007, con il compito di diffondere informazioni in materia e di formulare e pubblicare pareri per l'UE e per gli Stati nell'attuazione del diritto unionale.

Infine, col Trattato di Lisbona (in vigore dal dicembre 2009), all'art. 6 TUE, si è stabilito che: «l'Unione riconosce i diritti, le libertà e i principi sanciti nella Carta dei diritti fondamentali dell'UE del 7 dicembre 2000 che ha lo stesso valore giuridico dei trattati». Vi è quindi un rinvio recettizio che ha l'effetto di far entrare la Carta nel diritto dei trattati.

### 7.4. *L'intreccio dei rapporti ordinamentali*

L'esistenza di questi molteplici atti di diritto internazionale e sovranazionale in materia di diritti pone intricate questioni di rapporti tra fonti e norme. I problemi principali si pongono con riguardo ai rapporti tra Carta dei diritti, CEDU e costituzioni nazionali. Infatti l'art. 6.3. del Trattato di Lisbona prevede: «I diritti fondamentali, garantiti dalla Convenzione europea per la salvaguardia dei diritti dell'uomo e delle libertà fondamentali e risultanti dalle tradizioni costituzionali comuni agli Stati membri, fanno parte del diritto dell'Unione in quanto principi generali».

Accanto a questa previsione di carattere generale, esistono poi, all'interno della Carta dei diritti, alcune disposizioni, poste nella parte finale del documento (c.d. **clausole orizzontali**) di notevole importanza per i rapporti tra le diverse disposizioni in materia di diritti.

L'art. 51 disciplina l'**ambito di applicazione della Carta**, stabilendo che «Le disposizioni della presente Carta si applicano alle istituzioni e agli organi dell'Unione nel rispetto del principio di sussidiarietà come pure agli Stati membri esclusivamente nell'attuazione del diritto dell'Unione. Pertanto, i suddetti soggetti rispettano i diritti, osservano i principi e ne promuovono l'applicazione secondo le rispettive competenze». Dunque la Carta trova applicazione solo nei casi di attuazione del diritto unionale.

Sui rapporti tra la Carta dei diritti e le costituzioni nazionali interviene poi l'art. 53, secondo cui «nessuna disposizione della presente Carta deve essere interpretata come limitativa o lesiva dei diritti dell'uomo e delle libertà fondamentali riconosciuti, nel rispettivo ambito di applicazione, dal diritto dell'Unione, dal diritto internazionale, dalle convenzioni internazionali delle quali l'Unione, la Comunità o tutti gli Stati membri sono parti contraenti, in particolare la convenzione europea per la salvaguardia dei diritti dell'uomo e delle libertà fondamentali, e dalle costituzioni degli Stati membri». Ribadito il diverso ambito di applicazione della Carta, si prevede che diversi possono essere i livelli di tutela dei diritti.

Infine il delicato rapporto tra Carta dei diritti e CEDU è oggetto di disciplina dell'art. 52.3., in base al quale «Laddove la presente Carta contenga diritti corrispondenti a quelli garantiti dalla convenzione europea per la salvaguardia dei diritti dell'uomo e delle libertà fondamentali, il significato e la portata degli stessi sono uguali a quelli conferiti dalla suddetta convenzione. La presente disposizione non preclude che il diritto dell'Unione conceda una protezione più estesa». Dunque, in caso di coincidenza di previsione, il diritto UE rinvia alla CEDU, pur potendo il primo prevedere un livello maggiore di tutela.

È dunque evidente che, per effetto dell'art. 6 TUE, fanno ormai parte del diritto unionale sia i diritti della Carta sia quelli della CEDU. La Corte di giustizia ha di recente rilasciato un problematico parere (2/13) sulla questione dell'adesione dell'UE alla CEDU.

# CAPITOLO XVI
# LE SITUAZIONI GIURIDICHE SOGGETTIVE



## 1. *Il rapporto giuridico*

Le norme giuridiche regolano i rapporti tra i soggetti giuridici. Il **rapporto giuridico** è appunto una relazione giuridicamente regolata che mette in collegamento due o più soggetti (ad esempio, il rapporto che sussiste tra il datore di lavoro e il prestatore di lavoro). I soggetti del rapporto giuridico si trovano in situazioni differenti, di vantaggio o di svantaggio oppure ancora con compresenza di situazioni di vantaggio e svantaggio.

Nel corso del tempo la dottrina giuridica ha individuato e tipizzato una serie di situazioni di vantaggio e di svantaggio, che vengono definite situazioni giuridiche soggettive attive e passive. Poiché i diritti fondamentali non sono altro che situazioni giuridiche soggettive, conviene esaminare ora i principali problemi connessi al tema.

## 2. *Le situazioni giuridiche soggettive*

### 2.1. *L'esigenza di una maggiore chiarezza definitoria*

L'ordinamento giuridico, attraverso le norme, impartisce disposizioni ai cittadini sul loro reciproco comportamento. Attraverso la previsione di **norme di condotta**, l'ordinamento attribuisce diritti, pretese (interessi legittimi), impone obblighi, doveri, attribuisce poteri, facoltà, stabilisce soggezioni e immunità e così via. In maniera più tecnica possiamo dire che l'ordinamento ascrive ai soggetti che ne fanno parte **situazioni giuridiche soggettive**: **attive**, nel caso in cui conferiscano un vantaggio al destinatario; **passive**, nel caso in cui lo pongano in posizione di svantaggio.

Per esprimere queste due fondamentali posizioni, di vantaggio o di svantaggio, il linguaggio giuridico del legislatore ricorre normalmente ai seguenti termini: 'diritto' per esprimere la posizione soggettiva di vantaggio (X ha un diritto) e 'obbligo' (o dovere) per esprimere una posizione di svantaggio (X è obbligato a, ha l'obbligo di ...). In realtà il linguaggio giuridico (italiano) ricorre anche ad altre soluzioni lessicali. Basta leggere la Costituzione italiana per scoprire che, ad esempio, esiste anche l'interesse legittimo (art. 113.1.); per alcune posizioni di vantaggio la carta costituzionale ricorre al termine 'libertà' (così per la libertà personale nell'art. 13) ovvero qualifica determinate attività (manifestazione del pensiero, arte e scienza, organizzazione sindacale, iniziativa economica privata) come libere; in molti casi la Costituzione non usa il termine diritto ma si limita a dire che i cittadini possono o che tutti 'possono'...; in altri casi ancora il testo costituzionale, per attribuire indirettamente posizioni di vantaggio, usa costruzioni formulate in negativo (nessuno può essere distolto, nessuno può essere privato).

Con riguardo alle posizioni di svantaggio la Costituzione ricorre, per lo più, al termine 'dovere' (art. 52); in altri casi usa il termine 'obbligo' (art. 44); ovvero espressioni verbali che indicano una situazione passiva, del tipo 'tutti sono tenuti a concorrere' (art. 53).

Questa varietà lessicale non deve essere giudicata come un difetto, poiché essa esprime l'esigenza dei Costituenti di adeguare il linguaggio alle differenti situazioni, agli interessi e agli oggetti regolati. Permane tuttavia un'esigenza di maggiore chiarezza definitoria per almeno due motivi.

In primo luogo, dietro l'uso di un termine come 'diritto', molto spesso, non è possibile isolare un'unica situazione di vantaggio, bensì diverse situazioni di vantaggio, spesso non tutte equiparabili dal punto di vista della loro efficacia. Per esemplificare, il diritto di proprietà (art. 42) implica tali e tante situazioni giuridiche attive, alcune molto intense (come escludere gli altri dal godimento del bene), altre meno intense (l'esercizio del mio diritto di proprietà non permette la lesione della sfera giuridica altrui), altre ancora che sono ad esso collegate ma non discendono direttamente dalle disposizioni che riconoscono il diritto di proprietà (ad esempio, il diritto di difendere in giudizio la proprietà). E così la libertà di manifestare il pensiero (art. 21) implica una situazione di libertà ma anche una pretesa. In altri termini, attorno al termine 'diritto di' si raggruppano diverse situazioni attive (Guarino, 1949, 302).

In secondo luogo, poiché ogni situazione di vantaggio porta con sé una correlativa posizione di svantaggio, diventa importante riuscire a delineare con precisione quali sono i poteri attribuiti al titolare della situazione di vantaggio e quali sono gli obblighi imposti a chi, in quel determinato rapporto giuridico, si trova in una posizione di svantaggio.

### 2.2. *Pretesa e libertà*

A tal fine risulta molto utile l'elaborazione teorica avanzata nei primi anni del

Novecento da W. Hohfeld (ripresa nel tempo da altre autorevoli linee di pensiero), motivata dall'esigenza di dissezionare il concetto di diritto (right) in alcune situazioni soggettive, che potremmo definire fondamentali: **pretesa**, **libertà**, **potere** e **immunità** (Hohfeld, 1913, 16 ss.). Ciascuna di queste situazioni, essendo calata all'interno di un rapporto giuridico concreto, si ricollega a situazioni di svantaggio. Proviamo a vedere più nel dettaglio.

La **pretesa** (o diritto in senso stretto) implica che un soggetto, diverso dal titolare della pretesa, è tenuto ad un certo comportamento, che può essere omissivo (astenersi dal penetrare in un fondo) o commissivo (rilascio di un certificato o di un atto dovuto). La pretesa è quindi in collegamento con una situazione passiva di **obbligo**[1]. Per esemplificare, la pretesa è la situazione fondamentale che dà forma al diritto di proprietà, al diritto alla salute, al diritto di sciopero. La posizione di obbligo può riguardare uno o più soggetti (in questo caso la dottrina italiana ragiona di 'diritti relativi') ovvero tutti i consociati (in questo caso si ragiona di 'diritti assoluti').

La **libertà** permette al titolare di tenere un certo comportamento (fare o non fare qualcosa) ovvero rende il titolare non obbligato da una norma (altrimenti) imperativa. Colui che entra in rapporto con il titolare di una libertà è in una situazione di **assenza di pretesa o non-pretesa**. In pratica, se ho la libertà di fare o non fare qualcosa (libertà di manifestare un pensiero), nessuno può costringermi a non fare o fare quel qualcosa[2]. Questa situazione, nel linguaggio giuridico ordinario, è spesso formalizzata nelle forme del 'diritto'. Inoltre alla situazione di libertà è possibile riportare l'onere, figura che indica la situazione in cui il soggetto, se vuole conseguire un beneficio o evitare una situazione più gravosa, è tenuto ad un certo comportamento. Se voglio evitare una sanzione economicamente più gravosa, sono tenuto a pagare la multa entro un termine perentorio.

Le due coppie – pretesa e obbligo, libertà e assenza di pretesa – danno vita a norme di condotta (norme primarie) per gli individui.

Ma dietro alla parola 'diritto' o comunque dietro alle espressioni linguistiche equivalenti si celano posizioni di vantaggio o di svantaggio che non possono essere equiparate alle norme di condotta. Vediamole più da vicino.

## 2.3. *Potere e immunità*

Il **potere** (o **competenza**) è la situazione giuridica attribuita al soggetto autorizzato dalla norma a creare, per sé o per gli altri, nuovi obblighi o pretese o a privare sé e gli altri di obblighi preesistenti (in questi casi la dottrina italiana ragiona di 'diritto potestativo' sia per indicare l'esercizio di pubbliche funzioni, co-

---

[1] La sua negazione è il **non-diritto**.

[2] La situazione opposta è quella dell'**obbligo** o **dovere**.

me nel caso dell'esercizio del potere espropriativo, sia per indicare il potere del privato di adottare atti che producono effetti giuridici indipendentemente dalla volontà delle persone che tali effetti subiscono, come nel caso della disdetta di un contratto). Chi entra in un rapporto giuridico con il titolare di un potere è naturalmente in una posizione passiva detta di **soggezione**, che sta appunto ad indicare la dipendenza del soggetto passivo dal potere modificativo del soggetto attivo[3]. Ad esempio, il titolare di un diritto fondamentale ha il potere di svincolare chi è in posizione passiva dalla sua posizione di obbligo (chi organizza una riunione ha il potere di ammettervi anche chi non potrebbe vantare alcuna pretesa a partecipare).

Quando il potere è attribuito ad un soggetto pubblico (legislatore, pubblica amministrazione: la dottrina italiana ragiona, in questo caso, anche di **potestà**), questi ha il potere di creare o modificare le situazioni dei consociati. Quando il soggetto pubblico, utilizzando il suo potere, impone situazioni di tipo passivo in capo ai consociati, è possibile rinvenire una situazione di **dovere**.

Infine l'**immunità** (o **assenza di soggezione**) è la situazione attribuita a colui che è sottratto all'esercizio di un altrui potere. In altri termini, chi gode di immunità vede la propria situazione giuridica protetta nei confronti del potere modificativo altrui. Il soggetto posto in posizione passiva è in una situazione d'**incompetenza** (o **incapacità**)[4]. E così il parlamentare, a certe condizioni, gode di immunità nei confronti del potere giudiziario anche se esprime opinioni che, in altri casi, legittimerebbero i poteri repressivi azionati dalla magistratura; o ancora, se partiamo dal presupposto che il legislatore ha ampi poteri modificativi delle situazioni giuridiche soggettive dei cittadini, possiamo però osservare che i cittadini sono immuni da tale potere legislativo per tutte quelle sfere di situazioni giuridiche soggettive garantite dai diritti fondamentali.

Le due coppie – potere e soggezione nonché immunità e incompetenza – non prescrivono norme di condotta bensì attribuiscono poteri o escludono dai poteri di modificazione di altre situazioni giuridiche soggettive. Per questo motivo esse sono indicate come **situazioni giuridiche di secondo grado**.

## 3. *L'interesse legittimo*

Nei rapporti con la P.A. il singolo può vantare la pretesa a che la P.A. eserciti il proprio potere in modo conforme alla previsione legislativa (interesse occasionalmente protetto, interesse pretensivo). È comunque una **situazione di vantaggio ma solo indiretta**. L'esempio classico è quello del partecipante a un pubblico concorso, il quale non ha alcun diritto al posto ma può vantare che l'amministrazione svolga il concorso secondo le regole poste dalla Costituzione e dalla legge (e quin-

---

[3] La situazione opposta è l'**incapacità**.

[4] La situazione opposta è la **soggezione**.

di in maniera imparziale). In caso di violazione di tali regole il titolare dell'interesse legittimo potrà reagire ma non conseguirà direttamente il bene a cui è interessato (il posto nei pubblici uffici).

Si ritiene esservi una situazione di interesse legittimo anche nelle ipotesi in cui un diritto soggettivo, per effetto di un atto amministrativo, sia stato degradato a interesse legittimo; in questo caso colui che è stato titolare del diritto vanta la pretesa a che l'atto illegittimo sia annullato.

L'interesse legittimo è una categoria spuria, non conosciuta dalla teoria generale. La sua essenza è quella di un diritto soggettivo avente un diverso direzionamento, a seconda che il soggetto titolare miri ad ottenere una situazione di vantaggio (ad esempio attraverso il rilascio di un'autorizzazione) ovvero attraverso il non esercizio del potere da parte della P.A. che potrebbe danneggiarlo (ad esempio espropriandolo di una sua proprietà) (Ranelletti, 1934, 170). Nel primo caso, di interesse pretensivo, esso sarebbe composto da un insieme di situazioni semplici: la *pretesa* alla legalità dell'atto amministrativo; la *pretesa* all'annullamento dell'atto; la *pretesa* al risarcimento del danno, se dovuto.

Nel secondo caso, di interesse oppositivo, vi sarebbe una situazione composta da: *l'immunità* da atti amministrativi illegittimi; la *pretesa* all'annullamento dell'atto illegittimo; la *pretesa* al risarcimento del danno ingiusto, se dovuto (Mazzina, 2006, 391).

## 4. *Funzione e* status

A parte conviene considerare il concetto di **funzione** poiché si tratta di situazioni giuridiche soggettive che sono attive e passive allo stesso tempo. Spesso vengono anche indicate con il termine 'diritto-dovere'.

Per lo più, queste situazioni sono presenti nella sfera del diritto pubblico in cui il titolare di un determinato potere è, allo stesso, tempo, obbligato ad esercitarlo, a tutela dell'interesse pubblico.

Pensiamo all'art. 30 che attribuisce ai genitori il diritto di mantenere, istruire ed educare i figli, qualificandolo anche come dovere; o ancora al Presidente della Repubblica, che ha il potere di promulgare la legge e che, allo stesso tempo, non potrebbe non farlo.

Le situazioni elementari sottostanti sono quelle del *potere* e della *soggezione*.

Lo ***status*** indica la convergenza di più situazioni giuridiche soggettive, attive e passive, in capo a un soggetto, situazioni che hanno tutte un comune presupposto nella qualificazione della persona dotata di portata relativamente generale. Rispetto alle funzioni la connessione è meno stretta; in compenso esse qualificano la posizione del soggetto nell'ordinamento. E così si ragiona di *status* di militare, di magistrato, di detenuto.

## CAPITOLO XVII

# IL PRINCIPIO DI EGUAGLIANZA



### 1. *Natura e portata del principio di eguaglianza*

Prima di passare all'esame delle singole situazioni giuridiche contenute nella Parte I della Costituzione, è bene soffermarsi sul principio di eguaglianza, per come positivizzato dall'art. 3 (di esso abbiamo già discusso nel cap. IV.6, cui rinviamo per la parte relativa al principio di eguaglianza sostanziale). Pur non potendo essere considerato un diritto fondamentale, tale principio ha un ambito di applicazione così vasto, quasi coincidente con tutti i rapporti giuridici presenti nel nostro ordinamento, da poter esser considerato una regola sulle regole. Inoltre esso, come diremo, viene utilizzato dalla Corte costituzionale per valutare le leggi che incidono sui diritti fondamentali.

La prima questione che si pone nell'affrontare lo studio del principio di eguaglianza riguarda la sua natura giuridica: *principio o diritto*? Affermare un diritto all'eguale trattamento, in via generale e senza alcun riferimento alla concreta fattispecie, equivarrebbe ad affermare un diritto privo di un qualsiasi contenuto. È questo il motivo per il quale si ritiene che l'eguaglianza giuridica, piuttosto che dar vita a una situazione giuridica di diritto soggettivo, sia un **principio generale dell'ordinamento** applicabile in tutte le materie (con rare e giustificate eccezioni) (Paladin, 1965, 213 ss. e Rossano, 1966, 441 ss.). Il principio di eguaglianza è altresì caratterizzato da un'intrinseca **relatività** giacché l'eguaglianza o la diseguaglianza di certe situazioni emerge solo dal confronto tra fattispecie concrete.

### 2. *Il principio di eguaglianza*

#### 2.1. *La pari dignità sociale e i singoli divieti presenti nell'art. 3.1.*

Nell'art. 3.1. l'eguaglianza formale si sostanzia in **sette precise fattispecie di di-**

**vieto di distinzioni**. Come già detto, l'enunciato «Tutti i cittadini ... sono eguali davanti alla legge» non ha un significato autonomo; diventa concreto attraverso il collegamento ai singoli divieti di distinzioni. La giurisprudenza costituzionale tende a considerare i divieti di differenziazione contenuti nel primo comma come il nucleo forte ma non esclusivo del principio. Ovviamente i singoli divieti mirano ad evitare discriminazioni sulla base dei fattori elencati, per quanto non possano considerarsi bandite discipline legislative che tengano conto delle diversità e distinzioni esistenti in natura.

All'espressione «pari dignità sociale», presente nell'art. 3.1., alcuni studiosi riconoscono un valore prevalentemente morale. Tuttavia la locuzione, se collegata all'art. 1, in particolare al fondamento lavoristico, e alla XIV disp. trans. fin., traspone, nell'ambito dei rapporti sociali e in quelli con i pubblici poteri, il principio personalistico sancito dall'art. 2. (v. ora, in particolare, sent. Corte cost. 186/2020).

a) *Senza distinzione di sesso*

Al divieto di distinzione in esame sono da ricollegare vari articoli della Costituzione. Con riguardo alla posizione della donna lavoratrice, di rilievo sono l'art. 37 sulla tutela della donna lavoratrice (l. 903/77) e l'art. 48 in relazione all'elettorato attivo.

Più di recente, con l. cost. 1/2003, sono state introdotte alcune modifiche al testo costituzionale che promuovono la **parità di genere** anche sul versante dell'elettorato passivo e, più ampiamente, dell'accesso ai pubblici uffici (cfr. gli artt. 51.1. e 117.7.). Questa funzione promozionale non può spingersi fino a prevedere, in via generale, la riserva di quote per l'uno o l'altro sesso nell'attribuzione di uffici pubblici o cariche elettive, a patto che non sia possibile giustificare tale riserva in base ad esigenze ricavabili da altre norme costituzionali. Con la sent. 49/2003 la Corte ha dichiarato legittime le previsioni, stabilite in via generale e per entrambi i sessi, di determinate quote obbligatorie di uomini e donne all'interno di Commissioni di esami o nelle liste dei candidati presenti alle elezioni da partiti o gruppi politici (così art. 3 l. 90/2004 in materie di elezioni al Parlamento europeo). In materia, un caso di notevole interesse è quello risolto con la sent. 4/2010 in relazione alla legge elettorale per il Consiglio regionale della Campania, la quale, nell'attribuire all'elettore la doppia preferenza, sottopone la seconda alla condizione che questa sia attribuita ad un candidato di sesso diverso da quello indicato con la prima, a pena di annullamento del voto. La legge campana ha superato il vaglio di costituzionalità.

L'obiettivo della parità di genere è stato poi ulteriormente perseguito attraverso l'istituzione della Commissione nazionale (l. 164/1990) e poi del Codice delle pari opportunità con d.lgs. 198/2006. La l. 120/2011 si occupa dell'equilibrio di genere nell'elezione degli amministratori delle società quotate in borsa e nelle società controllate da pubbliche amministrazioni.

Il tema del divieto di distinzione in base al sesso riguarda anche un altro importante fenomeno sociale preso in diretta considerazione dal testo costituzionale, e cioè la famiglia. L'art. 29, in ideale collegamento con l'art. 3.1., afferma che «*il matrimonio è ordinato sull'eguaglianza morale e giuridica dei coniugi*». Questo principio è però subito dopo limitato dall'inciso col quale si rinvia ai «*limiti stabiliti dalla legge a garanzia dell'unità familiare*».

Applicazioni concrete del principio di parità tra uomo e donna nell'ambito del matrimonio si sono avute nel campo del diritto penale (attraverso la dichiarazione d'incostituzionalità della punizione dell'adulterio *ex* art. 559 c.p.: sent. Corte cost. 126/1968) e nel campo del diritto civile (con la riforma del diritto di famiglia operata dalla l. 151/1975). Anche l'affidamento dei figli minori è ispirato al medesimo principio (l. 54/2006).

b) *Senza distinzione di razza*

La fattispecie si ricollega, in via di polare contrapposizione, al varo delle leggi razziali e antisemite da parte del regime fascista. Oggi i problemi in materia sono legati soprattutto al fenomeno dell'immigrazione.

In via meramente ricognitiva indichiamo alcuni provvedimenti particolarmente rilevanti:

a) la l. 654/1975, che rende esecutiva la convenzione internazionale sull'eliminazione di tutte le forme di discriminazione razziale, aperta alla firma a New York nel 1966;

b) la l. 205/1993, recante 'Misure urgenti in materia di discriminazione razziale, etnica o religiosa', che ha portato allo scioglimento del movimento 'Fronte nazionale';

c) il d.lgs. 286/1998 contente il Testo unico sull'immigrazione (più volte modificato);

d) a livello UE, la Dir. 2000/43/CE attuata con d.lgs. 215/2003, in cui si distingue, con riguardo alla razza, tra discriminazione diretta e indiretta;

e) una peculiare applicazione del principio di eguaglianza ha riguardato il tema del reato di genocidio, per il quale è stata prevista un'eccezione al divieto costituzionale di estradizione dello straniero (art. 10.4.) e del cittadino (art. 26.2.), introdotta con la l. cost. 1/1967. L'articolo unico di questa legge recita: «l'ultimo comma dell'articolo 10 e l'ultimo comma dell'articolo 26 della Costituzione non si applicano ai delitti di genocidio»). La disposizione fu adottata per reagire alle pronunce di alcuni giudici che avevano negato l'estradizione di cittadini tedeschi imputati di genocidio in ragione del presunto carattere politico di esso, ponendosi così in contrasto con la Convenzione per la prevenzione e la repressione del delitto di genocidio eseguita con l. 153/1952, che vietava tale valutazione. Esistono poi diverse leggi applicative di convenzioni internazionali.

c) *Senza distinzione di lingua*

Al divieto contenuto nel frammento di disposizione in esame va affiancato l'art. 6, anch'esso contenuto tra i principi fondamentali della nostra Costituzione, che impone un obbligo di tutela delle minoranze linguistiche e che, ovviamente, non si pone in un rapporto di antitesi con la disposizione in esame. La Corte costituzionale, fin dalla sent. 289/1987, ha sempre ribadito che la tutela delle minoranze linguistiche costituisce uno dei principi fondamentali dell'ordinamento costituzionale.

La l. 482/1999 prevede l'italiano come lingua ufficiale. La possibilità di usare una lingua diversa dall'italiano è tuttavia espressamente prevista da alcuni statuti speciali (Trentino-Alto Adige e Valle d'Aosta). La l. 482/1999 si occupa anche della minoranza slovena in Friuli-Venezia Giulia. Problemi specifici si sono posti con la legislazione di alcune Regioni che hanno disciplinato l'uso della lingua andando al di là delle tutele costituzionali (sentt. Corte cost. 159/2009 riguardante il Friuli-Venezia Giulia e 170/2010 riguardante il Piemonte).

Da ricordare vi è anche la l. 302/1997 di ratifica della convenzione-quadro, promossa dal Consiglio d'Europa, per la protezione delle minoranze nazionali.

d) *Senza distinzione di religione e di opinioni politiche (rinvio)*

Il divieto era già presente nella l. 1159/1929, secondo cui «la differenza di culto non forma eccezione al godimento dei diritti civili e politici ed all'ammissibilità alle cariche civili e militari». Naturalmente la disposizione costituzionale ha ampliato l'ambito applicativo e la forza del divieto.

Ulteriori rilevanti applicazioni del principio sono contenute negli artt. 7, 8, 19 e 20. Di queste disposizioni si parlerà più approfonditamente quando tratteremo degli artt. 19 e 20. Del principio concordatario e dei rapporti dello Stato con le confessioni diverse dalla cattolica abbiamo già discusso nel cap. IV.9.

Il divieto di distinzioni riguardanti opinioni politiche riceve ulteriori applicazione ad opera degli artt. 21, 22, 48, 49, 54, alla cui trattazione si rinvia.

e) *Senza distinzione di condizioni personali e sociali*

L'enunciato potrebbe far pensare a un divieto indiscriminato di distinzione in ragione di fattori personali e sociali quali la ricchezza, la provenienza sociale, ecc. In effetti le distinzioni che tengano conto di questi fattori in via generale (non devono cioè riguardare singole persone bensì categorie di soggetti) e in base a criteri di razionalità sono senza dubbio ammesse.

In particolare, quanto alle **condizioni personali**, esse possono riguardare le persone dal punto di vista fisico e psichico. In effetti esistono discipline legislative che differenziano in base ad elementi fisici e psichici, ammettendo solo individui con determinate caratteristiche a determinati concorsi pubblici. D'altronde gli artt. 38 e 34.3. richiedono interventi legislativi che si giustificano proprio in ragione delle differenti condizioni personali e sociali. Si pensi alla legislazione per combattere la discriminazione nei confronti delle persone affette da disabilità (l. 67/2006). La disposizione colpisce quindi qualsiasi atto di origine privata o pubblica che operi discriminazioni irragionevoli sulla base di condizioni personali e sociali.

Quanto alle **condizioni sociali**, esse possono essere intese come l'insieme di fattori esterni all'individuo, quali la famiglia, il tipo di attività svolta, il livello di istruzione conseguita, le ricchezze ereditate o prodotte. Anche in questo caso diverse norme costituzionali presuppongono interventi legislativi che differenzino sulla base di tali fattori esterni: artt. 31.1., 32.1., 34.3.-4., 35 e ss., 53. La presa in considerazione di queste distinzioni è il fondamento delle politiche pubbliche dello Stato sociale.

## 3. *Ragionevolezza, proporzionalità e bilanciamento*

Si è già detto della potenza innovatrice del principio di eguaglianza, della sua irruzione nel diritto costituzionale ad opera della Rivoluzione francese: a ciascun individuo viene riconosciuta una posizione di eguaglianza sul piano legale, indipendentemente dalle concrete differenze di fatto. Dalla Francia rivoluzionaria il principio fu introdotto nella cultura giuridica degli altri paesi europei. In Italia l'art. 24 dello Statuto albertino si fece carico della sua ricezione.

Il principio di eguaglianza davanti alla legge ha una principale e rilevante ricaduta pratica: il divieto di trattamenti differenziati ingiustificati (irragionevoli), che rappresenta, anche, il principale baluardo nei confronti dell'arbitrio del legislatore. Da questo divieto discende una direttiva altrettanto centrale per l'attività del legislatore: a situazioni uguali o analoghe va applicato lo stesso trattamento, a situazioni diverse vanno applicati trattamenti differenziati (sent. Corte cost. 28/ 1957, che è la capostipite in materia; sent. 53/1958).

Questa interpretazione dell'art. 3, in particolare del suo primo comma, è oggi sintetizzata, nella giurisprudenza costituzionale, nel **principio di ragionevolezza**, in virtù del quale ogni differenziazione operata dalla legge deve trovare una giustificazione, vale a dire deve intervenire per un ragionevole motivo (sent. 15/1960).

Nella giurisprudenza costituzionale italiana la ragionevolezza è spesso associata al **principio di proporzionalità**, senza che tuttavia possa stabilirsi una netta differenza tra ragionevolezza e proporzionalità. In altri ordinamenti i due principi sono invece distinti, giacché la conformità di un provvedimento legislativo al principio di proporzionalità viene valutata alla luce di un vero e proprio test, articolato nelle seguenti fasi: verifica della sua conformità ad uno scopo legittimo, non contrastante con norme e principi costituzionali; valutazione del rapporto tra il mezzo scelto dal legislatore rispetto allo scopo da conseguire; rispondenza del provvedimento al criterio del minor sacrificio possibile di altri diritti e principi costituzionali; ponderazione dei benefici e dei costi provocati dal provvedimento.

La Corte costituzionale utilizza, dunque, la ragionevolezza (e la proporzionalità) come un *test* di giudizio delle leggi. È possibile riscontrare, all'interno della giurisprudenza costituzionale, diverse fasi nell'uso del principio. Un primo, e più risalente, significato della ragionevolezza è appunto legato al principio di eguaglianza, inteso come obbligo di trattare in maniera uguale situazioni uguali e in maniera ragionevolmente diversa situazioni diverse. In questi casi la normativa impugnata viene posta a confronto con una normativa che regola un caso simile, il c.d. ***tertium comparationis***, per valutare se la differenza nella disciplina normativa può giustificarsi in ragione delle differenze dei casi disciplinati oppure no (di recente sul punto sent. Corte cost. 20/2018) (Paladin, 1985, 605 ss.).

Nel tempo la Corte ha abbandonato lo schema ternario per valutare direttamente l'adeguatezza, la pertinenza, la congruità, la proporzionalità, la coerenza interna, la ragionevolezza intrinseca della legge (sono tutte espressioni che si trovano nella ricchissima giurisprudenza della Corte costituzionale in materia di ragionevolezza). Inutile sottolineare che questa tecnica, soprattutto nella versione più recente, ha accentuato il margine di intervento della Corte nei confronti dell'attività legislativa.

La Corte costituzionale ha fatto applicazione del principio di ragionevolezza soprattutto quando si è trovata a dover giudicare in materia di diritti fondamentali. Tutte le volte in cui il legislatore, nel fornire una certa soluzione a problemi concreti o un certo assetto di interessi a determinate situazioni, adotta misure che toccano i diritti, si è posta la questione se la soluzione legislativa fosse quella giusta ovvero se, nel cercare di tutelare un diritto, il legislatore non avesse leso un altro diritto. Quando i diritti e i principi entrano in conflitto tra loro, essi vanno posti in **bilanciamento**. Ciò vuol dire che il giudizio che la Corte porta su quella determinata soluzione legislativa non mira a far 'vincere' un diritto ai danni dell'altro, ma a trovare un equilibrio possibile, alla luce del parametro costituzionale. In un caso il 'piatto' (per rimanere nella metafora del bilanciamento) penderà a favore di un diritto (ad esempio, la libertà d'informazione), in un altro penderà a favore di un altro diritto (ad esempio, il diritto alla riservatezza).

Il rischio di una sovrapposizione del giudizio della Corte a quello del legislatore è alto e la Corte ne è ben consapevole. Secondo la giurisprudenza costituzionale, spetta in primo luogo al legislatore stabilire un bilanciamento fra diversi diritti, principi, interessi costituzionali che devono essere tutelati in una determinata fattispecie. Nel fare questo, il legislatore che, a differenza del giudice costituzionale, gode di una legittimazione democratica diretta, beneficia di una discrezionalità che non può essere sottoposta al controllo della Corte: la discrezionalità del legislatore, in questo senso, rappresenta un limite al controllo di ragionevolezza della Corte costituzionale. Ciò trova riscontro anche nella legislazione sulla Corte costituzionale, in particolare nell'art. 28 l. 87/1953 secondo cui «il controllo di legittimità della Corte costituzionale su una legge o un atto avente forza di legge esclude ogni valutazione di natura politica e ogni sindacato sull'uso del potere discrezionale del Parlamento».

Tuttavia, il bilanciamento di interessi operato dal legislatore non è completamente sottratto al sindacato del giudice costituzionale: spetta infatti alla Corte controllare che tale bilanciamento non sia irragionevole, cioè che nessuno degli interessi e valori costituzionalmente protetti sia stato eccessivamente o inutilmente sacrificato. Ecco, dunque, il punto di intersezione tra ragionevolezza, proporzionalità e bilanciamento.

Una delle formulazioni più recenti e più chiare di questo delicato rapporto fra discrezionalità del legislatore e controllo del giudice costituzionale si trova nella sentenza della Corte costituzionale 85/2013. Il caso riguardava la chiusura, per tutelare la salute dei lavoratori e dei cittadini, di un importante stabilimento industriale per la produzione dell'acciaio, situato nel Sud Italia, che garantiva un numero elevato di posti di lavoro. Si trattava dunque di un delicato bilanciamento fra diritto alla salute e diritto al lavoro. In questa sentenza la Corte costituzionale afferma: «Tutti i diritti fondamentali tutelati dalla Costituzione si trovano in rapporto di integrazione reciproca e non è possibile pertanto individuare uno di essi che abbia la prevalenza assoluta sugli altri. (...) La Costituzione italiana, come le altre Costituzioni democratiche e pluraliste contemporanee, richiede un continuo e vicendevole bilanciamento tra princìpi e diritti fondamentali, senza pretese di assolutezza per nessuno di essi. (...) Il punto di equilibrio, proprio perché dinamico e non prefissato in anticipo, deve essere valutato – dal legislatore nella statuizione delle norme e dal giudice delle leggi in sede di controllo – secondo criteri di proporzionalità e di ragionevolezza, tali da non consentire un sacrificio del loro nucleo essenziale». Stabilire il giusto confine fra doveroso controllo sulla ragionevolezza del bilanciamento compiuto dal legislatore e rispetto della discrezionalità del legislatore è, evidentemente, uno dei compiti più delicati cui è chiamata la Corte costituzionale, poiché è da questa distinzione che dipende il rispetto dell'equilibrio fra i poteri costituzionali e la stessa legittimazione della Corte costituzionale. È sul rispetto di questi limiti reciproci che prendono forma le democrazie costituzionali.

## Capitolo XVIII

# I DIRITTI FONDAMENTALI COLLEGATI AL PRINCIPIO PERSONALISTA NELLA DIMENSIONE INDIVIDUALE



Da ora procederemo con l'esame dei singoli diritti e doveri fondamentali, che occupano l'intera Parte I della Costituzione. Come abbiamo già anticipato nel corso del cap. IV, Parte I e Parte II sono precedute da dodici principi fondamentali, che costituiscono l'intelaiatura dell'intera Costituzione. Non sfuggirà tuttavia che l'Assemblea costituente ha svolto la Parte I attraverso quattro Titoli, intitolati rispettivamente: rapporti civili (artt. 13-28), rapporti etico-sociali (artt. 29-34), rapporti economici (artt. 35-47), rapporti politici (artt. 48-54). Pur tenendo presente questo importantissimo filo conduttore, che seguiremo ove possibile, abbiamo ritenuto altrettanto utile, anche a fini didattici, seguire la traccia fornita dai principi fondamentali. Non senza qualche forzatura abbiamo quindi raggruppato i diritti costituzionali collegandoli ai principi fondamentali che precedono la parte I. Ciò premesso, passiamo ora all'esame dei diritti più strettamente collegati al principio personalista.

Principio personalista, principio pluralistico e principio solidaristico sono tutti contenuti nell'art. 2, che si rivela, dunque, una vera matrice per la Parte I della Costituzione. In particolare dalla parte dell'art. 2 in cui esso «*riconosce e garantisce i diritti inviolabili dell'uomo, … come singolo*» si ricava il **principio personalista**. A dare concretezza al principio personalista provvede tutta la Parte I; in particolare, il Titolo I, intitolato 'rapporti civili', include i diritti della persona nella sua **dimensione individuale**, che prendono forma attraverso le disposizioni sulla libertà personale (art. 13 sul domicilio (art. 14), sulla libertà di corrispondenza (art. 15), sulla libertà di circolazione (art. 16), sulla libertà religiosa (artt. 19 e 20); vi sono poi diritti che attengono alla persona nella sua **dimensione collettiva** (artt.

17, 18 e 21). Cominciamo dunque dall'esame dei diritti della persona nella dimensione individuale.

## 1. *La libertà personale (art. 13)*

La libertà dagli arresti rappresenta l'oggetto originario ed essenziale della libertà personale.

Della tutela di questa libertà vi sono tracce nell'*Habeas Corpus* inglese del 1679 e, ancora prima, nella *Magna Charta* del 1215 (art. 39). Di essa si occupa anche la *Dichiarazione dei diritti dell'uomo e del cittadino* del 1789 (art. 7) e l'art. 26 Statuto albertino «1. La libertà individuale è guarentita. 2. Niuno può essere arrestato, o tradotto in giudizio, se non nei casi previsti dalla legge, e nelle forme ch'essa prescrive».

Nel periodo fascista il Ministro dell'interno (con l'assenso del Capo del Governo) o il prefetto (per delega) poteva dichiarare lo stato di pericolo pubblico: a seguito di ciò il Prefetto poteva ordinare l'arresto o la detenzione di qualsiasi persona, se necessario a ristabilire o conservare l'ordine pubblico (t.u.l.p.s. del 1931, art. 215).

La libertà personale trova disciplina anche negli artt. 5 CEDU e 6 CDFUE.

Il nucleo originario della libertà coincide con la **libertà del corpo**. Tutte le forme di limitazione prese in considerazione nel secondo comma – detenzione, ispezione, perquisizione – incidono difatti sulla libertà del corpo [1]. Tale nucleo originario è stato progressivamente ampliato.

Partendo da questo nucleo, la giurisprudenza ha ricondotto alla libertà personale anche altri diritti non espressamente previsti dalla Costituzione, come il **diritto all'identità sessuale**. Questo ampliamento è stato possibile anche grazie alla dizione letterale del primo comma che, a mo' di clausola generale, esclude «qualsiasi altra restrizione della libertà personale».

Anche le restrizioni della **libertà morale** sono state ricondotte alla disposizione in esame (Barile, 1984, 111 ss.). In proposito va menzionata la sent. Corte cost. 11/1956 sulla incostituzionalità di disposizioni del t.u.l.p.s. che prevedevano l'ammonizione giuridica, cui potevano esser sottoposti individui appartenenti a categorie di persone ritenute dalla legge come socialmente pericolose. La sorveglianza di polizia a cui queste persone erano sottoposte si concretizzava in obblighi di fare e di non fare, fra cui quello di non uscire prima e di non rincasare dopo una certa ora. La Corte ritenne che queste misure non si traducevano in una vera e propria

---

[1] Per **detenzione** si intende la costrizione della persona fisica, che segue a una sentenza di condanna definitiva; l'art. 245 c.p.p. disciplina l'**ispezione** intesa come indagine compiuta sul corpo di una persona; per **perquisizione** l'art. 249 c.p.p. intende l'indagine compiuta sugli indumenti della persona (fattispecie diversa è la perquisizione di un luogo determinato prevista dall'art. 250 c.p.p.).

restrizione della libertà personale, ma si risolvevano «in una sorta di degradazione giuridica». Successivamente, la Corte preciserà ulteriormente tali effetti, osservando che «per aversi degradazione giuridica ... occorre che il provvedimento provochi una menomazione o mortificazione della dignità o del prestigio della persona, tale da poter essere equiparata a quell'assoggettamento dell'altrui potere, in cui si concreta la violazione del principio dell'*habeas corpus*» (sent. 68/1964).

Inoltre lo stesso art. 13.4. fa espresso riferimento alla **violenza fisica e morale**. Anche la nozione di «prestazione personale», presente nell'art. 23, allude a quelle limitazioni della sfera personale che incidono sull'autodeterminazione del soggetto, pur senza tradursi in una limitazione della libertà del corpo (si pensi all'obbligo militare, all'obbligo di assumere una carica, come quella di giudice popolare, o di offrire una prestazione, come quella del gratuito patrocinio per gli avvocati).

Questo ampliamento dell'oggetto conduce ad un ampliamento del concetto stesso di libertà personale, sempre più orientata verso la **libertà di autodeterminazione**. La libertà personale, che in origine era pensata come l'esempio per eccellenza della libertà negativa, diventa così anche una libertà positiva.

Le differenti interpretazioni della libertà personale hanno ricadute pratiche. Per chi fa propria l'accezione ristretta, solo le coercizioni fisiche ricadono nell'ambito dell'art. 13 (Pace, Problematica, 156 ss.); per chi sostiene invece un'interpretazione più ampia, allora ogni misura restrittiva, anche solo obbligatoria ma con effetti sulla dignità della persona e con capacità d'incidere sui processi psichici della persona, potrebbe dar luogo a una restrizione della libertà personale (Barbera, 1967, 48 ss.).

In ragione del suo carattere centrale, l'art. 13 si pone in rapporto di diretto collegamento con altre disposizioni costituzionali, ed in particolare con l'art. 23 (es.: obbligo di testimonianza, obbligo di denunzia, ecc.), con il diritto di agire in giudizio e di difesa di cui all'art. 24, con l'art. 25.3. in tema di misure di sicurezza; con l'art. 26. Inoltre nel corso dell'analisi degli altri diritti avremo modo di sottolineare come alcuni diritti fondamentali, non espressamente previsti dal testo costituzionale ma riconosciuti come tali dalla Corte, abbiano il proprio fondamento nell'art. 13.

In ragione della sua 'fondamentalità', il diritto di libertà personale spetta a tutti gli uomini, non solo ai cittadini.

Inoltre, sempre per la sua centralità, tale libertà è particolarmente garantita. La sua limitazione è consentita infatti solo in presenza delle tre seguenti condizioni: previsione di legge nella forma della **riserva assoluta** di legge; **autorizzazione dell'autorità giudiziaria**; **motivazione dell'atto di autorizzazione giudiziaria**.

La libertà personale incontra limiti di rilievo costituzionale, limiti che devono comunque rispettare i criteri di ragionevolezza e proporzionalità[2]. Il provvedimento giudiziario di restrizione della libertà in parola deve essere sempre motiva-

---

[2] La Corte ha richiamato i limiti del legislatore in materia fin dalla sent. 27/1959.

to per permettere al destinatario di potersi difendere. L'art. 111.7. prevede infatti che «*contro le sentenze e contro i provvedimenti sulla libertà personale ... è sempre ammesso ricorso in Cassazione per violazione di legge*». Inoltre l'art. 309 c.p.p. consente l'immediata richiesta di riesame dell'ordinanza che dispone una misura coercitiva dell'imputato presso il tribunale del capoluogo del distretto di Corte d'appello (**Tribunale del riesame**, originariamente denominato Tribunale della libertà introdotto dalla l. 352/1982).

Il termine «**autorità giudiziaria**» è molto ampio, potendo ricomprendere anche l'attività del pubblico ministero. Pare di poter dire, tuttavia, che il codice di procedura penale intende, col medesimo termine, l'autorità 'giudicante', non quella 'requirente' (artt. 279 e 328).

Il terzo comma contiene una clausola generale che permette di derogare alla disciplina 'ordinaria' contenuta nel secondo comma. I **casi eccezionali di necessità e urgenza**, indicati tassativamente dalla legge, permettono all'autorità di pubblica sicurezza di adottare provvedimenti provvisori, da comunicare entro 48 ore all'autorità giudiziaria, che deve convalidarli entro le successive 48 ore. In caso di mancata convalida i provvedimenti restano privi di effetti. Le ipotesi più rilevanti sono l'arresto in flagranza di reato (artt. 380 e 381 c.p.p.) e il fermo di polizia (art. 384 c.p.p.), effettuato, quest'ultimo, nei confronti di chi è gravemente indiziato di aver compiuto certi delitti o quando vi è pericolo di fuga. Entrambi i provvedimenti possono portare alla carcerazione preventiva (prevista nell'ultimo comma dell'articolo in esame).

Fortemente incidenti sulla libertà personale sono pure le **misure cautelari**. Esse presuppongono che il reato sia già stato commesso e riguardano il soggetto che di tale reato è sospettato (imputato). Tali misure, in effetti, paiono entrare in conflitto sia con il regime di libertà garantito dall'art. 13, in quanto la restrizione della libertà avviene in anticipo rispetto alla condanna definitiva, sia con l'art. 27.2. secondo cui «*l'imputato non è considerato colpevole sino alla condanna definitiva*». E tuttavia è proprio l'art. 13.u.c. che, nel prevedere la più grave tra le misure cautelari (la custodia in carcere), permette di superare tali perplessità. D'altro lato, queste misure perseguono il duplice obiettivo di difesa sociale e di efficacia del processo.

Tali misure possono avere effetto coercitivo (divieto o obbligo di dimora, arresti domiciliari) o interdittivo (divieto temporaneo di esercitare la potestà genitoriale); sono comminate dal giudice seguendo i principi di gradualità e proporzionalità (esse sono previste per reati gravi, comportanti una pena superiore a tre anni), in presenza di 'gravi indizi di colpevolezza' (art. 273 c.p.p.) e solo se ricorre almeno una delle varie esigenze cautelari di cui all'art. 274 c.p.p. (inquinamento delle prove, pericolo di fuga, probabile commissione di un altro delitto).

La carcerazione preventiva, come dicevamo, è prevista direttamente dall'art. 13.5. in ragione del carattere particolarmente afflittivo. I termini della carcerazione preventiva sono stabiliti dal c.p.p. e variano a seconda della gravità del reato e della fase processuale (artt. 297 e 303 c.p.p.). In caso di proscioglimento il codice prevede il diritto a un'equa riparazione (art. 314 c.p.p.).

A differenza delle misure cautelari, che sono applicate nella fase di accertamento del reato, le **misure di sicurezza personale** riguardano le persone riconosciute socialmente pericolose, che hanno già commesso reati o, nei casi previsti dalla legge, per fatti non previsti come reato (i c.d. quasi-reato). Si riconosce a queste misure, quindi, una peculiare funzione preventiva. Sono previste in Costituzione dall'art. 25.3., concretamente disciplinate dagli artt. 199 ss. c.p. e adottate esclusivamente dall'autorità giudiziaria; possono avere effetto detentivo, (ricovero in casa di cura o di custodia, in ospedale psichiatrico) e non detentivo (libertà vigilata, divieto di soggiorno).

Le **misure di prevenzione** riguardano pure i soggetti pericolosi, ritenuti possibili autori di atti criminosi; a differenza delle misure di sicurezza, che sono applicate a seguito della commissione di un reato e hanno quindi natura di sanzione penale, le misure di prevenzione prescindono però dalla commissione di un reato. Si tratta quindi di provvedimenti che sollevano non poche perplessità dal punto di vita della compatibilità con gli artt. 13 e 27.2. La Corte costituzionale, tuttavia, ha ritenuto che la presunzione in base alla quale alcuni soggetti siano in grado di commettere reati ne legittima la previsione (sentt. 27/1959, 23/1964, 68/1964); in tal modo la l. 1423/1956 che disciplinò la materia con profili di dubbia legittimità costituzionale rimase sostanzialmente integra.

In quanto limitative della libertà personale (si pensi all'obbligo di soggiorno), esse sono sottoposte al rispetto del principio di legalità. Nella descrizione di tali fattispecie il legislatore, secondo la Corte, può fare riferimento a elementi presuntivi, che devono però corrispondere a «comportamenti obiettivamente identificabili» (sent. Corte cost. 23/1964). In altri termini, l'applicazione delle misure in questione è legata ad un giudizio prognostico, che comunque deve trovare il presupposto necessario in fattispecie di pericolosità, previste dalla legge (sent. Corte cost. 177/1980).

Altro indefettibile presupposto di legittimità delle misure di prevenzione è il rispetto della garanzia giurisdizionale. La Corte ha costantemente richiesto per la legittimità delle misure di prevenzione – e più in generale per tutte le misure restrittive della libertà personale – la garanzia del diritto allo svolgimento di un'integrale difesa (ad esempio sentt. 53/1968, 76/1970, 168/1972, 69/1975 e, con riguardo alle norme di prevenzione, 177/1980 e 419/1994).

La materia, oggetto di plurimi interventi normativi, è ora stata raccolta dal d.lgs. 159/2011, che distingue, all'art. 1, misure di prevenzione personali 'amministrative', applicate dal questore (con riguardo alle persone dedite ad attività delittuose) e, all'art. 4, misure di prevenzione personali applicate dall'autorità giudiziaria (agli indiziati di appartenere ad associazioni di tipo mafioso, ai sensi dell'art. 416-*bis* c.p.). Solo queste ultime, infatti, si traducono in una restrizione della libertà personale.

Si deve alla Corte europea dei diritti dell'uomo la sentenza che, nel 2017, ha imposto un ripensamento salutare giacché ha ritenuto la base legale delle misure preventive non prevedibile a causa dell'imprecisione e vaghezza da cui sono affette le categorie legislative della pericolosità di coloro che sono «abitualmente dediti ai traffici delittuosi» o che «vivano abitualmente, anche in parte, con i proventi di attività delittuose» [cfr. artt. 4.1.c) e 1.1.c) d.lgs. 159/2011]; stessa vaghezza e imprecisione la Corte ha rinvenuto in alcune definizioni contenute nell'art. 8.3. d.lgs. 159/2011 (ma già presenti nella legislazione precedente): «vivere onestamente», «rispettare le leggi», «non dare ragione alcuna di sospetto in ordine alla propria condotta» e «non partecipare a pubbliche riunioni» (Corte EDU, Grande Camera, 23 febbraio 2017, De Tommaso c. Italia).

La Corte costituzionale, con le sentt. 24 e 25/2019, ha dichiarato incostituzionali l'applicazione sia della misura di prevenzione personale della sorveglianza speciale che di quelle patrimoniali del sequestro e della confisca nei confronti delle persone che «debbano ritenersi, sulla base di elementi di fatto, abitualmente dedite a traffici delittuosi» [art. 1.1.a), d.lgs. 159/2011] sia l'art. 75.1.-2. d.lgs. 159/2011 nella parte in cui è sanzionata penalmente la violazione delle prescrizioni di «vivere onestamente» e di «rispettare lel leggi».

L'art. 13.4. contiene principi che regolano l'**applicazione della pena**. La disposizione ha una portata molto ampia. Sulla sua base è da ritenersi vietata qualsiasi misura che si traduca in una violenza fisica e morale (tortura, minacce, siero della verità, ecc.). La disposizione ha ricevuto applicazione concreta dgli artt. 607 ss. c.p.p. e dalle norme sull'ordinamento penitenziario (l. 354/1975). L'art. 13.4. si collega all'art. 27.3., dedicato alla finalità rieducativa della pena, dal quale è stata derivata l'incostituzionalità della previsione dell'ergastolo per i minorenni (sent. Corte cost. 168/1994).

Al Consiglio europeo di Tampere (ottobre 1999) fu stabilito di passare dall'armonizzazione sostanziale e processuale in materia penale al mutuo riconoscimento dei provvedimenti giudiziari degli Stati membri. La prima importante attuazione del mutuo riconoscimento si è avuta con il c.d. **mandato d'arresto europeo** (MAE), previsto dalla decisione quadro 2003/584/GAL che ha introdotto l'eurordinanza: provvedimento giudiziario europeo, con forma e contenuto tipici individuati dalla decisione quadro, trasmesso dalle autorità giudiziarie dello Stato 'di emissione' alle autorità giudiziarie dello Stato 'di esecuzione', al fine di ottenere l'arresto e la consegna di una persona ricercata.

La decisione quadro è di grande rilievo perché supera la logica dell'estradizione (cap. XX.4.3.) giacché i soggetti del rapporto di collaborazione non sono più gli Stati bensì direttamente le autorità giudiziarie; alla domanda di estradizione, che viene trasmessa dalle autorità di governo attraverso canali diplomatici o amministrativi, si sostituisce l'ordine europeo o eurordinanza; è previsto un *numerus clausus* di motivi di rifiuto; scompare il controllo sulla doppia incriminazione per molte fattispecie criminose, individuate dall'art. 2, n. 2, della decisione quadro; sono previsti termini massimi per la decisione sulla consegna e per il successivo trasferimento della persona.

Il mandato d'arresto europeo è stato attuato in Italia con l. 69/2005. La successiva decisione quadro 2009/299/GAL, mirante a rafforzare i diritti processuali delle persone e diretta a promuovere l'applicazione del principio del mutuo riconoscimento alle decisioni pronunciate in assenza dell'imputato, è stata attuata con il d.lgs. 31/2016.

L'attuazione normativa presenta profili di non piena conformità alla decisione del 2005. Ciò ha costretto Corte di cassazione e Corte costituzionale ad adottare un notevole numero di sentenze, dirette alla riduzione interpretativa delle divergenze[3].

## 2. *La libertà di domicilio (art. 14)*

Come la libertà personale, anche quella di domicilio è stata tra le prime libertà a trovare riconoscimento nelle carte costituzionali. L'art. 27 dello Statuto albertino prevedeva: «Il domicilio è inviolabile. Niuna visita domiciliare può aver luogo se non in forza della legge, e nelle forme ch'essa prescrive».

La materia trova oggi disciplina anche nell'art. 8 CEDU e nell'art. 7 CDFUE.

La **nozione di domicilio** accolta dalla Costituzione è in stretta connessione con la libertà personale (sent. Corte cost. 135/2002); non a caso nell'art. 8 del progetto di Costituzione la disciplina delle perquisizioni e delle ispezioni sia personali che domiciliari era la stessa. La stretta equiparazione con l'inviolabilità della libertà personale subisce tuttavia una deroga, come vedremo tra poco, ad opera del terzo comma dell'articolo in esame (sent. Corte cost. 56/1973).

La nozione costituzionale di domicilio si allontana quindi da quella presente nella legislazione ordinaria, a cominciare dalla nozione civilistica diretta alla tutela della proprietà privata (Amato, 1977, 56 ss.). L'art. 43 c.c. definisce come domicilio la sede principale degli affari e degli interessi e come **residenza** il luogo dove la persona ha la dimora abituale (la **dimora**, a sua volta, è il luogo in cui si soggiorna occasionalmente); l'art. 614 c.p. definisce come **domicilio** l'abitazione o altro luogo di privata dimora del quale si abbia il possesso; e ancora per domicilio fiscale si intende il luogo in cui il «soggetto stesso svolge in modo continuativo la

---

[3] In tema di termini per la carcerazione preventiva cfr. Corte cass., sez. un., 4614/2007 e Corte cass. 26194/2010; in materia di principi costituzionali sul giusto processo cfr. la citata sent. 4614; quanto alla Corte costituzionale, in tema di rifiuto di consegna verso Paesi privi di limiti massimi per la carcerazione preventiva, cfr. ord. 109/2008; in tema di computo della custodia cautelare all'estero anche agli effetti dei termini di fase, sent. 143/2008; in tema di preclusione dell'impugnazione della misura cautelare emessa nel corso della procedura per l'esecuzione del MAE, ord. 256/2009; in tema di rifiuto di consegna del condannato stabilmente inserito in Italia, sent. 227/2010.

principale attività ovvero, per i soggetti diversi dalle persone fisiche, nel Comune in cui è stabilita la sede amministrativa» (art. 59 d.P.R. 600/1973).

Nelle parole della Corte, il domicilio diviene, invece, parte dello spazio in cui si proietta la persona e la sua libertà personale (sentt. 35/2002 e 149/2008), finendo per ricomprendere qualsiasi luogo di cui si abbia disponibilità in base a qualsiasi titolo giuridico (non solo la proprietà o il possesso ma anche la detenzione), idoneo a consentire al soggetto giuridico (persona fisica o giuridica) di vivere in riservatezza: non solo l'abitazione, ma anche un luogo che ospiti temporaneamente e precariamente la persona: *roulotte*, tenda, circolo, sede di sezione del partito, automobile (sent. Corte cost. 88/1987)[4].

Il collegamento del domicilio con la libertà personale e con la riservatezza permette di comprendere la ragione per la quale la giurisprudenza non considera domicilio, ai fini dell'intercettazione tra presenti, l'auto nella pubblica via, mancando in questo caso la possibilità di escludere gli altri e di garantire la riservatezza (Corte cass. 28521/2009); nello stesso senso la Corte costituzionale ha ritenuto non costituire lesione della libertà di domicilio la ripresa televisiva, effettuata dalla polizia, di comportamenti tenuti da una persona sul davanzale della finestra (in questo caso il il soggetto non celava il proprio comportamento a terzi). Il legame con la riservatezza spiega anche la previsione dell'art. 615-*bis* c.p., che punisce le interferenze illecite nella vita privata mediante strumenti di ripresa visiva o sonora: in questo caso ad esser tutelato non è lo spazio fisico ma la riservatezza dei fatti che in quello spazio si svolgono.

La libertà di domicilio è strumentale all'esercizio di altri diritti fondamentali: oltre alla riunione, essa è collegata alla libertà di religione, all'iniziativa economica, all'organizzazione sindacale e partitica. Ciò spiega possibili sovrapposizioni: il limite del buon costume, che vale per l'esercizio della libertà di religione, si attenua, per esempio, per l'esercizio del culto praticato nel domicilio privato.

Il diritto in esame **spetta a tutti**, anche alle persone giuridiche e agli enti di fatto (Caretti, 1990, 322).

La disciplina del diritto in esame coincide sostanzialmente con quella apprestata dall'art. 13 alla libertà personale. La Corte costituzionale, nella sent. 106/1975, ha però stabilito che «l'art. 14 Cost. non può non consentire deroghe a tutela di interessi generali, come è appunto l'interesse alla incolumità pubblica», sicché la forza pubblica può limitare la libertà in parola (nel caso di specie la polizia era entrata in un teatro, il cui accesso era limitato agli appartenenti a una associazione, teatro in cui si rappresentava, in forma privata, un'opera di Dario Fo).

La Costituzione prevede alcune ipotesi di limitazione della libertà in parola: ispezione, perquisizione e sequestro sono concetti definiti dalla procedura penale. L'**ispezione** serve ad accettare le tracce e gli effetti materiali del reato (art. 244

---

[4] In effetti l'origine latina della parola 'domicilio' deriva dall'espressione *domus celare*.

c.p.p.); la **perquisizione** serve alla ricerca del corpo del reato o di cose pertinenti al reato (art. 247 ss. c.p.p.) e al suo **sequestro** (art. 252 c.p.p.).

Le ipotesi di limitazione del diritto previste dal secondo comma non sono tassative (sent. Corte cost. 135/2002). Rientrano nel divieto anche le riprese visive o sonore all'interno dei luoghi di privata dimora (vietate dall'art. 615 c.p.) e le intercettazioni di comunicazioni all'interno del domicilio (c.d. intercettazioni ambientali, ammesse solo sul fondato motivo che si stia svolgendo un'attività criminosa: art. 266 c.p.p.); più di recente è stato introdotto anche il divieto di 'forzatura delle chiavi di accesso ad un sistema informatico' (art. 614-*ter* c.p. e art. 4 l. 547/1993).

Non sono incompatibili con il divieto costituzionale gli obblighi di informazione e comunicazione relativi all'uso del proprio domicilio (se si ospitano stranieri o apolidi) oppure divieti relativi all'uso del proprio domicilio (gioco d'azzardo) (sent. Corte cost. 237/1975). Inoltre, in alcuni casi, la legge non prevede il coinvolgimento dell'autorità giudiziaria neanche in via successiva: ad esempio, la polizia può entrare nei locali dove si svolgono attività soggette ad autorizzazione di polizia (art. 16 t.u.l.p.s.), può perquisire locali pubblici o privati se ha notizia di armi detenute abusivamente (art. 41 t.u.l.p.s.) oppure per evitare i reati di ricettazione e riciclaggio (art. 17.3. l. 128/2001). Queste ipotesi suscitano tuttavia perplessità sulla loro conformità alle disposizioni costituzionali in esame.

Ricapitolando può dirsi che tramite il rinvio operato dal secondo comma all'art. 13 le ispezioni, le perquisizioni e i sequestri seguono la traccia disposta per le limitazioni della libertà personale, distinte in procedura ordinaria (casi e modi previsti dalla legge e previo atto motivato dell'autorità giurisdizionale) e in procedura di urgenza (provvedimenti provvisori dell'autorità di pubblica sicurezza, da convalidare nelle quarantotto ore da parte dell'autorità giudiziaria).

Il terzo comma contiene una **deroga** espressa rispetto alle garanzie offerte dall'art. 13 (cui, come abbiamo appena detto, l'art. 14 rinvia), costituita da accertamenti e ispezioni per motivi di sanità e incolumità pubblica o a fini economici e fiscali. Queste ipotesi sono regolate da leggi che la Costituzione definisce «speciali». Di conseguenza, per i quattro motivi appena indicati, le leggi possono disporre misure restrittive del diritto in assenza di un preventivo atto di autorizzazione dell'autorità giudiziaria. Ne consegue che, mentre nei primi due commi la limitazione del diritto segue ad un provvedimento giurisdizionale, per i casi previsti nell'ultimo comma l'autorità amministrativa (ufficiali di polizia tributaria, ispettori del lavoro, autorità di pubblica sicurezza, autorità sanitarie) recupera spazio.

Anche la Corte costituzionale ha riconosciuto che la libertà di domicilio risulta meno garantita della libertà personale (sent. 56/1973). Se tale maggiore compressione si giustifica in ragione degli interessi legati alla sanità e all'incolumità pubblica, essa appare meno giustificabile rispetto ai fini economici e fiscali. In ogni caso gli interventi fondati sul terzo comma incontrano i seguenti limiti: a) possono consistere solo in attività di acquisizione di conoscenza (ispezioni per prelevare campioni nei controlli sulla produzione alimentare; ispezioni della polizia tributaria); b) sono limitati alla cura di interessi pubblici settoriali; c) il fatto che la Costituzione rinvii a 'leggi speciali' lascia intendere che la disciplina di tali interventi deve essere dettagliata; d) le prove acquisite in violazione dei limiti non possono essere utilizzate in giudizio.

## 3. *La libertà di comunicazione (art. 15)*

Mancava nello Statuto Albertino una disposizione in materia di libertà di comunicazione. A livello internazionale regionale e sovranazionale la materia è oggetto di specifica disciplina negli artt. 8 CEDU e 7 CFDUE.

L'art. 15 garantisce innanzitutto la corrispondenza in senso stretto. A tal fine l'art. 616.4. c.p., modificato nel 1993, definisce «corrispondenza» «quella epistolare, telegrafica, telefonica, informatica o telematica ovvero effettuata con ogni altra forma di comunicazione a distanza». Già la concretizzazione legislativa fornisce una definizione molto ampia di corrispondenza. Se a ciò si aggiunge il fatto che l'art. 15.1. vuole tutelare «ogni altra forma di comunicazione», non può non concludersi che l'oggetto di tutela dell'art. 15 è molto ampio.

Si pone di conseguenza il problema di delimitare l'**ambito applicativo** dell'art. 15 rispetto a quello dell'art. 21 dedicato alla libertà di manifestazione del pensiero. La distinzione tra comunicazione e manifestazione del pensiero si gioca sui soggetti che entrano in rapporto con il titolare del diritto in esame. Ed infatti mentre la comunicazione implica un rapporto tra soggetti determinati, mittente e destinatario/i (pensiamo alla lettera in busta chiusa ad un amico; ma anche alla comunicazione inviata tramite un *social network*), la manifestazione del pensiero è rivolta, potenzialmente, alla generalità (una lettera a un giornale). D'altronde il fatto che il testo costituzionale enfatizzi, oltre alla libertà, anche la segretezza della corrispondenza, ci conferma nell'idea che la comunicazione implica la volontà di escludere altri, un profilo che manca nell'art. 21.

**Intersoggettività** e **attualità** sono, dunque, gli elementi che, secondo la dottrina italiana più autorevole in materia, caratterizzano la libertà in parola rispetto alla manifestazione del pensiero (Barile, Cheli, 1962, 744). A questo proposito un problema potrebbe porsi per le ipotesi in cui si voglia dare conoscenza di comunicazioni svoltesi nel passato, per esempio attraverso la corrispondenza. In questo caso, mancando l'attualità della comunicazione, può ritenersi che siamo fuori dalla sfera di applicazione dell'art. 15.

In coerenza con quanto esposto nella parte introduttiva, la libertà di comunicazione **spetta a tutti gli individui**, anche se sono possibili restrizioni in relazione alla particolare situazione del soggetto (si pensi al detenuto e a quanto prescrive l'art. 18-*ter* l. 354/1975).

L'art. 15, nel garantire la libertà e segretezza della comunicazione, implica che tutti possono accedere (devono poter accedere) a un determinato mezzo di comunicazione e che tale comunicazione è sottratta alla conoscenza da parte di terzi. Libertà e segretezza sono caratteristiche connesse ma differenti poiché non ogni misura che incide sulla libertà viola anche la segretezza (come nel caso del fermo della corrispondenza) e non ogni misura che incide sulla segretezza viola anche la libertà (come nel caso dell'intercettazione telefonica).

L'articolo non garantisce anche la gratuità dell'accesso al mezzo di comunicazione. Quanto alla segretezza, la conoscenza casuale del contenuto di una comunicazione obbliga alla non diffusione del contenuto senza il consenso degli interessati.

Da notare è che la disposizione in esame non prevede i casi di urgenza, a differenza delle ipotesi previste nelle due disposizioni dei due articoli precedenti. Tale mancanza testimonia della volontà di assicurare al diritto in questione una maggiore tutela.

La disposizione contiene una **doppia riserva**, di legge e di giurisdizione. Il rinvio alla legge viene inteso come riserva assoluta di legge. Va tuttavia osservato che, a differenza degli artt. 13 e 14, l'art. 15 non fa riferimento ai 'casi e modi previsti dalla legge'. Questa differenza potrebbe portare a ritenere che la riserva sia, in questo caso, più attenuata, consentendo una maggiore libertà d'intervento per il legislatore.

Nel c.p.p. trovano forma le principali forme di limitazione del diritto in esame. La prima è il **sequestro di corrispondenza** (art. 254 c.p.p.): da notare, a proposito di tale fattispecie, che solo il giudice può venire a conoscenza del contenuto, non anche l'ufficiale di polizia (art. 254.2. c.p.p.). Di recente la Corte costituzionale è intervenuta sulle norme che disciplinano il controllo della corrispondenza epistolare del detenuto in forza delle quali il contenuto della corrispondenza non può essere conosciuto (anche se è possibile che, per particolari esigenze, si arrivi al sequestro della corrispondenza, che invece permette di conoscere il contenuto). La Corte ha respinto la questione di legittimità costituzionale escludendo la manifesta irragionevolezza o arbitrarietà della scelta del legislatore e lasciando intendere che in futuro il legislatore possa prevedere forme di captazione occulta dei contenuti che non interrompano il flusso comunicativo (sent. 20/2017).

La seconda è l'**acquisizione di plichi e corrispondenza** (art. 353 c.p.p.), per la quale vale quanto appena osservato. Altra forma di limitazione è rappresentata dall'**intercettazione di conversazioni telefoniche**, ammessa solo per alcuni reati (art. 266 ss. c.p.p.). L'intercettazione viene disposta dal giudice delle indagini preliminari su richiesta del pubblico ministero se sussistono gravi indizi di reati a condizione che l'intercettazione sia indispensabile per la prosecuzione delle indagini (art. 267 c.p.p.). Infine, con sent. 13057/2016 la Corte di cassazione ha stabilito che l'intromissione nella *email* altrui per prendere visione dei messaggi va sanzionato come accesso abusivo a sistema informatico ai sensi dell'art. 615-*ter* c.p.

Il **diritto alla riservatezza** o anche diritto alla ***privacy*** (un anglismo entrato nel linguaggio comune e specialistico) appare per la prima volta in una sentenza inglese della prima metà dell'Ottocento, che qualificò la divulgazione di quadretti raffiguranti la vita familiare della regina Vittoria come "*sordid spying into the privacy of domestic life*". È nell'ordinamento statunitense che la *privacy* assume i caratteri di un diritto fondamentale quale diritto al silenzio o alla solitudine (*right to be silent, to be let alone*).

Questo diritto viene ricavato, oltre che dall'art. 15, anche dagli artt. 13 e 14. Alcuni autori ritengono che non abbia una sua autonomia in quanto esisterebbero altre norme utili a difendersi da attentati alla personalità (come, ad esempio, il diritto alla segretezza di corrispondenza e comunicazione) (Pace, Manetti, 2006, 139 ss.). Inoltre il valore o interesse sottostante al diritto alla riservatezza potrebbe essere evocato come limite interno ad altri diritti e quindi come fondamento di corrispondenti limiti (come accade nel caso della libertà di manifestazione del pensiero). Alla sua enucleazione hanno contribuito, in particolare, i giudici comuni (a partire da Corte cass. 2129/1975). Con le parole della Corte costituzionale, «la Costituzione riconosce un particolare pregio all'intangibilità della sfera privata negli aspetti più significativi e più legati alla vita intima della persona umana» (sent. 366/1991).

L'oggetto di questo diritto è appunto l'intimità della persona nei confronti delle intrusioni private e pubbliche (informazioni sanitarie, strumenti elettronici di pagamenti, comunicazioni telematiche).

In ragione dello sviluppo delle comunicazioni elettroniche, il diritto alla riservatezza include oggi anche la materia della tutela dei **dati personali**, la cui disciplina giuridica trova origine nei testi e nella giurisprudenza europee. Dall'art. 8 CEDU, infatti, la Corte di Strasburgo ha da tempo estrapolato, in varie forme, il diritto alla *privacy*. Anche l'UE, prima con la direttiva 95/46/CE, poi con l'art. 7 CDFUE, infine con il Reg. (UE)2016/679, ha disciplinato la materia, condizionando la legislazione italiana. In attuazione della disciplina europea la l. 675/1996, e poi il d.lgs. 196/2003, come modificato dal d.lgs. 101/2018, hanno posto in essere una compiuta tutela dei dati personali. In particolare essa disciplina il modo in cui possono essere raccolti i dati personali, distinguendo a seconda che il trattamento dei dati venga effettuato da un soggetto privato o pubblico e a seconda che i dati siano o meno sensibili (sono **dati sensibili** se da essi si ricava l'origine razziale ed etnica, le convinzioni religiose, filosofiche o di altro genere, le opinioni politiche, l'adesione ai partiti, sindacati, associazioni od organizzazioni a carattere filosofico, politico, sindacale, nonché i dati idonei a rivelare lo stato di salute e la vita sessuale delle persone). A garanzia di tutto ciò vi è un'Autorità indipendente (Pizzetti, 2016).

La tutela della riservatezza può entrare in conflitto con la libertà d'informazione e di cronaca. Ecco perché i giornalisti incontrano meno limiti nel raccogliere e diffondere dati personali a condizione, però, che l'informazione sia essenziale e rivolta alla soddisfazione di un interesse pubblico.

## 4. *La libertà di circolazione e soggiorno (art. 16)*

Lo Statuto albertino non conteneva una disposizione espressa sulla libertà di circolazione, che così veniva a confondersi con la libertà personale (art. 26).

Nel periodo fascista l'art. 166 t.u.l.p.s. prevedeva il confino di polizia, in una colonia o in un Comune del Regno, per gli ammoniti, ..., e per coloro che svolgessere o intendessero svolgere attività sovversiva (art. 181) (l'articolo fu dichiarato incostituzionale dalla sent. Corte cost. 11/1956).

La libertà di circolazione trova protezione, all'interno dell'ordinamento convenzionale, nell'art. 2 del Protocollo Addizionale n. 4 alla CEDU (firmato nel 1963) e, con riguardo all'ordinamento unionale, nell'art. 45 CDFUE (nonché nell'art. 21 TFUE).

L'articolo completa la tutela dell'individuo dal punto di vista fisico e spaziale. La libertà in parola contempla la **libertà di muoversi liberamente sul territorio**, di soggiornarvi, nonché di fissare residenza e posto di lavoro (sul punto sent. Corte cost. 53/1957)[5].

In effetti, se in astratto la distinzione tra libertà di circolazione e libertà personale è chiara, in concreto può non esserlo. La sent. 419/1994 della Corte costituzionale distingue con chiarezza le due sfere di libertà. In sostanza possono aversi misure che, incidendo sulla libertà in esame, si traducono in una limitazione della libertà personale: pensiamo all'obbligo di soggiorno. In altri casi, misure che restringono la libertà di circolazione non si traducono invece in una restrizione della libertà personale: è il caso del foglio di via o rimpatrio con foglio di via obbligatorio poiché tali misure non rappresentano un provvedimento di coercizione ma un provvedimento obbligatorio sicché il destinatario sarà soggetto a sanzioni solo nel caso in cui non dovesse osservarle (ord. Corte cost. 384/1987). La distinzione è importante in quanto le misure che incidono sulla libertà personale sono sottoposte a una disciplina più rigorosa necessitando sempre dell'intervento del giudice.

Una possibile sovrapposizione è pure possibile con la libertà di domicilio, soprattutto se per soggiorno si intenda qualsiasi tipo di sosta in un certo luogo. Al fine di meglio distinguere, è bene precisare che per **libertà di soggiorno** s'intende la libertà di stabilirsi in un luogo e/o di scegliere il luogo di lavoro.

In ragione della stretta attinenza al territorio, che è uno degli elementi costitutivi della statualità e della sovranità, la libertà in esame è riconosciuta in via di principio **ai soli cittadini**. Restrizioni allo straniero non sono quindi, di per sé, illegittime. A tal proposito bisogna tornare sulla distinzione tra cittadini europei e cittadini non appartenti a Stati membri dell'UE.

La condizione giuridica di questi ultimi è regolata, come è noto, dall'art. 10, che abbiamo già esaminato nel cap. XV.3.3. In sintesi l'art. 10.2. rinvia alle norme

---

[5] Hannah Arendt (1958, 11) ci ricorda come per Aristotele l'uomo privo della libera facoltà di disporre dei suoi movimenti e delle sue attività non potesse accedere alla dimensione della libertà.

e ai trattati internazionali; nel caso in cui allo **straniero** sia negato in patria l'effettivo esercizio delle libertà, è a lui garantito il diritto d'asilo; lo straniero non può essere estradato per motivi politici, tranne nel caso di genocidio.

Quanto ai cittadini europei, va preliminarmente ricordato che la libertà di circolazione e la libertà di stabilimento dei cittadini (inizialmente considerati nella loro veste giuridica di lavoratori) sono stati i pilastri dell'ordinamento comunitario e poi unionale. Con la dir. 2004/38/CE l'Unione ha disciplinato la libertà di circolazione del cittadino all'interno dell'UE. A questa direttiva l'Italia ha dato attuazione con il d.lgs. 30/2007 e poi con il d.lgs. 32/2008.

La Costituzione vieta espressamente limitazioni determinate da ragioni politiche, a conferma dello stretto legame tra circolazione e statalità (e in reazione alle pratiche fasciste). La **riserva di legge** è di tipo rinforzato, in quanto la disposizione precisa che la legge può limitare la libertà solo per motivi di sanità o sicurezza. Non sembra che possa ritenersi anche una riserva assoluta giacché la legge – prescrive la Costituzione – deve provvedere «in via generale»; questo lascia intendere che residuino interventi successivi di tipo regolamentare. La Corte, con la sent. 68/1964, ha qualificato la riserva come **rinforzata ma relativa**. Si ritiene che i provvedimenti applicativi possano essere rivolti ai singoli. Manca inoltre una riserva di giurisdizione.

In occasione dello stato di emergenza legato alla pandemia da Covid-19 (cfr. par. XV.6.) è appunto accaduto che, sulla base di d.l. 6 e 19/2020, siano stati apposti notevoli limitazioni alla libertà di circolazione (limitazioni alla possibilità di allontanarsi dalla propria residenza, chiusura di strade e parchi, previsione della quarantena per i soggetti venuti a contatto con casi di malattia da Covid-19, divieto di allontanarsi dalla propria abitazione per le persone risultate positive al virus). Tali previsioni sono state dettagliate con numerosi d.P.C.M. A fondamento di tali misure vi sono stati evidenti motivi di sanità. La restrizione della libertà di circolazione è stata particolarmente intensa; tuttavia non sembra che possa parlarsi si limitazioni così intense da trasmodare in limitazioni della libertà personale.

La legge può stabilire «in via generale» limitazioni per **motivi di sanità e sicurezza** (si noti la differenza con le 'leggi speciali' di cui all'art. 14.3.). La Costituzione vuole quindi che il legislatore preveda tali limitazioni in via astratta e generale, senza riferimenti a casi o individui o gruppi concreti.

Quanto ai motivi che giustificano la restrizione, il riferimento ai motivi di sanità fa riferimento alle esigenze di tutela della salute fisica e psichica (come nel caso dei c.d. cordoni sanitari); con sicurezza si fa riferimento alla prevenzione dei reati. Fin dalla sent. 2/1956 la Corte ha considerato la nozione di 'sicurezza' in maniera estensiva, ritenendo che non dovesse intendersi come sola incolumità delle persone bensì come 'ordinato vivere civile'. Si spiegano anche così alcune misure di prevenzione nei confronti di persone pericolose per la moralità pubblica (art. 2 l. 1423/1956: una norma della cui legittimità si è molto dubitato e che è stata poi abrogata).

Di seguito possiamo ricordare alcuni casi problematici: l'obbligo di residenza imposto al fallito, in relazione al quale le sentt. 20/1962 e 24/1969 hanno escluso il contrasto con l'art. 16 (questo obbligo è poi venuto meno nel 2006); l'obbligo di non abbandonare il domicilio domestico, previsto dall'art. 570 c.p., in relazione al quale la sent. 107/1964 ha escluso dubbi di costituzionalità; l'obbligo di residenza del pubblico funzionario nel luogo in cui ha sede l'ufficio; i controlli informativi sui soggiorni (in alberghi, ecc., su cui sent. Corte cost. 144/1970). Non possono escludersi altri motivi, diversi dalla sanità e dalla sicurezza, visto che la Corte costituzionale, con sent. 264/1996, ha respinto le questioni legate alle norme dirette a conservare il buon uso della cosa pubblica e la sua conservazione (da cui discendevano divieti, previsione di circolazione a targhe alterne, pedaggi, ecc.) [6].

La **libertà di espatrio**, disciplinata nel secondo comma, non incontra limiti particolari, se non gli 'obblighi di legge' previsti dalla stessa disposizione. La disposizione prevede una **riserva di legge assoluta**, ma non rinforzata. Tra gli obblighi di legge vi è il rilascio del passaporto. La materia è stata regolata dalla l. 1185/1967 che tipizza (art. 3), al fine di escludere ogni discrezionalità della P.A. in materia, i casi in cui il passaporto non può essere rilasciato. Con i c.d. **accordi di Schengen** (cui l'Italia ha dato attuazione con le ll. 338/1993 e 675/1996), la libertà in parola è stata ulteriormente rafforzata, eliminando i controlli alle frontiere tra molti Stati membri dell'UE.

L'art. 35.4. afferma che la Repubblica «*riconosce la libertà di emigrazione, salvo gli obblighi stabiliti dalla legge nell'interesse generale, e tutela il lavoro italiano all'estero*». Libertà di espatrio e **libertà di emigrazione**, ovvero il diritto di recarsi all'estero per svolgere attività lavorativa, sono strettamente collegate. All'interno dell'UE i cittadini godono, oltre che della libertà di circolazione, anche della **libertà di stabilimento**, che è appunto il diritto di svolgere senza restrizione, in qualsiasi Stato membro, attività lavorative.

Il fenomeno dell'emigrazione ha segnato la storia d'Italia e degli italiani. Proprio per questo è possibile registrare diversi interventi legislativi in argomento, a partire dalla fine dell'Ottocento. Di particolare rilievo risulta il r.d. 2205/1919, convertito in l. 473/1925, che, distinguendo tra emigrazione transoceanica ed emigrazione continentale, forniva una definizione generale di emigrante.

La l. 459/2001 permette ai cittadini italiani residenti all'estero di votare (per corrispondenza) nella circoscrizione Estero per le elezioni delle Camere e per i referendum previsti dagli artt. 75 e 138.

L'art. 35.4. prevede infine che la legge possa stabilire obblighi nell'interesse generale, anche a tutela del lavoro italiano all'estero (sent. Corte cost. 26/1957).

---

[6] L'art. 16 si collega anche all'art. 120.1. e al comma 2 della XIII disp. trans. fin., che conteneva un'eccezione, poi abrogata con l. cost. 1/2001.

## 5. *La libertà religiosa (art. 19)*

L'affermazione di questa libertà è all'origine delle guerre che hanno avuto come teatro l'Europa per un periodo di circa tre secoli (segnando in questo modo, indirettamente, anche la storia degli Stati Uniti d'America dove si rifugiarono molti perseguitati per motivi religiosi). L'impegno teorico della filosofia politica del Seicento fu diretto a dimostrare la necessità di separare Stato e religione per assicurare la pace e la convivenza[7]. Anche per questo, dal punto di vista giuridico, la libertà religiosa è una delle prime libertà ad essere riconosciuta.

L'art. 1 dello Statuto albertino fece una scelta confessionale stabilendo che: «La Religione Cattolica, Apostolica e Romana è la sola Religione dello Stato. Gli altri culti ora esistenti sono tollerati conformemente alle leggi». La scelta dello Statuto sarà poi confermata dall'art. 1 del trattato del 1929 (che era parte dei Patti lateranensi); solo nel 1984 si arriverà a un cambiamento di questa opzione. La storia dell'Unità italiana è tuttavia segnata dalla frattura con lo Stato pontificio e con la sua organizzazione diffusa sul territorio, che troverà una composizione solo durante il regime fascista con i Patti lateranensi del 1929.

Nelle carte internazionali e sovranazionali la libertà di religione trova disciplina insieme alla libertà di pensiero e di coscienza: così accade sia nel caso dell'art. 9 CEDU sia nel caso dell'art. 10 CDFUE.

La lettera della disposizione individua con precisione l'**oggetto – la fede religiosa** – e le pretese garantite. Il diritto in questione si articola nella libertà di professare liberamente la propria fede religiosa in qualsiasi forma, individuale o associata; di farne propaganda; di esercitarne in privato o in pubblico il culto.

Ci si è chiesti se anche l'**ateismo** e la **libertà di coscienza** siano ricompresi nel perimetro della libertà di religione. Con riguardo all'ateismo, alcuni autori hanno sostenuto che l'oggetto della tutela è così ampio da garantire la credenza di ciascuno sul senso dell'esistenza; in questa prospettiva vi rientrerebbe anche l'ateismo, che è appunto un modo di intendere il rapporto tra l'uomo e la trascendenza (Rimoli, 2006, 876 ss.). Altri autori hanno invece sostenuto che l'oggetto e le pretese derivanti dalla disposizione siano dirette a garantire la libertà di religione, e quindi la professione di una religione, non anche l'ateismo, che è la negazione della religione; in questo senso l'ateismo troverebbe tutela all'interno dell'art. 21 (Mangiameli, 1980, 545 ss.). Nella giurisprudenza della Corte costituzionale non si ricava una posizione netta sulla questione (cfr. sent. 58/1960, 117/1979, 334/1996 e 508/2000), fermo restando che l'art. 19, secondo la Corte costituzionale, garantisce in egual misura credenti e non credenti nei confronti di disposizioni legislative prescriventi pratiche aventi significato religioso.

---

[7] Per tutti Spinoza (1670, cap. XV, 6): «e stabiliamo come punto fermo che né la teologia è tenuta a fare da ancella alla ragione, né la ragione da ancella alla teologia, ma ciascuna possiede il suo regno, ossia, ... la ragione il regno della verità e della sapienza; la teologia quello della pietà e dell'obbedienza».

La libertà in esame **spetta a tutti** (i lavori costituenti testimoniano chiaramente questo intento).

La Costituzione vuole affermare la libertà di ciascuno di professare liberamente la propria fede religiosa, senza distinzioni derivanti dal tipo di credenza religiosa prescelta. Immanente al diritto in esame e al successivo art. 20 è la previsione del divieto di distinzione per motivi religiosi, di cui all'art. 3.1. In questa direzione si è mossa la Corte costituzionale che ha colpito le fattispecie incriminatrici, presenti nel codice penale del 1930, dirette a tutelare il sentimento religioso cattolico, come il vilipendio alla religione (art. 404) e il reato di bestemmia (art. 724). La Corte ha dichiarato incostituzionali, in virtù del principio di laicità, tali previsioni nella parte in cui l'offesa alla religione cattolica era punita più gravemente rispetto all'offesa ad altre religioni (sentt. 440/1995 e 329/1997). Con l. 85/2006 è stata adottata una disciplina 'livellatrice' in materia.

L'unico **limite** espressamente previsto è il **buon costume**, che può trovare applicazione solo nei confronti delle manifestazioni concrete del culto (ad esempio, nel caso di riti che offendono la morale sessuale o la salute psichica e fisica delle persone), non anche nei confronti dell'espressione teorica del pensiero religioso.

Si pone la questione se siano presenti **altri limiti**, di natura implicita. Limiti ulteriori possono derivare dalla legislazione penale che tutela altri fini pure costituzionalmente rilevanti (si pensi al divieto di sacrifici animali) o dai i limiti previsti per l'agire in gruppo derivanti dall'art. 18. Una questione più specifica si pone a proposito dell'art. 1 l. 1159/1929, tuttora vigente, il quale prevede che i culti diversi dalla religione cattolica sono ammessi «purché non professino principi e non seguano riti contrari all'ordine pubblico». Da questa disposizione potrebbe ricavarsi la vigenza del limite dell'**ordine pubblico**, inteso in senso materiale, non ideologico.

Nel corso della emergenza sanitaria da Covid-19 la libertà religiosa ha subito forti limitazioni, giustificate dall'esigenza di protezione della salute individuale e collettiva. In particolare, il d.P.C.M. 8 marzo 2020, che è stato poi seguito da ulteriori provvedimenti, ha sospeso la celebrazione di eventi religiosi in luogo pubblico o privato, sottoponendo l'ingresso nei luoghi di culto all'adozione di misure organizzative dirette ad evitare assembramenti e sospendendo la celebrazione di cerimonie civili e religiose, anche funebri.

L'**art. 20** contiene il divieto di speciali limitazioni nei confronti delle associazioni in ragione del fine religioso o di culto. La disposizione trova una spiegazione nella storia dell'Unità d'Italia in quanto nel periodo dello Stato liberale le confessioni religiose furono trattate in maniera deteriore rispetto ad altre associazioni. Dalla lettura della disposizione – in specie dalla ripetizione dell'aggettivo 'speciali' – si evince che non sono vietati in assoluto limiti o gravami, bensì che essi non devono avere carattere discriminatorio.

La disposizione distingue tra carattere ecclesiastico e fine di religione o di culto: la prima locuzione farebbe riferimento alle istituzioni della Chiesa cattolica, la seconda alle organizzazioni delle altre confessioni religiose. Tuttavia nelle intese più recenti si riferisce il termine 'ecclesiastico' anche a queste ultime.

La **libertà di coscienza** implica la libertà di avere proprie convinzioni di ordine etico (e quindi anche morale, religioso) e di comportarsi coerentemente rispetto ad esse. Queste convinzioni possono entrare in conflitto con principi e norme dell'ordinamento cui si appartiene. Il conflitto può essere risolto a favore dell'ordinamento ovvero a favore dell'individuo nei casi in cui l'ordinamento permette l'obiezione di coscienza (pensiamo alle opposte figure di Antigone e Creonte nella tragedia *Antigone* di Sofocle).

A differenza di quanto disposto dagli artt. 9 CEDU e 10 CDFUE, che la prevedono espressamente, la libertà di coscienza **non è espressamente prevista** in Costituzione. La Corte costituzionale vi ha però fatto spesso riferimento, ricavandola dagli artt. 2, 19 e 21 (secondo alcuni studiosi anche il riferimento alla dignità di cui all'art. 3 può essere rilevante). Di particolare rilievo è la sent. 117/1979 della Corte costituzionale sulla formula del giuramento del testimone, che nei codici civile e penale conteneva un riferimento alla divinità. La formula fu contestata sia dai credenti più rigorosi sia dai non credenti. Ecco un passo della sentenza molto significativo: «l'opinione prevalente fa ormai rientrare la tutela della c.d. libertà di coscienza dei non credenti in quella della più ampia libertà in materia religiosa assicurata dall'art. 19, il quale garantirebbe altresì (analogamente a quanto avviene per altre libertà: ad es. gli articoli 18 e 21 Cost.) la corrispondente libertà "negativa". Ma anche chi ricomprende la libertà di opinione religiosa del non credente in quella di manifestazione del pensiero garantita dall'art. 21 Cost. (...) perviene poi alle stesse conclusioni pratiche, e cioè che il nostro ordinamento costituzionale esclude ogni differenziazione di tutela della libera esplicazione sia della fede religiosa sia dell'ateismo, non assumendo rilievo le caratteristiche proprie di quest'ultimo sul piano teorico».

La libertà in questione, proprio per il fatto che può entrare in conflitto con le norme e i principi dell'ordinamento, dipende dal riconoscimento che ne fa l'ordinamento medesimo. In proposito può essere utile il riferimento al caso del giudice tutelare di Napoli che, in quanto obiettore chiamato ad autorizzare un aborto su una minore, sollevò questione di legittimità costituzionale. In questo caso la Corte riconobbe un conflitto tra "beni parimenti protetti in assoluto": quelli presenti nella realtà interna dell'individuo ... e quelli relativi allo *iusdicere*. La Corte fece prevalere quest'ultimo obbligo derivante dalla fedeltà qualificata pretesa dall'art. 54.2. nei confronti del magistrato e dai limiti alla libertà di associazione previsti per i magistrati dall'art. 98.2.

La libertà di coscienza trova indiretto riconoscimento in alcune importanti disposizioni normative. L'obiezione alla leva militare ha trovato disciplina nelle leggi 772/1972 e poi 230/1998; l'obiezione del personale sanitario che si rifiuti di partecipare a pratiche abortive trova disciplina nella l. 194/1978; l'obiezione del personale tecnico a sperimentazione su animali è regolata nella l. 413/1993; l'obiezione alle pratiche di procreazione medicalmente assistita è nella l. 40/2004.

Capitolo XIX

# I DIRITTI FONDAMENTALI COLLEGATI AL PRINCIPIO PERSONALISTA NELLA DIMENSIONE COLLETTIVA



Passiamo ora all'esame di quei diritti che, sempre volti a garantire il principio personalista, ne tutelano la sua dimensione interpersonale o sociale.

## 1. *La libertà di riunione (art. 17)*

Lo Statuto albertino statuiva, all'art. 32, quanto segue: «1. È riconosciuto il diritto di adunarsi pacificamente e senz'armi, uniformandosi alle leggi che possono regolarne l'esercizio nell'interesse della cosa pubblica. 2. Questa disposizione non è applicabile alle adunanze in luoghi pubblici, od aperti al pubblico, i quali rimangono intieramente soggetti alle leggi di polizia».

Nella CEDU all'art. 11 e nella CDFUE all'art. 12 la libertà di riunione è disciplinata insieme alla libertà di associazione.

La libertà in questione è considerata una tipica espressione delle **libertà collettive** e **funzionali**, vale a dire di una libertà che il singolo non può non esercitare insieme ad altri individui (carattere collettivo), al fine di perseguire fini che spesso trascendono la dimensione individuale: pensiamo al collegamento che può esserci con il diritto di iscriversi ad un partito politico o alla libertà religiosa; in particolare il diritto di riunione è strettamente collegato al diritto di associazione, non a caso regolato nel successivo art. 18.

Dal punto di vista strutturale la riunione è caratterizzata dalla contemporanea presenza di più soggetti, mossi da un medesimo fine, in un medesimo luogo: in tal modo alla riunione sono riconducibili fenomeni come le assemblee, i convegni, ma anche i cortei e le processioni religiose.

Quanto alla **titolarità**, è bene porre attenzione alla lettera della disposizione, che riserva la libertà ai soli cittadini (anche se, prima del coordinamento finale, l'Assemblea costituente si era pronunciata per l'attribuzione di tale libertà a 'tutti'). L'interpretazione successiva ha esteso la libertà in esame a tutti, anche agli stranieri [1]. Esistono, anche in relazione a questo diritto, ipotesi di soggezione speciale dalle quali discendono limitazioni all'esercizio del diritto (militari, forze di polizia, detenuti, soggetti sottoposti a sorveglianza speciale).

L'art. 17 modula la disciplina della riunione attraverso un'enunciazione generale declinata poi diversamente a seconda del luogo di svolgimento della riunione. La disposizione fa riferimento espresso alle riunioni in luogo aperto al pubblico e in luogo pubblico, dando per presupposte quelle in luogo privato.

Nell'affermare il diritto di riunione, il primo comma pone il limite generale del **carattere pacifico e dell'assenza di armi**, sulla falsariga del primo emendamento della costituzione statunitense (*the right of the people peacebly to assemble*). Limite che è evidentemente diretto a garantire l'ordine pubblico in senso materiale, inteso come sicurezza e incolumità delle persone e delle cose (Barile, 1984, 183-184).

La riunione non pacifica è quella che, per segni oggettivi e oggettivamente provabili, fa prevedere che metterà in pericolo l'integrità di persone o cose; la riunione armata, più specificamente, è quella in cui sono presenti armi in maniera non casuale. Il fatto che qualcuno sia armato non comporta l'automatico scioglimento della riunione ma l'allontanamento delle persone armate. Cosa si intende per arma? La Corte costituzionale ha esteso il concetto di arma anche alle armi improprie (spranghe di ferro, ad esempio) (sent. 79/1982).

Quanto ai **luoghi della riunione**, osserviamo che il luogo privato è quello cui si accede solo con l'invito di chi ne ha la disponibilità giuridica. Così è sicuramente luogo privato un'abitazione ma la riunione può essere considerata come avente luogo in privato anche nel caso in cui si svolga in luoghi normalmente pubblici, come un cinema o un teatro, dai quali, per l'occasione, è escluso il pubblico. Per queste riunioni non è richiesto il preavviso.

Per luogo aperto al pubblico si intendono i luoghi che normalmente non sono destinati ad uso pubblico ma che sono in concreto aperti al pubblico secondo le regole stabilite da chi ne ha la disponibilità (teatro, cinema, stadio). Neppure in questo caso è richiesto preavviso.

I luoghi pubblici sono quelli dove può accedere chiunque (strada, piazza). Per le riunioni in questi luoghi la Costituzione richiede che si dia preavviso.

Il **preavviso** è una mera comunicazione che gli organizzatori della riunione indirizzano all'autorità di pubblica sicurezza (questore). La comunicazione deve avvenire tre giorni prima della riunione medesima. L'omesso preavviso non comporta l'illiceità della riunione ma la sola responsabilità degli organizzatori (arresto fino a 6 mesi e ammenda). La Corte costituzionale ha dichiarato illegittima l'assi-

---

[1] Cfr. l'art. 2 d.lgs. 286/1998 in materia di immigrazione.

milazione di organizzatori e oratori, per i quali entra in gioco la tutela offerta dalla libertà di manifestare il pensiero (sent. 11/1979).

Secondo l'art. 18 t.u.l.p.s. che, lo ricordiamo, risale al 1931, il questore può vietare la riunione, in caso di omesso avviso, oltre che per ragioni di ordine pubblico, di moralità o di sanità pubblica. La Corte non ha dichiarato incostituzionale questa previsione. L'obbligo di preavviso non sussiste per le riunioni elettorali.

La riunione può essere sciolta per comprovati motivi di sicurezza o di incolumità pubblica. L'art. 20 t.u.l.p.s. prevede che la riunione possa essere sciolta anche se essa si svolge attraverso «manifestazioni o grida sediziose o lesive del prestigio dell'autorità»; l'art. 21 prevede inoltre che «è sempre considerata manifestazione sediziosa l'esposizione di bandiere o emblemi che sono simbolo di sovversione sociale o di rivolta o di vilipendio verso lo Stato, il governo o le autorità». Queste disposizioni, di dubbia legittimità, non sono andate incontro a pronunce di incostituzionalità.

Quanto alle modalità di scioglimento, la materia è regolata dall'art. 22 t.u.l.p.s.: invito allo scioglimento, ordine di scioglimento dato con tre distinte intimazioni ciascuna accompagnata da squilli di tromba, scioglimento operato dalle forze dell'ordine. L'art. 5 l. 152/1975 vieta, senza giustificato motivo, l'uso di caschi protettivi o altro mezzo che renda difficile il riconoscimento dell'identità, durante le riunioni in luogo pubblico o aperto al pubblico.

Fenomeni riconducibili alla riunione sono: l'assembramento, vale a dire la riunione spontanea e non prevista di persone (ad esempio, i festeggiamenti di un evento sportivo), rispetto al quale, tuttavia, non può applicarsi la regola del preavviso; e il corteo, rientrante nella fattispecie in esame, essendo una riunione itinerante, con tutte le garanzie e limiti previsti per il diritto di riunione.

Quanto alla tutela giurisdizionale, a difesa del diritto in esame può intervenire, oltre al giudice ordinario, anche il giudice amministrativo. Infatti il divieto di riunirsi è difendibile di fronte al giudice amministrativo, dinanzi al quale è possibile ora ottenere l'adozione di una misura cautelare, nelle ipotesi in cui siano in questione interessi essenziali della persona oppure «altri beni di primario rilievo costituzionale».

L'emergenza da Covid-19 ha sottoposto a nuove pressioni la libertà di riunione in nome della tutela della salute. L'art. 1, co. 2, lett. g), d.l. 19/2020, conv. con mod. nella l. 35/2020, ha difatti espressamente previsto, al fine di contenere e contrastare i rischi sanitari derivanti dalla diffusione del virus, la «limitazione o sospensione di manifestazioni o iniziative di qualsiasi natura, di eventi e di ogni altra forma di riunione in luogo pubblico o privato, anche di carattere culturale, ludico, sportivo, ricreativo e religioso», secondo i princìpi di adeguatezza e proporzionalità al rischio effettivamente presente su specifiche parti del territorio nazionale ovvero sulla totalità di esso. Dopo circa due mesi il divieto di «assembramento di persone in luoghi pubblici o aperti al pubblico» è stato ribadito dall'art. 1, co. 8, d.l. 33/2020, conv. con mod. nella l. 74/2020, con la riserva di valutare, sulla base dell'andamento dei dati epidemiologici, la possibilità di svolgimento di manifestazioni, eventi, spettacoli di qualsiasi natura con la presenza di pubblico, nonché di ogni attività convegnistica o congressuale, in luogo pubblico o aperto al pubblico. Ferma restando l'esigenza primaria di tutela della salute, il legislatore, con questo secondo intervento, ha sottratto al divieto generale le riunioni in luogo privato.

## 2. *La libertà di associazione (art. 18)*

Di questa libertà non vi è espressa menzione nello Statuto albertino. Va però aggiunto che il r.d. 26 settembre 1848 abrogò gli articoli del codice penale che richiedevano la preventiva autorizzazione. Nel periodo fascista il fenomeno associativo fu sottoposto a uno stretto controllo, obbligandosi le associazioni a comunicare all'autorità di pubblica sicurezza le informazioni sull'organizzazione e sui propri aderenti.

Come detto già a proposito della libertà di riunione, gli artt. 11 CEDU e 12 CDFUE disciplinano contestualmente la libertà di riunione e di associazione.

Il diritto in questione trova un sicuro riferimento nell'art. 2. L'associazione, infatti, è un fenomeno che rientra nel concetto di «formazioni sociali». I fattori costitutivi dell'associazione sono un'organizzazione stabile di persone, una finalità comune e un vincolo giuridico.

Per quanto riunione e associazione siano fenomeni contigui (la riunione è spesso un mezzo per esercitare il diritto di associazione), gli elementi di distinzione sono dati dalla: contestualità e compresenza della riunione, elementi che non caratterizzano invece il fenomeno associativo; temporaneità della riunione, a fronte della stabilità dell'associazione; presenza di un elemento organizzativo nell'associazione, tendenzialmente assente nella riunione.

Nel fenomeno associativo rientrano esperienze concrete molto diversificate tra loro. La nozione costituzionale di associazione è sicuramente più ampia di quella presente nell'art. 14 c.c. Ciò porta a concludere che le garanzie offerte dall'art. 18 si estendono anche alle società che perseguono fini di lucro; per tali associazioni residua tuttavia la possibilità di applicare regole specifiche dal momento che non tutte le attività associative possono essere trattate allo stesso modo (sentt. Corte cost. 417/1993, 365/1997).

Le **pretese** garantite dall'articolo in esame sono **di tipo positivo e negativo**. Tra le prime possiamo sicuramente menzionare *la libertà d'associazione* (tra cui rientrano il potere di istituire, di organizzare, di aderire); la *libertà nell'associazione*, a proposito della quale la Costituzione non contiene prescrizioni (a differenza di quanto accade con riguardo alle disposizioni sui sindacati e sui partiti politici, dove è espressamente richiesta la struttura interna democratica: artt. 39 e 49); la *libertà delle associazioni*, relativa ai poteri e alle facoltà che la norma costituzionale garantisce all'ente associativo (sent. Corte cost. 417/1993 in cui è detto che le associazione private svolgenti attività economiche possono essere sottoposte a discipline e controlli più rigorosi in ragione delle finalità di utilità generali previste dagli artt. 41-47).

La più rilevante pretesa di ordine negativo sta nella libertà di non associarsi e di recedere (sent. Corte cost. 69/1962). A questo proposito conviene accennare alle *associazioni obbligatorie*, in quanto questa tipologia di associazione pare entrare in conflitto con la libertà di non aderire ad alcuna associazione. Tuttavia la loro previsione resta legittima in quanto la legge può imporre a determinati soggetti obblighi di appartenenza a strutture associative – ordini professionali, consorzi obbligatori, federazioni sportive – a condizione che tale obbligo serva a tutelare «finalità schiettamente pubbliche» e che non risultino lesi altri diritti (sentt. Corte cost. 69/1962, 120/1973, 20/1975, 40/1982, 248/1997). In ragione di tali condizioni la Corte ha dichiarato l'illegittimità costituzionale dell'art. 4 r.d. 1731/1939 che imponeva l'appartenenza obbligatoria dei cittadini di razza ebraica alla comunità israelitica (sent. 239/1984). Sulla base di questa giurisprudenza vi è chi ha sostenuto che le pretese insite nel diritto di associazione varrebbero solo per le associazioni private, non anche per gli enti pubblici a struttura associativa per i quali può essere previsto l'obbligo di iscrizione (ad esempio gli ordini e i collegi professionali).

Nonostante il tenore letterale della disposizione, il diritto in esame **spetta a tutti gli uomini** proprio in ragione del richiamato forte collegamento del diritto di associazione con l'art. 2 e con il principio personalista. La l. 203/1994, che dà esecuzione alla 'Convenzione sulla partecipazione degli stranieri alla vita pubblica a livello locale', riconosce la libertà associativa degli stranieri. Esistono infatti moltissime associazioni di stranieri in Italia.

L'esercizio del diritto di associazione non è sottoposto ad alcuna forma di preventivo controllo da parte dell'autorità pubblica. A segnare la discontinuità con il precedente regime fascista, il primo comma insiste sul fatto che «i cittadini hanno diritto di associarsi liberamente, senza autorizzazione ...». La libertà è poi ulteriormente rafforzata da una riserva di legge rinforzata.

L'art. 18 prevede alcuni limiti. Mentre il primo comma pone un **limite di carattere generale e trasversale**, il secondo comma prevede due limiti specifici relativi alle modalità di organizzazione.

Con il primo limite, per cui tutto ciò che non è vietato al singolo non può essere vietato all'associazione, le associazioni vengono tendenzialmente parificate ai singoli individui. Da ciò discende la giurisprudenza costituzionale tesa alla progressiva abrogazione delle fattispecie penali incriminatrici in quanto riferite alla sola dimensione associativa (sent. Corte cost. 243/2001, che colpisce l'art. 27 c.p.). L'art. 3.40.-44. l. 94/2009 ha previsto la possibilità per i Sindaci, previa intesa con il prefetto, di avvalersi della collaborazione di associazione tra cittadini non armati per segnalare alle forze di polizia eventi che possano arrecare danno alla sicurezza urbana ovvero situazioni di disagio sociale. Le norme sono andate esenti dalla dichiarazione d'incostituzionalità, con l'eccezione del riferimento alle situazioni di disagio sociale (sent. Corte cost. 226/2010).

Il secondo comma proibisce le **associazioni segrete**. La disposizione ha ricevuto attuazione con la l. 17/1982, adottata per procedere allo scioglimento della loggia massonica 'Propaganda due', il cui art. 1 recita: «Si considerano associazioni segrete, come tali vietate dall'articolo 18 della Costituzione, quelle che, anche all'interno di associazioni palesi, occultando la loro esistenza ovvero tenendo segrete congiuntamente finalità e attività sociali ovvero rendendo sconosciuti, in tutto od in parte ed anche reciprocamente, i soci, svolgono attività diretta ad interferire sull'esercizio delle funzioni di organi costituzionali, di amministrazioni pubbliche, anche ad ordinamento autonomo, di enti pubblici anche economici, nonché di servizi pubblici essenziali di interesse nazionale».

Per sciogliere l'associazione è necessaria, in base all'art. 3, una sentenza irrevocabile che accerti l'esistenza dell'associazione segreta e poi un d.P.C.M., con il quale viene ordinato lo scioglimento e la confisca dei beni (anche se poi la la loggia massonica in questione è stata sciolta direttamente dall'art. 6 l. 17/1982). L'intervento del giudice è sempre necessario per lo scioglimento delle associazioni vietate ai sensi del primo comma.

La disposizione lascia intendere che sono considerate segrete, e quindi vietate, non le associazioni segrete in sé, ma quelle che perseguono il fine di condizionare i pubblici poteri. Sorge così il problema se sia questa un'interpretazione adeguata del divieto costituzionale ovvero se essa non risulti troppo ristretta (e quindi troppo legata alla causa prossima della legge, lo scioglimento della citata loggia massonica). A guardar bene, la Costituzione usa un termine molto ampio (divieto delle associazioni segrete), quasi ad indicare un modo di essere e operare dell'associazione. Segrete, dunque, potrebbero non essere solo le associazioni che vogliono condizionare i pubblici poteri.

Alla luce della l. 17/1982, quindi, la massoneria non è un'associazione segreta. Il giudice, però, non può esserne parte, tanto che il C.S.M. adottò (opportunamente) provvedimenti sanzionatori nei confronti di un giudice (confermati da Corte cass. 11256/1995). La Corte europea dei diritti dell'uomo (sent. 37119/1997) condannò tuttavia l'Italia perché i provvedimenti furono presi, a dire della Corte di Strasburgo, in assenza di previsione legislativa. Oggi vi è l'art. 3.1.g), d.lgs. 109/2006, che considera illecito disciplinare del magistrato la partecipazione ad associazioni segrete o i cui vincoli siano incompatibili con l'esercizio delle funzioni giurisdizionali.

Il secondo limite contenuto nel secondo comma è stato specificato fin dal d.lgs. 43/1948, il cui art. 1 statuisce: «Chiunque promuove, costituisce, organizza o dirige associazioni di carattere militare, le quali perseguono, anche indirettamente, scopi politici, è punito con la reclusione da uno a dieci anni ... (4) Ai fini del presente decreto, si considerano associazioni di carattere militare quelle costituite mediante l'inquadramento degli associati in corpi, reparti o nuclei, con disciplina ed ordinamento gerarchico interno analoghi a quelli militari, con l'eventuale adozione di gradi o di uniformi, e con organizzazione atta anche all'impiego collettivo in azioni di violenza o di minaccia» [2].

---

[2] Il d.lgs. del 1948 è stato abrogato dal d.lgs. 66/2010, art. 2268. Ciò ha creato un pericoloso vuoto legislativo, con la conseguenza che esso è stato richiamato in vita dall'art. 9 d.lgs. 20/2012.

Il limite in esame intende colpire l'associazione a carattere militare che persegue fini politici. L'assenza di fini politici e di collegamento con partiti politici ha portato la Corte a ritenere, in sent. 26/1976, che gli *Schützen* altoatesini, pur usando uniformi e divise, non potevano ritenersi associazione vietata.

## 3. *La libertà di manifestazione del pensiero (art. 21)*

Lo Statuto albertino trattava della stampa all'art. 28, prevedendone la sua libertà e aggiungendo che «una legge ne reprime gli abusi».

La libertà di pensiero, per la sua rilevanza ai fini sociali e individuali, ha trovato espressa consacrazione nell'art. 10 CEDU, dove la libertà di pensiero è prevista insieme alla libertà di coscienza e di religione; nell'art. 11 si tutela invece la libertà di espressione. Anche la CDFUE distingue la dimensione interna da quella esterna: l'art. 10 prevede la libertà di pensiero, di coscienza e di religione, mentre l'art. 11 tutela la libertà di espressione e d'informazione.

L'art. 21 si occupa della libertà di esprimere il proprio pensiero nei confronti della generalità. In particolare, nel corso del tempo, sono stati individuati tre principali oggetti del diritto in esame: la pretesa di manifestare il pensiero, la pretesa di informare, la pretesa di essere informati.

Il diritto spetta a tutti: cittadini, stranieri e formazioni intermedie (con esclusione degli enti pubblici).

L'art. 21 garantisce la manifestazione del proprio pensiero, non anche la garanzia per la riproduzione del pensiero altrui. In questa limitazione possiamo rinvenire il fondamento della tutela del diritto d'autore.

Neppure è garantita l'opinione coscientemente falsa (c.d. **falso soggettivo**). Ricordiamo il contenuto dell'art. 656 c.p.: «Chiunque pubblica o diffonde notizie false, esagerate o tendenziose, per le quali possa essere turbato l'ordine pubblico, è punito, se il fatto non costituisce un più grave reato, con l'arresto fino a tre mesi o con l'ammenda fino a lire seicentomila». L'articolo del codice penale suscita perplessità perché punisce anche la diffusione di notizie esagerate e tendenziose, qualificazioni che implicano indubbiamente un'interpretazione dei fatti.

Per quanto l'art. 21.1. faccia riferimento alla manifestazione del pensiero «*con ogni altro mezzo*», non si ritiene che la disposizione garantisca l'accesso anche al concreto mezzo di trasmissione del pensiero. Nasce qui il tema dell'accesso ai mezzi di comunicazione e alla titolarità dei mezzi di comunicazione, nonché il tema dell'informazione nella sua versione passiva, vale a dire la pretesa di essere informati. Entrambi i profili sottintendono il pluralismo delle fonti di informazioni, così intercettando anche l'ulteriore profilo della libertà di iniziativa economica e della legislazione anticoncorrenziale.

Nell'ultimo comma dell'articolo si introduce il limite del **buon costume**. Si tratta di una clausola generale, molto presente soprattutto nella legislazione penalistica, con la quale si allude generalmente al senso del pudore e della decenza. È questo l'ambito al quale viene riferita la clausola presente nell'art. 21. Va tuttavia precisato che essa ricorre anche nella legislazione civilistica, ad esempio nell'art. 2031 c.c.; in questo settore del diritto, però, la clausola assume una dimensione più ampia, rinviando alla moralità comune, al sentimento etico. Se il limite dell'art. 21 fosse inteso in questo più ampio senso, vi sarebbe il rischio di una limitazione più intensa della manifestazione del pensiero. Proprio perché legato ad una clausola generale, il limite ha dimensioni che possono variare nel tempo. Il limite del buon costume non vale per le opere d'arte e di scienza, tutelate dall'art. 33 che non contempla il limite.

Il limite del buon costume non è però l'unico limite in materia di manifestazione del pensiero. Nel tempo sono stati enucleati una serie di **limiti impliciti** diretti alla tutela di beni che entrano in bilanciamento con la libertà di manifestazione del pensiero e che proviamo a sintetizzare (Pace, Manetti, 2006, 97-293).

Entrano in gioco, in primo luogo, i **limiti legati all'onore, alla reputazione e alla dignità delle persone**, riconducibili all'art. 3.1., che tutela la pari dignità sociale. A tal fine particolarmente indicativi sono gli artt. 594 e 595 c.p., che puniscono l'ingiuria (in questo caso l'offesa all'onore e alla dignità avviene in presenza della persona offesa) e la diffamazione (in questo caso l'offesa avviene senza la presenza della persona offesa). Se oggi l'ingiuria è stata depenalizzata[3], il reato di diffamazione previsto dall'art. 595 c.p. tuttora permane.

Più complessa l'individuazione delle ragioni giustificanti la **tutela dell'onore delle istituzioni**, da cui derivano i reati di vilipendio previsti dagli artt. 290 ss. c.p. e di oltraggio previsti dagli artt. 341-*bis* ss. c.p. La Corte costituzionale ha ritenuto non contrastante con l'art. 21 la previsione di tali reati in ragione della necessaria tutela delle massime istituzioni dello Stato. Secondo alcuni autori, tuttavia, la repressione penale appare in contrasto con la garanzia costituzionale.

Dall'art. 19 discende inoltre il limite del sentimento religioso, da cui la previsione della punizione della bestemmia (art. 724 c.p.) e delle offese a una confessione religiosa mediante vilipendio di persone o di cose (artt. 403 e 404 c.p.).

Esistono poi limiti alla manifestazione del pensiero collegati a forme varie di **segreto**. Nell'ambito del processo, in ragione del segreto istruttorio e processuale è punita la divulgazione di notizie coperte da segreto istruttorio; in questo caso la manifestazione del pensiero viene limitata dalla presunzione d'innocenza di cui all'art. 27. Limitano la libertà in esame anche le norme che prevedono il segreto d'ufficio (in ragione del buon andamento della pubblica amministrazione di cui all'art. 97) e il segreto di Stato (in ragione del dovere di difesa della Patria di cui all'art. 52)[4].

---

[3] Cfr. l'art. 1.1.c) d.lgs. 7/2016 e la sent. Corte cost. 37/2019 che ha respinto la questione di legittimità costituzionale concernente tale disposizione.

[4] La materia è regolata dalla l. 124/2007.

Infine l'**ordine pubblico** rappresenta un altro importante limite (molto criticamente già Esposito, 1958, 48 ss.). Esso giustifica la previsione di reati come l'istigazione (artt. 115, 266 e altri del c.p.), l'apologia di delitti (artt. 272 e 303.2. c.p.), la pubblicazione di notizie false e tendenziose (artt. 501, 656, 657 c.p.). La Corte costituzionale ha salvato queste ipotesi di reato ritenendo che la manifestazione del pensiero possa determinare azioni in grado di ledere l'ordine pubblico in senso materiale.

È da annoverare infine il limite derivante dall'art. XII disp. trans. fin. che vieta la ricostituzione del partito fascista. La materia, prima regolata dalla l. 645/1952, è oggi disciplinata dalla l. 152/1975 (artt. 7-13), in base alla quale si ha ricostituzione del partito fascista quando un'associazione, un movimento, un gruppo di persone di almeno cinque soggetti persegua finalità antidemocratiche proprie del partito fascista. La legge punisce i dirigenti e gli appartenenti e chi fa propaganda per la costituzione di uno di essi o chi, in pubbliche riunioni, compia manifestazioni usuali del partito fascista.

La disciplina costituzionale della **stampa**, che era il mezzo di diffusione del pensiero maggiormente utilizzato al momento della redazione della Costituzione, non appare estensibile ad altri mezzi di diffusione del pensiero. La Costituzione non prevede alcuna forma di censura sulla stampa; l'unico mezzo di limitazione è il **sequestro**, con il quale si procede al ritiro della stampa periodica (appare in effetti difficile immaginare un sequestro per la stampa dei 'quotidiani') dopo la sua pubblicazione. Il sequestro è tuttavia fortemente limitato dalla previsione della riserva assoluta di legge[5] e dalla riserva di giurisdizione. La disciplina richiama quella prevista dall'art. 13.

Il riferimento all'indicazione dei responsabili si spiega con il fatto che la stampa non può essere anonima: ciò spiega perché la legge richieda l'indicazione del direttore responsabile, soprattutto per i giornali e i periodici. La disciplina legislativa è contenuta nella l. 416/1981. Essa ha istituito il Garante dell'attuazione della legge. Con la l. 223/1990 il Garante ha assunto funzioni relative anche alla radiotelevisione. Con la l. 249/1997 è stata infine istituita l'Autorità per le garanzie nelle comunicazioni che ha sostituito il garante e ne ha assunto le funzioni (ulteriormente ampliate).

Per le opere cinematografiche è rimasta la previsione di un nulla osta a tutela del buon costume (l. 161/1962).

Il **settore radiotelevisivo** rimase del tutto fuori dall'ambito di applicazione dell'art. 21 per l'ovvio motivo che i Costituenti non avevano conoscenza di tale mezzo di diffusione del pensiero. Tale settore, divenuto poi centrale per la diffusione del pensiero, è stato dunque oggetto di molteplici discipline legislative. Inizialmente la radiotelevisione è stato oggetto di un **monopolio legale** a favore della radio-

---

[5] La Costituzione fa riferimento alla legge sulla stampa, che fu approvata dalla stessa Assemblea costituente con l. 47/1948, anche se il riferimento va esteso alle leggi penali in genere.

televisione pubblica, ritenuto, fino al 1974, conforme a Costituzione in ragione della limitatezza dei canali disponibili.

Nel periodo che va dal 1960 al 1987 la Corte costituzionale ha difeso il monopolio radiotelevisivo statale (sent. 59/1960), legittimando successivamente e progressivamente le modalità del suo esercizio attraverso modifiche pluralistiche 'interne'. La sent. 225/1974 ha dichiarato illegittimo il monopolio via cavo salvando quello via etere e così aprendo alle trasmissioni di imprese private a livello locale. Con altre pronunce la Corte ha poi progressivamente aperto al pluralismo 'esterno' dei ripetitori di programmi esteri (sentt. 225/1974 e 231/1985), alle emittenti private via cavo a livello locale (sent. 226/1974), alle emittenti private via etere a livello locale (sent. 202/1976), alle trasmissioni radiotelevisive private verso l'estero (sent. 153/1987). Già in questo periodo, tuttavia, la Corte si rivolge al legislatore affinché adotti una effettiva legislazione *antitrust* che disciplini l'emittenza radiotelevisiva privata a livello nazionale. Tali inviti (sentt. 148/1981, 237/1984, 826/1988) sono caduti però nel vuoto.

Le progressive aperture del mercato hanno permesso la creazione di un parallelo monopolio privato attraverso l'acquisto delle più importanti trasmittenti locali da parte di un unico imprenditore. Di fronte al tentativo di alcuni magistrati di bloccare le trasmissioni private, il Governo allora in carica (Governo Craxi) adottò una serie di decreti-legge per bloccare tali tentativi, consolidando provvisoriamente e di fatto, una situazione incostituzionale (d.l. 807/1984 e 223/1985, c.d. decreti Berlusconi). Difatti la Corte, pur accertando l'incostituzionalità della legislazione transitoria del 1984/1985, che legittima il duopolio Rai-Fininvest, non annullò le disposizioni illegittime, giustificando il mancato accoglimento sulla base della natura transitoria di tale legislazione (sent. 826/1988).

La l. 223/1990 (c.d. legge Mammì) formalizzò la situazione di fatto, strutturata su una radiotelevisione pubblica e su alcune imprese radiotelevisive private, anche di livello nazionale. L'art. 15.4. fu però dichiarato incostituzionale, per contrasto con l'art. 21, con sent. 420/1994 in quanto permetteva ad un singolo soggetto di essere titolare di concessioni fino al 25% del numero di reti nazionali e quindi fino a tre (sulle dodici reti nazionali).

Fu quindi adottata la l. 249/1997 (c.d. legge Maccanico), che fissò un limite massimo di irradiazione per ogni soggetto destinatario di concessioni televisive (20%) e un limite massimo di raccolta di proventi pubblicitari (30%) delle risorse del settore televisivo in ambito nazionale. In applicazione di tale legge il gruppo Fininvest avrebbe dovuto trasferire una propria rete sul satellite e la Rai avrebbe dovuto eliminare ogni pubblicità da una sua rete. Questa legge istituiva, come detto, l'Autorità per le garanzie nelle comunicazioni.

Con le sentt. 420/1994 e 466/2002 la Corte dichiarò rispettivamente l'incostituzionalità di alcune disposizioni della l. 223/1990 (legge Mammì) e della l. 249/1997 (legge Maccanico), ma ne spostò nel tempo gli effetti caducatori, sempre in ragione della provvisorietà delle norme dichiarate incostituzionali. In pratica diede il tempo al legislatore di dare attuazione alle sue pronunce fino al 26 agosto 1996 nel primo caso e fino al 31 dicembre 2003 nel secondo. Ma in questo modo non permise di applicare le pronunce nei giudizi *a quibus*, in violazione del diritto di difesa. Si tenga conto che al momento dell'adozione di tali sentenze il governo era presieduto dal maggiore azionista del gruppo Fininvest.

Con la medesima sent. 466/2002 la Corte riconobbe esplicitamente che «la descritta situazione di fatto non garantisce ... l'attuazione del principio del pluralismo informativo esterno, che rappresenta uno degli 'imperativi' ineludibili emergenti dalla giurisprudenza costituzionale in materia e che la situazione ... già ritenuta illegittima dalla sentenza n. 420 del 1994 si era intanto aggravata».

Ancora nella medesima sentenza la Corte dichiarò l'illegittimità dell'art. 3.7. l. 249/1997 «nella parte in cui non prevede la fissazione di un termine finale certo, e non prorogabile, che comunque non oltrepassi il 31 dicembre 2003, termine entro il quale i programmi, irradiati dalle emittenti eccedenti i limiti di cui al c. 6 dello stesso art. 3 avrebbero dovuto essere trasmessi esclusivamente via satellite o via cavo»; dunque il termine finale per adeguarsi venne fissato al 31 dicembre 2003.

Il 24 dicembre fu adottato dal Governo (presieduto sempre nella maniera di cui sopra) il d.l. 352/2003, c.d. 'salva-reti', che, richiamandosi a una presunta fase amministrativa per la dismissione delle frequenze terrestri, consentiva alle emittenti eccedenti di operare oltre il termine 'ineludibile' del 31 dicembre 2003. Il d.l. fu convertito in legge.

La l. 112/2004 (c.d. legge Gasparri) non si distaccava dalla precedente, disciplinando in più le trasmissioni digitali (dove c'era un'ampia disponibilità di canali rispetto alle trasmissioni analogiche). Si badi che questa legge era stata rinviata alle Camere dal Presidente della Repubblica Ciampi (15 dicembre 2003).

La legge dichiarava di disciplinare il passaggio dalla tecnica analogica al sistema digitale; di fatto perpetuava lo *status quo*, perché privilegiava i titolari del c.d. 'generale assentimento'. Cosa si intende? Il generale assentimento, previsto dalla legge in questione all'art. 23, autorizza in via generale a proseguire nelle trasmissioni tutti i soggetti che «a qualunque titolo» esercitavano, alla data di entrata in vigore della legge, attività di radiodiffusione televisiva in ambito nazionale o locale.

Questa previsione era in contrasto con le direttive comunitarie in materia di comunicazione elettronica del 7 marzo 2002 (20, 21, 77/2002/CE) – da trasporre entro il 18 luglio 2003 – in base alle quali l'assentimento avrebbe presupposto una procedura pubblica, svolta con criteri oggettivi, trasparenti, non discriminatori, proporzionali. Il Consiglio di Stato – di fronte al quale ricorreva un'azienda che avendo ottenuto una concessione radiotelevisiva su scala nazionale agiva per l'assegnazione delle frequenze in tecnica analogica – chiedeva alla Corte di giustizia *ex* art. 234 TUE l'esatta interpretazione delle norme dell'UE in relazione alla legge Gasparri. Con la sent. 31 gennaio 2008, C-380/05, *Centro Europa 7*, la CG affermava che l'art. 49 TCE e le norme delle direttive 20, 21,

77/2002/CE in materia di comunicazione elettronica ostavano ad una normativa nazionale «che impedisca ad un operatore titolare di concessione di trasmettere in quanto le radiofrequenze sarebbero nella disponibilità di terzi che l'avrebbero ottenute senza il rispetto di criteri obiettivi, trasparenti, non discriminatori e proporzionali».

Il d.lgs. 177/2005 (testo unico dei servizi di media audiovisivi e radiofonici) conferma la presenza di una radiotelevisione pubblica (RAI-TV) e quelli di imprese private. A tal fine lo Stato deve predisporre un piano di distribuzione delle frequenze. Le imprese sono sottoposte a quote a seconda che l'impresa eserciti solo attività radiotelevisiva ovvero sia presente anche in altri campi della comunicazione.

## CAPITOLO XX

# LE GARANZIE DEI DIRITTI

SOMMARIO: 1. Il diritto alla capacità giuridica, alla cittadinanza e al nome (art. 22). – 2. Le prestazioni personali e patrimoniali imposte (art. 23). – 3. Il diritto di azione e di difesa (il giusto processo) (art. 24). – 4. Le garanzie dell'individuo in materia penale (artt. 25, 26 e 27. – 4.1. Il giudice naturale, la legalità delle pene e l'irretroattività della legge penale (art. 25). – 4.2. I principi della responsabilità penale personale, di non colpevolezza e di finalità della pena; il divieto della pena di morte (art. 27). – 4.3. L'estradizione (art. 26). – 5. La responsabilità dei funzionari e dei dipendenti dello Stato (art. 28).

Le disposizioni contenute nella parte finale del Titolo I (artt. 22-28) attribuiscono pretese, stabiliscono principi e assicurano immunità nell'intento di tutelare l'individuo nei confronti delle manifestazioni potenzialmente più pericolose del potere pubblico, in particolare della potestà punitiva dello Stato (artt. 25 e 27, ma anche l'art. 26) e più in generale della potestà coercitiva (art. 23). L'art. 22 assicura all'individuo i requisiti fondamentali per l'attribuzione dei diritti fondamentali. Con l'art. 24 si fornisce all'individuo un diritto centrale per la tutela giurisdizionale delle persone e dei suoi beni. Infine l'art. 28 sancisce il principio di responsabilità dei funzionari e dipendenti dello Stato e degli enti pubblici. Questo insieme di posizioni soggettive rappresenta, insomma, uno scudo protettivo nei confronti di tutti gli altri diritti e libertà garantiti dalla Parte I.

## 1. *Il diritto alla capacità giuridica, alla cittadinanza e al nome (art. 22)*

La prospettiva storica aiuta a comprendere la disposizione in esame. Con riguardo alla capacità giuridica, va notato che con il r.d. 1728/1938 il fascismo introdusse la legislazione razziale che incise proprio sugli oggetti tutelati dall'art. 22. In particolare questa legislazione limitava la capacità giuridica dei cittadini ebrei, che non potevano essere proprietari terrieri oltre una certa ampiezza, non potevano essere imprenditori di imprese di interesse nazionale (art. 10), non potevano essere dipendenti pubblici (art. 13). La XIII disp. trans. fin. conteneva una espressa eccezione all'art. 22 prevedendo che i membri e i discendenti della Casa Savoia non sono elettori e non possono ricoprire uffici pubblici né cariche elettive. La l. cost. 1/2002 ha abrogato questa disposizione.

Anche con riguardo al diritto al nome e alla cittadinanza la prospettiva storica aiuta la comprensione della disposizione. Infatti il regime fascista commise abusi anche in questo campo, imponendo, ad esempio, la italianizzazione dei cognomi di origine straniera (r.d. 17/1926) e prevedendo la perdita della cittadinanza e la confisca eventuale dei beni per coloro che all'estero commettevano fatti diretti a turbare l'ordine pubblico nel Regno (l. 108/1926).

Il Capo V della CDFUE è intitolato 'cittadinanza', mentre nella CEDU non vi sono menzioni espresse agli oggetti presi in considerazione in questa disposizione.

La garanzia offerta dall'art. 22 non ha carattere assoluto giacché la tutela è chiaramente diretta a limitazioni dovute a «motivi politici». In verità la disposizione ragiona di **privazioni** ma è chiaro che la disposizione allude anche a forme di limitazioni meno radicali della privazione, le quali, operando direttamente sulla personalità e sulla soggettività giuridica, incontrerebbero già il limite dell'art. 2, che assicura la dignità di tutte le persone.

Una questione più specifica riguarda la eventuale contrarietà alla disposizione in esame della pena accessoria dell'interdizione dai pubblici uffici per la commissione di reati politici. Alle tesi che sostengono l'illegittimità costituzionale di tale previsione per contrasto con l'art. 22 si contrappongono le tesi di coloro che ritengono che la limitazione della capacità giuridica derivante dall'applicazione della pena accessoria non discenderebbe dalla condotta politica bensì dall'aver commesso un reato.

Sul **diritto al nome** la giurisprudenza e la legislazione sono intervenute con frequenza negli anni recenti. In particolare i profili problematici hanno riguardato il diritto della donna a conservare il proprio cognome, anche dopo il matrimonio, e il diritto dei genitori ad aggiungere anche il cognome della madre al nome del figlio (su questi aspetti rinviamo all'esame degli artt. 29, 30 e 31, contenuto nel cap. XXI).

## 2. *Le prestazioni personali e patrimoniali imposte (art. 23)*

L'art. 30 dello Statuto albertino recitava: «*Nessun tributo può essere imposto o riscosso se non è stato consentito dalle Camere e sanzionato dal Re*». L'articolo discende direttamente dal celeberrimo principio fondativo del costituzionalismo secondo cui non può esservi tassazione senza rappresentanza (*no taxation without representation*), posto a base, tra l'altro, della legalità dei tributi. L'articolo è ritenuto il fondamento del **principio di legalità** (su cui cfr. cap. XI.9).

La disposizione crea un'immunità a favore dell'individuo nei confronti del pubblico potere.

Bisogna innanzitutto chiedersi cosa si intende per **prestazione personale imposta**. In tale nozione dovrebbero rientrate tutte le attività e i comportamenti aventi contenuto positivo, che sono richiesti all'individuo sulla base di un atto d'impero dei pubblici poteri. Si tratta quindi di attività che comportano l'impiego di energie fisiche e intellettuali, che vengono sottratte alla libera destinazione ad altri fini (Fedele, 1991, 1 ss.). In Costituzione vi sono ipotesi di prestazioni personali: basti pensare alla difesa della Patria (art. 52), all'adempimento delle funzioni pubbliche (art. 54), all'acquisizione dell'istruzione inferiore (art. 34). Da questa base è possibile pensare ad altre prestazioni personali imposte dalla legge ma aventi fondamento costituzionale: pensiamo agli obblighi dei medici in caso di epidemie o all'obbligo di assumere la difesa d'ufficio.

Per **prestazione patrimoniale imposta** è da intendersi qualsiasi dare di oggetti e beni cui i cittadini sono obbligati. Ciò che caratterizza questo tipo di prestazione è quindi la decurtazione patrimoniale, che può derivare dalla perdita di un diritto oppure da un'obbligazione (Fedele, 1991, 3). È qui il fondamento del prelievo tributario, scomponibile nelle tre generali categorie delle **imposte**, determinate in base alla capacità contributiva del soggetto; delle **tasse**, rappresentate dal corrispettivo in denaro di un servizio; dei **contributi**, che sono imposizioni a carico di soggetti che ricevono servizi pubblici, anche se non richiesti. La materia trova una più compiuta disciplina nell'art. 53. Su questa base possono trovare fondamento ulteriori prestazioni patrimoniali, come i prelievi di ricchezza (sentt. Corte cost. 4/1957, 70/1960, 81/1963).

La prestazione imposta incide normalmente su altre libertà, come l'iniziativa economica e il diritto al lavoro. La **riserva di legge** prevista dall'art. 23 è di tipo **relativo** ed include la possibilità di interventi legislativi regionali. La giurisprudenza costituzionale ha provveduto a determinare i requisiti che la legge impositiva della prestazione deve avere: l'oggetto della prestazione, l'evento al cui sorgere scatta l'obbligo, i soggetti passivi, i criteri direttivi che limitano la discrezionalità del soggetto pubblico (sentt. Corte cost. 201/1975, 26/1998; da ultimo 269/2017).

## 3. *Il diritto di azione e di difesa (il giusto processo) (art. 24)*

L'art. 24 contiene una pluralità di oggetti di grande rilevanza per la tutela dei diritti – diritto di azione e di difesa – ed è intrinsicamente connesso con altre disposizioni della Costituzione, in particolare con la parte dedicata alla Magistratura. Sulla sua esistenza ed effettività si è costruito uno dei principi cardine del costituzionalismo, quale il principio dello Stato di diritto.

Nella sua interezza, l'articolo mira a garantire a ogni individuo il diritto di far valere le proprie pretese nei confronti di chiunque, anche nei confronti della P.A. (art. 113). Stretto è però anche il collegamento con l'insieme delle disposizioni costituzionali dedicate all'organizzazione della funzione giurisdizionale, in particolare con quelle dedicate alla posizione d'indipendenza e imparzialità del giudice (artt. 25, 101-113).

La garanzia del diritto di agire in giudizio (**diritto d'azione**) è il presupposto di qualsiasi effettiva tutela dei diritti. Si tratta di un diritto soggettivo perfetto a carattere strumentale. Il diritto d'azione è intimamente collegato al diritto di difesa, che, previsto nel secondo comma, disciplina la posizione di colui a cui viene imputata una violazione dell'ordine giuridico.

La Corte, nella sent. 18/1982, ha fatto rientrare il diritto in esame – più precisamente, il suo nucleo ristretto ed essenziale – tra i **principi supremi dell'ordinamento** (nella sent. 98/1965 la Corte lo aveva già ricondotto ai diritti involabili dell'uomo di cui all'art. 2). La Corte si è spesso richiamata all'art. 24.1. per colpire d'incostituzionalità leggi dichiarate d'interpretazione autentica che finivano per ledere il diritto di difesa.

Per la sua centralità la titolarità è attribuita **a tutti gli individui**. In alcuni casi esso è attribuito anche a soggetti che non possono ritenersi titolari di un diritto soggettivo o di un interesse legittimo. Pensiamo, nel settore del diritto pubblico, alla c.d. azione popolare, per cui chiunque può contestare l'eleggibilità di un candidato ad un'assemblea legislativa (cfr. art. 9 TUEL) o, nel settore del diritto privato, all'azione di annullamento del testamento che può essere proposta da chiunque vi abbia interesse (artt. 1421 e 624 c.c.). Inoltre il suo esercizio non è subordinato alla fondatezza della pretesa, che potrà essere accertata solo nel corso del giudizio.

La disposizione presuppone inoltre la **distinzione tra diritto soggettivo e interesse legittimo**. Al di là delle profonde divisioni dottrinali sull'effettiva utilità di questa distinzione dogmatica, essa ha una notevole ricaduta pratica in quanto sulla distinzione tra diritto soggettivo e interesse legittimo si fonda, in via tendenziale, anche la distinzione tra giurisdizione del giudice ordinario e giurisdizione del giudice amministrativo.

A tale proposito è bene considerare brevemente il collegamento con l'art. 113.1.-2. Questo articolo assicura il diritto di azione nei confronti di tutti gli atti della P.A., impedendo così che alcuni atti siano sottratti al controllo giurisdizionale. L'art. 113 prevede che la tutela giurisdizionale nei confronti degli atti della P.A. riguardi sia i diritti che gli interessi legittimi. In alcune materie la separazione tra queste due situazioni giuridiche soggettive è molto complessa sicché, per agevolare il lavoro degli avvocati e dei giudici, il legislatore ha previsto la c.d. **giurisdizione esclusiva** del giudice amministrativo (oggi prevista dall'art. 133 d.lgs. 104/2010, contenente il codice del processo amministrativo), costituita da materie in cui è appunto difficile separare gli interessi dai diritti. Va però osservato che rimane comunque sottratta al controllo una ristretta sfera di atti: atti politici del Governo, quelli delle Camere e della Corte costituzionale.

Il diritto d'azione si collega normalmente ad un soggetto, sia esso individuo o persona giuridica. Abbiamo già visto come la titolarità del diritto d'azione venga riconosciuta a soggetti che non possono essere ritenuti titolari del diritto soggettivo o dell'interesse legittimo sostanziale, di cui cioè si controverte. Nel corso del Novecento si è posta, con sempre maggiore intensità, la questione della possibilità di agire in giudizio per interessi non personali, bensì collettivi, diffusi, intergenerazionali.

Per **interessi collettivi** si intendono quelli che riguardano un insieme di soggetti appartenenti a una collettività o a un gruppo dotati di organizzazione (ordini professionali, consorzi di bonifica), mentre per **interessi diffusi** si intendono quelli riguardanti collettività/gruppi privi di organizzazione (persone che condividono un medesimo interesse alla salubrità dell'ambiente). In alcuni casi l'ordinamento riconosce a determinate associazioni il potere di difendere tali interessi (cfr. l. 349/1986, istitutiva del Ministero dell'ambiente). Da ultimo si discute sulla possibilità di riconoscere **un diritto d'azione anche a chi non esiste** ancora: la Corte suprema delle Filippine ha per esempio riconosciuto un diritto dei bambini filippini, rappresentati in giudizio dai loro genitori, ad opporsi, anche in nome delle generazioni future, alla concessione governativa di licenze per il taglio delle foreste (Bifulco, 2008, 72). Anche la Corte costituzionale ricorre al concetto di responsabilità intergenerazionale (da ultimo sent. 115/2020). Come abbiamo già osservato, la responsabilità intergenerazionale è ormai entrata nel lessico costituzionale grazie alla l. cost. 1/2022 (Cap. IV.12).

Il diritto d'azione presuppone un giudice che, al termine del giudizio, si pronunci sulle richieste dell'attore (colui che introduce il giudizio). Il giudice non può rifiutarsi di giudicare, anche se dovesse trovarsi di fronte alla più strampalata delle pretese (c.d. **divieto del *non liquet***).

Poiché il ricorso all'arbitrato[1] si risolve in una deroga al diritto d'azione e al principio della statualità ed esclusività della giurisdizione, esso deve fondarsi sulla libera scelta delle parti (sentt. Corte cost. 127/1977, 325/1998, 221/2005). In questo modo si chiarisce che il diritto di cui all'art. 24.1. presuppone un'azione svolta nei confronti di un giudice dello Stato e che l'azione rivolta nei confronti di un collegio arbitrale non può essere ricondotta al diritto d'azione in parola.

Il secondo comma disciplina il **diritto di difesa**, qualificato espressamente come **inviolabile**. Il diritto di difesa ha natura di **norma di principio**, in quanto la sua forma e la sua effettività dipendono, in gran parte, dalle attuazioni legislative. A dimostrazione di ciò, va detto che l'ordinamento italiano ha convissuto fino al 1989 con il codice di procedura penale del 1930, che conteneva non poche limitazioni al diritto di difesa nella fase istruttoria. Il nuovo codice, adottato con d.P.R. 447/1989, ha soppresso la fase istruttoria, sostituendola con quella delle 'indagini preliminari' condotta dal p.m.; al termine delle indagini tale organo giudiziario decide se esercitare l'azione penale. La formazione della prova avviene

[1] Nel diritto processuale civile l'arbitrato indica la risoluzione di una controversia affidata, per scelta delle parti, ad arbitri, cioè a persone diverse dai magistrati istituiti dallo Stato.

nel dibattimento, attraverso il contraddittorio tra le parti, poste in posizione di parità e attraverso l'esame incrociato.

L'**effettività** dei diritti in esame è garantita, in particolare, attraverso l'istituto del gratuito patrocinio, regolato dalla l. 217/1990, modificata dalla l. 134/2001, e riordinato dal d.P.R. 115/2002 (sentt. Corte cost. 81/2017, 35/2019, 10/2022). La presenza di un tecnico serve a tutelare meglio le pretese delle parti e a far emergere meglio l'interesse della giustizia poiché la dialettica delle parti consente al giudice di farsi un'idea più chiara e imparziale della questione controversa.

La Corte costituzionale ha notevolmente contribuito a rendere effettivi i diritti in esame, colpendo varie norme che impedivano il loro concreto esercizio. Tra queste possiamo ricordare la sent. 67/1960, con la quale fu eliminata la c.d. *cautio pro expensis*, che imponeva alla parte cui era stato negato il gratuito patrocinio di versare una cauzione nel caso in cui si potesse supporre che un'eventuale condanna sarebbe rimasta non eseguita; la sent. 21/1961, che ha eliminato l'istituto del *solve et repete*, il quale imponeva ai contribuenti di pagare il tributo prima di agire in giudizio; la sent. 275/1990 che ha dichiarato illegittimo l'art. 157 c.p. il quale non prevedeva la rinunciabilità alla prescrizione del reato da parte dell'imputato.

La Costituzione prevede espressamente che i diritti di azione e di difesa **spettino a tutti**. La Corte costituzionale ammette la possibilità di prestazioni fiscali strettamente correlate al processo (tasse, uso di documenti). Tali prestazioni però non devono essere dirette a soddisfare altri interessi, precludendo o ostacolando l'esperimento della tutela giurisdizionale (sent. 522/2002).

La Costituzione non contiene un espresso riconoscimento della garanzia del **doppio grado di giurisdizione**, vale a dire il potere di appellare nel merito la sentenza o la decisione di primo grado (Serges, 1993). E tuttavia tale potere rappresenta un indubbio potenziamento del diritto di difesa. È questa la ragione per cui la Corte costituzionale richiede che ogni limitazione all'appello, soprattutto in materia penale, debba essere motivata costituzionalmente, e quindi fondata su criteri razionali. Con evidenza si tratta di un ulteriore delicato caso di bilanciamento tra interessi costituzionalmente rilevanti: da un lato il diritto alla difesa, dall'altro l'esigenza di speditezza e ragionevole durata del processo. La Corte ha tuttavia giudicato ragionevole la limitazione del potere del pubblico ministero di appellare sentenze di condanna emesse in esito al giudizio abbreviato (salvo che non modifichi il titolo del reato) (sent. 363/1991) e la più generale limitazione di appellare sentenze di condanna (se non nelle ipotesi determinate dall'art. 593 c.p.p. per come modificato dal d.lgs. 11/2018) (sent. 34/2020). Molto più cauta – e a buon motivo – è apparsa la Corte quando si è trattato di valutare limitazioni al potere di appello dell'imputato, in ragione dello stretto collegamento col diritto costituzionale di difesa (ad esempio sent. 274/2009).

Conviene fare un cenno al tema del c.d. **giusto processo**, che ha trovato una sanzione costituzionale con la modifica dell'art. 111 ad opera della l. cost. 2/1999 (sul punto cfr. anche cap. IX.4). Con questa modifica sono stati aggiunti cinque nuovi commi, sicché i tre originari sono ora gli ultimi tre.

Il giusto processo è inteso come attuazione della giurisdizione dal primo comma, che rinvia alla legge. Come nel caso del diritto di difesa, ci ritroviamo di fronte a un principio che necessita di concretizzazione legislativa. Nel caso del giusto processo, tuttavia, la Costituzione fornisce una serie di principi che riguardano qualsiasi tipo di processo (ed in particolare quello civile, penale e amministrativo); solo alcuni possono essere riferiti esclusivamente al processo penale (contenuti in particolare nei cc. 3-5).

La disposizione prevede che in ogni processo sia assicurato il contraddittorio tra le parti, la condizione di parità tra le stesse, la terzietà e imparzialità del giudice. Gli elementi di novità sono rappresentati dai primi due principi.

Con riguardo alla parità, va precisato che il principio subisce delle deroghe vista la posizione ricoperta dal p.m. e gli interessi collettivi che è chiamato a proteggere (sent. Corte cost. 26/2007).

Con riguardo invece alla ragionevole durata, va premesso che il principio è previsto dall'art. 6 CEDU e che la giurisprudenza della Corte di Strasburgo, la quale ha spesso condannato l'Italia per violazione del principio, può considerarsi essere stato un elemento di pressione che ha condotto alle modifiche costituzionali del 1999. La previsione è stata attuata con la l. 89/2001 (c.d. legge Pinto), il cui art. 2 prevede che «chi ha subito un danno patrimoniale o non patrimoniale per effetto di violazione della CEDU, sotto il profilo del mancato rispetto del termine ragionevole di cui all'art. 6, par. 1 della Convenzione ha diritto ad un'equa riparazione»[2].

In particolare il quarto e quinto comma prevedono il **principio del contraddittorio** nella formazione della prova e le sue eccezioni. Molto importante è la previsione per cui la colpevolezza dell'imputato non può essere provata se si basa sulle dichiarazioni di persone che si sono poi sottratte all'interrogatorio da parte dell'imputato o del suo difensore (c. 4). Per capire la rilevanza della disposizione ricordiamo che, prima della revisione costituzionale, la regola non valeva, creando così disparità tra accusa e difesa[3].

---

[2] Per valutare la ragionevole durata la giurisprudenza si orienta più o meno così: tre/quattro anni la durata ragionevole del primo grado, due quella del secondo grado, una quella del grado successivo. A decidere è la Corte di appello (di un distretto diverso da quello in cui si è svolto il giudizio) e, in secondo grado, la Corte di cassazione.

[3] La riforma richiama il VI emendamento della Cost. USA: «In ogni processo penale, l'accusato avrà il diritto ad un procedimento pronto e pubblico, con una giuria imparziale di persone dello Stato e del distretto in cui il delitto sia stato commesso; il quale distretto dovrà essere previamente determinato dalla legge; e avrà il diritto di essere informato della natura e del motivo dell'accusa; di esser posto a confronto coi testi a suo carico; di avere strumenti cogenti per ottenere testimonianze in proprio favore, e di avere l'assistenza di un avvocato per la sua difesa».

## 4. *Le garanzie dell'individuo in materia penale (artt. 25, 26 e 27)*

### 4.1. *Il giudice naturale, la legalità delle pene e l'irretroattività della legge penale (art. 25)*

Gli articoli che vanno dal 25 al 27 forniscono fondamentali principi di diritto penale sostanziale e procedurale, poste a diretta garanzia dell'individuo.

Il principio del **giudice naturale** era già presente nell'art. 71 dello Statuto albertino: «1. Niuno può essere distolto dai suoi Giudici naturali. 2. Non potranno perciò essere creati Tribunali o Commissioni straordinarie».

Con il principio in esame si vuole assicurare a tutti il diritto ad essere giudicati da un giudice, previamente determinato, costituito anticipatamente rispetto all'insorgere della controversia, al fine di evitare che si venga giudicati sulla base di scelte soggettive (indipendentemente dal fatto che vengano assunte dal Governo o dal potere giudiziario).

Il principio subisce alcune deroghe in quanto la Corte costituzionale ha ritenuto possibile spostamenti di competenza con effetto retroattivo, a condizione che essi siano giustificati da interessi generali e non diretti a colpire il singolo processo. Anche la modifica della composizione dell'organo giudicante, avvenuta successivamente all'insorgere della controversia, è stata giustificata dalla Corte, in quanto poggi su motivi d'interesse pubblico e su criteri oggettivi e imparziali (cfr. sentt. 50 e 109/1963 di infondatezza delle questioni di legittimità relative alla remissione dei procedimenti per legittima *suspicione*, per motivi di ordine pubblico o perché riguardanti magistrati).

L'art. 25.2. sancisce il principio di **legalità delle pene**, che viene ulteriormente specificato nel codice penale (art. 1 c.p.: «nessuno può essere punito per un fatto che non sia espressamente preveduto come reato dalla legge, né con pene che non siano da essa stabilite») e nell'art. 25.3. con riferimento alle misure di sicurezza.

Inoltre la disposizione comporta che sia la legge a determinare le fattispecie penali e le pene, con esclusione di ogni altro potere (naturalmente la discrezionalità del legislatore nel configurare reati e pene si deve svolgere nei limiti della Costituzione e nel rispetto del principio di ragionevolezza: sent. Corte cost. 519/1995). La legge può tuttavia prevedere che siano altre fonti o il giudice a determinare ulteriormente la fattispecie (sentt. 247/1989 e 299/1992). È questo il motivo per cui è meglio parlare del principio di determinatezza, piuttosto che della tassatività della fattispecie criminosa. La Corte costituzionale ha invocato il principio della irretroattività della legge penale come «principio supremo dell'ordinamento» opponendosi a quanto sostenuto dalla Corte di giustizia in una sentenza che, se applicata, avrebbe comportato l'applicazione retroattiva di una normativa che prevedeva un regime di punibilità più severo di quello previsto al momento della commissione del reato (gli estremi giurisprudenziali della vicenda Taricco sono esaminati nel par. cap. XI.2).

Il principio di **irretroattività della legge** è fissato già nell'art. 11 disp. prel. c.c. Esso risulta tuttavia derogabile in quanto previsto da una norma avente rango legislativo. Di qui l'importanza della disposizione in esame, che dà forma al principio in una norma di rango costituzionale, anche se con riguardo alle sole leggi penali.

Va aggiunto che l'art. 2.1. c.p. specifica ulteriormente che «nessuno può essere punito per un fatto che, secondo la legge del tempo in cui fu commesso, non costituiva reato». I commi successivi dell'art. 2 c.p. prevedono che, in caso di successione di leggi nel tempo, si applichi quella più favorevole al reo. Il quarto comma prevede un'eccezione al principio del *favor* in caso di leggi penali eccezionali o temporanee, che non vengono sostituite da leggi penali successive più favorevoli. Il principio costituzionale non entra in conflitto con queste ultime previsioni del codice penale.

### 4.2. *I principi della responsabilità penale personale, di non colpevolezza e di finalità della pena; il divieto della pena di morte (art. 27)*

L'art. 27.1. fissa il principio della **responsabilità penale personale**. Esso implica che non si può esser chiamati a rispondere per il fatto altrui o per responsabilità collettiva.

Di recente alcuni provvedimenti (d.lgs. 331/2000, l. 228/2003, l. 146/2006) sembrerebbero porsi in contrasto con tale principio, sancendo la responsabilità delle persone giuridiche, delle società e delle associazioni. In realtà non si rinviene una deroga al principio in quanto il reato continua a riguardare sempre e solo persone fisiche operanti a nome degli enti (Pulitanò, 2002, 415 ss.). A carico dell'ente sono poste pene pecuniarie e interdittive.

In base al principio sancito dall'art. 27.2. l'imputato non può essere sottoposto a trattamenti che anticipano la pena già nella fase dello svolgimento del processo. In questa fase non c'è colpevole ma solo un imputato. La disposizione incrocia l'art. 13.5., cui si rinvia.

La Corte ha ritenuto in violazione del principio l'art. 13.13-*bis* d.lgs. 286/1998 (t.u. sull'immigrazione), che puniva con la reclusione lo straniero che, denunciato ed espulso per essere entrato illegalmente nel territorio italiano, vi si introducesse nuovamente senza una speciale autorizzazione del ministero dell'interno. Il Giudice delle leggi ha ritenuto che la disposizione trasformasse quella che era una contravvenzione (il primo ingresso) in un delitto punito gravemente, per giunta sulla base di una mera denuncia (la denuncia che portava all'espulsione) e che ciò fosse in contrasto col principio di non colpevolezza (sent. Corte cost. 466/2005).

Anche il contenuto dell'art. 27.3., per cui «*le pene non possono consistere in trattamente contrari al senso di umanità e devono tendere alla rieducazione del condannato*», dà vita a un principio. La discussione intorno alla funzione della pena –

se rieducativa, preventiva, retributiva (c.d. polifunzionalità della pena) – è da sempre un *locus classicus* del diritto penale. La Corte costituzionale, prendendo atto della pluralità di funzioni, ha ritenuto che non sia possibile stabilire un punto di equilibrio (sent. 257/2006).

Sempre viva è la discussione sulla conformità della pena dell'ergastolo al principio in esame. La Corte ha ritenuto non esservi contrasto in tutti quei casi in cui esso si riveli indispensabile, vale a dire che esso si giustifica in relazione a soggetti resistenti a intimidazioni meno gravi o che abbiano dimostrato pericolosità ed efferatezza d'indole (sent. 264/1974). Nel 1981 si è svolto un referendum sulla pena dell'ergastolo che ha avuto esito negativo. Con sent. 168/1994 la Corte costituzionale ha accolto la questione di legittimità costituzionale dell'ergastolo in relazione al minore d'età (in materia rilevante è anche sent. 149/2018). Sempre in tema di ergastolo la Corte costituzionale, con ord. 97/2021, ha concesso al legislatore un anno di tempo, termine ulteriormente prorogato di alcuni mesi, per modificare le disposizioni legislative in base alle quali il condannato all'ergastolo per reati di mafia che non collabora con la giustizia si presume che conservi vivi i legami con l'organizzazione criminale di appartenenza, rimanendo così escluso dalla possibilità di ottenere la liberazione condizionale. Tale presunzione assoluta appare irragionevole alla Corte giacché la collaborazione con la giustizia non è necessariamente sintomo di credibile ravvedimento.

Sempre con riguardo al diritto dell'immigrazione, la Corte costituzionale ha ritenuto illegittime le norme dell'ordinamento penitenziario se interpretate nel senso che allo straniero extracomunitario, entrato illegalmente nel territorio o privo di permesso di soggiorno, sia in ogni caso precluso l'accesso alle misure alternative alla detenzione (sent. 787/2007).

L'art. 27.4. vieta in modo assoluto la **pena di morte**: la l. 589/1994 ha eliminato espressamente questa pena da tutte le disposizione del c.p. militare di guerra. La l. cost. 1/2007 ha eliminato dall'art. 27 l'inciso «*se non nei casi previsti dalle leggi militari di guerra*». Sono diverse le sentenze della Corte costituzionale che hanno dichiarato incostituzionali le leggi di esecuzione dei trattati di estradizione verso Stati ove è prevista la pena di morte (ad esempio sent. 223/1996).

### 4.3. *L'estradizione (art. 26)*

Dal punto di vista storico l'istituto dell'estradizione ha subito una significativa evoluzione. Non regolata dallo Statuto albertino, fino all'adozione del codice penale del 1930 l'ordinamento tendeva a proteggere il cittadino vietando l'estradizione (art. 9 c.p. del 1889); con il codice del 1930 l'estradizione viene ammessa, anche in termini molto ampi, col limite della previsione delle convenzioni internazionali.

Concettualmente l'estradizione implica l'obbligo di consegna ad uno Stato, su richiesta di quest'ultimo, di un imputato o di un condannato che si trovi nel suo territorio ad un altro Stato al fine di sottoporlo a procedimento penale (c.d. estradizione processuale) ovvero all'esecuzione della pena (c.d. estradizione esecutiva). Può essere **attiva** o **passiva** a seconda che lo Stato richieda o sia richiesto. L'estradizione presupposta nell'art. 26 è quella passiva, con la conseguenza che lo Stato italiano potrebbe chiedere ad un altro Stato l'estradizione di un cittadino, per reati non politici, anche in assenza di convenzione.

L'estradizione del cittadino – recita il primo comma dell'art. 26 – può esser consentita solo se prevista da convenzioni internazionali; in ogni caso, essa non può esser mai concessa per motivi politici (neppure nei confronti dello straniero, afferma l'art. 10.4.), con l'unica eccezione del reato di genocidio (l. cost. 1/1967). Essa è concretamente disciplinata dall'art. 13 c.p. e dagli artt. 697-722 c.p.p. È opportuno notare che la disposizione in esame mira a realizzare la cooperazione internazionale nella materia della repressione dei reati, ponendosi come un importante precetto internazionalistico; allo stesso tempo, essa, presupponendo una riserva di legge formale costituita dalla legge di autorizzazione alla ratifica e di esecuzione della convenzione internazionale che disciplina l'estradizione, rafforza la posizione del Parlamento, rispetto all'Esecutivo, nel campo dei rapporti internazionali.

Una delle questioni più spinose riguarda la definizione di **reato politico**. Secondo l'art. 8.3. c.p., «agli effetti della legge penale, è delitto politico ogni delitto, che offende un interesse politico dello Stato, ovvero un diritto politico del cittadino. È altresì considerato delitto politico il delitto comune determinato, in tutto o in parte, da motivi politici». La disposizione codicistica va ora integrata con quanto dispone la l. cost. 1/1967, secondo cui «l'ultimo comma dell'art. 10 e l'ultimo comma dell'art. 26 della Costituzione non si applicano ai delitti di genocidio». Questa modifica costituzionale e le molte convenzioni in materia hanno decisamente contribuito al superamento dell'interpretazione penalistica del reato politico fondata sull'art. 8 c.p., favorendo una progressiva restrizione dell'area di applicazione del reato politico. Con le parole della Corte di cassazione, può oggi ritenersi esistente un'interpretazione che connota negativamente certi atti delittuosi indipendentemente dalle finalità che li hanno provocati (Corte cass. 31123/2003, *Baazaoui*).

L'estradizione non può inoltre essere concessa quando si ha ragione di ritenere che l'imputato/condannato verrà sottoposto ad atti persecutori o discriminatori o a pene e trattamenti crudeli o ad atti che configurino violazioni di diritti fondamentali (art. 698 c.p.p.). A maggior ragione, l'estradizione è impedita dall'art. 27.4. se nello Stato richiedente è prevista la pena di morte.

L'estradizione può essere concessa solo per un fatto che costituisce reato anche per l'ordinamento italiano (art. 13.2. c.p.) e alla condizione espressa che, per un eventuale fatto anteriore alla consegna, diverso da quello per cui è chiesta l'estradizione, l'estradato non venga sottoposto a misure restrittive della libertà personale (c.d. principio della specialità). In base all'art. 10.4. valgono le stesse regole per lo straniero, indipendentemente dall'esistenza di una convenzione internazionale.

L'estradizione è concessa dal Ministro della giustizia, previa deliberazione favorevole dell'autorità giudiziaria (art. 708 c.p.p.). Con la decisione-quadro 2002/584/GAI del Consiglio dell'Unione europea è stato introdotto il mandato d'arresto europeo. Come abbiamo detto, a differenza dell'estradizione, il MAE mette in diretto collegamento le autorità giudiziarie degli Stati membri, senza l'intermediazione delle autorità politiche e/o diplomatiche (cfr. XVIII.1).

Problemi specifici sono posti dall'adesione dell'Italia al trattato istitutivo della Corte penale internazionale (l. 232/1999; il trattato è vigente dal 1° luglio 2002).

## 5. *La responsabilità dei funzionari e dei dipendenti dello Stato (art. 28)*

Con l'art. 28, che chiude il Titolo I della Parte I, i Costituenti hanno voluto predisporre una norma di chiusura a tutela dei diritti dell'individuo, sancendo la responsabilità diretta di funzionari e dipendenti. L'articolo va letto in collegamento con l'art. 113: mentre quest'ultimo assicura la tutela giurisdizionale dei diritti e degli interessi legittimi, l'art. 28 consente di agire direttamente contro l'amministrazione e il dipendente.

Con il rinvio alle leggi penali, civili e amministrative la Costituzione attribuisce un'ampia discrezionalità al legislatore sia in relazione all'ampiezza che ai modi per farla valere. Ciò ha permesso una modulazione limitata della responsabilità sia nei confronti della P.A. che nei confronti dei suoi funzionari e dipendenti.

Gli artt. 22 e 23 d.P.R. 3/1957 (contenente il testo unico delle disposizioni concernenti lo statuto degli impiegati civili dello Stato) hanno limitato la responsabilità di questi ultimi al dolo e alla colpa grave, escludendola per i casi di lesione colposa o involontaria (secondo la lettura che dell'art. 28 fece Esposito, 1954, 108-109) (cfr. anche art. 58-*bis* d.lgs. 29/1993 che prevede un codice di comportamento)[4]. Su questa base la magistratura ordinaria ha stabilito che la responsabilità dell'ente per il fatto dei propri dipendenti è sempre diretta, in base al disposto dell'art. 2043 c.c. In tal modo la responsabilità diretta dell'ente rimane ferma anche laddove sia esclusa la responsabilità concorrente e solidale del funzionario. Un meccanismo che tutela comunque la parte lesa ma non responsabilizza il funzionario.

Con riguardo alla **responsabilità dei magistrati**, la materia è stata regolata dalla l. 117/1988, che ha di fatto ridotto a margini molto ristretti la possibilità di far

---

[4] Di recente, per i soli dirigenti, è stata introdotta una responsabilità collegata agli obiettivi prefissati per lo svolgimento dell'attività amministrativa; si tratta di una responsabilità non collegata alla tutela dei diritti ma al buon andamento (art. 21 d.lgs. 29/1993).

valere tale tipo di responsabilità. Tuttavia, di recente, due importanti sentenze della Corte di giustizia (13 giugno 2006, C-173/03, *Traghetti del Mediterraneo* e 24 novembre 2011, C-379/10, *Commissione c. Italia*) hanno stabilito la non conformità della disciplina legislativa italiana al diritto dell'UE in ragione di due profili problematici: l'esclusione del danno risarcibile per l'attività derivante dall'interpretazione di norme di diritto o da valutazioni di fatti e prove e la previsione che – al di là dell'esclusione della responsabilità di cui al profilo precedente – possano essere previsti, per la responsabilità dei giudici, requisiti più rigorosi di quelli derivanti dalla condizione di una manifesta violazione del diritto vigente.

In ottemperanza alle decisioni della Corte di giustizia il legislatore ha adottato la l. 18/2015, di modifica della l. 117/1988. L'art. 2, in particolare, mantiene fermo il principio per cui l'attività interpretativa e di valutazione non può dar luogo a responsabilità, salve alcune ipotesi espressamente previste coincidenti con: il dolo; la colpa grave consistente nella violazione manifesta della legge e del diritto dell'UE, il travisamento del fatto o delle prove, l'affermazione di un fatto inesistente o la negazione di un fatto esistente ovvero l'emissione di un provvedimento cautelare personale al di fuori dei casi previsti dalla legge o senza motivazione. Per poter stabilire se vi è stata la violazione manifesta, si tiene conto, in particolare, del grado di chiarezza e precisione delle norme violate, dell'inescusabilità e della gravità dell'inosservanza; in caso violazione manifesta del diritto dell'UE si deve tener conto della mancata osservanza dell'obbligo di rinvio pregiudiziale nonché del contrasto dell'atto o del provvedimento con l'interpretazione espressa della Corte di giustizia (Cap. IX.3.6).

## Capitolo XXI

# I DIRITTI FONDAMENTALI COLLEGATI AL PRINCIPIO PLURALISTICO



Nel rinviare alle formazioni sociali in cui si svolge la personalità dell'uomo, l'art. 2 dà forma al principio pluralistico. Come abbiamo già avuto modo di osservare nel cap. IV.5, per **formazioni sociali** si intendono tutte le organizzazioni o comunità che si interpongono tra l'individuo e lo Stato: dalla famiglia alla famiglia di fatto, dalla scuola fino ai partiti passando per le coppie omosessuali, i sindacati, le associazione dei più diversi tipi.

Il principio pluralistico trova concreta articolazione soprattutto nel Titolo II della Parte I, dedicato ai 'Rapporti etico-sociali. In particolare la famiglia (artt. 29, 30, 31) e la scuola (art. 33) costituiscono le formazioni sociali più importanti per lo sviluppo della personalità. Per comodità espositive tratteremo dell'intero art. 33 in questa sede, avvertendo che la prima parte, dedicata alla libertà di arte e di scienza, è collegata anche al principio personalista sia nella dimensione individuale che in quella collettiva. Anche la tutela delle minoranze linguistiche rappresenta un'ulteriore articolazione del principio pluralistico (vi abbiamo fatto cenno nel cap. IV.11). Infine non va trascurato che anche gli artt. 17 e 18, dedicati al diritto di riunione e di associazioni, sono diritti che permettono di dare effettività al principio pluralistico. Lo stesso dicasi per gli artt. 39 sui sindacati, 41 sull'iniziativa economica privata e 49 sui partiti politici. Di essi diremo però più avanti.

### 1. *La famiglia e il matrimonio (art. 29)*

La famiglia e i diritti e doveri ad essa connessi trovano un riconoscimento nella CEDU agli artt. 8 (con riguardo al rispetto della vita familiare) e 12 (con riguardo al diritto di sposarsi) e nella CDFUE agli artt. 7, 9 e 33.

Conviene partire dalla nozione di **famiglia**, per come usato dall'art. 29. La Corte costituzionale ha fornito un'interpretazione originalista di tale nozione sostenendo cioè che la nozione andrebbe ricostruita rifacendosi alle concezioni diffuse all'epoca dei lavori costituenti (cfr. sentt. 138/2010 e 170/2014). Ma, a guardar bene, se il ragionamento della Corte fosse da applicare fino in fondo, allora anche il divorzio, istituto oggi largamente accettato, sarebbe in contrasto con la Costituzione visto che esso non era ammesso al momento dell'adozione della Costituzione.

Resta l'oggettiva difficoltà di fornire una definizione di famiglia. In una prospettiva storicistica, la famiglia è concetto mutevole, rispondente ai bisogni della persona (ed è vero, in effetti, che in Belgio, Olanda, Spagna, tanto per rimanere in Europa, il concetto di famiglia è molto più ampio); in una prospettiva sostanzialistica, invece, vi sarebbe un nucleo duro, non disponibile per il legislatore, caratterizzato da tre requisiti: esogamia (il vincolo, cioè, deve instaurarsi tra soggetti non consanguinei), monogamia, eterosessualità (Olivetti, 2020, 559). È sicuramente verso quest'ultima prospettiva che propende l'attuale giurisprudenza della Corte costituzionale.

La famiglia è definita dall'art. 29 come **«società naturale fondata sul matrimonio»**. Per quanto la tesi del fondamento della famiglia nel diritto naturale sia stata sostenuta, appare preferibile la posizione di chi ritiene che la 'naturalità' della famiglia vada ricercata nell'autonomia e nell'autodeterminazione del nucleo familiare. La formulazione della disposizione, che utilizza il verbo 'riconoscere' presente nella matrice dell'art. 2, lascia chiaramente intendere una precedenza della famiglia rispetto allo Stato. Secondo altra autorevole tesi, l'unica conseguenza della naturalità consisterebbe nel divieto di un'alterazione della struttura fondamentale della famiglia tramite revisione costituzionale (Mortati, 1976, 1165 e Ruggeri, 2007, 751 ss.).

Il secondo comma dell'art. 29 permette interventi normativi diretti a limitare l'autonomia della famiglia. A tale proposito va anche aggiunto che tra le fonti di disciplina delle relazioni familiari va sempre più annoverata la fonte pattizia.

L'art. 29 ragiona di **«diritti della famiglia»**, il che lascia presupporre la soggettività giuridica della stessa. Questa conclusione è tuttavia avversata dalla maggioranza della dottrina italiana la quale ritiene che i diritti spettino ai singoli membri della famiglia, non alla famiglia nel suo insieme. A spiegare la prevalenza di questa tesi va ricordato che durante il fascismo la famiglia era considerata un organismo di diritto pubblico, che poteva essere indirizzata dallo Stato al conseguimento di determinati obiettivi o finalità. Rimane in ogni caso ferma una dimensione anche organizzativa della famiglia come tale in cui le situazioni soggettive dei singoli possono essere orientate alla conservazione del gruppo. In tal senso depone il secondo comma che mette in rapporto di collegamento la parità dei coniugi con il fine dell'unità della famiglia. A ciò si aggiunga che la famiglia come nucleo è il presupposto di pretese nei confronti dello Stato (art. 31).

Infine vi è da chiedersi se la famiglia possa essere considerata una tra le formazioni sociali di cui all'art. 2. La risposta affermativa prevale, anche se dubbi permangono in ragione del fatto che a caratterizzare le formazioni sociali vi è la loro tendenziale spontaneità, con la ulteriore conseguenza che le limitazioni all'esercizio dei diritti sono solo quelle liberamente accettate. Da tali formazioni, in sostanza, si può sempre recedere, tornandosi ad esercitare quei diritti la cui limitazione è stata volontariamente accettata. Nel caso della famiglia tale libertà non sussiste in quanto, tra l'altro, i limiti sono direttamente previsti in Costituzione.

Il **matrimonio** è un negozio giuridico. L'ordinamento italiano riconosce tre diversi tipi di matrimonio: quello civile, quello concordatario e quello dei culti ammessi.

Prima dell'entrata in vigore della Costituzione, e quindi in vigenza del codice civile del 1942, la volontà prevalente all'interno della famiglia era quella del marito. È dunque chiaro l'intento del Costituente di capovolgere l'impostazione codicistica, anche se la Corte costituzionale, facendo leva sui limiti posti dalla legge, ha mantenuto a lungo l'impianto del codice civile. Solo nel 1975, con la l. 151, si è istituito un regime paritario. In caso di separazione e in presenza di figli si applica ora (l. 54/2006) il regime di affidamento condiviso dei figli in modo che entrambi i genitori possano continuare ad avere un rapporto stabile con gli stessi.

Con d.lgs. 154/2013 è stato poi abrogato un residuo del vecchio codice che riconosceva al marito una preminenza nel caso di disaccordo tra i genitori su questioni di particolare importanza per i figli: l'art. 316 c.c. permetteva al padre di adottare i provvedimenti urgenti e indifferibili in attesa dei provvedimenti del giudice. Lo stesso decreto legislativo ha sostituito alla potestà dei genitori il termine «responsabilità genitoriale».

Rimane non facile stabilire cosa la Costituzione intenda con «**eguaglianza morale dei coniugi**»: si può forse ritenere, accedendo a una concezione minima, che si tratti di un indirizzo rivolto al legislatore affinché eviti norme che pongano uno dei due coniugi in posizione strutturalmente più debole rispetto alle funzioni che assicurano l'unità familiare.

Un'applicazione interessante in tema di eguaglianza dei coniugi riguarda **l'attribuzione del cognome al figlio**. In effetti la norma che prevede l'automatica estensione del cognome del padre al figlio non è prevista in modo espresso dal codice civile. Trattasi di una norma di sistema, che è stata ricavata da varie disposizioni del codice civile (artt. 237, 262, 299, nonché artt. 33 e 34 d.P.R. 396/2000 recante norme sullo stato civile). Tuttavia, con sent. 286/2016 la Corte ha dichiarato l'incostituzionalità proprio delle disposizioni appena richiamate dalle quali si ricavava l'automatica attribuzione del cognome paterno al figlio legittimo, anche in presenza di una diversa e concorde volontà dei genitori di attribuire al figlio il cognome materno (in senso diverso andavano le sent. 61/2006 e 157/2007). La questione ha trovato una soluzione più generale e definitiva con la sent. 131/2022 con la quale la Corte ha stabilito che l'automatica attribuzione del solo cognome paterno, traducendosi nell'invisibilità della madre, rappresenta un visibile segno della diseguaglianza tra i genitori, che «si riverbera e si imprime sull'identità del figlio». Da ciò consegue la violazione degli artt. 2, 3 e 117.1 (la Corte ha posto quest'ultimo in relazione agli artt. 8 e 14 CEDU).

Tema affine è quello del **cognome della moglie**. L'art. 143-*bis* c.c. prevede che la moglie aggiunga al proprio cognome quello del marito e che lo conservi durante lo stato vedovile. La scelta del legislatore è che il cognome dell'uomo identifica la famiglia. La norma appare desueta. Tanto più che con la recentissima l. 76/2016 si dispone una diversa disciplina per gli uniti civilmente. In base all'art. 1.10. essi, «mediante dichiarazione all'ufficiale di stato civile, possono stabilire di assumere, per la durata dell'unione, un cognome comune scegliendolo tra i loro cognomi. La parte può anteporre o posporre al cognome comune il proprio cognome, se diverso, facendone dichiarazione all'ufficiale di stato civile». Questa soluzione potrebbe divenire un modello per prossime scelte legislative.

Esiste un modello costituzionale di famiglia? Sono ammissibili **unioni familiari diverse** da quella fondata sul matrimonio eterosessuale? Abbiamo avuto modo di osservare che il modello costituzionale di famiglia, anche nella giurisprudenza costituzionale, è fondato sul matrimonio eterosessuale, con la conseguenza che le unioni di fatto non possono ricevere lo stesso trattamento delle famiglie «*legittime*» (l'aggettivo ricorre nell'art. 30.3.). Nella sent. 237/1986 la Corte ha addirittura osservato che l'equiparazione *ope legis* lederebbe di fatto l'autonomia dei conviventi che hanno fatto una scelta diversa.

Due importanti sentenze della Corte costituzionale – 138/2010 e 170/2014 – hanno ricondotto le coppie omosessuali nell'ambito di applicazione dell'art. 2, in quanto formazioni sociali, non anche in quello dell'art. 29. In ogni caso la Corte ha stabilito che le unioni di fatto e quelle tra persone dello stesso sesso rientrano nella discrezionalità del legislatore (sentt. 644/1988; 138/2010; 170/2014 sul divorzio imposto).

Il legislatore ha raccolto l'invito della Corte adottando la l. 76/2016 (composta da un unico articolo e 69 commi), che ha oggi equiparato le unioni civili – unioni tra persone dello stesso sesso – al matrimonio. I d.lgs. 5, 6 e 7/2017 hanno ulteriormente definito la materia, equiparando sostanzialmente le garanzie previste per il coniuge di carattere penale, civile e pensionistico.

**L'unione civile** tra persone dello stesso sesso si costituisce attraverso una dichiarazione di fronte all'ufficiale di stato civile (art. 1.2.); le parti possono assumere un cognome comune (art. 1.10.); il regime patrimoniale è costituito dalla comunione dei beni (art. 1.13.); l'unione può essere sciolta con una manifestazione di volontà, anche disgiunta, delle parti (art. 1.24.). Alle parti dell'unione sono riconosciute una serie di prerogative, come il diritto alla pensione di reversibilità e al trattamento di fine rapporto (in caso di morte di una delle parti) e il diritto alla partecipazione ereditaria con la stessa quota prevista per il coniuge.

Nei commi da 36 a 49 dell'art. 1 la legge prevede la **convivenza di fatto**, costituita da «due persone maggiorenni unite stabilmente da legami affettivi di coppia e di reciproca assistenza morale e materiale», non vincolate da matrimonio o unione civile. La convivenza riguarda dunque persone di sesso diverso. La convivenza di fatto è meno tutelata dell'unione civile in quanto ai conviventi è riconosciuto il reciproco diritto di visita in caso di ricovero, il diritto di restare nell'abitazione comune di proprietà del convivente deceduto per i periodi indicati nella legge, il diritto di subentro nel contratto di locazione. In caso di cessazione della convivenza, al convivente che versi in stato di bisogno e che non sia in grado di mantenersi il giudice può riconoscere il diritto agli alimenti per un periodo proporzionale alla durata della convivenza.

Al convivente non sono riconosciuti però diritti di natura successoria sul patrimonio dell'altro. I conviventi di fatto possono però disciplinare i rapporti patrimoniali relativi alla loro vita in comune con un contratto di convivenza, cui la legge dedica i commi 50-65.

## 2. *La disciplina costituzionale dei figli e i compiti della Repubblica (artt. 30 e 31)*

L'art. 30 fissa il principio dell'**autonomia della famiglia** per cui quanto attiene a diritti e doveri nei confronti dei figli rientra nell'autodeterminazione della famiglia, con esclusione di ogni intervento dello Stato, se non nel caso d'incapacità dei genitori (art. 30.1.-2.) e con l'espresso obbligo di fornire ai figli l'istruzione inferiore.

La potestà dei genitori si estende anche ai **figli naturali** (c. 3): la l. 219/2012 ha stabilito che il vincolo di filiazione sussiste sia nel caso di persone unite da matrimonio sia nel caso di persone non unite da tale negozio giuridico.

La Costituzione assicura ai figli nati fuori dal matrimonio «ogni» tutela giuridica e sociale, con l'unico limite della compatibilità con i diritti dei membri della famiglia legittima. Ciò implica che il figlio naturale può entrare nella famiglia solo con il consenso dei membri della famiglia. Sono però escluse discriminazioni di carattere patrimoniale (specialmente quelle attinenti alla capacità di ricevere per testamento: sent. Corte cost. 205/1970). Questa limitazione va però bilanciata con l'eliminazione dal codice civile di ogni riferimento ai figli legittimi e naturali, ragionandosi ora di figli nati nel o fuori dal matrimonio (d.lgs. 154/2013) e con l'eliminazione di ogni distinzione tra figli legittimi, naturali e incestuosi da parte della l. 219/2012, che utilizza solo la nozione unitaria di 'figlio'.

La Costituzione rinvia la **ricerca della paternità** al legislatore, che determina norme e limiti. Nel caso di persona nata a seguito di procreazione medicalmente assistita la legge impedisce l'azione di disconoscimento da parte del coniuge o del convivente il cui consenso sia ricavabile da fatti concludenti (art. 9 l. 40/2004).

L'art. 31 prevede un'attività di promozione e protezione della Repubblica (Stato e altri enti costitutivi della Repubblica) nei confronti delle famiglie (soprattutto se numerose), della maternità, dell'infanzia e della gioventù. A questa disposizione si ricollegano anche gli artt. 36 sul salario e 37 sulla donna lavoratrice [1].

## 3. *La libertà d'arte e di scienza e i principi in materia di scuola (art. 33)*

Non si rinviene un precedente dell'art. 33, che appare molto innovativo rispetto alla precedente tradizione giuridica in quanto estende a tutte le specie di insegnamento il principio di libertà, prima garantito solo all'insegnamento universitario.

A livello sovranazionale la materia trova disciplina negli artt. 13 e 14 CDFUE, che disciplinano rispettivamente la libertà delle arti e la ricerca scientifica e il diritto individuale all'istruzione e all'accesso professionale, la natura gratuita dell'istruzione obbligatoria, la libertà di istituire scuole nel rispetto dei principi democratici e il diritto dei genitori di provvedere all'educazione e all'istruzione dei figli secondo le proprie convinzioni religiose, filosofiche e pedagogiche nel rispetto delle leggi nazionali. Anche l'art. 2 del protocollo addizionale alla CEDU prevede il diritto all'istruzione e il diritto dei genitori di provvedere all'istruzione dei figli secondo le loro convinzioni religiose e filosofiche.

La garanzia principale contenuta nell'enunciato costituzionale che professa libere l'arte e la scienza sta nell'assenza di quei limiti, ricavabili dall'art. 21, nello svolgimento dell'insegnamento artistico e scientifico. Vedremo che diverso è il caso dell'insegnamento in generale. Da tali caratteristiche è possibile anche trarre l'ulteriore corollario che non esiste una scienza o un'arte di Stato. In particolare per l'insegnamento dell'arte e della scienza è assente il limite del buon costume di cui all'art. 21, anche se ciò non implica che non sia possibile rinvenire altri limiti, che vanno in bilanciamento. Pensiamo al divieto di sperimentazione sull'embrione, previsto dalla l. 40/2004, che limita la libertà di ricerca.

Diverso è il discorso per la più generale **libertà d'insegnamento**. I limiti di tale libertà dipendono sia dall'età dei discenti (più sono giovani, maggiori sono i limiti:

---

[1] L'art. 31 viene spesso invocato nei giudizi di costituzionalità relativi a norme che disciplinano il rapporto tra genitori, condannati o sottoposti a misure cautelari, e i rispettivi figli ancora in tenera età. In proposito sent. Corte cost. 239/2014, che ha dichiarato illegittimo il primo comma dell'art. 4-*bis*, l. 354/1975, nella parte in cui estende il divieto di concessione dei benefici penitenziari, stabilito nei confronti dei detenuti e degli internati per taluni gravi delitti che non collaborino con la giustizia, anche alla misura della detenzione domiciliare speciale, prevista a favore delle condannate madri di prole di età non superiore a dieci anni (per violazione, anche, degli artt. 29, 30 e 31); di recente sent. 17/2017 (di non fondatezza) a proposito dell'art. 275.4, c.p.p. nella parte in cui prevede che non possa essere disposta o mantenuta la custodia cautelare in carcere nei confronti di imputati, detenuti per gravi reati, che siano genitori di prole solo di età non superiore a sei anni; e sent. 76/2017, che dichiara l'illegittimità del c. 1-*bis* dell'art. 47-*quinquies* l. 354/1975 nella parte in cui impedisce, in assoluto, alle condannate per i delitti di cui all'art. 4-*bis* di espiare la frazione iniziale di pena con modalità esecutive extracarcerarie.

non solo il buon costume ma anche l'ordine pubblico nella forma del divieto di propaganda e proselitismo) sia dalla natura privata o pubblica in cui si svolge l'insegnamento (Pototschnig, 1971, 736 ss.). È anche questo il motivo per cui il secondo comma demanda alla Repubblica il compito di dettare le norme generali (ll. 30/2000 e 53/2000). L'art. 33.2. affida alla Repubblica l'adozione delle **norme generali sull'istruzione** e l'istituzione di scuole statali di ogni ordine e grado. Questa previsione ha ora un diretto risvolto nell'art. 117.2.n), che affida allo Stato la potestà legislativa esclusiva in materia di norme generali sull'istruzione. Sappiamo anche che proprio la materia dell'istruzione è poi ulteriormente 'sezionata' tra potestà legislative concorrenti e residuali.

La materia scolastica è fortemente caratterizzata dal principio pluralistico in quanto la Costituzione, per un verso, affida allo Stato l'istituzione di scuole di tutti gli ordini e gradi, dall'altro permette l'esistenza di scuole private. Ciò è espressamente garantito dai commi 3 e 4 (c.d. **libertà della scuola**). Ciò implica che l'orientamento ideologico del docente non deve porsi in contrasto con gli orientamenti ideologici o confessionali dell'istruzione privata (sent. Corte cost. 195/1972).

Le scuole private non devono gravare sul bilancio dello Stato (la Costituzione dice «senza oneri per lo Stato»). La portata di questo inciso è discusso fin dai tempi dell'Assemblea costituente: per alcuni il divieto è assoluto; per altri esso riguarderebbe solo l'istituzione, non anche la gestione; per altri ancora, la sovvenzione non si tradurrebbe necessariamente in un aggravio per il bilancio pubblico in quanto finanziare una scuola privata permetterebbe di non aprire una scuola pubblica (ma così si contravverrebbe all'obbligo per la Repubblica di istituire scuole pubbliche). Attualmente il punto di equilibrio pare raggiunto nel riconoscimento di contributi non alle scuole bensì alle famiglie. La Corte costituzionale non ha bocciato quelle norme che distinguono tra provvidenze alla scuole e provvidenze agli alunni, ritenendo che la scelta della scuola privata possa tradursi in una modalità migliore di realizzazione della personalità dell'alunno (sentt. 454/1994 e 215/1987).

L'art. 1 l. 62/2000 configura un sistema nazionale di istruzione costituito da scuole statali e private (paritarie), soggette entrambe alle leggi dello Stato. Alle scuole che chiedono la parità, cui deve essere riconosciuta «*piena libertà*», lo Stato conferisce obblighi e diritti (in particolare, quello di rilasciare titoli di studio aventi valore legale). La Corte costituzionale ha riconosciuto la legittimità di limiti nella forma di requisiti oggettivi e soggettivi, di controlli preventivi e successivi (sentt. 36/1958, 114/1957). Gli studenti che frequentano queste scuole possono anche usufruire di borse di studio (anche in questo caso si ripropone la questione della conciliabilità con il principio dell'assenza di oneri per lo Stato).

Il quinto comma dell'art. 33 prevede il controllo dello Stato sull'insegnamento attraverso **esami di Stato** e per l'abilitazione ad alcune professioni. Esistono due tipi di esami di Stato: quello con cui si conclude il ciclo di istruzione scolastica, diretto a garantire la serietà della scuola e la parità di trattamento di tutte le scuole, e l'esame di Stato professionale per accertare requisiti e capacità necessarie a svolgere determinate attività professionali.

Infine le **istituzioni di alta cultura**, le **università** e le **accademie** godono di autonomia statutaria e di personalità giuridica. Ciò che caratterizza le università è l'unione dell'attività di ricerca con quella d'insegnamento, non bastando il solo insegnamento o la sola ricerca (sent. Corte cost. 14/1983). L'università è insomma una comunità di persone che si dedicano all'attività di ricerca e alla trasmissione del proprio sapere agli studenti. Ciò spiega anche l'attenuazione che i limiti generali verso la libertà d'insegnamento dovrebbero incontrare nei confronti della libertà d'insegnamento universitario. Anche nel caso delle università trova spazio la libertà della scuola (si pensi al caso delle libere università).

Il sesto comma riconosce a istituzioni di alta cultura, università ed accademie il potere di darsi ordinamenti autonomi nei limiti stabiliti dalle leggi dello Stato. Con una sentenza non poco criticata la Corte costituzionale ha ritenuto che la riserva di legge fosse di tipo relativo, ammettendo che la disciplina legislativa possa essere integrata da attività normativa secondaria (sent. 383/1998). La principale disciplina è oggi contenuta nella l. 240/2010.

Scuole e Università, insieme alle Camere di commercio, sono qualificate dal legislatore come **autonomie funzionali**, vale a dire enti che, in ragione delle rilevanti funzioni che sono chiamati a svolgere, dispongono anche di un notevole grado di autonomia normativa, amministrativa e finanziaria.

CAPITOLO XXII

# I DIRITTI FONDAMENTALI COLLEGATI AL PRINCIPIO SOCIALE

SOMMARIO: 1. Il diritto alla salute (art. 32). – 2. Il diritto allo studio (art. 34). – 3. Il diritto all'assistenza e alla previdenza sociale (art. 38).

Prima di passare all'esame dei diritti fondamentali riguardanti la sfera del lavoro, conviene esaminare quelle disposizioni che più da vicino si collegano al principio sociale, contenuto in particolare nell'art. 3.2. che vuole che i poteri pubblici agiscano per assicurare ai cittadini un'eguaglianza non solo formale ma sostanziale (tracce del principio sociale sono rinvenibili anche negli artt. 2, nella parte relativa al principio solidaristico, e 4). Va anche tenuto presente che le disposizioni esaminate in questo capitolo sono solo quelle più direttamente collegate al principio sociale giacché esso ispira anche alcune disposizioni già esaminate (ad esempio l'art. 31) e molte di quelle contenute nel Titolo III.

## 1. *Il diritto alla salute (art. 32)*

Nello Statuto albertino non sono rintracciabili disposizioni che possano costituire un valido precedente. Anche a livello di CEDU e di CDFUE non si riscontra una disposizione simile a quella presente nell'art. 32. Le rispettive Corti hanno tuttavia ricavato un diritto alla salute dagli artt. 2 dei rispettivi testi di riferimento, che tutelano il diritto alla vita.

Il **diritto alla salute** è l'unico diritto ad esser qualificato come **fondamentale** dalla Costituzione. La Corte lo ha, a sua volta, qualificato come diritto «primario e assoluto, pienamente operante anche nei rapporti tra i privati» (sent. 88/1979) (Morana, 2018).

Il diritto alla salute è un diritto soggettivo, che si concretizza nel **diritto all'integrità psico-fisica della persona**. Esso ha quindi i tratti classici del diritto individuale con la conseguente pretesa a che i terzi si astengano da atti o fatti che possano ledere tale integrità. La violazione del diritto comporta l'obbligo del risarcimento dei danni. Già da alcuni decenni è stato riconosciuto dalla giurisprudenza il c.d. **danno biologico**, derivante da difetto di cure o provvedimenti preventivi adeguati, che prescinde dalla stretta dimensione patrimoniale e si estende alla sfera spirituale, culturale, affettiva, sociale della persona (sentt. Corte cost. 88/1979, 184/1986, 372/1994). Anche questo danno va risarcito ai sensi degli artt. 2043 e 2059 c.c.

Il diritto alla salute è anche un diritto sociale, che dà diritto a prestazioni da parte delle istituzioni pubbliche. Questo comporta che, da un lato, le istituzioni repubblicane (nel campo sanitario gli aspetti organizzativi dell'assistenza sanitaria rientrano tra le competenze regionali) sono tenute ad organizzare strutture e servizi assistenziali adeguati; dall'altro, il diritto non può essere assicurato senza limiti giacché, pur dovendosi garantire un nucleo irrinunciabile, esso è **condizionato** dall'attuazione che ne fa il legislatore [1].

In ragione della sua natura fondamentale il diritto **spetta a tutti** (sentt. Corte cost. 252/2001, 432/2005).

Il diritto alla salute contiene, come detto, le pretese alla prevenzione e alla cura. La garanzia di tali pretese è il motivo dell'istituzione del sistema sanitario nazionale (SSN) con la l. 833/1978, al quale possono rivolgersi tutti, non solo i cittadini. Proprio perché trattasi di un diritto 'condizionato', è possibile che sia richiesto il pagamento di un corrispettivo per la prestazione sanitaria, restando ferma la gratuità per gli indigenti secondo quanto prescrive la Costituzione. Naturalmente il termine 'indigente', in questo caso, va interpretato in senso relativo: vi sono interventi chirurgici che neppure una persona di medio benessere potrebbe affrontare dal punto di vista finanziario. Quindi va inteso come indigenza medica.

Il diritto ad essere curato ha subìto differenti declinazioni legislative nel periodo repubblicano: dopo un primo periodo di continuità con l'esperienza prerepubblicana in cui il primo comma è stato interpretato in maniera molto restrittiva, il legislatore si è orientato a garantire le cure gratuite nella maniera più estesa possibile (fine anni Settanta). Verso la fine del secolo scorso l'area della gratuità è tornata a restringersi. Anche la Corte costituzionale ha inteso il diritto ad essere curati come un diritto subordinato agli strumenti, ai tempi e ai modi di attuazione della tutela da parte del legislatore ordinario (sent. 455/1990). Un principio centrale nell'ambito del diritto alle cure è il **consenso informato** per cui, in relazione a qualsiasi cura la persona debba essere sottoposta, è necessario il suo consenso.

Dall'art. 32, in collegamento con l'art. 2, viene fatto discendere anche il **diritto alla vita**. Tale diritto spetta sicuramente anche al concepito, nella consapevolezza,

---

[1] Non è invece rimesso alla discrezionalità del legislatore il merito delle scelte terapeutiche, dovendosi prevedere l'elaborazione di indirizzi fondati sulla verifica dello stato delle conoscenze scientifiche e delle evidenze sperimentali acquisite (sul punto cfr. le sent. 282/2002 e 274/2014 relativo al caso Stamina).

tuttavia, che tale diritto va bilanciato con il diritto alla salute della madre (da qui il diritto all'interruzione della gravidanza di cui all'art. 4 l. 194/1978). La l. 40/2004 ha poi ulteriormente declinato (male!) questo diritto in relazione all'embrione.

In alcuni casi – si pensi ad epidemie – il trattamento sanitario deve essere imposto. Per quanto la ponderazione tra dimensione collettiva e dimensione individuale del diritto alla salute si risolva a favore di quest'ultima (sent. 356/1991), la salute è anche interesse della collettività (altrimenti perché imporre il divieto di fumo nei locali pubblici o il casco ai motociclisiti e le cinture di sicurezza agli automobilisti?). Perché l'obbligo al trattamento sanitario sia legittimo, la Costituzione richiede che esso sia previsto dalla legge. Il trattamento sanitario può essere imposto solo per esigenze di tutela della salute pubblica, non anche per motivi di salute personale[2]; non deve incidere negativamente sullo stato di salute di chi è obbligato (nei limiti della normale tollerabilità); e infine, in caso di danno ulteriore, deve essere prevista un'equa indennità a favore del danneggiato (sentt. Corte cost. 307/1990; 258/1994). Siamo quindi di fronte a una **riserva di legge rinforzata**, anche se **relativa**, orientata al rispetto della persona umana.

Le **vaccinazioni obbligatorie** trovano il proprio fondamento costituzionale nei trattamenti sanitari obbligatori previsti dal secondo comma. Di recente la l. 119/2017 (di conversione del d.l. 73/2017) ha previsto sei vaccinazioni obbligatorie e gratuite per i minori (da zero a sedici anni) e altre quattro, sempre obbligatorie e gratuite, nei confronti dei medesimi soggetti, sulle quali il Ministero della Salute si riserva una successiva valutazione epidemiologica. È prevista una sanzione pecuniaria nel caso di mancata sottoposizione alle vaccinazioni in questione. La documentazione attestante la sottoposizione del minore al trattamento è requisito d'accesso alle scuole dell'infanzia, non anche per i gradi d'istruzione superiori (art. 3).

Le vaccinazioni obbligatorie implicano quindi un bilanciamento tra vari principi e interessi: la tutela della salute individuale e collettiva, l'autodeterminazione individuale, l'interesse del minore che va perseguito anche facendo leva sul dovere dei genitori di adottare idonee condotte per proteggere la salute dei figli. Si aprono così spazi per il legislatore al fine di graduare le scelte concrete attraverso cui assicurare la prevenzione (così sent. Corte cost. 35/2018).

La questione si è riproposta, con maggiore intensità, nel contrasto all'emergenza pandemica da Covid-19, fronteggiato con l'obbligo vaccinale nei confronti delle persone con età superiore ai cinquant'anni e di alcune categorie di lavoratori, quali gli esercenti le professioni sanitarie, gli operatori di interesse sanitario, il personale della scuola e del comparto sicurezza, difesa e soccorso pubblico, della

[2] Da ciò discende la decisione giudiziaria che ha dichiarato illegittima l'alimentazione forzata nei confronti di chi sceglie lo sciopero della fame (Tribunale di Padova, 10.1.83, in *Foro italiano*, 1983, II, 235; ma in senso diverso cfr. Corte EDU, 26 marzo 2013, 73175/10, *Rappaz c. Svizzera*).

polizia locale, degli organismi del sistema di informazione per la sicurezza della Repubblica e degli istituti penitenziari, delle università, delle istituzioni di alta formazione artistica, musicale e coreutica e degli istituti tecnici superiori[3]. La Corte costituzionale ha dichiarato inammissibili i conflitti di attribuzione proposti dai parlamentari che chiedevano di essere sottratti all'obbligo vaccinale (ordd. 255, 256, 66, 67/2021).

Il diritto alla salute contempla il **diritto di rifiutare trattamenti medici,** anche se essenziali per la vita del paziente. Tale diritto, concretamente declinato oggi dall'art. 1 l. 219/2017, trova fondamento nel secondo comma dell'articolo.

La l. 219/2017 attribuisce a tutti il diritto di rifiutare, dopo essere stato messo in grado di esprimere il proprio consenso informato, qualsiasi accertamento diagnostico o trattamento sanitario. La legge fa rientrare nei trattamenti sanitari la nutrizione e l'idratazione artificiali. Se il paziente esprime il proprio rifiuto verso trattamenti sanitari necessari alla sopravvivenza, il medico deve limitarsi ad informare il paziente e, se questi acconsente, la famiglia delle conseguenze e delle alternative possibili. Il medico è quindi obbligato a rispettare la volontà del paziente e viene conseguentemente esentato da ogni responsabilità civile o penale.

Notevoli sono stati i contrasti in relazione alle persone appartenenti alla confessione religiosa dei Testimoni di Geova che rifiutano le trasfusioni di sangue: la giurisprudenza ha riconosciuto la prevalenza del diritto dei Testimoni, tranne quando la decisione è assunta per conto dei figli (da ultimo Corte cass. 4211/2017, ma le prime sentenze della Corte di cassazione risalgono al 1988).

Correlata è anche la questione del c.d. testamento biologico, ovvero delle **dichiarazioni anticipate sul fine vita** per le ipotesi in cui il dichiarante non sia più in grado di esprimere il consenso agli interventi terapeutici diretti a mantenerlo in vita. Il c.d. accanimento terapeutico ha vissuto una vicenda tragica ed emblematica legata al nome di Eluana Englaro: la Corte di cassazione, alla fine di una complessa storia giudiziaria, autorizzò l'interruzione del trattamento sanitario in presenza di una situazione vegetativa irreversibile e di certezze relative alle convinzioni etiche della paziente che giustificavano l'interruzione stessa.

L'art. 4 l. 219/2017 permette oggi, ad ogni persona maggiorenne e capace d'intendere e di volere, di esprimere le proprie volontà in materia di trattamenti sanitari, accertamenti diagnostici, scelte terapeutiche e singoli trattamenti sanitari, nella previsione di una eventuale futura incapacità di autodeterminarsi.

Sempre collegata alla libertà di cura è la questione del c.d. suicidio assistito, venuta alla ribalta con la vicenda legata al nome di Marco Cappato, accusato di aver agevolato il proposito di suicidio di una persona gravemente ammalata e incapace di procedere da sola all'atto suicidario. Con ord. 207/2018 la Corte ha assegnato al legislatore un termine di un anno affinché provvedesse a disciplinare in

[3] Cfr., nell'ordine, art. 1 d.l. 1/2022; art. 4 d.l. 44/2021, conv. con mod. nella l. 71/2021; art. 2 d.l. 172/2021, conv. con mod. nella l. 3/2022; art. 2 d.l. 1/2022.

maniera compiuta la fattispecie. Scaduto inutilmente il termine, la Corte ha dichiarato l'illegittimità costituzionale del reato di aiuto al suicidio, previsto dall'art. 580 c.p., nella parte in cui non esclude la punibilità di chi agevola il proposito di suicidio[4].

L'art. 5 c.c. vieta gli atti di disposizione del corpo che cagionano diminuzione permanente all'integrità fisica. Da qui origina il divieto di commercio degli organi: divieto derogato nel caso della donazione in nome del principio di solidarietà. La vigenza del divieto del commercio di organi renderebbe improponibile anche la sterilizzazione dei responsabili di alcuni crimini (pratica realizzata in altri ordinamenti). Il divieto in esame non ha impedito l'adozione della l. 91/1999 che permette il prelievo di tessuti e organi da cadaveri (il divieto di espianto deve essere sottoscritto in vita con espressa dichiarazione).

Si è posta frequentemente la questione del **rapporto tra la disposizione in esame e la libertà personale di cui all'art. 13**. Il punto di incrocio è, in qualche modo, il corpo. Infatti, nel caso di accertamenti diretti alla ricerca della prova di un reato o a garantire la difesa sociale, entrano in gioco le garanzie offerte dall'art. 13, che sono più rigide rispetto a quelle apprestate dall'art. 32; nel caso del trattamento sanitario, invece, le garanzie sono minori, perché non è prevista la riserva di giurisdizione. Il punto di intersezione è che in entrambi i casi finisce per esservi una limitazione della libertà personale. Di conseguenza, se la limitazione della libertà interviene per finalità sanitarie, il regime giuridico sarà quello previsto dall'art. 32; se invece il trattamento, che incide sulla libertà personale, è disposto per finalità che non sono sanitarie (ad esempio, si pensi ai trattamenti coercitivi nei confronti di malati di mente), esso va disposto ai sensi dell'art. 13, quindi con provvedimento dell'autorità giudiziaria.

## 2. *Il diritto allo studio (art. 34)*

Il diritto allo studio, garantito dall'art. 34, implica sia la libertà di studiare secondo le proprie attitudini sia la predisposizione da parte dello Stato degli strumenti diretti a tal fine.

La natura di questo diritto presenta elementi del diritto di libertà e del diritto sociale. Prevalente appare tuttavia la natura sociale del diritto, e quindi la pretesa a ricevere dallo Stato e dalle istituzioni pubbliche determinate prestazioni.

---

[4] Sent. 219/2017, dove la Corte, in considerazione della peculiarità del caso e per evitare di sostituirsi al legislatore, precisa che l'illegittimità costituzionale del reato di aiuto al suicidio è limitata all'ipotesi in cui il proposito di suicidio si sia formato autonomamente e liberamente, in una persona tenuta in vita da trattamenti di sostegno vitale e affetta da una patologia irreversibile, fonte di sofferenze fisiche o psicologiche intollerabili, pienamente capace di assumere decisioni consapevoli, a condizione che le modalità di esecuzione dell'atto suicidario siano state verificate da una struttura pubblica del servizio sanitario nazionale, previo parere del Comitato etico territorialmente competente.

L'art. 34 prevede un periodo di istruzione minimo, cioè l'obbligo di acquisire un minimo di istruzione. Quest'obbligo, per gran parte dell'esperienza repubblicana, è stato declinato come mero obbligo di frequenza (l. 1859/1962). L'orientamento muta solo alla fine del secolo scorso (l. 9/1999 e l. 30/2000). L'istruzione obbligatoria è impartita oggi per almeno dieci anni e riguarda gli individui compresi tra i 6 e i 16 anni. L'obbligo è finalizzato al conseguimento di un titolo di studio di scuola secondaria superiore ovvero di una qualifica professionale di durata almeno triennale entro il compimento dei 18 anni (l. 296/2006). L'istruzione obbligatoria, come prescrive l'art. 34, è gratuita e aperta a tutti (Pototschnig, 1967, 98). La disposizione è stata intesa nel senso che lo Stato sia obbligato a predisporre la struttura amministrativa necessaria (aule, locali attrezzati, insegnanti), non anche come obbligo di raggiungere il fine della formazione della persona. Anche la Corte costituzionale è andata in questa direzione interpretativa (sentt. 7/1967, 106/1968, 125/1975, 173/1983; in senso diverso sent. 215/1987).
La legge delega 53/2003 ha poi esteso la formazione minima almeno a 12 anni e comunque fino al conseguimento di un titolo entro i 18 anni (obbligo formativo). La delega, per questa parte, è stata attuata dal d.lgs. 76/2005.

Ai **capaci e meritevoli**, privi dei mezzi economici, la disposizione riconosce il diritto a proseguire gli studi oltre l'obbligo scolastico. L'effettività di questo diritto è garantito dalla Repubblica attraverso borse di studio, provvidenze e assegni alle famiglie che sono assegnate per concorso. Nel periodo dell'istruzione obbligatoria il principio è quello dell'universalismo; nel periodo dell'istruzione superiore il principio è la selezione per merito.

È in questa diversità che può giustificarsi la possibilità di limitare l'accesso agli studi universitari attraverso il c.d. **numero chiuso**. La giurisprudenza ha sostanzialmente ritenuto legittimo questo *modus operandi*, a condizione che sia la legge a prevedere la limitazione. La Corte costituzionale ha confermato tale indirizzo (sent. 383/1998).

## 3. *Il diritto all'assistenza e alla previdenza sociale (art. 38)*

L'art. 38, che mira all'obiettivo della sicurezza sociale, rappresenta un'ulteriore concretizzazione della natura sociale della Repubblica. La disposizione si pone in diretto collegamento con la seconda parte dell'art. 2, oltre che con l'art. 3.2.

I primi due commi si occupano di oggetti differenti. Il primo comma riguarda l'**assistenza sociale**, che, a sua volta, si riferisce ai cittadini inabili al lavoro e sprovvisti di mezzi per vivere; da esso deriva la pretesa a ricevere una serie di prestazioni sanitarie, sociali ed economiche da parte delle istituzioni pubbliche, dirette ad assicurare le esigenze vitali di quegli individui privi di mezzi economici per il minimo necessario. Il destinatario della disposizione è lo Stato, chiamato a farsi interamente carico della sicurezza sociale. Gli istituti che si richiamano a questa funzione statale sono, in particolare, la pensione sociale (ora assegno sociale), introdotto nel 1969, gli assegni di invalidità, di accompagnamento ecc.

Il secondo comma, che ha come destinatari principali i lavoratori, si occupa della **previdenza sociale**: ai lavoratori la disposizione intende garantire la pretesa a ricevere determinate prestazioni di natura soprattutto economica, in presenza di determinate situazione di necessità (malattia, infortunio, perdita del lavoro, invalidità) o, al termine della vita lavorativa, la possibilità di disporre dei mezzi necessari alla sussistenza (e quindi con pensioni di anzianità e di vecchiaia).

A differenza dell'assistenza sociale, le prestazioni relative alla previdenza sociale sono finanziate dal contributo dei lavoratori (**carattere mutualistico**). Il sistema di finanziamento è però fortemente dipendente dalla situazione di finanza pubblica; ciò spiega i mutamenti legislativi intervenuti nel corso del tempo. In grandi linee l'originario **sistema contributivo**, per cui la pensione del lavoratore è determinata in base ai contributi versati dal lavoratore medesimo, fu abbandonato nel 1968 con il d.P.R. 468, con il quale si scelse il **sistema retributivo**. Questo diverso modello tende ad assicurare al pensionato, almeno tendenzialmente, il reddito percepito negli ultimi anni della sua vita lavorativa. La fase espansiva dell'economia italiana permise l'adozione di ulteriori istituti diretti a migliorare la posizione del lavoratore al momento dell'uscita dal mercato del lavoro: in questa direzione andavano l'adeguamento automatico delle pensioni al costo della vita (l. 153/1969); il trattamento minimo garantito (l. 218/1959); l'integrazione al minimo delle pensioni (a carico di un fondo sociale creato col bilancio dello Stato).

Il mutamento del ciclo economico in senso recessivo ha determinato forti cambiamenti, indotti anche da scelte provenienti dalle istituzioni dell'UE. Il *Patto di stabilità e crescita* del 1997, ponendo un vincolo alle scelte di bilancio, ha sicuramente condizionato la discrezionalità del legislatore nel settore previdenziale; la recente modifica costituzionale dell'art. 81, intervenuta con l. cost. 1/2012, ha ulteriormente vincolato le scelte di politica economica del Parlamento italiano. In questo contesto si spiegano le riforme introdotte con l. 335/1995 e poi con l. 449/1997 (c.d. riforme Dini), con le quali si è tornati al sistema contributivo. La materia è stata oggetto di un ulteriore intervento con l'art. 24 d.l. 201/2011, conv. in l. 214/2011 (c.d. legge Fornero). Da ultimo il d.l. 4/2019, conv. in l. 26/2019, ha introdotto ulteriori facilitazioni per accedere alla pensione, fondata sui due seguenti requisiti: avere almeno 62 anni e un'anzianità contributiva di almeno 38 anni (c.d. quota 100).

L'art. 38.4. stabilisce che i compiti relativi alla sicurezza sociale siano affidati ad alcuni enti istituiti dallo Stato. Tra questi si ricordano in particolare l'INPS (istituto nazionale della previdenza sociale), che assicura le pensioni, le assicurazioni sociali (disoccupazione, maternità), gli assegni per il nucleo familiare, il fondo per le pensioni sociali, la cassa integrazione guadagni; l'INAIL (istituto nazionale per l'assicurazione contro gli infortuni sul lavoro), che assicura cure mediche e di riabilitazioni.

La libertà di **assistenza privata** è garantita dall'ultimo comma. In essa vi rientrano i fondi-pensione, che possono essere aperti o chiusi (a seconda che siano ammessi anche i non lavoratori del settore) (d.lgs. 124/1993, modificato da d.lgs. 47/2005 e poi 252/2005). Lo sviluppo dei fondi-pensione ha portato all'istituzionalizzazione della Commissione di vigilanza sui fondi pensione (COVIP), anche a tutela del risparmio (art. 47).

La riforma costituzionale del 2001 ha inciso particolarmente sulla materia in esame. La previdenza sociale è stata infatti attribuita alla competenza esclusiva dello Stato (art. 117.2.o); la previdenza complementare ed integrativa è stata attribuita alla competenza concorrente; l'assistenza sociale, non essendo nominata, dovrebbe rientrare nella competenza residuale, restando però ferma la competenza esclusiva dello Stato di cui alla lett. m) dell'art. 117.2.

CAPITOLO XXIII

# I DIRITTI FONDAMENTALI COLLEGATI AL PRINCIPIO LAVORISTICO



Alla base del principio lavoristico, lo abbiamo visto nel cap. IV.7, vi è l'art. 4, letto insieme all'art. 1. Esso trova concretizzazione nel Titolo III dedicato ai 'Rapporti economici'.

È anche questa la ragione per la quale all'interno del principio lavoristico tratteremo non solo delle disposizioni specificamente dedicate alla tutela del lavoro, vale a dire gli artt. 35, 36, 37, 39 e 40, ma anche di quelle dirette a garantire la libertà d'impresa (art. 41) e la proprietà privata (e pubblica) nonché le rispettive forme di espropriazione (artt. 42, 43, 44) e le altre forme di attività lavorativa e di utilizzazione dei frutti del lavoro (artt. 45-47).

Questa pluralità di oggetti, centrali nella configurazione della forma di Stato, porta alcuni studiosi ad accentuare le disposizioni sul lavoro che contribuiscono a dar forma allo Stato sociale e altri a ritenere che il Titolo III sia il cuore della costituzione economica italiana (ammesso che questa nozione abbia un suo concreto significato). Indubbiamente in molti degli articoli del Titolo III le anime politiche presenti in Assemblea costituente – quella più orientata all'economia di mercato e quella di ispirazione marxiana – emergono con massima evidenza. Emblematico in questo senso è l'art. 41, che apre con l'affermazione della libertà dell'iniziativa economica privata e chiude con la previsione di programmi e controlli sull'attività economica. Tenendo presente la profonda consapevolezza che i Costituenti avevano dei conflitti sociali ed economici caratterizzanti l'economia di mercato, il filo rosso dell'intero Titolo è il lavoro, declinato sia sul versante dei prestatori di lavoro (lavoratori) che su quello dei datori di lavoro (imprenditori). L'Assemblea costituente, ben conoscendo gli squilibri che l'economia capitalistica aveva prodotto ed è in grado di produrre a danno delle parti più deboli del rapporto di lavoro, qualifica come libera l'attività d'impresa e riconosce la proprietà privata ma, allo stesso tempo, le circonda di limiti molto ampi e generali a tutela non solo dell'utilità sociale e della funzione sociale (utilità e funzione sono i termini adoperati negli artt. 41 e 42) ma anche della sicurezza, della libertà e della dignità umana. In maniera efficace è stato osservato che la Costituzione, in questa parte, avrebbe raggruppato gli individui in due grandi categorie: individui in posizione di privilegio economico e individui in posizione di soggezione economica (Lavagna, 1953, 38-9).

La scelta dell'Assemblea costituente di tenere tutta questa complessità all'interno di un unico Titolo va dunque valorizzata. Sulla scia di questa precisa direttiva costituzionale riteniamo opportuno fornire una trattazione unitaria del Titolo III.

## 1. *La tutela del lavoro (art. 35)*

Nello statuire che la Repubblica tutela il lavoro in tutte le sue forme e applicazioni, la disposizione pone un obbligo di tutela in capo alla Repubblica, quindi a tutti soggetti dello Stato-ordinamento. Siamo di fronte a una **norma di scopo**. La tutela avviene sia attraverso misure dirette a favore del lavoro sia attraverso i limiti posti all'iniziativa economica privata.

Nonostante l'ampia formulazione (il lavoro in tutte le sue forme ed applicazioni), si ritiene che la disposizione in questione abbia come ambito di applicazione soprattutto il **lavoro dipendente e autonomo**, trovando il lavoro imprenditoriale la sua fonte di disciplina nell'art. 41. In altri termini, la disposizione mira alla tutela delle parti deboli del rapporto di lavoro. Proprio per questo si pone oggi la questione di quali nuove forme di lavoro (si pensi ai lavoratori parasubordinati oppure ai lavoratori solo formalmente autonomi ma sforniti di effettiva autonomia economica) trovino oggi tutela all'interno dell'art. 35. In ragione dell'ampiezza dell'ambito di applicazione, è possibile che le diverse forme di lavoro trovino discipline differenziate a seconda della natura delle prestazioni lavorative.

La tutela deve essere apprestata non solo nei confronti dei lavoratori cittadini ma di tutti i lavoratori.

Anche il secondo comma pone una norma di scopo, la **formazione professionale**, che consiste nella capacità di svolgere attività lavorativa applicata alla produzione di beni e servizi. Tale capacità è oggetto di apprendimento, sicché, a tal fine, sono preordinate l'istruzione scolastica e quella professionale.

Quanto alla promozione degli accordi internazionali a tutela del lavoro, si rinvia in particolare all'attività dell'Organizzazione internazionale del lavoro (ILO, un'agenzia delle Nazioni Unite), che opera attraverso convenzioni e raccomandazioni.

La **libertà di emigrazione** rientra nella libertà di espatrio di cui all'art. 16, anche se in questo caso il motivo dell'espatrio è legato a finalità di lavoro. In questa libertà, quindi, si concentrano sia le garanzie del diritto al lavoro sia quelle della libertà di circolazione.

La legge può stabilire limiti a tale libertà a tutela dell'interesse generale alla protezione del lavoro nei paesi stranieri (Barile, 1984, 178; D. Bifulco, 2006, 734). In proposito vi è chi ha distinto tra emigrazione libera e regolata: nel primo caso l'emigrazione avviene al di fuori di accordi con lo Stato ospitante, con la conseguenza che l'emigrante avrebbe la stessa libertà di cui gode il cittadino che non emigra ma si limita all'espatrio; nel secondo caso, l'emigrazione si inquadrerebbe all'interno di accordi tra l'Italia e lo Stato ospitante, con la conseguenza che lo Stato italiano potrebbe imporre l'adempimento di obblighi speciali. La tesi, però, non pare confortata dalla sent. 26/1957 della Corte costituzionale, la quale, rigettando la questione di legittimità costituzionale relativa all'art. 4 l. 1278/1930, ha ammesso limitazioni aggiuntive.

Nella cornice del diritto dell'UE la libertà in questione assume nuova linfa dalla libertà di stabilimento, che garantisce al cittadino europeo il diritto di svolgere senza restrizione, in qualsiasi Stato membro, attività lavorative.

Quanto alla **tutela del lavoro italiano all'estero**, essa è garantita in particolare dall'attività diplomatica e consolare e dal principio per cui ai lavoratori italiani all'estero va assicurato lo stesso trattamento previsto per i lavoratori sul territorio nazionale (si pensi all'obbligo di assicurazioni sociali per i lavoratori presso aziende italiane operanti all'estero oppure all'attività dei patronati a favore dei lavoratori italiani residenti o attivi all'estero). Questo obbligo dovrebbe anche rendere illegittimi norme o comportamenti diretti a disincentivare il lavoro italiano all'estero.

## 2. *I principi del rapporto di lavoro (art. 36)*

La disposizione si occupa della **retribuzione del lavoratore**, che è regolata da due criteri: quello economico, nella parte in cui si stabilisce che la retribuzione è proporzionata alla quantità e alla qualità della prestazione, e quello di giustizia, nella parte in cui si dice che la retribuzione deve essere sufficiente. La norma così prevista ha natura immediatamente precettiva: il diritto assicurato al lavoratore è immediatamente azionabile nei confronti del datore di lavoro. I principi stabiliti dal primo comma valgono anche per il trattamento di quiescenza, che interviene alla fine del rapporto di lavoro e che costituisce una retribuzione differita.

La disposizione si collega strettamente all'art. 39 e al sistema di autonomia collettiva in esso previsto. In forza di tale autonomia i sindacati stipulano contratti collettivi, le cui disposizioni non possono essere derogate dai contratti individuali stipulati dal lavoratore iscritto al sindacato. Tuttavia è noto che il sistema previsto dall'art. 39 – basato sulla sequenza: registrazione del sindacato, conseguente acquisizione della personalità giuridica, stipula di contratti collettivi con efficacia obbligatoria per tutti gli appartenenti alla categoria – è rimasto inattuato. Tra i molti problemi derivanti da tale inattuazione vi è quello relativo all'efficacia del contratto collettivo (stipulato, quindi, da sindacati privi delle caratteristiche previste dall'art. 39) nei confronti del lavoratore non iscritto. Il problema è stato risolto prima con la recezione tramite legge dei contratti collettivi prevista dalla l. 741/1959; poi, in via pretoria, attraverso l'interpretazione estensiva dell'art. 2099 c.c., che determina l'entità della retribuzione sulla base di quanto stabilito per gli iscritti ai sindacati.

Di recente sono stati adottati atti che hanno sollevato perplessità di ordine costituzionale. Tra questi l'art. 8 d.l. 138/2011 che consente alla c.d. contrattazione di prossimità (una contrattazione su scala non nazionale) di porre norme in deroga ai contratti collettivi e alle leggi (in particolare al c.d. Statuto dei lavoratori). Con sent. 221/2012 la Corte costituzionale ha tuttavia respinto i dubbi di costituzionalità. Tra il 2014 e il 2015 una complessa riforma in materia di lavoro ha poi preso forma con l'evocativo titolo di *Jobs Act*. Essa è stata predisposta con il d.l. 34/2014 e con la legge delega 183/2014, cui ha fatto seguito un nutrito numero di decreti legislativi attuativi: 22/2015, 23/2015, 80/2015, 81/2015, 148/2015, 149/2015, 150/2015 e 151/2015.

Per i dipendenti pubblici si prevede un diverso sistema di contrattazione collettiva, in cui è la legge a disciplinare sia le rappresentanze sindacali sia i procedimenti di contrattazione collettiva.

Il secondo e terzo comma si occupano **della durata massima della giornata lavorativa e del riposo settimanale**. Con riguardo al primo aspetto, la legge può stabilire limiti differenti a seconda del tipo di lavoro.

In tema di riposo settimanale e di ferie il Costituente non ha posto una riserva di legge, sicché la materia può essere regolata anche dai contratti collettivi o da altre fonti. Il diritto soggettivo così garantito al lavoratore è espressamente dichiarato irrinunciabile. Non è assicurata la coincidenza del riposo settimanale con il giorno festivo della cristianità, la domenica, che l'art. 2109 c.c. fa coincidere, di regola, col giorno di riposo settimanale.

## 3. *La donna e i minori (art. 37)*

La disposizione in esame ha rappresentato un elemento di grande progresso per la c.d. **parità di genere**. Se, per un verso, la disposizione è stata oggetto di critiche nella prospettiva femminista che ha ravvisato nella disposizione, nella parte in cui si assegna alla donna un'essenziale funzione familiare, una sorta di limitazione alla personalità della donna, per altro verso la disposizione assume una portata molto innovativa se si considera il contesto in cui nacque, fortemente limitativo della personalità femminile, e l'intento di protezione che essa intende perseguire (Pezzini, 2017, 48 ss.).

Va inoltre segnalata la giurisprudenza costituzionale che ha esteso al padre lavoratore le garanzie offerte dalla legge alla madre lavoratrice: ciò ha fatto estendendo il diritto all'astensione dal lavoro e ai riposi giornalieri se l'assistenza della madre è divenuta impossibile (sent. 1/1987) oppure se la madre è consenziente (sent. 179/1993) e inoltre permettendo al padre di ricevere l'indennità di maternità, in alternativa alla madre (sent. 385/2005).

Nella parte in cui si rivolge ai minori la disposizione intende vietare forme di sfruttamento del lavoro minorile. La Repubblica ha conseguito questo obiettivo stabilendo innanzitutto una durata minima dell'istruzione obbligatoria (l'art. 34 la fissa in otto anni). La l. 296/2006 ha esteso il periodo di istruzione obbligatoria a dieci anni, in modo da facilitare il conseguimento di un titolo di scuola secondaria o di una qualifica professionale di durata almeno triennale entro i 18 anni. La l. 977/1967 è dedicata alla tutela del lavoro minorile.

Sul punto va ricordato che la direttiva 94/33/CE ha stabilito che l'età minima per l'impiego deve coincidere con quella in cui cessano gli obblighi scolastici. La citata l. 296/2006 ha fissato a 16 anni questa età minima.

## 4. *La libertà di associazione sindacale (art. 39)*

Tale libertà non era prevista nello Statuto albertino.

L'art. 11 CEDU, nell'ambito del diritto di associazione, riconosce la libertà di partecipare alla costituzione di sindacati e di aderirvi; l'art. 28 CDFUE prevede il diritto di negoziazione e di azioni collettive, nonché il diritto di sciopero.

La libertà in esame rientra nell'ambito della più generale libertà di associazione. Per la rilevanza dell'oggetto l'Assemblea costituente ritenne di dedicare ad essa un'apposita disposizione. Provenendo dall'esperienza totalitaria, in cui tale libertà era stata di fatto azzerata, il Costituente non solo l'ha prevista ma a tale libertà ha dato un'espressione plurale poiché si ragiona espressamente di sindacati (al plurale, come accade anche per i partiti politici) (Giugni, 1979, 288).

Con la libertà di associazione sindacale o libertà sindacale, che concerne soggetti posti nella medesima situazione lavorativa o professionale, si attribuisce loro sia la libertà di costituire l'associazione, sia quella di aderirvi sia quella di non aderirvi. L'associazione ha il fine di curare gli interessi degli aderenti considerati come componenti della medesima categoria lavorativa o professionale.

Con lo **Statuto dei lavoratori** (l. 300/1970) è stata attribuita ai singoli lavoratori e alle organizzazioni sindacali una serie di garanzie all'interno dei luoghi di lavoro, punendo in particolare le eventuali attività antisindacali del datore di lavoro. La libertà sindacale **spetta a tutti i lavoratori**. La Corte costituzionale ha esteso la libertà in parola anche ai datori di lavoro (sent. 1/1960). Non sono tuttavia ammessi sindacati misti (lavoratori-datori) né sindacati di lavoratori organizzati dai datori di lavoro (c.d. sindacati gialli).

Dal punto di vista soggettivo sussistono tuttavia alcuni **limiti** relativi in particolare: a) ai militari di carriera, in base a quanto dispone la l. 382/1978, non ritenuta incostituzionale dalla Corte costituzionale in ragione della neutralità delle Forze armate (sent. 449/1999); b) alle forze di polizia: la l. 121/1981 consente l'esistenza di sindacati, a condizione che siano di categoria e non abbiano legami con altre organizzazioni sindacali presenti nel mondo del lavoro.

La libertà sindacale entra ovviamente in bilanciamento con altri principi legati alla distribuzione razionale delle risorse e al controllo della spesa, che oggi trovano particolare riconoscimento nell'art. 81, per come riformato nel 2012. Nel corso della recente e prolungata crisi economico-finanziaria la libertà in esame ha subito una vera e propria sospensione ad opera di alcuni provvedimenti legislativi (in particolare con il d.l. 98/2011). Con la sent. 178/2015 la Corte ha dichiarato costituzionalmente illegittima tale sospensione legislativa.

I commi successivi al primo sono rimasti inattuati per volontà dei sindacati, che hanno visto con sospetto ogni intervento legislativo diretto ad attuare questa parte della Costituzione. A somiglianza di quanto è accaduto con riguardo ai partiti politici, anche i sindacati hanno preferito non sottoporsi all'obbligo della registrazione che avrebbe potuto implicare forme di controllo sulla propria organizzazione. Si noti, infatti, che il terzo comma sottopone la registrazione alla condizione della democraticità dell'ordinamento interno. Mancando la registrazione e il conseguente riconoscimento della personalità giuridica, i sindacati sono da considerare come **associazioni di fatto**, non riconosciute.

La mancata attuazione ha comportato l'insorgere di due connessi problemi. Il primo ha riguardato la rappresentatività dei sindacati, vale a dire, in concreto, la determinazione dei criteri da adottare per individuare i soggetti che si confrontano col datore di lavoro ai fini della contrattazione collettiva nazionale e aziendale. Il secondo problema, derivante dalla inattuazione dell'art. 39, riguarda la mancanza del fondamento costituzionale dei contratti collettivi, disciplinato nell'ultimo comma. La disposizione mirava a garantire una parità di trattamento minima tra i lavoratori. Sul punto si rinvia a quanto detto a proposito dell'art. 36.

## 5. *Il diritto di sciopero (art. 40)*

Lo sciopero non era ovviamente previsto nello Statuto albertino. La CEDU non vi fa espresso riferimento, anche se la Corte di Strasburgo, negli anni più recenti, ha sostanzialmente ricavato dalla disposizione sulla libertà di associazione anche la tutela dello sciopero. Esso è invece previsto, come abbiamo già osservato, all'art. 28 CDFUE. La Corte di giustizia, nel bilanciare il diritto in questione con il principio di concorrenza e con la libertà d'iniziativa economica privata, ha favorito questi ultimi (cfr. sentt. CG, 11.12.2007, C-348/05, *Viking*; 18.12.2007, C-341/05, *Laval*; 3.4.2008, C-346/06, *Ruffert*).

L'articolo in commento qualifica lo sciopero come diritto soggettivo. La qualificazione è rilevante giacché, in sua assenza, lo sciopero potrebbe avere conseguenze negative dal punto di vista civile e amministrativo. Lo sciopero consiste nell'astensione collettiva dal lavoro di un gruppo di lavoratori, al fine di difendere interessi economico-professionali della categoria, senza che ciò si traduca in una violazione del contratto di lavoro (quindi non è qualificabile come sciopero l'astensione del singolo lavoratore). In conseguenza di ciò, il datore di lavoro è tenuto a tutte le obbligazioni, tranne la corresponsione della retribuzione per il periodo dell'astensione.

Appare quindi evidente che lo sciopero, dal punto di vista politico e sociale, rappresenta uno strumento di compensazione della situazione di debolezza dei lavoratori all'interno del sistema capitalistico. Si spiega così il mancato riconoscimento costituzionale della **serrata**, che è l'equivalente dello sciopero realizzato da parte del datore di lavoro (in verità la Corte ha riconosciuto la serrata come atto penalmente lecito, la cui disciplina è rimessa al legislatore ordinario; nulla esclude, quindi, che il legislatore possa sanzionarlo come illecito civile).

È anche evidente la natura di **diritto collettivo** dello sciopero (Sica, 1957, 96).

Il diritto di sciopero **spetta a tutti i lavoratori subordinati, pubblici e privati, nonché ai lavoratori autonomi**, se privi di dipendenti.

Per la disciplina dello sciopero la Costituzione rinvia direttamente alle leggi regolative. A lungo il diritto di sciopero è rimasto privo di una regolamentazione legislativa, intervenuta solo parzialmente con la l. 146/1990, che disciplina lo sciopero nel settore dei servizi pubblici.

La legge in questione ha individuato come servizi pubblici essenziali quelli diretti a garantire il godimento dei diritti della persona costituzionalmente tutelati alla vita, alla salute, alla libera circolazione. Per chi lavora in questi settori lo sciopero è quindi sottoposto a regole particolari. La violazione delle regole poste dalla legge comporta solo sanzioni disciplinari, non penali. Al fine di vigilare sulla corretta applicazione della legge, è stata istituita una **Commissione di garanzia** dell'attuazione della legge sullo sciopero.

Il diritto di sciopero va ovviamente esercitato nel rispetto di chi si astiene. Un limite ulteriore potrebbe essere costituito dalla finalità dello sciopero. Se lo sciopero serve a tutelare gli interessi economici dei lavoratori, ci si chiede allora se esso sia esercitabile anche ad altri fini (solidarietà, protesta, fini economici generali, politici). La Corte costituzionale ha dichiarato l'incostituzionalità del reato di sciopero politico (art. 503 c.p.) con sent. 290/1974, a condizione che l'astensione dal lavoro non sia diretta «a sovvertire l'ordinamento costituzionale ovvero ad impedire o ostacolare il libero esercizio dei poteri legittimi nei quali si esprime la volontà popolare» (la citazione è tratta dalla sent. 165/1983, che ha dichiarato la parziale illegittimità costituzionale dell'art. 504 c.p.). È corretto, in questo caso, parlare di una libertà di sciopero politico, avente rilevanza meramente penalistica (Pace, 2003, 168).

## 6. *La libertà d'iniziativa economica (art. 41)*

Il primo comma dell'art. 41 tutela, nella forma della libertà, l'iniziativa economica privata, che, secondo l'opinione maggioritaria, viene fatta consistere sostanzialmente nell'attività d'impresa (organizzazione dei fattori produttivi al fine della produzione e dello scambio di beni e servizi).

La disposizione è stata intesa in senso ampliativo, sostenendosi che essa garantirebbe una libertà dall'ambito applicativo molto più ampio, coincidente con il diritto individuale di libertà economica. Di conseguenza, nella libertà in esame rientra, sì, l'esercizio d'impresa, ma anche l'esercizio di una professione o di un lavoro subordinato. La Corte, sulla scia di autorevole dottrina, ha ritenuto che nella disposizione rientri anche l'autonomia negoziale (sent. 37/1969). La libertà in esame ne presuppone, a sua volta, altre (proprietà, libertà contrattuale).

L'art. 41 si articola nell'iniziativa economica (c. 1), nel suo svolgimento (c. 2) e nei programmi e controlli sull'attività economica (c. 3). A tale proposito va osservato che la Corte costituzionale stabilì che «la garanzia posta nel co. 1 nell'ambito circoscritto dai successivi due capoversi riguarda non soltanto la fase iniziale di scelta dell'attività, ma anche i successivi momenti del suo svolgimento» (sent. 30/1965). La statuizione è rilevante perché la dottrina si è divisa tra interpretazioni che distinguevano la decisione di investire a fini produttivi (vera e propria libertà, non coercibile, tutelata dal c. 1) dallo svolgimento dell'attività economica (previsto nel c. 2, sottoponibile ai limiti previsti in tale comma e ai programmi e controlli del c. 3) (Baldassarre, 1971, 592) e interpretazioni che stemperavano la distinzione tra i primi due commi dell'art. 41 (Spagnuolo Vigorita, 1959, 232). La posizione della Corte, per quanto risulta, è andata in questa seconda direzione.

La libertà **spetta a tutti** coloro che sono in grado di esercitarla.

Centrale nell'architettura dell'articolo è il tema dei **limiti**, previsti nei commi secondo e terzo. La fitta trama di limiti è stata spesso invocata a dimostrazione della minor tutela che la libertà in esame riceve dalla Costituzione. In ragione del loro carattere aperto e relativo, i limiti in questione hanno natura di concetti giuridici indeterminati.

Nel secondo comma sono contenuti soprattutto i c.d. **limiti negativi**. L'**utilità sociale** è concetto non facilmente definibile. Secondo alcuni il limite si riferisce ai bisogni fondamentali della persona (dall'abitazione alla salute alla tutela dell'ambiente), sicché ogni attività economica in contrasto con tali fini sarebbe vietata. In ogni caso, nella specificazione di questo limite, il legislatore non deve procedere in maniera arbitraria o incongrua (sent. 56/2015). Già sappiamo che il legislatore costituzionale, con la l. cost. 1/2022, ha inserito l'ambiente e la salute come limiti espressi all'attività economica (Cap. IV.12).

Ci si è chiesto poi se il principio di **concorrenza** possa intendersi come un ulteriore limite all'iniziativa economica. In effetti è vero che nulla garantisce che l'iniziativa economica si svolga in adesione al principio della concorrenza (si pensi alle figure economiche del monopolio o dell'oligopolio). Utilizzando lo spunto contenuto nella sent. 223/1982 della Corte costituzionale, la quale ha stabilito che la libertà di concorrenza integra la libertà d'iniziativa economica ed è diretta alla protezione della collettività perché la concorrenza d'imprenditori migliora la qualità e tiene bassi i costi, pare corretto individuare nella concorrenza un ulteriore limite all'iniziativa economica privata.

Il limite della **sicurezza** è normalmente inteso come sicurezza interna ai luoghi di lavoro, posta a difesa dei lavoratori, e come sicurezza esterna, posta a difesa generale delle persone e delle cose, mentre il limite della **libertà** implica che l'attività economica non deve compromettere i valori fondamentali della persona umana.

La **dignità umana** è infine riconducibile al principio di eguaglianza sicché può sostenersi che l'attività economica non può operare discriminazioni in base ai fattori elencati nell'art. 3.1.

Tutti questi limiti sono ritenuti oggetto di una riserva di legge implicita di tipo relativo, perché tale libertà si ricollega allo sviluppo della personalità umana solo indirettamente. In tal modo la libertà d'iniziativa economica, comprensiva anche della autonomia negoziale, finisce per subire frequenti limitazioni ad opera della legge. Le condizioni di legittimità di questi interventi legislativi restrittivi sono stati indicati dalla Corte costituzionale nel corso del tempo: finalizzazione dell'intervento alla realizzazione di uno dei limiti indicati dall'art. 41.2. e, quanto alle modalità dell'intervento, non arbitrarietà e congruità delle misure prescelte (sentt. 16/2017, 203/2016, 56/2015, 152/2010, 167/2009). Questa interpretazione dell'art. 41 ha contribuito a lasciare sullo sfondo l'idea di una funzionalizzazione dell'iniziativa economica ad obiettivi fissati dal legislatore operante come limite alla libertà.

L'art. 41.3. prevede **«programmi e controlli»** affinché l'attività economica possa essere «indirizzata e coordinata». La norma esprime il compromesso raggiunto in Assemblea costituente tra fautori dell'economia di mercato e sostenitori del modello economico socialista. Va ricordato che l'Assemblea costituente sostituì la parola 'piani' con quella di 'programmi' (frutto del c.d. emendamento Arata) proprio per escludere ogni ipotesi di pianificazione totalitaria. Anche su questa disposizione è intervenuta la l. cost. 1/2022, inserendo quello ambientale tra i fini cui può essere indirizzata l'attività economica (Cap. IV.12).

Mentre programmazioni di specifici settori dell'economia hanno preso forma concreta, l'unico tentativo di programmazione economica generale è stato messo in opera con la l. 685/1967, ribattezzata come 'libro dei sogni', in ragione della sua scarsa presa sulla realtà economica. Altro dibattito oramai superato ha riguardato la forza normativa da riconoscere alle leggi di piano (la Corte rispose negando una forza maggiore a tale tipo di atto legislativo: sent. 35/1961)

L'**Autorità garante della concorrenza e del mercato** è stata istituita con l. 287/1990. L'art. 1 collega la disciplina anticoncorrenziale alla libera iniziativa economica «in applicazione dell'art. 41 della Costituzione». In realtà la disciplina legislativa italiana corrisponde nella sostanza a quella posta dai trattati unionali (prima artt. 81-86 TUE e ora 101-106 TFUE).

L'Autorità, composta oggi da tre membri, svolge funzioni dirette a evitare intese, abusi di posizione dominante, concentrazioni illegittime tra imprese.

Con la l. cost. 3/2001 la **tutela della concorrenza** è stata attribuita alla potestà legislativa esclusiva dello Stato. Per fare della concorrenza un principio effettivo è poi stato previsto che, sulla base della relazione predisposta annualmente dall'Autorità Garante, il Governo presenti ogni anno al Parlamento una 'legge per il mercato e la concorrenza' (art. 47 l. 99/2009), diretta a rimuovere gli ostacoli alla sua attuazione.

All'Autorità sono stati assegnati anche poteri di segnalazione e consultivi al fine di realizzare una più efficace tutela della concorrenza (artt. 21 e 22 l. 287/1990); il d.l. 201/2011 ha anche introdotto l'art. 21-*bis*, che attribuisce all'Autorità il potere di agire in giudizio contro atti amministrativi generali, regolamenti e provvedimenti di qualsiasi amministrazione adottato in violazione delle norme a tutela della concorrenza. Infine, l'art. 22, modificato nel 2012, consente alla Presidenza del Consiglio dei ministri di chiedere pareri all'Autorità su leggi o regolamenti (soprattutto regionali) che, secondo la Presidenza, potrebbero porsi in contrasto con il principio di concorrenza.

## 7. *L'impresa collettivizzata (art. 43)*

Se l'art. 41 dà all'iniziativa economica la forma di libertà, l'art. 43 prevede la possibilità di sottrarre determinate attività economiche all'iniziativa economica privata. Non si rinvengono norme paragonabili nello Statuto albertino. Tuttavia la l. 851/1938 prevedeva la municipalizzazione di alcuni servizi pubblici.

La collettivizzazione dell'impresa può assumere la forma della **statalizzazione** (nel caso in cui le imprese siano riservate o trasferite allo Stato), della **nazionalizzazione** (nel caso in cui le imprese siano riservate o trasferite ad altri enti pubblici) e della **socializzazione** (nel caso in cui le imprese siano riservate o trasferite a comunità di lavoratori o utenti ovvero anche a cooperative di lavoro e di consumo.

La sottrazione si attua in due modi. Il primo consiste nella **riserva originaria**, che si traduce in un divieto ai privati e ai soggetti pubblici diversi dal beneficiario di operare in un determinato settore economico (monopolio legale). In questo caso non è dovuto un indennizzo perché si incide sulla libertà d'iniziativa economica, non sul diritto di proprietà. L'esempio più rilevante è dato dalla l. 136/1953, che riservò ad ENI la ricerca di giacimenti di idrocarburi in pianura padana.

Il secondo modo per collettivizzare è dato dal **procedimento di espropriazione**, con il quale si trasferisce la titolarità di beni economici strumentali da un soggetto ad un altro. In questo caso è dovuto indennizzo. L'esempio più rilevante è dato dalla l. 1463/1962, che ha trasferito ad ENEL le imprese del settore di produzione dell'energia elettrica (nazionalizzazione).

La collettivizzazione va disposta con legge (generale o *ad hoc*) e per fini di utilità generale. La decisione di sottrarre all'iniziativa economica privata determinate imprese può attuarsi solo su imprese che si riferiscano a **servizi pubblici essenziali**, a **fonti di energia**, a **situazioni di monopolio**. Si è discusso se le categorie di imprese individuate dall'art. 43 siano tre o quattro, in quest'ultimo caso includendo anche le imprese di «preminente interesse generale». L'ipotesi più accreditata è che le categorie siano tre, riferendosi la locuzione «**preminente interesse generale**» ai caratteri oggettivi dell'impresa; questo termine non si sovrappone a quello iniziale (a fini di utilità generale), che indica lo scopo per cui il legislatore interviene.

## 8. *Il riconoscimento di altre forme imprenditoriali e dell'artigianato (art. 45)*

La disposizione esprime un sicuro *favor* nei confronti della **cooperazione**, cioè verso società la cui caratteristica è la **mutualità**: esercizio, in forma collettiva, di un'attività a beneficio o a servizio esclusivo o prevalente dei soci, che hanno il medesimo bisogno. Poiché il meccanismo della cooperazione elimina, dall'attività di scambio di merci e servizi, la fase dell'intermediazione, il Costituente ha ritenuto che a questo tipo di società commerciali fosse immanente il fine sociale. Questo spiega il favore con cui il fenomeno è trattato.

Allo stesso tempo, la disposizione prevede che ci siano opportuni controlli diretti a preservare la natura della società cooperativa e le sue finalità. In altre parole, bisogna evitare che i soci della cooperativa tendano a valorizzare il capitale (come avviene nelle normali imprese capitalistiche), anche se non impedisce agli stessi soci di conseguire, attraverso la cooperazione, un vantaggio economico. La disciplina delle società cooperative è contenuta nel codice civile, agli art. 2511 ss., come in parte modificati dal d.lgs. 6/2003.

La disposizione, al secondo comma, contiene anche una norma di promozione dell'artigianato. Appoggiandosi sull'art. 2803 c.c. (integrato dalla l. 860/1956) può dirsi che l'**artigianato** è caratterizzato dalla produzione di beni o nella prestazione di servizi di natura artistica o usuale; dall'organizzazione e dalla prestazione di lavoro, anche manuale, da parte del titolare e dei suoi familiari; dalla direzione personale, da parte del titolare, del personale dipendente eventualmente assunto; dalla prevalenza del lavoro sul capitale e dal tipo di procedimento adottato per la creazione del prodotto.

## 9. *Il diritto a collaborare nella gestione delle aziende (art. 46)*

Per meglio inquadrare l'art. 46, che «*riconosce il diritto dei lavoratori a collaborare, nei modi e nei limiti stabiliti dalle leggi, alla gestione delle aziende*», è importante ricordare l'esperienza dei c.d. consigli di gestione, istituiti dalla Repubblica sociale italiana nel 1943, e dei consigli di gestione aziendale, istituti dal Comitato Nazionale di Liberazione Nazionale dell'Alta Italia, che prevedevano la partecipazione degli operai con compiti informativi e consultivi presso diverse imprese.

A differenza di quanto è accaduto in altri paesi europei (ad esempio, ma non solo, in Germania), la partecipazione dei lavoratori alla gestione delle aziende non si è però consolidata in Italia. Probabilmente a causa della resistenza dei sindacati, che hanno preferito un rapporto conflittuale, piuttosto che cooperativo, con i datori di lavoro. Più recentemente alcune grandi aziende hanno attribuito una parte delle azioni al proprio personale (Alitalia, Poste italiane).

Significativo è che, al momento dell'approvazione della direttiva 2001/86 sullo statuto della società europea, l'Italia abbia chiesto l'inserimento di una clausola (parte terza, lett. b, dell'allegato), che rende inoperante, nell'ordinamento italiano, la disposizione sulla partecipazione dei lavoratori alla gestione delle predette società.

## 10. *Il diritto di proprietà (art. 42)*

Nello Statuto albertino la proprietà riceveva una tutela accentuata. L'art. 29 recitava infatti: «1. Tutte le proprietà, senza alcuna eccezione, sono inviolabili. 2. Tuttavia, quando l'interesse pubblico legalmente accertato lo esiga, si può essere tenuti a cederle in tutto od in parte, mediante una giusta indennità conformemente alle leggi». L'art. 1 del Protocollo addizionale alla CEDU e l'art. 17 CDFUE tutelano espressamente il diritto di proprietà.

L'istituto della proprietà, con il quale si regola la disponibilità dei beni materiali e immateriali, trova la propria principale disciplina nel codice civile e, più ampiamente, nel diritto privato. La disposizione costituzionale, pur contenendo direttive fondamentali in materia di proprietà, presuppone la disciplina codicistica. Il diritto di proprietà, più specificamente, è un **diritto soggettivo** reale e assoluto, il cui titolare vanta una pretesa a che nessuno possa turbare l'esercizio del diritto sul bene (art. 832 c.c.). In prospettiva storica l'istituto della proprietà può considerarsi uno dei pilastri dell'economia di mercato sicché esso ha trovato declinazioni differenti a seconda dell'epoca storica e dell'ordinamento giuridico di riferimento.

Se questo è stato il punto di partenza da cui sono partiti i Costituenti, il prodotto che è venuto fuori dall'Assemblea costituente è molto diverso. Infatti, lo sforzo compiuto dall'Assemblea costituente non è consistito solo nel conciliare l'impostazione liberale, che nella proprietà vedeva l'espressione più importante del diritto soggettivo della persona umana, con quella di ispirazione marxiana, che mirava a riconoscere solo la proprietà pubblica, ma ha avuto la pretesa di elaborare un progetto più complesso caratterizzato: dal superamento del modello civilistico di proprietà, immergendo la proprietà in un più ampio progetto di costruzione di un sistema economico in cui pubblico e privato cooperano; dal riconoscimento della natura costituzionale della proprietà; dalla connessione del diritto di proprietà alla disciplina del lavoro e del risparmio (Rescigno, 1972, 2 e 37 ss.).

Il primo comma riconosce che la proprietà **spetta a soggetti pubblici e privati**. A ciò va aggiunta la considerazione per cui il precedente art. 41, dedicato all'iniziativa economica privata, presuppone il diritto di proprietà privata (almeno in un sistema di economia di mercato).

I beni economici di proprietà pubblica si articolano in tre grandi categorie: i beni patrimoniali disponibili, i beni patrimoniali indisponibili e i beni demaniali.

I **beni patrimoniali disponibili** sono costituiti dai beni che possono essere oggetto anche di proprietà o disponibilità privata, come denaro, crediti, azioni; non siamo cioè al cospetto di beni che possono essere definiti come beni pubblici. **Beni pubblici** sono invece le cose che costituiscono la seconda e la terza categoria.

I **beni patrimoniali indisponibili** sono i beni destinati ad un pubblico servizio, come gli edifici di un ministero e i loro arredi e come pure le miniere, le caserme, gli armamenti, le navi e gli aerei da guerra. Alcuni di questi beni sono di proprietà delle Regioni, Città metropolitane e Comuni (foreste, acque minerali, cave e torbiere) (art. 119.6.). Il loro regime giuridico è oggetto di legge. Questi beni possono appartenere anche ad enti pubblici non territoriali.

I **beni demaniali** adempiono a una funzione pubblica. Per questo sono attribuiti ad enti pubblici territoriali che esercitano poteri specifici sul territorio. Abbiamo così il demanio marittimo (bagnasciuga), il demanio idrico (laghi, fiumi, torrenti), il demanio militare (opere per la difesa territoriale), di demanio stradale e ferroviario (strade, autostrade, ferrovie). Tutte queste forme di demanio costituiscono il c.d. **demanio necessario**, cui si giustappone il c.d. **demanio eventuale** formato da aeroporti, acquedotti, musei e pinacoteche, beni immobili riconosciuti di interesse artistico, storico, archeologico, cimiteri, mercati comunali. Sono eventuali in quanto sono beni che possono appartenere anche a privati. I beni demaniali sono inalienabili e ne sono proprietari solo lo Stato e gli enti pubblici territoriali.

L'appartenenza di un bene a una di queste categorie è il frutto di qualificazioni legislative, sicché è ben possibile che beni demaniali o indisponibili vengano, per così dire, declassati e perdano così il loro regime speciale.

Il secondo comma rappresenta una delle disposizioni costituzionali più controverse. La ragione di ciò è ben comprensibile visto che esso detta alcuni principi centrali per la disciplina di un istituto, quale la **proprietà privata**, che, come detto, è centrale per il funzionamento del sistema economico.

Va innanzitutto detto che la Costituzione, per un verso, riconosce e garantisce la proprietà privata e, per un altro, rinvia le forme del riconoscimento e della garanzia alla legge, che determina anche i modi di acquisto, di godimento e i limiti allo scopo di assicurarne la funzione sociale e di renderla accessibile a tutti. Il rinvio alla legge ha fatto subito emergere un dato rilevante: non esiste uno statuto unitario della proprietà privata, potendo esistere regimi differenti (*le proprietà*, al plurale).

All'interpretazione che ha cercato di riconoscere alla proprietà privata uno *status* essenziale per la struttura economica si è contrapposta la prospettiva di chi ha inteso valorizzare il riferimento alla **funzione sociale**, che rappresenta un connotato sicuramente innovativo rispetto alla tradizione liberale.

Nell'ambito di questo secondo orientamento, alcuni autori hanno tratto la conclusione che la costituzionalizzazione della funzione sociale inciderebbe sulla natura della situazione giuridica del proprietario, trasformandola da diritto soggettivo in funzione (c.d. funzionalizzazione della proprietà): ciò vorrebbe dire che si può imporre al proprietario di esercitare i suoi poteri nell'ambito del pubblico interesse (Rodotà, 2013, 331 ss.). Nell'ambito della prima lettura, di contro, gli autori hanno quindi enfatizzato sia il modo in cui è costruita la riserva di legge, che è diretta a riconoscere e garantire la proprietà, sia il rapporto dell'art. 42 con gli articoli successivi pure dedicati alla proprietà, che rischierebbero di rimanere senza oggetto nel caso in cui la legge dovesse sostanzialmente eliminare l'istituto della proprietà (Rescigno, 1972, 33).

L'interpretazione maggioritaria ritiene, più moderatamente, che l'art. 42 garantisca la proprietà sia come diritto soggettivo del proprietario sia come istituto, quindi come complesso di norme che regolano l'esercizio del diritto, tenendo fermo il principio per cui la proprietà – quindi i modi d'acquisto, il godimento e i limiti – non deve comunque contrastare con l'interesse generale. Trattasi di un'interpretazione, quella maggioritaria, che prova a tenere insieme il diritto di proprietà e la sua funzione sociale, con la conseguenza che la proprietà diventa una situazione giuridica mista, in cui accanto alla cura di interessi propri vi è anche la cura di interessi altrui. Ciò spiega, ad esempio, il trattamento tributario sfavorevole verso chi non utilizza i propri beni materiali. Proprio questo esempio lascia emergere la differenza con gli altri diritti di libertà, che non possono essere 'penalizzati' per il mancato esercizio.

Nel terzo comma è disciplinato l'istituto dell'**espropriazione** con il quale il titolare del diritto può essere privato del diritto di proprietà in ragione della prevalenza di un interesse pubblico. Si tratta, per così dire, di un male necessario, diretto alla realizzazione di opere pubbliche, giacché ad esso si ricorre per la costruzione di strade, ferrovie, infrastrutture in genere. Molto si è discusso e si discute sulle trasformazioni che, al verificarsi di questa ipotesi, subisce il diritto soggettivo il quale, nell'opinione maggioritaria, degraderebbe ad interesse legittimo; ad avere forma di diritto soggettivo rimarrebbe solo il diritto all'indennizzo.

Si distingue un'espropriazione **traslativa** e **non traslativa**: con la prima il bene espropriato viene trasferito ad altro soggetto (privato o pubblico), con la seconda viene assegnato l'utilizzo di un determinato bene ad un ente pubblico.

La giurisprudenza si è a lungo occupata delle **limitazioni espropriative**, che prendono forma allorché vengano apposte così gravi limitazioni alla proprietà che, pure in assenza di un procedimento espropriativo, il diritto di proprietà risulta fortemente limitato. In particolare ci si è chiesto se, in questi casi, il diritto di proprietà vada indennizzato. La Corte costituzionale ha risposto che, quando la limitazione è disposta in via generale per determinate categorie di beni, a causa delle loro caratteristiche intrinseche e affinché sia assolta la loro funzione sociale, nessun indennizzo è dovuto (sent. 6/1966). È quanto si verifica nel caso dei vincoli paesistici su determinati beni (sent. 56/1968) ovvero nel caso di limitazioni per i proprietari di beni immobili d'interesse storico, artistico e archeologico (sent. 202/1974). Se la limitazione avviene a titolo individuale e comprime il diritto del proprietario nella sostanza, escludendo la possibilità di utilizzazione economica del bene in conformità alla sua natura, allora l'indennizzo è dovuto (sentt. 55/1968, 155/1972, 153/1977, 5/1980).

L'espropriazione prende la forma di atto amministrativo, adottato sulla base di una legge che stabilisce l'autorità competente a procedere, il procedimento, i motivi d'interesse generale, i soggetti che possono beneficiare dell'espropriazione, la misura dell'indennizzo [1].

La **determinazione della misura dell'indennizzo** è stata all'origine di un'altra serie di questioni che dal 1865 continuano fino ai nostri giorni. Vediamone in sintesi i principali passaggi. La prima previsione risale alla l. 2359/1865, che stabiliva la corrispondenza dell'indennizzo al valore venale del bene (quindi al prezzo di mercato). Ad essa seguì la l. 2892/1885 (legge c.d. sul risanamento di Napoli), che sommava il valore di mercato alla redditività dell'immobile (fissando così un indennizzo molto alto). Con l'entrata in vigore della Costituzione, la giurisprudenza della Corte costituzionale si assesta sul seguente indirizzo: l'indennizzo deve essere determinato dal legislatore, tenendo conto del valore del bene ma anche degli scopi generali che l'espropriazione persegue, in modo che non risulti simbolico, irrisorio o apparente ma rappresenti un serio ristoro del danno economico prodotto (sent. 61/1957). Nel corso di una fitta giurisprudenza provocata dal succedersi di disposizioni diverse in materia di indennizzo, la Corte ha tenuto fermo un punto: il **serio ristoro** non coincide necessariamente con il valore integrale del bene espropriato.

La Corte europea dei diritti dell'uomo ha tuttavia condannato l'Italia (in particolare con la sentenza del 29 marzo 2006, *Scordino c. Italia*) affermando che l'indennizzo deve consistere in una somma che sia in 'rapporto ragionevole' col valore del bene. In tal modo è stato ribadito che il criterio di riferimento deve rimanere il **valore venale del bene**.

A seguito della sentenza della Corte di Strasburgo la Corte costituzionale è intervenuta con le due sentt. 348 e 349/2007. In particolare con la sent. 348 la Cor-

---

[1] L'indennizzo è previsto per le c.d. ablazioni reali, relative cioè a beni, non anche per le prestazioni obbligatorie (sentt. Corte cost. 290/1987; 56/2015).

te ha dichiarato l'illegittimità costituzionale del primo e secondo comma dell'art. 5-*bis*, d.l. 333/1992, riguardante la determinazione dell'indennizzo di espropriazione dei suoli edificabili, per violazione indiretta dell'art. 117.1., concretizzatosi attraverso la violazione dell'art. 6 CEDU, per come interpretato dalla Corte di Strasburgo. Era infatti assente quel 'rapporto ragionevole' preteso dalla Corte europea. La Corte costituzionale ha però lasciato uno spazio all'interesse generale, stabilendo che il legislatore non deve commisurare l'indennizzo al valore di mercato integralmente, potendo rapportarlo anche ad altri interessi (come quello di non affrontare livelli di spesa troppo elevati per realizzare opere d'interesse pubblico). La l. 244/2007 ha stabilito che l'indennità di espropriazione di aree edificabili va determinata nella misura del valore venale del bene, salvo che l'espropriazione abbia come fine l'attuazione di interventi di riforma economico-sociale, nel qual caso è ridotta del 20%. La Corte costituzionale ha esteso questa regola, prevista per i suoli edificabili, anche alle altre categorie di beni (sent. 339/2011).

Quanto infine al quarto comma, la disciplina della **successione** – il modo in cui i rapporti giuridici di cui una persona deceduta (il *de cuius*) era titolare sono trasferiti ad uno o più soggetti – è rimessa alla legge. L'obiettivo principale conseguito dal Costituente è stata l'eliminazione delle forme di concentrazione della ricchezza (maggiorascati, fedecommessi). La previsione espressa della successione esclude la sua soppressione in via legislativa e impedisce al legislatore di eliminare completamente i diritti dello Stato.

## 11. *La proprietà terriera (art. 44)*

Nel disciplinare la proprietà terriera privata, la disposizione si propone due fini precisi: il razionale sfruttamento del suolo e l'instaurazione di equi rapporti sociali. A tal fine alla legge viene permesso di imporre obblighi e vincoli. Quanto si è detto a proposito della funzionalizzazione della proprietà privata, può essere ripetuto in relazione a questa disposizione. L'idea prevalente è che al proprietario possano essere imposti limiti diretti a conseguire il razionale sfruttamento del suolo e l'equità dei rapporti sociali, ma non anche che il proprietario debba direttamente perseguire tali fini. In attuazione di tale previsione sono state adottate la **riforma agraria del 1950** e la legislazione sui **patti agrari**, che ha ridotto la rendita del proprietario.

## 12. *La tutela del risparmio e il controllo sul credito (art. 47)*

Il lavoro nelle sue diverse forme (dipendente, autonomo, imprenditoriale) e la proprietà producono reddito e la parte del reddito che non si traduce in consumo o in investimenti diventa **risparmio**. Opportunamente, dunque, l'art. 47 chiude il Titolo III con una disposizione dedicata al risparmio, previsto sia nella sua dimensione oggettiva (appunto l'accantonamento di beni, senza vincolo di destinazione) sia in quanto oggetto di attività imprenditoriale attraverso le aziende di credito e le banche, che svolgono la funzione di intermediazione fra i beni risparmiati e la loro utilizzazione a fini produttivi e di consumo.

La disposizione contiene una **norma di scopo**, con la quale si chiede di incoraggiare e tutelare il risparmio. Nei periodi di inflazione ci si è spesso chiesto se la disposizione imponesse un obbligo di adozione di politiche di lotta all'inflazione in capo alla Banca d'Italia, che ha il principale compito di difendere la moneta. Con la creazione dell'euro, il compito è oggi attribuito alla Banca Centrale Europea, di cui la Banca d'Italia è parte tramite il Sistema europeo delle banche centrali.

Il credito, che viene esercitato tramite l'esercizio di attività imprenditoriale, deve essere disciplinato, coordinato e controllato. La disposizione richiama l'ultimo comma dell'art. 41, in tema di indirizzi e controlli sull'attività economica privata. Nella gestione della politica creditizia in epoca repubblicana possono distinguersi varie fasi. Fino alla fine degli anni Ottanta dello scorso secolo il settore è stato governato da una disciplina legislativa molto dirigistica, fondata sulla legge bancaria del 1936; sono poi intervenuti le norme comunitarie che hanno aperto il settore ai principi del mercato, di cui è testimonianza la l. 262/2005; con l'irrompere della crisi economica si sono riaffacciati i problemi del controllo pubblico sul credito in funzione di garanzia, anche se, come osservato, il soggetto attivo non è più la Repubblica bensì l'Unione europea.

L'art. 47.2. è dedicato a una particolare forma di risparmio e ad alcune forme di investimento. Con riguardo all'accesso del **risparmio popolare alla proprietà dell'abitazione**, può osservarsi che, al di là delle concrete politiche adottate per favorire questa forma di risparmio, dalla disposizione sono stati tratti argomenti per l'individuazione di un diritto fondamentale all'abitazione. Si ricorderà che la Corte, quando ha riconosciuto il diritto sociale all'abitazione con la sent. 404/1988, ha considerato l'art. 47 uno dei frammenti di norma utile alla costruzione della fattispecie. Secondo alcuni studiosi dalla disposizione si potrebbe ricavare solo un *favor* a che i detentori del risparmio possano diventare proprietari di un'abitazione.

Con riguardo, invece, alla **proprietà diretta coltivatrice**, va ricordato l'istituto della **prelazione agraria**, che consiste, in particolare, nel diritto dei coltivatori diretti di un fondo ad esser preferiti nel caso di vendita dello stesso da parte del proprietario (ll. 590/65 e 817/1971).

Quanto all'accesso del **risparmio popolare al diretto o indiretto investimento azionario** nei grandi complessi produttivi del paese, questa forma di investimento non ha trovato uno sviluppo diffuso in Italia (sentt. Corte cost. 66/1965 e 94/1966).

CAPITOLO XXIV

# I DIRITTI FONDAMENTALI COLLEGATI AL PRINCIPIO DEMOCRATICO



Il Titolo IV è dedicato agli strumenti attuativi del principio della sovranità popolare, principio sancito nell'art. 1. L'art. 1 è una disposizione, per così dire, ricognitiva in quanto, prendendo atto del referendum istituzionale del 2 giugno 1946, fa del principio democratico l'elemento qualificante della Repubblica italiana, con la conseguenza di richiedere che tutti i poteri pubblici abbiano, nel nostro ordinamento, un fondamento democratico. Conseguenza centrale di questa impostazione è l'attribuzione della sovranità al popolo, «che la esercita nelle forme e nei limiti della Costituzione». Ciò che quindi caratterizza questi ultimi dal punto di vista funzionale è la loro capacità di incidere sul funzionamento e sull'organizzazione statale e amministrativa (Pace, 2003, 162).

Mentre la prima parte del Titolo (artt. 48-51) disciplina gli strumenti attraverso i quali è consentito ai cittadini di influire sulla formazione della volontà dello Stato, la seconda parte (artt. 52-54) si occupa dei doveri cui allude l'art. 2. Il Titolo IV segna anche il passaggio alla parte organizzativa della Costituzione.

## 1. *Il diritto di voto (art. 48)*

Lo Statuto non conteneva disposizioni in materia di voto. L'art. 3 del Protocollo addizionale alla CEDU prevede l'impegno delle Parti contraenti a «organizzare, a intervalli ragionevoli, libere elezioni a scrutinio segreto, in condizioni tali da assicurare la libera espressione dell'opinione del popolo sulla scelta del corpo legislativo». La CDFUE garantisce ai cittadini europei il diritto di voto e di eleggibilità al Parlamento europeo (art. 39) e alle elezioni comunali nel luogo di residenza (art. 40)

La centralità del voto per ogni ordinamento giuridico democratico è di immediata intuizione perché, suo tramite, si costruisce il rapporto di rappresentanza tra rappresentati e rappresentanti. Il voto è infatti quella specifica manifestazione di volontà con cui l'individuo contribuisce all'adozione di decisioni pubbliche all'interno delle varie comunità politiche di cui è parte (dal Comune all'UE). Il voto può essere di tipo **deliberativo** se con esso si partecipa alla diretta assunzione di una decisione (il voto all'interno dei procedimenti referendari) ovvero di tipo **elettivo** se con esso si scelgono i soggetti chiamati ad assumere la decisione.

In prospettiva storica l'affermazione della titolarità generale del diritto di voto ha rappresentato una conquista progressiva. Più si risale nel tempo, infatti, e più esso risulta limitato. Con riguardo all'Italia basti ricordare l'editto elettorale del 17 marzo 1848 n. 680, che attribuiva il voto sulla base di un criterio censitario, basato cioè sulla ricchezza; l'ordinamento elettorale del Regno di Sardegna del 1859 fu esteso al Regno d'Italia fino al 1882; in quell'anno la l. 593/1882 attribuì il voto a chi sapeva leggere e scrivere (criterio che alla fine era sempre di tipo censitario); con il t.u. 666/1912, fu estesa la capacità elettorale ai cittadini che avessero raggiunto i 30 anni di età; solo con la l. 1985/1918 fu stabilito che «sono elettori tutti i cittadini che abbiano compiuto il 21° anno di età»; con il d.lgs.lgt. 146/1945, infine, il diritto di voto venne esteso anche alle donne.

Due soli sono i requisiti per la titolarità del diritto di voto: la **cittadinanza** e la **maggiore età** (e quindi la capacità d'agire). In base a quanto dispone la l. 40/1979 tutti i cittadini che raggiungono la maggiore età e sono residenti in un Comune sono iscritti nelle liste degli aventi diritto al voto. Esistono, per entrambi i requisiti, alcune eccezioni: con riguardo alla cittadinanza, l'attribuzione del diritto di voto ai cittadini europei non italiani ma residenti in Italia per le elezioni europee e per le elezioni comunali (cfr. art. 22.1. TFUE); con riguardo all'età, alcune eccezioni sono previste per l'elettorato attivo e passivo al Senato (art. 58.1.).

La dottrina maggioritaria ritiene che il diritto di voto vada riconosciuto ai soli cittadini; non sono tuttavia mancate voci che ritengono che la legge statale possa estendere il diritto anche a soggetti diversi dai cittadini. In effetti, fermo restando che il diritto di voto per i cittadini è un diritto fondamentale, non può escludersi che la legge possa estendere agli stranieri il diritto di voto, anche alla luce dell'art. 117.1.a), che attribuisce allo Stato la disciplina della condizione giuridica dei cittadini di Stati non appartenenti all'UE (Luciani, 1992 e Cuniberti, 1997).

Tre sono le cause che possono incidere negativamente sul diritto di voto. Le **cause d'incapacità civile** incidono sulla capacità d'agire (minore età, interdizione e inabilitazione); ricordiamo che l'acquisto della capacità d'agire, nel campo dei diritti fondamentali, non necessariamente coincide con le prescrizioni generali in materia, ma va valutata in relazione alla singola fattispecie. Di fatto la l. 180/1978 ha cancellato ogni ipotesi di limitazione del diritto in esame per incapacità civile.

La presenza di **sentenze irrevocabili di condanna** può comportare la perdita del diritto di voto (per esempio, nel caso di condanne ad una pena che comporta l'interdizione temporanea o perpetua dai pubblici uffici oppure, per un periodo di 5 anni, di condanna definitiva per alcuni reati specificamente indicati dalla legge: art. 2.1., d.P.R. 223/1967). Questa medesima disposizione sospende il diritto di voto anche a chi è sottoposto a misure di prevenzione e a misure di sicurezza detentive e di libertà vigilata.

Infine non devono sussistere **cause d'indegnità morale**, che sono stabilite dalla Cost. (XII e XIII disp. trans. fin. per membri della casa Savoia e capi del regime fascista ma i cc. 1 e 2 della XIII disp. trans. fin. sono stati abrogati dalla l. cost. 1/2002). È invece caduta, per effetto della riforma contenuta nel d.lgs. 5/2006, l'incapacità dell'imprenditore fallito ad esercitare il diritto di voto per 5 anni). È anche venuta meno la causa d'indegnità morale riguardante coloro che sono sottoposti a misure di prevenzione, di sicurezza detentiva e di libertà vigilata. Ad oggi, dunque, non sussistono cause d'indegnità morale.

Il secondo comma dell'articolo si occupa, più specificamente, del voto nel momento del suo concreto esercizio, indicando alcune precise e rilevanti **caratteristiche**. Il voto è infatti dichiarato **personale**, con il che viene esclusa la possibilità del voto per procura; **eguale**, con il che viene esclusa la possibilità del voto multiplo – che consente ad alcune persone di votare più volte (esempi in Gran Bretagna fino ad anni recenti) – e del voto plurimo, che permette di attribuire valore superiore all'unità al suffragio di determinate persone (in base al ceto o al censo: esempi sono rintracciabili nel Regno di Prussia con il voto per classi; in Belgio, a fine Ottocento; nell'URSS, nel periodo successivo alla Rivoluzione di ottobre, in cui agli operai fu riconosciuto un voto più 'pesante' rispetto ai contadini).

In occasione dell'approvazione della l. 148/1953 (c.d. legge truffa) fu formulata la tesi della presunta costituzionalizzazione del sistema proporzionale. Va però detto che l'eguaglianza del voto implica solo che a ciascun voto deve essere attribuito lo stesso valore numerico, così escludendosi le conclusioni dei sostenitori dell'idea che l'eguaglianza del voto comporti la scelta necessaria di sistemi proporzionali (sul punto sentt. Corte cost. 43/1961, 6/1963, 60/1963, 96/1968, 39/1973, dove si ribadisce che l'eguaglianza significa parità di condizione dei cittadini al momento del voto, senza alcuna estensione al risultato del voto medesimo). La scelta di un sistema maggioritario non compromette, in altri termini, la parità di condizioni tra le forze politiche.

Il voto è infine **libero** e **segreto**. I due aggettivi sono complementari e si rinforzano reciprocamente. La legislazione elettorale prevede una fitta serie di sanzioni dirette ad evitare qualsiasi coazione fisica o psicologica sull'esercizio del voto. Anche la legislazione elettorale di contorno è diretta ad assicurare la libertà del voto (cap. V.3.3). Un'eccezione è prevista per i non vedenti e per coloro che sono affetti da patologie impeditive, che, di conseguenza, possono essere accompagnati in cabina elettorale. La segretezza non può essere considerato un principio generale del voto: se vale sempre per il corpo elettorale, non altrettanto può dirsi con riguardo ai soggetti che sono responsabili nei confronti degli elettori. Non a caso, per esempio, la Costituzione impone che il voto di fiducia sia palese.

L'esercizio del voto è qualificato dalla disposizione come **«dovere civico»**. Siamo di fronte ad una delle più discusse e ambigue locuzioni della Costituzione, frutto di un compromesso. In Assemblea costituente vi era infatti chi riteneva che il voto fosse un dovere (tendenzialmente i partiti moderati) e chi invece riteneva che il voto fosse una facoltà (tendenzialmente i partiti di sinistra). Alla fine prevalse la tesi del dovere, ma non della natura giuridica di tale dovere. Certo, sarebbe possibile sostenere che l'espressione dovere civico sta per dovere del cittadino e che quindi rimane intatta la natura giuridica del dovere. Le sanzioni non particolarmente gravi, che furono previste dopo l'entrata in vigore della Costituzione, sono state abrogate dalle leggi elettorali del 1993.

Si tenga inoltre presente che nel referendum abrogativo l'astensione si configura come una scelta elettorale legittima. Sarebbe quindi illegittimo prevedere sanzioni per il non voto in tutte le ipotesi in cui all'astensione siano ricondotti effetti giuridici, come appunto accade nel caso dell'art. 75 (sul punto cfr. sent. Corte cost. 174/2009 che configura la mancata partecipazione al voto come forma di esercizio del diritto di voto).

Per lungo tempo la legislazione elettorale nazionale si è sottratta al **controllo giurisdizionale**, dando vita a quella che i costituzionalisti hanno definito come una *zona franca* rispetto al controllo di costituzionalità. Va precisato che questa situazione non si verifica in relazione alle altre leggi che regolano procedimenti elettorali (di livello locale, regionale, europeo) giacché, in questi casi, il ricorso al giudice è garantito grazie all'impugnazione dei risultati elettorali e, in alcuni casi, anche prima delle votazioni. Nel caso, invece, delle elezioni del Parlamento, tale controllo è escluso dall'art. 66 (e dall'art. 87 d.P.R. 361/1957).

Per evitare la persistenza di tale zona franca, con la sent. 1/2014 la Corte costituzionale si è pronunciata su un'azione di accertamento diretta a verificare se la legislazione elettorale allora vigente (l. 207/2005) violasse, tra l'altro, il diritto di voto garantito dall'art. 48. La sentenza in questione, che nel caso di specie ha portato alla dichiarazione d'incostituzionalità di parti importanti della legge (cfr. cap. VI.2.2), ha rappresentato una tappa importante nella costruzione del complesso rapporto tra Parlamento e Corte in quanto ha posto le basi per un controllo della legislazione elettorale, sulla base di un importante presupposto: il Parlamento gode di ampia discrezionalità nella conformazione della legislazione elettorale, limitandosi il controllo della Corte a verificare che tali scelte non siano manifestamente irragionevoli rispetto ai principi costituzionali. Non a caso, la Corte è tornata a pronunciarsi sulla nuova legislazione elettorale (l. 52/2015) con la sent. 35/2017 nella quale ha ribadito l'esigenza di evitare l'esistenza di una zona franca. Anche in questo caso la Corte ha dichiarato l'incostituzionalità di una parte della legge (in particolare quella che prevedeva il c.d. ballottaggio) (cfr. cap. VI.2).

Il terzo comma si occupa del **voto dei cittadini residenti all'estero**. Esso è stato aggiunto dall'art. 1 l. cost. 1/2000, che, oltre a modificare l'articolo in esame, è intervenuto anche sugli artt. 56 e 57, creando la c.d. circoscrizione estero, che elegge 6 senatori e 12 deputati. La modifica costituzionale non è andata esente da critiche in ragione del legame piuttosto lasco esistente tra i cittadini in questione e il territorio dello Stato. I cittadini residenti all'estero esprimono il proprio voto per corrispondenza (cfr. art. 12 l. 459/2001), salvo che non decidano di tornare in Italia e votare nella circoscrizione del territorio nazionale relativa alla sezione elettorale in cui sono iscritti (artt. 1.3. e 12 l. 459/2001).

## 2. *Il diritto di associarsi in partiti politici (art. 49)*

Nessun cenno è fatto al fenomeno partitico nello Statuto Albertino.

L'art. 12.2. CDFUE prevede che «I partiti politici a livello dell'Unione contribuiscono a esprimere la volontà politica dei cittadini dell'Unione». La materia è poi ulteriormente trattata all'interno del trattato, in particolare dall'art. 10 TUE.

La disposizione costituzionale disciplina **un tipo particolare di associazione**, quella partitica, attraverso la quale i cittadini sono chiamati a concorrere con metodo democratico a determinare la politica nazionale. L'associazione partitica è una formazione sociale che ha fondamento nell'art. 18, distinguendosi da ogni altra per la specifica funzione che essa svolge: l'aumento della capacità del singolo di partecipare alla vita pubblica. Il partito politico, chiamato a mediare tra singolo, comunità e Stato, ha condizionato lo sviluppo dello Stato contemporaneo, soprattutto in Europa.

La dottrina costituzionalistica si è divisa sulla natura del partito politico tra chi ha ritenuto di ricondurlo allo Stato e chi, invece, lo ha ricondotto al popolo. Vi è anche chi lo ritiene un'istituzione indipendente e originaria e chi lo considera istituzione ausiliaria del popolo.

Giuridicamente i partiti restano associazioni non riconosciute, pur esercitando funzioni aventi rilevanza costituzionale, come la presentazione di liste per la competizione elettorale e la selezione dei candidati alle cariche elettive (sul punto cfr. l'ord. Corte cost. 79/2006, che considera i partiti come «organizzazioni proprie della società civile»). Non si dimentichi che è la Costituzione a stabilire che i cittadini, per il tramite dei partiti, determinano la politica nazionale.

Nella sua classica connotazione il partito è "parte totale" (l'espressione è di Mortati, 1949), capace di proporre sintesi politiche generali pur partendo da visioni parziali della società. Ciò che contraddistingue il partito rispetto ad altre organizzazioni è, oltre a questa sua aspirazione alla determinazione della politica nazionale, una stabile organizzazione.

La disposizione riconosce il fenomeno partitico e ne fa oggetto di un diritto fondamentale dei cittadini. Più precisamente, la Costituzione riconosce a tutti i cittadini il diritto di associarsi liberamente in partiti. Il diritto in questione **spetta a**

**tutti i cittadini**. Per associarsi non è richiesta la maggiore età. La disposizione riconosce una pretesa alla costituzione di un partito nonché a non iscriversi ad alcun partito, non anche la pretesa di iscriversi ad un partito giacché quest'ultimo può sempre ritenere di non accogliere tra i suoi iscritti coloro che non ne condividono l'orientamento ideologico.

**Limitazioni soggettive** a tale diritto sono previste dall'art. 98.3. per magistrati, militari, funzionari e agenti di polizia, diplomatici. Più specificamente per il personale civile e militare delle forze di polizia e delle Forze armate non c'è un divieto d'iscrizione (d.l.lgt. 205/1945, poi trasfuso in l. 121/1981); gli appartenenti a tali corpi non possono però svolgere attività di propaganda o partecipare in uniforme a manifestazioni (artt. 81 l. 121/1981 e 1483.1 d.lgs. 66/2010). Per i magistrati l'art. 3.1.h), d.lgs. 109/2006, modificato da l. 269/2006, punisce sul piano disciplinare l'iscrizione o la partecipazione sistematica e continuativa all'attività di partiti politici (cfr. sentt. Corte cost. 224/2009 e 170/2018). Infine, quanto ai giudici costituzionali (art. 8 l. 87/1953) e ai i membri del CSM (art. 12 l. 74/1990), pur non stabilendosi un divieto d'iscrizione, è loro vietato di svolgere attività all'interno dei partiti.

L'idea di un partito formato da cittadini stranieri è problematica sia perché l'articolo in esame ragiona di politica nazionale sia perché il diritto di voto è riconosciuto dalla Costituzione ai cittadini. Nulla però impedisce che gli stranieri aderiscano a partiti nazionali, anche perché non va dimenticato che ai cittadini stranieri dei Paesi dell'UE sono stati attribuiti diritti elettorali (cfr. quanto detto in questo capitolo a proposito dell'art. 48). Nel 1979 il Presidente della Repubblica Pertini rifiutò di ricevere, nel corso delle consultazioni elettorali, il segretario nazionale del partito radicale Jean Fabre, perché cittadino straniero. Il caso è importante perché mette in evidenza la tensione tra la opportuna apertura dei partiti anche agli stranieri e la cautela da adottare nel momento in cui lo straniero, in quanto parte di un partito politico nazionale, assume funzioni con rilievo istituzionale esterno.

I partiti concorrono con metodo democratico, afferma l'art. 49. L'uso del verbo «concorrere» ha due possibili significati: il primo rinvia all'idea della partecipazione collettiva, del 'correre insieme' per l'appunto; il secondo rinvia invece alla parità delle armi tra i partiti. Nel primo significato, inoltre, il principio del concorso chiama in gioco la partecipazione dei cittadini, che, attraverso i partiti, determinano la politica nazionale; in tal modo i partiti diventano strumento principale di attuazione della sovranità popolare.

Il concorso tra i partiti viene garantito dalla disciplina elettorale, in particolare da quella che si è definita di contorno e che è stata esaminata (cfr. cap. V.3.3): propaganda elettorale, *par condicio*, disciplina delle spese per le campagne elettorali, finanziamento pubblico dei partiti sono tutti profili che mirano a costruire un'arena politica per il concorso dei partiti. Il fatto di una pluralità di partiti concorrenti non incide negativamente sulla possibilità di adottare sistemi elettorali non proporzionali.

L'altra garanzia apprestata alla sfera politica e partitica è rappresentata dal **metodo democratico**, che può implicare due livelli di democrazia.

Un primo livello è quello **interno**, in base al quale tutti gli associati dovrebbero poter concorrere effettivamente. Il punto è che il controllo del rispetto del metodo democratico è molto difficile, perché finisce per tradursi in un intervento del giudice sulla vita interna del partito. Di conseguenza, le disposizioni applicabili nei confronti dell'organizzazione interna dei partiti sono quelle del codice civile in materia di associazioni nonché le disposizioni degli statuti dei partiti medesimi[1].

Manca ancora, dunque, una legge che regoli organizzazione e attività dei partiti. Le uniche forme di controllo interno regolate dalla legislazione ordinaria sono di tipo finanziario e si rinvengono originariamente nella l. 195/1974 sul finanziamento pubblico dei partiti. Tale legge ha subito notevoli modifiche, anche a seguito di referendum abrogativi, con le ll. 157/1999 e 156/2002 (Scuto, 2017 e Cossiri, 2018).

Il d.l. 149/2013, convertito in l. 13/2014, prevede che le forme di finanziamento pubblico dei partiti cessino entro il 2018. I partiti potranno, di conseguenza, essere finanziati attraverso il finanziamento privato e attraverso la devoluzione del due per mille dell'Irpef da parte dei contribuenti. Per poter ricevere queste due forme di finanziamento ai partiti sono poste alcune condizioni, tra cui quella di iscriversi in un Registro nazionale dei partiti politici istituito dal d.l. 149/2013 e di avere uno statuto con contenuti obbligatori (indicazione degli organi; diritti e doveri degli iscritti; tutela delle minoranze; parità di genere) (Biondi, Tarli Barbieri, 2016).

Un secondo livello è quello **esterno**, che coincide con i limiti generali previsti dall'art. 18 e con la legislazione ordinaria che punisce le associazioni aventi come fine il sovvertimento violento degli ordinamenti democratici (artt. 270 e 270-*bis* c.p.) e la cospirazione politica (art. 305 c.p.). In questa prospettiva il metodo democratico impone ai partiti di allontanare da sé ogni forma di azione violenta diretta contro l'ordinamento ovvero contro gli altri partiti o avversari politici.

A questo proposito, mentre altri ordinamenti costituzionali democratici hanno optato per forme di c.d. 'democrazia protetta', con la conseguente possibilità di controlli più penetranti sull'ordinamento dei partiti (Repubblica federale di Germania, Grecia, Spagna), la Costituzione italiana dà invece forma a un modello di **democrazia aperta**.

---

[1] Nella storia repubblicana sono molteplici i casi di contrasto tra i diritti del singolo associato e l'associazione partitica. Il tradizionale *self-restraint* del giudice comune nell'intervenire nella vita politica interna del partito ha tuttavia subìto alcune importanti battute d'arresto occasionate dalle esclusioni dalle candidature alle elezioni comunali di Napoli e Roma operate dal gruppo dirigente del Movimento 5 Stelle: cfr. le ordinanze Tribunale di Napoli, sez. VII, 15161/2016 del 14 luglio 2016 e del Tribunale di Roma, sez. III, 19678/2016 del 14 aprile 2016 in cui i giudici, utilizzando le norme del codice civile, hanno accolto le richieste dei ricorrenti ponendo nel nulla le decisioni di espulsione adottate dal Movimento.

Non c'è dunque un obbligo di fedeltà dei partiti nei confronti della Costituzione. Attivi nella vita politica italiana sono stati e sono partiti che hanno obiettivi addirittura contrari ai principi costituzionali: basti menzionare i partiti monarchici, in evidente rotta di collisione col principio repubblicano; la Lega Nord che aveva nel suo programma la secessione; il Movimento sociale italiano, nonostante il divieto di riorganizzazione del partito fascista contenuto nell'art. XII disp. trans. fin. A questo proposito va segnalata l'autorevole interpretazione che, partendo dal divieto di ricostituzione del partito fascista contenuto nell'art. XII disp. trans. fin., ha sostenuto che questa disposizione dovesse applicarsi a tutti i partiti diretti a distruggere la democrazia. La prevalente interpretazione dottrinale e giurisprudenziale riconduce tuttavia la XII disp. trans. fin. al solo fenomeno di riorganizzazione del disciolto partito fascista (sentt. Corte cost. 1/1957, 74/1958, 15/1973), mirando a colpire quei partiti che, richiamandosi all'ideologia fascista, usano o esaltano la violenza come metodo di lotta politica perseguendo fini contrari alla Costituzione (art. 1 l. 645/1952 e l. 152/1975). In applicazione di tale divieto sono stati sciolti 'Ordine nuovo' nel 1973, 'Avanguardia nazionale' nel 1976 e il 'Fronte nazionale' nel 2000.

È dunque il metodo violento, non la finalità, ciò che conduce fuori dalla legalità costituzionale un partito (per questo motivo è stato sciolto il 'Fronte nazionale' nel 2000 in applicazione dell'art. 1 l. 205/1993).

## 3. *Il diritto di petizione (art. 50)*

Gli artt. 57 e 58 dello Statuto albertino si occupavano del diritto di petizione. L'art. 44 CDFUE prevede che qualsiasi cittadino dell'Unione o qualsiasi persona fisica o giuridica abbia il diritto presentare una petizione al Parlamento europeo. Anche l'art. 20 TFUE prevede il diritto di presentare petizioni al Parlamento europeo (e di ricorrere al Mediatore europeo).

Storicamente la petizione nasce nel diritto inglese – in particolare nel punto I-5 del *Bill of Rights* del 1689 – come pretesa di avanzare richieste al re, garantita dall'immunità da ritorsioni da parte del monarca.

Nel periodo liberale la petizione svolge un duplice ruolo: da un lato, serve ad assorbire le richieste di maggiore partecipazione politica dei ceti esclusi dalla rappresentanza e, dall'altro, diventa uno strumento di controllo sul Governo da parte del Parlamento. Nello Stato contemporaneo la petizione diventa un istituto sempre meno utilizzato in ragione delle diverse e più ampie forme di partecipazione a disposizione dei cittadini. Piuttosto che agli istituti di democrazia diretta, il diritto di petizione può essere ricondotto ai diritti politici, soprattutto se reso effettivo da adeguate previsioni legislative. Depone in tal senso la considerazione che l'effettività della petizione dipende dall'intervento di atti e comportamenti di ulteriori soggetti (parlamentari, membri del Governo).

La petizione consiste nella redazione di una richiesta, in forma scritta e sottoscritta, avente ad oggetto l'approvazione di provvedimenti legislativi oppure la segnalazione di questioni ed esigenze di interesse pubblico. L'attività richiesta al Parlamento può quindi riguardare sia l'attività legislativa che l'attività ispettiva e di controllo o quella d'indirizzo (con esclusione di quelle sostanzialmente giurisdizionali).

Essa viene indirizzata alle commissioni parlamentari competenti le quali, tuttavia, non sono obbligate ad esprimersi. Alla Camera è previsto che venga data lettura del sunto delle petizioni presentate in Assemblea, con successiva trasmissione alla commissione competente (artt. 33 e 109 R.C.); al Senato è previsto che, se non viene adottata un'iniziativa legislativa (a seguito della petizione), la petizione viene archiviata (art. 141 R.S.). Non può dunque stabilirsi alcun nesso tra la presentazione di una petizione e un obbligo di provvedere da parte delle istituzioni parlamentari o governative (ord. Corte cost. 254/2021).

La Costituzione attribuisce il diritto in esame **ai soli cittadini**. La restrizione può essere superata ove si consideri la petizione uno strumento di tutela dei diritti fondamentali, soprattutto in una società dove la richiesta d'integrazione è sempre più accentuata.

L'art. 50 regola la petizione indirizzata al Parlamento. Non possono tuttavia escludersi petizioni o istanze indirizzate al Presidente della Repubblica o al Governo, che tuttavia non provocano alcun effetto giuridico nei confronti dei destinatari.

Può essere interessante notare, in via conclusiva, che, nonostante la scarsa attenzione nei confronti dell'istituto della petizione, il numero di petizioni è notevolmente cresciuto negli anni più recenti, in concomitanza con la svolta maggioritaria avvenuta a metà degli anni Novanta. Potrebbe essere utile, al fine di dare più adeguata attuazione a tale istituto, guardare alla prassi della Commissione permanente per l'esame delle petizioni presente nel parlamento tedesco (ted. *Petitionsausschuss*), distinguendo, quanto al seguito da dare alla petizione, tra petizioni singole o limitate a un numero ristretto di persone e petizioni presentate da un numero considerevole di soggetti.

Con ord. 85/2009 la Corte si è pronunciata nel senso dell'inammissibilità di un conflitto di attribuzione sollevato da un cittadino elettore nei confronti della Camera dei deputati che non aveva dato seguito ad una petizione da lui presentata.

## 4. *Il diritto di accedere agli uffici pubblici e alle cariche elettive (art. 51)*

L'art. 25 dello Statuto albertino recitava: «1. Tutti i regnicoli, qualunque sia il loro titolo o grado, sono eguali dinanzi alla legge. 2. Tutti godono egualmente i diritti civili e politici, e sono ammissibili alle cariche civili, e militari, salve le eccezioni determinate dalle Leggi»

Con riguardo all'eguaglianza di genere, l'art. 23 CDFUE (parità tra uomini e donne) prevede l'adozione di misure speciali a favore del sesso sottorappresentato.

L'art. 51 apre ai cittadini le porte delle istituzioni pubbliche di tutti i livelli, riconoscendo loro il diritto di accedere, senza distinzione di genere, a tutti gli uffici pubblici e alle cariche elettive (**elettorato passivo**). In particolare, il diritto di candidarsi è considerato una ulteriore concretizzazione del principio di eguaglianza in senso formale. Con riguardo alle elezioni del Parlamento, la Costituzione richiede i 25 anni per essere eletti alla Camera (art. 56.3.) e i 40 anni per essere eletti al Senato (art. 58.2.). Sui casi di ineleggibilità e incompatibilità la Costituzione rinvia alla legge (art. 65) e a ciascuna Camera per quanto riguarda il giudizio sui titoli di ammissione e sulle sopraggiunte cause d'ineleggibilità e incompatibilità. La riserva di legge rende possibile la richiesta di requisiti di idoneità.

Si distinguono **requisiti positivi e negativi del diritto di elettorato passivo**. I primi consistono nell'iscrizione nelle liste elettorali di un Comune della Repubblica e il compimento della maggiore età nel giorno fissato per le elezioni.

I requisiti negativi sono dati dalle cause di ineleggibilità e incompatibilità (per l'esame rinviamo ai cap. VI.3.2.). La disciplina organica è contenuta nel d.lgs. 235/2012. La l. 215/2004 disciplina la materia del conflitto d'interesse con riguardo ai titolari di cariche di governo.

I requisiti negativi vanno interpretati in maniera stretta per dare spazio al principio democratico. La Corte ha infatti affermato il principio per cui l'eleggibilità è la regola, l'ineleggibilità è l'eccezione. La riserva di legge insomma va interpretata, alla luce del principio di eguaglianza, nel senso che eventuali cause di esclusione devono fondarsi sui principi di ragionevolezza e proporzionalità (sent. Corte cost. 235/1988).

Del diritto in esame sono stati ritenuti a lungo titolari i soli cittadini italiani, fondando tale tesi sul dovere di fedeltà alla Repubblica ovvero sulla tutela della sovranità popolare. Tuttavia, l'appartenenza all'UE, anche in questo campo, ha prodotto delle importanti innovazioni, che mettono in crisi tale interpretazione.

Difatti, nonostante l'art. 45.4. TFUE, preveda che le garanzie della libera circolazione dei lavoratori non trovino applicazione nei confronti della P.A., l'art. 38.1. d.lgs. 165/2001 stabilisce che i cittadini degli Stati membri dell'UE e i loro familiari (non aventi la cittadinanza di uno degli Stati membri ma in possesso del permesso di soggiorno) possono accedere ai posti di lavoro presso le amministrazioni pubbliche che non implichino esercizio diretto o indiretto di pubblici poteri ovvero non attengano alla tutela dell'interesse nazionale. La specificazione di queste tipologie di lavoro è contenuta nel d.P.C.M. 174/1994. L'art. 38.3-*bis* equipara ai cittadini dell'UE quelli dei Paesi terzi che siano titolari di permesso di soggiorno. Questa previsione segna il superamento delle tesi che giustificavano l'esclusione degli stranieri dall'accesso ai pubblichi uffici sulla base del dovere di fedeltà alla Repubblica ovvero a tutela della sovranità popolare.

Nel riferirsi ai cittadini dell'uno e dell'altro sesso, l'art. 51 applica il principio di eguaglianza anche sotto la prospettiva dell'eguaglianza di genere. La giurisprudenza costituzionale ne ha fatto progressiva applicazione (sent. 66/1963 che ammette le donne a tutte le cariche).

Nella fase più recente l'eguaglianza di genere ha assunto le vesti delle **pari opportunità**.

Il principio delle pari opportunità ha trovato progressivo riconoscimento in Costituzione. Punto di partenza è l'art. 37. Con la riforma del 2001, si è introdotto un settimo comma all'art. 117 che demanda alle leggi regionali il compito di rimuovere ogni ostacolo che impedisce la parità. Due anni dopo, con la l. cost. 1/2003, è stato introdotto il più ampio principio di cui al periodo finale del comma in esame.

È bene ricordare che si è giunti alla revisione costituzionale a seguito della sent. 422/1995, che aveva bocciato le norme sulle c.d. quote rosa nella legislazione elettorale per l'elezione degli organi amministrativi locali. Tali norme prevedevano che, nelle liste dei candidati, nessuno dei due sessi potesse essere rappresentato in misura superiore ai due terzi. La Corte dichiarò incostituzionali quelle disposizioni perché ritenute in contrasto con la precedente versione dell'art. 51.

Dopo l'entrata in vigore delle leggi costituzionali del 2001 e del 2003 appena citate, la Corte ha avuto modo di pronunciarsi su una legge regionale che si limitava a prevedere la presenza di candidati di entrambi i sessi nelle liste elettorali. In quest'occasione la Corte ha chiarito che le norme che favoriscono la parità di genere non si traducono in una violazione della libertà dei partiti politici, traducendosi in un vincolo che opera in una fase antecedente alla competizione elettorale (sent. 49/2003). La Corte ha precisato che la legge elettorale non può in ogni caso costituire riserve di elezione o alterare la parità di *chances* tra candidati e candidate. Il principio è oggi attuato tramite la riserva di una quota minima di candidati dell'uno o dell'altro sesso nelle liste elettorali ovvero tramite la doppia preferenza di genere. La l. 215/2012 e alcuni statuti regionali prevedono la necessaria presenza di entrambi i generi nella composizione delle Giunte (sent. Corte cost. 81/2012).

Infine l'art. 1376 l. 244/2007 prevede, in maniera molto generica, la presenza necessaria di entrambi i generi nella composizione del governo nazionale.

Una deroga ulteriore rispetto al requisito della cittadinanza è contenuta nel secondo comma, che fa riferimento ad una problematica categoria di soggetti: gli **italiani non appartenenti alla Repubblica**, che, ai fini dell'ammissione ai pubblici uffici e alle cariche elettive, sono parificati ai cittadini. La norma fu scritta anche a motivo degli accordi di pace intervenuti alla fine della Seconda guerra mondiale per cui popolazioni di lingua e cultura italiana furono inglobate in territori stranieri. Va però detto che la categoria era già oggetto di attenzione da parte dello Statuto albertino che li definiva 'italiani non regnicoli' La legge cui rinvia l'art. 51.2. non è mai stata adottata.

La previsione del terzo comma, per cui chi svolge funzioni pubbliche elettive ha diritto al tempo necessario e alla conservazione del posto di lavoro, si pone in attuazione dell'art. 3.2. e riguarda sia il lavoro pubblico che quello privato. La materia è disciplinata dall'art. 31 l. 300/1970 e, con riguardo alle amministrazioni locali, dall'art. 81 d.lgs. 267/2000.

### 4.1. *Magistrati e politica*

Gli artt. 15-20 della l. 71/2022 disciplinano finalmente il rapporto tra magistrati e politica. È infatti frequente la presenza di appartenenti alla magistratura, ordinaria e speciale, non solo all'interno delle assemblee legislative ma anche all'interno di compagini governative dei più diversi livelli territoriali. Fermo il diritto di elettorato passivo dei magistrati, la loro presenza in politica pone due ordini di questioni: 'in entrata', perché bisogna evitare, come è invece fino ad oggi accaduto, che il magistrato si candidi in circoscrizioni dove ha svolto le sue funzioni giurisdizionali, sfruttando così una posizione di vantaggio ed esponendosi ad evidenti dubbi circa la sua imparzialità; 'in uscita', perché, al termine del mandato elettorale o dell'incarico di governo o in caso di mancata elezione, è opportuno che il magistrato non torni ad esercitare immediatamente funzioni giurisdizionali, per l'evidente ragione che, anche in questo caso, l'imparzialità e l'indipendenza potrebbero essere messe in serio dubbio.

La l. 71/2022 ha posto un minimo di regole valide nei confronti di tutti i magistrati ordinari e speciali (amministrativi, contabili e militari), stabilendo, in entrata, l'ineleggibilità a una serie di cariche (da quella di parlamentare europeo a quella di assessore comunale) «se prestano servizio o hanno prestato servizio nei tre anni precedenti la data di accettazione della candidatura, presso sedi o uffici giudiziari con competenza ricadente, in tutto o in parte, nella Regione nella quale è compresa la circoscrizione elettorale» (art. 25.1 l. 71). Tale regola non si applica ai magistrati che esercitano le proprie funzioni, da almeno tre anni, presso le giurisdizioni superiori, con competenza territoriale a carattere nazionale (ad es., magistrati della Corte di cassazione o del Consiglio di Stato).

Venendo alla fase di uscita, il magistrato che si è candidato ma non è stato eletto non può, per i successivi tre anni, né tornare a svolgere funzioni giurisdizionali in uffici aventi sede nel territorio di una regione compresa nella circoscrizione elettorale in cui si sono candidati né tornare nell'ufficio in cui svolgeva le sue funzioni all'atto di candidarsi. È anche escluso che possano svolgere funzioni di giudice per le indagini preliminari o di pubblico ministero o assumere incarichi direttivi (art. 18 l. 71).

Con riguardo al magistrato che sia stato eletto o che abbia ricoperto cariche di governo e che torni in ruolo (vale a dire, torni a svolgere le funzioni giurisdizionali), l'art. 19 della legge prevede che esso possa esser collocato fuori ruolo o possa tornare in ruolo senza tuttavia poter svolgere attività direttamente giurisdizionale.

Infine, con riguardo al magistrato, che abbia ricoperto incarichi politico-amministrativi apicali (ad es., capo di gabinetto, Segretario generale della Presidenza del Consiglio dei ministri), la legge prevede che esso resti collocato fuori ruolo per un anno a far data dalla cessazione dell'incarico oppure possa tornare in ruolo senza svolgere, tuttavia, attività direttamente giurisdizionale. Infine, per il magistrato che abbia ricoperto incarichi di governo, è stabilito che rimanga fuori ruolo ovvero rientri in ruolo con destinazione, fino al pensionamento, ad incarichi non direttamente giurisdizionali (art. 20.1.-2. l. 71).

## CAPITOLO XXV

# I DOVERI COSTITUZIONALI E IL PRINCIPIO SOLIDARISTICO

SOMMARIO: 1. Il dovere di difesa della Patria (art. 52). – 2. Il dovere tributario (art. 53). – 3. Il dovere di fedeltà alla Repubblica (art. 54).

Nell'art. 2, accanto al principio personalista e pluralistico, si rinviene un principio solidaristico, racchiuso nella seconda parte della disposizione dedicata ai doveri. Principio personalista (diritti) e principio solidaristico (doveri) sono in rapporto di coessenzialità, enfatizzata dall'Assemblea costituente nella costruzione della disposizione in esame, piuttosto che in una supposta preminenza dei diritti sui doveri. A questo proposito va ricordato che è con la Costituzione francese del 22 agosto 1795 che diritti e doveri appaiono insieme, all'interno del medesimo testo costituzionale, anche se contenuti in due elenchi distinti ma consecutivi. Sempre in relazione al principio solidaristico, non va dimenticata l'influenza del pensiero cattolico, per un verso, e mazziniano per l'altro sull'opera dei Costituenti.

La parte finale del Titolo IV della parte I non può considerarsi esaustiva dei doveri costituzionali visto che singoli doveri sono stati oggetto di disciplina in altre sedi, come nel caso del dovere del lavoro (art. 4), dell'obbligo di prestazioni personali e patrimoniali (art. 23), dei doveri dei genitori verso i figli (art. 30), del dovere di sottoporsi a trattamenti sanitari (art. 32), del dovere di istruzione (art. 34).

### 1. *Il dovere di difesa della Patria (art. 52)*

Lo Statuto albertino prevedeva una riserva di legge per la leva militare (art. 75) e la creazione di una milizia comunale (art. 76).

La disposizione disciplina un dovere del cittadino – la **difesa della Patria** – aggettivato come «sacro» per enfatizzarne l'importanza. Va respinta l'idea secondo cui tale dovere non sarebbe altro che una specificazione del dovere di fedeltà alla

Repubblica sia perché Patria è qualcosa di diverso da Repubblica sia perché l'oggetto della disposizione è la difesa della Patria, con ciò alludendosi alla tutela armata del territorio.

Il dovere in esame può essere assolto sia con la difesa armata sia attraverso altre attività (come il servizio civile). Se per i Costituenti il dovere si concretizzava, in particolare, nella tutela armata del territorio nella dimensione internazionale, oggi l'idea di Patria – che, oltre alla difesa del territorio, include anche i principi e valori della Costituzione – dovrebbe essere legata anche a dimensioni ulteriori di solidarietà economica, sociale e intergenerazionale.

Dal dovere in questione, oltre che dagli artt. 11 e 117, può farsi discendere il monopolio pubblico della forza nonché il divieto di ricorso al 'mercenarismo' privato, giacché quest'ultimo si traduce in una sostanziale sottrazione delle missioni estere al controllo da parte delle Forze armate.

Il secondo comma, nel porre una riserva di legge, fa espresso riferimento al servizio militare obbligatorio. A partire dagli anni Settanta dello scorso secolo si è posta la questione dell'**obiezione di coscienza** al servizio militare, questione risolta con la l. 230/1998, che ha permesso l'opzione per un servizio civile alternativo (sulla scia anche di alcune importanti sentenze della Corte cost.: 113/1986 e 467/1991). La legge configura l'obiezione come un vero e proprio **diritto**, eliminando ogni discrezionalità della P.A. nella valutazione delle domande.

Anche l'**obbligatorietà del servizio militare o civile** ha subito, nel tempo, una diversa declinazione. Con la l. 331/2000 è stata prevista la sua sostituzione con il servizio volontario in ferma prefissata, stabilendosi che solo in due casi può tornarsi all'obbligatorietà: in caso di deliberazione dello stato di guerra ai sensi dell'art. 78 e in caso di grave crisi internazionale, che coinvolga l'Italia direttamente o a causa dell'appartenenza ad un'organizzazione internazionale (art. 2.1.). Per effetto di questa profonda trasformazione del servizio di leva anche il servizio civile nazionale, istituito con l. 64/2001 e d.lgs. 77/2002 come alternativo al servizio militare obbligatorio, è divenuto uno strumento piuttosto marginale ai fini della difesa della Patria.

L'adempimento del servizio militare non deve incidere sulla posizione di lavoro del cittadino né sull'esercizio dei suoi diritti politici, afferma la parte finale del secondo comma. Quanto a questi ultimi, la Costituzione ne garantisce, oltre che la titolarità, anche l'esercizio effettivo.

Il terzo comma prende in considerazione le «**Forze armate**», alludendo così a una pluralità delle stesse. La l. 382/1978 fa rientrare nelle Forze armate l'Esercito, la Marina e l'Aeronautica; con l. 78/2000 vi è stata un'estensione anche all'Arma dei Carabinieri. Da questa disposizione va ricavato un divieto di istituzione di milizie volontarie non rientranti nelle Forze armate.

Nell'ordinamento militare i rapporti intersoggettivi sono regolati tendenzialmente dalla gerarchia, dalla supremazia e quindi dalla corrispondente subordinazione. Tuttavia l'ordinamento delle Forze armate è parte dell'ordinamento dello

Stato, con la conseguenza che, pur essendo retto dal punto di vista organizzativo da principi differenti rispetto a quelli presenti nelle altre strutture repubblicane, l'ordinamento delle Forze armate non può ritenersi avulso dallo spirito democratico della Repubblica (Bascherini, 2017, 80). Le Forze armate sono infatti poste sotto il comando supremo del Presidente della Repubblica (art. 87) e sotto la direzione politica ed amministrativa del Governo, che è a sua volta responsabile nei confronti del Parlamento.

In attuazione della prescrizione costituzionale, che vuole le Forze armate come 'istituzione al di fuori e al di sopra della politica' (secondo l'espressione di U. Merlin in Assemblea costituente), l'art. 6.1 l. 382/1972 fissa il principio di neutralità politica delle Forze armate, che, pur non implicando apoliticità o indifferenza, contiene il dovere di mantenersi al di fuori delle competizioni politiche.

L'appartenenza alle Forze armate può comportare alcune **limitazioni ai diritti fondamentali**, soprattutto in materia di riunione, associazione, manifestazione del pensiero. Ricordiamo che l'art. 98.3. prevede espressamente che si possa limitare il diritto d'iscrizione ai partiti politici dei militari.

La partecipazione dell'Italia a missioni militari internazionali può svolgersi a condizione che ciò avvenga nel quadro di quanto stabilisce l'art. 11.

## 2. *Il dovere tributario (art. 53)*

L'art. 25 dello Statuto albertino prevedeva: «*Essi* [i regnicoli] *contribuiscono indistintamente, nella proporzione dei loro averi, ai carichi dello Stato*».

Imponendo un espresso dovere nei confronti della generalità dei consociati, l'art. 53 indica i principi della partecipazione dei cittadini alla spesa pubblica. Accenniamo quindi ad alcuni tratti generali di questa disposizione, fondamentale per la costruzione del sistema tributario.

Centrale per la realizzazione del progetto di società prefigurato dalla Costituzione è l'esistenza di un adeguato assetto organizzativo pubblico, capace di raccogliere i mezzi finanziari necessari per l'adempimento delle funzioni pubbliche. L'amministrazione finanziaria pubblica si regge dunque sul c.d. **interesse fiscale**, che si ricava dal primo comma.

La **capacità contributiva** è assunta come fondamento ma anche come limite dell'imposizione: il ricorrere di eventi che conferiscono forza economica al contribuente costituisce il presupposto del pagamento del tributo. Ciò implica che essa determina l'ampiezza della partecipazione del soggetto a carico delle spese pubbliche, ma anche che al di sotto di un certo limite non vi è capacità contributiva e non vi può essere imposizione fiscale (sent. Corte cost. 10/2015). La Corte costituzionale, a proposito della capacità contributiva, ragiona di idoneità alla obbligazione da imposta, ravvisata in ogni indice di ricchezza, secondo valutazioni che deve compiere il legislatore, con il limite, controllabile dalla Corte, della ragionevolezza (sent. 109/1967). All'indefinito criterio della ragionevolezza sono dunque affidati il livello minimo e quello massimo di imposizione.

La capacità contributiva ha ad oggetto la ricchezza (con la conseguenza che, ad esempio, sarebbe illegittima una tassa sul celibato, come accadeva nel periodo fascista). La ricchezza deve essere attuale, nel senso che il legislatore non può prendere a riferimento parametri di ricchezza esistenti nel passato ma non più disponibili nel presente.

La disposizione estende il dovere in capo a tutti coloro che sono attivi, dal punto di vista della produzione di reddito, sul territorio italiano: non solo i cittadini italiani ma tutti coloro che producono reddito sul territorio italiano (Lombardi, 1967, 386).

A differenza di quanto prevedeva lo Statuto, il secondo comma si pone in diretta attuazione del principio di eguaglianza sostanziale. Infatti all'aumentare del reddito, regredisce il principio di proporzionalità per fare spazio a **criteri di progressività**, favorendosi così un fine redistributivo della ricchezza. In altre parole, un tributo risulta essere ispirato al criterio di progressività se incide in misura maggiore su coloro che mostrano di avere una maggiore capacità contributiva. L'effetto redistributivo sta nel fatto che il tributo ispirato alla progressività grava in misura più che proporzionale sui soggetti più ricchi e meno che proporzionale sui soggetti più poveri.

Notiamo che la Corte costituzionale, sulla scia di un orientamento già presente in Assemblea costituente, non richiede che ogni singolo tributo sia ispirato al principio di progressività; piuttosto chiede che lo sia il sistema tributario nel suo complesso (a partire dalla sent. 12/1960; da ultimo sent. 269/2017). Questa giurisprudenza presenta degli elementi di criticità perché non garantisce la precisione del controllo di costituzionalità sul singolo tributo dal punto di vista della progressività. Il sistema tributario, tendenzialmente, vede applicato il principio alle **imposte dirette** (quelle che incidono sul reddito e sul patrimonio), non anche alle **imposte indirette** (quelle che colpiscono indirette manifestazioni di consumo, come scambi, consumi) o reali (collegate cioè ad un bene).

## 3. *Il dovere di fedeltà alla Repubblica (art. 54)*

Anche l'art. 54 prevede dei doveri in capo al cittadino (e non solo): **fedeltà alla Repubblica** e **osservanza della Costituzione e delle leggi** sono quelli fissati al primo comma.

A proposito del dovere di fedeltà varie sono state le interpretazioni: per alcuni, esso implica un dovere del cittadino di agire come membro della Repubblica, soprattutto nei momenti di crisi e di debolezza, allorquando le leggi, i giudici, gli organi pubblici non siano in grado di far valere la fedeltà (Esposito, 1958, 52, nt. 120); per altri, esso dà vita a un dovere di aderire ai valori della Costituzione repubblicana, in particolare a quei principi che si pongono come limite assoluto alla revisione costituzionale (Lombardi, 1967, 146 ss.); altri autori ancora hanno insistito sulla fedeltà alla Costituzione nel suo insieme e all'ordine democratico, e quindi alla natura pluralistica dell'ordinamento italiano, un vincolo che si estenderebbe anche al non cittadino, pur se in misura diversa rispetto al cittadino (Ventura, 1994, 47 ss.). Un altro interessante orientamento parte dalla distinzione tra le 'democrazie che si difendono' e 'democrazie aperte': nelle prime l'obbligo di fedeltà implicherebbe adesione ai valori fondamentali dell'ordinamento (con la conseguenza che sono vietati i partiti politici che si contrappongono ai principi fondamentali e sono punibili i cittadini che manifestano idee contrarie a tali principi con la perdita o limitazione di alcuni diritti fondamentali), nelle seconde (tra le quali rientrerebbe l'Italia) tale obbligo sarebbe molto meno intenso limitandosi a proibire solo le azioni violente e illegali, non anche il dissenso e il pensiero contrario ai valori fondamentali dell'ordinamento (Cerri, 1983, 751 ss.).

Il dovere di fedeltà alla Repubblica implica, indubbiamente, un *quid pluris* rispetto alla osservanza delle leggi. Le tesi che hanno posto in risalto l'adesione ai principi supremi, irrivedibili, paiono cogliere nel segno l'essenza dell'obbligo di fedeltà, inteso come ricerca continua di integrazione intorno a ciò che caratterizza la Repubblica (Morelli, 2013, 65). Tale maggiore intensità permette di distinguerlo dal dovere di osservare la Costituzione e leggi, che vale anche per gli stranieri.

Al comma secondo la Costituzione richiede che i cittadini cui sono affidate funzioni pubbliche vi adempiano con «disciplina ed onore»: la disposizione giustifica obblighi e limiti ulteriori rispetto a quelli previsti per il cittadino comune ed è il fondamento del potere disciplinare della P.A. nei confronti dei funzionari pubblici.

Quanto al **giuramento** come requisito per l'adempimento di alcune pubbliche funzioni, la Costituzione lo prevede espressamente in alcuni casi (così per il Presidente della Repubblica, per il Presidente del consiglio e per i Ministri); in altri casi esso è previsto dalla legge ordinaria: così per i giudici costituzionali e i magistrati in genere, i Sindaci, ecc. In Assemblea costituente si discusse molto sul se sottoporre i parlamentari al giuramento, giungendosi ad una conclusione negativa. In altri casi ancora, la Costituzione consente deroghe in ragione di altri interessi pubblici. Questo spiega, ad esempio, perché i professori universitari siano esentati dall'obbligo di giuramento (a tutela della libertà d'insegnamento).

Parte Sesta

# LA GIUSTIZIA COSTITUZIONALE

## CAPITOLO XXVI

# LA CORTE COSTITUZIONALE

SOMMARIO: 1. La funzione e i modelli storici delle giurisdizioni costituzionali. – 2. L'istituzione e la stabilizzazione della Corte. – 3. La composizione e l'organizzazione. – 4. I principi di funzionamento. – 5. Le fonti normative di disciplina. – 6. I procedimenti dinanzi alla Corte. – 6.1. Il controllo di costituzionalità delle leggi. – 6.1.1. Gli atti sottoposti a controllo. – 6.1.2. Il parametro del giudizio. – 6.1.3. I vizi della legge. – 6.1.4. Il giudizio in via incidentale. – 6.1.5. Il giudizio in via principale. – 6.2. I conflitti di attribuzione. – 6.2.1. I conflitti di attribuzione tra poteri dello Stato. – 6.2.2. I conflitti tra Stato e Regioni. – 6.3. Ammissibilità del referendum abrogativo. – 6.4. L'accusa nei confronti del Presidente della Repubblica. – 7. La decisione. – 7.1. Sentenze, ordinanze e decreti. – 7.2. Le decisioni che definiscono il giudizio. – 7.2.1. Le decisioni meramente processuali. – 7.2.2. Le decisioni di merito (sentenze di accoglimento e rigetto).

## 1. *La funzione e i modelli storici delle giurisdizioni costituzionali*

Le costituzioni scritte e rigide prevedono normalmente un organo di natura giurisdizionale chiamato ad assicurare il rispetto delle disposizioni costituzionali da parte delle leggi e degli atti aventi valore di legge. In tal modo si evita che le norme costituzionali possano essere travolte dalla legislazione ordinaria.

In questa prospettiva è significativo che la Costituzione italiana disciplini la Corte costituzionale al Titolo VI della Parte II, dedicato alle Garanzie costituzionali. La Corte costituzionale è dunque, anche dal punto di vista sistematico, l'organo di chiusura dell'ordinamento giuridico italiano [1].

Storicamente il primo famoso esempio di giurisdizione costituzionale si è avuto negli Stati Uniti d'America. Nel 1803 la Corte suprema federale – che, si badi bene, non era stata prevista con questa funzione di controllo sulle leggi – adotta una celebre sentenza (Marbury contro Madison) con la quale il suo presidente, il *Chief Justice* J. Marshall, dichiarò nulla una legge perché ritenuta contraria alla Costituzione degli Stati Uniti, sul presupposto che la Costituzione fosse un *higher law*, una norma superiore rispetto alla legge ordinaria.

---

[1] La sede della Corte costituzionale si trova a Roma, presso il Palazzo della Consulta; per questo motivo, la Corte costituzionale viene talvolta indicata con il nome della sua sede, 'la Consulta'.

Il controllo di costituzionalità nasce dunque negli Stati Uniti d'America, all'interno di un sistema giuridico che, riprendendo in maniera innovativa l'idea inglese della costituzione temperata ed equilibrata, aveva fatto della separazione dei poteri e soprattutto della subordinazione del potere legislativo alla Costituzione le idee portanti della propria Costituzione. In Europa, invece, un controllo sulle leggi fatica molto più ad imporsi in quanto l'idea della sovranità del legislatore, in sé e per sé o in quanto rappresentante del popolo, mal si concilia con un controllo esterno sullo stesso. Il controllo di costituzionalità, di conseguenza, comincerà a diffondersi sul continente europeo solo nel XX secolo. La costituzione austriaca del 1920, alla cui redazione partecipò anche H. Kelsen, fu la prima a prevedere una Corte costituzionale (ted. *Verfassungsgerichtshof*), con funzioni di controllo della costituzionalità delle leggi. Il modello kelseniano fu poi recepito, alla fine della Seconda guerra mondiale, in molti Stati, tra cui l'Italia.

Sono in particolare le costituzioni elaborate alla fine del secondo conflitto mondiale ad affidare a tribunali o corti costituzionali un ruolo rilevante, spesso diretto non al solo controllo di legittimità costituzionale delle leggi bensì anche alla composizione dei conflitti tra organi e poteri dello Stato. Attraverso la giuridificazione del conflitto politico, espresso al suo massimo livello, i tribunali rafforzano così, in situazioni di normalità sociale e politica, quella funzione di stabilità e certezza affidata alla costituzione. Inoltre, poiché le costituzioni del Novecento contengono, in genere, accurati elenchi di diritti fondamentali, il controllo delle giurisdizioni costituzionali sulle leggi servirà anche ad assicurare il rispetto di tali diritti (Groppi, Olivetti, 2003).

Il modo in cui sono organizzate le giurisdizioni costituzionali e le funzioni da esse svolte possono essere molto diversi a seconda dell'ordinamento giuridico di riferimento. Le due principali distinzioni riguardano i soggetti chiamati a svolgere il controllo e il momento in cui tale controllo viene effettuato.

Una prima distinzione è quella tra modelli diffusi e accentrati di controllo della costituzionalità. Il **modello diffuso** nasce negli Stati Uniti e si basa sul potere di ciascun giudice (non solo della Corte suprema federale) di svolgere il sindacato di costituzionalità: nel caso in cui il giudice dovesse ritenere una disposizione di legge, che lo stesso giudice è chiamato ad applicare in giudizio, in contrasto con la Costituzione, egli avrà il potere di disapplicare la legge nel caso concreto; l'unico limite che il giudice incontra è quello del precedente giurisprudenziale e delle decisioni adottate dagli organi giurisdizionali di grado più elevato (questo modello è anche indicato come *judicial review*). Possiamo quindi notare (e così introduciamo la seconda distinzione) che in tale sistema il controllo è **concreto**, in quanto si svolge nel corso di una controversia sulla quale è chiamato a decidere il giudice, e **successivo** poiché il controllo interviene successivamente all'entrata in vigore della legge.

Nel **modello accentrato** (al quale appartiene anche il nostro ordinamento) il controllo di costituzionalità è svolto da un organo *ad hoc*, specializzato; tale modello è diffuso soprattutto in Europa. Storicamente questo tipo di giurisdizione nasce per risolvere le controversie tra le diverse componenti degli Stati federali (in particolare in Austria nel 1867 e in Svizzera nel 1874). Su questa base esso si sviluppa ulteriormente assommando, oltre alla funzione di soluzione dei conflitti tra Federazione e Stati membri, anche quella del controllo di costituzionalità delle leggi. La prima compiuta esperienza fu, come detto, quella del Tribunale costituzionale della Costituzione austriaca del 1920.

Nel modello accentrato il controllo sulle leggi può essere sia preventivo che successivo rispetto all'entrata in vigore della legge. Se preventivo, il controllo avrà un carattere **astratto**, vale a dire che la costituzionalità della legge viene valutata indipendentemente dalla sua concreta applicazione; di conseguenza, l'eventuale dichiarazione d'incostituzionalità avrà effetti generali (e potrà assumere la forma dell'abrogazione o dell'annullamento).

## 2. *L'istituzione e la stabilizzazione della Corte*

Un vero e proprio organo di giurisdizione costituzionale prende forma, in Italia, solo con la Costituzione del 1948 (Bonini, 1996). Tuttavia è possibile rinvenire, nell'ambito delle attribuzioni di alcuni organi, un primissimo abbozzo di funzioni che poi verranno meglio definite e attribuite alla Corte costituzionale.

L'art. 36 dello Statuto albertino prevedeva che il Senato si costituisse in Alta Corte di Giustizia per giudicare dei «crimini di alto tradimento e di attentato alla sicurezza dello Stato» da chiunque commessi (in tal caso era necessario un decreto del Re) e per «giudicare i ministri accusati dalla Camera dei deputati» (in questo caso non era necessario il decreto del Re). Si tratta di un modello di 'giustizia politica' da tenere presente allorché sarà esaminato il giudizio di accusa nei confronti del Presidente della Repubblica (e dei ministri).

Va poi segnalata la previsione – contenuta nell'art. 23 l. 4/1929 – del controllo affidato alla Corte di cassazione sull'applicabilità di norme penali relative a tributi adottate in violazione di quanto disponeva l'art. 1 della medesima legge. Il controllo era accentrato presso la Corte di cassazione ma era azionato su iniziativa dei giudici ordinari.

Infine, un più effettivo precedente della Corte costituzionale può essere considerata **l'Alta Corte per la Regione Siciliana** (r.d.lgs. 455/1946 e poi l. cost. 2/1948). Composta da sei membri effettivi e due supplenti, eletti in parti uguali dal Parlamento e dall'Assemblea regionale siciliana, essa giudicava (*ex* artt. 25-27 Statuto della Regione Sicilia): a) sulla costituzionalità delle leggi della Regione siciliana; b) sulla costituzionalità delle leggi e dei regolamenti statali; c) sui reati del Presidente e degli assessori regionali nell'esercizio delle loro funzioni, sulla base di un'accusa promossa dall'Assemblea ovvero dal Commissario dello Stato presso la Regione. L'Alta Corte è stata attiva fino al 1955; poi, in maniera alquanto tortuosa, il suo funzionamento è venuto meno per effetto di alcune decisioni della Corte costituzionale (sentt. 38/1957, 6/1970, 161/2001).

In Assemblea costituente, a deciso favore dell'istituzione della Corte costituzionale si schierò la Democrazia Cristiana, mentre sia i partiti di sinistra che gli esponenti del precedente regime liberale non nascosero la loro contrarietà alla previsione di un organo chiamato a controllare la legge del Parlamento.

Diverse furono le questioni, anche tecniche, che furono discusse in ordine all'organizzazione e alle funzioni della Corte costituzionale (D'Orazio, 1981, 56 ss.). Può tuttavia osservarsi che la questione principale concerneva il modello di giustizia costituzionale da adottare. Due furono gli orientamenti che si contesero il campo: il primo concepiva il sindacato sulle leggi come un mezzo per tutelare i diritti fondamentali, prediligendo il modello del sindacato diffuso (sulla falsariga del modello statunitense); il secondo mirava soprattutto ad impedire che il potere legislativo potesse mettere in discussione l'opera del potere costituente. Il Ministero per la Costituente diede incarico a una commissione, la c.d. Commissione Forti (dal nome del suo presidente), di studiare le forme possibili di riorganizzazione dello Stato[2]. Già all'interno di questa Commissione il secondo orientamento apparve decisamente prevalente sul primo.

In Assemblea costituente la medesima questione fu affrontata dalla seconda sottocommissione, all'interno della quale furono redatti tre diversi progetti analitici (ad opera di Pietro Calamandrei, Giovanni Leone e Gennaro Patricolo). Dalla lettura di questi progetti si conferma la prevalenza del rigetto del modello del sindacato diffuso. È molto probabile che l'ostilità nei confronti del sindacato diffuso di costituzionalità fosse dovuto, per un verso, a una risalente diffidenza nei confronti del potere giurisdizionale, che nella tradizionale costituzionalistica continentale è tendenzialmente subordinato al potere legislativo e, per l'altro, alla consapevolezza dell'intenso legame che si era creato nel tempo tra la magistratura e la dittatura fascista. In un momento successivo, quando il lavoro si spostò presso la Commissione dei 75, Luigi Einaudi, futuro Presidente della Repubblica e autorevole esponente del Partito liberale, provò a rilanciare l'idea del *judicial review*, ma la sua proposta non incontrò il favore dei commissari.

La disciplina costituzionale prodotta dall'Assemblea costituente – gli artt. 134-137 – concerne le attribuzioni, la composizione e l'efficacia delle decisioni. Ciò che viene lasciato consapevolmente in sospeso è il tema delle modalità di accesso alla Corte. In effetti, sia in ragione dell'indicata contrapposizione tra due modelli sia in ragione della scarsità di tempo, l'Assemblea approvò un emendamento (c.d. emendamento Arata), con il quale sostanzialmente rinviava la disciplina delle

---

[2] Al Ministero per la Costituente, istituito con d.lgs.lgt. 435/1945, fu attribuito il compito di «preparare la convocazione dell'Assemblea costituente e di predisporre gli elementi per lo studio della nuova Costituzione che dovrà determinare l'aspetto politico dello Stato e le linee direttive della sua azione economica e sociale» (art. 2 d.lgs.lgt. 435/1945).

modalità di introduzione del giudizio. Tale legge fu adottata dopo poche settimane, nelle forme della legge costituzionale (l. cost. 1/1948). In maniera del tutto imprevista, questa normativa, come si vedrà meglio più avanti, diede ampio spazio al sindacato di tipo incidentale, cioè indiretto e concreto, rispetto a quello diretto e astratto.

Come accadde per l'istituto delle Regioni, anche la Corte costituzionale non ricevette immediata **attuazione**, iniziando a lavorare solo nel 1956 (la prima udienza è del 23 aprile 1956). Forte fu infatti la ritrosia del sistema politico nei confronti di un organo con poteri di controllo sull'attività principale del Parlamento. Tra il 1948 e il 1956 il sindacato di legittimità costituzionale sulle leggi fu svolto dai giudici comuni in forza di quanto disposto dal secondo comma della VII disp. trans. fin., secondo cui «*fino a quando non entri in funzione la Corte costituzionale, la decisione delle controversie indicate nell'art. 134 ha luogo nelle forme e nei limiti delle norme preesistenti all'entrata in vigore della Costituzione*».

Di fatto, i giudici comuni, che avrebbero potuto esercitare il controllo con effetti solo *inter partes*, non utilizzarono questo strumento. Nella giurisprudenza, soprattutto delle Corti superiori, prevalse l'orientamento che distingueva tra norme programmatiche e precettive (cfr. cap. XII.1) e che attribuiva carattere vincolante solo a queste ultime: non è difficile scorgere in tale orientamento dogmatico un riflesso del più diffuso atteggiamento politico di svalutazione della portata innovativa della Costituzione rispetto al precedente ordinamento giuridico (c.d. ostruzionismo di maggioranza).

Di tale atteggiamento svalutativo era ulteriore testimonianza la distinzione, presente nella giurisprudenza, tra legislazione pre-costituzionale e legislazione successiva. I giudici dell'epoca, soprattutto quelli di legittimità, lessero questo rapporto in termini di successione di leggi nel tempo, ritenendo che l'entrata in vigore della Costituzione provocasse fenomeni di abrogazione in base al criterio per cui la legge successiva (la Costituzione) abroga quella precedente. Ragionando però in questi termini, si finiva per disconoscere il valore di *lex superior* della Costituzione, che avrebbe dovuto implicare fenomeni di illegittimità costituzionale sopravvenuta. Fu la Corte costituzionale, nella sua prima sentenza, a fare propria questa seconda impostazione.

Gli oltre sessant'anni di esistenza della Corte hanno permesso alla dottrina una **periodizzazione** della sua attività. Nella fase iniziale che arriva fino al termine degli anni Sessanta, la Corte si confronta con la legislazione del periodo statutario e soprattutto fascista, intervenendo in maniera decisa e contribuendo alla democratizzazione della vita politica italiana.

Nel periodo successivo la Corte inizia a confrontarsi con le leggi del Parlamento repubblicano. L'intervento della Corte arriva, però, in ritardo, anche perché l'attività della Corte, nel biennio 1977-79, sarà completamente bloccata dal **processo *Lockheed*** (una storia di tangenti a Ministri per favorire l'acquisto di determinati beni rispetto a quelli di ditte concorrenti). Fu, questo, l'unico ed ultimo caso di giudizi di accusa nei confronti di Ministri, che tuttavia impegnò la Corte in maniera talmente assorbente da impedirle di svolgere tutti gli altri giudizi. Ciò provocò un arretrato che la Corte riuscì ad assorbire, con un impegno meritorio, negli anni che vanno dal 1987 al 1989.

Inizia così una terza fase che coincide, sostanzialmente, con la crisi istituzionale avvenuta ad inizio degli anni Novanta. In questa fase la Corte, pur mantenendo un atteggiamento assolutamente neutrale e indipendente, diviene un importante attore del sistema istituzionale per una serie di motivi. Innanzitutto la Corte, recuperato il ritardo nei tempi di decisione, comincia a intervenire tempestivamente sulle leggi del Parlamento, garantendo una più pronta difesa dei diritti fondamentali. In secondo luogo, essa diventa un importante elemento di razionalità rispetto all'esasperato e immaturo confronto politico, non abituato ancora alla logica tendenzialmente bipolare dettata dal nuovo sistema elettorale. Infine, in conseguenza delle due importanti leggi di revisione costituzionale – la l. cost. 1/1999 e la l. cost. 3/2001 – che hanno modificato in profondità tutto il Titolo V della Parte II della Costituzione, la Corte ha svolto un ruolo fondamentale nell'opera di concretizzazione e di sistemazione delle nuove norme costituzionali.

Negli anni più recenti la Corte si è impegnata in un consapevole e rinnovato dialogo con la Corte di giustizia dell'Unione europea e con la Corte europea dei diritti dell'uomo. Allo stesso tempo essa ha rafforzato i propri canali di comunicazione con l''esterno'. Oltre alla tradizionale conferenza annuale la Corte ha infatti migliorato il proprio sito *web*, dove possono leggersi tutte le decisioni dal 1956 ad oggi; ha inoltre posto in essere alcune iniziative, come il 'viaggio in Italia' e la predisposizione di *podcast* tenuti dai giudici costituzionali, utili ad una migliore comunicazione istituzionale. Per alcune decisioni particolarmente importanti la Corte ha introdotto l'uso di adottare un comunicato stampa subito dopo l'udienza in maniera tale da comunicare speditamente l'esito della decisione.

## 3. *La composizione e l'organizzazione*

L'art. 135 prevede che la Corte costituzionale sia composta da **quindici giudici**, nominati per un terzo dal Presidente della Repubblica, per un terzo dal Parlamento in seduta comune e per un terzo dalle supreme magistrature ordinaria ed amministrative. La Corte costituzionale non è dunque determinata da un solo potere (come avviene negli Stati Uniti o nella Repubblica federale tedesca) e viene rinnovata progressivamente, ogni volta che un giudice termina il suo mandato. Questo sistema garantisce la continuità dell'organo e della sua giurisprudenza.

I cinque giudici eletti dal **Parlamento in seduta comune** sono eletti con la maggioranza dei due terzi dei componenti. Dopo la terza votazione è sufficiente una maggioranza dei tre quinti dei componenti (art. 3 l. cost. 2/1967). Il *quorum* previsto è più elevato persino di quello necessario per eleggere il Presidente della

Repubblica, per il quale, dopo il terzo scrutinio, è sufficiente la maggioranza assoluta. Con ciò viene sottratta alla maggioranza di governo la possibilità di scegliere i 'propri' giudici: per l'elezione di un giudice costituzionale la maggioranza deve sempre cercare l'intesa con l'opposizione.

Per questa ragione la nomina dei giudici di provenienza parlamentare può richiedere molto tempo e plurime votazioni, per quanto la legge prescriva che la nomina vada effettuata entro un mese dalla scadenza del mandato (art. 5.2. l. cost. 2/1967). Fino all'inizio degli anni Novanta esistevano criteri abbastanza certi, di natura convenzionale, sul modo in cui ripartire la nomina dei giudici di provenienza parlamentare in base ai rapporti di forza esistenti all'interno del sistema partitico: alla Democrazia Cristiana spettavano due giudici, al Partito Comunista uno, al Partito Socialista uno e uno ai partiti più piccoli. Con i cambiamenti del sistema partitico intervenuti ad inizio degli anni Novanta, questi criteri son venuti meno sicché l'accordo viene oggi raggiunto di volta in volta tra maggioranza e opposizione.

I ritardi legati alla nomina dei giudici di provenienza parlamentare possono mettere a rischio l'attività della Corte giacché essa, per poter funzionare, non può scendere al di sotto di **undici** membri. È l'art. 16.2. l. 87/1953 a prevedere tale numero minimo di undici giudici[3]. Si noti che il numero non è casuale: richiedendo un *quorum* minimo di 11 giudici, la legge assicura la presenza di tutte e tre le componenti della Corte.

La previsione di un *quorum* strutturale così alto, da un lato, conferisce maggiore forza e legittimità alle decisioni della Corte, dall'altro rende non facile il lavoro dei giudici, costringendoli a deliberare in una composizione molto ampia. Va aggiunto che, in base a quanto dispone l'art. 16.3. l. 87/1953 le decisioni possono essere deliberate solo dai giudici presenti a tutte le udienze in cui si è svolto il giudizio. Per la prima volta, nel 2002, la prevista udienza non ha potuto aver luogo proprio perché il *quorum* degli undici giudici venne a mancare (per una serie di ragioni, tra cui principalmente il ritardo del Parlamento nella sostituzione di due giudici scaduti di provenienza parlamentare) (Pinardi, 2003, 1819 ss.).

La nomina dei cinque giudici nominati dalle **supreme magistrature** è regolata dall'art. 2 l. 87/1953: la Corte di cassazione nomina tre giudici, il Consiglio di Stato ne nomina uno e così anche la Corte dei conti. Per godere dell'elettorato attivo e passivo è necessario un doppio requisito: bisogna avere sia la qualifica che le funzioni di giudice di Cassazione, di consigliere di Consiglio di Stato e di Corte dei conti.

Il potere di nomina da parte del **Presidente della Repubblica** è di particolare importanza in quanto serve a bilanciare il peso politico all'interno della Corte. Il Presidente della Repubblica si sforza innanzitutto di preservare l'equilibrio tra maggioranza e opposizione. Questa funzione equilibratrice è riconosciuta d'altronde dalla stessa l. 87/1953, il cui art. 1 evoca il potere di nomina del Presidente della

[3] Nei giudizi di accusa, poiché la composizione della Corte muta, il *quorum* sale a 21 giudici.

Repubblica da ultimo, dopo quello del Parlamento e delle supreme magistrature. Il potere di nomina appartiene al Presidente, sicché la controfirma del Presidente del Consiglio ha valore solo di controllo (art. 4 l. 87/1953).

Secondo l'art. 135.2. i giudici della Corte «sono scelti tra i magistrati anche a riposo delle giurisdizioni superiori ordinaria ed amministrativa, i professori ordinari di università in materie giuridiche e gli avvocati dopo venti anni di servizio». È chiara l'opzione tecnica, piuttosto che politica, compiuta dall'Assemblea costituente. Rispetto ad altri tribunali costituzionali, in Italia la magistratura gioca un ruolo particolarmente importante nella composizione della Corte costituzionale: questo è un elemento di estrema importanza, che garantisce un collegamento costante fra la Corte costituzionale e la magistratura, ciò che è essenziale per il buon funzionamento della principale competenza della Corte costituzionale, cioè il giudizio in via incidentale.

Formalmente non esiste alcun collegamento fra il potere di nomina e le categorie professionali all'interno delle quali possono essere scelti i giudici, con la conseguenza che, astrattamente, la Corte di cassazione potrebbe eleggere un professore, il Parlamento potrebbe eleggere un giudice e così via. Di fatto, però, le supreme giurisdizioni hanno sempre scelto di eleggere i giudici costituzionali al proprio interno; ugualmente molto raramente il Presidente della Repubblica o il Parlamento hanno scelto un magistrato.

Il **mandato** dei giudici costituzionali dura **nove anni** (fino al 1967 si estendeva a dodici anni), che decorrono dalla data del giuramento nelle mani del Presidente della Repubblica, alla presenza dei Presidenti della Camera e del Senato. L'esistenza dei requisiti soggettivi viene previamente accertata e convalidata ad opera della stessa Corte. Fra gli organi costituzionali si tratta della carica dalla durata più estesa, superiore a quella del mandato parlamentare (cinque anni) e di Presidente della Repubblica (sette anni). Evidentemente la durata del mandato è funzionale all'indipendenza del giudice. Non è prevista la rielezione. Anche la ***prorogatio*** non è prevista sicché il giudice termina il proprio mandato allo scadere dei nove anni. Il mandato del giudice può terminare anticipatamente solo nel caso di dimissioni (verificatesi in tre occasioni) (art. 17 Reg. gen.), rimozione da parte della stessa Corte a maggioranza dei 2/3 nei casi di incapacità fisica o civile o per gravi mancanze (artt. 3 l. cost. 1/1948 e 7 l. cost. 1/1953), o per decadenza in seguito al mancato esercizio delle funzioni per 6 mesi (art. 8 l. cost. 1/1953).

L'incarico di giudice costituzionale è a tempo pieno. La Costituzione prevede espressamente l'**incompatibilità** con l'ufficio di membro del Parlamento o di un Consiglio regionale e con l'esercizio della professione di avvocato (art. 135.6.). Il rinvio alle ulteriori incompatibilità stabilite dalla legge è stato concretizzato con la l. 87/1953, che ha stabilito più precise incompatibilità, che fanno sì che il giudice costituzionale non possa di fatto svolgere alcuna altra attività. L'art. 8 della legge prevede un divieto di svolgimento di attività inerenti ad un'associazione o a un partito politico.

A tutela dell'indipendenza del giudice sono previste alcune **immunità**: a) l'insindacabilità e la non responsabilità per le opinioni e i voti espressi nell'esercizio delle funzioni (art. 5 l. cost. 1/1953); b) l'immunità penale ai sensi dell'art. 3.3. l. cost. 1/1948, che rinvia all'art. 68[4]. Finora non vi è mai stata necessità di applicare alcuna di queste prerogative. Anche l'**indennità** serve a garantire l'indipendenza del giudice. La legge stabilisce che essa non possa essere inferiore a quella del più alto magistrato della giurisdizione ordinaria (artt. 6 l. cost. 1/1953, 12 l. 87/1953 e 37 l. 289/2002).

Le norme integrative, dettate dalla stessa Corte, stabiliscono che, tranne che nel giudizio di accusa nei confronti del Presidente della Repubblica, ai giudici costituzionali non si applicano le regole relative all'astensione e alla ricusazione dei giudici (art. 29 N.I.)

Il **Presidente della Corte** è eletto, a scrutinio segreto, dalla maggioranza dei giudici, dura in carica tre anni ed è rieleggibile (art. 6 l. 87/1953 e 7 Reg. gen.). Nella prassi accade che ad essere eletto è sempre il giudice con la maggiore anzianità di servizio; pertanto è estremamente raro che un Presidente rimanga in carica per l'intera durata del mandato presidenziale, poiché, generalmente, il suo mandato di giudice costituzionale termina prima. Questa prassi non merita consenso. La Corte ha infatti bisogno di Presidenti che restino tali per un ampio periodo di tempo. La loro frequente rotazione non permette di individuare uno stabile punto di riferimento istituzionale, indispensabile per il dialogo con gli altri organi costituzionali (*in primis* il Parlamento).

Le competenze del Presidente sono importanti. Innanzitutto egli rappresenta la Corte verso l'esterno; tiene la tradizionale conferenza stampa di inizio anno; occasionalmente rilascia anche interviste; il Presidente della Corte tuttavia tiene normalmente un atteggiamento molto riservato nei confronti della stampa. All'interno della Corte le competenze del Presidente sono numerose e altrettanto importanti: oltre a dirigere le udienze, egli presiede il collegio e il suo voto vale doppio nel caso di parità. Particolarmente importanti sono inoltre la fissazione della data delle udienze e la nomina del giudice relatore.

L'unica ipotesi in cui la composizione della Corte muta è prevista dall'art. 135.7, secondo cui «*nei giudizi di accusa contro il Presidente della Repubblica, intervengono, oltre ai giudici ordinari della Corte, sedici membri tratti a sorte da un elenco di cittadini aventi i requisiti per l'eleggibilità a senatore, che il Parlamento*

---

[4] Sul contenuto dell'immunità penale sussistono non poche incertezze a causa di una sopravvenuta modifica del testo costituzionale. In origine, l'art. 3.2. l. cost. 1/1948 rinviava all'art. 68, equiparando la disciplina dell'istituto a quella prevista per il membro del Parlamento. Tuttavia, poiché l'art. 68 è stato modificato dalla l. cost. 3/1993, che ha eliminato l'autorizzazione a procedere, ci si chiede, oggi, se il rinvio contenuto nell'art. 3.2. l. cost. 1/1948 sia un rinvio fisso (in tal caso sarebbe ancora necessaria l'autorizzazione a procedere rilasciata dalla Corte) ovvero mobile (in tal caso la disciplina applicabile sarebbe quella, meno rigida, attualmente prevista dall'art. 68). La questione è stata toccata dalla stessa Corte nella sent. 311/1993, orientandosi nel senso del rinvio fisso.

*compone ogni nove anni mediante elezione con le stesse modalità stabilite per la nomina dei giudici ordinari*». L'integrazione della Corte riflette, in questo caso, il carattere fortemente politico del giudizio. L'art. 135 prevede infatti un numero di giudici aggregati superiore rispetto alla composizione ordinaria della Corte (16 giudici aggregati rispetto ai 15 giudici 'ordinari'). A conferma di ciò l'art. 26.2 l. 20/1962 stabilisce un *quorum* minimo, per i giudizi di accusa, di almeno 21 giudici, all'interno del quale «i giudici aggregati devono essere in maggioranza»[5].

La Corte gode di **autonomia contabile** e gestisce un bilancio di circa 60 milioni di euro all'anno. La Corte dispone anche della c.d. **autodichia**, vale a dire che giudica sui rapporti tra i propri dipendenti e la Corte stessa (art. 14.3. l. 87/1953). Questo potere è fortemente criticato dalla dottrina perché ritenuto in contrasto con le garanzie costituzionali, quali il principio dell'indipendenza e dell'imparzialità del giudice, il principio del divieto di giudici speciali e del principio di eguaglianza.

## 4. *I principi di funzionamento*

I procedimenti di fronte alla Corte costituzionale variano sensibilmente a seconda del tipo di giudizio e verranno perciò descritti nei prossimi paragrafi, nell'ambito dei singoli giudizi. È tuttavia importante, in via generale, sottolineare la centralità di un principio che riguarda tutte le attribuzioni della Corte: il principio di collegialità.

La Corte, infatti, non opera attraverso sezioni specializzate, come pure è previsto in altri ordinamenti, bensì attraverso il principio di collegialità che governa l'attività e le decisioni della Corte (art. 6.1. Reg. gen.). Il **principio di collegialità** determina, in primo luogo, l'assenza di articolazioni interne alla Corte: tutte le decisioni della Corte vengono prese dal *plenum* della Corte. Le decisioni vengono deliberate collegialmente in camera di consiglio e, dopo che il giudice redattore ha scritto la sentenza, questa viene letta di fronte a tutti i giudici nuovamente riuniti, per eventuali modifiche.

In secondo luogo il principio di collegialità si manifesta attraverso la regola per cui il processo deliberativo non è reso pubblico. Neppure è possibile la c.d. **opinione dissenziente** o **concorrente**, utilizzata invece da alcune giurisdizioni costituzionali straniere (Di Martino, 2016). La loro introduzione è stata spesso invocata dalla dottrina. Nel maggio 2002 la stessa Corte costituzionale si è confrontata col problema, prendendo in considerazione la possibilità di pubblicare i soli motivi del dissenso, di tenere segreto il nome del giudice dissenziente (o dei giudici

[5] Curiosamente, la scelta dei sedici giudici aggregati avviene tramite sorteggio compiuto dalla Corte. La soluzione è stata molto criticata dalla dottrina perché appare in stridente contrasto con la logica tendenzialmente proporzionalistica dell'elenco parlamentare. In effetti, il sorteggio potrebbe non riflettere affatto questa logica.

dissenzienti) e di assicurare comunque la sottoscrizione della decisione da parte di tutti i giudici: alla fine la Corte si è pronunciata contro queste innovazioni. Vantaggi e svantaggi dell'opinione dissenziente sono ben noti. La sua introduzione potrebbe, per un verso, rafforzare la motivazione, dall'altro trasmettere all'opinione pubblica l'idea di un collegio diviso ideologicamente o politicamente.

Negli ultimi anni la prassi ha tuttavia mostrato un fenomeno che, in qualche modo, richiama quello dell'opinione dissenziente. La premessa è che normalmente il giudice relatore della causa coincide con il giudice che redige poi la sentenza; in alcuni casi la coincidenza è venuta meno. Questa non coincidenza, per quanto riferibile a casi molto limitati, è indice di un dissenso così forte tra il giudice relatore e la maggioranza del collegio da indurre il giudice relatore a rifiutarsi di scrivere la motivazione, con la conseguenza che tale compito è stato affidato ad altro giudice. Pertanto, nei casi in cui il giudice *relatore* non coincide con il giudice *redattore* è evidente il dissenso del giudice relatore con il contenuto della sentenza.

Come abbiamo già osservato, perché la Corte possa validamente deliberare è necessario che: 1) siano presenti almeno 11 giudici (*quorum* strutturale); 2) i giudici presenti abbiano partecipato a tutte le udienze in cui si è svolto il giudizio (c.d. **principio di immutabilità del collegio**). Le decisioni vengono assunte dalla maggioranza dei giudici (art. 16.3. l. 87/1953) e, in caso di parità, il voto del Presidente vale doppio.

## 5. *Le fonti normative di disciplina*

La disciplina normativa della Corte costituzionale è piuttosto complessa poiché è il frutto di un intreccio di atti normativi di natura molto diversa: dalla Costituzione alle leggi costituzionali, dalle leggi ordinarie ai regolamenti della Corte (e del Parlamento nei giudizi di accusa).

Senza entrare nel dettaglio, può dirsi in via generale che la Costituzione si occupa della Corte direttamente negli artt. 134-7 e, come si è visto, nella VII disp. trans. fin.; indirettamente negli artt. 75.2 (in materia di referendum abrogativo), 90 (in materia di responsabilità del Presidente della Repubblica), 123.2. (in materia di controllo degli statuti regionali delle Regioni a statuto ordinario) e 127 (in materia di controllo sulle leggi dello Stato e delle Regioni).

Di rilievo sono le due riserve di legge contenute nei primi due commi dell'art. 137: il primo comma contiene una riserva di legge costituzionale sui giudizi di legittimità costituzionale e sulle garanzie d'indipendenza dei giudici, che può ben spiegarsi con la necessità di assicurare l'indipendenza della Corte dalle maggioranze di governo; il secondo comma contiene, invece, una riserva di legge ordinaria che potrebbe definirsi a carattere residuale. Alla prima riserva è stata data attuazione con le ll. cost. 1/1948 e 1/1953; alla seconda riserva, in gran parte, con la l. 87/1953 (adottata nello stesso giorno della l. cost. 1/1953 e in attuazione di questa stessa legge costituzionale) (De Siervo, 2008, 49 ss.). Degli altri provvedimenti si parlerà laddove necessario [6].

Di rilievo è il **potere regolamentare** della Corte costituzionale, di cui la Corte ha fatto spesso uso. Pur essendo la Corte un organo costituzionale, la Costituzione non attribuisce ad essa un autonomo potere regolamentare, come avviene nel caso del Parlamento con l'art. 64. Tale potestà regolamentare viene invece riconosciuta in una legge ordinaria, esattamente negli artt. 14 e 22 l. 87/1953.

Questa peculiare disciplina ha posto problemi rilevanti, soprattutto perché, mancando una riserva di regolamento in Costituzione, la legge ordinaria potrebbe sopprimere la potestà regolamentare della Corte ovvero ridurne l'ambito. Per questo motivo la dottrina ha cercato di trovare un fondamento alla potestà regolamentare che andasse al di là del dato testuale, e cioè del fondamento legislativo. L'opinione dottrinale maggioritaria ritiene che l'autonomia normativa sia connaturale alla posizione della Corte nell'ordinamento, con la conseguenza che gli artt. 14 e 22 avrebbero solo un valore ricognitivo e dichiarativo di un principio di autonomia spettante ad ogni organo costituzionale (Crisafulli, 1984, 239).

Infine un cenno va fatto alle norme che la Corte ha deliberato per integrare la disciplina dei giudizi svolgentesi di fronte ad essa (appunto **norme integrative**). A ben guardare, è l'unico caso in cui un giudice approva le regole disciplinanti il processo che si svolge dinanzi ad esso. Per comprendere l'importanza di queste norme, è bene ricordare che l'art. 22 l. 87/1953 contiene un rinvio alle norme del regolamento per la procedura innanzi al Consiglio di Stato, «in quanto applicabili». La Corte ha inteso questo rinvio in senso suppletivo, vale a dire che esse sono ritenute cedevoli rispetto alle norme dettate con specifico riferimento al giudizio costituzionale.

In questo quadro si inseriscono le norme integrative, che sono in genere considerate norme elastiche, tali da precostituire le regole del processo ma senza essere, allo stesso tempo, eccessivamente stringenti per la Corte, che, in qualche caso, ha scelto soluzioni diverse da quelle previste dalle norme integrative.

## 6. *I procedimenti dinanzi alla Corte*

### 6.1. *Il controllo di costituzionalità delle leggi*

In base all'art. 134 la Corte costituzionale giudica sulla costituzionalità delle leggi statali e regionali, sui conflitti di attribuzione tra i poteri dello Stato, tra Stato e Regioni e tra Regioni e sulle accuse promosse contro il Presidenza della Re-

---

[6] Per completezza si fornisce il quadro dei principali provvedimenti normativi concernenti la Corte costituzionale: tre leggi costituzionali: 1/1948, 1/1953, 2/1967; tre leggi ordinarie: 87/1953, 20/1962, 352/1970; un Regolamento parlamentare per i giudizi d'accusa (1989); atti prodotti dalla Corte medesima, costituiti da Norme Integrative e un Regolamento generale (esistono altri regolamenti di contenuto più specifico).

pubblica. Con successiva legge costituzionale si è aggiunta la competenza a giudicare sull'ammissibilità del referendum abrogativo previsto dall'art. 75.

Iniziando l'esame dal controllo di costituzionalità delle leggi, due sono i modi per attivarlo: direttamente, attraverso un'azione *ad hoc* davanti alla Corte costituzionale (**giudizio in via principale**) o indirettamente, attraverso una questione di legittimità costituzionale posta all'interno di un procedimento giudiziario (**giudizio in via incidentale**). In questo paragrafo sono trattati i temi dell'oggetto, del parametro del giudizio di legittimità costituzionale e dei vizi della legge, che, salvo alcune eccezioni, sono comuni a entrambi i procedimenti. Gli aspetti processuali verranno invece trattati separatamente.

### 6.1.1. *Gli atti sottoposti a controllo*

Oggetto dei due procedimenti previsti dall'art. 134 sono le leggi e gli aventi forza di legge dello Stato e delle Regioni. Come già segnalato, sin dalla sua prima sentenza, la Corte costituzionale ha ritenuto sottoposte al suo controllo tutte le leggi, sia quelle successive all'entrata in vigore della Costituzione, sia quelle precedenti.

Nel concetto di 'atti con forza di legge' la Corte ha incluso i **decreti legislativi** e i **decreti-legge**, previsti dagli artt. 76 e 77 e le norme di attuazione degli statuti delle cinque Regioni speciali. Per quanto riguarda i decreti-legge, in particolare, per lungo tempo la Corte non è stata in grado di esercitare alcun sindacato sulla effettiva sussistenza dei presupposti di necessità e urgenza che legittimano il Governo ad adottare questo atto con forza di legge. Ciò avveniva in base a due orientamenti della Corte costituzionale. Il primo consisteva nella c.d. **efficacia sanante della legge di conversione**: anche se il decreto-legge era stato adottato senza che vi fossero ragioni di necessità e urgenza, la sua conversione in legge 'sanava' questo vizio. In questo modo la mancanza dei presupposti di necessità e urgenza non poteva essere sanzionata né prima della conversione in legge, perché il decreto-legge rimane in vigore solo 60 giorni, un tempo troppo breve per sottoporlo al giudizio della Corte; né dopo la conversione, perché questa faceva venire meno il vizio stesso.

In secondo luogo, anche una volta negata l'efficacia sanante della legge di conversione, la Corte costituzionale ha affermato che la mancanza dei presupposti di necessità e urgenza può essere fatta valere soltanto quando sia «evidente». In diverse occasioni, pertanto, il giudice costituzionale ha ritenuto che la mancanza dei presupposti di necessità e urgenza non fosse «evidente». Solo recentemente la Corte costituzionale ha superato questo orientamento e, con la sent. 171/2007, ha per la prima volta dichiarato l'incostituzionalità di una disposizione di un decreto-legge convertito per la mancanza dei presupposti di necessità e urgenza[7].

[7] Lo stesso è avvenuto successivamente con la sent. 128/2008. Inoltre, la Corte costituzionale ha affermato l'impossibilità di inserire nella legge di conversione emendamenti del tutto estranei all'oggetto e alla finalità del decreto-legge: sent. 22/2012.

Fra le leggi che possono essere oggetto del giudizio di legittimità costituzionale, la Corte costituzionale ha fatto rientrare anche le **leggi costituzionali e di revisione costituzionale**. Fondamentale sul punto è la già richiamata sent. 1146/1988, in cui la Corte ha affermato che «La Costituzione italiana contiene alcuni principi supremi che non possono essere sovvertiti o modificati nel loro contenuto essenziale neppure da leggi di revisione costituzionale o da altre leggi costituzionali». Con questa decisione la Corte costituzionale si è auto-attribuita un grande potere. In primo luogo, ha affermato il proprio potere di controllare la costituzionalità delle leggi di revisione costituzionale non solo sotto il profilo formale, ma anche sotto il profilo sostanziale. In secondo luogo, la nozione di «principi supremi», creata dalla Corte stessa in assenza di qualsiasi riferimento testuale nella Costituzione, consente al giudice costituzionale una grande discrezionalità nel definire il contenuto di questi principi supremi e, conseguentemente, una grande discrezionalità sul controllo delle revisioni costituzionali. Ad oggi, nessuna legge di revisione costituzionale è stata sottoposta al controllo della Corte costituzionale: la sola esistenza di questo controllo, tuttavia, influenza notevolmente il dibattito sulle riforme costituzionali.

Con la sent. 9/1959 (confermata da sent. 154/1985) la Corte ha respinto la questione di legittimità costituzionale relativa ai **regolamenti parlamentari**. In base all'art. 64 i regolamenti parlamentari disciplinano, in particolare, l'intero procedimento legislativo, dal momento che la Costituzione detta principi molto generali sul punto. A fondamento della decisione di rigetto la Corte ha portato due motivi: a) i regolamenti parlamentari non sono espressamente menzionati dall'art. 134; b) il *self-restraint* della Corte tutela l'autonomia del Parlamento.

Entrambi gli argomenti sono stati fortemente criticati dalla dottrina, la quale ha osservato che il primo motivo di esclusione è troppo formale e che il secondo risulta essere alquanto rischioso giacché l'autonomia parlamentare può infatti diventare il pretesto per una compressione dei diritti delle opposizioni parlamentari (Barile, 1959, 240 ss.).

Di recente la Corte, pur ribadendo che i regolamenti non rientrano tra le fonti-atto dell'art. 134, ha sottolineato che essi non possono essere considerati «fonti puramente interne» al Parlamento, facendo parte dell'ordinamento generale della Repubblica. Con l'occasione la Corte ha avuto modo di precisare che, poiché il principio dello Stato di diritto non consente lesioni di diritti fondamentali o di principi inderogabili (come quello di legalità), eventuali lesioni di tali situazioni o principi, se contenute nei regolamenti parlamentari, potrebbero essere fatti valere in sede di conflitto tra poteri (sent. 120/2014).

Esclusi dal controllo di legittimità costituzionale sono invece i **regolamenti governativi**. In via teorica questo non dovrebbe rappresentare una lacuna nella tutela della Costituzione, poiché un regolamento incostituzionale può infatti essere annullato dal giudice amministrativo. Se poi il giudice amministrativo ritiene che il regolamento sia incostituzionale perché adottato in esecuzione di una legge incostituzionale, potrà eventualmente sollevare questione di legittimità costituzionale relativamente a quella legge. Di fatto però ciò porta all'impossibilità per la Corte costituzionale di esprimersi su importanti questioni concernenti i diritti fondamentali, quando queste siano disciplinate non dalla legge ma da un regolamento amministrativo. L'esempio più noto è rappresentato dal caso *Lautsi*: poiché l'obbligo di esporre il crocifisso nelle aule scolastiche non è stabilito dalla legge, ma da due regolamenti del 1924 e 1928, soltanto il giudice amministrativo ha potuto esprimersi su questa questione prima dell'ulteriore intervento della Corte europea dei diritti dell'uomo [8]. In questo modo si manifesta in maniera evidente una delle caratteristiche più significative del sistema italiano di giustizia costituzionale: ad innescare la giurisdizione della Corte costituzionale non è qualsiasi violazione della Costituzione, ma soltanto quelle violazioni compiute da un particolare tipo di atto, cioè la legge. La giustizia costituzionale italiana è infatti essenzialmente una giurisdizione sulle leggi, più che una giurisdizione sui diritti.

In via di principio, la Corte può dichiarare incostituzionale soltanto la legge, o la parte di legge statale o regionale, che è stata sottoposta al suo controllo dal giudice *a quo*. L'art. 27 l. 87/1953, nella parte in cui recita «nei limiti dell'impugnazione», fa riferimento al **principio processuale della corrispondenza tra chiesto e pronunciato** (*ne eat iudex extra petita partium*), sancito dall'art. 112 c.p.c.

In alcuni casi la Corte è però costretta ad andare al di là del principio: ciò accade nel caso delle sentenze interpretative oppure ogni volta che la Corte trasferisce la questione di legittimità costituzionale dalla norma impugnata, poi abrogata, a un'altra norma identica riprodotta in altra norma. Può dunque dirsi che l'oggetto del giudizio è spesso co-determinato dal giudice *a quo* e dalla Corte.

Esiste tuttavia una eccezione esplicita al principio della corrispondenza fra chiesto e pronunciato. Secondo l'art. 27 l. 87/1953, la Corte può infatti dichiarare l'incostituzionalità di norme non impugnate, quando la loro illegittimità «deriva come conseguenza della decisione adottata». Si tratta della c.d. **illegittimità conseguenziale** o derivata: la Corte ne ha fatto finora un utilizzo piuttosto prudente e l'incidenza complessiva di questo istituto è piuttosto limitata (sent. 436/1992).

### 6.1.2. *Il parametro del giudizio*

La disciplina dei singoli procedimenti indica il parametro del sindacato svolto dalla Corte costituzionale. Esso è costituito dalla **Costituzione** e dalle **leggi costituzionali** [9].

---

[8] Cfr. Corte europea dei diritti dell'uomo, Lautsi and others v. Italy, 18 febbraio 2011. Con l'ord. 389/2004, nell'ambito dello stesso procedimento promosso dalla signora Lautsi, la Corte costituzionale aveva dichiarato inammissibile la questione, per le ragioni sopra riportate.

[9] Cfr., per i giudizi in via incidentale, l'art. 23 l. 87/1953; per i giudizi in via principale, l'art. 34 l. 87/1953; per i conflitti tra i poteri, l'art. 37 l. 87/1953; per i conflitti tra Stato e Regioni, l'art. 39 l. 87/1953.

Come abbiamo detto poco sopra, all'interno del testo costituzionale è poi possibile, secondo la Corte costituzionale, individuare i **principi supremi dell'ordinamento costituzionale**, che la giurisprudenza costituzionale utilizza come parametro nei confronti di alcuni complessi normativi che, per la loro natura giuridica ovvero per la loro origine extrastatuale, non possono essere equiparati alle leggi ordinarie.

Ai principi supremi dell'ordinamento costituzionale la Corte ha fatto ricorso, in particolare, per giudicare la conformità a Costituzione: a) delle leggi costituzionali e di revisione costituzionale previste dall'art. 138 (sentt. 1146/1988, 366/1991); b) delle norme concordatarie, che danno esecuzione agli accordi con la Chiesa a norma dell'art. 7.2. Secondo la Corte, a partire dalle sentt. 30, 31 e 32/1971, le norme concordatarie, rilevanti nell'ordinamento interno attraverso la legge di esecuzione, incontrano quale unico limite «i principi supremi dell'ordinamento costituzionale»; c) dei trattati istitutivi delle Comunità Europee. Secondo la Corte (sentt. 183/1973 e 126/1996) tali norme, in ragione della copertura costituzionale offerta dall'art. 11, possono disporre in contrasto con norme costituzionali, incontrando il solo limite dei principi supremi dell'ordinamento e dei diritti inalienabili della persona umana. Nell'ipotesi remota in cui le norme dell'UE dovessero porsi in contrasto con questo ultimo limite, la Corte opererebbe un controllo indiretto, intervenendo sulla legge di esecuzione dei trattati.

Con riguardo al ruolo delle norme internazionali rinviamo a quanto osservato nel cap. XIV.3.

Con riferimento, infine, alla consuetudine, l'idoneità a fungere da parametro nei giudizi sulle leggi è tendenzialmente esclusa poiché l'art. 23 l. 87/1953 fa espresso riferimento alle disposizioni della Costituzione o delle leggi costituzionali; si tende invece ad ammetterla nei conflitti tra poteri dello Stato.

Parametro del controllo di costituzionalità possono essere, oltre alle disposizioni costituzionali, anche disposizioni legislative se ad esse la Costituzione si ricollega: sono le c.d. **norme interposte**, che, interponendosi tra le norme costituzionali e quelle legislative, integrano il parametro costituzionale. Due casi sono particolarmente emblematici. Il primo riguarda il decreto legislativo adottato dal Governo sulla base di una delega legislativa: il giudizio sul decreto concerne anche la sua conformità alla legge di delega, che funge da norma interposta (tra l'art. 76, che espressamente la prevede, e il decreto legislativo). Il secondo caso riguarda il controllo delle leggi regionali adottate nell'ambito della potestà legislativa concorrente: in questo caso la legge regionale deve essere conforme alla legge statale che pone i principi fondamentali e che funge, anche in questa ipotesi, da norma interposta (tra l'art. 117.3. e la legge regionale). L'atto interposto non è però automaticamente costituzionalizzato poiché anch'esso è tenuto a rispettare tutte le disposizioni costituzionali (Lavagna, 1955-6, 203; Siclari, 1992).

### 6.1.3. *I vizi della legge*

L'incostituzionalità di una legge può essere provocata da **vizi formali** o **materiali** (sul punto cfr. il cap. XI.3). La dichiarazione di incostituzionalità per vizio formale è estremamente rara: a differenza di altri giudici costituzionali, la Corte costituzionale italiana esercita infatti un controllo molto limitato sul procedimento legislativo. Ciò è dovuto al fatto che le disposizioni costituzionali sul procedimento legislativo sono molto scarne, poiché esse rinviano gran parte della disciplina ai regolamenti parlamentari. A partire dalla sent. 9/1959, come abbiamo già osservato, la Corte costituzionale ha scelto di non applicare ai regolamenti parlamentari la dottrina delle norme interposte, e quindi di non utilizzarli come parametro di legittimità costituzionale. In questo modo il vizio formale è riscontrato solo nel caso sia violata una delle poche disposizioni costituzionali sul procedimento legislativo, non anche nel caso di violazione delle regole contenute nei regolamenti parlamentari.

All'interno della categoria dell'invalidità formale può farsi rientrare anche un'ulteriore importante tipologia, rappresentata dal vizio di incompetenza. Esso si produce allorché si constati una violazione delle norme costituzionali sulla distribuzione del potere normativo, come nel caso in cui una legge sia stata approvata in Commissione anche in quelle parti per le quali doveva essere approvata in assemblea, per effetto di una 'riserva di assemblea' costituzionalmente prevista.

I vizi materiali o sostanziali ineriscono invece al contenuto dell'atto, per quel che in esso risulta disposto, a prescindere da ogni considerazione di ordine formale. I vizi in esame possono essere così raggruppati: a) violazione diretta, testuale della Costituzione; b) violazione di una norma costituzionale implicita, nel senso che la violazione deriva da più disposizioni di rango costituzionale; c) eccesso di potere legislativo, che prende la forma dell'irragionevolezza. È bene ricordare che questo rappresenta il vizio più utilizzato dalla Corte per colpire l'attività del legislatore (cfr. cap. XVII.3).

### 6.1.4. *Il giudizio in via incidentale*

Questo tipo di giudizio è regolato dall'art. 23 l. 87/1953, il quale prevede che la questione di legittimità costituzionale venga sollevata «*nel corso di un giudizio dinanzi ad una autorità giurisdizionale*». La questione può essere posta dalle parti o dal giudice. Sarà il giudice del giudizio principale (c.d. **giudice *a quo***, il giudice dal quale proviene la questione), a valutare se sussistono i requisiti per ritenere la questione rilevante e non manifestamente infondata. Nel caso in cui il giudice *a quo* dovesse ritenere sussistenti queste condizioni, emette ordinanza con cui trasmette gli atti alla Corte costituzionale e sospende il giudizio in corso.

Molti sono i problemi legati alla corretta definizione di giudice *a quo*, che condiziona l'ammissibilità della questione posta alla Corte. Per esemplificare può ricordarsi come fosse controversa la riconduzione di un collegio arbitrale o del pubblico ministero alla figura dell'autorità giurisdizionale prevista dall'art. 23.1. l. 87/1953. L'art. 23.1. l. 87/1953 ragiona di una questione di legittimità costituzionale sollevata «*nel corso di un giudizio dinanzi ad una autorità giurisdizionale*», mentre l'art. 1 l. cost. 1/1948 fa riferimento ad un «*giudice*». Ciò ha permesso alla Corte di individuare un **elemento oggettivo**, il giudizio, e un **elemento soggettivo**, l'autorità giurisdizionale, come criteri di identificazione del giudice legittimato a sollevare la questione. Più precisamente, in base al primo criterio la Corte considera sufficiente lo svolgimento di un'attività giurisdizionale che sia oggettivamente qualificabile come giudizio (e così, ad esempio, sono stati considerati giudici *a quo* la sezione disciplinare del C.S.M. e il Consiglio nazionale forense in sede giurisdizionale, mentre è stata dichiarata l'inammissibilità della questione di legittimità costituzionale sollevata dall'Autorità garante della concorrenza e del mercato per carenza del requisito della terzietà: sent. Corte cost. 13/2019); in base al secondo criterio, la Corte ritiene sufficiente che vi sia un'autorità pubblica definita come giudice dall'ordinamento (e così, ad esempio, sono stati considerati giudici *a quo* il giudice di sorveglianza sull'esecuzione delle pene e il giudice tutelare).

È rimasto tuttavia a lungo incerto se i due criteri fossero alternativi o cumulativi. In generale, nella sua prima giurisprudenza, quando occorreva radicare il controllo in via incidentale presso i giudici ordinari, la Corte costituzionale è stata meno severa nel verificare il rispetto di questi requisiti, ammettendo questioni di legittimità costituzionale quando fosse presente anche uno solo dei due requisiti, quello soggettivo oppure quello oggettivo. Oggi la Corte richiede la presenza di **entrambi**.

Giudice a quo può essere la stessa Corte costituzionale (**Corte costituzionale come giudice a quo**). La Corte ha ritenuto di poter essa stessa sollevare questione di legittimità costituzionale dinanzi a se stessa nel caso in cui dubiti dell'incostituzionalità di una norma, che deve essere diversa da quella impugnata e che è chiamata ad applicare nell'iter logico per arrivare alla decisione sul quesito postole (sent. 122/1976). Il Giudice delle leggi ha fatto ricorso all'autorimessione non solo nell'ambito di giudizi in via incidentale (cfr. sentt. 259/1974, 73/1960, ordd. 57/1961, 22/1960).

Il ruolo del giudice ordinario è estremamente importante per il sistema di giustizia costituzionale italiano: è infatti il giudice ordinario che apre (o chiude) le porte del giudizio di legittimità costituzionale delle leggi, valutando la sussistenza dei due requisiti legislativi della rilevanza e della non manifesta infondatezza. Nel sistema italiano, pertanto, la collaborazione fra giudici ordinari e Corte costituzionale è essenziale per il funzionamento della giustizia costituzionale. Secondo l'art. 23 l. 87/1953 l'ammissibilità della questione dipende dalla sua **rilevanza** e dalla sua **non manifesta infondatezza**. Il secondo comma dell'art. 23 costruisce la rilevanza nel senso che «il giudizio non (può) essere definito indipendentemente dalla risoluzione della questione di legittimità costituzionale». In altri termini, se il giudice *a quo* è sicuro di dover applicare una determinata disposizione per definire il giudizio e se quella disposizione presenta, a suo giudizio, profili di non conformità a Costituzione, allora egli riterrà la questione rilevante. La sussistenza della rilevanza della questione viene affermata dal giudice *a quo* nell'ordinanza di rimessione: la Corte costituzionale controlla solo che questa affermazione non sia del tutto implausibile.

Il secondo requisito della non manifesta infondatezza viene inteso nel senso che al giudice basta il solo dubbio circa la non conformità della disposizione per sollevare la questione. In tal modo si evita che giungano alla Corte questioni del tutto infondate; allo stesso tempo il giudice *a quo* non deve convincersi dell'incostituzionalità, bastando un serio dubbio [10].

La Corte, nella più recente giurisprudenza, ha di fatto richiesto la ricorrenza di un terzo requisito, chiedendo al giudice *a quo* di dimostrare di aver tentato di risolvere il dubbio di costituzionalità attraverso un'**interpretazione conforme** (da ultimo sent. 16/2018) (Sorrenti, 2006 e Luciani, 2016, 391 ss.). Di fatto questo è divenuto il requisito più importante, rafforzando indirettamente anche il requisito della non manifesta infondatezza. Negli ultimi venti anni la Corte costituzionale ha sempre più insistito sull'obbligo dei giudici ordinari di interpretare le leggi in conformità alla Costituzione e di non sollevare questione di legittimità costituzionale ogni volta che sia possibile risolvere un dubbio di legittimità costituzionale attraverso l'interpretazione. Ciò ha portato ad una forte attenuazione del carattere accentrato del sistema di giustizia costituzionale italiano: oggi la Corte consente e obbliga i giudici ordinari a risolvere da sé numerosi dubbi di costituzionalità, senza sollevare questione di legittimità costituzionale. Fintantoché un dubbio di legittimità costituzionale può essere superato attraverso l'interpretazione, la Corte richiede un controllo diffuso da parte di tutti i giudici: soltanto quando il tenore letterale della disposizione non consente alcuna interpretazione conforme a Costituzione, il giudice è autorizzato a sollevare questione di legittimità costituzionale.

A questa regola la Corte concede un'unica eccezione: il giudice ordinario è autorizzato a sollevare questione di legittimità costituzionale anche se è possibile interpretare la disposizione in maniera conforme a Costituzione, quando quella disposizione sia già stata oggetto d'interpretazione della Corte di cassazione e il giudice ordinario ritenga che l'interpretazione data dalla Corte di cassazione determini un contrasto con la Costituzione. Si tratta della c.d. **dottrina del 'diritto vivente'** (Pugiotto, 1994): di fronte alla Corte costituzionale viene portata la disposizione così come essa 'vive' nell'ordinamento, attraverso l'interpretazione della Corte di cassazione. In questo modo, i giudici ordinari possono contestare di fronte alla Corte costituzionale l'interpretazione della Corte di cassazione che essi riten-

---

[10] Su questi due requisiti l'ordinanza deve tuttavia essere ben motivata. Ad esempio non è ammessa una motivazione *per relationem*, vale a dire che si limiti a rinviare a quanto detto in altro atto adottato dal giudice *a quo*: cfr. sent. Corte cost. 19/2018.

gono in contrasto con la Costituzione e 'farsi aiutare' dalla Corte costituzionale per superare l'orientamento interpretativo della Cassazione. Senza questa eccezione, infatti, i giudici ordinari che interpretassero una norma in maniera conforme a Costituzione, ma non conforme all'interpretazione della Cassazione (il diritto vivente), vedrebbero verosimilmente le proprie decisioni presto o tardi annullate dalla Corte di cassazione.

Nell'ordinanza con cui il giudice solleva questione di legittimità costituzionale (**ordinanza di rimessione**) il giudice *a quo* deve indicare: a) la disposizione della cui conformità a Costituzione dubita; b) il parametro costituzionale che si ritiene violato; c) i motivi della incostituzionalità.

L'ordinanza del giudice delimita il perimetro del giudizio dinanzi alla Corte. Ciò vuol dire che l'oggetto del giudizio in Corte sarà quello, e solo quello, indicato dal giudice *a quo* che, quindi, deve essere attento nell'indicare le disposizioni impugnate e i parametri di costituzionalità. Le parti che interverranno al processo non potranno ampliare, dunque, l'oggetto del giudizio [11].

L'ordinanza di rimessione ha un duplice effetto. Da una parte dà avvio al giudizio di legittimità costituzionale di fronte alla Corte costituzionale; dall'altra sospende il giudizio *a quo*, che riprenderà solo una volta che la Corte costituzionale si sia pronunciata. Il giudizio di legittimità costituzionale è tuttavia in parte autonomo rispetto al giudizio *a quo*. Se infatti il giudizio *a quo* si estingue dopo che è stata sollevata eccezione di legittimità costituzionale, il giudizio della Corte costituzionale prosegue ugualmente. In questo si può notare un carattere assai peculiare del sistema italiano di giustizia costituzionale, in cui la tutela concreta dei diritti individuali e l'astratto interesse generale alla costituzionalità delle leggi sono inscindibilmente legati. Solo un caso concreto può dare origine al giudizio costituzionale: tuttavia il giudizio di legittimità costituzionale non è finalizzato soltanto alla tutela di un interesse concreto, tanto è vero che anche se tale interesse individuale concreto viene meno, come nel caso di estinzione del giudizio *a quo*, il giudizio prosegue, per tutelare l'interesse generale all'annullamento di una legge incostituzionale (Romboli, 1985).

Prima di essere trasmessa alla Corte, l'ordinanza di rimessione deve essere **notificata** alle parti del giudizio *a quo* e al Presidente del Consiglio dei Ministri o al Presidente della Giunta regionale [12]. Questi possono costituirsi in giudizio entro venti giorni, presentando le proprie deduzioni. Le parti costituite hanno poi la facoltà di presentare ulteriori memorie illustrative scritte fino al ventesimo giorno antecedente l'udienza pubblica e di essere ascoltate, tramite il proprio difensore,

[11] Tra le tante sentenze in argomento cfr. sentt. 250 e 251/2017, 27/2018.

[12] L'ordinanza è inoltre comunicata ai Presidenti delle due Camere o al Presidente del Consiglio regionale interessato e pubblicata sulla G.U. Tutti gli atti di promovimento del giudizio di legittimità costituzionale delle leggi (ordinanze e ricorsi) sono oggi disponibili sul sito della Corte costituzionale, alla voce "Lavori".

all'udienza pubblica. La partecipazione al giudizio di legittimità costituzionale è, in principio, limitata alle parti del giudizio *a quo* e al Presidente del Consiglio dei Ministri. Quest'ultimo, se si costituisce, interviene sempre a difesa della legge. Il pubblico ministero non può partecipare al giudizio costituzionale: come è stato efficacemente detto, la sua posizione è troppo simile a quella delle parti per poter sollevare questione di legittimità costituzionale e troppo simile a quella del giudice per poter partecipare come parte.

Con delibera dell'8 gennaio 2020, recante 'Modificazioni alle «Norme integrative per i giudizi davanti alla Corte costituzionale»', pubblicata in G.U. n. 17 del 22 gennaio 2020, la Corte ha introdotto un istituto di notevole rilievo, come gli *amici curiae* (art. 2, che introduce un art. 4-*ter* alle *Norme integrative*) nonché la facoltà di ascoltare di esperti di chiara fama (art. 3, che aggiunge un art. 14-*bis* alle *Norme integrative*); ha inoltre modificato la disciplina degli interventi in giudizio (art. 1, che sostituisce l'art. 4 e aggiunge l'art. 4-*bis*) (Luciani, 2020, 402 ss.). Ad essi conviene dedicare attenzione.

Partendo dall'analisi dell'**intervento di terzo**, va innanzitutto chiarito che con tale locuzione si intende far riferimento alla facoltà di accedere al giudizio dinanzi alla Corte anche in capo a chi non è parte del *giudizio a quo*. In origine, e cioè prima di tale modifica e di quella del 2004 di cui subito diremo, si prevedeva che ad intervenire nel giudizio potessero essere, oltre alle parti del giudizio *a quo*, solo il Presidente del Consiglio e il Presidente della Giunta regionale. L'esigenza dei terzi di intervenire nel processo costituzionale può sussistere in quanto altri soggetti, diversi dalle parti del giudizio *a quo*, potrebbero avere un interesse sostanziale alla questione discussa dinanzi alla Corte. Per lungo tempo la Corte ha escluso l'intervento di terzi in giudizio, ritenendo che gli artt. 23 e 25 l. 87/1953 conferissero la facoltà di costituirsi in giudizio solo ai destinatari della notifica dell'ordinanza di rinvio. Negli anni Novanta la Corte ha avviato un ripensamento (sentt. 314/1992 e 412/1995) giungendo, nel 2004, alla modifica dell'art. 4 N.I. (delibera del 10 giugno 2004). Tale modifica ha riconosciuto la facoltà per i terzi di intervenire nel giudizio dinanzi alla Corte, lasciando alla Corte il potere di decidere sull'ammissibilità dell'intervento (art. 4.3. N.I.). La successiva giurisprudenza costituzionale ha ancor meglio definito le condizioni di ammissibilità dell'intervento di terzi, richiedendo la Corte all'interventore sia la titolarità di un potere regolato dalla legge, che potrebbe essere leso dall'eventuale dichiarazione d'incostituzionalità, sia la rappresentatività istituzionale dell'ente (sentt. 178/2015, 180/2018, 13/2019).

Questa giurisprudenza è stata formalizzata nelle modifiche intervenute ad inizio del 2020, che prevedono ora che nel giudizio in via incidentale possano intervenire «i titolari di un interesse qualificato, inerente in modo diretto e immediato al rapporto dedotto in giudizio» (art. 4.7. N.I.). Sulla scorta di tale formalizzazione normativa la Corte ha ammesso l'intervento del Consiglio nazionale dell'ordine dei giornalisti in un giudizio riguardante disposizioni prevedenti la pena detentiva per i reati di diffamazione a mezzo stampa (ord. 37/2020). La Corte ha ravvisato l'interesse qualificato giacché dall'eventuale condanna penale del giornalista e del direttore responsabile derivano conseguenze per l'azione disciplinare che il Consiglio nazionale dell'ordine dei giornalisti può conseguentemente attivare nei loro confronti.

Quanto agli aspetti procedurali, è previsto che, una volta che il terzo abbia depositato l'atto di intervento, il Presidente, sentito il relatore, fissi con decreto l'udienza in camera di consiglio (cioè senza la partecipazione del pubblico). La decisione è adottata con ordinanza e pubblicata in G.U.

La presenza delle parti private contribuisce ad aumentare la 'concretezza' del giudizio di legittimità costituzionale: il compito delle parti di fronte alla Corte costituzionale, è infatti quello di mostrare come una legge, che potrebbe sembrare priva di vizi di costituzionalità in generale, nel caso concreto produca effetti contrari a Costituzione. Molte forme di incostituzionalità, infatti, possono essere difficili da cogliere in astratto e possono emergere soltanto nel momento in cui la legge viene concretamente applicata. Uno scrutinio concreto sulla legge è quindi uno scrutinio più approfondito rispetto ad uno svolto in astratto.

L'istituto dell'***amicus curiae*** proviene dal mondo anglosassone, in particolare dal Regno Unito in cui l'*amicus* interveniva per evitare che il giudice commettesse errori e quindi per migliorare la sua conoscenza della questione. Negli Stati Uniti, dove pure ha preso piede, esso si è sviluppato in un senso molto diverso, quasi opposto, poiché è diretto ad influenzare il giudice.

Indubbiamente la facoltà di presentare memorie aumenta il numero di interessi provenienti dalla società civile rappresentabili dinanzi alla Corte. Allo stesso tempo sussiste il rischio di un aumento del carico di lavoro della Corte e, soprattutto, di un'istituzionalizzazione del ruolo dell'*amicus* che potrebbe così trasformarsi in una sorta di portatore di interessi o lobbysta.

In ogni caso l'art. 4-*ter*.1. N.I. prevede ora che, entro venti giorni dalla pubblicazione dell'ordinanza di rimessione in G.U., «le formazioni sociali senza scopo di lucro e i soggetti istituzionali, portatori di interessi collettivi o diffusi attinenti alla questione di costituzionalità, possono presentare alla Corte costituzionale un'opinione scritta». L'ambito soggettivo è alquanto ampio, potendo includere dentro la definizione appena riportata le associazioni, le organizzazioni non governative, ma anche (probabilmente) i partiti, i movimenti e le fondazioni che possono essere considerati formazioni sociali senza scopo di lucro. Rimangono esclusi le persone fisiche e le imprese.

Il terzo comma stabilisce inoltre che sia il Presidente, sentito il giudice relatore, a decidere sull'ammissibilità dell'opinione. La decisione è presa *inaudita altera parte*, recuperandosi il contraddittorio nella fase successiva della redazione delle memorie. Il rischio insito in questo meccanismo decisionale è che il Presidente si trovi eccessivamente esposto a possibili critiche, qualunque sia la decisione da esso assunta. Va infine chiarito che, a differenza dell'interventore, l'*amicus* non assume la veste di parte processuale con la conseguenza che non può ottenere copia degli atti e non può partecipare all'udienza (così il c. 5); è stato anche posto un forte limite alla lunghezza delle memorie dal secondo comma.

L'art. 14-*bis* N.I. prevede infine che, se la Corte ritiene necessario acquisire informazioni attinenti a specifiche discipline, può disporre con ordinanza che siano ascoltati «**esperti di chiara fama** in apposita adunanza in camera di consiglio alla quale possono assistere le parti costituite».

Alla figura dell'esperto fa spesso ricorso il Tribunale costituzionale federale tedesco. Per quanto non sia specificato, l'esperto verrà chiamato in causa allorquando ci sarà bisogno di far chiarezza su questioni che non rientrano nelle competenze giuridiche della Corte, come possono essere questioni mediche, bioetiche, ambientali, ecc. La previsione della figura dell'esperto è di sicura utilità, fermo restando che anche in questioni molto tecniche l'elemento valutativo non è del tutto eliminabile. Di conseguenza è possibile che la Corte possa decidere, in merito alla singola questione da chiarire, di convocare più esperti, di orientamento differente (come è appunto accaduto nella prima audizione del 27 febbraio 2020). All'udienza possono partecipare, come detto, le parti costituite, che possono anche formulare domande all'esperto, previa autorizzazione del Presidente.

Le novità esaminate finora si applicano nell'ambito del giudizio incidentale. Nei giudizi in via principale e nei conflitti di attribuzione tra poteri dello Stato e tra Stato e Regioni l'intervento di terzo non è ammissibile mentre è previsto il ricorso agli *amici curiae* e all'audizione degli esperti (cfr. art. 23, 24.4., 25.4. N.I.).

Una volta decorso il termine per la costituzione delle parti, il Presidente della Corte costituzionale nomina il giudice relatore e fissa la data dell'udienza pubblica. Se nessuna parte si è costituita, oppure se la questione appare manifestamente infondata o inammissibile, la Corte può decidere in camera di consiglio, cioè a porte chiuse e senza ascoltare i difensori delle parti. All'udienza pubblica il giudice relatore svolge la propria relazione e, successivamente, vengono ascoltate le parti. Terminata l'udienza pubblica, la Corte si riunisce quindi in camera di consiglio per decidere la questione. Spetta successivamente al giudice redattore scrivere le motivazioni della sentenza e presentare alla Corte il testo della sentenza, che viene discusso dall'intera Corte e, eventualmente, emendato dal giudice redattore. La sentenza viene quindi pubblicata in *Gazzetta ufficiale*[13].

---

[13] Ai sensi degli artt. 19 e 30 l. 87/1953 la decisione è depositata in cancelleria ed entro due giorni dal deposito è trasmessa al Ministro della giustizia o al Presidente della Giunta regionale affinché si proceda immediatamente, e comunque non oltre il decimo giorno, alla pubblicazione del dispositivo della decisione nelle medesime forme stabilite per la pubblicazione dell'atto dichiarato costituzionalmente illegittimo. Gli effetti della sentenza di accoglimento sono obbligatori *erga omnes* dal giorno della pubblicazione sulla G.U. (o B.U.R.). Per la Corte, invece, l'obbligatorietà discende dallo stesso giorno della pronuncia.

In origine la regola era la pubblicazione in G.U. del solo dispositivo delle pronunce di accoglimento, mentre si dava notizia sommaria delle sentenze e ordinanze con cui la Corte respingeva le

### 6.1.5. *Il giudizio in via principale*

Il giudizio in via principale (o in via di azione) può essere introdotto dallo Stato nei confronti di una legge regionale, oppure da una Regione nei confronti di una legge statale. Mentre per lungo tempo è stato considerato un 'genere minore' rispetto al giudizio in via incidentale, il contenzioso da esso generato è divenuto, dopo il 2001, molto intenso. La sua disciplina è stata infatti notevolmente modificata dalla riforma costituzionale del 2001 (Pertici, 2012).

Prima della riforma costituzionale del 2001 le Regioni si trovavano, rispetto allo Stato in una situazione di grande disparità. Mentre le Regioni potevano impugnare una legge statale soltanto dopo la sua pubblicazione, senza impedirne l'entrata in vigore, le leggi regionali erano sottoposte a un regime di controllo molto più lungo e macchinoso. Come abbiamo visto, prima di essere promulgate le leggi regionali dovevano essere inviate al Governo che poteva negare il proprio assenso e rinviare la legge al Consiglio regionale, che doveva nuovamente approvare la legge a maggioranza assoluta. Dopo questa seconda approvazione il Governo poteva quindi impugnare la legge di fronte alla Corte costituzionale. Si trattava di un pesante controllo preventivo sulle leggi regionali, che ne impediva l'entrata in vigore. Nella prassi, le Regioni, per evitare di vedere la proprie leggi 'paralizzate' anche per molti anni, si impegnavano in lunghe trattative con il Governo per ottenere l'approvazione delle proprie leggi, modificandone il contenuto secondo le osservazioni del Governo.

Dopo la riforma costituzionale del 2001 anche il ricorso dello Stato avviene **successivamente** alla pubblicazione delle leggi regionali. Sotto questo profilo lo Stato e le Regioni si trovano ora in una posizione di perfetta parità: lo Stato può impugnare una legge regionale entro 60 giorni dalla sua pubblicazione, la Regione può impugnare una legge statale entro 60 giorni dalla sua pubblicazione. In entrambi i casi, per proporre il ricorso occorre una deliberazione dell'organo esecutivo, rispettivamente il Consiglio dei Ministri oppure la Giunta regionale. Proprio perché il ricorso dello Stato non impedisce più l'entrata in vigore della legge regionale, è stata introdotta nel 2003 la possibilità per la Corte costituzionale di sospendere, d'ufficio o su richiesta delle parti, l'efficacia di una legge statale o regionale, in attesa del giudizio della Corte. Nel contesto dell'emergenza pandemica da Covid-19, la Corte ha fatto uso, per la prima volta, di tale potere con l'ord. 4/2021.

Dove invece ancora rimane un **elemento di disparità** fra Stato e Regione nei giudizi in via principale è nei vizi della legge che possono essere denunciati. Di-

---

istanze relative a questioni di costituzionalità. Con il d.P.R. 1092/1985 si è invece previsto che il testo integrale di tutte le sentenze della Corte venga pubblicato nella prima parte della G.U.; con il regolamento attuativo si è poi ulteriormente stabilito che tutte le ordinanze della Corte vengano pubblicate in G.U. Può quindi dirsi che attualmente tutte le decisioni della Corte vengono pubblicate su una serie speciale della G.U.

fatti, mentre lo Stato può impugnare una legge regionale per qualsiasi violazione della Costituzione, e quindi tanto per violazione del riparto di competenze fra Stato e Regione, quanto per violazione di una qualsiasi altra disposizione costituzionale, la Regione può impugnare una legge statale solamente per violazione del riparto di competenze. Infatti, affinché il ricorso sia ammissibile la Regione deve dimostrare che la legge statale «lede la sua sfera di competenza»: questo significa che la Regione potrà impugnare una legge statale solo per violazione degli articoli della Costituzione che regolano il riparto di competenze fra Stato e Regione. A questo principio, fortemente criticato in dottrina, la Corte ha introdotto un'eccezione: la Regione può invocare anche la violazione di una disposizione costituzionale 'sostanziale', a condizione che questa violazione si ripercuota negativamente sulle competenze della Regione (c.d. **criterio della ridondanza**) [14]. La giurisprudenza costituzionale, tuttavia, non è riuscita sinora ad elaborare un criterio chiaro su questo punto, sul quale rimane molta incertezza.

Rispetto al giudizio in via incidentale il **ruolo delle parti** è notevolmente più importante. Queste sono in primo luogo libere di instaurare il giudizio oppure no: in particolare il Governo ha spesso scelto di impugnare o non impugnare una legge anche in base a considerazioni di pura opportunità politica. Ad esempio, il Governo può scegliere di non impugnare una legge regionale, per non creare un conflitto politico con una Regione governata dalla stessa coalizione politica al Governo, anche quando vi siano gravi dubbi di costituzionalità. In secondo luogo, anche dopo la proposizione del ricorso, il giudizio di legittimità costituzionale rimane nella disponibilità delle parti, che possono, in particolare, trovare un accordo su una possibile modifica della legge e determinare così l'estinzione del processo attraverso la rinuncia. Tale evento accade assai frequentemente: spesso, dopo aver impugnato una legge regionale, viene avviata una trattativa tra lo Stato e la Regione interessata, in cui lo Stato offre la propria disponibilità a rinunciare al ricorso, se la Regione modifica la legge impugnata nel senso voluto del Governo.

Accanto a questa forma ordinaria di giudizio in via principale, esistono alcune altre **forme particolari** di giudizio in via principale:

a) il **giudizio sugli statuti regionali**. Abbiamo visto che, per effetto della riforma costituzionale del 1999, lo statuto regionale viene approvato con una particolare legge regionale dal procedimento rinforzato, previsto dall'art. 123. A differenza delle leggi regionali, però, gli statuti regionali sono impugnati dal Governo di fronte alla Corte costituzionale prima della loro entrata in vigore: si tratta dell'unica forma di giudizio preventivo presente nell'ordinamento italiano. La Corte ha reso alcune importanti decisioni in questa materia soprattutto negli anni 2002-2006, quando le Regioni hanno provveduto a riscrivere i propri statuti;

---

[14] Cfr. sent. 75/2017, in cui la Corte, nel dichiarare l'illegittimità di una disposizione statale in materia ambientale, ritiene che essa finisca per condizionare la competenza legislativa regionale in materia di tutela della salute (un effetto, appunto, di 'ridondanza'); *adde* sentt. 194/2019, 56/2000.

b) una Regione può promuovere il giudizio di legittimità costituzionale non solo nei confronti di una legge statale, ma anche nei confronti di una legge di un'altra Regione: si tratta tuttavia di un'ipotesi verificatasi finora due volte soltanto (sentt. 533/2002 e 296/2009);

c) in **Sicilia** è rimasto in vigore per lungo tempo un sistema di impugnazione delle leggi diverso rispetto alle altre Regioni, previsto dallo Statuto speciale siciliano. Si trattava di un procedimento complesso, che portava a sottrarre le leggi siciliane al giudizio della Corte, attraverso la non promulgazione delle parti della legge impugnate dallo Stato. Dopo la riforma costituzionale del 2001 la Corte costituzionale ha in un primo momento confermato l'applicabilità di questo sistema. Successivamente, però, la Corte costituzionale è tornata sulla questione, sollevando essa stessa di fronte a se stessa la questione della legittimità costituzionale di questo meccanismo e dichiarandolo incostituzionale (sentt. 314/2003 e 255/2014). Nella Regione Sicilia l'impugnazione delle leggi regionali avviene ora secondo le modalità valide per tutte le altre Regioni;

d) nella Regione autonoma **Trentino-Alto Adige** sono previste due particolare forme di controllo in via principale. La prima è legata alla particolare tutela delle minoranze linguistiche tedesca e ladina in Provincia di Bolzano e consente, in determinati casi, l'impugnazione di una legge della Regione o della Provincia da parte di uno dei gruppi linguistici presenti nel Consiglio provinciale di Bolzano: questa ipotesi si è verificata solo due volte (sentt. 261/1995 e 356/1998). Una seconda particolare forma di controllo riguarda i casi in cui le leggi della Regione o delle due Province autonome di Trento e Bolzano non si adeguino ad una nuova legge statale di principio: la sua applicabilità dopo la riforma del 2001 è tuttavia dubbia.

### 6.2. *I conflitti di attribuzione*

La competenza della Corte costituzionale sui conflitti di attribuzione fra i poteri dello Stato (c.d. **conflitti interorganici**) e fra lo Stato e le Regioni e fra Regioni (c.d. **conflitti intersoggettivi**) completa il sistema delle garanzie costituzionali. La Costituzione viene infatti protetta non solo nella parte in cui pone dei limiti al potere legislativo, ma anche nella parte in cui definisce un sistema equilibrato di rapporti fra i vari poteri, sia in senso orizzontale (conflitti fra poteri dello Stato), sia in senso verticale (conflitti fra Stato e Regioni). Tuttavia, né il Costituente, né il legislatore hanno dato a questa competenza della Corte costituzionale una fisionomia chiara. La Costituzione la menziona solamente (art. 134), ma non la disciplina affatto, al punto che in dottrina si è parlato al riguardo di una 'norma in bianco'. La l. 87/1953 contiene una disciplina molto stringata dei conflitti di attribuzione, limitandosi a stabilire alcuni elementi essenziali. Pertanto, è stata la Corte costituzionale attraverso la sua giurisprudenza a dare forma a questa attribuzione e a farne un elemento estremamente importante della garanzia della Costituzione. In particolare, i conflitti di attribuzione svolgono una funzione per così dire di 'chiusura' del sistema: al conflitto di attribuzione si tende a ricorrere, infatti, quando occorra far valere il rispetto delle regole costituzionali e l'ordinamento non preveda alcun altro strumento per questo scopo. I conflitti di attribuzione, in altre parole, hanno un carattere 'residuale', che serve a colmare eventuali lacune nella tutela delle regole costituzionali, in assenza di altri possibili strumenti.

Il numero di conflitti decisi dalla Corte riflette questa origine quasi esclusivamente giurisprudenziale. Fino al 1965 non è stato sollevato alcun conflitto di attribuzione e solo nel 1975 un conflitto di attribuzioni è stato per la prima volta dichiarato ammissibile e giudicato nel merito. Oggi, la Corte pronuncia ogni anno una decina di decisioni in materia di conflitti fra poteri dello stato e altrettante in materia di conflitti fra Stato e Regioni. Al di là del profilo quantitativo, però, i conflitti di attribuzione devono essere apprezzati soprattutto sotto il profilo qualitativo: alcune pronunce della Corte costituzionale rese in sede di conflitto di attribuzione rivestono una grandissima importanza. L'art. 134 prevede due tipi di conflitti di attribuzione: quelli fra poteri dello Stato (o conflitti interorganici) e quelli fra Stato e Regione (conflitti intersoggetivi).

### 6.2.1. *I conflitti di attribuzione tra poteri dello Stato*

Come abbiamo detto, l'art. 37 l. 87/1953 contiene solo criteri parziali e imprecisi per la definizione di un conflitto tra poteri dello Stato (Pisaneschi, 1992). La disposizione recita: «Il conflitto tra poteri dello Stato è risoluto dalla Corte costituzionale se insorge tra organi competenti a dichiarare definitivamente la volontà del potere cui appartengono e per la delimitazione della sfera di attribuzioni determinata per i vari poteri da norme costituzionali»». Questa disposizione richiede dunque due presupposti per l'ammissibilità di un conflitto: un **requisito soggettivo** – l'organo deve essere competente a dichiarare in via definitiva la volontà del potere a cui appartiene – e un **requisito oggettivo** – il conflitto deve essere finalizzato a delimitare la sfera di attribuzioni determinata per i vari poteri da norme costituzionali.

Per quanto riguarda il requisito soggettivo, a fronte di questa disciplina legislativa estremamente limitata, è stata la Corte costituzionale a stabilire, «caso per caso» (ord. 228/1975), quali organi possono promuovere il conflitto. In questo, la Corte è andata ben al di là della delimitazione del concetto di 'poteri' nel senso della classica tripartizione dei poteri di origine montesquieiana. La Corte ha infatti rinvenuto la natura di potere in organi che non possono essere ricondotti, univocamente, ai tre tradizionali poteri. Può così dirsi che alla fine è la Corte a stabilire chi è potere dello Stato. Le ipotesi su cui la Corte ancora non si è pronunciata, pertanto, rimangono nell'incertezza.

Con riferimento al **potere giudiziario,** la Corte ha riconosciuto la legittimazione a sollevare conflitto di attribuzione a qualsiasi giudice nell'esercizio della funzione giurisdizionale. Poiché ogni giudice esercita le proprie funzioni «in situazione di piena indipendenza, costituzionalmente garantita», la Corte ha ritenuto che ogni giudice, e non soltanto le supreme giurisdizioni, sia abilitato a sollevare conflitto di attribuzione (ordd. 228 e 229/1975). In questo senso, come abbiamo già detto nel cap. IX.1, si parla del potere giudiziario come potere 'diffuso'. Legittimati sono anche il pubblico ministero, a difesa delle sue attribuzioni costituzionalmente garantite di esercitare l'azione penale (ordd. 263, 264 e 265/1993) e il Consiglio Superiore della Magistratura, cui la Costituzione garantisce particolari attribuzioni a tutela dell'indipendenza della magistratura (ord. 148/1992).

Al contrario del potere giudiziario, il **potere esecutivo** rappresenta un potere 'centralizzato', organizzato secondo il principio gerarchico. Legittimato al conflitto è il Consiglio dei ministri, che viene rappresentato in giudizio dal Presidente del Consiglio sulla base di una deliberazione collegiale (ord. 123/1979). La Corte costituzionale ha riconosciuto tuttavia alcune eccezioni al principio per cui solamente il Consiglio dei Ministri nella sua interezza può essere parte di un conflitto di attribuzione. Una prima eccezione è rappresentata dal Ministro della giustizia, cui la Costituzione, come sappiamo già, riconosce espressamente alcuni poteri: per la difesa di questi poteri il Ministro della giustizia può autonomamente sollevare conflitto di attribuzione, senza bisogno di una previa delibera del Consiglio dei Ministri (ord. 184/1992). Una seconda eccezione si è avuta quando, nel 1995, il Senato della Repubblica ha votato la sfiducia non all'intero esecutivo, ma soltanto a un singolo Ministro: in quel caso la Corte ha riconosciuto la legittimazione del singolo Ministro a sollevare conflitto di attribuzione per contestare la legittimità di questa sfiducia. Nel caso in esame (sent. 7/1996), il ricorso del Ministro sfiduciato venne rigettato, ma la possibilità di votare la sfiducia nei confronti di un solo Ministro venne riconosciuta conforme alla Costituzione. Una terza eccezione si ha nel caso del Presidente del Consiglio dei Ministri, cui la Corte ha riconosciuto un'autonoma legittimazione [15].

Per quanto riguarda il **potere legislativo** sono state legittimate al conflitto entrambe le Camere singolarmente e diverse Commissioni parlamentari (Rivosecchi, 2003). Rimangono tuttavia molte incertezze su quali articolazioni interne delle Camere possano accedere al conflitto di attribuzioni. Con l'ord. 17/2019 la Corte, innovando rispetto alla propria precedente giurisprudenza, ha ammesso il conflitto di attribuzioni sollevato dal singolo parlamentare, considerato quale organo-potere, titolare di distinte quote di attribuzioni costituzionalmente garantite (v. ord. 86/2020; ord. 17/2022).

Nella prassi, gran parte dei conflitti di attribuzione che hanno coinvolto le Camere riguardano l'applicazione dell'art. 68.1, ai sensi del quale «*i membri del*

---

[15] Ciò è avvenuto in relazione alla competenza ad apporre il segreto di Stato: cfr. ord. 426/1997 fino alla recente sent. 24/2014. V. inoltre l'ord. 297/2011 e la sent. 168/2013, relative al c.d. 'legittimo impedimento' del Presidente del Consiglio a partecipare alle udienze di processi a suo carico.

*Parlamento non possono essere chiamati a rispondere delle opinioni espresse e dei voti dati nell'esercizio delle loro funzioni*». Come abbiamo già detto nel cap. VI.5.3, la giurisprudenza della Corte costituzionale ha chiarito il funzionamento di questo meccanismo. Se di fronte a un giudice pende un procedimento penale (ad esempio, per il reato di diffamazione) oppure civile (ad esempio, una richiesta di risarcimento danni per affermazioni offensive) nei confronti di un parlamentare, e la Camera cui appartiene quel parlamentare delibera che le dichiarazioni oggetto del procedimento sono state espresse nell'esercizio delle sue funzioni, il giudice si trova di fronte ad un'alternativa: può concludere il procedimento con una dichiarazione di improcedibilità, se ritiene corretta la deliberazione della Camera oppure può sollevare conflitto di attribuzioni di fronte alla Corte costituzionale, per contestare la deliberazione della Camera. Negli ultimi anni, questo tipo di conflitti di attribuzione ha rappresentato la maggioranza dei conflitti decisi. Negli anni più recenti la Corte costituzionale ha reso più stretto il proprio controllo sulle deliberazioni delle Camere e spesso ha annullato deliberazioni delle Camere che ritenevano coperte dalla insindacabilità espressioni dei parlamentari del tutto slegate dalla loro attività istituzionale. In particolare con le sentt. 10 e 11/2000 la Corte ha avviato una giurisprudenza secondo cui, per le opinioni del parlamentare espresse al di fuori delle aule parlamentari, la tutela offerta dall'art. 68.1. copre solo le opinioni del parlamentare che abbiano un 'nesso funzionale' con l'esercizio dell'attività parlamentare. Ciò implica che le opinioni del parlamentare devono essere riproduttive di opinioni o di attività espresse in sede parlamentare, anche se non è richiesta una «puntuale coincidenza testuale».

Il **Presidente della Repubblica** è certamente legittimato a sollevare conflitto di attribuzione. Recentemente ciò è avvenuto in due importantissimi casi, in relazione al potere di concedere la grazia e in relazione a intercettazioni telefoniche in cui era coinvolto il Presidente stesso (sentt. 200/2006 e 1/2014). Poiché il Presidente della Repubblica condivide con la Corte costituzionale il ruolo di custode della Costituzione, un conflitto sollevato da parte del Presidente della Repubblica è estremamente delicato e dovrebbe essere davvero considerato uno strumento di *extrema ratio*. Ugualmente delicato sarebbe un conflitto sollevato dalla stessa Corte costituzionale, che sarebbe così giudice e parte allo stesso tempo (*iudex in causa propria*): la legittimazione della Corte non è dubitabile, ma, fortunatamente, sinora un caso simile non si è mai verificato.

Al di fuori degli organi dello Stato-apparato la Corte costituzionale ha riconosciuto la possibilità di sollevare conflitto di attribuzioni soltanto al **Comitato promotore del referendum abrogativo**, come rappresentante dei 500.000 elettori che hanno chiesto un referendum abrogativo, a difesa del corretto svolgimento del referendum (ord. 17/1978 e sent. 69/1978). Al contrario, non sono stati ammessi al conflitto di attribuzione i partiti politici: secondo la Corte costituzionale i partiti politici non sono titolari di 'attribuzioni costituzionali' ma soltanto di 'funzioni aventi rilevanza costituzionale' (ord. 79/2006).

Per quanto riguarda il **requisito oggettivo**, si ha violazione delle attribuzioni costituzionali di un potere non soltanto quando un altro potere ne rivendica le attribuzioni (***vindicatio potestatis***), ma anche quando le attribuzioni di un potere sono menomate dal modo in cui un altro potere esercita le proprie (c.d. **conflitto da menomazione**): quest'ultimo è il caso più frequente [16]. Come parametro nei giudizi per conflitto di attribuzione, la Corte non utilizza solamente le norme costituzionali, ma ritiene ammissibile l'utilizzo di leggi ordinarie che integrano e completano il testo della Costituzione. È infatti molto raro che i confini delle attribuzioni di un potere siano definiti con precisione nella Costituzione. Allargando il parametro del giudizio a norme legislative ordinarie, tuttavia, è possibile che vengano sottoposti alla Corte costituzionale conflitti che invece dovrebbero essere risolti dai giudici comuni, perché non riguardano la separazione delle competenze operata dalla Costituzione, ma solo quella operata dalla legge. Per evitare questa sovrapposizione fra giudice ordinario e giudice costituzionale, la Corte richiede che il conflitto abbia "tono costituzionale": tuttavia non è facile distinguere quando un conflitto abbia questa caratteristica.

Come ha ricordato la Corte costituzionale, «a differenza della giurisdizione costituzionale sulla legittimità delle leggi, il cui ambito è determinato in relazione ai tipi di atti assoggettabili al giudizio, la giurisdizione costituzionale sui conflitti è determinata in relazione alla natura dei soggetti che confliggono e delle loro competenze la cui integrità essi difendono» (sent. 457/1999). Di conseguenza, qualsiasi atto può formare oggetto di un conflitto di attribuzione. Due casi, nella pratica, si sono rivelati particolarmente delicati.

Il primo riguarda l'ammissibilità di un conflitto avente ad oggetto una legge o un atto avente forza di legge: l'ammissibilità di questo tipo di conflitti è problematica, per la sovrapposizione che si viene a creare con il giudizio di legittimità costituzionale delle leggi. La Corte costituzionale ammette questo tipo di conflitti in via del tutto eccezionale, soltanto se dall'atto possono derivare lesioni dirette all'ordine costituzionale delle competenze e manca un giudizio nel quale possa essere sollevata la relativa questione incidentale (cfr. le recenti ordd. 16 e 17/2013).

Un secondo caso problematico è rappresentato dagli atti giurisdizionali: in questi casi la Corte esclude l'ammissibilità del conflitto se il ricorso è finalizzato a censurare degli *errores in iudicando*, cioè il percorso argomentativo compiuto dal giudice. Questo perché il conflitto di attribuzione non deve trasformarsi in uno strumento atipico per impugnare una sentenza. Perciò il conflitto è ammissibile soltanto se un giudice ha esercitato un potere del tutto estraneo alla giurisdizione.

---

[16] Un tipico esempio di conflitto da menomazione è dato dai conflitti *ex* art. 68, c. 1, Cost., in materia di insindacabilità parlamentare. Quando un giudice solleva conflitto di attribuzione nei confronti di una Camera non contesta la titolarità del potere di dire se una dichiarazione è coperta o meno dalla insindacabilità: è pacifico che questo potere spetti alla Camera. Quello che il giudice contesta è il modo con cui la Camera ha esercitato quel potere: mal esercitando un proprio potere, la Camera impedisce al giudice di esercitare la sua funzione giurisdizionale.

Dal punto di vista processuale il conflitto di attribuzione fra poteri dello Stato presenta alcune peculiarità. In primo luogo **non è previsto alcun termine** per proporre il conflitto. Questo serve a consentire che i conflitti fra i poteri vengano risolti, se possibile, senza ricorrere alla Corte costituzionale: i soggetti legittimati al conflitto non hanno limiti di tempo per cercare una soluzione extra-giudiziale del conflitto. In secondo luogo il procedimento si articola in due fasi. In una prima fase, che si svolge in camera di consiglio, la Corte decide sulla ammissibilità del conflitto (con lo strumento processuale dell'ordinanza). Nella seconda fase, a seguito di udienza pubblica, la Corte decide il merito del conflitto. Infine, la sentenza che decide il conflitto si compone di due parti: la dichiarazione della spettanza/non spettanza della attribuzione contestata e l'eventuale annullamento dell'atto contestato.

L'art. 38 l. 87/1953 stabilisce che «la Corte costituzionale risolve il conflitto sottoposto al suo esame dichiarando il potere al quale spettano le attribuzioni in contestazione e, ove sia stato emanato un atto viziato da incompetenza, lo annulla». Il giudizio della Corte può quindi vertere sia sulle **attribuzioni** sia sulle **competenze** sia sull'**atto** [17]. Essendo un processo tra parti, la sentenza ha effetti *inter partes*, anche se normalmente essa costituisce un importante precedente per tutti gli organi.

### 6.2.2. *I conflitti tra Stato e Regioni*

Il giudizio sui conflitti fra Stato e Regioni e fra Regioni [18] (c.d. **conflitti intersoggettivi**) completa ed integra la garanzia della Costituzione nei rapporti fra Stato e Regione in un rapporto di complementarietà con il giudizio di legittimità costituzionale delle leggi in via principale. Infatti, un conflitto di attribuzione fra Stato e Regione può sorgere per qualsiasi atto che non sia una legge statale o regionale. In altre parole, se le regole costituzionali sul riparto di competenze fra Stato e Regioni sono violate da una legge si ricorre al giudizio di legittimità costituzionale in via principale; se sono violate da un qualsiasi altro atto si ricorre al conflitto di attribuzione fra Stato e Regione.

Come nel conflitto di attribuzione fra poteri dello Stato, anche in questo caso il parametro è rappresentato dalle norme costituzionali sulle competenze e dalle norme primarie che tali competenze svolgono e concretizzano. Di fatto, poiché le competenze dello Stato e delle Regioni vengono svolte attraverso leggi e successi-

---

[17] Normalmente la dottrina distingue tra **attribuzione** e **competenza**: la prima fa riferimento alla titolarità del potere, alla sfera giuridica ed è prevista a livello costituzionale; la seconda riguarda l'ampiezza della titolarità ed è normalmente disciplinata dalla legge (o da consuetudini/-convenzioni).

[18] I conflitti fra Regioni (al pari dell'impugnazione di una legge regionale da parte di un'altra Regione) sono un'ipotesi rarissima, verificatasi soltanto in due casi: sent. 51/1991 e 133/2005.

vi atti e provvedimenti amministrativi, si produce un'attrazione del diritto amministrativo nel parametro di giudizio (amministrativizzazione del conflitto); ciò ha come esito, spesso, intrecci e collisioni con i processi amministrativi nei quali lo stesso atto, che ha provocato il conflitto, è stato impugnato (Grassi, 1985). In questo tipo di giudizi, il problema del 'tono costituzionale' è particolarmente accentuato (da ultimo sent. 28/2018).

Il sollevamento del conflitto è deciso dal Consiglio dei ministri per lo Stato e dalla Giunta regionale per la Regione. A differenza di quanto accade per il conflitto tra poteri, in questo caso esiste un **termine decadenziale** di sessanta giorni, che parte dalla pubblicazione o dalla conoscenza dell'atto. Parti del processo sono il Governo, rappresentato dal Presidente del Consiglio, e la Regione, rappresentata dal Presidente della Giunta. Particolarmente delicata è la questione della partecipazione al processo di terzi (ad esempio Comuni o Province) giacché l'atto impugnato produce spesso effetti anche verso costoro. La Corte ha per lo più tenuto un atteggiamento molto cauto sul punto, anche se più recentemente ha mostrato qualche apertura[19].

Un caso particolare si ha quando una Regione solleva conflitto di attribuzione nei confronti dello Stato per un atto giurisdizionale. Oltre alla possibile confusione con i normali mezzi di impugnazione delle sentenze, si pone in questo caso un problema ulteriore. A rappresentare l'autorità giudiziaria di fronte alla Corte costituzionale, infatti, è il Governo. Questo, tuttavia, per ragioni politiche, può avere interessi molto più vicini a quelli della Regione che non all'autorità giudiziaria e quindi non rappresentare adeguatamente gli interessi di questa. In un primo momento la Corte costituzionale ha affermato che questo problema non poteva essere risolto in via giurisprudenziale, ma richiedeva una modifica legislativa. In un secondo momento, però, è stata la Corte stessa a risolvere l'*impasse*, modificando le proprie Norme integrative e consentendo anche la partecipazione dell'autorità giudiziaria in questi casi[20].

Anche nel conflitto di attribuzioni tra Stato e Regioni la decisione ha effetti *inter partes* e riguarda il modo concreto in cui è stata esercitata la competenza. Dalla decisione di accoglimento può derivare l'annullamento dell'atto.

### 6.3. *Ammissibilità del referendum abrogativo*

Il referendum abrogativo è previsto dall'art. 75, il cui secondo comma recita: «*Non è ammesso il referendum per le leggi tributarie e di bilancio, di amnistia e di indulto, di autorizzazione a ratificare trattati internazionali*». La disposizione non

---

[19] In particolare, nella sent. 76/2001, la Corte ha ammesso la partecipazione di un cittadino, che era parte nel processo che aveva causato il conflitto in Corte.

[20] La Corte ricostruisce dettagliatamente l'intera vicenda nella sent. 252/2013.

contiene alcuna indicazione in merito all'organo chiamato a valutare tale ammissibilità. Con l'art. 2 l. cost. 1/1953 fu stabilito che fosse la Corte costituzionale a esercitare tale controllo. Nel 1970 fu poi adottata la l. 352, che ha disciplinato il referendum più dettagliatamente.

La dottrina non ha mancato di sottolineare il **carattere atipico** di questa attribuzione, evidenziando in particolare due profili. Innanzitutto il fatto che la competenza è stata attribuita alla Corte successivamente all'entrata in vigore della Costituzione e poi che tale attribuzione avvicina troppo la Corte a controversie di carattere politico piuttosto che giuridico-costituzionale. I compiti della Corte non sono definiti in alcuno dei testi legislativi appena indicati sicché è stata la giurisprudenza della Corte a meglio definire i criteri di ammissibilità (Carnevale, 1992; Salerno 1992; Cariola, 1994). Tale giurisprudenza è caratterizzata da un forte grado di creatività del giudice costituzionale: questa, come vedremo, è stata fortemente criticata.

La specificità della competenza in esame si riflette nel procedimento, che si distingue decisamente da quelli esaminati finora. La Corte decide sull'ammissibilità dopo che l'Ufficio centrale per il referendum, istituito all'interno della Corte di cassazione, ha controllato la presenza dei presupposti formali. Dopo l'adozione della decisione dell'Ufficio centrale, che deve intervenire entro il 15 dicembre, il Presidente della Corte fissa l'udienza di discussione entro il 20 gennaio dell'anno immediatamente successivo. La sentenza deve intervenire entro il 10 febbraio successivo (cfr. cap. XII.8).

A differenza degli altri giudizi di fronte alla Corte costituzionale, questo procedimento ha carattere prettamente '**oggettivo**'. Infatti, come ha affermato la Corte nella sent. 31/2000, tale procedimento è finalizzato «*a far valere i limiti obiettivi di ammissibilità del referendum risultanti dalla Costituzione, e non a giudicare su posizioni soggettive di parte*». In questo giudizio, pertanto, non esistono delle vere e proprie 'parti'. Tuttavia, i promotori della richiesta di referendum sono autorizzati a presentare delle memorie scritte a favore della ammissibilità della richiesta fino a tre giorni prima della data stabilita per la camera di consiglio. Anche il Governo dispone di questa facoltà, ma in pratica non ne fa uso[21]. La Corte inoltre ha ampliato la facoltà di intervenire in questo procedimento in due sensi. In primo luogo, a partire dalla sent. 16/1978 ha consentito ai presentatori del referendum di presentare memorie e di illustrarle oralmente, ciò che non è espressamente previsto dalla legge. In secondo luogo, a partire dalla sent. 31/2000, ha consentito anche ad altri soggetti di presentare memorie a favore o contro l'ammissibilità del referendum e di illustrarle oralmente nella camera di consiglio, senza assumere la qualità di parte interveniente.

---

[21] Solo in occasione dei referendum del 2005 sull'ammissibilità dei referendum sulla legge sulla procreazione medicalmente assistita, il Presidente del Consiglio è intervenuto sostenendo l'inammissibilità di tutte le richieste.

Nella fondamentale sent. 16/1978 la Corte ha espressamente affermato che i limiti all'ammissibilità del referendum indicati dall'art. 75.2., non rappresentano un *numerus clausus*: al contrario, esistono altre categorie di limiti che si ricavano implicitamente dalla Costituzione. Con questa sentenza la Corte costituzionale ha dato inizio ad una giurisprudenza molto creativa, estremamente incerta, e, in generale, molto restrittiva sull'ammissibilità dei referendum.

Alcuni fra i limiti individuati dalla Corte riguardano l'**oggetto** della richiesta del referendum. Sono infatti escluse, oltre alle leggi menzionate dall'art. 75.2., anche la Costituzione, le leggi costituzionali e di revisione costituzionale e le leggi dotate di una particolare resistenza all'abrogazione, come la legge che recepisce il Concordato. Oltre a queste leggi, la Corte ha escluso da subito che possano essere sottoposte a referendum anche le leggi ordinarie «a contenuto costituzionalmente vincolato». Si tratta di una categoria creata dalla Corte, per indicare quelle leggi che contengono l'unica possibile forma di attuazione di una disposizione costituzionale. Questo tipo di leggi sono così strettamente legate alla Costituzione che una loro abrogazione sarebbe equivalente a una violazione della Costituzione stessa. Nel corso degli anni, tuttavia, la Corte costituzionale ha esteso l'inammissibilità del referendum anche alle leggi «costituzionalmente necessarie», cioè quelle leggi necessarie per attuare la Costituzione, ma che rappresentano soltanto una delle possibili forme di attuazione della Costituzione[22].

Altri limiti riguardano invece il modo in cui è formulata la richiesta di referendum. Il principale è il requisito dell'**omogeneità** della richiesta referendaria. Secondo la Corte, la richiesta non può contenere una «pluralità di domande eterogenee, carenti di una matrice razionalmente unitaria» (sent. 16/1978). Se manca infatti un criterio unificatore nella richiesta di referendum, l'espressione della volontà del popolo non può essere genuina, perché il popolo non è messo nelle condizioni di esprimersi correttamente. Anche questo limite ha portato alla dichiarazione di inammissibilità di numerose richieste di referendum, giudicate incoerenti, non chiare, incomplete.

Un'ulteriore causa di inammissibilità può derivare dalla valutazione degli effetti del referendum. A volte la Corte non si limita a giudicare dell'ammissibilità della richiesta, ma si spinge oltre, interrogandosi sulla costituzionalità della cosiddetta **normativa di risulta,** vale a dire la normativa che residua nell'ipotesi in cui il referendum abbia come esito l'abrogazione. Se tale valutazione, astratta e anticipata rispetto all'effettivo svolgersi del voto referendario, conduce la Corte alla convinzione della incostituzionalità della normativa di risulta, allora essa dichiara inam-

---

[22] Emblematiche sono le cinque decisioni del 2005 sull'ammissibilità dei referendum sulla legge sulla procreazione medicalmente assistita. La Corte ha infatti dichiarato inammissibile il referendum sull'intera legge, trattandosi di legge costituzionalmente necessaria (sent. 45/2005), ma ha ammesso gli altri quattro referendum (sentt. 46, 47, 48 e 49/2005) volti a modificare singole parti della legge.

missibile la richiesta referendaria (così già in sentt. 16/1978 e poi 17 e 35/1997, 26/1981, 42/2000). Questa tecnica di giudizio è stata criticata giacché la Corte esprime un giudizio di costituzionalità che non potrebbe formulare in sede di ammissibilità della richiesta referendaria ma solo nella diversa ed eventuale sede del controllo di costituzionalità della normativa di risulta.

Infine particolari problemi pongono i **referendum richiesti sulla legge elettorale**. Sul punto, la Corte costituzionale ha escluso l'ammissibilità di un referendum totalmente abrogativo della legge elettorale. Questa è infatti una legge costituzionalmente necessaria, la cui abrogazione porterebbe alla paralisi del Parlamento. I referendum sulla legge elettorale devono pertanto essere necessariamente 'manipolativi': devono cioè abrogare alcune singole parole della legge elettorale per modificarne il contenuto, senza abrogarla totalmente. Il ruolo del referendum e della Corte costituzionale nel definire il sistema elettorale negli ultimi venticinque anni in Italia è stato importantissimo. Le riforme elettorali del 1993, che aprirono la strada a un sistema maggioritario, sono infatti il frutto di un referendum tenutosi nello stesso anno. Successivamente altri referendum sulla legge elettorale sono stati ammessi, ma non hanno avuto esito positivo. Nel 2013, invece, la Corte costituzionale ha escluso l'ammissibilità di un referendum che mirava all'abrogazione totale della legge elettorale approvata nel 2005, per far 'rivivere' la precedente legge elettorale del 1993: secondo la Corte, infatti, l'abrogazione attraverso referendum non determina la reviviscenza della precedente normativa[23].

La natura spuria e non omogenea dell'attribuzione in esame rispetto alle altre attribuzioni della Corte si riflette anche sulla natura della sentenza che, dichiarando l'ammissibilità o meno della richiesta referendaria, si inserisce nell'ambito di un procedimento ampio e complesso, qual è il procedimento referendario. Con la sentenza di ammissibilità/inammissibilità si conclude il procedimento dinanzi alla Corte. Nel caso di ammissibilità esso continuerà fino alle votazioni, che si svolgeranno in una domenica tra il 15 aprile e il 15 giugno; nel caso di inammissibilità il procedimento si interrompe definitivamente.

In generale, le pronunce della Corte costituzionale in materia di ammissibilità del referendum rappresentano la parte della giurisprudenza costituzionale più fortemente criticata. Da una parte si critica l'assenza di criteri chiari per stabilire quando una richiesta è ammissibile e quando no. Prevedere il giudizio della Corte è estremamente difficile, ciò che porta a situazioni decisamente imbarazzanti: nel 2013, la richiesta di referendum sulla legge elettorale è stata dichiarata inammissibile dopo che erano state raccolte ben 1.200.000 firme di cittadini, invece delle 500.000 richieste dalla Costituzione. Dall'altra viene criticato l'atteggiamento molto

---

[23] Cfr. sent. 24/2011; due anni più tardi, la Corte costituzionale avrebbe giudicato incostituzionale la legge elettorale che il referendum voleva abrogare (come abbiamo esposto nel cap. VI.2.2).

restrittivo della Corte costituzionale, che ha spesso rifiutato di ammettere richieste referendarie molto sentite dalla popolazione, con un atteggiamento quasi 'paternalistico'.

### 6.4. *L'accusa nei confronti del Presidente della Repubblica*

Originariamente l'art. 134 stabiliva che la Corte giudica «*sulle accuse promosse contro il Presidente della Repubblica ed i Ministri, a norma della Costituzione*». Sin da subito, tuttavia, la scelta di affidare alla Corte costituzionale il giudizio sulla responsabilità penale dei membri del Governo, si rivelò infelice. Da una parte, il fatto che l'accusa potesse essere promossa soltanto dal Parlamento in seduta comune si trasformava nei fatti in una sorta di 'impunità' per i Ministri. Dall'altra, l'unico giudizio di questo tipo promosso davanti alla Corte costituzionale mise la stessa a dura prova: il processo "Lockheed" tenne impegnata la Corte per circa tre anni, rallentando fortemente l'esercizio delle altre competenze e creando un arretrato di lavoro che verrà recuperato solo un decennio più tardi. Inoltre, la Corte veniva chiaramente esposta a forti pressioni politiche, con il rischio di intaccarne l'imparzialità. Per questo con la l. cost. 1/1989 la responsabilità penale dei Ministri è stata sottratta alla competenza della Corte costituzionale e ricondotta, pur con alcune particolarità, alla giurisdizione ordinaria. Pertanto, in materia di 'giustizia politica' la Corte costituzionale ha oggi competenza solo nei confronti del Presidente della Repubblica. Concretamente, questo giudizio non è mai stato attivato[24] e forti perplessità sono state sollevate sull'opportunità di mantenere questa competenza alla Corte costituzionale.

Competente a promuovere l'accusa al Presidente della Repubblica è il Parlamento in seduta comune, a maggioranza assoluta dei suoi componenti. Il Parlamento si pronuncia dopo che un Comitato composto da parlamentari di entrambe le Camere ha svolto attività di indagine, potendo utilizzare gli stessi poteri dell'autorità giudiziaria. Se il Parlamento vota, a scrutinio segreto, la messa in stato di accusa del Presidente, contestualmente nomina anche, fra i suoi membri, uno o più commissari che svolgono il ruolo di pubblico ministero di fronte alla Corte. Di fronte alla Corte, che giudica in composizione integrata, si svolge una prima fase di istruzione, quindi si apre il dibattimento; al termine del dibattimento la Corte decide in camera di consiglio.

Come abbiamo già osservato nel cap. VIII.4.2., vi è grande incertezza su quali

---

[24] In due casi, tuttavia, il procedimento è stato avviato. Nel 1993 il Comitato parlamentare per i procedimenti di accusa archiviava una richiesta nei confronti del Presidente Cossiga, che peraltro si era già dimesso l'anno precedente. Più recentemente, l'11 febbraio 2013, il Comitato parlamentare ha disposto l'archiviazione per manifesta infondatezza di un'improbabile richiesta di messa in stato d'accusa nei confronti del Presidente Napolitano.

**reati** possano dar luogo a responsabilità del Presidente della Repubblica. Secondo l'art. 90 «*il Presidente della Repubblica non è responsabile degli atti compiuti nell'esercizio delle sue funzioni, tranne che per alto tradimento o per attentato alla Costituzione*». Né la Costituzione, né alcuna altra legge, tuttavia definiscono i reati di alto tradimento e attentato alla Costituzione. Secondo alcuni bisognerebbe fare riferimento ai corrispondenti reati previsti dal codice penale e dal codice penale militare di pace, che però non si riferiscono specificamente al Capo dello Stato. Secondo altri si tratterebbe di due figure di reato autonome da quelle previste con lo stesso nome nei codici: in questo caso, tuttavia, l'indeterminatezza del reato è massima. Non vi è sintonia in dottrina neppure sul fatto che si tratti di due reati diversi, poiché è stata sostenuta l'unitarietà della figura di reato (Di Raimo, 1987, per uno sguardo generale sulle varie tesi).

Pare da condividere l'interpretazione più restrittiva che nella fattispecie in esame vede una forma di responsabilità per soli atti *anti*-costituzionali (non meramente *in*-costituzionali), e cioè per atti che implichino una 'violazione premeditata della Costituzione' (così recita l'art. 61 della Costituzione tedesca) (Spadaro, 1993, 222 e 231).

Quanto alla pena, la sentenza della Corte ne stabilirà una che non può essere superiore a quella massima stabilita dalle leggi vigenti al momento del fatto. La pena può essere accompagnata da sanzioni costituzionali, amministrative e civili adeguate al fatto (art. 5 l. cost. 1/1953). Non è però ben chiaro in cosa consistano le sanzioni costituzionali. L'esecuzione della sentenza spetta al Presidente e al Procuratore generale della Corte di appello di Roma (art. 31 l. 20/1962).

## 7. *La decisione*[25]

### 7.1. *Sentenze, ordinanze e decreti*

In base all'art. 18 l. 87/1953, «*la Corte giudica in via definitiva con sentenza*», mentre «*tutti gli altri provvedimenti di sua competenza sono adottati con ordinanza*»; il decreto, infine, è lo strumento con il quale sono adottati i provvedimenti del Presidente.

Lasciando da parte lo strumento del **decreto**, che ha soprattutto rilievo organizzativo, la distinzione tra **sentenza** e **ordinanza** è la seguente: con la sentenza si definisce il giudizio (essa è pronunciata in nome del popolo italiano, è dettagliatamente motivata ed è definitiva); con le ordinanze si adottano provvedimenti non aventi il carattere di decisione, quindi provvedimenti interlocutori. Si tratta, tut-

---

[25] In questa sezione vengono esaminate le tipologie di decisioni pronunciate nel giudizio di legittimità costituzionale delle leggi. Sulle peculiarità delle decisioni pronunciate nell'esercizio delle altre attribuzioni della Corte si rinvia alle rispettive precedenti sezioni.

tavia, di una distinzione dal carattere solo tendenziale, poiché esistono casi in cui la Corte, pur adottando ordinanza, finisce per definire il giudizio.

### 7.2. *Le decisioni che definiscono il giudizio*

Seguendo una consolidata distinzione, conviene allora separare le decisioni che non hanno carattere definitivo dalle decisioni che definiscono il giudizio dinanzi alla Corte. In questa sede l'attenzione si concentrerà solo su questa seconda categoria in ragione del loro rilievo ai fini della definizione del giudizio. Sarà così possibile osservare come anche lo strumento dell'ordinanza sia utilizzato per chiudere il giudizio in via definitiva, mentre solo per le decisioni di accoglimento la Corte ricorre sempre e necessariamente alla sentenza.

L'esame di questa categoria di decisioni permetterà di notare, inoltre, la straordinaria capacità creativa che la Corte ha mostrato, elaborando una molteplicità di strumenti decisionali, ben oltre le due figure della sentenza e dell'ordinanza previste dall'art. 18 l. 87/1953.

All'interno delle decisioni che definiscono il giudizio conviene distinguere ulteriormente tra a) decisioni meramente processuali e b) decisioni di merito.

#### 7.2.1. *Le decisioni meramente processuali*

Quando la Corte adotta **decisioni meramente processuali**, il Giudice delle leggi non esamina la fondatezza ma individua motivi di ordine processuale che gli impediscono di verificare il merito della questione. Tra le decisioni di questo tipo sono frequenti le decisioni di **restituzione degli atti al giudice** *a quo*, che la Corte adotta con ordinanza. La Corte ricorre a questa decisione per motivi diversi, che hanno per lo più a che fare con un sopravvenuto mutamento della norma del caso: per *ius superveniens*, che incide sull'oggetto del giudizio; per sopravvenuta modifica del parametro costituzionale; per sopravvenute decisioni di accoglimento della Corte costituzionale o della Corte di Giustizia. Attraverso questo tipo di decisione la Corte, in maniera cooperativa, sollecita il giudice a rivedere la questione e a procedere a una nuova rimessione della questione.

Al di fuori dell'ipotesi di restituzione degli atti al giudice, la Corte fa uso, in via residuale, di **decisioni di inammissibilità**. Ad esse la Corte ricorre per motivi diversi: difetto di rilevanza, genericità della questione sollevata, mancata legittimazione del giudice. Nei casi in cui la Corte si sia già pronunciata negativamente sulla stessa materia, la Corte pronuncia la **manifesta inammissibilità**. Le decisioni di inammissibilità e di manifesta inammissibilità impediscono al giudice *a quo* di risollevare la questione nell'ambito del medesimo procedimento.

In questi casi il Giudice delle leggi decide con ordinanza, anziché con sentenza, e in camera di consiglio, anziché in pubblica udienza. Conseguentemente la Corte riesce ad operare in maniera più efficiente.

### 7.2.2. *Le decisioni di merito (sentenze di accoglimento e rigetto)*

Le sentenze con cui la Corte costituzionale definisce un giudizio di legittimità costituzionale di una legge possono essere di accoglimento oppure di rigetto. Con la **sentenza di accoglimento** la Corte dichiara fondata la questione di legittimità costituzionale sottopostale e, conseguentemente, dichiara incostituzionale la legge. La dichiarazione di incostituzionalità ha effetto **retroattivo**: ciò significa che, dal giorno successivo alla pubblicazione della sentenza, la legge dichiarata incostituzionale non potrà più essere applicata, né nei processi che riguardano fatti verificatisi dopo la dichiarazione di incostituzionalità, né in quelli già iniziati ma non ancora conclusi al momento della dichiarazione di incostituzionalità. In questo la dichiarazione di incostituzionalità si distingue dalla semplice abrogazione di una norma, che in via di principio ha effetto solo *pro futuro*[26]. Per questo motivo anche una legge già abrogata può essere dichiarata incostituzionale, in quanto essa continua ad applicarsi alle fattispecie verificatesi prima della sua abrogazione. Esiste tuttavia un'eccezione all'efficacia retroattiva della dichiarazione di incostituzionalità: si tratta dei c.d. '**rapporti esauriti**', cioè quelle situazioni ormai definitivamente decise dall'autorità giudiziaria (ad esempio, la sentenza passata in giudicato), oppure non più azionabili dal soggetto (ad esempio, in ragione di decadenza o di prescrizione). Tuttavia, «se in applicazione della norma dichiarata incostituzionale è stata pronunciata sentenza irrevocabile di condanna, ne cessano la esecuzione e tutti gli effetti penali» (art. 30 l. 87/1953): solo in questo caso di condanna penale la sentenza travolge anche la definitività del rapporto.

Con la **sentenza di rigetto** la Corte dichiara non fondata la questione di legittimità costituzionale sottopostale. Ciò tuttavia non equivale a dire che la legge è 'conforme alla Costituzione': significa soltanto che quello specifico dubbio di legittimità costituzionale, così come formulato dal giudice *a quo*[27], non è fondato, non potendosi escludere che la legge possa ugualmente risultare incostituzionale sotto altri profili. La Corte, in altri termini, si limita ad affermare che la legge non è incostituzionale sotto il profilo proposto, ma non attribuisce alla legge un certificato di costituzionalità. Per questo motivo l'efficacia di una sentenza di rigetto è

---

[26] La disciplina dell'efficacia delle sentenze di accoglimento è complessa, essendo ricavata da un combinato di disposizioni di natura differente. L'art. 136.1., nella parte in cui prevede che a seguito della dichiarazione di accoglimento «la norma cessa di avere efficacia dal giorno successivo alla pubblicazione della decisione», lascerebbe intendere che la sentenza di accoglimento produca effetti *erga omnes* solo per il futuro, ma non anche effetti retroattivi. Tuttavia l'art. 1 l. cost. 1/1948, introducendo il meccanismo di incidentalità (la questione di legittimità costituzionale sorge «nel corso di un giudizio» e di fronte a «un giudice»), implica necessariamente l'incidenza della decisione della Corte sul preesistente giudizio *a quo*. Da ciò si fa discendere l'effetto retroattivo della decisione *inter partes*. L'estensione *erga omnes* dell'effetto retroattivo viene infine ricavato dall'art. 30.3. l. 87/1953 secondo cui «le norme dichiarate incostituzionali non possono avere applicazione dal giorno successivo alla pubblicazione della decisione».

[27] Ovvero dallo Stato o dalle Regioni nel giudizio in via principale.

molto limitata. Essa impedisce soltanto allo stesso giudice, nello stesso giudizio, di sollevare la stessa questione[28].

La grande varietà di ragioni per cui una legge può essere incostituzionale ha tuttavia costretto la Corte, sin dalle sue prime pronunce a sviluppare una pluralità di tecniche di decisione, che vanno ben al di là della stretta alternativa fra accoglimento e rigetto. In particolare la Corte ha dovuto sin da subito fare i conti con il problema dell'interpretazione: molte leggi, infatti, possono risultare incostituzionali se interpretate in un certo modo, mentre possono non esserlo se interpretate diversamente. La conformità o meno a Costituzione di una legge, in altre parole, dipende dalla sua interpretazione. Su questo punto, fin dalle prime pronunce, la Corte costituzionale ha preferito evitare, per quanto possibile la dichiarazione di incostituzionalità, attenendosi ad un **principio di conservazione degli atti giuridici**. Tale orientamento raggiungerà il suo culmine quando la Corte affermerà, con un'espressione che ritorna spesso anche nella più attuale giurisprudenza costituzionale, che «in linea di principio, le leggi non si dichiarano costituzionalmente illegittime perché è possibile darne interpretazioni incostituzionali, ma perché è impossibile darne interpretazioni costituzionali» (sent. 356/1996). Tuttavia, la Corte costituzionale ha nel tempo notevolmente modificato il proprio orientamento sul problema di 'chi' debba interpretare la legge in maniera conforme alla Costituzione, se i giudici ordinari o la Corte costituzionale stessa.

In un primo tempo, il compito di rendere la legge conforme alla Costituzione attraverso la sua interpretazione è stato svolto prevalentemente dalla Corte costituzionale. Lo strumento di cui essa si è avvalsa per questo fine è la sentenza **interpretativa di rigetto**: con questa tipologia di sentenza, la Corte costituzionale evita di dichiarare incostituzionale una legge, indicando una interpretazione, diversa da quella proposta dal giudice *a quo*, che esclude il contrasto con la Costituzione. Formalmente si tratta di una pronuncia di rigetto, il che significa che la questione proposta dal giudice non è fondata; nella sostanza, tuttavia, frequentemente accade che la Corte reinterpreti la legge, accogliendo nella sostanza i rilievi del giudice *a quo*. Per comprendere questo tipo di pronuncia è importante riprendere la distinzione fra 'disposizione' e 'norma' (cap. XI.2.2.). Semplificando, mentre con il termine 'disposizione' si indica il mero testo della legge, con il termine "norma" si indica invece il significato che dalla disposizione è possibile trarre attraverso l'interpretazione. La sentenza interpretativa di rigetto, pertanto, è quella sentenza con cui la Corte dichiara che una legge non è incostituzionale perché dalla disposizione è possibile trarre una norma diversa da quella proposta dal giudice *a quo*: la Corte salva quindi la disposizione, ma esclude la norma proposta dal giudice *a quo* e ne propone una diversa.

---

[28] Se lo stesso giudice potesse infatti sollevare la stessa questione nello stesso giudizio, ciò equivarrebbe di fatto ad una impugnazione della sentenza della Corte costituzionale, violando così il divieto posto dall'art. 137.

La sentenza interpretativa di rigetto, tuttavia, solleva un problema fondamentale: la soluzione interpretativa proposta dalla Corte è **vincolante per i giudici**? Nell'ordinamento italiano il giudice gode, nell'interpretare la legge, di un'autonomia costituzionalmente garantita, che non può essergli negata nemmeno dalla Corte costituzionale: non esiste pertanto un vincolo giuridico ad interpretare la legge secondo quanto deciso dalla Corte costituzionale. Per affermare la propria interpretazione della legge, pertanto, la Corte costituzionale ha dovuto fare affidamento non su un vincolo giuridico, bensì sulla forza persuasiva delle sue pronunce. Questo 'dialogo' con i giudici comuni non è stato privo di conflitti, in particolare con la Corte di cassazione. Poiché è alla Corte di cassazione che spetta il compito di garantire l'uniforme interpretazione della legge nell'ambito dell'ordinamento giuridico italiano, questo giudice, ancora meno degli altri giudici, non è stato sempre disposto ad accettare l'interpretazione della legge fornita dalla Corte costituzionale. Il contrasto fra la Corte costituzionale e la Corte di cassazione è stato in alcuni momenti particolarmente acceso, come nella vicenda nota con il nome di '**guerra tra le due Corti**'. Si è trattato, in sostanza, di un caso di chiaro non allineamento della Corte di cassazione all'interpretazione di una legge fornita dalla Corte costituzionale in una sentenza interpretativa di rigetto. Con la sent. 11/1965, la Corte costituzionale dichiarava infondata una questione di legittimità costituzionale, attraverso una sentenza interpretativa di rigetto, con cui proponeva una interpretazione della legge, diversa da quella della Corte di cassazione, in modo da escludere il vizio di incostituzionalità. Pochi mesi più tardi, la stessa questione veniva riproposta alla Corte costituzionale: il giudice costituzionale era costretto a prendere atto che la sua interpretazione, l'unica da essa considerata conforme a Costituzione, non era stata seguita dai giudici ordinari, e dalla Corte di cassazione in particolare. Di conseguenza, con la sent. 52/1965 dichiarava incostituzionale la legge, perché, così come interpretata dalla Corte di cassazione, essa era in contrasto con la Costituzione. Non è facile dire chi abbia vinto la guerra: il tentativo della Corte costituzionale di salvare una legge reinterpretandola è fallito, per l'opposizione della Corte di cassazione; l'interpretazione della Corte di cassazione, però, è stata giudicata incostituzionale.

In un secondo tempo, la Corte costituzionale ha invece cercato di affidare sempre più ai giudici ordinari il compito di interpretare la legge **in maniera conforme** alla Costituzione. Ciò si afferma, richiedendo ai giudici di non sollevare questione di legittimità costituzionale quando sia possibile interpretare la legge in maniera conforme alla Costituzione (cfr. il par. 6.1.4. del presente capitolo). Sul piano delle decisioni adottate dalla Corte questo atteggiamento della Corte si riflette in due fenomeni. Da una parte, la Corte costituzionale dichiara oggi inammissibile, o manifestamente inammissibile, la questione di legittimità costituzionale, quando il giudice non abbia dimostrato di aver provato ad interpretare la legge in maniera conforme alla Costituzione. Pertanto la questione è ammissibile solo se la lettera della legge non permette di interpretarla in maniera conforme a Costituzione. Dall'altra, a causa di questa richiesta così rigorosa di effettuare l'interpretazione conforme, nel giudizio in via incidentale il numero delle sentenze interpretative di rigetto è notevolmente diminuito, al punto che negli ultimi anni quasi non se ne ritrova alcuna. Infatti, se è possibile interpretare la legge in maniera conforme alla Costituzione, la Corte non deciderà più la questione con una sentenza interpretativa di rigetto, come nel primo periodo della sua attività, bensì la dichiarerà inammissibile perché il giudice non ha interpretato, o tentato di interpretare, la legge in conformità alla Costituzione.

Il tema dell'interpretazione conforme è un argomento cruciale per il funzionamento del sistema italiano di giustizia costituzionale, che si basa essenzialmente sulla collaborazione fra giudici e Corte costituzionale. Negli ultimi anni la dottrina si è molto interrogata se la Corte non abbia insistito troppo sull'obbligo dei giudici di interpretare la legge in conformità alla Costituzione, con il rischio di far venir meno il carattere accentrato del giudizio di legittimità costituzionale.

Il principio di conservazione degli atti giuridici spiega anche il ricorso della Corte costituzionale ad altre tipologie di sentenze, che sono spesso indicate come **manipolative**: con questa ampia tipologia la Corte è in grado di modificare e/o integrare il disposto legislativo. In alcuni casi, infatti, l'incostituzionalità di una legge può derivare non da ciò che essa prescrive, ma da ciò che essa ***non*** prescrive. Ciò avviene, ad esempio, quando la legge riconosce un certo diritto ad alcune categorie di soggetti, ma ne esclude altre che si trovano in una posizione identica. In questi casi, la semplice dichiarazione di incostituzionalità è uno strumento chiaramente inadatto per risolvere il vizio di costituzionalità: dichiarando incostituzionale una simile legge non solo non si tutelerebbero i diritti delle categorie escluse ma si toglierebbero diritti anche a coloro cui la legge già li riconosce. In questi casi la Corte ricorre allo strumento della **sentenza additiva**, una sentenza che dichiara l'incostituzionalità di una legge 'nella parte in cui non prevede qualcosa'. In casi più rari la Corte procede non ad aggiungere qualcosa alla legge, bensì ad una sostituzione del suo contenuto: la legge viene dichiarata incostituzionale nella parte in cui prevede un certo contenuto 'anziché' un altro, imposto dalla Costituzione (**sentenze sostitutive**).

Se nelle sentenze interpretative di rigetto la Corte 'dialoga' principalmente con i giudici ordinari, nel caso delle sentenze additive e sostitutive è invece al legislatore che la Corte si rivolge principalmente, correggendo il prodotto dell'attività del Parlamento. Per questo, le sentenze interpretative sono esposte ad una forte obiezione che tocca la stessa legittimazione della Corte: che cosa autorizza la Corte a sostituirsi al legislatore? La Costituzione certamente conferisce alla Corte il potere di annullare una legge del Parlamento, ma non la autorizza a scriverla al suo posto: è evidente che in questi casi la Corte non è affatto un 'legislatore negativo' come aveva teorizzato H. Kelsen, ma esercita un vero e proprio potere legislativo attivo. A queste obiezioni la Corte ha risposto in due modi.

In primo luogo, la Corte ha chiarito che questo tipo di interventi additivi o sostitutivi sono possibili soltanto quando essi derivino direttamente dalla Costituzione: soltanto se la Costituzione obbliga il legislatore ad una certa soluzione, allora la

Corte costituzionale è autorizzata a modificare direttamente la legge, poiché è la Costituzione stessa che lo richiede. Utilizzando le parole di V. Crisafulli, poi entrate a far parte del lessico della Corte (a partire dalla sent. 298/1993), la Corte costituzionale adotta una pronuncia additiva o sostitutiva, soltanto quando la soluzione è "**a rime obbligate**", cioè quando la Costituzione non lascia alcun margine di discrezionalità al legislatore. Più di recente la Corte è intervenuta anche in presenza di 'rime possibili', ritenendo che la soluzione sia già offerta dall'ordinamento (sentt. 53, 116, 201/2021) Se invece non esiste "una soluzione costituzionalmente vincolata" ma è possibile "una pluralità di soluzioni normative", allora la Corte rifiuta di sostituirsi al legislatore e pronuncia una sentenza di inammissibilità (ad esempio sentt. 32, 33, 48, 240/2021). Queste pronunce di inammissibilità sono comunque problematiche: con esse la Corte, in sostanza, dichiara che esiste una violazione della Costituzione, ma al tempo stesso si dichiara incompetente a porvi rimedio. Il risultato è che una norma incostituzionale continua a vivere nell'ordinamento.

In secondo luogo, la Corte costituzionale ha sviluppato un'ulteriore tipologia di sentenze, per cercare di conciliare la tutela della legalità costituzionale con il rispetto della discrezionalità del legislatore. Si tratta delle sentenze '**additive di principio**'. Anche con queste sentenze, la Corte dichiara l'incostituzionalità della legge perché essa non prevede qualcosa; tuttavia, anziché sostituirsi al legislatore, si limita a indicare un principio e ad affidare al legislatore il compito di riempire questa lacuna. In questo modo la Corte obbliga il legislatore a correggere l'incostituzionalità della legge, ma, al tempo stesso, evita di sostituirsi ad esso. Il principio espresso dalla Corte, in queste sentenze, ha una duplice funzione: da una parte orienta l'attività del legislatore nel porre rimedio all'incostituzionalità della legge; dall'altra offre anche un criterio al giudice che ha sollevato la questione per definire il caso sottoposto al suo giudizio.

Le sentenze additive e sostitutive sono lo strumento più forte (manipolativo, appunto), con cui la Corte riconduce l'attività del legislatore nel solco della Costituzione (Modugno 1982, 19 ss. e Zagrebelsky, 1982). In altri casi, tuttavia, la Corte sceglie strumenti meno drastici per invitare il Parlamento al rispetto della Costituzione. Ciò avviene, quando la Corte inserisce dei **moniti** al legislatore all'interno delle proprie pronunce. La Corte cioè invita il legislatore a legiferare o a modificare leggi già esistenti, per porre rimedio a situazioni di violazione della Costituzione. Questo capita frequentemente quando la Corte è impossibilitata a porre rimedio essa stessa al vizio rilevato, per ragioni processuali, oppure perché una certa violazione della Costituzione può essere rimediata soltanto dal Parlamento e non dalla Corte. Questi moniti, tuttavia, rimangono molto spesso inascoltati[29]. In questa prospettiva si pensi alle ordinanze adottate in relazione al ca-

---

[29] Ad esempio, sia nella sent. 138/2010, sia nella sent. 170/2014, la Corte costituzionale ha con forza invitato il legislatore a predisporre una forma di tutela per le coppie omosessuali, diversa dalla disciplina del matrimonio.

so Cappato (ord. 207/2018) e al caso dell'ergastolo ostativo (ord. 97/2021), in cui la Corte si è rivolta al legislatore, dandogli il tempo per intervenire, prima di adottare la relativa sentenza.

A differenza di altri giudici costituzionali, come quello francese o quello tedesco, la Corte costituzionale non può determinare gli **effetti temporali** della sentenza di accoglimento. Questo è un forte limite per la Corte costituzionale: può succedere, infatti, che la Corte costituzionale ritenga incostituzionale una legge, ma sia dissuasa dal dichiararla tale per timore che l'improvviso venir meno della legge possa causare "effetti ancor più incompatibili con la Costituzione". Per ovviare a questo inconveniente, in alcuni limitatissimi casi, la Corte costituzionale ha cercato, attraverso una attenta formulazione del dispositivo, di rinviare nel tempo gli effetti della dichiarazione di incostituzionalità [30].

È possibile indicare alcune delle tecniche adoperate dalla Corte. Con riferimento al passato vanno menzionate le sentenze di: a) **incostituzionalità sopravvenuta**: il vizio si determina in un momento successivo rispetto all'entrata in vigore della legge (ad esempio, a causa dell'entrata in vigore di una nuova legge-cornice la legge regionale è dichiarata incostituzionale a partire dall'entrata in vigore della nuova legge-cornice: sent. 153/1995); b) **incostituzionalità differita**: anche in questo caso il vizio si determina in un momento successivo rispetto all'entrata in vigore della legge, ma, a differenza del caso precedente, la Corte sposta in avanti il *dies a quo* degli effetti caducatori (sent. 226/1988); in tal modo, però, la pronuncia non incide sul processo *a quo*, così derogando al principio dell'incidentalità del processo.

Con riferimento al futuro vanno menzionate le sentenze di: a) **indirizzo o monito**: con queste sentenze la Corte, oltre ad auspicare una modifica o comunque un intervento legislativo, come si è appena visto, può adottare decisioni di 'costituzionalità provvisoria' (ad esempio, la Corte considera legittima una legge solo in ragione del suo carattere transitorio (sent. 112/1993) o delle particolari condizioni di emergenza (sent. 15/1982); b) **sentenze di incostituzionalità accertata ma non dichiarata**: la Corte dichiara l'incostituzionalità della normativa nella motivazione, ma nel dispositivo non annulla la legge, sia pure «per il momento», in ragione di un bilanciamento tra valori costituzionali; esse possono essere considerate la prima fase di una 'doppia pronuncia'. La dottrina ha criticato duramente quest'ultima tipologia di sentenza in quanto essa mette in discussione il principio di rigidità costituzionale, non tiene in conto la condi-

---

[30] V., ad esempio, la sent. 13/2004, da cui è tratta la citazione precedente. In questo caso, la Corte ha ritenuto che una legge statale relativa all'organizzazione scolastica fosse invasiva delle competenze regionali; la sua immediata dichiarazione di incostituzionalità, tuttavia, avrebbe compromesso la funzionalità del sistema scolastico. Pertanto, per «tenere insieme il rispetto del riparto delle competenze costituzionali e la continuità del servizio scolastico» la Corte dichiara incostituzionale la legge «nella parte in cui non prevede» che la competenza statale in questa materia venga meno quando le Regioni esercitino la propria. Più di recente cfr. sent. 10/2015.

zione dei giudici *a quibus* e incoraggia la 'ribellione' dei giudici, che tendono ad ignorare queste decisioni.

Con l'ord. 207/2018 la Corte ha adottato, per la prima volta, un'ordinanza collegiale di rinvio della trattazione con la quale ha rinviato di un anno l'udienza al fine di permettere al Parlamento di intervenire sulla questione pendente dinanzi ad essa. Il caso riguardava l'agevolazione al suicidio di Fabiano Antoniani, persona affetta da patologia irreversibile, fonte di sofferenze fisiche e psichiche, tenuta in vita a mezzo di trattamenti di sostegno vitale e capace di prendere decisioni libere e consapevoli. Poiché il legislatore è rimasto inerte nell'anno di tempo a disposizione, la Corte ha poi adottato una sentenza d'incostituzionalità delle norme che prevedevano l'agevolazione al suicidio in circostanze così particolari (sent. 242/2019). Va detto che in situazioni simili la Corte, finora, aveva fatto ricorso alla dichiarazione d'inammissibilità accompagnata da un monito al legislatore, una soluzione che presentava, però, il difetto di lasciare in vita una situazione non conforme a Costituzione. È questo il motivo per cui riteniamo l'innovazione introdotta dalla Corte uno strumento utile e comunque rispettoso dell'autonomia del Parlamento (Ruotolo, 2019, 644 ss.).

Sebbene la Costituzione non preveda un espresso obbligo di motivazione, la **motivazione** delle sentenze della Corte è estremamente importante. Solo attraverso il suo tramite, infatti è possibile comprendere la portata di una decisione. Questo vale in primo luogo per i giudici: come è stato sopra mostrato, è frequente che sentenze di infondatezza o di inammissibilità contengano in realtà nella motivazione delle indicazioni molto precise su come la legge deve essere interpretata. Ma la motivazione è ugualmente importante per orientare l'attività del legislatore, perché da essa è possibile ricavare indicazioni importanti sull'orientamento della Corte in casi futuri e quindi capire entro quali limiti il legislatore può legiferare. La coerenza della propria giurisprudenza è infatti un valore di grande importanza per la Corte costituzionale, che pertanto si sforza, per quanto possibile, di rispettare i propri precedenti e di rendere coerente la propria giurisprudenza. In altri termini, la Corte cerca di mostrarsi 'affidabile' per il legislatore.

Il giudice costituzionale italiano è estremamente cauto nello svolgere considerazioni di rilievo generale che non siano strettamente necessarie alla risoluzione del caso sottopostole. Espressione di questo atteggiamento è anche la c.d. tecnica dell'**assorbimento dei motivi**. Quando nei confronti di una legge vengono proposti più motivi di incostituzionalità e la Corte ritiene che uno di essi sia sufficiente per dichiarare la legge incostituzionale, la Corte affronta questo motivo per primo e dichiara gli altri motivi «assorbiti», evitando così di prenderli in considerazione. Questo consente alla Corte di affrontare le questioni dal lato più semplice, evitando di addentrarsi in questioni complesse quando ciò non sia strettamente necessario. Ugualmente, con questa tecnica la Corte evita di fare affermazioni non strettamente necessarie per risolvere il caso, in modo da non vincolare se stessa ad un proprio precedente quando questo non sia inevitabile. La tecnica dell'assorbimento, tuttavia, non opera quando la questione sia dichiarata non fondata: per escludere l'incostituzionalità è infatti necessario che la Corte esamini approfonditamente e rigetti tutti i profili di incostituzionalità proposti.

Le decisioni della Corte sono pubblicate sulla Gazzetta ufficiale e sono inoltre comunicate alle Camere e ai Consigli regionali interessati «affinché, ove lo ritengano necessario, adottino i provvedimenti di loro competenza» (art. 30.2. l. 87/1953). Tutte le decisioni sono inoltre accessibili sul sito della Corte costituzionale[31], dove, dal 2006, è disponibile anche una traduzione in inglese delle principali sentenze della Corte, circa 15 sentenze all'anno.

In conclusione ricordiamo che l'art. 137.3. dispone che «*contro le decisioni della Corte costituzionale non è ammessa alcuna impugnazione*». La disposizione pare implicare un **divieto assoluto di impugnazione**, con la conseguenza che la sentenza non sarebbe rivedibile neppure dalla Corte. Ciò non esclude la possibilità di procedere alla correzione di errori materiali (art. 21 N.I.).

L'unica deroga apparente al principio della non impugnabilità delle decisioni della Corte è presente, nell'ambito del giudizio di accusa del Presidente della Repubblica, nell'art. 29 l. cost. 1/1953, il quale prevede che il Comitato parlamentare che aveva relazionato sulla messa in stato di accusa al Parlamento può chiedere la 'revisione' della sentenza se, dopo la condanna, sopravvengano fatti nuovi o nuovi elementi di prova che rendono evidente che il fatto non sussiste ovvero che il condannato non l'ha commesso.

[31] Nonché sul sito *www.giurcost.org*.

# RIFERIMENTI BIBLIOGRAFICI


AINIS M., *Cultura e politica. Il modello costituzionale*, Cedam, 1991.

AMATO G., *La sovranità popolare nell'ordinamento italiano*, in *Rivista trimestrale di diritto pubblico*, 1962, 74 ss.

AMATO G., *Art. 14*, in *CCBP*, 1977.

ANGELINI F., *Ordine pubblico e integrazione costituzionale europea*, Cedam, 2007.

ARENDT H., Vita activa. *La condizione umana* [1958], Bompiani, 1994.

ARISTOTELE, *Politica*, in ID., *Opere*, vol. 9, Laterza, 1991.

ARMAROLI P., *Dopo l'elezione di Pertini. Il Parlamento in sede elettorale: problemi e prospettive*, in *Il Politico*, 43, 3/1978, 496 ss.

BALBONI E., *La potestà regolamentare regionale nel quadro dell'autonomia statutaria*, in *Le Regioni*, 2004, 648 ss.

BALDASSARRE A., *Iniziativa economica privata*, in *Enc. dir.*, 1971.

BALDUZZI R., Sorrentino F., *Riserva di legge*, in *Enc. dir.*, XL, 1989.

BARBERA A., *I principi costituzionali della libertà personale*, Giuffrè, 1967.

BARBERA A., *Art. 2*, in *CCBP*, 1974, 50 ss.

BARBERA A., FUSARO C., *Il governo delle democrazie*, il Mulino, 2009.

BARILE P., *Il soggetto privato nella Costituzione italiana*, Cedam, 1953.

BARILE P., *I poteri del Presidente della Repubblica*, in *RTDP*, 1958, 308 ss.

BARILE P., *Il crollo di un antico feticcio (gli* 'interna corporis'*) in una storica ma insoddisfacente sentenza*, in *Giur. cost.*, 1959, 240 ss.

BARILE P., *Diritti dell'uomo e libertà fondamentali*, il Mulino, 1984.

BARILE P., CHELI E., *Corrispondenza (libertà di)*, un *Enc. dir.*, X, 1962.

BARTHOLINI S., *La promulgazione*, Giuffrè, 1955.

BARTOLE S., *Supremazia e collaborazione nei rapporti tra Stato e Regioni*, in *RTDP*, 1971, 84 ss.

BARTOLE S., *Scioglimento delle Camere*, in *Enc. dir.*, Aggiornamento III, 1999.

BASCHERINI G., *Il dovere di difesa nell'esperienza costituzionale italiana*, Jovene, 2017.

BATTAGLIA F. (a cura di), *Le carte dei diritti*, II ed., Sansoni, 1946.

BENVENUTI M., *Il diritto di asilo nell'ordinamento costituzionale italiano. Un'introduzione*, Cedam, 2007.

BENVENUTI M., *Il principio del ripudio della guerra nell'ordinamento costituzionale italiano*, Jovene, 2010.

BIFULCO D., *Art. 35*, in *CCBCO*, I, 2006.

BIFULCO D., *Il giudice è soggetto soltanto al «diritto». Contributo allo studio dell'art. 101, comma 2, della Costituzione italiana*, Jovene, 2008.

BIFULCO R., *Le riflessioni della cultura giuspubblicistica sulle convenzioni costituzionali*, in *Dir. Soc.*, 1992, 31 ss.

BIFULCO R., *La cooperazione nello Stato unitario composto*, Cedam, 1995.

BIFULCO R., *Il modello italiano delle conferenze Stato-autonomie territoriali (anche) alla luce delle esperienze federali*, in *Le Regioni*, 2006, 233 ss.
BIFULCO R., *Diritto e generazioni future. Profili giuridici della responsabilità intergenerazionale*, Franco Angeli, 2008.
BIFULCO R., *Il dilemma della democrazia costituzionale*, in *www.rivistaaic.it*, 4, 2012.
BIFULCO R., *L'onda lunga della sentenza 251/2016 della Corte costituzionale*, in *www.federalismi.it*, 1° febbraio 2017.
BIFULCO R., *Una piccola grande riforma: l'integrazione della Commissione parlamentare per la questione regionale*, in J.M. CASTELLÀ ANDREU, S. PAJNO, G. RIVOSECCHI, G. VERDE (a cura di), *Autonomie territoriali, riforma del bicameralismo e raccordi intergovernativi*, Editoriale Scientifica, 2018, 217 ss.
BIFULCO R., *I limiti del regionalismo differenziato*, in *www.rivistaaic.it*, 4, 2019, 260 ss.
BIFULCO R., CELOTTO A. (a cura di), *Le materie dell'art. 117 nella giurisprudenza costituzionale dopo il 2001. Analisi sistematica della giurisprudenza costituzionale sul riparto di competenze fra Stato e Regioni 2001-2014*, Editoriale Scientifica, 2015.
BIGNAMI M., *Costituzione flessibile, Costituzione rigida e controllo di costituzionalità in Italia (1848-1956)*, Giuffrè, 1997.
BIONDI F., TARLI BARBIERI G. (a cura di), *Il finanziamento della politica*, Editoriale Scientifica, 2016.
BIONDI DEL MONTE F., *Dopo la legge. Tendenze e prospettive dell'attuazione delle fonti primarie tra Governo e Parlamento*, Napoli, 2018.
BISCARETTI DI RUFFIA P., *Diritto costituzionale*, XIV ed., Jovene, 1986.
BOBBIO N., *Teoria dell'ordinamento giuridico*, Giappichelli, 1960.
BOBBIO N., *L'età dei diritti*, Einaudi, 1990.
BOBBIO N., *La consuetudine come fatto normativo* [1942], Giappichelli, 2010.
BODIN J., *I sei libri dello Stato* [1576], Utet, 1964 e 1988.
BONINI F., *Storia della Corte costituzionale*, Carocci, 1996.
BOZZI A., *Sulla supplenza del Presidente della Repubblica*, in *Rass. Parl.*, 1959, 23 ss.

CALAMANDREI P., *Cenni introduttivi sulla Costituente e sui suoi lavori*, in P. CALAMANDREI, A. LEVI (diretto da), *Commentario sistematico alla Costituzione italiana*, I, Barbera, 1950, XXXIX.
CALAMANDREI P., *L'ostruzionismo di maggioranza*, in *Il ponte*, 1953, 1 ss.
CALAMANDREI P., *Discorso sulla Costituzione* [1955], La Scuola di Pitagora, 2007.
CALISE M., *Il partito personale*, Laterza, 2010.
CALVANO R., *La Corte di giustizia e la Costituzione europea*, Cedam, 2004.
CANNIZZARO E., *Trattato internazionale (adattamento al)*, in *Enc. dir.*, XLIV, 1992.
CANNIZZARO E., *Interpretazione conforme fra tecniche ermeneutiche ed effetti normativi*, in A. BERNARDI (a cura di), *L'interpretazione conforme al diritto dell'Unione europea. Profili e limiti di un vincolo problematico*, Jovene, 2015, 3 ss.
CAPOTOSTI P.A., *Accordi di governo e Presidente del Consiglio dei ministri*, Giuffrè, 1975.
CARETTI P., *Domicilio (libertà di)*, in *Dig. disc. pubbl.*, V, 1990.
CARETTI P., *I diritti fondamentali. Libertà e diritti sociali*, Giappichelli, 2002.
CARIOLA A., *Referendum abrogativo e giudizio costituzionale. Contributo allo studio di potere sovrano nell'ordinamento pluralista*, Giuffrè, 1994.
CARLASSARE L., *Regolamenti dell'esecutivo e principio di legalità*, Cedam, 1966.
CARLASSARE L., *Art. 88*, in *CCBP*, 1983.
CARLASSARE L., *Legalità (principio di)*, in *Enc. giur.*, XVIII, 1990.

CARLOTTO I., *Il procedimento di formazione degli Statuti delle Regioni ordinarie*, Cedam, 2007.
CARTABIA M., *Principi inviolabili e integrazione europea*, Giuffrè, 1995.
CATALDI G., *Rapporti tra norme internazionali e norme interne*, in *Dig. disc. pubbl.*, XII, 1997.
CATELANI E., CHELI E. (a cura di), *I principi negli statuti regionali*, il Mulino, 2008.
CECCHETTI M., *Attuazione della riforma costituzionale del Titolo V e differenziazione delle Regioni di diritto comune*, in *www.federalismi.it*, 2002, 2 ss.
CELOTTO A., FRONTONI E., *Legge di delega e decreto legislativo*, in *Enc. dir.*, Aggiornamento VI, 2002.
CERRI A., *L'eguaglianza nella giurisprudenza della Corte costituzionale*, Giuffrè, 1976.
CERRI A., *Sul principio di fedeltà (a proposito di una recente decisione della Sezione disciplina del C.S.M.)*, in *RTDP*, 1983, 751 ss.
CHELI E., *Potere regolamentare e struttura costituzionale*, Giuffrè, 1967.
CHESSA O., *Dentro il Leviatano. Stato, sovranità e rappresentanza*, Mimesis, 2019.
CHIEFFI L., *Il valore costituzionale della pace*, Liguori, 1990.
CIARLO P., *Art. 95*, in *CCBP*, 1994.
CICCONETTI S.M., *L'autodichia della Presidenza della Repubblica*, in *www.associazionedei costituzionalisti.it*, 2010.
CICERONE M.T., *Dello Stato*, Mondadori, 2007.
CIOLLI I., *La questione del vertice di Palazzo Chigi. Il Presidente del Consiglio dei ministri nella Costituzione repubblicana*, Giappichelli, 2018.
CIRIELLO P., *Ordinamento di Governo e Comitati interministeriali*, Jovene, 1981.
COSSIRI A., *Partiti e rappresentanza nella dimensione interna e sovranazionale. I fatti normativi*, Franco Angeli, 2018.
COSULICH M., *Il sistema elettorale del Consiglio regionale tra fonti statale e fonti regionali*, Cedam, 2008.
COSULICH M., *Il decreto legislativo di attuazione statutaria nelle Regioni ad autonomia speciale*, Editoriale Scientifica, 2017.
CRISAFULLI V., *La Costituzione e le sue disposizioni di principio*, Giuffrè, 1952.
CRISAFULLI V., *Aspetti problematici del sistema parlamentare vigente in Italia*, in *Jus*, 1958, 151 ss.
CRISAFULLI V., *Gerarchia e competenza nel sistema costituzionale delle fonti*, in *RTDP*, 1960, 779 ss.
CRISAFULLI V., *Disposizione (e norme)*, in *Enc. dir.*, XIII, 1964.
CRISAFULLI V., *Lezioni di diritto costituzionale*, II.2, *La Corte costituzionale*, 1984.
CRISAFULLI V., *La sovranità popolare nella Costituzione italiana (Note preliminari)* [1954], in ID., *Stato, popolo, governo. Illusioni e delusioni costituzionali*, Giuffrè, 1985.
CRISAFULLI V., *Lezioni di diritto costituzionale*, II.1, *Le fonti normative*, VI ed., Cedam, 1993.
CRISAFULLI V., *Per una teoria giuridica dell'indirizzo politico*, in *Studi Urbinati*, 1939, ora in ID., *Prima e dopo la Costituzione*, Editoriale Scientifica, 2015, 3 ss.
CUNIBERTI M., *La cittadinanza. Libertà dell'uomo e libertà del cittadino nella Costituzione italiana*, Cedam, 1997.

DAGA L., *Pubblico Ministero*, I, *Diritto costituzionale*, in *Enc. giur.*, XXV, 1988.
D'ALOIA A., *L'autogoverno delle magistrature «non ordinarie» nel sistema costituzionale della giurisdizione*, Edizioni Scientifiche Italiane, 1996.
D'ATENA A., *La pubblicazione delle fonti normative*, I, *Introduzione storica e profili generali*, Cedam, 1974.
D'ATENA A., *La nuova disciplina costituzionale dei rapporti internazionali e con l'Unione europea*, in *Rass. parl.*, 2002, 913 ss.

D'ATENA A., *La parabola della finanza regionale, tra modello costituzionale ed esperienze applicative*, in *Rass. parl.*, 2017, 699 ss.
D'ATENA A., *Diritto regionale*, IV ed., Giappichelli, 2019.
D'ORAZIO G., *La genesi della Corte costituzionale*, Edizioni di Comunità, 1981.
DE FIORES C., *Art. 126*, in *CCBCO*, III, 2006.
DE SANTIS V., *Indennità e vitalizi dei parlamentari. Per uno studio dell'art. 69 della Costituzione*, Franco Angeli, 2020.
DE SIERVO U., *L'istituzione della Corte costituzionale in Italia: dall'Assemblea costituente ai primi anni di attività della Corte*, in P. CARNEVALE, C. COLAPIETRO (a cura di), *La giustizia costituzionale fra memoria e prospettive*, Giappichelli, 2008.
DE VERGOTTINI G., *Guerra e Costituzione*, il Mulino, 2004.
DEMURO G., *Le delegificazioni: modelli e casi*, Giappichelli, 1995.
DEMURO G., *Art. 114*, in *CCBCO*, 2006, 2165.
DI FOLCO M., *La garanzia costituzionale del potere normativo locale. Statuti e regolamenti locali nel sistema delle fonti tra tradizione e innovazione costituzionale*, Cedam, 2007.
DI MARIA R., NAPOLI C., PERTICI A., *Diritto delle autonomie locali*, Giappichelli, 2019.
DI MARTINO A., *Le opinioni dissenzienti dei giudici costituzionali. Uno studio comparativo*, Jovene, 2016.
DI RAIMO G., *Reati ministeriali e presidenziali*, in *Enc. dir.*, XXXVIII, 1987.
DONATI D., *Il problema delle lacune dell'ordinamento giuridico*, S.E.L., 1910.
DONATI F., *Diritto comunitario e sindacato di costituzionalità*, Giuffrè, 1995.
DOSTOEVSKIJ F., *I fratelli Karamazov*, Einaudi, 1993.

ELIA L., *Governo (forme di)*, in *Enc. dir.*, XIX, 1970.
ESPOSITO C., *La responsabilità dei funzionari dipendenti pubblici, secondo la Costituzione*, in ID., *La Costituzione italiana. Saggi*, Cedam, 1954, 103 ss.
ESPOSITO C., *La libertà di manifestazione del pensiero nell'ordinamento italiano*, Giuffrè, 1958.
ESPOSITO C., *Decreto-legge*, in *Enc. dir.*, XI, 1962.

FEDELE A., *Prestazioni imposte*, in *Enc. giur.*, XXIV, 1991.
FERRAJOLI L., *La democrazia attraverso i diritti. Il costituzionalismo come modello teorico e come progetto politico*, Laterza, 2013.
FERRARI G., *Le leggi rinforzate nell'ordinamento italiano*, in *Raccolta di scritti sulla Costituzione*, II, Giuffrè, 1958, 477 ss.
FIORAVANTI M., *Appunti di storia delle costituzioni moderne. Le libertà fondamentali*, Giappichelli, 1995.
FOIS S., *La 'riserva di legge'. Lineamenti storici e problemi attuali*, Giuffrè, 1963.

GALEOTTI S., *La posizione costituzionale del Presidente della Repubblica*, Ufficio editoriale dell'Università cattolica, 1949.
GALEOTTI S., *Contributo alla teoria del procedimento legislativo*, Giuffrè, 1957.
GALEOTTI S., *Il Presidente della Repubblica garante della Costituzione*, Giuffrè, 1992.
GALIZIA M., *Crisi di gabinetto*, in *Enc.dir.*, XI, 1962.
VON GERBER C.F., *Diritto pubblico* [1852], Giuffrè, 1971.
GIANNINI M.S., *Prefazione* a G. Burdeau, *Il regime parlamentare nelle costituzioni europee del dopoguerra*, Edizioni di Comunità, 1950.
GIANNITI L., LUPO N., *Corso di diritto parlamentare*, III ed., il Mulino, 2018.
GIUGNI G., *Art. 39*, in *CCBP*, 1979.

GRASSI S., *Il giudizio costituzionale sui conflitti di attribuzione tra Stato e Regione e tra Regioni*, Giuffrè, 1985.
GROPPI T., OLIVETTI M. (a cura di), *La giustizia costituzionale in Europa*, Giuffrè, 2003.
GROSSI Pi., *Inviolabilità dei diritti*, in *Enc.dir.*, XXII, 1972.
GROSSI Pi., *I diritti di libertà ad uso di lezioni*, Giappichelli, 1991.
GUARINO G., *Potere giuridico e diritto soggettivo*, in *Rass.dir. pubbl.*, 1949, 1, 238.
GUARINO G., *Il Presidente della Repubblica in Italia*, in *RTDP*, 1951, 942.
GUARINO G., *Lo scioglimento delle assemblee parlamentari* [1948], Jovene, 1990 (ristampa).
GUASTINI R., *Lezioni di teoria costituzionale*, Giappichelli, 2001.
GUASTINI R., *L'interpretazione dei documenti normativi*, Giuffrè, 2004.
GUASTINI R., *Le fonti del diritto. Fondamenti teorici*, Giuffrè, 2010.
GUASTINI R., *La sintassi del diritto*, II ed., Giappichelli, 2014.
GUICCIARDI E., *La giustizia amministrativa*, Cedam, 1942 (ripubblicato nel 1994).

HART H.L.A., *Il concetto di diritto* [1961], Einaudi, 1991.
HOBBES T., *Leviatano* [1651], Laterza, 1992.
HOHFELD W.N., *Some fundamental legal conceptions as applied in judicial reasoning*, in *Yale Law Journal*, 23, 1913, 16 ss.

JELLINEK G., *Sistema dei diritti pubblici soggettivi* [1892], S.E.L., 1912.

KANT I., *Introduzione alla metafisica dei costumi* [1786], Utet, 1965.
KELSEN H., *Teoria generale del diritto e dello Stato* [1945], VI ed., Etas, 1984.
KELSEN H., *Il problema della sovranità e la teoria del diritto internazionale* [1920], Giuffrè, 1989.
KIRCHHEIMER O., *The Transformation of the Western European Party System*, in J. LA PALOMBARA, M. WEINER (a cura di), *Political Parties and Political Development*, Princeton University Press, 1966, 177 ss.

LA PIRA G., *Relazione del deputato La Pira Giorgio sui Principi relativi ai rapporti civili*, in ID., *La casa comune. Una Costituzione per l'uomo*, Cultura Editrice, 1979, 146.
LABRIOLA S., *Il Governo della Repubblica. Organi e poteri. Commento alla legge 23 agosto 1988, n. 400*, Maggioli, 1989.
LAVAGNA C., *Basi per uno studio delle figure giuridiche soggettive contenute nella Costituzione italiana*, in Facoltà di Giurisprudenza dell'Università degli Studi di Cagliari (a cura di), *Studi economico-giuridici*, Padova, Cedam, 1953, 1.
LAVAGNA C., *Problemi di giustizia costituzionale sotto il profilo della 'manifesta infondatezza'*, in *Riv. It. Sc. Giur.*, 6, 1955, 203 ss.
LOCKE J., *Due trattati sul governo* [1689], IV ed., Utet, 1982.
LOMBARDI G.M., *Contributo allo studio dei doveri costituzionali*, Giuffrè, 1967.
LUCARELLI A., *Teorie del presidenzialismo. Fondamento e modelli*, Cedam, 2000.
LUCIANI M., *Cittadini e stranieri come titolari di diritti fondamentali. L'esperienza italiana*, in *Rivista critica di diritto privato*, 1992, 203 ss.
LUCIANI M., *Art. 75*, in *CCBP*, 2005.
LUCIANI M., *Interpretazione conforme a Costituzione*, in *Enc. dir.*, Annali IX, 2016.
LUPO N., *deleghe e decreti legislativi 'correttivi'*, Giuffrè, 1996.
LUPO N., *Il governo italiano, settanta anni dopo*, in *www.rivistaaic.it*, 3, 2018, 150 ss.

MACHIAVELLI N., *Il principe* [1513], in ID., *Tutte le opere*, Sansoni, 1992.

MAINARDIS C., *Poteri sostitutivi statali e autonomia amministrativa regionale*, Giuffrè, 2007.
MANGIAMELI S., *Il giuramento dei non credenti davanti alla Corte costituzionale*, in *Giur. cost.*, 1980, 545 ss.
MANZELLA A., *Il Parlamento*, il Mulino, 2003.
MARCHETTI G., *La delegazione legislativa tra Parlamento e Governo: studio sulle recenti trasformazioni del modello costituzionale*, Giuffrè, 2016.
MARINI F.S., *Il nuovo Titolo V: l'epilogo delle garanzie costituzionali sull'allocazione delle funzioni amministrative*, in *Le Regioni*, 1982, 1078 ss.
MARX K., *La questione ebraica* [1843], VI ed., Editori Riuniti, 1996.
MARX K., ENGELS F., *Manifesto del partito comunista* [1848], Editori Riuniti, 1971.
MAZZINA P., *La tutela risarcitoria degli interessi legittimi tra riforme ed effettività della tutela giurisdizionale*, in *Diritto processuale amministrativo*, 2006, 391 ss.
MICHELS R., *Sociologia del partito politico* [1911], il Mulino, 1966.
MIDIRI M., *Art. 51*, in *CCBCO*, I, 2006.
MIRKINE GUETZEVICH B., *L'echec du parlamentarisme rationalisé*, in *Revue de Droit Publique*, 1928, 5 ss.
MODUGNO F., *Legge in generale (diritto costituzionale)*, in *Enc. dir.*, XXIII, 1973.
MODUGNO F., *Corte costituzionale e potere legislativo*, in P. BARILE, E. CHELI, S. GRASSI (a cura di), *Corte costituzionale e sviluppo della forma di governo in Italia*, il Mulino, 1982, 19 ss.
MONTESQUIEU (C.-L. de Secondat de), *Lo spirito delle leggi* [1748], Rizzoli, 2019.
MOR G., *Profili dell'amministrazione regionale*, Giuffrè, 1974.
MORANA D., *La salute come diritto costituzionale. Lezioni*, Giappichelli, 2018.
MORELLI A., *I paradossi della fedeltà alla Repubblica*, Giuffrè, 2013.
MORRONE A., *Il regionalismo differenziato. Commento all'art. 116, comma 3, della Costituzione*, in *Federalismo fiscale*, 1, 2007, 156 ss.
MORTATI C., *Le leggi provvedimento*, Giuffrè, 1968.
MORTATI C., *Le forme di governo. Lezioni*, Cedam, 1973.
MORTATI C., *Istituzioni di diritto pubblico*, II, Cedam, 1976.
MORTATI C., *Concetto e funzione dei partiti politici* [1949], ora in *www.nomos-leattualitanel diritto.it*, 2015, 5.
MOSCA G., *Elementi di scienza politica* [1896], Laterza, 1986.

OLIVETTI M., *La questione di fiducia nel sistema parlamentare italiano*, Giuffrè, 1996.
OLIVETTI M., *Nuovi statuti e forma di governo delle Regioni. Verso le Costituzioni regionali?*, il Mulino, 2002.
OLIVETTI M., *Le funzioni legislative regionali*, in T. GROPPI, M. OLIVETTI, *La Repubblica delle autonomie. Regioni ed enti locali nel nuovo titolo V*, II ed., Giappichelli, 2003, 91 ss.
OLIVETTI M., *Diritti fondamentali*, Giappichelli, 2018.
ONIDA V., *'Armonia tra diversi' e problemi aperti. La giurisprudenza costituzionale sui rapporti tra ordinamento interno e ordinamento comunitario*, in *Quad. cost.*, 2002, 549 ss.
OROFINO M., *Il territorio di regioni, province e comuni*, in T. GROPPI, M. OLIVETTI, *La Repubblica delle autonomie. Regioni ed enti locali nel nuovo titolo V*, II ed., Giappichelli, 2003, 255 ss.
OROFINO M., *Indennità e rappresentanza. Considerazioni su un istituto in trasformazione*, Giappichelli, 2020.

PACE A., *Costituzioni rigide e costituzioni flessibili*, Cedam, 2000.
PACE A., *Problematica delle libertà costituzionali. Parte generale*, III ed., Cedam, 2003.
PACE A., Manetti M., *Art. 21*, in *CCBP*, 2006.

PAGOTTO C., *La disapplicazione della legge*, Giuffrè, 2008.
PALADIN L., *La potestà legislativa regionale*, Cedam, 1958.
PALADIN L., *Il principio costituzionale d'eguaglianza*, Giuffrè, 1965.
PALADIN L., *Governo italiano*, in *Enc. dir.*, XIX, 1970.
PALADIN L., *Art. 76-77*, in *CCBP*, 1979.
PALADIN L., *La funzione presidenziale di controllo*, in *Quad. cost.*, 1982, 309 ss.
PALADIN L., *Corte costituzionale e principio generale d'eguaglianza: aprile 1979-dicembre 1983*, in *Scritti in onore di V. Crisafulli*, Cedam, 1985, 605 ss.
PALADIN L., *Presidente della Repubblica*, in *Enc.dir.,* XXXV, 1986.
PALADIN L., *Le fonti del diritto italiano*, il Mulino, 1996.
PALADIN L., *Diritto costituzionale*, Cedam, 1998, 566.
PARETO V., *I sistemi socialisti* [1902], Utet, 1974.
PEGORARO L., RINELLA A., *Semipresidenzialismi*, Cedam, 1997.
PERNICIARO G., *Autonomia politica e legislazione elettorale regionale*, Cedam, 2013.
PERTICI A., *Giudizio in via d'azione*, in *Dig. disc. pubbl.*, Aggiornamento V, 2012.
PETRACCONE C. (a cura di), *Federalismo e autonomia in Italia dall'Unità ad oggi*, Laterza, 1995.
PEZZINI B., *Tra uguaglianza e differenza: il ruolo della Corte costituzionale nella costruzione di genere*, in AA.VV., *Per i sessanta anni della Corte costituzionale*, Giuffrè, 2017, 35 ss.
PICCIRILLI G., *L'emendamento nel processo di decisione parlamentare*, Cedam, 2009.
PICCIRILLI G., *Il ruolo europeo del Presidente della Repubblica*, in R. IBRIDO, N. LUPO (a cura di), *Dinamiche della forma di governo tra Unione europea e Stati membri*, il Mulino, 2018, 387 ss.
PICCIRILLI G., *La 'riserva di legge'. Evoluzioni costituzionali, influenze sovrastatuali*, Giappichelli, 2019.
PINARDI R., *L'Ufficio centrale per il referendum presso la Corte di Cassazione. Natura, organizzazione, funzioni, ruolo*, Giuffrè, 2000.
PINARDI R., *Il problema dei ritardi parlamentari nell'elezione dei giudici costituzionali tra regole convenzionali e rimedi* de iure condendo, in *Giur. cost.*, 2003, 1819 ss.
PINELLI C., *Forme di Stato e forme di governo. Corso di diritto costituzionale comparato*, Jovene, 2007.
PISANESCHI A., *I conflitti di attribuzione fra i poteri dello Stato. Presupposti e processo*, Giuffrè, 1992.
PIZZETTI F., *Il sistema costituzionale delle autonomie locali*, Giuffrè, 1979.
PIZZETTI F., *I nuovi elementi 'unificanti' del sistema costituzionale italiano*, in *Le istituzioni del federalismo*, 2002, 221 ss.
PIZZETTI F., Privacy *e il diritto europeo alla protezione dei dati personali*, I e II, Giappichelli, 2016.
PIZZORUSSO A., *Le minoranze nel diritto pubblico interno*, I, Giuffrè, 1967.
PIZZORUSSO A., *L'organizzazione della giustizia in Italia*, Einaudi, 1990.
PIZZORUSSO A., *Diritto della cultura e principi costituzionali*, in *Quad. cost.*, 2/2000, 317 ss.
POGGI A., *Il sistema giurisdizionale tra «attuazione» e «adeguamento» della Costituzione*, Jovene, 1995.
POLIBIO, *Storie*, I, Bur, 2017.
POTOTSCHNIG U., *Insegnamento (libertà di)*, in *Enc. dir.*, XXI, 1971.
POTOTSCHNIG U., *Istruzione (diritto alla)*, in *Enc. dir.*, XXIII, 1973.
PREDIERI A., *Significato della norma costituzionale sulla tutela del paesaggio*, in *Studi per il ventesimo anniversario dell'Assemblea costituente*, II, Vallecchi, 1969, 380.
PROCACCI G., *Storia degli italiani*, II, Laterza, 1977.

PUGIOTTO A., *Sindacato di costituzionalità e «diritto vivente». Genesi, uso, implicazioni*, Giuffrè, 1994.
PULITANÓ D., *La responsabilità da 'reato' degli enti: i criteri d'imputazione*, in *Rivista italiana di diritto processuale penale*, 2002, 415 ss.

QUADRI G., *I Comitati dei Ministri*, Giuffrè, 1997 (ristampa inalterata dell'edizione del 1965).

RANELLETTI O., *Le guarentigie della giustizia nella pubblica amministrazione*, II ed., Giuffrè, 1934.
RESCIGNO G.U., *La responsabilità politica*, Cedam, 1967.
RESCIGNO G.U., *Le convenzioni costituzionali*, Cedam, 1972.
RESCIGNO P., *Per uno studio sulla proprietà*, in *Rivista di diritto civile*, 1972, 1 ss.
RIDOLA P., *Libertà e diritti nello sviluppo storico del costituzionalismo*, in R. NANIA, P. RIDOLA (a cura di), *I diritti costituzionali*, I, Giappichelli, 2006, 3.
RIMOLI F., *Laicità (dir. cost.)*, in *Enc. giur.*, XVIII, 1990.
RIMOLI F., *I diritti fondamentali in materia religiosa*, in R. NANIA, P. RIDOLA (a cura di), *I diritti costituzionali*, II, Giappichelli, 2006, 873 ss.
RIVOSECCHI G., *Il Parlamento nei conflitti di attribuzione*, Cedam, 2003.
RIVOSECCHI G., *Il coordinamento della finanza pubblica: dall'attuazione del Titolo V alla deroga al riparto costituzionale delle competenze?*, in *www.issirfa.cnr.it*, 9, 2013.
RODOTÀ S., *Il terribile diritto. Studi sulla proprietà privata e i beni comuni*, il Mulino, 2013.
ROMANO S., *L'ordinamento giuridico*, II ed., Sansoni, 1946.
ROMBOLI R., *Il giudizio costituzionale incidentale come processo senza parti*, Giuffrè, 1985.
ROSINI M., *Statuti regionali e armonia con la Costituzione*, Giappichelli, 2016.
ROSSANO C., *L'eguaglianza giuridica nell'ordinamento costituzionale*, Jovene, 1966.
ROSSANO C., *La consuetudine nel diritto costituzionale*, Jovene, 1992.
ROSSI E., *Le formazioni sociali nella Costituzione italiana*, Cedam, 1989.
ROSSI P., *La compatibilità con la Costituzione italiana e il diritto internazionale dell'invio di armi all'Ucraina*, in Sidiblog, 8.3.2022.
ROUSSEAU J.J., *Il contratto sociale* [1762], Laterza, 1994.
RUFFINI F., *La libertà religiosa*, I, *Storia dell'idea*, Torino, 1901.
RUGGERI A., *Gerarchia, competenza e qualità del sistema costituzionale delle fonti normative*, Giuffrè, 1977.
RUGGERI A., *Il Consiglio dei ministri nella Costituzione italiana*, Giuffrè, 1981.
RUGGERI A., *Idee sulla famiglia e teoria (e strategia) della Costituzione*, in *Quad. cost.*, 4, 2007, 751 ss.
RUGGERI A., *La Corte, la 'clausola di maggior favore' e il bilanciamento mancato tra autonomia regionale e autonomie locali (a margine della sent. n. 370 del 2006)*, in ID., *'Itinerari' di una ricerca sul sistema delle fonti*, X, Giappichelli, 2007.
RUOTOLO M., *L'evoluzione delle tecniche decisorie della Corte costituzionale nel giudizio in via incidentale. Per un inquadramento dell'ord. n. 207 del 2018 in un nuovo contesto giurisprudenziale*, in *www.rivistaaic.it*, 2, 2019, 644 ss.

SALERNO G.M., *Il referendum*, Cedam, 1992.
SANDULLI A.M., *Spunti problematici in tema di autonomia degli organi costituzionali e di giustizia domestica nei confronti del loro personale*, in *Giur. cost.*, I, 1977, 1836 ss.
SANDULLI A.M., *Manuale di diritto amministrativo*, I, XIII ed., Jovene, 1982.
SCACCIA G., *Il potere di sostituzione in via normativa nella legge n. 131 del 2003. Prime note*, in *Le Regioni*, 2004, 683 ss.

SCACCIA G., *Sussidiarietà istituzionale e poteri statali di unificazione normativa*, Editoriale Scientifica, 2009.
SCHMITT C., *Dottrina della Costituzione* [1928], Giuffrè, 1984.
SCUTO F., *La democrazia interna dei partiti: profili costituzionali di una transizione*, Torino, 2017.
SEARLE J.R., *Atti linguistici. Saggio di filosofia del linguaggio* [1969], Bollati Boringhieri, 2009.
SERGES G., *Il principio del 'doppio grado di giurisdizione' nel sistema costituzionale italiano*, Giuffrè, 1993.
SIAS M., *Le norme di attuazione degli Statuti speciali*, Jovene, 2012.
SICA V., *La controfirma*, Jovene, 1953.
SICA V., *Le associazioni nella costituzione italiana*, Napoli, Jovene, 1957.
SICLARI M., *Le norme interposte nel giudizio di costituzionalità*, Cedam, 1992.
SIEYES E.J., *Che cosa è il terzo Stato?* [1789], Editori Riuniti, 1972.
SILVESTRI G., *Le sentenze normative della Corte costituzionale*, in *Scritti in onore di V. Crisafulli*, I, Cedam, 1985, 755 ss.
SILVESTRI G., *Poteri dello Stato (divisione dei)*, in *Enc. dir.*, XXXIV, 1985.
SORRENTI G., *L'interpretazione conforme a Costituzione*, Giuffrè, 2006.
SORRENTINO F., *Corte costituzionale e Corte di giustizia delle Comunità europee*, Cedam, 1971.
SORRENTINO F., *I vincoli dell'ordinamento comunitario e degli obblighi internazionali*, in *www.federalismi.it*, 19, 2004.
SORRENTINO F., CAPORALI G., *Legge (atti con forza di)*, in *Dig. disc. pubbl.*, IX, 1994.
SPADARO A., *Prime considerazioni sul Presidente della Repubblica quale garante preventivo della Costituzione ed eventuale parte passiva di un conflitto per interposto potere*, in *Pol. dir.*, 1993, 219 ss.
SPAGNA MUSSO E., *Lo Stato di cultura nella Costituzione italiana*, Morano, 1961.
SPAGNA MUSSO E., *Giudice (nozione e profili costituzionali)*, in *Enc. dir.*, XVIII, 1969.
SPAGNUOLO VIGORITA V., *L'iniziativa economica privata nel diritto pubblico*, Jovene, 1959.
SPINOZA B., *Trattato teologico-politico* [1670], in ID., *Opere*, Mondadori, 2008.

TARLI BARBIERI G., *Le delegificazioni (1988-1995). La difficile attuazione dell'art. 17, secondo comma, della legge 23 agosto 1988, n. 400*, Giappichelli, 1996.
TREVES G., *Correttezza costituzionale*, in *Enc. dir.*, X, 1962.
TRIEPEL H., *Völkerrecht und Landesrecht* [1899], Scientia Antiquariat, 1958.
TRIEPEL H., *La Costituzione dello Stato e i partiti politici* [1930], Editoriale Scientifica, 2015.

VENTURA L., *Art. 54*, in *CCBP*, 1994.
VERDROSS A., *Völkerrecht*, Springer, 1964, V ed.

ZAGREBELSKY G., *La formazione del governo nelle prime quattro legislature repubblicane*, in *RTDP*, 1968, 819 ss.
ZAGREBELSKY G., *Le immunità parlamentari. Natura e limiti di una garanzia costituzionale*, Einaudi, 1979.
ZAGREBELSKY G., *La Corte costituzionale e il legislatore*, in P. BARILE, E. CHELI, S. GRASSI (a cura di), *Corte costituzionale e sviluppo della forma di governo in Italia*, il Mulino, 1982, 103 ss.
ZAGREBELSKY G., *Storia e costituzione*, in G. ZAGREBELSKY, P.P. PORTINARO, J. LUTHER (a cura di), *Il futuro della costituzione*, Einaudi, 1996, 35 ss.
ZANON N., BIONDI F., *Il sistema costituzionale della magistratura*, Zanichelli, 2019.
ZITELMANN E., *Lücken im Recht* (Rede gehalten bei Antritt des Rektorats), Leipzig, 1903.

# INDICE ANALITICO

Finito di stampare nel mese di settembre 2022
nella Rotolito S.p.A. – Via Sondrio, 3
20096 Pioltello (MI)